Biografia

David Evanier

Woody ALLEN
Biografia

Z angielskiego przełożył
Jacek Żuławnik

Świat Książki
wydawnictwo

Tytuł oryginału
WOODY: THE BIOGRAPHY

Wydawca
Magdalena Hildebrand

Redaktor prowadzący
Beata Kołodziejska

Redakcja
Joanna Popiołek

Korekta
Ewa Grabowska
Mirosława Kostrzyńska

Indeks
Mirosława Kostrzyńska

WOODY: BIOGRAPHY
Text copyright © 2015 by David Evanier
Published by arrangement with St. Martin's Press, LLC
All rights reserved
Copyright © for the Polish translation by Jacek Żuławnik, 2016

Świat Książki
Warszawa 2016

Świat Książki Sp. z o.o.
02-103 Warszawa, ul. Hankiewicza 2

Księgarnia internetowa: swiatksiazki.pl

Skład i łamanie
Piotr Trzebiecki

Druk i oprawa
Opolgraf S.A.

Dystrybucja
Firma Księgarska Olesiejuk Sp. z o.o., Sp. j.
05-850 Ożarów Mazowiecki, ul. Poznańska 91
e-mail: hurt@olesiejuk.pl tel. 22 733 50 10
www.olesiejuk.pl

ISBN 978-83-8031-464-1
Nr 90090013

*Dedykuję Dini Evanier, Andrew Blaunerowi, Gary'emu Terracino
i Markowi Evanierowi*

Spis treści

Podziękowania 9

WSTĘP Jak dotarłem do Woody'ego 11
1. Z zachwytu 56
2. „Pisanie uratowało mu życie" 81
3. Prawdziwy Danny Rose z Broadwayu 131
4. „Woody, *c'est moi*" 169
5. Kąpiel w miodzie 215
6. „Bezwzględny i romantyczny, taki jak miasto, które ukochał" 264
7. Kobieta, która ratuje Leonarda Zeliga 330
8. Dick i Woody 366
9. „Zaskakujące oznaki wielkości" 386
10. Seks, kłamstwa i wideokasety 409
11. Woody ponownie wyciąga królika z kapelusza ... 462
12. Jaja ze stali 484
EPILOG Poruszyć cały świat 497

Filmografia 501
Bibliografia 510
Spis ilustracji 513
Indeks 514

Podziękowania

Oto osoby, którym pragnę wyrazić wdzięczność: Javier Aguirresarobe, Harlene Rosen Allen, Peter Bart, Elizabeth Beier, Jennifer Belle, doktor Maria Bergmann, doktor Michael Bergmann, Walter Bernstein, Andrew Blauner, Donna Brodie, Brad Burgess, Frank Buxton, Dick Cavett, Jerome Chanes, Lynn Cohen, Stephen Dixon, dr Gerald Epstein, Dini Evanier, Mark Evanier, Elaine Evans, Linda Fairstein, Michael Fiorito, Eva Fogelman, Jason Fraley, Dorothy Friedman, Vincent Giordano, Shelly Goldstein, Elliott Gould, Charles Graeber, Robert Greenwald, Eamon Hickey, J. Hoberman, Ilana Howe, Annette Insdorf, Neal Jesuele, Carol Joffe, Jerome Kogan, Andrew Krents, Judith Liss, Phillip Lopate, George Lore, David Lowe, Judith Malina, Ric Menello, Marilyn Michaels, Elliott Mills, Barry Mitchell, Theodore Mitrani, Craig Modderno, Micah Morrison, Bill Mullins, Mel Neuhaus, Diane O'Leary, Eric Pleskow, Norman Podhoretz, Craig Pomranz, Richard Powers, Tim Pratt, Dorothy Rabinowitz, Hugh Raffles, Kathleen Rogers, Francesca Rollins, Hillary Rollins, Jack Rollins, Susan Rollins, Cynthia Sayer, Jimmy Scalia, Richard Schickel, Stephen Schrader, John Simon, Sharon Simpson, Steve Stoliar, Heather Stone, Howard Storm, Juliet Taylor, Gary Terracino, Vicky Tiel, Lennie Triola, Paul Ventura, Jack Victor, Jeff Weatherford, Sid Weedman, Robert Weide, Alan Zweibel.

Specjalne podziękowania dla Donny Brodie, olśniewającej kierowniczki The Writers Room.

WSTĘP
Jak dotarłem do Woody'ego

Zadzwoniłem do drzwi.

Słyszałem od jego znajomego, że Woody nigdy nie przegląda poczty. Nie wiedziałem, czy to prawda, czy tylko plotka, ale chciałem się upewnić, że wie, iż pracuję nad jego biografią i mam do niego kilka pytań. Dlatego napisałem list, który zaniosłem do domu reżysera.

Sympatyczny jegomość wyjrzał z okna na piętrze i przyjrzał mi się. „Mam list dla pana Allena" – powiedziałem. „Proszę zaczekać" – odparł i po chwili otworzył drzwi. Uśmiechnął się i wziął ode mnie list. „Świetnie" – skwitował.

Udało się, to znaczy nie do końca, bo dotarłem i zarazem nie dotarłem do Allena.

W liście przedstawiłem się i poinformowałem Woody'ego, że rozmawiałem już z Jackiem Rollinsem, jego długoletnim menedżerem, a także z krytykami filmowymi: Johnem Simonem, Annette Insdorf i Richardem Schickelem, z bandżystką Cynthią Sayer, byłą członkinią zespołu Allena, oraz z Sidem Weedmanem, który oglądał Woody'ego w początkach jego kariery, gdy ten pisał i występował w kurorcie Tamiment w górach Pocono. Dodałem, że uważam *Zbrodnie i wykroczenia* i *Zeliga* za arcydzieła.

Dzień później otrzymałem e-mail od Woody'ego. (Podobno nie korzysta z poczty elektronicznej, toteż zakładam, że podyktował wiadomość swojej asystentce Gini).

Od tamtej pory utrzymywałem korespondencję z Allenem, wprawdzie w ograniczonym zakresie, wybierał on bowiem tylko te pytania, na które chciał odpowiedzieć, ale przez cały czas był nieodmiennie uprzejmy.

Doświadczenie zdobyte podczas pracy nad pięcioma biografiami nauczyło mnie pewnej zasadniczej rzeczy: publiczny wizerunek takiej postaci niewiele ma wspólnego z tym, jaka ona jest w rzeczywistości. Nikt tak bardzo jak Woody Allen, którego ekranowe wcielenie natychmiast i trwale zrosło się z jego prawdziwą osobowością, nie boryka się z problemem polegającym na tym, że wydaje nam się, iż doskonale go znamy. Nigdy nie zapomnę słów, które usłyszałem od Lenniego Trioli, nowojorskiego impresaria i producenta, kiedy rozpoczynałem pracę nad biografią Tony'ego Bennetta, najmilszego i najbardziej uroczego z ludzi. „Za tymi drzwiami czai się ogr" – powiedział Triola. Prawda czy nie, dało mi to dużo do myślenia. Woody Allen dodatkowo komplikuje sprawę, ponieważ spośród scenarzystów-reżyserów-aktorów jest najbardziej autobiograficzny; w wielu filmach garściami czerpie z własnego życia, równocześnie zarzekając się, że owszem, kilka szczegółów się zgadza, ale większość z nich wyolbrzymił i ubarwił. Jest jedynym hollywoodzkim komikiem, który w każdym gatunku filmowym – komedii, komedii romantycznej, satyrze, dramacie – nosi tę samą, niezmienną komediową maskę, a mimo to doskonale dopasowuje się do charakteru obrazu. Zawsze i wszędzie gra tę samą postać. Nikomu innemu to się nie udaje, tylko jemu. To naprawdę wyjątkowe. Groucho był zawsze Grouchem, kiedy w filmie dawał popis stand-upu w stylu Groucha. Stojąc przed publicznością, Jack Benny zawsze był Jackiem Bennym. Wszystkie filmy z Bobem Hope'em zasadzają się na numerach komediowych Hope'a. Zdaniem scenarzysty i reżysera Gary'ego Terracino, „współcześni komicy (na przykład Will Ferrell albo Adam Sandler) zmierzają w innym kierunku. W komediach są pełną gębą komikami, ale w dramatach pozbywają się tej maski i chcą udowodnić, że są «prawdziwymi aktorami»".

Tymczasem Woody jest Woodym we wszystkich swoich filmach, jest tą samą komiczną postacią, a jednak każdy jego obraz stanowi odrębną jakość. W odróżnieniu od Groucha, Hope'a i Benny'ego, Allen jest nie tylko aktorem, lecz również scenarzystą i reżyserem. Doskonale wie, jak umiejętnie wpasować swoją postać w opowiadaną historię. Film *Zelig* można odebrać jako zawoalowany komentarz Allena na temat własnej kariery i aktorstwa.

Woody wyrobił sobie markę i sprawuje całkowitą kontrolę nad swoimi filmami. „Zawiaduję wszystkim, naprawdę wszystkim – powiedział Johnowi Lahrowi. – Mogę zrobić taki film, na jaki będę miał ochotę. Na dowolny temat: zabawny albo poważny. Mogę obsadzić, kogo będę chciał. Mogę dotąd powtarzać ujęcia, aż będę zadowolony – o ile nie przekroczę budżetu. To ja sprawuję nadzór nad reklamami, zwiastunami, muzyką". Lahr spytał Allena, co by się stało, gdyby stracił on pełną kontrolę nad swoimi filmami. „Byłbym skończony" – odparł Woody. Nie wątpię, że mówił poważnie.

Allena jako artysty nigdy nie kusiło, żeby się sprzedać albo starać się prześcignąć samego siebie; nigdy też nie próbował przypochlebiać się ludziom sprawującym władzę. Zależy mu jedynie na tym, by móc wyrażać siebie w taki sposób, żeby nie mieć powodów do wstydu. Udaje mu się być na bieżąco bez hołdowania modom. Jest prawdziwym artystą, który niemal zawsze przedkłada tradycyjne opowiadanie historii ponad intelektualizowanie i posługiwanie się abstrakcją.

Jest niezwykłym zjawiskiem w historii amerykańskiego show-biznesu. John Ford, William Wyler, Charles Chaplin – wszyscy oni mają na koncie wielkie dzieła, ale w przeciwieństwie do Allena, twórczość żadnego z nich nie obejmuje pełnej palety emocji, od nieodparcie zabawnych obrazów po przejmująco, olśniewająco wzruszające.

„Czasem wydaje się, jakby Allen zgłębił wszelkie możliwe tęsknoty człowieka Zachodu – napisał Kent Jones w «Film Comment» – pragnienie ucieczki od rozczarowań teraźniejszością, przeniesienia do innej, bardziej satysfakcjonującej rzeczywistości, wytchnienia od znoju wspólnego istnienia, odnalezienia przeszłości, spełnienia miłości, odrobiny szczęścia".

„Podobny poziom osiągnął jedynie Chaplin – powiedział Gary Terracino – i też długo wytrwał przy swoim. Przez prawie trzydzieści lat cieszył się niebywałą popularnością na całym świecie. Ale nawet on, kiedy w późniejszym okresie życia porzucił postać trampa, stracił na popularności. Woody nigdy nie zerwał z Woodym".

Allen, podobnie jak Chaplin, jest „samoukiem, samotnikiem, melancholikiem i pedantem – napisał John Lahr. – Obaj są geniuszami komedii, którzy dają życie, niezbyt za nim przepadając".

W rozmowie z Lahrem Allen wskazał różnice między ekranowym wcieleniem Charliego Chaplina a własnym. „Ja zjawiłem się po Freudzie – powiedział – kiedy zainteresowanie publiczności przesunęło się na zagadnienia ludzkiej psychiki. Liczyło się wnętrze. Ludzi nagle zaciekawiła ich psyche. Chcieli wiedzieć, co się dzieje w umyśle".

„Ma niemal szekspirowskie wymiary – mówi o twórczości Allena Alan Zweibel, scenarzysta komediowy, znany z *Saturday Night Live*, *It's Gary Shandling's Show* i *Pohamuj entuzjazm*. – Wystarczy spojrzeć na liczbę jego filmów, sztuk, płyt. I na wszechstronność: pisanie, reżyserowanie, granie i całą resztę".

Allen jest pod każdym względem wyjątkowy, nie tylko w świecie kina, ale w ogóle w popkulturze i wśród celebrytów. Nie ma drugiego takiego jak on. Pokazuje bohatera, jakiego w filmach wcześniej nie widziano. „Woody Allen sprawił, że ludzie zaczęli mniej przejmować się własnym wyglądem – napisała Pauline Kael. – Zmienili podejście do stosowania przemocy, a także wyzbyli się lęków związanych z seksualnością i ogólnie wszystkim, co napawało ich niepokojem. Allen stał się nowym bohaterem Ameryki. Studenci podziwiali go i chcieli być tacy jak on".

Głębia i wielowarstwowość jego filmów zmuszają do oglądania ich wiele razy, zawsze bowiem znajdujemy w nich coś nowego. Jego związki z partnerami biznesowymi i relacje z aktorami cechuje uczciwość. Nie obchodzi go, że aktorka przekroczyła czterdziestkę. Nie dba o to, że aktor długo nie grał w filmach, tak jak Andrew Dice Clay, który u Allena wystąpił w *Blue Jasmine*. Żeby zagrać u Woody'ego, aktor nie musi być gwiazdą pierwszej wielkości. Allena nie interesuje, kto jest czyim agentem. Dla niego liczy się wyłącznie jakość. Nie jest przy tym łagodny i pobłażliwy. Nigdy nie będzie. Mówi w istocie: jestem artystą, więc traktuj mnie jak artystę.

Twórczość Allena dla wielu stanowi inspirację: bez *Zeliga* i *Wspomnień z gwiezdnego pyłu* nie byłoby *Borata* i *Brüna*, jak również dokonań Alberta Brooksa, Larry'ego Davida i Garry'ego Shandlinga. Allen był nową jakością, stał się wzorem dla całego pokolenia. „Starzy komicy byli zabawni, owszem – powiedział Alan Zweibel – ale kiedy pojawił się Woody: wow! To było coś zupełnie nowego. Nowa rzeczywistość, w której można mieszkać i jednocześnie opowiadać o niej. Stworzył własny świat i własną postać, a myśmy to kupili, tę niedorzeczną fantazję.

Pozwalałeś mu się nabrać – mówił dalej Zweibel – kiedy wmawiał ci, że w jego mieszkaniu nagle może zacząć padać deszcz. Wystarczyło spojrzeć na tego faceta i człowiek myślał: jasne, że akurat jemu mogło się to przytrafić. To było przezabawne. On uprawia komedię dla ludzi myślących. Kiedy więc czyni aluzję do Holokaustu, do filozofii, do jakichś ważnych kwestii, wtedy wiesz, że zostało powiedziane coś niebanalnego, że jest to głos w pewnej dyskusji. W żartach odnoszących się do jakiejś sytuacji wyczuwa się uczciwą inteligencję. Kiedy pisałem teksty do *Saturday Night Live* i nawet kiedy pracowałem nad *Garry Shandling Show*, razem z Garrym ubóstwialiśmy Woody'ego. Zastanawialiśmy się, co zrobiłby Woody w tej czy innej sytuacji".

Nikt tak regularnie nie przechodził w swej twórczości od wzniosłości do przyziemności. Allen jest gotów zaryzykować porażkę, aby poszerzyć i pogłębić formalny i treściowy aspekt swoich filmów.

„Kiedy patrzysz na całokształt jego twórczości – mówi Zweibel – widzisz, że musiał nakręcić ten albo tamten film po to, żeby móc stworzyć wielkie dzieło. Dostrzegasz jego rozwój jako scenarzysty, reżysera, filmowca, człowieka. Jednym z elementów procesu twórczego jest to, że czasem trzeba ponieść porażkę. Zdarzają się niewypały, ale one pozwalają tylko następnym razem lepiej trafić w cel. Dojście do wielkości wymaga postawienia wielu małych kroków. Kilka lat temu słyszałem, jak Rob Reiner mówi: «Każdy z nas robi to, co robi. Piszemy, kręcimy filmy, robimy to albo tamto. I oprócz nas jest jeszcze Woody». Miał rację. Woody stanowi klasę dla siebie.

Myślę o Carlu Reinerze, Woodym, Bucku Henrym, Larrym Gelbarcie – mówi dalej Zweibel. – Żaden z nich nie pisał tylko dla jednego medium. Tworzyli dla wszystkich. Bo byli pisarzami. Wymyślali coś, a potem zastanawiali się, w jakiej formie najlepiej to wyrazić: książki, sztuki, programu telewizyjnego, opowiadania w czasopiśmie. Woody jest jednym z nich. Skoro jesteś pisarzem, to pisz! – mówi. I niech to, co stworzyłeś, samo powie ci, czym chce być. Nie staraj się wtłoczyć tego w formę, do której nie pasuje. Istnieje jeden najlepszy sposób na opowiedzenie jakiejś historii. Niech to będzie trzystronicowe opowiadanie w «New Yorkerze». Albo, z jakiegoś powodu, niech wyjdzie z tego sztuka. To właśnie mówił nam Woody. W ponadczasowym opowiadaniu *Epizod z Kugelmassem* mamy mężczyznę po raz trzeci nieszczęśliwie żonatego. Ma gówniane życie, jest profesorem, czyta *Panią Bovary* i przenika do książki, bo uważa, że tam będzie mu lepiej! Woody z doskonałym wyczuciem wie, kiedy sam powinieneś użyć wyobraźni, przykładowo, czytając historię o Kugelmassie, a kiedy może to zrobić za ciebie i pokazać na ekranie, jak na przykład nad Nowym Jorkiem wisi głowa jego matki Żydówki, tak jak w *Zagładzie Edypa*. Czy to nie wymowne?".

Allen żyje w teraźniejszości, ale tematyka jego twórczości jest ponadczasowa: nawracające poczucie nierozwiązywalności problemów i smutek – i przelotne triumfy – ludzkiej egzystencji: „Wciąż wypływają te same rzeczy – powiedział. – Zaprzątają mi umysł i wiecznie szukam nowych sposobów, by je wyrazić. Co takiego powraca? Na pewno ponętność fantazji i okrucieństwo rzeczywistości. (...) Zawsze interesowały mnie nierozwiązywalne problemy: skończoność życia, poczucie bezsensu, desperacja, niemożność porozumienia. Trud zakochiwania się i podtrzymywania uczucia. Te rzeczy są dla mnie dużo ciekawsze niż... nie wiem, Ustawa o prawie do głosowania".

Allen był częścią zjawiska nazwanego przez pisarza i krytyka filmowego J. Hobermana „żydowską nową falą", która przetoczyła się przez Hollywood w latach 1967–1973, począwszy od roli Barbry Streisand w *Zabawnej dziewczynie*, a skończywszy na występie tej samej aktorki w *Tacy byliśmy*. W owym czasie

„niepodzielnie rządził żydowski humor. (...) Z tą nową żydowsko-amerykańską obecnością kulturową można było się zetknąć w kilkunastu filmach – wszystkie cechował bezczelny, czarny humor i satyra społeczna – portretujących (przeważnie) młodych, (czasem) neurotycznych i (w zasadzie) nie za bardzo godnych podziwu żydowskich (męskich) bohaterów, odciętych od korzeni, ale traktujących z pogardą Amerykę białej klasy średniej. Nienawiść do samego siebie mieszała się z egocentryzmem, narcyzm wydawał się nie do odróżnienia od osobistego wyzwolenia, zaś wyobcowanie było funkcją tożsamości". Hoberman miał na myśli *Producentów, Absolwenta, Bierz forsę i w nogi, Żegnaj, Kolumbie, Mojego anioła stróża, Kompleks Portnoya, Gdzie jest tatuś?, Kocham cię, Alicjo B. Toklas, Kida złamane serce* oraz *Żegnaj, Braverman*. Hoberman twierdził, że schyłek złotej ery wyznaczał *Kid złamane serce*: „Rdzennie żydowscy bohaterowie stracili wysoką pozycję, ale etniczna charakterystyka postaci utrzymała ją". Pękł worek z filmami nurtu blaxploitation[1] i włosko-amerykańskimi koprodukcjami. „Wraz z końcem żydowskiej nowej fali – napisał Hoberman – zniknął również miejski, znerwicowany antybohater. A raczej postać ta skumulowała się w osobie Woody'ego Allena – przynajmniej dopóki w latach dziewięćdziesiątych nie przedzierzgnęła się w mniej już zgryźliwego mądralę z telewizyjnych sitcomów".

Allen otwarcie przyznawał się – i nadal się przyznaje – do swojego żydostwa; robił to również w czasach, kiedy jego ziomkowie dopiero zyskiwali status gwiazd kina. Żydzi byli efekciarskimi, niemal parodystycznymi komikami (Groucho Marx) albo pozowali na członków białej anglosaskiej elity (Lauren Bacall, John Garfield). Allen był żydowską gwiazdą filmową i nie

---

[1] Powstały i popularny w Stanach Zjednoczonych w latach siedemdziesiątych XX wieku (najczęściej) niskobudżetowy nurt kina afroamerykańskiego przeznaczony dla afroamerykańskiej publiczności (wszystkie przypisy pochodzą od tłumacza).

przepraszał za swoje pochodzenie, przez co reprezentował nową, dopiero kształtującą się, wielokulturową Amerykę.

Już w 1969 roku Allen był otwarcie apolityczny, choć jego zwolennicy przypisywali mu te przekonania, które akurat sami wyznawali. W wywiadzie udzielonym wiele lat przed nakręceniem *Zeliga* wyraził swój lekceważący stosunek do rock'n'rolla, Woodstocku i owczego pędu utopijnych, prowadzących do faszyzmu ruchów politycznych i opowiedział się za odrębną, niezależną wizją artystyczną. „Kiedy kręciłem *Zagraj to jeszcze raz, Sam* – powiedział Robertowi B. Greenfieldowi – nie poszedłem do pracy w Moratorium Day[2], bo miałem swoje powody. Dzieciaki podchodziły i mówiły: «O, super, stary». Mam wrażenie, że dziś wyjątkowo łatwo dorabiać gębę różnym sprawom. Dzieciaki dają się wykorzystywać. W ostatnich dziesięciu latach wielu zarobiło miliony na prochach, płytach i ciuchach. Muzyka jest za łatwa. Podoba mi się, ale te ich wymówki, żeby nie czytać, żeby nie myśleć... a potem zwalają wszystko na McLuhana i tę jego globalną elektroniczną wioskę. Poszedłem obejrzeć *Woodstock*. Siedzący przede mną chłopak powtarzał w kółko: «Piękne, piękne», jakby próbował sam siebie przekonać. John Sebastian zaczyna śpiewać piosenkę o dzieciakach i nagle wszyscy wrzeszczą. Nie ma w tym ani grama wyczucia, ani prawdziwej sztuki. Prawda jest taka, że w żadnym okresie dziejów nie żyło jednocześnie tak wiele wyjątkowych jednostek. Większość ludzi polega na tej, którą akurat ma pod ręką, i prosi ją o wskazówki".

„Woody okazał się komikiem i filmowcem o przełomowym znaczeniu, choć nigdy nie zależało mu na obaleniu dawnego porządku – powiedział Gary Terracino. – Robił swoje i był w tym na wskroś nowoczesny – nie był jednak ani hipisem, ani rewolucjonistą, ani nawet hollywoodzkim lewakiem. Miał nowe, świeże

---

[2] Piętnasty października 1969 roku, dzień licznych manifestacji zwolenników zakończenia wojny w Wietnamie.

podejście i zarazem nie był niebezpieczny; był wielkim artystą, ale bardzo przystępnym; był nowatorski, ale niegroźny".

Pauline Kael należała do najbardziej porywających krytyków filmowych; jej entuzjazm dla kina, które zdawało się być całym jej życiem, udzielał się czytelnikom „New Yorkera". Czy ktoś inny mógł zatytułować swoją książkę w dwuznaczny sposób – *I Lost It at the Movies*[3] – i nie wywołać tym żadnego zdziwienia u odbiorców? (Czemu nie? Przecież często jej teksty sprawiały wrażenie niemal ekstatycznych). „Filmami można się upajać – napisała w 1990 roku. – Nasze emocje wybiegają na spotkanie siły bijącej z ekranu i potem, gdy wracamy do kina, ponownie jej łakną". Była jednym z nielicznych krytyków zdolnych do wielkiej przenikliwości, jak również potrafiła pisać urzekające zdania, całkowicie się myląc; tak bardzo pozwalała porwać się emocjom, że nieraz pociągała za sobą czytelnika. (Allen powiedział reżyserowi Peterowi Bogdanovichowi, że „Kael ma wszystko, co powinien mieć dobry krytyk – poza umiejętnością oceny"). Pisała tak, że czasem miało się wrażenie, jakby czytało się powieść, a nie recenzję; wybaczało jej się, kiedy się myliła, ponieważ tworzyła własny wszechświat. Nazwała *Bierz forsę i w nogi* „słabiutką, acz pogodną komedyjką, miękką jak tenisówki". Bzdura, ale co za określenie! W 1980 roku napisała rozsądniej:

> Woody Allen, dawniej chodzący kompleks niższości, przybliżył całemu krajowi uczucia tych, którzy wiedzieli, że nigdy nie osiągną przenikającego ich życie ideału doskonałości według białej, anglosaskiej elity. Grał bystrego, pozbawionego wiary w samego siebie człowieczka, miejskiego odmieńca,

---

[3] Tytuł książki można przetłumaczyć po prostu jako „zatraciłam się w kinie", ale zapytana o znaczenie tytułu i o to, co konkretnie straciła (*lost*) w kinie, Kael odpowiedziała: „W kinie można stracić niewinność – na wiele sposobów" (za Wikipedią).

który dygotał na samą myśl o bójce, bo fizycznie w żaden sposób nie był w stanie dorównać wielkim, silnym, milczącym mężczyznom – prawdziwym mięśniakom. Zresztą wielcy, silni faceci też wiedzieli, że nie są w stanie dorównać mitom. Allen, uzewnętrzniając swój neurotyczny lęk przed praktycznie wszystkim, zdawał się mówić również w imieniu tych mężczyzn. W latach czterdziestych i pięćdziesiątych, kiedy Bob Hope grywał tchórzliwe postaci, jego tchórzostwo nie wybrzmiewało politycznym ani seksualnym echem, ale za to pod koniec lat sześćdziesiątych i w latach siedemdziesiątych, kiedy Woody Allen obnosił się ze swoim panikarstwem, zdawał się ucieleśniać cały ówczesny klimat antymacho. W tamtych czasach niechlujności i owłosionej kontrkultury Amerykanie przestali próbować dostosowywać się do wizerunku, do którego mogło się zbliżyć niewielu z nich. Dzięki Woody'emu Allenowi ludzie ci zaczęli swobodniej podchodzić do kwestii swojego wyglądu, do poglądów na stosowanie przemocy, do lęków związanych z seksualnością i do wszystkiego, co wzbudzało w nich niepokój. Stał się nowym bohaterem narodowym. Studenci podziwiali go i chcieli być tacy jak on.

Zdaniem biografa Kael, Briana Kellowa, uważała ona, że mimo przytyków pod adresem National Rifle Association of America (Krajowe Stowarzyszenie Strzeleckie) i administracji Nixona w *Śpiochu* oraz popularności wśród młodych ludzi, Allen „nie był ani trochę wywrotowcem. Wręcz przeciwnie: był zanadto odmieńcem, aby stać się prawdziwym bohaterem ruchu młodzieżowego, poza tym odczuwał głęboką i pełną uwielbienia nostalgię za tradycyjną popkulturą". Allen zetknął się z Kael na gruncie towarzyskim podczas zdjęć w Kalifornii i korespondował z nią. Wysłał jej scenariusz *Wszystkiego, co chcielibyście wiedzieć o seksie, ale baliście się zapytać* z prośbą o sugestie i krytyczne uwagi. „Nie bał się z nią nie zgodzić" – napisał Kellow, i niestrudzenie podtrzymywał znajomość. „Wiedział też, że [Kael] zawsze wysłucha go ze zrozumieniem, ilekroć [Allen] poskarży jej się na upokorzenia, jakich doświadczają utalentowani reżyserzy w Hollywood, tak jak latem 1973 roku, kiedy w liście do niej opisał dławiące Fabrykę Snów twórcze bankructwo".

Kael, Żydówka, z początku polubiła Allena i Streisand, bo jako żydowscy aktorzy oboje byli zabawni i rubaszni. (Podobał jej się też Dustin Hoffman). Naskoczyła na Allena, kiedy ten okazał pewność siebie, zasymilował się i związał z szyksą. Podobny stosunek miała do roli Hoffmana w *Absolwencie*. Jeszcze w latach osiemdziesiątych niemiłosiernie krytykowała Allena za portretowanie Żydów jako klaunów i szaleńców, przywołując scenę, w której bohater *Annie Hall* podczas posiłku z rodziną Annie przeżywa retrospekcję i wraca wspomnieniami do własnej, żydowskiej familii. Kael, jak zwykle, wykazała się przenikliwością. Allen poszedł jednak o krok dalej i odtworzył tę scenę – pokazującą postaci z teraźniejszości wkraczające do przeszłości – dziewięć lat później w *Zbrodniach i wykroczeniach*, w których sportretował poważną i prawdziwą rodzinę żydowską. Allen, żarliwy ateista – od swoich najwcześniejszych dzieł podnosił bunt przeciwko judaizmowi – potrafił pokazać ortodoksyjną żydowską rodzinę z szacunkiem i wręcz żalem, że nie potrafi dzielić z nią optymistycznej wiary w istnienie żywego i pełnego współczucia Boga.

Kael zacytowała Michała Anioła, który zauważył, że „ten, kto kroczy za innymi, nigdy nie posunie się naprzód". Dodała, że istnieją dwa archetypy wielkich reżyserów. Pierwszy to Jean Renoir, którego charakteryzują „mistrzowska prostota i dyskretny styl. [Renoir] pomaga ludziom odnaleźć własną drogę. Nie trzeba przy tym iść dokładnie w jego ślady, ponieważ swoją twórczością otwiera nieskończoną liczbę dróg". Renoir przeciera szlaki i daje przykład do naśladowania. Drugim jest Jean-Luc Godard, „podążanie za którym prowadzi do unicestwienia. Inni filmowcy dostrzegają nierozwagę, dynamikę i ekspresyjność jego złożoności, cały czas mają jej świadomość i uwielbiają ją, bo, oczywiście, mają do tego prawo. Ale nie mogą pójść za nim. Muszą znaleźć inną drogę, bo [Godard] zostawia za sobą spaloną ziemię". W tym sensie Allenowi bliżej do Renoira. Zmienił popkulturę i wpłynął na Hollywood na mnóstwo sposobów.

Komediowa maska Allena sprawdza się we wszystkim, co robi. Virgil w *Bierz forsę i w nogi*, Isaac w *Manhattanie*, Mickey w *Hannah i jej siostrach*, Cliff w *Zbrodniach i wykroczeniach*, Boris w *Miłości i śmierci*, Fielding Mellish w *Bananowym czubku*, Danny w *Dannym Rosie z Broadwayu*, Sandy Bates we *Wspomnieniach z gwiezdnego pyłu*, Joe we *Wszyscy mówią: kocham cię*, Sheldon w *Zagładzie Edypa*, Alvy w *Annie Hall* – wszędzie widzimy totalnego panikarza, oglądamy postać, która nie cierpiała szkoły i nie znosi robali, wsi, słońca, świerszczy, kokainy, pretensjonalnych intelektualistów, newage'owych panaceów, śmierci, Los Angeles, marihuany, urządzeń mechanicznych, rock'n'rolla, hipisów, prawicowych fanatyków, nazistów i przeziębienia. Gdyby ktoś jeszcze miał wątpliwości, czy filmy Woody'ego pozwalają choć trochę zajrzeć do jego świata, niech przeczyta tę zapadającą w pamięć i niepokojącą odpowiedź na zadane przez Stiga Björkmana, szwedzkiego filmowca i dziennikarza filmowego, pytanie o to, jak stosunek Borisa z *Miłości i śmierci* do opozycji miasto-wieś ma się do osobistych poglądów Allena: „Kiedy zachwycasz się pięknem natury, widzisz tylko uroczą, idylliczną scenę. Jeśli jednak przyjrzysz się bliżej, zobaczysz coś naprawdę strasznego, zobaczysz przemoc i chaos, kanibalizm i zbrodnię"[4]. Możesz dostrzegać piękno miasta, ale z bliska ujrzysz „toczącą je zarazę, zobaczysz ludzkie nieszczęście, ohydę i grozę"[5].

---

[4] *Woody według Allena. Z reżyserem rozmawia Stig Björkman*, przeł. Anita Piotrowska, Znak, Kraków 1998, s. 93.

[5] Tamże.

Ta postać nierzadko ma obsesję na punkcie Holokaustu, ale też może postrzega obóz koncentracyjny jako metaforę zwykłego ludzkiego życia. Bo przecież ostatecznie każdy z nas obraca się w proch. Wiemy, że uznaje życie za pozbawione sensu, a miłość za stan przejściowy, bo „przemija". Wiemy, że ten osobnik nigdy nie wziąłby prysznica w obecności innych mężczyzn „tej samej płci". Po wszystkich jego filmach spodziewamy się opowieści o związkach, w których „serce jest na bakier z logiką": bohater pała namiętnością do kogoś, kto go odrzuca; z kolei ten ktoś kocha się żarliwie w innej osobie, która także go odpycha. Ktoś, kto jest namiętnie pożądany, zawsze namiętnie pożąda kogoś innego. Wszyscy oglądają się przez ramię.

Wiemy, że Allen uwielbia Ingmara Bergmana, Marcela Ophülsa, Franka Sinatrę, Jeana Renoira, Antoniego Czechowa, Louisa „Satchmo" Armstronga, koszykówkę, Fiodora Dostojewskiego, Sidneya Becheta, *Rashomona, Dzieci ulicy, 400 batów* i *Złodziei rowerów*, i że fascynują go magia, media, wróżki i seanse spirytystyczne, nawet jeśli ma do nich ambiwalentny stosunek, deszczowe, ponure dni, zawsze i całym sercem muzyka Nowego Orleanu, amerykańska klasyka Gershwinów, Irvinga Berlina, Cole'a Portera i spółki, a także nerwowe, neurotyczne, szalone kobiety, pary sióstr, „polimorficznie perwersyjne" panie i w ogóle młode, piękne niewiasty wszelkiej rozmaitości. Przypomni nam, że z pogardą traktuje swój talent komika – „moim przekleństwem jest poza klauna (…) wyżej cenię muzę tragedii niż muzę komedii" – że tylko dramat uważa za naprawdę poważną formę sztuki – „żałuję, że nie urodziłem się wielkim tragikiem" – i że uznaje siebie za niespełnionego artystę, ponieważ nie stworzył niczego tak wielkiego i wzniosłego, jak dzieła Ingmara Bergmana, Federica Felliniego, Vittoria De Siki, Roberta Rosselliniego albo, z innej dziedziny, Tennessee Williamsa, Eugene'a O'Neilla i Arthura Millera, a zwłaszcza *Śmierci komiwojażera*. W 2002 roku Sarah Boxer, w relacji dla „New York Timesa" z występu Allena w nowojorskim klubie 92nd Street Y, przytoczyła jego słowa: „Nie narzekam. Cieszę się, że w ogóle mam jakiś talent. Ale chciałbym stworzyć coś wielkiego". I dalej: „Nie jestem przesadnie skromny. Kiedy zaczynałem, miałem bardzo ambitne plany. I nie zrealizowałem ich. Zrobiłem kilka rzeczy, które są naprawdę świetne. Ale widziałem swoją gwiazdę dużo wyżej na artystycznym firmamencie. Doskwiera mi to, tym bardziej że miałem sposobność, ale nie wykorzystałem jej. Jedyną przeszkodą na drodze pomiędzy mną a wielkością jestem ja sam".

Ale przecież zarówno Tennessee Williams, jak i Arthur Miller wypalili się po tym, jak ich talent dramaturgiczny rozbłysnął jasnym płomieniem; tak samo O'Neill, choć ten powrócił triumfalnie pod koniec życia, pisząc *Zmierzch długiego dnia*, *Przyjdzie na pewno* i *A Moon for the Misbegotten*. Za to Allen płynął równym kursem.

Allen szanuje (ale nie jest jej namiętnym fanem) amerykańską komedię *Podróże Sullivana* Prestona Sturgesa. W tym obrazie bohater, reżyser filmowy, dochodzi do wniosku, że komedia jest szlachetną formą sztuki, ponieważ w świecie pełnym bólu i cierpienia pozwala ludziom na złapanie oddechu i daje im krótkie chwile szczęścia i wytchnienia. Allen lubi ten film, ale jego zdaniem prawdą jest coś zgoła przeciwnego: komedia to ustępstwo, kompromis z rzeczywistością, który czyni ją drugorzędną – cukierek zamiast treściwej strawy dla duszy. (Kentowi Jonesowi powiedział, że zakończenie *Podróży Sullivana* było „komercyjnym wykrętem, ponieważ życie nie ma zakończenia ani rozwiązania. To niezasłużony optymizm"). W 1987 roku w rozmowie z Michiko Kakutani z „New York Timesa" Allen powiedział: „Kiedy byłem młodszy, lubiłem komików. Ale kiedy zacząłem czytać poważniejsze rzeczy, polubiłem poważniejszych pisarzy. Straciłem wówczas zainteresowanie komedią, lecz odkryłem, że potrafię ją tworzyć. Dziś ten gatunek nieszczególnie mnie ciekawi. Przypuszczam, że gdybym miał ułożyć listę swoich piętnastu ulubionych filmów, nie znalazłaby się na niej ani jedna komedia. Choć to prawda, że niektóre filmy komediowe uważam za wspaniałe".

W kwestii własnej twórczości ma wysokie aspiracje, ale boi się je spełnić. Powiedział, że celuje w poziom *Zmierzchu długiego dnia* O'Neilla, ale obawia się, że wyjdzie mu opera mydlana *Edge of Night*. „Mam nieustanne pragnienie dążenia do magicznej chwili – zaczyna – ale w końcu i tak..." – zniechęcony, nie potrafi dokończyć zdania. W książce *Rozmowy z Woody Allenem* wyznaje Erikowi Laksowi: „Mam bardzo realistyczny pogląd na swoją osobę. Czasem ludzie uważają, że przesadzam albo że przemawia przeze mnie fałszywa skromność, gdy mówię, że nie nakręciłem jeszcze wielkiego filmu. (...) Nie uważam siebie za artystę. Postrzegam siebie jako zapracowanego filmowca. (...) Nie jestem cynikiem i daleko mi do artysty. Jestem po prostu zadowolony z tej harówki"[6]. W wywiadzie udzielonym „Paris Review" w 1995 roku w jeszcze bardziej pesymistycznym tonie wypowiedział się na temat własnych twórczych ograniczeń:

> Mówię to bez fałszywej skromności: nie stworzyłem niczego naprawdę znaczącego, w żadnym medium. Czuję to wyraźnie. Siedzimy i rozmawiamy, powiedzmy, o Faulknerze, o Updike'u i Bergmanie, a dla mnie to oczywiste, że nie mogę mówić o sobie w takich kategoriach, w jakich mówię o nich. Czuję, że wszystko, co do tej pory zrobiłem, jest jak... sałata, na której kładzie się hamburgera. Myślę, że gdybym był w stanie do końca życia stworzyć jeszcze dwa albo trzy naprawdę znaczące dzieła – nakręcić świetny film, napisać kapitalną sztukę albo coś w tym stylu – wtedy wszystko, co zrobiłem

---

[6] Eric Lax, *Rozmowy z Woody Allenem. Rozmowy z lat 1971–2007*, przeł. Jarosław Rybski, Axis Mundi, Warszawa 2008, s. 144.

wcześniej, byłoby ciekawe jako utwory dokumentujące rozwój. Tym właśnie są moje dzieła: oprawą czekającą na klejnot.

Niektórzy krytycy zgadzają się z tą samooceną, inni idą jeszcze dalej i na podstawie wieku Woody'ego wyliczają (nikłe) prawdopodobieństwo, że kiedyś uda mu się dopiąć swego. „Według mnie Allen nie wykorzystuje w pełni swoich możliwości – usłyszałem od J. Hobermana. – Zbyt szybko kręci filmy, przez co mam poczucie, że nawet jeśli jest w nich jakaś głębia, to jej nie widać".

Wielu ma inne zdanie. Kiedy zapytałem krytyczkę i historyczkę filmową Annette Insdorf, kierowniczkę studium filmowego na nowojorskim Uniwersytecie Columbia i autorkę *Indelible Shadows*, doniosłego opracowania na temat filmów o Holokauście, w którym omówiła dokonania Allena wśród dzieł amerykańskich reżyserów, odpowiedziała mi: „Zasłużył sobie na miejsce w panteonie. Podobnie jak w przypadku Clinta Eastwooda, postać, którą gra, stała się częścią naszej kultury. Obaj ci aktorzy, i zarazem muzycy, niechętnie grywają w filmach innych twórców; zostali płodnymi i sprawnymi reżyserami. W wywiadzie, którego udzieliłam na potrzeby *American Masters* [poświęcony Allenowi odcinek tej produkowanej przez PBS serii nosił tytuł *Reżyser: Woody Allen*], przyrównałam go do Chaplina i Orsona Wellesa – wszyscy trzej są prawdziwymi artystami, którzy dzięki swym filmowym maskom stali się rozpoznawalni wśród publiczności.

Sądzę, że Allen – podobnie jak przed nim Preston Sturges i Billy Wilder – jest scenarzystą i reżyserem mówiącym odrębnym głosem, zaś jego satyra ma znaczną siłę. Cenię go za świadomy i zaprawiony kroplą goryczy ton, w jakim się wypowiada. Na jego najlepszych filmach można uczyć sztuki prowadzenia opowieści w kinie. Nic dziwnego, że on i François Truffaut stworzyli towarzystwo wzajemnej adoracji".

Kiedy powiedziałem Allenowi, że John Simon, który kiedyś w niezwykle ostrym tonie wypowiadał się o niektórych jego wczesnych filmach, ponownie ocenił te obrazy i przyznał im wartość, Woody odparł:

> Zawsze lubiłem Johna Simona. Prawdę mówiąc, jest jedynym krytykiem, którego nadal szanuję i lubię jako osobę, ilekroć się spotykamy, mimo że przez lata bardzo negatywnie oceniał moje dokonania. Jest człowiekiem tak opryskliwym, że doprawdy trudno zapałać do niego sympatią, ale zawsze lubiłem go czytać i nigdy nie miałem mu niczego za złe, chociaż znajomi mówili, że często krytykował moje filmy. Nawiasem mówiąc, ani trochę nie wierzę w to, że na nowo spojrzał na moje dzieła i teraz je chwali. Niemniej jest interesującym, bardzo inteligentnym i wnikliwym krytykiem, którego przyjemnie się czyta, a także dość sympatyczną osobą, pomimo tej jego nieznośnej pogardy dla niedoskonałości.

W odpowiedzi wysłałem mu fragmenty komentarzy otrzymanych od Simona, w których ten rzeczywiście ponownie przygląda się niektórym filmom Allena i ocenia je bardziej pozytywnie niż dawniej. Woody odpowiedział: „Dziękuję, że zechciał pan podzielić się ze mną uwagami Johna Simona. Podobno zawsze surowo oceniał moje dokonania, sądzę jednak, że być może ostrość jest wskazana, pomaga bowiem pisarzom, reżyserom i aktorom zachować uczciwość". (Allen, rzecz jasna, doskonale pasuje do wszystkich tych trzech kategorii).

„Jak dotąd nie nakręcił ani jednego wybitnego filmu – stwierdził Simon. – Ale powiedzmy, że dostateczna liczba naprawdę dobrych obrazów składa się na jeden albo dwa wybitne. To niezwykłe, jak on je produkuje: jeden za drugim, jeden za drugim. Nie robi ich według określonego wzorca. Allen jest świadom otaczającego go świata i zwraca uwagę na to, co się dzieje dokoła".

Twarz Isaaca w końcówce *Manhattanu* to pomieszanie nadziei i lęku przed wyjazdem Tracy; mina Danny'ego Rose'a z Broadwayu, kiedy Lou Canova oznajmia mu, że zaczyna nowe życie; propozycja, którą Alvy Singer składa Annie Hall na pierwszej randce, żeby od razu się pocałowali, wtedy będą mieli to z głowy i kiedy pójdą coś zjeść, lepiej będzie im się trawiło; sylwetki siedzących na ławce Isaaca i Mary, rysujące się o zmierzchu na tle mostu przy Pięćdziesiątej Dziewiątej Ulicy; mina Cliffa, kiedy dowiaduje się o ślubie Hallie i Lestera w *Zbrodniach i wykroczeniach*; Annie Hall śpiewająca *Seems Like Old Times*; zapadające w pamięć słowa o nadziei, wypowiedziane przez profesora Leviego pod koniec *Zbrodni i wykroczeń*; taniec Steffi nad Sekwaną we *Wszyscy mówią: kocham cię*. I mnóstwo innych. Oto niezatarte wspomnienia, sceny, które pozostaną w nas do końca życia. We wszystkich tych filmach Allen był scenarzystą, reżyserem oraz aktorem.

Woody jest zafiksowany we własnej samotności. „Jest bardzo zamknięty w sobie – napisał we wspomnieniach *When the Shooting Stops* montażysta Ralph Rosenblum. – Bardzo skryty, niezwykle – czasem wręcz nieznośnie – opanowany. Podkreśla się jego zgryzoty i wiele pisze o psychoanalizie, której poddaje się od dwudziestu lat, ale jedynie wąskie grono najbliższych mu osób zna szczegóły jego bólu". Jest powściągliwy, zdystansowany i smutny, ale jest też wielkoduszny, uprzejmy, współczujący i wrażliwy. *Danny Rose z Broadwayu*, jeden z jego najlepszych, najbardziej osobistych i najgłębiej przeżywanych filmów, jest portretem Allena, jakim ten mógł się stać, gdyby poszedł inną drogą: impresaria nieudacznika, funkcjonującego na peryferiach show-biznesu, przeciwieństwa prawdziwego Woody'ego. Pewne cechy Danny'ego Rose'a stanowią jednak odzwierciedlenie filozofii i moralności Allena: lojalność wobec tych, którzy mu pomagali, sentyment do człowieka, który uratował mu życie: Jacka Rollinsa, który nie szczędził innym wsparcia – i przede wszystkim pomógł samemu Allenowi. Nie ma tu miejsca na chłód, jest za to mnóstwo ciepła, również dla zmagających się z losem mieszkańców obrzeży show-biznesu, starych artystów rewiowych, iluzjonistów, żonglerów, stepujących tancerzy, wszystkich tych, którzy brali udział w Keith Vaudeville Circuit i występowali w hotelach w górach Catskill. Kiedy brzuchomówca zostaje pobity przez gangsterów z powodu nieuwagi Danny'ego, ten odwiedza go w szpitalu i nalega, że zapłaci za leczenie. Robi to prosto i bez udawania. Tak nakazuje mu jego kodeks moralny. Allen nie idealizuje nieudaczników, lekko się z nich naśmiewa, ale w gruncie rzeczy ich kocha.

Niewielu scenarzystów cytuje się tak często jak Allena. Przykład tego, że Allen trzyma rękę na pulsie i że wciąż obowiązuje etos społeczny jego liberalnej publiczności, mieliśmy, kiedy w październiku 2014 roku David Greenglass, brat Ethel Rosenberg, którego zeznania przeciwko własnej siostrze i jej mężowi przyczyniły się do posłania jej na krzesło elektryczne, zmarł w wieku dziewięćdziesięciu dwóch lat. „New York Times" wydrukował na pierwszej stronie nekrolog Greenglassa i zakończył go znanym cytatem z Allena, zaczerpniętym ze *Zbrodni i wykroczeń*; bohater grany przez Woody'ego z sarkazmem mówi tam o Lesterze (w tej roli Alan Alda), swoim napuszonym szwagrze: „Kocham go jak brata – David Greenglass". Allen jest jedną z najczęściej cytowanych postaci związanych z kulturą. Nawet aluzje do aktualnych wydarzeń, rzadko wprawdzie padające z jego ust – Allen jest bowiem rzeczywiście apolityczny (jego przyjaciel Marshall Brickman powiedział, że kiedy Woody był młodszy i protestował przeciwko egzekucji Rosenbergów, liczył, że kiedyś uda mu się zostać agentem FBI) – nigdy się nie dezaktualizują, zawsze są celne, niezrównanie zabawne i nie do podrobienia.

Allen opiewał Nowy Jork w czasach, gdy miasto czuło niepewność i wątpiło w siebie. Uważał, że to wspaniałe miejsce, nawet kiedy słynny komentator sportowy Howard Cosell ogłaszał:

„Panie i panowie, Bronx się pali!". W kulminacyjnym momencie *white flight*[7] Allen stwierdził: „Nigdzie się nie wybieram. Niby czemu ludzie mieliby stąd wyjeżdżać?".

Co jeszcze wiemy o Allenie? To mianowicie, że namiętnie i bezwarunkowo kocha romantyczną miłością i opiewa Manhattan – zwłaszcza jego bogatą część – wraz z mieszkańcami, „tę mieszczańską bańkę", jak to nazywa J. Hoberman; uwielbia Manhattan, który oglądał w hollywoodzkich produkcjach z lat trzydziestych i czterdziestych, Upper East Side, rozciągającą się od Pięćdziesiątej Dziewiątej do Dziewięćdziesiątej Szóstej Ulicy, i Central Park, szczególnie miejsce, w którym w *Manhattanie* jedzie z Mariel Hemingway dorożką i które ujrzał po raz pierwszy jako mały chłopiec, oglądając scenę z Jamesem Stewartem śpiewającym *Easy to Love* w *Urodzonej do tańca* z 1936 roku.

Jest realistą, jeśli chodzi o upodobanie do idealizowania ukochanego Manhattanu. „Mam skłonność do idealizowania ludzi i bohaterów kultury, a także wyspy Manhattan – powiedział w 1986 roku. – Nigdy z tego nie wyrosłem. Nowy Jork nie wygląda tak, jakim go pokazałem w *Manhattanie*. Wiem, że jeśli chcesz o drugiej albo o trzeciej w nocy posiedzieć na ławeczce przy moście przy Pięćdziesiątej Dziewiątej Ulicy, narażasz się na niebezpieczeństwo. Zastanawiałem się, czy nie zrobić sceny z Mariel Hemingway, w której jedziemy dorożką przez Central Park, a w tle słychać krzyki i wezwania: «Ręce do góry! Ręce do góry!», ale w końcu zdecydowałem się na romantyczną przejażdżkę przy muzyce Gershwina. Skłaniam się zatem ku tworzeniu chwil eskapistycznej doskonałości. Kiedy kręciłem *Manhattan*, chodziłem i szukałem odpowiednich lokalizacji, i trudno mi było znaleźć miejsca nietknięte przez rozkład. (...) Byłem bardzo wybredny. To samo powtórzyło się przy *Hannah*,

---

[7] Dosłownie „ucieczka białych". Zjawisko migracji białych mieszkańców Ameryki z niejednorodnych rasowo miast na bardziej jednolite pod tym względem tereny podmiejskie i wiejskie.

w końcu wybrałem najlepsze miejsca. Pokazałem miasto takim, jakie chciałbym, żeby było, i jakie nawet dziś może być, jeżeli zadasz sobie trud chodzenia właściwymi ulicami".

W wywiadzie z 2008 roku rozwinął opowieść o romansie z Manhattanem. Nic się nie zmieniło w jego postawie. Kiedy Allen przeskakuje z Times Square na Bank Street w Greenwich Village, a potem na Piątą Aleję i na Central Park West, wtedy wręcz czuje się intensywność i ekscytację miłością do miasta – miłością, którą poczuł po raz pierwszy, kiedy będąc małym chłopcem, pojechał z ojcem do centrum. Oto, co powiedział w rozmowie z Jamesem Kaplanem z magazynu „New York":

> Zawsze żałowałem, że urodziłem się zbyt późno, żeby zobaczyć Nowy Jork w latach dwudziestych i trzydziestych, ponieważ po wybuchu wojny nastąpiła degeneracja miasta. Zamknięto wiele lokali, powoli zaczęły narastać kłopoty wynikające z konieczności wypłacania wysokich zasiłków w ramach opieki społecznej, dały o sobie znać problemy z narkotykami i przestępczością, telewizja zatrzymała mieszkańców w domach i miastu po prostu zabrakło życia, którym tętniło wówczas, gdy na Broadwayu grano sztukę za sztuką i istniało mnóstwo nocnych klubów, do których można było pójść.
>
> Kiedy byłem mały, mieszkaliśmy na Brooklynie, pół godziny pociągiem od centrum. Na początku lat czterdziestych ojciec zabierał mnie w niedziele na Manhattan. (...) Szliśmy, rozglądając się, w stronę Times Square i wszędzie dokoła widzieliśmy wielkie, rozświetlone afisze (...) po obu stronach Czterdziestej Drugiej Ulicy i na Broadwayu. Nigdy w życiu nie widziałem czegoś takiego. Kino za kinem, wszystkie jasno oświetlone, w niektórych grano spektakle na żywo, a ulice pełne były żołnierzy i marynarzy, bo działo się to w czasie wojny. Gdyby jakiś choreograf miał wymyślić układ do baletu

o Nowym Jorku, uwydatniłby właśnie te szczegóły. Byli tam faceci sprzedający marionetki, tańczące, jakby były żywe, a nie poruszane za pomocą nitek, i marynarze podrywający dziewczyny przy stoiskach z owocami. To było niezwykłe, kiedy się na to wszystko patrzyło. (…)

Myślę, że Paryż jest jedynym miastem, które może rywalizować z Nowym Jorkiem. Jest piękniejszy, ale nie tak fascynujący. Nadal wyobrażam sobie, że w apartamentach przy Piątej Alei i w domach z czerwonej cegły przy Bank Street i Central Park West rozgrywają się miliony ciekawych zdarzeń. Nigdy nie miałem wrażenia, że intensywność tego miasta osłabła, ono nadal niesamowicie tętni życiem. Na Manhattanie, na tej tłocznej wysepce, wiecznie coś się dzieje.

Allen/Isaac uwielbia Manhattan bezwarunkowo. Mówi jednak o intelektualnym upadku miasta, o problemach „wygodnej" kultury oraz skłonności do „pójścia na łatwiznę". Ponieważ w młodości czytał wyłącznie komiksy i dość późno zainteresował się filozofią, sztuką i literaturą, dziś z szacunkiem odnosi się do tych, których uważa za „myślicieli" – artystów, filozofów, Marshallów McLuhanów – i którzy regularnie biadają nad pogarszaniem się jakości amerykańskiej kultury. Allen utrzymuje, że nie czerpie przyjemności z lektury poważnej literatury. I wciąż ma w związku z tym wyrzuty sumienia. Kłania się „intelektualistom" i tak jak Alvy Singer wzdryga się na myśl o rzuceniu wyzwania wielkim umysłom, tak jak robi to w *Annie Hall* stojący w kolejce do kasy nowojorskiego kina płytki nauczyciel akademicki, który szydzi z Felliniego i McLuhana. (Alvy musi przywołać prawdziwego McLuhana, aby ten utemperował pedanta – oczywiście ani Alvy, ani Allen sami nie zdobyliby się na przeczytanie którejkolwiek książki McLuhana). Podobnie Isaac/Allen jest zdumiony sposobem, w jaki dwoje nauczycieli akademickich, Mary (Diane Keaton) i jej kolega Yale (Michael

Murphy), tworzą „galerię przereklamowanych", do której trafiają wielkie umysły: Isak Dinesen, Carl Jung, F. Scott Fitzgerald, Lenny Bruce, Norman Mailer i Walt Whitman. Isaac jest zbulwersowany: „Uważam, że wszyscy ci ludzie, których wymieniliście, są wspaniali".

Czy Isaac/Allen rzeczywiście czytał dzieła tych autorów i naprawdę doszedł do wniosku, że należy otaczać ich czcią? Czy może poddaje się woli literackiego ogółu albo po prostu lubi wtrącać znane nazwiska? Allen, jako samouk (jak sam przyznaje) z wieloma lukami w wykształceniu, wie, że powinien podziwiać te postaci, wygląda jednak na to, że pomimo całej swojej inteligencji zanurzył się w literaturę jedynie z poczucia obowiązku i że poza Dostojewskim i Tołstojem nie zrobiła ona na nim szczególnego wrażenia. W rozmowie ze Stigiem Björkmanem powiedział: „Obecnie czytam bardzo dużo. Nigdy jednak nie czytałem dla przyjemności – raczej dlatego, że należało czytać. I choć za każdym razem znajduję w tym pewną przyjemność, przeważnie traktuję czytanie jako zadanie, które powinienem odrobić"[8]. Trudno powiedzieć, ile w tym prawdy. Nad łóżkiem Allena wisi zdjęcie Dostojewskiego (obok fotografii Sidneya Becheta i Cole'a Portera), którego Woody wyraźnie ubóstwia. Zaczęło się, kiedy próbował podrywać dziewczyny w Greenwich Village, nie mając pojęcia, kim byli Camus i Sartre; nadal zdaje się na „intelektualistów". Nic nie wskazuje na to, żeby Yale, kretyński kumpel Isaaca (który zresztą w końcu go zdradza), dysponował intelektualną głębią, już nie mówiąc o samodyscyplinie i kulcie pracy, niezbędnych do napisania porządnego studium Eugene'a O'Neilla. Mimo to nie mamy pewności, czy Isaac/Woody zdaje sobie z tego sprawę. Płytkość Mary bierze za intelektualizm, zakochuje się w niej, po czym czuje się głęboko zraniony odrzuceniem.

---

[8] *Woody według Allena*, dz. cyt., s. 25.

Zarówno w *Annie Hall*, jak i w *Manhattanie* Allen domaga się moralnej i intelektualnej dyscypliny, prawości, przyzwoitości, człowieczeństwa, które, jak czuje, znika mu z pola widzenia, ale sam nie do końca wie, jak wyglądają bądź jak powinny wyglądać te wysokie standardy. Wyczuwa brak autentyczności i pozerstwo, ale zarazem dwaj jego najbliżsi znajomi: Rob (Tony Roberts) i Yale (Michael Murphy) wydają się puści. Jego wizja jest niesprecyzowana. Isaac i Alvy (tak jak Allen) wzdrygają się na prostactwo i bezguście scenariuszy programów telewizyjnych, na wszelkie panacea, których apoteozą jest Los Angeles (i które mogą przeniknąć na Manhattan), i jednocześnie starają się myśleć, że stoją ponad nimi. Lecz Allen jest dowcipnisiem, zabawnym gościem, a nie mędrcem, i nie ma gotowych rozwiązań. Jest zbiorem krytycznych postaw; nie do końca zna siebie samego. Kiedy Annie Hall zrywa znajomość z Alvy Singerem, Alvy, który przecież zniechęcił ją do siebie, mówi: „Nie wiem, co zrobiłem źle". Wizjonerowi brakuje wewnętrznej dyscypliny, niezbędnej do dotarcia do tajemnic kondycji ludzkiej. Bywa, że ociera się o nie, a wtedy doznaje artystycznego olśnienia, tak jak w *Zbrodniach i wykroczeniach*.

Allen, człowiek przebiegły i zorientowany, upiera się, że prowadzi proste życie, które obraca się wyłącznie wokół pracy, i unosi się gniewem na wszelkie próby psychologizowania jego postaci. Pod pewnymi względami ma rację. Ralph Rosenblum, który przez kilka lat współpracował z Woodym jako montażysta, trafnie zauważa, że Allena „cechuje pruski dryl. Jest jedynym znanym mi reżyserem, który po skończeniu filmu nie bierze wolnego, nie zapija się, nie szprycuje i nie łajdaczy, obywa się bez świętowania, chełpienia się albo samoudręczenia i użalania nad sobą, tylko następnego dnia po cichu rozpoczyna pracę nad kolejnym scenariuszem. Siedem dni w tygodniu ćwiczy na klarnecie. Znajduje czas na pisanie opowiadań do «New Yorkera».

I mnóstwo czyta". Mia Farrow pisze we wspomnieniach, że w pewnym momencie Allen w ten czy inny sposób zajmował się czterema scenariuszami jednocześnie.

Wiemy też, że Allen, podobnie jak wielu artystów, obficie, swobodnie i wielokrotnie zapożycza z własnego życia. Naprawdę poszedł z jęczmieniem w oku do chińskiego lekarza, który doradził mu, aby udrożnił sobie kanalik łzowy kocim wąsem – i Allen posłuchał, a następnie włożył tę opowieść w usta kobiety zaproszonej na przyjęcie w *Zbrodniach i wykroczeniach*. (Mówi ona, że ma znajomą, która poszła do chińskiego medyka, bo „miała problem z okiem, a ten wyleczył ją, wkładając koci wąs do kanalika łzowego").

Wiemy, że jest zagorzałym liberalnym demokratą, a od niedawna również to, że wprawdzie brakuje mu cierpliwości do zinstytucjonalizowanej religii, ale pała żarliwym uczuciem do państwa Izrael. W 2012 roku udzielił wywiadu izraelskiej gazecie „Yedioth Ahronoth", w którym powiedział: „Wspieram Izrael od chwili, w której powstał. Sąsiedzi traktują go źle i okrutnie, choć powinni pogodzić się z jego istnieniem i przyjąć go do bliskowschodniej wspólnoty narodów. Izrael odpowiada na ataki na różne sposoby, jedne pochwalam, inne nie. Rozumiem, że Izraelczycy wiele przeszli, dlatego nie oczekuję, że za każdym razem będą reagowali nienagannie. Według mnie nie zmienia to faktu, że Izrael jest cudownym, wspaniałym krajem. Martwi mnie tylko rozwój fundamentalizmu, który moim zdaniem psuje Izraelowi wizerunek. Mam też pewne wątpliwości co do waszych władz, które nie zawsze działają w najlepszym interesie państwa. Ale nawet moja krytyka Izraela wyrasta z miłości, tak jak moje nastawienie do Stanów Zjednoczonych". W 2013 roku, odnosząc się do nierównej miary przykładanej do krytyki Izraela, powiedział w rozmowie z izraelską telewizją, że pod warstwą krytycznej oceny polityki tego państwa mogą czaić się poglądy antysemickie. „Myślę, że wielu ludzi ukrywa swój negatywny stosunek do Żydów, maskuje go krytyką Izraela, polityczną krytyką, choć tak naprawdę chodzi o to, że po prostu nie lubią Żydów".

W lutym 1988 roku ukazał się w „New York Timesie" list Allena, w którym zaprotestował on przeciwko temu, jak Izraelczycy potraktowali protestujących Palestyńczyków. A w 2002 roku, w artykule dla magazynu „Tikkun", dał wyraz wściekłości na Holokaust.

Najczęściej Allen wyraża swoje odczucia w związku z judaizmem i Holokaustem w filmach. Ponieważ jednak dzieła te mają z reguły wydźwięk komediowy, wielu ludzi nie traktuje uwag Woody'ego o Holokauście i judaizmie poważnie. Nawet przenikliwa krytyczka, jaką jest Annette Insdorf, powiedziała mi, że „w takich filmach, jak *Annie Hall*, Woody Allen przedstawia swoją żydowskość w sposób komediowy: zamiast podejść do judaizmu serio, zachęca do śmiania się z granego przez siebie fajtłapowatego żydowskiego bohatera".

Z wyjątkiem 2002 roku i ostatnich lat, Allen niezwykle rzadko wypowiada się publicznie na temat Izraela. Być może źródłem tej ostrożności jest obawa, że zostanie wykorzystany jako narzędzie agitacji bądź tak czy inaczej narazi na szwank swoją wizję artystyczną, bo będzie zmuszony do zaangażowania się w jakiś projekt propagandowy albo ktoś okrzyknie go „rzecznikiem Żydów". W 2013 roku redaktor naczelny ukazującej się w Los Angeles niewielkiej żydowskiej gazety rozpoczął zbiórkę pieniędzy na to, aby Allen nakręcił film w Izraelu – dyskusyjny pomysł, zwłaszcza że Allen podejmuje wszelkie decyzje artystyczne sam, nie konsultując się z nikim poza wąskim kręgiem przyjaciół, takich jak Marshall Brickman, Dick Cavett i Douglas McGrath, współtwórca scenariusza do *Strzałów na Broadwayu*; całą swoją karierę opiera na artystycznej niezależności i dysponuje własnymi, bezpiecznymi źródłami finansowania.

Niemniej Holokaust postrzega jako największy spośród wszystkich koszmarów dwudziestego wieku. David Dobel, kluczowa postać *Życia i całej reszty*, świetnego i niedocenianego filmu, mówi: „Zbrodnie popełnione przez nazistów były tak potworne, że chyba sprawiedliwie by się stało, gdyby cała ludzkość zapłaciła za to unicestwieniem". Zdanie to pojawia się w filmie dwukrotnie: raz wypowiedziane i raz napisane na tablicy. Allen przysłał mi list, w którym dał wyraz swoim odczuciom na temat Zagłady: „Holokaust był tak doniosłym wydarzeniem za mojego życia, że nie ma możliwości, aby nie pojawiał się sporadycznie, czy nawet często, w moich utworach. (...) Istnieją pewne zbrodnie, których po prostu nie sposób wybaczyć. Uważam, że jesteśmy gatunkiem, który bardzo łatwo wymrze, a sprawcą tego będziemy wyłącznie my sami".

W filmie pojawia się wiele innych odniesień do Holokaustu. W udzielonym Douglasowi McGrathowi wywiadzie dla magazynu „Interview" Allen powiedział, że postać Davida Dobela ma wiele jego własnych cech. Dobel, nauczyciel, jest mentorem Jerry'ego Falka, młodego, trzydziestoparoletniego pisarza. Nieustannie wspomina o Holokauście i antysemityzmie. Wychodząc z Falkiem z klubu komediowego, mówi, że kiedy byli w środku, dwóch mężczyzn spojrzało na nich i jeden powiedział: „Żydzi wszczynają wszystkie wojny". „Żyjemy w niebezpiecznych czasach – mówi Falkowi. – Musisz być wyczulony na takie rzeczy. Nie chcesz skończyć w czarno-białej kronice filmowej ze smętnym podkładem na wiolonczeli". Namawia Falka do zakupu pistoletu i zestawu przetrwania. Sam trzyma broń w każdym pokoju swojego mieszkania. „Przyjdzie taki dzień, kiedy broń ci się przyda" – mówi. „Do czego?" – pyta Jerry. „Żeby nie dać się zamknąć w bydlęcym wagonie" – odpowiada Dobel.

Jerry Falk: „Zwariowałeś, Dobel".

David Dobel: „To samo mówili w Niemczech. Wiesz, że istniały grupy «hitlerowskich Żydów»? Biedni naiwniacy. Wydawało im się, że Hitler zrobi coś dobrego dla kraju. (...) Należysz do jednej z najbardziej prześladowanych mniejszości w historii".

Falk opowiada swojej dziewczynie, że Dobel „wcale nie jest przekonany, czy rzeź sześciu milionów Żydów wystarczy, by ostudzić antysemickie zapędy większości świata".

„Zabije cię to, czego nie znasz – pada z ust Dobela. – Tak jak wtedy, kiedy mówią, że idziesz pod prysznic. Po czym okazuje się, że to wcale nie prysznic".

„Problem zawsze tkwi w faszyzmie" – upiera się Dobel.

Kolejną rzeczą, co do której nie mam wątpliwości, jest to, że Allen to żaden szlemiel, nieudacznik, żałosna oferma ani nerwowa kafkowska postać, która krąży po świecie z łatką dziwaka i outsidera. „Pamiętam, kiedy pierwszy raz zobaczyłem Woody'ego na ulicy – powiedział mi mieszkający niedaleko Allena Norman Podhoretz, były redaktor naczelny «Commentary». – Uderzyło mnie to, że miał zupełnie inną postawę niż jego bohaterowie: silną, sztywną, wyprostowaną. Szlemiel, którego gra, to maska. Świetnie dopasowana, ale tylko maska". Podobnie sądzi John Lahr: „Istnieje różnica między iluzjonistą a jego sztuczkami. Allen się nie jąka. Jest pewny swoich poglądów. (...) Jest uprzejmy, ale nie uległy. Jest poważną, nieco ponurą osobą, która rzadko podnosi głos, słucha uważnie i nie ma nic z ofermy, za to prowadzi swoją karierę i interesy z godną podziwu i pełną determinacji sprawnością". Natomiast reżyser Sydney Pollack zauważył: „Jest bardzo nieustępliwy – ale w najlepszym tego słowa znaczeniu. Przy całej jego poczciwości w duchu Mistera Peepersa[9], zawsze uważałem go za bardzo silnego człowieka".

Na początku kariery na pewno był nieśmiały. „Pamiętam, że kiedy zaczynałam – usłyszałem od Juliet Taylor, kierowniczki castingu współpracującej z Allenem już od ponad trzydziestu

---

[9] *Mister Peepers* – amerykański serial komediowy z lat pięćdziesiątych o dobrodusznym nauczycielu i jego dziewczynie.

lat – pracowałam jako asystentka [kierowniczki castingu] Marion Dougherty. Woody nie chciał ze mną rozmawiać. Przyprowadzał ze sobą producenta odpowiedzialnego, który mówił za niego, a sam siadał w kącie i milczał. Siedział na takim bujanym fotelu i miał taki śmieszny wiktoriański domek. A rozmowy przeprowadzał Freddy Gallo, asystent reżysera. Ależ to było dziwne.

No więc w tamtych czasach – teraz już nie jest taki nieśmiały – Woody naprawdę nie rozmawiał z ludźmi – opowiadała dalej Taylor. – Twierdził, że nie chce marnować ich czasu. Mawiał: «Nie chcę, żeby przychodzili z nadzieją, a wychodzili rozczarowani». Odpowiadałam mu: «Wiesz przecież, że aktor lubi mieć okazję do udowodnienia, że nadaje się do roli». Czasem sobie myślę, że trochę przesadza pod tym względem. Ale z doświadczenia wiem, że podobnie do niego zachowuje się wielu innych reżyserów będących jednocześnie aktorami. Nie chcą poddawać aktorów testom, bo sami przez to przechodzili. Tak było z Sydneyem Pollackiem i podobno Clint Eastwood też tak ma. Dobieranie obsady to dla nich uciążliwy proces. Czują się nim zażenowani.

Woody wciąż robi po swojemu. «Zachowuje dystans» to może zbyt mocno powiedziane, ale nie dąży do kontaktu, nie robi prób, nie spędza czasu z ludźmi; nie próbuje się przypodobać. Aktorzy zdążyli się przyzwyczaić, że Woody ma taką a nie inną reputację, i są przygotowani. A jeśli nie są, potrafi ich to wytrącić z równowagi. Woody jest reżyserem dającym wolną rękę; wydaje mi się, że to właśnie niepokoi aktorów. Nie wymaga wspólnego czytania scenariusza. Nie robi prób. I nie urządza sobie długich pogawędek z aktorami. Dlatego boją się, że kiedy przyjadą na plan, Woody nie będzie zadowolony z ich gry. Daje im wolną rękę w tym sensie, że mówi: «Jeśli coś ci nie pasuje w dialogu, zmień słowa. Powiedz coś od siebie. Nie krępuj się». Z czasem jednak staje się coraz śmielszy i zaczyna udzielać konkretnych wskazówek, jeżeli uważa, że aktor nie czuje roli".

Zapytałem Taylor, czy naprawdę Allen robił to aż tak długo.

„Tak! Tak mi się wydaje. Jakiś czas temu miał taki okres, że zwalniał ludzi, i to zaraz na początku pracy nad filmem. Kiedy pracowaliśmy nad *Wrześniem*, powiedział, że nie jest zadowolony ze scenariusza, i nakręcił cały film od nowa. Tyle że nie mógł zebrać tej samej obsady. Niektórych aktorów nie zaprosił ponownie na plan. Uważałam – zresztą nie tylko ja, inni też – że rozdziela angaże bez należytej staranności. Zatrudniał ludzi, nie spotykając się z nimi i nie rozeznając się w sytuacji. Odkryłam, że najważniejsze, co muszę zrobić, kiedy przyprowadzam Woody'emu aktora, to opowiedzieć mu o zdolnościach tej osoby. Mówiłam na przykład: «Woody, ten potrafi to i tamto, ale musisz go posłuchać, bo nigdy nie widziałam, żeby występował w takiej roli». Albo: «Ten się świetnie nadaje». Albo: «Musisz to usłyszeć, naprawdę!». Więc od kilku lat jednak organizuje przesłuchania, czego dawniej nie robił. To się zmieniło, Woody stał się bardziej odpowiedzialny. Od dłuższego czasu nie zdarzyło mu się wymienić aktora, co jest bardzo korzystne również ze względów finansowych.

Pracujemy ze sobą już tak długo, że dziś casting bardziej przypomina nieustającą rozmowę. Robimy to wspólnie od tak dawna, że znamy się jak łyse konie. Przeważnie w okolicy świąt Bożego Narodzenia Woody zaczyna się zastanawiać, co napisać. Zanim przeleje pomysły na papier, już o tym rozmawiamy. Woody próbuje wyczuć, co sądzę o nowym pomyśle i jak ma się on do tego, co ostatnio nakręciliśmy. Albo do tego, co siedzi Woody'emu w głowie.

Czasem ma dwa pomysły jednocześnie i przysyła mi dwa scenariusze. Rozmawiamy o obu wizjach, albo o jednej, i w pewnym momencie pada pytanie: «Kto by się nadawał do tej albo tamtej roli?». Wiadomo że zawsze chciałoby się znaleźć idealnego kandydata do danej roli. Woody nie czeka na aktora. On ma swój harmonogram, który konsekwentnie realizuje. Jeżeli nie udaje nam się pozyskać aktora, który zdaniem Woody'ego świetnie sprawdziłby się w danej roli, wtedy bywa, że sięga po inny pomysł. Aż skompletujemy obsadę. Rzadko, bo rzadko, ale zdarza się, że mamy poczucie, że to wciąż nie to, bo nie trafiliśmy na osobę, która czyni tę czy inną rolę wyjątkową. Wtedy Woody mawia: «Moim zdaniem to dobry pomysł, ale odłożę go na parę tygodni i zajmę się czymś innym». Potem do tego wraca. Albo nie.

Można mu śmiało powiedzieć wszystko. Chyba nigdy nie pracowałam z kimś tak wyrozumiałym jak on, z kimś, kto potrafiłby słuchać i przyjmować rady bez puszenia się jak paw. Z mojego doświadczenia wynika, że im lepszy i bardziej utalentowany jest reżyser, tym chętniej słucha tego, co ludzie mają do powiedzenia. Woody jest bardzo otwarty. Świetnie się z nim pracuje również w tym sensie, że bez skrępowania możesz zaproponować nawet daleko idące zmiany, a on cię wysłucha. Jest reżyserem, przy którym swobodnie możesz żonglować nawet najbardziej dziwacznymi pomysłami, a on cię nie ucisza, nie usadza. Poza tym pracuje w cudownie spokojny, opanowany sposób. Możesz przyjść do niego z najgorszymi wieściami, na przykład że ktoś się wycofał z projektu, a on powie tylko: «W porządku, to co z tym teraz zrobimy?». Żadnych nerwów. Chyba nigdy nie widziałam, żeby stracił panowanie nad sobą. Jest bardzo zrównoważony".

Ralph Rosenblum również wspomina o elastyczności Allena: „W przeciwieństwie do wielu innych znanych mi reżyserów, Woody nie pozwala, żeby przeszkadzała mu jego własna próżność. Skupia się na najważniejszej dla niego sprawie, czyli na pracy, i unika odgrywania Pana Reżysera. Ponieważ budzi w nim odrazę wszystko, co choć trochę zalatuje apodyktycznością, unika tego za wszelką cenę, czasem popadając w przesadę: zjawia się na planie niechlujnie ubrany i mówi cicho, nienarzucającym się tonem".

Zarazem wiemy również, z jego własnych słów, że „przez całe życie tliło się we mnie przygnębienie". Nigdy nie miał

„klinicznej" depresji ani też myśli samobójczych, tylko, jak sam to ujął, „depresję o niewielkim natężeniu". Nieustannie świeci się lampka kontrolna. Z czasem znalazł sposoby radzenia sobie z tym stanem, czyli na przykład, jak wyznał Erikowi Laksowi: pracę, związki i odwracanie uwagi. Wycofanie i zamknięcie się w sobie nazywa przejawami swojej depresji.

Z jego nowszych przemyśleń przebija jednak wrażenie akceptacji samego siebie, przynajmniej do pewnego stopnia. W nakręconym w 2012 roku przez Roberta B. Weide'a dokumencie *Reżyseria: Woody Allen* wyznaje: „Spełniłem marzenia z dzieciństwa. Chciałem zostać aktorem i zostałem nim. Reżyserem i komikiem też. Chciałem grać jazz w Nowym Orleanie – grałem; na paradach, w knajpach w Nowym Orleanie, w operach i filharmoniach na całym świecie. Wszystko, co próbowałem osiągnąć, udało mi się". Po czym dodaje ze śmiechem i łagodną autoironią: „Dlaczego jednak, pomimo tylu uśmiechów od losu, mam wrażenie, że ten sam los zadrwił sobie ze mnie?".

Wiemy też, że Woody i praca stanowią nierozłączną parę i że ta ocaliła mu życie, do czego Allen chętnie się przyznaje. „Już jako nastolatek zdawałem sobie sprawę – powiedział Stigowi Björkmanowi – że tego rodzaju refleksje mogą bardzo łatwo rozproszyć twoją uwagę. Cokolwiek odrywa cię od pracy i minimalizuje jej efekty, tak naprawdę jest jednym wielkim oszustwem i może okazać się bardzo szkodliwe. Tak więc, chcąc uniknąć tych wszystkich rytuałów związanych z pisaniem i niepotrzebnej straty czasu, musisz po prostu wziąć się ostro do roboty. Zazwyczaj ludzie zajmujący się sztuką czy show-biznesem nic nie robią, tylko bez przerwy gadają. Kiedy tak ich słucham, w zasadzie wydają mi się w porządku, są świetni i w ogóle. Ale w końcu pojawia się pytanie: «Kto się wreszcie weźmie do roboty?». Bowiem liczy się tylko praca, reszta jest bez znaczenia"[10].

---

[10] *Woody według Allena*, dz. cyt., s. 230.

Z tego kultu pracy wyłania się schemat, którego Allen trzyma się przez całe życie. Najtrudniejszy jest dla niego „wstępny" etap prac, czyli szukanie pomysłów, wymyślanie koncepcji całej historii. Potem idzie łatwiej. „W dniu, w którym zaczynam nowy scenariusz – opowiadał Björkmanowi – wstaję rano i zaczyna się święto, ponieważ wszystko jest już skończone[11]". Najbardziej męczącą fazę pracy nad projektem ma już wtedy za sobą. Spisanie reszty to „czysta przyjemność". Pisze szybko; musi się spieszyć, żeby nadążyć z własnymi myślami. Ale to, co najtrudniejsze, zostało już zrobione. Pisać scenariusz potrafi na wszystkim: na skrawkach papieru, kwitach z pralni, kartach dań, papeterii hotelowej, kopertach – i wszędzie, także na ławce w parku. Potrafi skonstruować intrygę na hotelowych serwetkach, jeżdżąc po Europie z miasta do miasta, zanim wsiądzie do samolotu i wróci do Nowego Jorku. (W ten sposób powstały *Zbrodnie i wykroczenia*). „Pisanie to dla mnie absolutna przyjemność – powiedział Björkmanowi – Uwielbiam to. To zmysłowa czynność, z której czerpię radość".

„Bob Dylan też bez przerwy pracuje – usłyszałem od J. Hobermana. – I z tego, co ludzie mówią, jest bardzo dziwną postacią. Samotnik, który wytrwale dąży do celu. Ludzie, z którymi rozmawiałem na temat Woody'ego, twierdzą, że ten ożywia się jedynie wtedy, gdy gra muzykę".

Uwielbia proces twórczy; czerpie z niego przyjemność niemal tak wielką jak z seksu. „To jak ukoronowanie, jak latanie, jak poczucie, że żyje się pełnią życia – opowiadał Björkmanowi. – Udaję się do ustronnego pokoju albo tutaj [salon Woody'ego] i zaczynam się zastanawiać. Chodzę w tę i z powrotem po tarasie, okrążam cały budynek, wracam na górę i biorę prysznic. Potem schodzę na dół, dalej usiłuję coś wymyślić i wreszcie w pocie czoła coś mi się udaje. (…) Pracuję codziennie. Lecz nawet kiedy o nim

---

[11] Tamże, s. 309.

[o scenariuszu] nie myślę, moja podświadomość w dalszym ciągu pracuje, bo uruchomiłem w sobie pewien mechanizm"[12]. Robi przerwy na grę na klarnecie, ale nawet kiedy nie myśli świadomie o pisaniu, trybiki w jego głowie wciąż się obracają.

Nadal niesamowicie inspirują go Rosjanie. Czuje, że musi, jak wyznał Björkmanowi, „inspirować się materiałem najwyższej jakości. Dla mnie jest to obszar doświadczeń duchowych, egzystencjalnych"[13]. Mierzenie wysoko okazało się w jego przypadku zarówno zaletą, jak i pułapką, ale dzięki niemu odniósł sukces *Zbrodniami i wykroczeniami*.

Pozostaje sceptyczny wobec wszelkich ruchów politycznych, ponieważ zmianę postrzega jako kres, śmierć. „Jestem przeciwny zmianie – powiedział Björkmanowi. – Ponieważ zmiana to śmierć, zmiana to upływ czasu, kres dawnego porządku. Ktoś powie, że będąc na określonym etapie życia, człowiek niczego tak bardzo nie pragnie, jak zmiany, ponieważ zależy mu na zniszczeniu dotychczasowego porządku. Ale moim zdaniem zmiana, w ostatecznym rozrachunku, nie jest naszym przyjacielem. Jest jak natura. Zmiana owszem, czasem bywa naszym przyjacielem. Ludzie żyjący w biedzie i nieszczęściu pragną, rzecz jasna, zmiany. A kiedy już ją dostają, wówczas chwilowo staje się ona ich przyjacielem. Jednakże dalsza zmiana już nim nie będzie. Zmiana to przyjaciel jedynie na krótką metę".

Nie ma sobie równych pośród niezależnych filmowców. Jedni mieli, drudzy miewają lepsze chwile i kręcą pamiętne obrazy – Richard Linklater, Nicole Holofcener, Alexander Payne, bracia Coen, Wes Anderson – ale nikt tak jak Allen nie wytrwał czterdziestu sześciu lat, odnosząc sukcesy i nadal imponując pomysłowością i różnorodnością. Jego nieustająca wysoka wydajność jest niesłychana.

---

[12] Tamże, s. 308–309.
[13] Tamże, s. 251.

Pod pewnymi względami blisko mu do późnego Claude'a Chabrola, jednego z najlepszych wpływowych reżyserów francuskiej nowej fali. Podobnie jak Allen, Chabrol nakręcił ogromną liczbę filmów (ponad sześćdziesiąt) i też miał kilka okresów, w których tworzył słabsze, mniej udane obrazy, ale zawsze potem odbijał się i wypuszczał serię dobrych i bardzo dobrych filmów, od czasu do czasu racząc publiczność prawdziwym arcydziełem. Następnie wracał do słabych, choć ciekawych opowieści, po czym znowu atakował mocnymi. Chabrol uwielbiał bez przerwy pracować – tak samo jak Allen. Przyznawał, że dla niego kręcenie filmu jest jak narkotyk i że wolałby zrobić kiepski obraz niż żadnego. (*Wszystko gra*, jeden z lepszych późnych filmów Allena, bardzo przypomina thrillery kręcone przez Chabrola. Opowieść o morderstwie kochanki w *Zbrodniach i wykroczeniach* również powstała pod jego wpływem). Gdyby zechcieć przyrównać Allena do któregoś z amerykańskich reżyserów, wybór padłby zapewne na Roberta Altmana, który pracował bez przerwy aż do śmierci i też zaliczył wiele wzlotów i upadków. To samo, do pewnego stopnia, tyczy się Johna Forda, który jednak pracował w ramach systemu studyjnego, i Johna Hustona.

Kafka jest niczym ojciec chrzestny całego pokolenia artystów komediowych, od Philipa Rotha przez Julesa Feiffera po Lenny'ego Bruce'a, Joan Rivers, Shelley Berman, Morta Sahla i Elaine May. Allena można powiązać ze wszystkimi tymi postaciami z jego pokolenia; ma on kluczowe znaczenie dla swoich czasów. Jednym z najprostszych i najpłytszych psychologicznie porównań, jakie czyniono na przestrzeni lat, było zestawianie Allena z Kafką. Owszem, Woody chował się w piwnicy swojego brooklyńskiego domu, kiedy nie miał ochoty na rozmowy z rodzicami; i to prawda, że istnieją pewne powierzchowne paralele pomiędzy sposobami, w jakie Kafka i Allen drwili z samych siebie. Ale na tym podobieństwa się kończą. Allen nie bał się rodziców. „Tata

Woody'ego był bardziej kumplem niż ojcem" – powiedział mi Jerry Epstein, przyjaciel Allena z dzieciństwa, obecnie psychiatra i pisarz. Wspominał, że Marty Konigsberg lubił z czułością przekomarzać się z synem: „Mam nadzieję, że zostaniesz mistrzem świata" – mawiał, a kiedy Woody pytał dlaczego, odpowiadał: „Żebym ja mógł zostać następnym". Woody kochał i chyba był kochany przez swojego ojca lekkoducha, sprawiającego wrażenie żywcem wyjętego z opowiadań Damona Runyona i przypominającego francuskiego aktora komediowego Fernandela. Marty był typem niefrasobliwym, do tego kanciarzem, który często grywał na loterii i nosił przy sobie broń. Prowadził salon z bilardem, sprawdzał świeżość kurzych jaj, był bukmacherem i gońcem mafiosa Alberta Anastasii, pracował jako grawer i taksówkarz (jak w *Złotych czasach radia*). Ilekroć Woody pytał rodziców, czym właściwie zajmuje się Marty, dostawał inną odpowiedź. Dowiedział się na przykład, że ojciec jest „przedsiębiorcą" – takie wyjaśnienie słyszy z ust rodziców Joe w *Złotych czasach radia*. Marty kombinował u Sammy'ego, to znaczy w Bowery Follies, słynnej w „beztroskich latach dziewięćdziesiątych dziewiętnastego wieku" spelunie przy Bowery, tuż pod torami dudniącej kolejki linii potocznie nazywanej Third Avenue El. Stał za barem, był wykidajłą, potem awansował na kierownika nocnej zmiany. „Wiem, że w pewnym momencie Marty znalazł się przed plutonem egzekucyjnym – powiedział Jerry Epstein. – Ale nie znam okoliczności tego zdarzenia. Razem ze swoim wujem pomagał też produkować odznaki dla nowojorskiej policji".

Marty był rozrzutny i ochoczo wypłacał nastoletniemu Woody'emu sowitą, siedmiodolarową tygodniówkę, nierzadko dokładając kilka banknotów, kiedy miał wyjątkowo dobry humor. Knajpa Sammy'ego przyciągała ówczesnych celebrytów, bogaczy i turystów, którzy zjeżdżali ze wszystkich stron, by wmieszać się w tłum żołnierzy na przepustce i zobaczyć hałaśliwy, frywolny show w wykonaniu tancerek i pulchnych, namiętnych mamusiek w wielkich kapeluszach z opadającym rondem; panienki wskakiwały na bar i śpiewały na całe gardło stare kawałki z Dzikiego Zachodu, machając przy tym szerokimi, białymi chustkami. W klubie przesiadywał Weegee, słynny fotoreporter, mający doskonałe wyczucie egzotyki i makabry, i robił jego bywalcom setki zdjęć.

Na Bowery, pełnej opuszczonych domów i budynków z jednopokojowymi lokalami dla bezdomnych, łatwo – zbyt łatwo – można było znaleźć miejsce do parkowania. Włóczędzy i menele zajmowali chodniki, spali w korytarzach i nagabywali turystów o grosz na zaspokojenie pragnienia. Czekali, aż eleganckie auto zajedzie na Bowery i zaparkuje, a jego właściciel w pośpiechu zniknie u Sammy'ego, i wtedy wybijali w nim szybę i kradli wszystko, co się dało. Wczesnym rankiem, kiedy klub zamykał podwoje, dostarczali fanty ojcu Woody'ego i wymieniali je na alkohol. Marty nierzadko znosił do domu różnego rodzaju gadżety, kosztowności, dobre ubrania i obdzielał nimi Woody'ego, jego siostrę Letty i matkę. „Ojciec Woody'ego potrafił załatwić każdą rzecz, oczywiście pozbawioną numerów seryjnych – usłyszałem od Elliotta Millsa, kolegi Woody'ego z czasów, gdy obaj byli nastolatkami. – Kiedy zaczynaliśmy grać muzykę, dostawaliśmy instrumenty ze spiłowanymi numerami". „Nie pozwalał sobie na refleksję. Gdy był młody, wydawał wszystko, co zarobił – powiedział Woody o swoim ojcu. – Nie dbał o to, czy będzie miał na rachunki. Był serdecznym człowiekiem, ale nigdy się niczym nie przejmował".

„Pewnego razu jechaliśmy z Martym – wspominał Jack Victor, jeszcze jeden kolega Woody'ego z dzieciństwa – i ten się wściekał, że ludzie parkują przy chodniku i otwierają drzwi na jezdnię. «Walnę go tak, że nawet nie pozna, co go trafiło», powiedział. «No – odparłem – bo już będzie trupem»".

„Tata Woody'ego był dla niego bardzo czuły – powiedział Jerry Epstein. – Akceptował go bez zastrzeżeń. Matka taka nie była, ale ojciec zdecydowanie tak. Woody traktował go bardziej jak przyjaciela niż ojca. Kiedy przychodziliśmy ze szkoły o trzeciej, ojciec Woody'ego, który wracał od Sammy'ego bardzo późno, siedział w fotelu i oglądał stare, czarno-białe westerny klasy B. Był nimi zafascynowany. Matka Woody'ego pracowała jako sekretarka na giełdzie kwiatowej. Przynosiła do domu piękne bukiety".

W późniejszych latach, gdy Woody został klientem Jacka Rollinsa, ten zatrudnił Marty'ego Konigsberga jako posłańca. „Ojciec musiał dać mu jakieś zajęcie, bo Marty doprowadzał wszystkich do szału – powiedziała w rozmowie ze mną Susan Rollins, córka Jacka. – Lubił chodzić, więc kazali mu to robić za pieniądze. Był strasznym raptusem. Niezbyt bystrym. Praca gońca była w sam raz dla niego, wydawał się do niej stworzony. Przychodził do biura elegancko ubrany, z brylantową szpilką w krawacie. Wyglądał jak hazardzista grający na wyścigach konnych. Woody cieszył się, że ojciec został posłańcem, bo dzięki temu miał on przynajmniej co robić. Okazywał ojcu sympatię podszytą wstydem".

Matka Woody'ego zawsze miała ambiwalentny stosunek do niego, ale w późniejszym czasie chyba również po stronie ojca nastąpiło usztywnienie stosunku do syna. W filmie dokumentalnym *Wild Man's Blues* Allen i Soon-Yi odwiedzają dożywających ostatnich lat rodziców Woody'ego. Wynika z tych scen, że z doskwierającą Allenowi od zawsze depresyjnością, do której otwarcie się przyznaje, ojciec i matka wiele mają wspólnego. W ich reakcji na wizytę uwielbianego przez pół świata syna, który zawsze był dobry dla nich i dla swojej siostry Letty, nie widać radości. Oboje skarżą się i wypowiadają z goryczą, jest coś bez mała patologicznego w ich nastawieniu do Allena. Brak w nich uznania, podziwu dla tego, co syn osiągnął. Jako widzowie wyobrażamy sobie, że pośród bliskości i miłości, które rodzice dali mu, tak jak przystało na żydowską rodzinę, zawsze obecny był ten element. Beznadziejny brak radości życia tej pary – potrafili, jak mówi Allen, nie odzywać się do siebie przez kilka miesięcy, a nawet lat – z wiekiem zapewne jeszcze się pogłębił. Wydaje się, jakby od zawsze żyli w oparach goryczy i przygnębienia.

W opowiadaniu *Wyrok*, tak jak w wielu innych swoich utworach, Franz Kafka zajmuje się analizą zachowań kastracyjnych ojca i własnej niezdolności przeciwstawienia się ojcowskiej tyrańskiej dominacji. Ojciec gani syna za chęć ożenku i krytykuje jego „ohydne" postępowanie. W zakończeniu opowieści Georg, jej bohater, dręczony wyrzutami sumienia i kierowany wewnętrznym przymusem zadowolenia ojca, wykonuje polecenie rodziciela, żeby skoczyć z mostu i się utopić. Oto kulminacja historii, w której zaciekła ojcowska nienawiść i potępienie syna osiągają szalone rozmiary.

Woody nie był kafkowską postacią. Jego stosunki z surową i karzącą (lecz kochającą) matką – być może była tą „kastrującą syjonistką" z *Zagłady Edypa* – a także beztroskim, niefrasobliwym ojcem, który codziennie uprawiał hazard, były napięte. Ale nie pochłaniała go ani nie fascynowała wielka literatura, nie czytał Dostojewskiego w piwnicy, bojąc się konfrontacji ze światem zewnętrznym. Był stworzeniem wychowanym na ulicy i w salonach bilardu, bywalcem rewii, sklepów z akcesoriami dla iluzjonistów na Times Square, wszystkich kin na Brooklynie i gigantycznego Paramount na Broadwayu, a także całkiem niezłym sportowcem. W wywiadzie dla „New York Timesa" powiedział, że kiedy był mały, chciał zostać „hazardzistą i szulerem", interesowała go „gra w karty i w kości". Dodał, że celował w „życie na krawędzi kryminału". Jedną z niewielu wzmianek o Allenie w gazetce szkolnej liceum, do którego chodził, było następujące ostrzeżenie od redaktora: „Oto dewiza kolegów Reda [Woody'ego]: «Nigdy nie grać w karty z Konigsbergiem!»". Jeśli już czytał, to tylko komiksy. Nie był nawet bierną ofiarą swojej matki. Naciągał ją, odpowiadał atakiem na atak, droczył się z nią, dokuczał jej i zawsze szedł własną ścieżką. Kiedy miał dwadzieścia lat, usiadł w kuchni przy stole i zaczął opowiadać o swoim przyszłym ślubie z Harlene Rosen. Pokazał matce pierścionek zaręczynowy, który kupił wybrance. Matka obejrzała go i zrobiła synowi wykład o tym, jaką głupotą będzie ożenek. Woody wyrwał jej pierścionek z ręki i zakończył rozmowę, wypadając z domu jak burza.

Allen nigdy nie był ofiarą. Bardzo wcześnie określił swoje cele i do nich dążył. Był niezmordowany, zaradny i wytrwały. Wszystko robił zawsze do końca i nigdy się nie oszczędzał. „Woody ma niewiele wspólnego z postaciami, które odgrywa w filmach – zauważył Ralph Rosenblum. – Niepewność i lęki rzeczywiście są jego – ale nie zachowanie. Nie jest patałachem. Nie jest przymilny. Rzadko sili się na życzliwość w stosunku do obcych. Nie jest przesadnie «żydowski» w swoich dziwactwach, mowie, nawykach. Nosi zdarte buty, źle dopasowane chinosy, wojskowe kurtki i rozpadający się kapelusz filcowy, ale w pracy stylem i zachowaniem przypomina raczej beznamiętnego szefa korporacji".

„Woody był przebojowy – wspominał w rozmowie ze mną Elliott Mills, dziś pracownik naukowy wydziału medycyny Uniwersytetu Duke'a. – Był cwaniakiem. Ciężko pracował. Podziwiam go za tę determinację, którą miał w młodym wieku. Kiedy chodziliśmy na randki, Woody narzucał trencz i wkładał papierosa do ust, żeby wyglądać jak Bogart. Nosił fajki w płaszczu. Trzeba było wiedzieć, jak wyjmować je z paczki i jak chować w rękawie. Znał różne takie zabawne sztuczki; Woody potrafił dać niezłe przedstawienie z papierosem".

„Był całkiem przyzwoitym sportowcem – powiedział Jack Victor, obecnie zatrudniony w pracowni badań psychologicznych. – Nieźle grał w bejsbol i bardzo szybko biegał. Miał nadmiernie rozwinięte łydki i często naciągał w nich mięśnie. Pamiętam, że w gimnazjum mieliśmy mityng lekkoatletyczny – to było, zanim się bliżej zakolegowaliśmy – gdzie Woody zmierzył się z chłopakiem, którego wszyscy uważali za najszybszego biegacza ze wszystkich. A Woody go pokonał. Założyłem się, że zjem papierową torebkę, jeśli ten chłopak – miał na imię Larry – przegra. No i musiałem to zrobić".

„Często grywaliśmy w gry planszowe – wspominał Jerry Epstein. – Jedną z najlepszych była Cabbie (Taryfiarz). Reguły były tak skonstruowane, że trzeba było kraść sobie nawzajem pasażerów i uciekać przed policją. Byli gliniarze i taryfiarze. Woody zawsze podwędzał innym klientów i kombinował tak, żeby uszło mu to na sucho. Już od dzieciaka siedział w nim kanciarz. Woody był ucieleśnieniem postawy «ja – prawdziwy, ty – cień»[14]".

Historia Woody'ego Allena to historia triumfu niskiego, nieatrakcyjnego człowieczka – osobliwego, znerwicowanego, fajtłapowatego. W młodości przepadał za pokazywaniem sztuczek magicznych (pojawiają się w wielu jego filmach).

„Kiedy byłem mały, uwielbiałem magię i byłbym został iluzjonistą, gdyby co innego nie zwróciło mojej uwagi – powiedział Allen Johnowi Lovickowi z czasopisma «Genii» w wywiadzie z 2015 roku. – W pierwszym zestawie małego magika, który dostałem, były kubeczki, piłki, gąbki, chińskie szkatułki – wszystko intrygujące. Jak idziesz do sklepu z rekwizytami i widzisz te wspaniałe gadżety: uchwyty do świec, rozkładane pudełka wyściełane czerwonym aksamitem, torby do wywracania na drugą stronę – wszystko to wydaje ci się tak bardzo kuszące, tak zachęcające, że dajesz się wciągnąć. I ja też dałem się wciągnąć. Przeczytałem wszystkie książki o sztuce iluzji. Czytasz

---

[14] Polega na tym, że człowiek postrzega samego siebie jako postać rzeczywistą oraz intensywnie przeżywa własne doświadczenia, natomiast inni pozostają dla niego na uboczu, niejako istnieją jedynie na marginesie. Jest to postawa z gruntu narcystyczna, egoistyczna (http://drjerryepstein.org/content/relationships-me-real-you-shadow).

o sztukmistrzach (...) niezwykłych, bohaterskich wyczynach, oczywiście o Houdinim, znikających słoniach, przepiłowywaniu kobiet na scenie, skrzyniach mumii (...) o tego rodzaju rzeczach. (...) Nie chcę przesadzać, ale podchodziłem do tego wszystkiego z wręcz nabożną atencją. (...) To jak rytuał: każesz kobiecie się położyć, zasłaniasz ją, bierzesz piłę i tniesz, a na koniec kobieta jest cała i zdrowa. Albo każesz człowiekowi wejść do skrzyni mumii, a on nagle pojawia się w drugim końcu sali. Fascynowała mnie egzotyka całego tego sprzętu".

„Istnieje bardzo bliski związek między sztuką iluzji a stand-upem – powiedział mi scenarzysta i biograf Mark Evanier. – Należą one do tych dziedzin, w których najbardziej liczy się własna inicjatywa. Nie potrzebujesz niczyjej pomocy, nie potrzebujesz rekwizytów. Sztuczki magiczne możesz pokazywać gdziekolwiek. Są osoby, które zajmują się jednocześnie magią i komedią. Trudno je jednoznacznie zaszufladkować, bo jedna sztuka potrafi płynnie przechodzić w drugą. Istnieją komicy, którzy są bardziej iluzjonistami, oraz iluzjoniści, którzy są bardziej komikami. Niektórzy, na przykład Johnny Carson i Dick Cavett, przeszli gładko od iluzji do komedii.

W komedii dążysz do puenty – mówił dalej Evanier. – Ustawiasz wszystko pod nią. Uczysz się, w jakim tempie do niej dochodzić. Bo najgorsze, co możesz zrobić, to zbyt szybko wyskoczyć z puentą; w magii zaś najgorsze to za szybko zakończyć numer. Zarówno w sztuce iluzji, jak i w komedii chcesz zaskoczyć widzów. Chodzi o to, żeby nie zorientowali się, co się stanie – chyba że pokazujesz coś klasycznego, na przykład przecięcie asystentki na pół – ale żeby puentę numeru przyjęli za logiczną. Niech mówią: «No tak! Powinienem był się domyślić!»".

Wkrótce Allen porzucił sztuczki magiczne na rzecz magii ekranu – i tej pozostał wierny. Odwraca stereotyp w relacjach damsko-męskich, to on bowiem wydaje się w związku tym słabszym i bardziej potrzebującym. Szlemiel grany przez Woody'ego

Allena był pierwszą taką postacią w swoim gatunku: komedii amerykańskiej, choć wywodził się w prostej linii od Chaplina, Bustera Keatona oraz Laurela i Hardy'ego. Był bezradnym, niedoskonałym, pozbawionym wiary w siebie i nierzadko bezsilnym mężczyzną – jak na przykład wtedy, kiedy musiał wrzucić homara do garnka albo zabić pająka w łazience Annie Hall. Łatwo go zranić. Często jest beznadziejnie uzależniony od swojej kochanki, błaga ją, żeby go nie zostawiała, nawet kiedy sam ją do tego doprowadził. Jego próby zademonstrowania samczej siły wypadają żałośnie. Brak pewności siebie jest tym, co zasadniczo odróżnia postać kreowaną przez Allena od tradycyjnego, hollywoodzkiego stereotypu faceta.

Nicpoń, któremu nie można się oprzeć, rozpaczliwie uganiający się za kobietami, wieczny nastolatek starający się dowieść swojej męskości, jest dziś jednym z nestorów komedii. Pokolenie Boba Hope'a, Miltona Berle'a i Jacka Benny'ego odeszło. Nadal żyje kolejna generacja komików: Don Rickles, Bob Newhart, Mel Brooks, Jackie Mason, Carl Reiner, Jerry Lewis i Woody Allen, ale to nieliczna grupa, w dodatku wszyscy jej członkowie mają po osiemdziesiąt albo nawet dziewięćdziesiąt (Reiner) lat. Z tego grona jedynie Allen – który w grudniu 2015 roku skończył osiemdziesiątkę – nadal gra w filmach.

Allen wywiódł swoje sceniczne wcielenie po części z włóczęgi Chaplina i naiwniaka Stana Laurela – mężczyzn, których niedostatki uznawano za niemęskie i którzy byli wręcz chorobliwie nieśmiali; obaj przejawiali „kobiece" cechy, dawali wyraz słabościom, na przykład Stan Laurel często płakał, kiedy czuł się źle albo kiedy go krytykowano. Zarazem postaci te skłaniały zarówno mężczyzn, jak i kobiety do identyfikowania się z nimi – i czuły się niewidoczne w społeczeństwie skupionym na silnych, męskich zwycięzcach. W rzeczywistości Chaplin i Laurel stworzyli postaci obdarzone słabościami typowymi dla wielu mężczyzn.

Chaplin zwracał uwagę na te cechy osobowości, które tradycyjnie uznawano za niemęskie: na rozpaczliwe pragnienie przypodobania się innym i bycia przez nich kochanym; nieśmiałość w kontaktach z kobietami; fizyczną nieudolność w pracy. Laurel również podkreślał kobiece aspekty swojej postaci: odnosił się tak do Olivera Hardy'ego, że wydawało się, jakby grał rolę jego żony. Niemniej dziś publiczność darzy Laurela i Hardy'ego i włóczęgę Chaplina niczym więcej jak sympatią. Za to Allena – kocha.

Istnieje wszakże pewna zasadnicza różnica pomiędzy postacią odtwarzaną przez Allena a archetypicznym ciamajdą, który nie dąży do fizycznej bliskości z kobietą – tak jak istnieje znaczna rozbieżność pomiędzy Allenem a Kafką: Allen jest seksualnym drapieżnikiem. Celem, do którego nieustannie dąży, jest dla niego bliskość fizyczna. Rzuca wyzwanie własnemu losowi, psychicznym więzom i deformacjom (które nieustannie i przezabawnie kataloguje) – rzekomej niezdolności do kontaktów z ludźmi z obawy przed zarazkami, które mogłyby go zabić, lękowi przed windami i zamkniętymi przestrzeniami – i na przekór temu wszystkiemu jest twardym heteroseksualnym mężczyzną, obdarzonym szaloną chucią, która w młodości czyniła go nieśmiałym i skrępowanym w obecności kobiet. W swojej sztuce nie był jednak ani nieśmiały, ani niepewny. W przeciwieństwie do wielu pisarzy Allen nie zmagał się z demonami uzależnienia od narkotyków, megalomanii i paraliżującego zwątpienia w siebie. Zawsze górę brała w nim pewność. Oto historia artysty, który odniósł sukces na przekór trudnościom, opowieść o odrodzeniu, odporności i wielkiej determinacji człowieka, scenarzysty, reżysera, pisarza, aktora i dramaturga.

1. Z zachwytu

Moja książka nie jest szczegółową biografią artysty ani też typową biografią krytyczną. Inni pisarze nakreślili dość wierny portret Woody'ego Allena, jego życia osobistego i dokonań artystycznych. Allen jako postać i człowiek został rozłożony na czynniki pierwsze, zbadany i gruntownie przeanalizowany – i wymknął się tym biografom, którzy starali się go w taki sposób zdefiniować. Ja zaś na tło najważniejszych zdarzeń z jego życia i kariery nanoszę to, czego do tej pory w panoramie dokonań Allena brakowało. Jest bowiem wiele nowych rzeczy do dodania. Liczę, że te rewelacje i spostrzeżenia umożliwią czytelnikom lepsze poznanie i zrozumienie Woody'ego Allena.

Allen należał do niewielkiego grona osób, które już w trzeciej dekadzie życia dysponują znacznym majątkiem i są przyzwyczajone do tego, że bezkarnie robią to, na co mają ochotę, i dostają to, czego zapragną. Czego jednak pragnął Woody?

Nigdy nie wyraził tego wprost, pomijając życzenie niezależności i artystycznej wolności. Nigdy nie czuł się zobowiązany do przestrzegania typowych ograniczeń moralnych. Nie było dla niego granic, nie czuł wyrzutów sumienia. Mimo to postępował w sposób moralny. Zawsze był zamknięty w sobie i zamyślony i taki pozostał. „Sądzę, że on w gruncie rzeczy jest tą samą osobą, którą był, kiedy zaczynał – usłyszałem od Richarda Schickela. – Moim zdaniem jego wrażliwość niewiele się zmieniła przez te wszystkie lata. Nadal robi to, co chce. I naprawdę wcale go nie obchodzi, co inni o tym sądzą. Po prostu żyje po swojemu. To głęboko moralne życie. Poznaliśmy się w latach sześćdziesiątych i od tamtej pory nigdy mnie nie zawiódł. Mam dla niego ogromnie dużo szacunku.

Kiedy kończy pracę nad filmem, nie robi sobie wolnego – mówił dalej Schickel. – W trakcie kręcenia jednego filmu zapewne już myśli o następnym. Wybiega do przodu. Myślę, że nie powstrzyma go nic poza szwankującym zdrowiem. Będzie kręcił do samego końca. Uważam, że dokonania takich niezmordowanych artystów jak Woody traktuje się jako coś oczywistego. Nie docenia się niezmiennej wysokiej jakości ich dzieł. Wielu twórców potyka się na wczesnym etapie kariery i wpada w różnego rodzaju koleiny. Ale nie Woody. Lista jego dokonań jest niezwykła".

Allen nadal jest boleśnie wręcz nieśmiały. „Dla Woody'ego najtrudniejszym elementem kręcenia filmów są ludzie – napisał Ralph Rosenblum. – Spotykanie się z nimi, zajmowanie się nimi, kierowanie nimi. (…) Utrzymywanie kontaktów towarzyskich, niezobowiązujące rozmowy, plotki – to coś, czego Woody nie znosi. Nie czuje potrzeby poznawania nowego asystenta montażysty dźwięku i zrobi wszystko, byle wykręcić się od uścisku dłoni. Kiedy jest do tego zmuszony – podaje rękę byle jak, wkładając w ten gest minimum siły – wówczas wydaje się, że jest to dla niego prawdziwa tortura, podczas której nie wie, co ma począć ze wzrokiem". Skupia się wyłącznie na pracy.

Zresztą nawet pod tym względem Allen wydaje się wiecznie rozczarowany samym sobą. Nieodmiennie dystansuje się od swoich osiągnięć. Nigdy nie jest do końca zadowolony. Nigdy też nie pozwolił, aby pociąg do poklasku i pieniędzy zepchnął go z obranej drogi. Jak żaden inny wielki reżyser filmowy odwraca się plecami do własnych udanych dzieł. Inni ani nie chcą, ani nie mogą tego zrobić. Patrząc na jego wczesne, szalone, należące do kina głównego nurtu filmy odnoszące sukcesy kasowe – *Co słychać, koteczku?*, *Casino Royale*, *Jak się masz, koteczku?*, *Miłość i śmierć*, *Annie Hall*, *Manhattan* – można jego karierę przyrównać do kariery Alfreda Hitchcocka. Tyle że ten uwielbiał swoje hity i zależało mu, aby jego obrazy miały widownię. W książce *Hitchcock* z 1967 roku, będącej zapisem jego rozmów z François Truffautem, Hitchcock lekceważy *Zawrót głowy*, ponieważ film nie okazał się wielkim przebojem. Przez kilka dziesięcioleci odnosił sukcesy jako producent i reżyser, zarówno obrazów kinowych, jak i telewizyjnych, i w pewnym sensie uzależnił się od poczucia triumfu. Tymczasem wyłącznym nałogiem Allena jest sama praca. Allen gładko i bez mrugnięcia okiem przechodzi od komercyjnych hitów (*Manhattan*) do osobliwych filmów w stylu Bergmana (*Wnętrza*) i pięknych, płynących prosto z serca, osobistych obrazów (*Danny Rose z Broadwayu*), a także nieustannie eksperymentuje z gatunkami i stylami, tak żeby nie musieć rezygnować z wolności artystycznej. Choć często o tym zapominamy albo traktujemy to jak oczywistość, twórczość Allena jest przełomowa pod wieloma estetycznymi i tematycznymi względami. Historię w *Annie Hall* opowiedział w sposób nielinearny; w tym samym filmie wstawia animację, igra z czasem, wykorzystuje technikę podziału ekranu. Burzy czwartą ścianę. Annie opuszcza swoje ciało, by przyjrzeć się sobie, jak uprawia seks z Alvym.

Odchodzenie, rozumiane na różne sposoby, stanowi powtarzający się w karierze – oraz życiu – motyw Allena. „Na przestrzeni lat Woody dopracował do perfekcji swój stand-upowy show – wspominał Mark Evanier. – A potem go porzucił. Gdyby ktoś inny dysponował tak mocnym materiałem, eksploatowałby go do końca życia. Zdarzyło się, że podczas występów w Las Vegas Woody rozgrzewał publiczność przed popisami innego komika. Nie przejął się tym, że jego nazwisko nie znalazło się na pierwszym miejscu na afiszach. Większość ludzi z jego pozycją powiedziałaby: «Nie chcę być drugi na afiszu. To może zaszkodzić mojej karierze». Dla Woody'ego stand-up nie był aż tak istotny, nie zamierzał uprawiać go do końca życia. Wtedy było już jasne, że przenosi się do świata kina i teatru. Był taki okres w karierze Woody'ego, że wszędzie było go pełno: w teleturniejach, w show Johnny'ego Carsona, w *I've Got a Secret*, w *What's My Line?* Wydawało się, że nie ma programu, w którym nie zgodziłby się wystąpić. Do tego jego teksty regularnie pojawiały się na łamach «Playboya». I nagle się skończyło. Naraz przestał być dostępny".

Allen odniósł wielki sukces w Las Vegas, publiczność go uwielbiała, a jednak porzucił tę karierę. Żaden inny artysta filmowy nie opuścił głównego nurtu w taki sposób. Tymczasem Allen zawsze coś porzucał, od czegoś odchodził. Zrezygnował z sukcesów jako scenarzysta telewizyjny. Harlene, jego pierwsza żona, namawiała go na rozwijanie kariery w telewizji, ale on odpuścił sobie i postawił na stand-up, w którym z początku zarabiał marnie; decyzja Woody'ego stała się przyczyną napięć pomiędzy małżonkami. Allen cieszył się dużą popularnością w różnego rodzaju talk-show, ale na to też machnął ręką. Potem z komika uprawiającego stand-up przedzierzgnął się w rozchwytywanego hollywoodzkiego scenarzystę. Kiedy zapragnął zostać scenarzystą i reżyserem w jednej osobie, miał kłopoty z uzyskaniem funduszy; kręcąc *Bierz forsę i w nogi*, dysponował budżetem w wysokości zaledwie półtora miliona dolarów, w którym zawierało się również jego honorarium. Czemu to robisz? – pytali go ludzie. – Przerabiaj powieści na scenariusze i zgarniaj forsę.

„Jest w nim nienawiść do samego siebie – powiedział Gary Terracino. – Takie Grouchowskie: «Nie chciałbym należeć do klubu, który przyjąłby na członka kogoś takiego jak ja». Widać to po rzeczach, które porzuca. Widać w tym, jak wątpi we własną twórczość. I również w tym, jak niszczy swoje życie osobiste. Zawsze jednak wiedział, jak podsycać zainteresowanie sobą bez uganiania się za sławą.

Ten aspekt osobowości Woody'ego nie ma wszakże cech autodestrukcyjnych, ponieważ Woody zawsze postępował tak samo – ciągnął Terracino. – Jest w tym coś pogardliwego. Potrzeba zniszczenia bez rzeczywistej destrukcji – zamieszać, udowodnić ludziom, że może pokazać im plecy. Myślicie, że nie odwrócę się tyłem do Hollywood? Odwrócę się. Myślicie, że nie zerwę z Las Vegas? Zerwę. Myślicie, że nie porzucę numerów rodem z klasy robotniczej i średniej, które widzieliście w *Bierz forsę i w nogi* i w *Śpiochu*? No to popatrzcie. Odszedł od Mii pomimo dzieci. A niech mnie nominują do Oscara, i tak nie pójdę. Allen może sobie na to pozwolić, większość ludzi – nie. Większość artystów kurczowo trzyma się tego, co ma. Wszyscy uganiają się za przebojami. Żaden inny mainstreamowy scenarzysta bądź producent nie oparł się tak skutecznie odurzającej sile głównego nurtu. Nawet Orson Welles był zakochany w swojej sławie. W przypadku innych artystów pogarda dla samego siebie objawia się rozpaczliwą potrzebą odnoszenia sukcesów i schlebiania gustom. Scorsesemu zależy na powodzeniu. Hitchcock żył i umarł przywiązany do chwilowych sukcesów. Twórcy tacy jak Coppola albo Hal Ashby w pogoni za hitami wpadli w pułapkę narkotyków, alkoholu i jawnie autodestrukcyjnych zachowań".

„Woody'ego nie kusi łatwy zarobek – powiedział Mark Evanier. – Pomyśleć, jakie możliwości otworzyłyby się przed nim, gdyby nagle postanowił wystąpić w reklamie albo zrobić program dla telewizji. Albo nakręcić czysto komercyjny film. Oprócz pieniędzy pokusą może być rozgłos, ale Woody jest uodporniony. Myślę, że bez przerwy zwracają się do niego ludzie, którzy chcą przebić się do jego stylu życia, namówić go do zagrania w ich filmach, przekonać, żeby wyreżyserował cudzy scenariusz, wystąpił w telewizji. Nie wydaje mi się, żeby Woody pojawił się w jakimkolwiek talk-show od czasów, kiedy bywał w programach Carsona i Cavetta. Jakiś czas temu ekipa Davida Lettermana intensywnie zabiegała o udział Woody'ego w programie. Sam David dał jasno do zrozumienia, że gościem, z którym najbardziej pragnąłby się spotkać, jest właśnie Woody Allen. Ludzie pomyśleli, że się wykażą i wkupią w łaski Davida, jeśli załatwią mu Woody'ego. Dlatego, jak sądzę, nie przebierali w środkach, by go dorwać, byli niegrzeczni i napastliwi. Ale kiedy dzwonili do biura Woody'ego, słyszeli tylko: «Dziękujemy bardzo, Woody jest niezmiernie wdzięczny za propozycję, ale musi odmówić, bo to po prostu nie w jego stylu». Niewielu ludzi jest aż tak niedostępnych. Mało kto nakłada ograniczenia własnej karierze. Nie wszystkich stać na to, żeby powiedzieć: «Zrobię to. Nie obchodzi mnie, czy po tym będę miał szansę zrobić jeszcze cokolwiek innego»".

Wspominam o słabszych filmach Allena (choć „słabszy" często oznacza tu „i tak całkiem niezły"), ale nie zatrzymuję się przy nich na dłużej; skupiam się na najbardziej udanych: *Annie Hall*, *Manhattanie*, *Zeligu*, *Dannym Rosie z Broadwayu*, *Purpurowej róży z Kairu*, *Hannah i jej siostrach*, *Mężach i żonach*, *Złotych czasach radia*, *Zbrodniach i wykroczeniach*, *Strzałach na Broadwayu*, *Alicji*, *Przejrzeć Harry'ego*, *Życiu i całej reszcie*, *Wszystko gra*, *Poznasz przystojnego bruneta*, *Wszyscy mówią: kocham cię* i *O północy w Paryżu*. Krytycy, których szanuję, koniecznie chcą dokopać się – co jest dla mnie niezrozumiałe – do głębi i istoty „bergmanowskich" filmów Allena i jego ekspresjonistycznego eksperymentu w niemiecko-żydowskim duchu pod tytułem *Cienie we mgle*; moim zdaniem nie tędy droga. „Kiedy oglądasz te filmy, czujesz się, jakby na twojej piersi leżał głaz" – powiedział mi krytyk filmowy Philip

Lopate. Krytycy, którzy potraktowali te filmy poważnie, są zarazem w gronie tych, którym Allen udzielił najbardziej szczerych spośród swoich wywiadów: mowa o Richardzie Schickelu, Stigu Björkmanie i Eriku Laksie, pierwszym biografie Woody'ego. Niemniej Allen podziwia i szanuje również osoby wypowiadające się w krytycznym tonie na temat jego dzieł, zwłaszcza Johna Simona i Pauline Kael.

„Każda zależność rodzi niebezpieczeństwo – opowiadał John Simon. – Natomiast zdecydowanie groźne jest bycie przesadnie zależnym. Myślę, że zachwyt nad Bergmanem oraz pewnego rodzaju świadome, albo nawet nieuświadomione, naśladownictwo niesie ze sobą ryzyko. Ponieważ nie sposób podrobić geniusza. Można imitować pomniejszych twórców, ale w przypadku geniusza przyjmujesz w stosunku do niego pozycję służalczą albo bardzo starasz się pokazać, że wcale nie usiłujesz go naśladować. Tak czy owak, rezultaty budzą poważne wątpliwości". Woody sam to przyznał, być może niechcący, kiedy Eric Lax zapytał go o reakcje niektórych krytyków na dialogi we *Wnętrzach* – pisano, że są zbyt sztywne. O dziwo, Allen wyznał, że niewykluczone, iż nieumyślnie zamiast żywych dialogów stworzył „napisy":

> Miesiąc po nakręceniu *Wnętrz* siedziałem w domu i nagle pojawiła się myśl: Czyżbym popełnił ten błąd? Z powodu zbyt częstego oglądania zagranicznych filmów, z moim uchem do dialogów, czyżbym naprawdę napisał dialog do zagranicznego filmu? Kiedy ogląda się, powiedzmy, film Bergmana, to czyta się dialogi z ekranu. A przy czytaniu dialog ma pewien rytm. Moje ucho wychwytywało dialog w rytmie napisów na ekranie i tworzyłem taki sam dla moich postaci. Zmartwiłem się tym. To coś, czego nigdy tak naprawdę nie analizowałem. Nie wiem[15].

---

[15] Eric Lax, dz. cyt., s. 132.

Wiadomo że Allen często chwyta się wszystkiego, co smętne i ponure, kiedy bierze się do pracy nad poważnym scenariuszem, który nie odzwierciedla jego doświadczeń życiowych. Nie dość, że tego, o czym opowiada, nie przeżył na własnej skórze, to nierzadko nawet nie czytał dzieł autorów, których nazwiskami chętnie szafuje, popisując się przed zastępami odbiorców, którzy też nigdy się z tymi utworami nie zetknęli. Dla niego to wielka rzecz, coś, czym interesują się najwięksi – sam zaś czuje się jak outsider ze swymi słabymi żartami. Brak typowego dla Allena poczucia humoru wyrządza tym filmom nieodwracalne szkody.

Nie powinniśmy być jednak zdziwieni, jeśli w kolejnym filmie z pogranicza dramatu i komedii Allen udanie zawrze wszystkie swoje inspiracje i jeśli wpływ Bergmana i Felliniego nie przytłoczy go, lecz jakimś sposobem połączy się z jego własnym wyjątkowym stylem. Woody nigdy bowiem nie przestaje zaskakiwać.

Przyznają to nawet jego krytycy. „Nie ma sensu zastanawiać się, czy wieża Eiffla przydaje uroku Paryżowi czy go odbiera – powiedział John Simon. – Woody jest częścią filmowego świata, który bez niego byłby uboższy. Cechuje go godna podziwu wydajność. Dowodzi ona, że Allen dysponuje energią, pomysłami i twórczym duchem. Dla mnie fascynujące jest to, jak umiejętnie wyłuskuje aktorki: akurat wtedy, kiedy są atrakcyjne i zyskują rozgłos, i obsadza je w swoich filmach.

Okazuje się – mówił dalej Simon – że jest on naprawdę jedynym niezależnym filmowcem, który przepracowawszy kilka dekad, nakręciwszy parę bardzo dobrych filmów, trochę średnich i kilka słabych – na przykład *Wnętrza*, które są koszmarnie złe – nadal robi swoje. Jest przy tym uwielbiany na całym świecie. To niesamowite, że ta jego postać żydowskiego szlemiela cieszy się w świecie filmu powszechnym uwielbieniem. Komu jeszcze udała się ta sztuka? Nie przychodzi mi do głowy żadne nazwisko. Może do pewnego stopnia Warrenowi Beatty'emu.

Zatem to nie byle co. Woody nie wstydzi się być sobą, również jeśli chodzi o wygląd. Liczy się także to, że podoba się na obcych rynkach, jego popularność nie jest osobliwością, taką jak miłość Francuzów do Jerry'ego Lewisa. Woody nie jest tego rodzaju celebrytą. Znakomicie przetrwał swoje komediowe wcielenie, zwłaszcza że obsadza się również w rolach kochanków, co świadczy o odwadze z jego strony. Niemniej uchodzi mu to na sucho. Był dowcipny. Nadal jest.

W Ameryce nie ma drugiego takiego, równie jak Allen sławnego, niezależnego filmowca. Jego humor nigdy nie jest całkiem czarny, powiedziałbym raczej, że jest ciemnoszary, dzięki czemu zyskuje głębię. W jego twórczości dominuje przekonanie o kruchości związków i nieprzewidywalności życia, co samo w sobie nie jest zabawne, lecz Allen potrafi wydobyć z tego komizm. Nie posuwa się zbyt daleko w swoim realizmie magicznym. Wie, gdzie się zatrzymać, a to ważne.

Śmieje się z samego siebie. Śmieje się z innych. I to się sprawdza. W latach trzydziestych amerykańskie filmy miały rezon, ale potem to minęło. Preston Sturges, Groucho Marx. Kilku reżyserów. *Dziewczyna Piętaszek*. I tyle. Dziś brakuje pomysłowości – ale nie w filmach Woody'ego, w nich bowiem humor przetrwał, co jest godne pochwały. Udaje mu się rozbawiać ludzi bez uciekania się do idiotycznych wygłupów. Ma otwarte oczy. Jest wyczulony na to, co dzieje się na świecie.

Jest kimś, z kim należy się liczyć. Mam nadzieję, że zanim Woody powie sobie dość, zdoła nakręcić choć jeden film doskonały w każdym calu. Zawsze był bliski stworzenia czegoś wybitnego, ale nigdy mu się to nie udawało. Choć i tak w tym, co robi, jest lepszy niż większość ludzi".

Surowszy krytyk, nieżyjący już Stanley Kauffmann, powiedział: „Podobnie jak Jules Feiffer, Allen udramatyzował współczesne wielkomiejskie nerwice Żydów. Jednym z powodów, dla których cieszy się on przychylnością krytyków, jest to, że ludzie doceniają jego wkład w proces poznawania Ameryki przez samą siebie. To spore osiągnięcie. Prawdopodobnie przyszłe pokolenia będą miały o Allenie wyższe mniemanie niż my teraz".

W *Manhattanie*, idącym w ślady *Annie Hall*, Allen pokazał się jako prawdziwy artysta. Film cechowało nie tylko mistrzostwo wykonania, ale też śmiałość. O czym był? O mężczyźnie zakochanym w dziewczynie młodszej od niego o ćwierć wieku, w dodatku nieletniej. O mężczyźnie spotykającym się z dziewczyną, która nadal „odrabia prace domowe". *Manhattanem* Allen zdobył nominacje do Oscara i światowy rozgłos. To było w 1979 roku. Potem Woody stworzył kolejne filmy, w których znaczącą rolę odgrywa miłość mężczyzny do dużo młodszej kobiety, a następnie schemat ten przeniósł do prawdziwego życia – i uszło mu to płazem. Od ponad osiemnastu lat żyje w stabilnym, trwałym związku małżeńskim. Przez całe życie pisał dla siebie i o sobie – to jasne, choć Allen temu zaprzecza. Niektórzy twierdzą, że kilka spośród jego obrazów należy do najlepszych amerykańskich filmów, jakie powstały w naszych czasach – i dodają, że nakręcił też co najmniej pięć kompletnych gniotów. Jest również jednym z najbardziej wpływowych amerykańskich filmowców.

Wszystko to z zachwytu.

We wspomnieniach zatytułowanych *Final Cut* Steven Bach, szef United Artist, spółki, która przez wiele lat produkowała filmy Allena, nazwał *Manhattan* nagrodą dla firmy za trzy trudne lata. Pochodzący z Montany Bach obejrzał film podczas prywatnego pokazu, a niezwykłe doznanie, które stało się jego udziałem, opisał z intensywnością prozy Thomasa Wolfe'a. Oglądał film na Manhattanie pewnego pięknego kwietniowego dnia, „jednego z tych wiosennych dni, o których pisze się piosenki: idealnie błękitne niebo i ciepłe powietrze koiły moje nerwy, skołatane po długiej i męczącej podróży samolotem, i wygładzały krawędzie poszarpanego miasta. Te dwie godziny – napisał dalej – zapamiętam jako najpełniejsze czystej i niczym niezmąconej przyjemności godziny z przepracowanych przeze mnie w United Artist trzech lat i trzech dni. (...) Odnalazłem w sobie coś, co, jak sądziłem, przykryła warstwa cynizmu, a mianowicie pewien rodzaj zachwytu. (...) Wyszedłem z sali projekcyjnej (...) i ruszyłem powoli przed siebie, nadal będąc pod silnym wrażeniem filmu. W ocierających się o chmury konstrukcjach ze stali i szkła, które za dnia wydawały się nieprzystępne i anonimowe, teraz odbijały się światła miasta. Gdzieś w tle słyszałem Gershwina... albo tylko mi się wydawało. Uśmiechając się z radości – i do pustych ulic, i do fioletowego nieba – przypomniałem sobie wszystkie powody, dla których zawsze chciałem zamieszkać w Nowym Jorku, i wszystkie przyczyny, dla których zawsze chciałem pracować w przemyśle filmowym".

„Allen przynależy do czasów, w których pracowało się bez przerwy – powiedział mi nieżyjący już scenarzysta Ric Menello. – Wyznawany przez niego kult pracy przypomina postawę Claude'a Chabrola albo Johna Forda, choć ten drugi, inaczej niż Woody, tworzył w ramach systemu studyjnego. Ford mawiał, że jego idealny dzień wygląda następująco: wstać rano, pójść na plan, pokierować ekipą, porozwiązywać problemy. «Potem fajrant, wszyscy razem idziemy na kolację i rozchodzimy się, każdy do siebie. Jak w normalnej pracy. Mówisz sobie: Muszę wstać i iść do roboty».

Od wielu lat robi swoje – kontynuował Menello. – Mamy w Stanach taką tradycję... weźmy George'a Abbotta, reżysera teatralnego, który mając sto dwa lata, nadal pracował nad przedstawieniami. Woody bardzo wcześnie zaczął sprzedawać swoje teksty. Musiał się wyrabiać, pracował trzynaście, czternaście, piętnaście godzin na dobę. Potem zajął się pisaniem dla telewizji. Powoli piął się w górę. Praca od ósmej do szesnastej to nie jego bajka. Kiedy pisze, nie ma problemów ze wstawaniem. Zjada śniadanie, trochę popisze. Idzie na lunch, wraca do pracy. Dzień na planie kończy o osiemnastej, choćby się waliło i paliło. W jego wczesnych występach, kiedy jeszcze parał się stand-upem, można znaleźć kawałki, które potem wykorzystał w filmach; to samo tyczy się książek – tam też jest sporo tekstów, po które później sięgnął. Bo czemu nie? To przecież tradycja stara jak świat. Howard Hawks notorycznie dopuszczał się autoplagiatu. Tak się składa, że jest artystą, ale przecież nie zawsze musi nim być; za to zawsze jest rzemieślnikiem. Tworzy to, na czym się zna, i raz na jakiś czas wychodzi mu dzieło sztuki. Na tyle może liczyć.

Ben Hecht, należący do lubianego przez Woody'ego gatunku Żydów twardzieli – powiedział Menello – był przede wszystkim scenarzystą. Wcześniej pracował jako dziennikarz prasowy, powieściopisarz, autor opowiadań i dramaturg. Jest to zatem tradycja, której Allen może być ostatnim przedstawicielem. Pisał sztuki, dowcipy, opowiadania, eseje. Wszystko to składa się na jego dzisiejszy portret i zarazem łączy go z dawnymi twórcami. Niewykluczone, że jest ostatnim, któremu udało się z cieszącego się niezłą reputacją, ale pozostającego na uboczu pisarza przedzierzgnąć w autora scenariuszy, a następnie reżysera, filmowca. To samo zdołał zrobić Ben Hecht. Hecht patrzył na film przede wszystkim z perspektywy tekstu. Również Woody jest najpierw scenarzystą, a dopiero potem reżyserem. Reżyserowanie jest dla niego wyrażaniem tego, co napisał w scenariuszu, oraz sposobem na ochronę swojego dzieła. Rzadko się dziś zdarza, żeby autor, który nie zaczynał od tworzenia scenariuszy, przeniósł się do filmów. Bywa, że robią tak dramaturdzy, ale oni z kolei nie biorą się do reżyserowania".

Allen był dwadzieścia cztery razy nominowany do Nagrody Akademii Filmowej. Jest najczęściej nominowanym scenarzystą w kategorii najlepszy scenariusz oryginalny, zaś w kategorii najlepszy reżyser z liczbą siedmiu nominacji zajmuje trzecie miejsce.

Annie Hall zdobyła cztery Oscary: dla najlepszego filmu (producentem był Charles Joffe) i najlepszego reżysera, za najlepszy scenariusz oryginalny (Woody podzielił się nagrodą z Marshallem Brickmanem) oraz w kategorii najlepsza aktorka (Diane Keaton).

Potem rozwiązał się worek z nagrodami. Oto wybór najważniejszych:

- Opowiadanie Allena pod tytułem *Epizod z Kugelmassem* zdobyło w 1977 roku Nagrodę im. O. Henry'ego i zainspirowało Woody'ego do napisania scenariusza filmu *Purpurowa róża z Kairu*.
- W 1980 roku *Manhattan* zdobył Cezara dla najlepszego filmu zagranicznego; w 1986 roku tę samą nagrodę zgarnął film *Purpurowa róża z Kairu*. Nominację do Cezara zdobyło siedem innych filmów Allena.
- *Manhattan* nominowano do Nagrody Akademii Filmowej w dwóch kategoriach: najlepsza aktorka drugoplanowa (Mariel Hemingway) i najlepszy scenariusz oryginalny (Allen napisał *Manhattan* wspólnie z Marshallem Brickmanem).
- W 1986 roku Allen zdobył Złoty Glob w kategorii najlepszy scenariusz za *Purpurową różę z Kairu*.
- Również w 1986 roku Allen zdobył Oscara za *Hannah i jej siostry* w kategorii najlepszy scenariusz oryginalny. Michael Caine i Dianne Wiest zostali uhonorowani statuetkami w kategoriach najlepszy aktor drugoplanowy i najlepsza aktorka drugoplanowa. Obraz uzyskał nominacje do nagrody w czterech innych kategoriach, między innymi dla najlepszego filmu i najlepszego reżysera.
- W 1995 roku na Międzynarodowym Festiwalu Filmowym w Wenecji Allen otrzymał Złotego Lwa za całokształt twórczości.

- W 1996 roku Amerykańska Gildia Reżyserów Filmowych uhonorowała Allena nagrodą za całokształt twórczości.
- W 2002 roku otrzymał Nagrodę Księcia Asturii, a w hiszpańskim mieście Oviedo wzniesiono Allenowi pomnik naturalnej wielkości.
- Również w 2002 roku organizatorzy Międzynarodowego Festiwalu Filmowego w Cannes przyznali Allenowi nagrodę Palme des Palmes za całokształt twórczości.
- W 2005 roku zajął trzecie miejsce w brytyjskim plebiscycie The Comedian's Comedian na najlepszego komika wszech czasów.
- Barceloński Uniwersytet Pompeu Fabry przyznał mu w 2007 roku tytuł doktora honoris causa.
- W 2008 roku film *Vicky Cristina Barcelona* zdobył Złoty Glob za najlepszy film.
- W 2010 roku Amerykańska Gildia Scenarzystów Filmowych zaliczyła scenariusz do *Zbrodni i wykroczeń* do grona stu najlepszych scenariuszy wszech czasów.
- Allen zdobył Oscara w kategorii najlepszy scenariusz oryginalny za *O północy w Paryżu* (w 2012 roku). Ten sam film był też nominowany w kategoriach: najlepszy film, najlepszy reżyser i najlepszy aktor (Owen Wilson).
- Dwunastego stycznia 2014 roku, podczas siedemdziesiątej pierwszej ceremonii rozdania Złotych Globów, Allen otrzymał Nagrodę im. Cecila B. DeMille'a za całokształt twórczości.

Powrót Allena – czy raczej: seria powrotów – w pierwszych latach nowego stulecia to jedna z najbardziej niezwykłych historii w dziejach amerykańskiego kina i show-biznesu. Ale nawet kiedy Allen znajdował się w stanie względnego zawieszenia, jego wydajność wcale nie spadła. W następstwie rozpadu związku z Mią Farrow w 1992 roku – po tym, jak Farrow znalazła w mieszkaniu Allena nagie zdjęcia swojej córki Soon-Yi – padły oskarżenia o molestowanie seksualne Dylan, adoptowanej córki, stał się jednym z najbardziej kontrowersyjnych bohaterów amerykańskiego życia kulturalnego. W marcu 1993 roku zespół badawczy szpitala Yale-New Haven oczyścił Allena z wysuwanych przez Farrow zarzutów o molestowanie siedmioletniej Dylan. Farrow wystąpiła z oskarżeniem w sierpniu 1992 roku, Allen zaś wniósł o przyznanie mu wyłącznego prawa do opieki nad adoptowanymi Dylan Farrow i Mosesem A. Farrowem, a także nad Satchelem, biologicznym synem pary. Farrow złożyła później osobny wniosek w Sądzie Opiekuńczym o unieważnienie adopcji Mosesa i Dylan przez Allena, która nastąpiła w 1991 roku. Wprawdzie nigdy nie zdołano udowodnić zasadności oskarżeń o molestowanie Dylan, które wysuwała Mia Farrow, niemniej wielu ludzi uwierzyło w ich prawdziwość. Ludzie ci wskazywali na liczne przykłady skłonności bohaterów kreowanych przez Woody'ego do młodych dziewcząt, jednocześnie zapominając o oczywistym prawie artysty do fantazjowania w swojej twórczości, i wyciągali z tego krzywdzący wniosek, że w życiu prywatnym Allen byłby zdolny do strasznych czynów. Uznali, że nie będą oglądali dzieł artysty potwora. Po skandalu z 1992 roku Allen ani nie przeprosił, ani nie wyraził żalu z powodu swojego zachowania w stosunku do Farrow; z oburzeniem odrzucił wszelkie oskarżenia. W przeprowadzonym w 2005 roku przez Petera Biskinda wywiadzie dla „Vanity Fair" Janet Maslin, krytyczka współpracująca z „New York Timesem", powiedziała: „Niektórzy nigdy nie wybaczą Allenowi skandalu z Mią Farrow. Nawet nie chcą oglądać jego filmów".

Inni postrzegają Woody'ego zgoła inaczej. Jennifer Belle jest autorką czterech znakomitych, szalonych i bardzo zabawnych powieści, w tym *Little Stalker*, historii trzydziestotrzyletniej kobiety, która, udając trzynastolatkę, zaczyna pisać listy do swojego idola, Arthura Weemana, bardzo znanego reżysera filmowego.

Belle jest jedną z najwierniejszych fanek Allena, każdy jego nowy film stara się obejrzeć już pierwszego dnia wyświetlania, i to na pierwszym pokazie. *Manhattan* widziała, jak sama przyznaje, ze sto razy. Kiedy Belle o czymś opowiada, robi to z takim samym entuzjazmem, z jakim pisze. „Przez wiele lat całkowicie identyfikowałam się z Mariel Hemingway, bo byłam w jej wieku – powiedziała. – Teraz utożsamiam się z Diane Keaton. Dziś Mariel jest tą irytującą dziewczynką, która zawadza. No i super. Woody pisze o mnie, o moich wcieleniach. Pisze o mnie jako złośnicy. Jako dziewczynie pracującej, która chce zarabiać i spotykać się z facetami. Jako niezadowolonej żonie. Jako znudzonej kurze domowej, bujającej dzieci na huśtawce i jeżdżącej do Chinatown na poszukiwanie zioła, które postawi ją na nogi. Jako szesnastoletniej kokietce. Niesamowite, że ten mężczyzna potrafi coś takiego. Żaden inny facet tego nie umie. Woody rozumie kobiety. Rozumie dziwki. Rozumie mądre kobiety".

Opowiadała o Allenie takim tonem, jakby uprawiała stand-up. „Woody zrobił najgorszą rzecz, jaką mężczyzna może zrobić kobiecie – stwierdziła, mając na myśli związek Allena z Soon-Yi, adoptowaną córką Mii Farrow. – W życiu nie widziałam niczego gorszego. To było jak morderstwo. Wściekłość w stanie czystym".

Kariera Allena zaliczyła jednak dołek nie w 1992 roku, kiedy został on oskarżony o molestowanie dziecka, ale dopiero siedem lat później, gdy nakręcił kilka naprawdę kiepskich filmów (*Drobne cwaniaczki*, *Klątwa skorpiona*, *Koniec z Hollywood*). W 2000 roku wystąpił w słabiutkiej komedii pod tytułem *Dar z nieba*. W 2005 roku Peter Biskind napisał, że „w ostatniej dekadzie zmniejszyła się amerykańska widownia filmów Allena. Entuzjazm hollywoodzkich studiów, które niegdyś traktowały go jak księcia, wyraźnie osłabł i nawet nowojorscy krytycy, do tej pory jego najwierniejsi sojusznicy – kibice z rodzinnego miasta – kolejne filmy przyjmowali ziewaniem. Wyglądało to tak, jakby

Allen, filmowiec, który w latach siedemdziesiątych i osiemdziesiątych, a nawet przez większość dziewięćdziesiątych, tak, wydawałoby się, łatwo nawiązywał kontakt z wpływową, nawet jeśli nieco oderwaną od rzeczywistości miejską Ameryką, naraz stał się dla niej nieistotny". Mimo to w 2011 roku znów był wielki, większy niż kiedykolwiek przedtem, dziś zaś odnosi sukcesy, jakich nigdy wcześniej nie odnotował. Skandal z 1992 roku nie wpłynął na jego wydajność; w istocie niektóre spośród filmów nakręconych już po wybuchu afery należą do jego najlepszych obrazów – mowa o *Mężach i żonach* (1992; większa część scenariusza powstała przed skandalem), *Strzałach na Broadwayu* (1994), *Jej wysokości Afrodycie* (1995), *Wszyscy mówią: kocham cię* (1996), *Przejrzeć Harry'ego* (1997) i *Celebrity* (1998). Po tych sukcesach Allen jak zwykle przeżył okres krótkiego zastoju. I, również jak zwykle, wrócił na szczyt filmami, które można zaliczyć do najbardziej udanych w jego karierze.

Napisanie tej książki zajęło mi dwa lata. Przez ten czas pośrednio uczestniczyłem w szalonej jeździe kolejką górską, jaką niewątpliwie są życie i twórczość Woody'ego Allena, to wypuszczanie na zmianę bardzo udanych i niemal beznadziejnie złych filmów. Po sukcesie *O północy w Paryżu* – który zarobił ponad sto pięćdziesiąt jeden milionów dolarów na całym świecie – przyszła porażka w postaci *Zakochanych w Rzymie*. Największy przebój kasowy Allena, *Blue Jasmine*, zarobił dziewięćdziesiąt siedem i pół miliona dolarów na całym świecie i zyskał entuzjastyczne recenzje. David Thompson z „New Republic" nazwał ten obraz arcydziełem i największym dokonaniem Allena. Głosy zachwytu ucichły, kiedy pojawiła się ospała *Magia w blasku księżyca*, którą Woody sklecił, bez inwencji, z kopii swoich wcześniejszych dokonań.

W 2013 roku Mia Farrow ponownie zarzuciła Allenowi, że ten dwadzieścia lat wcześniej molestował Dylan, i raz jeszcze rozpętała kampanię przeciwko niemu. W ramach tej akcji na łamach

„Vanity Fair" ukazał się artykuł Maureen Orth, nawiązujący do jej własnego artykułu opublikowanego przez ten magazyn w 1992 roku. Dodatkowo „New York Times" zamieścił komentarz przyjaciela Farrow Nicholasa Kristofa, „Times" zaś wydrukował list Dylan Farrow. Starania Farrow spełzły jednak na niczym, przyćmiło je bowiem entuzjastyczne przyjęcie *Blue Jasmine*, za którym poszły nagrody: Złoty Glob i Oscar dla Cate Blanchett. W „Timesie" ukazało się pełne oburzenia zaprzeczenie oskarżeniom, ujęte przez Allena w formę listu; za Allenem ujęła się adwokat Linda Fairstein, specjalizująca się w przestępstwach przeciwko dzieciom; Moses Farrow, syn Woody'ego i Mii, zaprzeczył zarzutom (posunął się wręcz do tego, że nazwał matkę spragnioną zemsty manipulatorką); wsparcia Allenowi otwarcie udzielili Diane Keaton, Dick Cavett, Wallace Shawn, Janet Maslin, jak również mnóstwo innych osób; strona Daily Beast opublikowała bardzo przekonujący artykuł reżysera Roberta Weide'a, który wziął Woody'ego w obronę. Jak na ironię, mniej więcej w tym samym czasie Johnowi Villiers-Farrow, bratu Mii Farrow, postawiono zarzut molestowania seksualnego dwóch dziesięcioletnich chłopców z Maryland. Oskarżony przyznał się do dwóch zarzutów, podtrzymując przy tym twierdzenie o własnej niewinności, i spędzi w więzieniu co najmniej dziesięć lat.

Cate Blanchett odebrała Nagrodę Akademii Filmowej dla najlepszej aktorki za rolę w *Blue Jasmine*, Sally Hawkins była nominowana w kategorii najlepsza aktorka drugoplanowa, a Allen otrzymał nominację za najlepszy scenariusz oryginalny. Blanchett zdobyła również Złoty Glob, pomimo rozkręconej przez Mię Farrow kampanii wymierzonej w Allena. Wydawało się, że nie może być lepiej. Ale kiedy pod koniec 2014 roku do kin trafiła *Magia w blasku księżyca*, szczęście znów się od Woody'ego odwróciło. (W filmie oglądamy kolejną wersję romansu starszego mężczyzny z młodszą kobietą). Sumę niepowodzeń powiększyła klapa teatralnej wersji *Strzałów na Broadwayu*, która zebrała kiepskie recenzje i szybko zeszła z afisza. Wyprodukowanie sztuki kosztowało Letty Aronson, siostrę i agentkę Allena, oraz jej inwestorów piętnaście milionów dolarów; Woody, który sam nie włożył w przedsięwzięcie ani centa, podobno nawet nie zamierzał z nimi rozmawiać. „Nie chciał mieć nic wspólnego z ludźmi, którzy sfinansowali to fiasko, mimo że główną producentką przedstawienia była jego siostra" – napisano w „New York Daily News".

Najsurowsi krytycy zachowania Allena chętnie łączą dwie sprawy: związek z Soon-Yi Previn (i jego rozmaite elementy: okrutny sposób, w jaki Mia dowiedziała się o romansie – znajdując nagie zdjęcia adoptowanej córki – nawiązanie współżycia z adoptowaną córką swojej partnerki i ogólnie zdradę, jakiej dopuścił się wobec Mii) z rzekomym molestowaniem seksualnym Dylan. Dla tych, którzy oskarżają go o przestępstwo na tle seksualnym, nie mogąc poprzeć zarzutów żadnymi dowodami, te dwa zdarzenia wydają się nie do odróżnienia. Nietrudno jednak dojść do wniosku, że społeczeństwo prawie nie zauważa – a jeśli zauważa, to chętnie wybacza – związków między starszymi mężczyznami i młodszymi kobietami, zarazem – jak najbardziej słusznie – dużo surowszym okiem patrząc na przypadki wykorzystywania seksualnego dzieci. Nawet jeśli Allen rzeczywiście jest przestępcą seksualnym, to należy do niezwykle rzadkiego gatunku kryminalistów ułatwiających ścigającym zadanie poprzez pozostawianie za sobą czytelnych śladów: w filmach, w książkach i opowiadaniach, a nawet w wywiadach – na przykład już w 1966 roku, kiedy rozmawiał z „Playboyem". Zapytany wówczas, czy chciałby mieć dzieci, Woody odpowiedział: „Osiem albo dwanaście małych blondyneczek. Uwielbiam blondyneczki".

Krytycy raz jeszcze, prawie z dnia na dzień, wykonali zwrot i ponownie na pierwszy plan wysunęły się kontrowersje. Nic zatem dziwnego, iż Allen uparcie powtarza, że nie zwraca uwagi na ich opinie (prawda to czy nie?). Znów pojawiły się oskarżenia:

A.O. Scott napisał w „New York Timesie", że nie sposób oglądać *Magii w blasku księżyca* „bez refleksji na temat życia osobistego pana Allena – ani po seansie uniknąć dyskusji o tym, czy reżyser jest zboczeńcem, potworem, czy może nierozumianym artystą, którego życiowa postawa nie ma związku z twórczością". Krytyk Andrew O'Hehir napisał na łamach „Salonu": „Tym, co w twórczości Allena – co najmniej od *Manhattanu* z 1979 roku aż do współczesnych obrazów – ma charakter wręcz patologiczny, jest uporczywe stawianie romansu starszego mężczyzny z młodszą kobietą na piedestale miłości". Pisarka Kate Aurthur na stronie BuzzFeed w absurdalny sposób sprowadza wszystko do skandalu: „Na poziomie symbolicznym zaintrygowało mnie to, że scenariusz – który Allen napisał i przeniósł na taśmę filmową, zanim Dylan Farrow w lutym obwieściła światu, że ojciec jest dla niej źródłem nieprzemijającego bólu – traktuje zasadniczo o tym, że starszy mężczyzna stara się dowieść, iż młodsza kobieta kłamie". Film pozwolił krytykom wrócić do tematu, którego dawno nie poruszali: tego mianowicie, że Allen się kończy. O'Hehir napisał, że *Magia w świetle księżyca* to „pragnienie artysty ponownego dysponowania magiczną mocą, niczym Prospero – siłą, którą niegdyś miał, a którą dziś stara się wskrzesić z niczego".

Artystyczną śmierć Allena ogłaszano już wielokrotnie – uczyniła to na przykład Marion Meade w opublikowanej w 2000 roku biografii Woody'ego *The Unruly Life of Woody Allen*. „Wydaje się coraz bardziej oderwany od rzeczywistości" – napisała. Omawiając rolę Allena w filmie animowanym *Mrówka Z*, stwierdziła, że „współczesna widownia woli Woody'ego Allena na ekranie w postaci robala niż istoty ludzkiej". Dodała, że Allen wygląda staro jak na swój wiek (w 2013 roku Sam Tanenhaus zauważył na stronie Daily Beast, że Woody wygląda młodo…), i uznała, że jego koniec jest bliski: „Kiedy wyda ostatnie tchnienie? Odejdzie w pośpiechu czy powoli przeminie? Jakie tajemnice – o ile w ogóle jakieś – ujawnią jego akt zgonu bądź sekcja zwłok na wielki, szelmowski finał?".

Nawet Richard Schickel, mądry krytyk i żarliwy zwolennik twórczości Allena, a także autor najbardziej wnikliwych wywiadów z Woodym, w 2003 roku nie wróżył mu zbyt świetlanej przyszłości. Zauważył, że wiele filmów, które Allen nakręcił w latach osiemdziesiątych i na początku dziewięćdziesiątych – między innymi *Zelig*, *Purpurowa róża z Kairu*, *Złote czasy radia*, *Zbrodnie i wykroczenia*, *Danny Rose z Broadwayu*, *Mężowie i żony*, *Strzały na Broadwayu* oraz *Hannah i jej siostry* – należy do „najwspanialszych, jakie zdołał stworzyć jeden reżyser w stosunkowo krótkim czasie". Ale napisał też, że „Woody Allen jest dziś, przynajmniej w Stanach Zjednoczonych, filmowcem niemal zupełnie bagatelizowanym". Wspomniał o „wątpliwym poważaniu, jakim wielu Amerykanów darzy go jako człowieka". Zastanawiając się nad skutkami afery z 1992 roku, zauważył, że „od dłuższego czasu publiczność Allena topnieje". Stwierdził, że „niewykluczone, iż przed przejściem na artystyczną emeryturę Woody nakręci jeszcze film, który stanie się przebojem w Ameryce. Ale to chyba mało prawdopodobne".

Po ukazaniu się biografii pióra Meade i refleksji Schickela Allen odnotował wiele niezwykłych sukcesów. I w wielkim stylu wrócił do formy. Jego dwa ostatnie filmy, *Blue Jasmine* i *Magia w świetle księżyca*, zarobiły nieporównanie więcej pieniędzy niż wszystkie, które wcześniej nakręcił. Allen wciąż jest najbardziej płodnym i wydajnym amerykańskim filmowcem swoich czasów. Schemat pozostaje niezmieniony: jeśli wyjdzie mu dobry film, trzeba przeczekać dwa albo trzy średniaki, zanim pokaże kolejny wyjątkowy obraz. Nadal tworzy dzieła zarówno najwyższych, jak i najniższych lotów. Co najmniej dwadzieścia pięć filmów spośród wszystkich, które nakręcił (w chwili, gdy piszę te słowa, jego filmografia obejmuje czterdzieści siedem obrazów), to rzeczy naprawdę dobre. Świetny wynik. Dziś, kiedy nie ma już wśród żywych Claude'a Chabrola, Elii Kazana i Sidneya Lumeta, Spielberg, Scorsese i właśnie Allen pozostają ostatnimi tak produktywnymi reżyserami. Z młodego pokolenia reżyserów Kevin Smith próbuje być jak Woody, ale to mu się nie udaje. Starał się też Rob Reiner, lecz *Kiedy Harry poznał Sally* to jednak nie Woody. Wraz z nadejściem ery filmów niezależnych wyzwanie sprostania mitowi Woody'ego podjął Edward Burns, kręcąc *Piwne rozmowy braci McMullen*, z góry było jednak wiadomo, kto wygra. Allen nadał kinu nowy kształt, a nie zrobił tego, produkując megahity. Jego filmy nie osiągnęły takiego sukcesu komercyjnego, jak *Pulp Fiction* albo choćby *Absolwent*. Allen robi coś, czego inni nie potrafią: tworzy ambitne intelektualnie filmy, niebędące niestrawną w odbiorze gadaniną. Wydaje się, że jest w nich więcej dialogów niż w rzeczywistości. Spod jego ręki wychodzą zakręcone obrazy, które nie są jedynie maszynkami do produkcji zgrabnych powiedzonek. Kreśli niezwykłe kobiece postaci, nie oddając ślepej czci kobietom.

W swoim pierwszym e-mailu do mnie Woody napisał:

10 września 2013

Szanowny Panie Evanier

Powiem Panu, na czym polega problem, tylko bardzo proszę nie potraktować tego osobiście. Mimo że ogólnie bardzo szanuję osoby uprawiające zawód pisarza i dziennikarza, to jednak miałem zbyt wiele złych doświadczeń z tymi, na których nie powinienem był polegać, aby obdarzyć pańskie przedsięwzięcie zaufaniem. Proszę zrozumieć, że dysponuję jedynie opisem Pańskich chęci i choć nie przeczę, że być może są one w stu procentach dobre, to jednak w żaden sposób nie potrafię tego zweryfikować. Nie wątpię w Pańskie kwalifikacje ani doświadczenie, ale nie mam żadnej gwarancji, że kolejna publikacja na mój temat odegra jakąkolwiek pożyteczną, konstruktywną rolę. Od lat w artykułach i książkach ukazujących się na całym świecie moje życie opisuje się z każdej możliwej strony, a twórczość rozkłada na czynniki pierwsze.

Spośród informacji, które zawarł Pan w swoim liście, kilka rzeczy dało mi do myślenia. Na przykład (...) Jack Rollins, który jest dziś po dziewięćdziesiątce i dysponuje bardzo zawodną pamięcią – wiem, bo z nim rozmawiałem. Jego córka Susan była bardzo małą dziewczynką w czasach mojej ścisłej współpracy z Jackiem. Nie znam albo po prostu nie pamiętam nikogo o nazwisku Sid Weedman. Cynthię Sayer znałem jedynie pobieżnie – grała w naszym jazz-bandzie – i nie utrzymywałem z nią żadnych osobistych kontaktów, podobnie jak z Johnem Simonem, którego szanuję, a który nigdy nie lubił mojej twórczości – to tylko kilka przykładów wziętych z Pańskiego listu do mnie. Z kolei Richard Schickel i Annette Insdorf przez lata okazywali mi wiele serdeczności; Schickel piał o mnie i nakręcił dla telewizji dokument o mojej twórczości, w którym powiedział wszystko. Ponadto podjął się Pan realizacji tego przedsięwzięcia, nawet nie pytając mnie, czy chciałbym, żeby taka książka powstała, co, jak się Pan domyśla, może budzić we mnie pewne podejrzenia. Proszę mnie źle nie zrozumieć – nie twierdzę, że robi Pan coś złego, ale jedynie wyjaśniam, dlaczego wzbraniam się przed wzięciem w tym udziału. Tak wyglądają moje obecne przemyślenia na ten temat, nie mam jednak uprzedzeń i jeśli dysponuje Pan argumentami, które są bardziej sensowne niż moje, oczywiście gotów jestem ich wysłuchać. Nie zamierzam Panu niczego utrudniać ani zakazywać, ale lata doświadczeń nauczyły mnie ostrożności. Mógłbym jeszcze dodać, że niepokoją mnie Pańskie uwagi na temat **Zbrodni i wykroczeń** *oraz* **Zeliga.** *Nazywa Pan te filmy arcydziełami, podczas gdy wcale nie są one majstersztykami ani nawet nie należą do moich najbardziej udanych filmów. Zastanawiam się, czy wobec tego nie potraktowałbym Pańskich opinii na temat mojej twórczości – nawet gdyby mi pochlebiały – jako po prostu błędnych ocen, które niczego nie wnoszą do pejzażu kulturowego. Jeśli uważa Pan, że się mylę, proszę wskazać, co mi umyka.*

Z poważaniem

Woody Allen

Odpowiedziałem mu tydzień później.

Drogi Panie Allen
Chciałbym Pana namówić do podjęcia ryzyka. (...) Chcę, żeby ta książka, która ukaże się mniej więcej w tym samym czasie, kiedy będzie Pan obchodził urodziny, była wiernym i wnikliwym portretem filmowca, którego podziwiam. Nie mogę i nie chcę szufladkować Pańskiej twórczości. Nie będę próbował sprowadzić Pańskiej historii do kroniki zdarzeń. Daru tworzenia sztuki nie sposób objaśnić, jak zresztą sam Pan twierdził przy różnych okazjach. Rozumiem też, że próby wyciągania wniosków z Pańskich danych biograficznych mijają się z celem.

Nie zrobiłem tego. Chodzę ulicami Brooklynu, tam, gdzie kiedyś mieszkał, przemierzam J Avenue we Flatbush, okolicy wciąż po części będącej ortodoksyjnym sztetlem. Mijam szkołę talmudyczną przy Coney Island Avenue, w której Allen spędzał nużące godziny, delikatesy Essen i trącące stęchlizną, ale wciąż działające – obecnie jako trzysalowe – kino Kent; Allen nakręcił w nim sceny z *Purpurowej róży z Kairu*, zmieniając w filmie szyld na Jewel, ponieważ tak nazywało się kino, w którym przesiadywał jako mały chłopiec i w którym w ciągu jednego tygodnia czternaście razy obejrzał *Przeminęło z wiatrem*. Wchodzę do Hecht's C. & S. Skull Cap Company, starego, tętniącego życiem sklepu, w którym można kupić judaica, publikacje o Izraelu, flagę Izraela, jarmułki i książki – uwagę przyciąga zwłaszcza specjalny dział z „książkami o wybitnych Żydach" (nie śmiem zapytać uprzejmej właścicielki, która pracuje w sklepie od pięćdziesięciu dwóch lat, czy mają osobną półkę dla „książek o wybitnych Żydówkach").

Czas stoi tu niemal w miejscu. Czujesz się, jakbyś się przeniósł do dziewiętnastowiecznego wschodnioeuropejskiego sztetlu albo do Europy z czasów przed Holokaustem. Wrażenie pogłębiają czarne kaftany chasydów i ortodoksyjnych żydów, wielkie, przypominające pudła czapy, bokobrody, filakterie, a także specyficzna, zarówno u młodych, jak i starych, wymowa „ch" (wyśmiana przez Larry'ego Davida w pamiętnym monologu w *Pohamuj entuzjazm*). Najbardziej rzuca się w oczy sztywność, styl życia odciśnięty w kamieniu. Przyglądam się temu tak jak zwykle: z pomieszaniem niepokoju, smutku, zachwytu i szacunku dla uporu i determinacji tych, którzy nadal wierzą. Na domach, na gabinetach lekarskich, na szyldach sklepów widzę napisy po hebrajsku i w jidysz. Czuję silny impuls, wspomnienie przeszłości. Przypominam sobie ostatnie dni mojego ojca; spędził je w domu spokojnej starości, w którym zamieszkał, kiedy już niemal zupełnie stracił wzrok. Mówił, że widzi hebrajskie litery na ścianie pokoju, i zastanawiał się, czy to mu się nie przyśniło.

Teraz już lepiej rozumiem, dlaczego Woody Allen całkowicie odciął się od świata, w którym dorósł – i z którego wyrósł. Allen specjalizuje się w sztuce odwołującej się do myśli będących tu nie do pomyślenia. Obowiązujący w tym miejscu styl życia nie pozwoliłby mu rozwinąć skrzydeł. Dziwne to zatem i ożywcze, że choć jawnie żydowskie motywy rzadko pojawiają się w jego twórczości, to jednak od czasu do czasu przyprawia on swoje filmy i prozę jidyszyzmami, nieustannie przypomina o Holokauście i jest najbardziej rozpoznawalnym, bezwstydnym i prostolinijnym żydowskim filmowcem na świecie.

Oto świat, w którym żył Allan Konigsberg (nieważne, że jego ojciec był świeckim, beztroskim, wymachującym pistoletem łotrem), przesiadywał w suterenie, robił magiczne sztuczki i czytał komiksy. Przyglądam się dwupiętrowym kamienicom i widzę, jak dzieci – wiele z nich nosi jarmułki – wybiegają na ulicę, na letnie słońce.

Allan Stewart Konigsberg też był takim dzieckiem. Postaram się rozwikłać zagadkę tego, kim naprawdę teraz jest i jak stał się tą osobą.

2. „Pisanie uratowało mu życie"

Kiedy dorastałem na Brooklynie, nie popełniano tam samobójstw.
Wszyscy byli na to zbyt nieszczęśliwi.

Wzejście komediowej gwiazdy Woody'ego Allena przypadło na czasy, w których wszelkie z góry przyjęte osądy na temat amerykańskiego stylu życia zaczęto podawać w wątpliwość. Jego pojawienie się i sukces wpisały się w transformację amerykańskiego społeczeństwa w latach sześćdziesiątych: odrzucenie licznych seksualnych, etnicznych, rasowych i klasowych uprzedzeń w duchu walki o przestrzeganie praw obywatelskich. Wezbrała nowa fala i przyniosła świeżą elastyczność, otwartość, poszanowanie odmienności – odmienności, którym społeczeństwo zawdzięczało obfitość nowych spostrzeżeń, sposobów na życie, kulturowych i seksualnych poszukiwań. Materiał Woody'ego był swoisty, niewymienny z tekstami innych komików.

Przedstawiciele wcześniejszego pokolenia artystów komicznych mogli podkradać dowcipy jeden drugiemu, ponieważ ich żarty były podobne i niezwiązane bezpośrednio z ich osobowością. W przypadku Allena zakładało się, słusznie bądź nie, że to, co prezentuje, ma nieco bardziej osobisty i autobiograficzny charakter.

Richard Schickel napisał, że Allen był „chodzącym kompendium niepokojów całego pokolenia, w ujęciu komediowym", i że wzbudzał w publiczności poczucie, iż „ktoś nagrał na taśmę i upublicznił nasze własne wewnętrzne monologi". „Pojawił się akurat wtedy – w latach sześćdziesiątych – kiedy zaczęto kwestionować wszystko, co związane z męskością – powiedział mi John Simon. – Był do bólu heteroseksualny. Rozpaczliwie seksualny. Wielbił kobiety".

Był przy tym samotnikiem. „Nie był typem faceta, który bratałby się z członkami swojego środowiska – usłyszałem od Marka Evaniera. – Ilekroć widywało się Jacka Benny'ego, towarzyszył mu [Milton] Berle. Z Berle'em zawsze spotykało się Benny'ego. Z oboma zadawał się Bob Hope, a z Hope'em i Berle'em – Bing Crosby. Poza tym wszyscy wiedzieli, że George Burns i Jack Benny to serdeczni druhowie. Cechowała ich swego rodzaju «klanowość». Bardzo rzadko się zdarzało, żeby któryś z nich nakręcił coś dla telewizji, nie zaprosiwszy jednego albo dwóch kumpli ze swojego «klubu». Tymczasem nie było wiadomo, kim są znajomi Woody'ego i z kim spędza czas. Był outsiderem, nie należał do paczki. No i miał jedyne w swoim rodzaju teksty".

Pod koniec lat sześćdziesiątych Żydzi byli jedną z pierwszych grup, które zarzuciły ukrywanie swojej tożsamości na ekranie. Żydzi, wbrew temu, co utrzymywali antysemici, nie rządzili światem – niemniej w Hollywood pociągali za sznurki praktycznie od samego początku istnienia Fabryki Snów. Czołowymi producentami – wszyscy dorastali w ubóstwie – byli Samuel Goldwyn (właściwie Gelbfisz), Marcus Loew, Louis B. Mayer, Irving Thalberg, Adolph Zukor, Harry Cohn, Carl Laemmle, Joseph i Nicholas Schenckowie, a także Harry, Jack, Albert i Sam Warnerowie. Firmy zaś, które założyli i prowadzili, to: MGM, Warner Bros., Universal, 20th Century Fox, Columbia i Paramount.

Stara elita, która prowadziła hollywoodzkie studia, była tak naprawdę dziećmi Europy Wschodniej, czasów wielkiego kryzysu i Holokaustu. Uformowały ją głęboko zakorzenione w amerykańskim społeczeństwie pokłady antysemityzmu, który znajdował wyraz w działalności takich ugrupowań, jak America First Party, oraz w natywistycznych i neonazistowskich ruchach kierowanych przez ludzi pokroju ojca Charlesa Coughlina i Geralda L.K. Smitha. Potentaci, tacy jak Goldwyn i Mayer, zdawali sobie w pełni sprawę z pokutującej opinii, że Żydzi kontrolują Hollywood, i pilnowali, by zanadto nie wychylać się ze swoją żydowskością. F. Scott Fitzgerald nazwał Hollywood „żydowskim świętem, gojowską [sic] tragedią".

Dorothy Parker zgodziła się z tym poglądem w wywiadzie udzielonym „The Paris Review" w 1956 roku:

> Nie potrafię rozmawiać o Hollywood. Mój pobyt w nim był koszmarem. Z przerażeniem wspominam czas spędzony w tamtym miejscu. Nie wiem, jak zdołałam to wytrzymać. Kiedy wreszcie się stamtąd wyrwałam, nawet nie byłam w stanie wymówić nazwy tego miejsca. Nazywałam je po prostu Tam. Mam powiedzieć, z czym Tam mi się kojarzy? Otóż pewnego dnia szłam ulicą w Beverly Hills i zobaczyłam długiego na przecznicę cadillaka. Z okna auta wystawała ręka odziana w prześliczne, niezwykle zmysłowe futro z norek, a na końcu tej ręki znajdowała się dłoń wsunięta w białą, zamszową, zmarszczoną na nadgarstku rękawiczkę. I ta dłoń trzymała nadgryzionego bajgla.

Pauline Kael skomentowała te słowa w następujący sposób: „Ależ właśnie ten nadgryziony bajgiel powinien był ucieszyć

Parker. Wyobraźmy sobie dłoń bez bajgla: pieniądze, chłodna kalkulacja. Czy Parker nie pomyślała, że ubrana w futro z norek pasażerka cadillaka nie do końca wierzy ani w futro, ani w auto? Że filmy, tak jak komedie muzyczne, kręcą Cyganie, którzy nie potrafią odgrywać paniczów, bo wciąż są w drodze, wciąż są ścigani? Czy panna Parker, sama będąca owocem mieszanego związku – ojciec Żyd, matka gojka – nie zrozumiała, że ten bajgiel był fragmentem większej całości, komediową wodą święconą?".

Zanim pod koniec lat sześćdziesiątych pojawili się nasi właśni Cyganie, Allen i Streisand, Żydów, choć występowali w filmach produkowanych przeważnie przez innych Żydów, rzadko lokowano na firmamencie gwiazd. Obrazy produkowane przez firmy kierowane żydowską ręką „prawie całkowicie ignorowały jedną z najbardziej znaczących amerykańskich mniejszości", napisali David Desser i Lester Friedman w *American Jewish Filmmakers*. Dzieła te „nie zawierały niemal żadnych odniesień do kulturowej i religijnej spuścizny tuzów przemysłu filmowego".

Niewidoczność, którą Żydzi sami sobie narzucili, obejmowała również wiele innych dziedzin sztuki. Nawet dramaturdzy pokroju Arthura Millera, mniej bezpośredni niż Clifford Odets i jego *Awake and Sing!*, ukrywali żydowskość swoich bohaterów – tak jak zrobił to Miller w sztukach *Śmierć komiwojażera* i *Wszyscy moi synowie*. „Śmierć komiwojażera – napisał Samuel G. Freedman na łamach «New York Timesa» – ma bezsprzecznie żydowskie korzenie. Postać Willy'ego Lomana wywiódł Miller z inspiracji swoim wujem, Mannym Newmanem, akwizytorem, którego wielki kryzys pozbawił majątku. W opowiadaniach o komiwojażerach, które Miller pisał, mając lat kilkanaście i dwadzieścia parę, wypróbowywał różne warianty tej postaci, nadając jej ewidentnie żydowskie nazwiska: Schoenzeit albo Schleiffer".

W *An Empire of Their Own* Neal Gabler napisał, że amerykański przemysł filmowy „powstał z inicjatywy wschodnioeuropejskich Żydów, którzy następnie sterowali nim przez ponad

trzydzieści lat. (...) Ich dominacja w tej branży wywoływała fale brutalnego antysemityzmu. (...) Uchylając się przed atakami, Żydzi stawali się widmami historii kina, którą sami stworzyli; nawiedzali ją, ale nie byli w stanie w niej zamieszkać". W rezultacie żydowskich aktorów „widziało się, ale nie słyszało".
Mayer, Goldwyn i spółka w głównych rolach obsadzali błyszczące anglosaskie, męskie gwiazdy o blond lub ciemnych włosach. Żydowscy szefowie studiów, napisał Gabler, „uważali, że nikt (...) nie będzie chciał oglądać filmów o Żydach. (...) Tymi, którzy najbardziej na tym cierpieli (...), byli żydowscy aktorzy. «Panowało silne przekonanie, że żydowskość nie sprawdzi się na ekranie», powiedział scenarzysta Maurice Rapf".

Żydowscy aktorzy zmieniali nazwiska. Julius Garfinkle stał się Johnem Garfieldem; Emmanuel Goldenberg – Edwardem G. Robinsonem, a Meshilem Meier „Moony" Weisenfreund – Paulem Munim. Jeżeli aktor wyglądał na Żyda, maskowano jego żydowskość. Obsadzano ich jako Włochów (John Garfield, Paul Muni i Edward G. Robinson w niejednym filmie zagrali *paisani*; Paul Muni zagrał tytułowego bohatera pierwowzoru *Człowieka z blizną*). Kariera Muniego, napisał Gabler, „stała się paradygmatem pełnego udręki losu żydowskiego aktora w Hollywood, nieustannie zmuszanego do przyjmowania cudzej tożsamości etnicznej". Reżyser Richard Quine zapytał Harry'ego Cohna z Columbii, czy powinien obsadzić w swoim filmie pewnego znanego aktora. Cohn odparł: „Wygląda za bardzo żydowsko. W naszych filmach Żydzi grają wyłącznie Indian!". (Cohnowi chodziło o to, że wybitny aktor teatru jidysz Maurice Schwartz zagrał w westernie – i to nie byle kogo, bo samego Geronimo!). Louis B. Mayer poinformował młodego Danny'ego Kaye'a następująco: „Z miejsca bym cię zatrudnił, ale masz za bardzo żydowski wygląd. Wyprostuj sobie nos i wtedy pogadamy".

„Żydowscy imigranci – powiedział mi Norman Podhoretz – wszyscy bez wykształcenia, niejako stworzyli mit małomiasteczkowej Ameryki, mit domków otoczonych białymi parkanami. Taka Ameryka prawdopodobnie nigdy nie istniała. Była wytworem ich wyobraźni. Znałem [reżysera] Roberta Rossena. W ostatnich latach jego życia bardzo się zaprzyjaźniliśmy. Prywatnie, zupełnie inaczej niż w dziełach, które stworzył, bardzo wyraźnie dawała się odczuć jego żydowskość. Z jego filmów trudno się domyślić, że był Żydem. Naprawdę nazywał się, rzecz jasna, Rosen i uwielbiał opowiadać żydowskie kawały. Takich jak on było całe mnóstwo. W tej mistyfikacji chodziło o to, żeby przypodobać się masowej publiczności. Woody Allen nie musiał jednak tego robić. Przełamał tabu i stał się postacią międzynarodową".

Czarnoskórzy i żydowscy bohaterowie pojawiali się głównie w filmach niosących „przekaz o charakterze społecznym" – na przykład w *Dżentelmeńskiej umowie*, *Pinky*, *Lost Boundaries* – i występowali przeważnie w rolach ofiar. Wśród żydowskich aktorów, którzy w latach czterdziestych i pięćdziesiątych zagrali jednoznacznie żydowskie postaci, znaleźli się między innymi: Sam Jaffe i John Garfield, jako były żołnierz, w *Dżentelmeńskiej umowie*; George Tobias w *Sierżancie Yorku*; Sam Levene, który w *Krzyżowym ogniu* zostaje zamordowany przez psychopatę antysemitę; Mort Sahl, który w *In Love and War* gra żydowskiego żołnierza ginącego podczas bitwy; a także Joey Bishop, którego w *Nagich i martwych* (1958) grany przez Aldo Raya sierżant beszta za tchórzostwo i wysyła prosto w objęcia śmierci. W tych filmach o drugiej wojnie światowej przewija się postać Żyda „zabawnego pomagiera", dowcipasa, czasem spikniętego z kawalarzem Włochem. W *Sierżancie Yorku* George Tobias w roli pomocnika Gary'ego Coopera ginie bohaterską śmiercią podczas wielkiej bitwy. Wypowiada świetny monolog o tym, że jest konduktorem w metrze i zawiaduje ruchem pasażerów wsiadających i wysiadających z wagonów. W *Spacerze w słońcu* żydowscy i włoscy żołnierze, wszyscy bez wyjątku z Nowego Jorku, wygrywają drugą wojnę światową karabinami maszynowymi i dowcipami. Wszystko to pozytywne, choć stereotypowe postaci, co jednak niewiele im pomaga, są bowiem przeważnie ofiarami i większość z nich ginie. Takie podejście pokutowało aż do końca systemu studyjnego, który nastąpił u schyłku lat pięćdziesiątych. Woody Allen był aroganckim beneficjentem tej nowej swobody. Podobnie jak reżyserzy Paul Mazursky i Sidney Lumet. (Muni nakreślił pozytywny portret żydowskiego lekarza już w 1959 roku w filmie *Ostatni z gniewnych*).

Allen, którego prekursorem w latach pięćdziesiątych był Jules Feiffer, autor ukazujących się w „Village Voice" karykatur żydowskich neurotyków i członków cyganerii, zadebiutował w 1965 roku filmem *Co słychać, koteczku?* (po którym nakręcił *Jak się masz, koteczku?* i *Casino Royale*). Filmy o jawnie żydowskich treściach, obsadzone przez żydowskie gwiazdy, obrodziły na przełomie lat sześćdziesiątych i siedemdziesiątych, po wejściu na ekrany *Absolwenta* (1967) z Dustinem Hoffmanem (choć charakter etniczny Benjamina Braddocka, postaci granej przez Hoffmana, nie jest wyraźnie określony); traktującego o Holokauście *Lombardzisty* (1964) Sidneya Lumeta; *Żegnaj, Braverman* (1968) tego samego reżysera – w tym filmie odtwórcą głównej roli był George Segal; *Producentów* (1967) Mela Brooksa, z nim samym oraz z Zero Mostelem; *Kocham cię, Alicjo B. Toklas* (1968) Paula Mazursky'ego, z Peterem Sellersem; *Zabawnej dziewczyny* (1968) z Barbrą Streisand; *Żegnaj, Kolumbie* (1969); *Gdzie jest tatuś?* (1970) z George'em Segalem; oraz *Sposobu na Alfreda* (1971), ze scenariuszem Julesa Feiffera i rolą Elliotta Goulda. Na tej samej fali wypłynął *Kid złamane serce* (1972), ze scenariuszem Neila Simona, opartym na historii wymyślonej przez Bruce'a Jaya Friedmana, kolejnego utalentowanego żydowskiego pisarza, w reżyserii Elaine May i z Charlesem Grodinem w roli głównej, oraz *Tacy byliśmy* (1973) z rolą Barbry Streisand. W 1969 roku Allen stworzył swój pierwszy niezależny film,

Bierz forsę i w nogi, do którego napisał scenariusz (wspólnie z Mickeyem Rose'em), który sam wyreżyserował i w którym zagrał główną rolę. J. Hoberman i Jeffrey Shandler nazwali to przełomowe zjawisko hollywoodzką „żydowską nową falą" i napisali, że żydowscy aktorzy komediowi (Hoffman, Brooks, George Segal, Peter Sellers, Charles Grodin, Zero Mostel, Richard Benjamin) „opierali swój sposób gry na schemacie wyładowujących energię, wygłupiających się i czasem wpadających w szał grzecznych chłopców". Wymienili listę filmów „pełnych bezczelnego czarnego humoru i satyry społecznej (...) oraz mających za bohaterów przeważnie młodych, czasem neurotycznych i ogólnie rzecz biorąc, nieszczególnie godnych podziwu żydowskich mężczyzn, odciętych od korzeni, ale pogardzających Ameryką białej klasy średniej. Nienawiść do samego siebie mieszała się z egocentryzmem, narcyzm zdawał się nie do odróżnienia od wolności osobistej, zaś alienacja była funkcją tożsamości". Określili, że „nowa fala" przetoczyła się „mniej więcej pomiędzy dwiema wojnami Izraela: sześciodniową a Jom Kippur" i występem Barbry Streisand w *Tacy byliśmy*[16]. „Te sześć lat przyniosło nie tylko apoteozę Streisand jako diwy o zdecydowanej etniczności – niereformowalnej Żydówki – ale również pojawienie się wielu męskich gwiazd, między innymi Dustina Hoffmana, Elliotta Goulda, George'a Segala i Richarda Benjamina, a także autorów komediowych, takich jak Woody Allen i Mel Brooks". W literaturze najbliższym korelatem zjawiska „żydowskiej nowej fali" w kinie była, rzecz jasna, powieść Philipa Rotha *Kompleks Portnoya*, która podbiła rynek czytelniczy w 1969 roku i trzy lata później doczekała się bardzo chłodno przyjętej adaptacji filmowej z Richardem Benjaminem w roli głównej.

---

[16] Wojna sześciodniowa trwała w dniach 5–10 czerwca 1967 roku, a wojna Jom Kippur w dniach 6–26 października 1973 roku; film *Tacy byliśmy* wszedł na ekrany w Stanach Zjednoczonych 16 października 1973 roku.

Żyd, jak napisał Albert Goldman w eseju *Boy-Man Schlemiel: The Jewish Element in American Humor* z 1971 roku, unowocześnił się. „Został zwolniony ze swej tradycyjnej roli przegranego, niewidocznego człowieka i wyniesiony do rangi najbardziej fascynującego autorytetu. Żydzi, na fali powszechnego poczucia winy w związku ze zbrodniami nazistów oraz dumy z osiągnięć nowego Państwa Izrael, a także zbierając plony ciężkiej pracy wielu pokoleń amerykańskich Żydów i ich licznych poświęceń w imię przyszłych generacji, naraz osiągnęli znaczącą pozycję w wielu obszarach życia. Im bardziej «żydowscy» się wydawali, tym bardziej stawali się wszechobecni".

Allen dotarł do sedna żydowskiego braku pewności siebie. Podobnie jak Barbra Streisand, tak bezwstydnie wypchnął na scenę i ekran całą swoją żydowskość, że żydowski Hollywood skwapliwie przyjął oboje. Allen był jedną z pierwszych żydowskich gwiazd przełomu lat sześćdziesiątych i siedemdziesiątych. „Nie naśladował akcentów – podkreślił Mark Evanier. – Nie wcielał się w postaci. Nie mówił cudzym głosem. Nie uprawiał parodii". Jego popularność zwiastowała prawdziwy przełom dla Żydów obecnych na ekranie jako reżyserzy i gwiazdy filmowe. Przeobrażenia dokonujące się w Ameryce lat sześćdziesiątych dotknęły również przemysł filmowy i pracujących tam na kierowniczych stanowiskach młodych Żydów, którzy nie pamiętali Hitlera, sztetli, gett, pogromów i Europy Wschodniej. Zaczęto przedkładać indywidualność ponad homogeniczność, buntowniczość ponad konformizm. To, co wyróżniało się jako „egzotyczne", stało się interesujące i pociągające. Pierwszymi, którzy skorzystali na tym nowym upodobaniu, byli Żydzi i Włosi. Po nich czarnoskórzy i homoseksualiści. Wcześniejsze pokolenie żydowskich producentów – w bezwzględnym pragnieniu stania się częścią przybranej ojczyzny i odcięcia się od przeszłości – stworzyło wyidealizowany obraz małomiasteczkowej Ameryki pełnej prawych bohaterów i bohaterek, stabilnych rodzin i zaradnych, optymistycznych postaci, które zawsze spadały na cztery łapy – takich jak ta odmalowana w *Spotkamy się w St. Louis*, jednym z ulubionych amerykańskich musicali Woody'ego Allena.

Z tego rodzaju przesłodzonych wizji zrezygnowano, zastępując je realizmem i autentycznością. Jak na ironię, Woody'ego ciągnęło do dawnego wyobrażenia Ameryki, choć był uosobieniem nowego.

Świat komedii amerykańskiej był gotowy na przyjęcie Woody'ego. Czasy komików z „żydowskich Alp", jak nazywano kurorty w górach Catskill: Miltonów Berle'ów i Buddych Hackettów, odchodziły w przeszłość. Tuż przed pojawieniem się na scenie Allena Mel Brooks do spółki z Carlem Reinerem wymyślili cykl skeczów pod wspólnym tytułem *Dwutysiącletni starzec*. Allen pojawił się w ślad za tym zupełnie nowym gatunkiem żydowskich komików skupionych w i na Nowym Jorku – wśród których znaleźli się Mike Nichols, Elaine May, Lenny Bruce, Shelley Berman, Paul Krassner, Allan Sherman i Mort Sahl – odchodzących od tradycyjnych schematów komediowych, odbijających jak w zwierciadle wylewającą się z kawiarni w San Francisco i przy ulicach Macdougal i Bleecker w Greenwich Village nową rewolucję kulturalną. To były czasy swobody w sposobie wygłaszania kwestii, strumienia świadomości i wolnych skojarzeń, prowokujących do zaglądania w głąb siebie (Allen preferował psychoanalizę) albo spoglądania na zewnątrz (Sahl wolał politykę). Allen trafił na wrzenie społeczne, które bez wątpienia włączyło go w lata sześćdziesiąte i siedemdziesiąte. Max Liebman, producent klasycznego programu telewizyjnego *Your Show of Shows* z udziałem duetu Sid Caesar i Imogene Coca, wspominał, jak oglądał Allena jako młodego komika uprawiającego stand-up: „To był okres, w którym zaczynaliśmy odczuwać skutki konfliktu pokoleń – powiedział. – Kiedy młodzi występowali przeciwko starym, którzy ich zdaniem narobili bałaganu w świecie. Nie wiedzieli, dokąd zmierzają ani skąd przychodzą. Woody był jednym z tych, którzy mieli do przekazania młodym ludziom coś zrozumiałego dla nich. Ludzie ci stworzyli dystans między sobą a establishmentem, ten bowiem obwiniali o wysyłanie ich za granicę, na pola bitew niepopularnych wojen, jako mięso armatnie w walce o sprawy, w które nie wierzyli. Woody wywodził się z takiego właśnie środowiska. Zaczynał jako «kultowy» artysta, a młodzi ludzie, którym brakowało pewności siebie, byli jego «sektą»". (Panuje przekonanie, że Allen występował w *Your Show of Shows*, ale w rzeczywistości nie pojawił on się w żadnym odcinku zarówno tego programu, jak również jego następcy, *Caesar's Hour*).

Wszedł zatem w środowisko, które na swój sposób czekało na niego.

„Jako żydowski komik – powiedział mi Mark Evanier – był pierwszym, który nie próbował stawiać siebie ponad publicznością. Rzecz podstawowa: wcale nie wyglądał lepiej niż widzowie. Akurat na to nie mógł nic poradzić. Był antytezą tradycyjnego męskiego bohatera: niski, nieurodziwy, z pozoru klasyczny nieudacznik, w dodatku obdarzony jękliwym, cienkim głosem. Jego humor był autoironiczny, nie słyszało się z jego ust kawałów w stylu: mówię wam, ale mam brzydką żonę. Nie był zainteresowany imponowaniem komukolwiek zadbanym wyglądem i biegłością w doborze garderoby. Wychodził na scenę bez krawata i nieustannie sprawiał wrażenie lekko wymiętego. Nie miał gładko przylizanych włosów. Do tego nosił okulary w rogowej oprawie. Jego poprzednicy na scenie emanowali elegancją, on – ani trochę. Przed publicznością wyglądał wręcz na niższego niż w rzeczywistości [ma sto sześćdziesiąt pięć centymetrów wzrostu]. Reżyserzy wielu jego występów telewizyjnych celowo kazali ustawiać kamerę nieco wyżej, tak żeby jej oko patrzyło na niego z góry. No i nie śpiewał i nie tańczył. Nie był wszechstronnym zabawiaczem, ale komikiem uprawiającym wyłącznie stand-up.

Nie przejmował się tym, co inni o nim myślą – mówił dalej Evanier. – Opowiadał publiczności o swoich największych wadach. O infantylnych i tchórzliwych rzeczach, które robił. Od lat pięćdziesiątych do siedemdziesiątych na scenie pojawiły się jedynie trzy naprawdę wybitne panie uprawiające sztukę stand-upu: Totie Fields, Joan Rivers i Phyllis Diller. Łączyło je to, że wszystkie miały w swoim repertuarze teksty o własnej brzydocie i kawały o tym, że nie mogą znaleźć sobie faceta. Rivers opowiadała taki żart: «Mąż mnie nie tyka. Gdyby nie to, że wierci się przez sen, w życiu nie zrobilibyśmy dzieciaka». Naśmiewała się ze swojej nieatrakcyjności i aseksualności. W tamtych czasach mężczyźni nie mówili takich rzeczy. Milton Berle nie wychodził przed ludzi po to, żeby opowiedzieć im dowcip, jak to nie może znaleźć sobie dziewczyny. Alan King był niczym wściekły pies. Zanim pojawił się Woody, żaden komik mężczyzna nie zwierzał się ze sceny, że ma problem z podrywaniem dziewcząt. W tamtym czasie Woody robił to jako jedyny. Wstrząsnął wieloma ludźmi, którzy zatrudniali wtedy komików, takimi jak Jack Paar, i nie przepadali za autoironią Woody'ego. Było to więc coś innego, bardzo świeżego. Tej szczerości zawdzięczał świetne relacje z publicznością".

Poczucie humoru Allena było wyjątkowe i bardzo osobiste, nie pasowało do stylu innych komików. Ponieważ kiedy ci skarżyli się na brzydką albo grubą żonę, nie oczekiwali od publiczności, że ta uwierzy, iż rzeczywiście ich małżonka jest osobą przy kości. To był tylko żart. Tymczasem w przypadku Allena zakładało się, słusznie bądź nie, że to, co mówi, ma charakter autobiograficzny, że Woody opowiada o sobie i własnych przeżyciach. To właśnie owa autobiograficzność jego tekstów, do której autentyczności przekonywał widzów, tak bardzo utrudniała im zrozumienie go, gdy uparcie zaprzeczał, jakoby naprawdę odnosił się do swojego życia. Robił to i zarazem nie robił. Potrafił spojrzeć na siebie z dystansu, przyjrzeć się sobie, stojąc z boku, i ponabijać się z siebie samego. Dysponował tego rodzaju samowiedzą. Znalazł w sobie pierwiastek głupkowatości, po czym bezlitośnie i prześmiesznie potrafił go wykorzystać. Jak gdyby przysiadł na dziobie statku – stawił czoło smutkom, nieudolności, nieporadności i porażkom w związku z kobietami, z życiem – i już, już miał skoczyć, ale nagle pomyślał: „Chrzanić to! Przecież nie jest aż tak źle; w sumie jest nawet zabawnie". Tylko osoba o niezwykłej wewnętrznej sile i odporności może być zdolna do czegoś takiego.

Allen często powtarzał, że wzorami do naśladowania, jeśli chodzi o komedię, byli dla niego, paradoksalnie, Mort Sahl i Bob Hope – zwłaszcza sytuujący się po prawej stronie politycznego spektrum Hope, który wychodził na scenę ubrany jak biznesmen, ze złotym zegarkiem na ręku, i który zawsze wyglądał tak, jakby czytał dowcipy z teleprompera. Hope był ponadto jednym z niewielu nieżydowskich komików z pierwszej ligi.

„Wszyscy byli zdumieni – powiedział Mark Evanier. – Pamiętam szok wywołany zwierzeniem, że Woody uważa Boba Hope'a za swojego bohatera. Bo wydawał się kompletnie do niego niepodobny. Nie biła od niego ta arogancka pewność siebie Hope'a. Nie był ani stepującym tancerzem, ani śpiewakiem. Hope grywał tchórzy, ale na ekranie miał u boku dziewczyny. Nie wcielał się w tchórza w talk-show i stand-upach; bywał nim wyłącznie w filmach, i to kiedy miał zostać zabity. Na scenie i w telewizji emanował przebojowością i chojractwem. Woody był jego przeciwieństwem, na scenie wyglądał zupełnie inaczej niż Hope. Można go było pomylić z inspicjentem.

Słuchając Woody'ego, czuło się, że wszystko to są jego teksty. Nikt natomiast nie pomyślałby, że Bob Hope sam pisze sobie żarty. On nawet nie próbował ukrywać tego, że korzysta z teleprompera. Wychodził ubrany jak magnat. Sądzę, że Woody zazdrościł mu, ponieważ Hope dysponował wieloma cechami, których Woody'emu brakowało. Miał dziewczynę. I był kimś ważnym".

Trudno uwierzyć w to, że żydowski aktor i komik, który wysuwał swoją żydowskość na pierwszy plan oraz chętnie i bez skrępowania o niej opowiadał – nieustannie odwoływał się do swojej żydowskiej tożsamości, podkreślał zainteresowanie antysemityzmem i Holokaustem, w ambiwalentny i satyryczny sposób definiował gojów (najchętniej określeniami „białe pieczywo" i „majonez") – zdołał zawładnąć wyobraźnią tak szerokiej publiczności. Jasne, że uwielbiał gojów, zwłaszcza piękne gojki; niewykluczone zresztą, że jest to jeden z czynników odpowiedzialnych za jego popularność. „W wielu swoich filmach – powiedziała mi Donna Brodie, pisarka i kierowniczka The Writers Room[17] – poprzez dobór odtwórczyń głównych ról, takich jak Diane Keaton albo Mia Farrow, bądź stworzenie postaci fikcyjnych kochanek Woody Allen oddawał cudownie romantyczną i erotyczną synergię pomiędzy Żydami i gojkami, bowiem byli dla siebie ludźmi wręcz egzotycznymi, choć mieszkali po sąsiedzku. Kiedy w latach siedemdziesiątych i osiemdziesiątych młoda katoliczka z Manhattanu oglądała filmy Woody'ego, czuła się istotnie obiektem pożądania. Ponieważ w każdym żydowskim chłopcu, z którym się spotykała, drzemała cząstka tego typowego dla Woody'ego pragnienia".

W rzeczywistości Allen dość lekceważąco odnosił się do niektórych aspektów żydowskości i wyraźnie dawał do zrozumienia, że woli schludność, pewność siebie, spokój i porządek, nie wspominając o zamożności, czyli właśnie całą „gojowskość", nie-Żydów z Upper East Side od woniejącej potem niechlujności, niepewności, tłoku, nieładu i hałasu żydowskiego życia; od tej obsesji na punkcie zwyczajnego przetrwania, jaką mieli Żydzi z niezamożnej klasy średniej, których pamiętał z dzieciństwa – ci dręczeni wspomnieniami o rodzinach straconych podczas Holokaustu albo pogromów. Szczególnie lubił drwić

---

[17] Nowojorski nowoczesny dom pracy twórczej.

z ortodoksów. Jego wczesne karykatury tych postaci są surowe i pełne złośliwości. Niewykluczone, że źródłem niechęci były jego burzliwe stosunki z matką, będącą w przeciwieństwie do ojca ortodoksyjną żydówką. Allen napisał w liście do mnie, że w dzieciństwie czytał Stary Testament po hebrajsku i podziwiał buntowniczość żony Hioba, jej sprzeciw wobec Boga i otaczających ją słabych, ślepo posłusznych Panu mężczyzn. (Stosunek do środowiska ortodoksyjnych żydów, które znał z dzieciństwa, złagodził dopiero w swoim najlepszym filmie, *Zbrodniach i wykroczeniach*).

Ralph Rosenblum, montażysta takich filmów Woody'ego, jak *Bierz forsę i w nogi* oraz *Annie Hall*, dorastał w tej samej okolicy co Allen, tyle że kilka lat wcześniej. W swoich wspomnieniach *When the Shooting Stops* tak napisał o atmosferze tamtego miejsca: „Czuło się, że zubożali imigranci kurczowo trzymają się niszy, którą sami dla siebie stworzyli. Obowiązywały gospodarność, zaradność i praktyczność; pod ciężarem wielkiego kryzysu ten przygnębiający reżim nabrał cech trwałości. Kiedy dziesięć lat później Woody dorastał w tym otoczeniu, nadal obowiązywały w nim te same wartości i przytłaczający konformizm".

Kontrast między Żydami a gojami podkreślił Allen w równoległych scenach pokazujących rodziny Annie Hall (wzorowaną na rodzinie Diane Keaton) i Alvy'ego Singera; w *Złotych czasach radia*, nostalgicznym spojrzeniu Woody'ego na dzieciństwo w Rockaways, żydowska niechlujność, wulgarność i przejadanie się (gruby wuj, grany przez Josha Mostela, z dumą prezentuje zdobycz swojej familii) grają pierwsze skrzypce. W swoich wspomnieniach zatytułowanych *Wszystko, co minęło* Mia Farrow pisze, że Allen podziwiał natomiast Williama F. Buckleya jun, który był dla niego uosobieniem błyskotliwego, zamożnego, niewzruszonego, erudycyjnego i eleganckiego goja – nie w sensie politycznym, lecz osobistym. Zabierał Mię przed stojący przy Wschodniej Siedemdziesiątej Trzeciej Ulicy dom Buckleya i z daleka upajał się aurą tego miejsca. Według relacji Farrow, Allen wpadł we wściekłość, kiedy pomyliła adres Buckleya. Szacunkowi i sympatii do Buckleya dał również wyraz podczas przyjacielskiej „debaty", którą odbyli w 1981 roku w programie *Firing Line*).

Prekursorami Allena byli Jack Benny, George Burns, George Jessel, Eddie Cantor i Groucho Marx, ci jednak nie obnosili się ze swoją żydowskością ani nie okazywali jej w tak krzykliwy i agresywny sposób, woleli dyskretniej i łagodniej dawać jej wyraz.

Jeśli chodzi o twórczość kinową, jest Allen jedynym aktorem komediowym w historii Hollywoodu, który nakłada wciąż tę samą komiczną maskę, nawet grając w obrazach należących do różnych gatunków filmowych: komediach, satyrach, melodramatach – i z powodzeniem wplata swoją postać w fabułę. Od lat pozostaje ona niezmieniona, a jednak jakimś sposobem bezboleśnie wtapia się w wiele historii, które Woody opowiada. Nikomu innemu nie udała się ta sztuka. Woody zawsze jest Woodym: napalonym, lekko paranoicznym i obdarzonym cierpkim poczuciem humoru żydowskim niedojdą – mimo iż nie uprawia stand-upu w swoich filmach (wyjątkiem było kilka scen w *Annie Hall*), ale za to chętnie aż do dziś sięga po dawne numery i skecze. Woody Allen pozostaje Woodym Allenem, z nieznacznymi odchyłami, nawet w filmach tak zasadniczo różnych, jak *Bierz forsę i w nogi*, *Bananowy czubek*, *Śpioch* (jest jedynym robotem noszącym okulary – w rogowej oprawie, ma się rozumieć), *Annie Hall*, *Zbrodnie i wykroczenia*, *Wszyscy mówią: kocham cię*, *Manhattan*, *Hannah i jej siostry*, *Zagłada Edypa* i *Danny Rose z Broadwayu*. Jego zastępcy – Kenneth Branagh w *Celebrity*, John Cusack w *Strzałach na Broadwayu* i Larry David w *Co nas kręci, co nas podnieca* – też są Woodym Allenem, tylko w trochę mniejszym zakresie. Jego alter ego jest na przykład Cheech (Chaz Palmintieri), mafioso ze *Strzałów na Broadwayu*, który stanowi uosobienie fantazji Allena. Cheech ma niezwykłą inwencję twórczą, czysty talent. Mówi i pisze od serca, podobnie jak Allen, ale inaczej niż przeintelektualizowany David (John Cusack), typowy pozbawiony kontaktu z rzeczywistością (i niepotrafiący stworzyć wiarygodnego dialogu) intelektualista, z którego Allen się podśmiewa. W *Hannah i jej siostrach* kimś takim jest postać grana przez Michaela Caine'a; w *Drobnych cwaniaczkach* – przez Hugh Granta; w *Życiu i całej reszcie* – David Dobel (Allen). Alter ego Allena są też ciemięga (*Bananowy czubek, Zbrodnie i wykroczenia, Hannah i jej siostry, Annie Hall, Miłość i śmierć, Danny Rose z Broadwayu*) i przestępca (*Wszystko gra, Drobne cwaniaczki, Sen Kasandry*). Jest stały, niezmienny, symboliczny, zakorzeniony w naszej świadomości. Dlatego często nam się wydaje, że każdemu jego filmowi, w którym sam nie gra, czegoś jednak brakuje.

Jedynie Charliemu Chaplinowi blisko było do tego rodzaju wszechobecności, w dodatku Chaplin podobnie jak Allen był długodystansowcem, jeśli chodzi o powodzenie, przez niemal trzydzieści lat cieszył się bowiem popularnością na całym świecie. Jednakże nawet on w późniejszych latach zrezygnował ze swojej sztandarowej postaci trampa – a kiedy to zrobił, blask jego gwiazdy przygasł. Tymczasem Woody nigdy nie przestaje być Woodym.

Allen nie jest zwyczajnym żydowskim komikiem ani żydowskim reżyserem. Jest artystą. Osiągnął wiek dojrzały akurat w tym czasie, kiedy do głosu doszła wrażliwość kina niezależnego, która sprawiła, że stare hollywoodzkie filmy straciły na znaczeniu w stosunku do tego, co kręciło się w Europie. W latach czterdziestych w kinie Thalia przy Zachodniej Dziewięćdziesiątej Piątej Ulicy i w kinie Apollo przy Zachodniej Czterdziestej Siódmej publiczność mogła się zapoznać z szerokim spektrum dokonań klasycznej europejskiej kinematografii. Proponowano podwójne seanse, na które składały się na przykład *Paisa* Rosselliniego i *Gorzki ryż* De Santisa albo *Rashomon* Kurosawy i *Złodzieje rowerów* De Siki. Człowiek mógł spędzić cztery godziny w kinie, po czym wyjść na hałaśliwy, zalany słońcem Times Square albo Upper West Side, odurzony wspaniałością obrazu, który chwilę wcześniej obejrzał. Dwudziestoletni Allen trafił na złotą erę kin niezależnych. Awans kin studyjnych (i niedługo potem amerykańskiej niezależnej kinematografii) obejmował cały Nowy Jork, uwidaczniał się również w przybytkach, które później Woody zachowywał dla przyszłych pokoleń, nawiązując do nich w swoich filmach: na przykład w kinach New Yorker i Regency, kinie w Carnegie Hall i przy ulicy Bleecker (które pojawia się w dwóch obrazach Allena) i wielu innych. Seanse, które się tam odbywały, nauczyły całe pokolenie widzów postrzegania filmu jako formy sztuki, zdolnej dorównać wielkością najlepszym powieściom i sztukom teatralnym. Właśnie tam Allen po raz pierwszy zetknął się z twórczością reżyserów, którzy zainspirują go i onieśmielą: Felliniego, Bergmana, De Siki, Rosselliniego, Renoira. W ślad za tym wkrótce mieli się pojawić wielcy amerykańscy niezależni filmowcy, a wraz z nimi nowa wizja tego, czym może się stać kino amerykańskie.

Mówi się czasem, że zasięg filmów Allena, kameralnych i pełnych niuansów, ogranicza się do miejskiej, bardziej wyrobionej publiczności, przede wszystkim tej zamieszkującej Nowy Jork i Los Angeles – a także, rzecz jasna, Europę. (Francuzi odkryli Woody'ego dopiero wtedy, kiedy pochwalił go Groucho Marx podczas wizyty we Francji. Zapytany o Jerry'ego Lewisa Groucho odparł, że Lewis jest w porządku, ale jego zdaniem prawdziwym geniuszem komedii i spadkobiercą schedy po braciach Marx jest Woody Allen. Groucho zachwalał Allena wszędzie, gdzie się dało).

Twórczość Woody'ego obejmowała wszystkie najważniejsze media i kanały ekspresji, od telewizji przez kina i teatry po nocne kluby i sale koncertowe. Jego utwory literackie ukazywały się w „New Yorkerze" i „New York Timesie". Wraz z powodzeniem *Annie Hall*, *Manhattanu* i *Hannah i jej sióstr* znacznie poszerzył się krąg miłośników talentu Allena, a sukcesy *O północy w Paryżu* i *Blue Jasmine* w ostatnich latach wyniosły go na kolejny poziom popularności.

W dzieciństwie przeżywał szczęśliwe chwile, miał co jeść i spał w ciepłym łóżku, jak sam napisał, ale ponieważ jako mały chłopiec przesiąkł atmosferą rozpamiętywania Holokaustu jako niezatartego koszmaru dwudziestego wieku, jako dorosły mężczyzna nie zdołał uwolnić się od obsesji na jego punkcie.

Niemniej większość jego kolegów z dawnych lat nie pamięta, żeby Woody bądź oni sami w młodości jakoś szczególnie interesowali się Holokaustem. Wynika to być może z tego, że przeżywali go bardziej instynktownie niż świadomie – albo może zadziałała reguła wyparcia. Wiedza o istnieniu obozów zagłady nie była powszechna, a jeśli nie miało się w Europie rodziny, której członkowie bezpośrednio ucierpieli wskutek działań wojennych, w Stanach tamtejsze wydarzenia wydawały się bardzo odległe. W rozmowie ze mną Elliot Mills stwierdził, że nie przypomina sobie żadnych przejawów antysemityzmu w czasach swojego dzieciństwa, jak również tego, żeby w ogóle poruszano temat Holokaustu. „Dobrze pamiętam, jak siedzieliśmy w kinie Midwood i oglądaliśmy kronikę filmową Pathé, w której ktoś buldożerem – to było już po wyzwoleniu obozów koncentracyjnych – spychał stosy trupów do rowu. To wryło nam się głęboko w pamięć. W naszym kwartale zamieszkali uchodźcy. Pamiętam, że jeden z nich regularnie wybiegał z krzykiem na ulicę. No, ale miałem wtedy dziesięć lat, więc jak mogłem skojarzyć to z Holokaustem? Ktoś wrzuca do grobu stos ciał. Nie połączyłem tego z masową zagładą Żydów. Dopiero po pewnym czasie zorientowaliśmy się, o co chodzi. Ten, kto miał tam rodzinę, uświadamiał to sobie wcześniej. Nie przypominam sobie, żebyśmy kiedykolwiek rozmawiali z Woodym o Holokauście, kiedy byliśmy mali. W ogóle nie pamiętam, żeby cokolwiek mówił na ten temat".

W *Złotych czasach radia* Joemu, będącemu alter ego Woody'ego, i innym chłopcom nie daje spokoju to, że na wysokości Rockaways w każdej chwili może wynurzyć się nazistowska łódź podwodna – dlatego urządzają zawody w wypatrywaniu U-Bootów. Niemiecka marynarka wojenna rzeczywiście prowadziła ożywione działania niedaleko wybrzeża Stanów Zjednoczonych, a na Long Island zbudowano nawet wieżę obserwacyjną i zainstalowano działka przeciwokrętowe. Na podobnej zasadzie wybiegający na ulicę uchodźca, o którym mówił Elliott Mills, w *Złotych czasach radia* stał się obłąkanym dorosłym panem Lipskym, który wypada na ulicę w samej bieliźnie i wrzeszczy, wymachując tasakiem; widz niczego jednak o nim nie wie, nie ma pojęcia, że jest uchodźcą i dlaczego doznał pomieszania zmysłów. Efekt jest komiczny i pozbawiony znaczenia przyczynowego.

„Należę do pierwszego pokolenia; wszystkie chłopaki z naszej grupy należały do drugiego – wspominał Jack Victor. – Kilka razy pobito mnie tylko dlatego, że jestem Żydem. Brat mojego ojca został zamordowany w Auschwitz, a polska rodzina mojej matki – rozstrzelana. Rozmawialiśmy o tym w domu. Rozmawialiśmy też o krewnych, którzy ukrywali się przed nazistami, a potem zamieszkali w Izraelu. Nie pamiętam za to, żebym zbyt często rozmawiał o Holokauście z Woodym".

Allan Lapidus, który tak jak Woody chodził do Midwood High School, ale nie przyjaźnił się z nim, powiedział Timowi Carrollowi, autorowi książki *Woody i jego kobiety*: „Wszystko w tym filmie było tak realne, że aż bolesne. W rzeczywistości koło Long Island faktycznie pojawiały się łodzie podwodne. (...) Za pięć centów można było dojechać trolejbusem z Coney Island na plażę, tam siadaliśmy na drewnianym pomoście i wypatrywaliśmy pilnie hitlerowskich łodzi podwodnych. Blekauty[18] [!] w *Złotych czasach radia* dotyczyły okrętów, których sylwetki rysowały się na tle nowojorskich świateł (...)"[19].

I dalej: „Zdumiony jestem tym, jak Woody umniejsza wpływ hitleryzmu na naszą młodość. Wszyscy wówczas zdawaliśmy sobie z tego sprawę, a poza tym od początku wojny wyglądało na to, że Niemcy zwyciężą. Wyczuwało się, że ludzie patrzą na nas jako na tych, którzy przegrali. I dokuczano nam – nie tylko dlatego, że takie były obyczaje na szkolnym boisku, ale dlatego, że byliśmy Żydami. Pamiętam, jak mnie napadli jacyś chłopcy, którzy chcieli wiedzieć, jak się nazywam, a ja nie zdołałem szybko wymyślić jakiegoś «gojskiego» nazwiska. Więc mnie pobili. To były okropne czasy"[20].

W *Annie Hall* zachowały się wprawdzie istotne odniesienia do antysemityzmu i kilka znaczących wzmianek o *Smutku i litości*, wyreżyserowanym przez Marcela Ophülsa filmie dokumentalnym o nazistowskiej okupacji francuskiego miasta, ale jedno z najbardziej wyrazistych nawiązań do nazizmu – Allen kolejny raz podkreśla w nim, że w konfrontacji z hitlerowcami okazałby się tchórzem – zostało wycięte. Miała to być scena, w której Alvy roi sobie, że jest przesłuchiwanym przez SS bojownikiem ruchu oporu. Odmawia odpowiedzi na pytania, za co żołnierze grożą, że go zastrzelą. Wtedy Alvy wyjmuje pacynkę i mówi: „Z powodu moich przekonań moralnych nie mogę podać żadnych nazwisk. Ale on może" – i zaczyna odpowiadać na pytania przesłuchujących. Gotowy film zawiera scenę, w której Alvy

---

[18] Chodzi o zaciemnienie mające utrudniać działanie wrogim jednostkom, w tym przypadku niemieckim łodziom podwodnym, które w czasie drugiej wojny światowej operowały w tamtych rejonach (notabene na Coney Island nie kursowały trolejbusy, ale tramwaje).

[19] Tim Carroll, *Woody Allen i jego kobiety*, przeł. Irena Doleżal-Nowicka, Zysk i S-ka, Poznań 1999, s. 44.

[20] Tamże, s. 45.

mówi do Annie: „Gdyby gestapo zabrało ci kartę stałego klienta Bloomingdale'a, wszystko byś im wyśpiewała".

Powściągliwość Allena w zgłębianiu wpływu Holokaustu w *Złotych czasach radia* można odczytać jako jeden z przejawów jego dążenia do zachowania odpowiednich proporcji między komedią a tragedią, tak aby ta pierwsza, zwłaszcza w ujęciu bardziej satyrycznym (inaczej wyszedłby ponury dramat), nie osłabiła efektu artystycznego ani nie podważyła autentyczności dzieła. Allen waha się między byciem zabawiaczem a artystą, Neilem Simonem a Tennessee Williamsem. Wątpi, aby kiedykolwiek udało mu się rozwiązać ten konflikt.

Niemniej film zawiera odniesienia do nazizmu, unosi się nad nim mroczny duch wojny. Holokaust, choć pozostaje w niedomówieniu, jest tu nieustannie obecny, kryje się w cieniu. Matka Joego (w tej roli Julie Kavner), pyta ze strachem w głosie: „Myślicie, że Hitler wygra?". W ramach akcji cywilnej dzieci zbierają złom, a w wiadomościach radiowych pojawiają się informacje o nazistowskich bombardowaniach. Ważnym wydarzeniem w *Złotych czasach radia* jest nalot Japończyków na Pearl Harbor. Nazizm i komunizm nazywa się zagrażającym światu bliźniaczym złem. Nie ma wątpliwości, że wojna spędza wszystkim sen z powiek.

Historię opowiedzianą w *Złotych czasach radia* częściowo śledzimy oczami dzieci, zwłaszcza Joego, który Holokaustu szczęśliwie nie zaznał. Przy skwapliwości, z jaką największe gazety, takie jak „New York Times", unikały wnikliwych analiz Holokaustu, pozostawał on w znacznej mierze niezrozumiany również przez dorosłych. (Laurel Leff wyczerpująco opisuje ten temat w swojej książce *Buried by the Times*).

Trzeba oddać sprawiedliwość, że film *Złote czasy radia* traktuje przede wszystkim o czasach radia właśnie, nie zaś wojny. Wspaniale zgłębia epokę, w której królowało radio, a brukowce interesowały się przede wszystkim życiem prywatnym występujących w nim artystów. Aktorzy odtwarzający role superbohaterów w audycjach radiowych w prawdziwym życiu okazywali się łysawymi i grubawymi osobnikami. Allen rozpoczął pracę nad filmem od postanowienia, że chce odtworzyć piosenki swojego dzieciństwa i przywołać związane z nimi wspomnienia – i to się cudownie udało. Wielowątkowa, zawiła fabuła została zręcznie poprowadzona, film działa na wyobraźnię, jest zabawny, melancholijny i bardzo poruszający. Allen być może nie zdołał osiągnąć idealnej równowagi między humorem a dramatem, ale bardzo, bardzo się do niej zbliżył.

Philip Lopate, który też pochodzi z Brooklynu i mieszkał w okolicach przypominających tę, w której dorastał Allen (w żydowskim Williamsburgu i w Fort Greene przed gentryfikacją), powiedział mi, że kiedy oglądał *Złote czasy radia*, brakowało mu w tym filmie wierniejszego oddania surowej rzeczywistości. „Pomyślałem, że Allen mitologizuje swoje dzieciństwo, że próbuje jednocześnie odczuwać nostalgię i dystansować się. W porządku, ma do tego prawo. Tyle że ja tam naprawdę mieszkałem. I dla mnie to mitologizowanie było w istocie przeinaczaniem. To tak, jakbym przeżył lata pięćdziesiąte i na co dzień oglądał tych wszystkich twardzieli z fryzurą na Elvisa, a potem zobaczył, co z tego zrobiono w serialu *Happy Days*. Miałem wrażenie, jakby coś... zepsuto. Nie, to wcale tak nie wyglądało, pomyślałem".

Allen zawsze zmagał się ze swoją żydowskością. Jego osobowość ekranowa to klasyczny żydowski nieudacznik, pełen pożądania osłabianego przez nieudolność w kontaktach z kobietami. Żydzi stanowią metaforę jego własnego poczucia niepokoju.

Allan Stewart Konigsberg urodził się rzekomo pierwszego grudnia 1935 roku w Bronksie. Tak brzmi oficjalna wersja. Jerry Epstein twierdzi, że wie od Woody'ego, iż ten w rzeczywistości przyszedł na świat trzydziestego listopada tego samego roku. Epstein tłumaczy to tak, że Woody zawsze chciał być numerem jeden. Rodzina przeniosła się do Flatbush na Brooklynie i kilka razy zmieniała mieszkania, aż w końcu, kiedy Woody miał dziewięć lat, osiadła przy Wschodniej Piętnastej Ulicy pod numerem tysiąc dwieście piętnaście. Najlepszymi kumplami Woody'ego byli Jerry Epstein, Jack Victor i Elliott Mills.

„Poznaliśmy się w wieku dwunastu lat i połączyła nas bardzo bliska, głęboka relacja – wspominał Jerry Epstein. – [Woody] miał zdolności parapsychiczne, potrafił przejrzeć człowieka. Interesowaliśmy się magią, hipnozą, postrzeganiem pozazmysłowym, zjawiskami paranormalnymi. Od razu bardzo się zaprzyjaźniliśmy. Z początku rozmawialiśmy o boksie i bejsbolu. Tak samo jak ja Woody był fanem New York Giants, więc kiedy Bobby Thompson zafundował Ralphowi Brance'owi home run[21], po prostu zwariował. Spiknęliśmy się, nadawaliśmy na tej samej fali. Mieszkałem przy Alei J, on przy Wschodniej Piętnastej, pomiędzy Aleją K i Aleją L. Potem przeprowadził się na róg Alei K i Czternastej. Niedługo potem powiedziałem mu, że zostanie sławny, bo nie znam nikogo zabawniejszego. Nadal uważam, że nikt nie jest bardziej zabawny niż Woody. Nikt nie osiąga tego poziomu. Zawsze taki był, wydawał się wręcz zabawniejszy poza sceną niż na niej. Jako nastolatek chodziłem przygnębiony i tylko jego humor podnosił mnie na duchu. Sprawiał, że pękałem ze śmiechu, pomagał mi w walce z depresją wieku dorastania. Był moim antydepresantem. Dosłownie tarzałem się ze śmiechu – był aż tak zabawny.

Spotykaliśmy się prawie codziennie. Wkręcił się w szemrane gry w kości. Kupił taką specjalną kostkę, obciążoną, w Circle Magic Shop na rogu Pięćdziesiątej Pierwszej i Broadwayu. Wszedł do gry, ale oskubali go. Nieźle sobie radził z kartami. Umiał dobrze rozdawać. Potrafił dać sobie najlepsze karty. Oszukiwaliśmy,

---

[21] Takie odbicie piłki w bejsbolu, po którym pałkarz zdobywa wszystkie cztery bazy i punkt dla swojej drużyny.

grając z kumplem w remika na pieniądze. Mieliśmy umówione znaki. Byliśmy takimi drobnymi cwaniaczkami. Woody zawsze zakładał, że musi coś wyrwać. Jest w nim nieco oszusta. Na przykład podebrał mi dziewczynę w kinie. Ostrzył sobie zęby na wszystkie dziewczyny, z którymi się pokazywałem. W jego przypadku nie było mowy o poczuciu winy; to ty zrobiłeś coś nie tak, to ty ponosiłeś winę".

W numerze „Genii, the Conjurors' Magazine" z maja 1952 roku, w dziale *Teen Topics*, znalazła się podpisana „Allan Konigsberg, Brooklyn, Nowy Jork" propozycja „sztuczki, która zainteresuje niektórych iluzjonistów i niewątpliwie spotka się z krytyką ze strony innych". Woody tonem znawcy rozprawia o roli „wspólników":

Sztuczka: artysta wręcza tabliczkę jednemu z asystentów i prosi go, aby ten wybrał w myślach dowolną kartę, zapisał ją na tabliczce i nie pokazywał nikomu.

Następnie artysta prosi drugiego asystenta o wybranie dowolnej karty z dobrze przetasowanej talii. Nie uciekając się do żadnego podstępu, artysta bierze kartę i tabliczkę i podnosi wysoko do góry, trzymając je koszulką do publiczności. Potem prosi drugiego asystenta, aby ten wymienił nazwę karty. Kiedy asystent spełnia tę prośbę, artysta odwraca kartę licem do publiczności, tak aby ta mogła się przekonać, iż w istocie chodzi o wskazaną kartę.

Teraz artysta prosi pierwszego asystenta o wymienienie nazwy karty zapisanej na tabliczce. Kiedy asystent spełnia tę prośbę, artysta odwraca tabliczkę do publiczności i okazuje się, że rzeczywiście jest to ta sama karta. Zgodzicie się państwo, że sztuczka robi wrażenie.

Rzecz zasadza się na roli wspólnika i fałszywej talii pełnej jednakowych kart. Wspólnik wybiera, co oczywiste, właściwą kartę i zapisuje ją na tabliczce. Drugi asystent wyciąga z talii, pełnej, jak się rzekło, dokładnie takich samych kart, również tę właściwą. Naturalnie można wykorzystać zwykłą talię i wymusić na asystencie wybór odpowiedniej karty, jeśli ktoś potrafi to zrobić.

Korzystanie z usług wspólników budzi kontrowersje. Jedni ich uznają, drudzy odsądzają od czci. Niektórzy spośród największych iluzjonistów naszych czasów polegali na wspólnikach. Moim zdaniem zaangażowanie wspólnika jest dopuszczalne, tak jak korzystanie z odpowiednich urządzeń, o ile uzasadnia to efekt, który chcemy osiągnąć. Nie wszyscy wszakże się ze mną zgodzą.

Zamiłowanie do jazzu nowoorleańskiego pojawiło się u Woody'ego w wieku czternastu lat. „Zaczął brać lekcje gry na klarnecie u Sammy'ego Steina, który mieszkał na piętrze domu na rogu Kings Highway i Coney Island Avenue – powiedział Elliott Mills. – A potem wynegocjował stawkę dwóch dolarów za lekcję u Gene'a Sedrika, jednego z sidemanów Fatsa Wallera, który zgodził się przychodzić do niego do domu. Założyliśmy zespół, nazywał się Woody Allen and the Franklin Street Stompers".

„Najsilniejszym spoiwem naszej grupy był jazz tradycyjny – wspominał Jack Victor. – Odwiedzaliśmy się w domach i puszczaliśmy płyty. To sprawiało nam niebywałą frajdę. Chodziliśmy do Stuyvesant Casino. Naszym bohaterem był Sidney Bechet – to on dał Woody'emu impuls do zainteresowania się jazzem i sięgnięcia po klarnet i saksofon sopranowy. Jednym z najbardziej emocjonujących przeżyć dla mnie i Woody'ego było spotkanie z Bechetem i możliwość porozmawiania z nim. Przyjechał do Nowego Jorku i zagrał w klubie Child's Paramount i knajpce o nazwie Bandbox – byliśmy na obu tych występach. Jak szaleni puszczaliśmy też kawałki George'a Lewisa, zwłaszcza *Burgundy Street Blues*".

Woody zaszywał się w piwnicy, gdzie samotnie jadał kolacje, zaczytywał się komiksami (o Supermanie, Batmanie i Myszce Miki) oraz ćwiczył grę na klarnecie i sztuczki z kartami i monetami. Uciekał od krytycznych uwag matki i napięcia pomiędzy rodzicami. „To była osobliwa para – wspominał Jack Victor. – Nie mieli sobie absolutnie nic do powiedzenia. Nigdy nie słyszałem, żeby zamienili choćby dwa słowa". Zdarzało się, że rodzice Woody'ego nie rozmawiali ze sobą przez wiele miesięcy z rzędu. „Jego matka i ojciec byli jak ogień i woda – powiedział Jerry Epstein. – Marty nie był ani trochę religijny, zaś matka Woody'ego pochodziła z ortodoksyjnej rodziny". Allen czuł się wyobcowany. „Zawsze jadałem sam – lunch, śniadanie, wszystkie posiłki – opowiadał Johnowi Lahrowi. – W domu nie było książek. Nie było pianina. Przez całe dzieciństwo ani razu nie zabrano mnie na przedstawienie na Broadwayu ani do muzeum. Nigdy". Kulturalna jałowość i całkowity brak związku emocjonalnego. Rodzice Woody'ego nie wiedzieli, co myśleć o synu. Do samego końca nie zdołali dostrzec jego talentu, co wyraźnie widać w scenie z *Wild Man Blues*, w której Allen razem z Soon-Yi odwiedza swoich stetryczałych rodziców. Państwo Konigsberg wręcz załamują ręce: mógł być farmaceutą, mógł zrobić karierę, tymczasem patrzcie, co z niego wyrosło.

Korzenie obu rodzin tkwiły w Europie: Nettie – w Wiedniu, Marty'ego – w Rosji. Obie rodziny uciekły przed prześladowaniami, pogromami i udręką sztetlowego życia w żydowskiej diasporze. Rodzice Nettie, Sarah i Leon Cherry, mówili w jidysz i po niemiecku. Nettie urodziła się szóstego listopada 1908 roku. Miała sześcioro starszego rodzeństwa. Rodzina zamieszkała w sercu żydowskiego Lower East Side, przy Wschodniej Czwartej Ulicy, niedaleko Drugiej Alei i blisko siedziby Hebrew Actors' Union (Zrzeszenie Aktorów Żydowskich) oraz licznych przy tej ulicy, zawsze tętniących życiem żydowskich teatrów i kawiarni. Rodzice matki Woody'ego mieli niewielką knajpkę. Prowadzili dom w sposób ortodoksyjnie koszerny, w szabas zawsze chodzili do synagogi.

Martin Konigsberg urodził się dwudziestego piątego grudnia 1900 roku i w pierwszych latach życia był ochoczym beneficjentem majątku i sukcesu swoich rodzicieli. Jeśli chodzi o zamożność, Sarah i Isaac Konigsbergowie plasowali się wyżej niż rodzina Cherry. Stosowali się do żydowskich zwyczajów i nakazów religii i posługiwali się głównie jidysz.

Isaac był wytwornym i wyrafinowanym człowiekiem. W Europie pracował jako przedstawiciel handlowy producenta kawy. Ubierał się elegancko i miał własną lożę w Metropolitan Opera. Zdarzało się, że podróżował do Europy wyłącznie po to, żeby zagrać na wyścigach konnych. W dzieciństwie Marty był maskotką drużyny Brooklyn Dodgers. Kiedy po pierwszej wojnie światowej młody Marty zaciągnął się do marynarki wojennej i został wysłany do Anglii, ojciec podarował mu wartego cztery tysiące dolarów roadstera marki Kissel. Marty przesiąkł nowoczesnością, przejął po ojcu zamiłowanie do hazardu i drogich ubrań. Isaac był właścicielem kilku luksusowych sal kinowych na Brooklynie (między innymi kina Midwood, znajdującego się dosłownie dwa kroki od mieszkania Woody'ego przy Wschodniej Czternastej Ulicy) oraz floty taksówek.

Krach na giełdzie w 1929 roku pozbawił Isaaca bogactwa. Stracił kino Midwood, taksówki i pozycję w handlu. Zachował za to lożę w operze. Stał się „przedsiębiorcą" (w *Złotych czasach radia* Joe wypytuje rodziców o to, czym właściwie zajmuje się jego ojciec, i wśród niejednoznacznych odpowiedzi pada właśnie ta: „jest przedsiębiorcą") i Marty zaczął z nim pracować. Wkrótce Konigsbergowie musieli wyprowadzić się z luksusowej rezydencji i zamieszkać w niewielkim, ciemnym mieszkaniu na tyłach budynku przy Coney Island Avenue.

Rodzice Woody'ego spotkali się w czasach wielkiego kryzysu na targowisku handlarzy produktów mlecznych przy ulicy

Greenwich na Brooklynie. Nettie prowadziła księgowość jednej z tamtejszych firm i przy tej okazji poznała Isaaca. Zrobiło na niej wrażenie jego wyrafinowanie, sposób, w jaki się ubierał, a także to, że miał własną lożę w operze. Zabierał ją do dobrych restauracji, ona zaś postrzegała go jako „człowieka z klasą". Isaac przedstawił jej Marty'ego.

Na pierwszy film, *Królewnę Śnieżkę i siedmiu krasnoludków*, Woody poszedł w wieku pięciu lat i nieświadomie zapowiadając obraz, który stworzy wiele lat później, *Purpurową różę z Kairu* (gdzie aktor schodzi z ekranu, żyje prawdziwym życiem, po czym wraca do filmu), podbiegł do ekranu, żeby go dotknąć. Podobnie jak Cecilia w *Purpurowej róży z Kairu*, dosyć wcześnie zrozumiał, że życie na celuloidzie jest nieporównanie lepsze od rzeczywistego. Mając sześć lat, po raz pierwszy znalazł się na Manhattanie, który z miejsca go zauroczył. Ogromne wrażenie na młodym Woodym zrobiły też filmy: *Braterstwo krwi*, *Pinokio*, *Bambi*, seria *Droga do...* z Bobem Hope'em i Bingiem Crosbym, Roddy McDowall w *Białych klifach Dover*, Tyrone Power w *Czarnym łabędziu*. Z absurdalnym surrealizmem braci Marx i Charliego Chaplina zetknął się pierwszy raz w 1944 roku w kinie Vogue na Coney Island.

Fascynowali go artyści komediowi, uwielbiał słuchać żartów i oglądać starych wyjadaczy na scenie w kinie Flatbush w schyłkowym okresie popularności rewii, formy sztuki, która też go pociągała. W soboty chodził na występy, spisywał zasłyszane dowcipy na pudełkach po cukierkach i uczył się ich na pamięć.

Jesienią 1940 roku Woody został uczniem Szkoły Publicznej numer 99. Trzy lata później na świat przyszła jego siostra Letty. Woody był już wtedy bardzo nerwowy, kapryśny i drażliwy – zupełnie jak jego rudowłosa matka. Nie przykładał się do nauki i często pakował się w tarapaty. Matka nie szczędziła mu pasa i wiecznie robiła wymówki. Wycofanie Woody'ego, oziębłość w kontaktach z ludźmi, trzymanie uczuć na wodzy, wykorzystywanie milczenia jako metody zastraszania – wszystko to można prawdopodobnie wywieść z jego relacji z Nettie. Już na wczesnym etapie życia przekonał się, mając za przykład matkę, że niekontrolowane okazywanie emocji oraz złość są oznakami słabości i bezradności. Trzeba jednak Nettie przyznać, że zaszczepiła w synu upór w dążeniu do celu, trwały etos pracy, niezwykły zapał, umiejętność skupienia się na wykonywanym zadaniu. Nieustannie upominała go, żeby nie marnował czasu.

Woody spotykał się z kumplami: Jerrym, Jackiem, Mickeyem i Elliottem, i godzinami rozmawiał z nimi o dziewczynach, o najskrytszych pragnieniach, o tym, co motywuje człowieka i jak działa ludzka psychika. Był przywódcą paczki. Najważniejsze były dla nich dziewczęta. „Woody przeżywał ciężkie chwile – powiedział mi Jerry Epstein. – Zadurzył się w jednej dziewczynie, nazywała się Nancy Kreisman. Ona nie wiedziała o jego istnieniu. Mieszkała przy Czternastej, pomiędzy Aleją I i Aleją J. Miała psa o imieniu Woody. Stąd Allen wziął swoje imię. To było dziwne. Nigdy się do niej nie zbliżył. W obecności dziewczyn robił się wstydliwy i zamknięty w sobie. Nie czuł się przy nich swobodnie. Przejmował się swoim wyglądem. W sumie pod tym względem był z niego dzikus. Sporo zresztą o tym rozmawialiśmy – o tym, że jest nieprzystosowany.

Kiedy go poznałem – miałem dwanaście lat – był tak samo zabawny, jak jest teraz. Kiedy mieliśmy po siedemnaście lat, chciał, żebyśmy razem pisali teksty komediowe. Nie zgodziłem się. Chciałem to robić, teraz to wiem, ale wtedy rodzina naciskała, żebym poszedł na medycynę.

Bał się śmierci, jej nieuchronności. Był pesymistą. Dla niego szklanka zawsze była do połowy pusta. Jego myśli zajmowała kraina cieni: śmierć, duchy, zjawy, cmentarze, groby. Był też hipochondrykiem. U ludzi majętnych strach przed śmiercią nierzadko się pogłębia, ponieważ wydaje im się, że pieniądze dadzą im zabezpieczenie przed nią".

Allen często powtarzał, że kiedy miał pięć lat, zmieniła mu się osobowość. „Moja matka zawsze powtarzała, że w pierwszych latach życia byłem radosnym dzieckiem, a potem, kiedy miałem około pięciu lat, wydarzyło się coś, co sprawiło, że stałem się zgorzkniały" – powiedział Erikowi Laksowi. Można pokusić się o znalezienie rozwiązania tej zagadkowej przemiany w jego filmach. Na przykład w *Annie Hall* matka zabiera małego Alvy'ego do lekarza, ponieważ chłopiec jest przygnębiony. Alvy oznajmia, iż dowiedział się, że wszechświat się rozszerza i że pewnego dnia eksploduje. „Kiedyś się rozpadnie – mówi Alvy – i to będzie koniec wszystkiego". Po czym dodaje: „Więc jaki to ma sens?". Innymi słowy, nad bohaterami wisi widmo śmierci, tak samo jak nad wszystkimi filmami, sztukami, a nawet wywiadami, których Allen udzielał na przestrzeni lat: życie i sztuka nic nie znaczą. Wszystko umiera i nic nie trwa wiecznie. „Wymyśliłem kiedyś taki dowcip: nie chodzi mi o to, by przeżyć w sercach rodaków, wolałbym dalej żyć w swoim mieszkaniu!"[22], powiedział Stigowi Björkmanowi. Odnosząc się do postaci Renaty, poetki z *Wnętrz*, dodał, że sztuka jej nie ocali: „Tak naprawdę wszyscy mówimy o tragicznym aspekcie naszej śmiertelności. Starzenie się i śmierć to tak nieprawdopodobnie trudny temat do rozmyślań, że ludzie starają się o tym nie myśleć. (...) Nie istnieje żaden inny rodzaj lęku, który miałby tak znaczące konsekwencje. (...) Ale tak naprawdę liczy się tylko świadomość śmierci"[23].

W przypadku Allena skuteczną przeciwwagą dla tych lęków i niepokojów okazały się: pisanie, komedia i muzyka. Woody oddał im się z namiętnością spychającą na bok wszystko inne – i wciąż pozostaje im wierny. Trwoga powraca jedynie wówczas, gdy przestaje pracować. Tyle że Allen pracuje bez ustanku.

---

[22] *Woody według Allena*, dz. cyt., s. 133.
[23] Tamże.

Innym sposobem na zapanowanie nad lękami był seks, z tym że dla nastolatków w latach pięćdziesiątych doprowadzenie do sytuacji, w której byłby możliwy, stanowiło nie lada wyzwanie. Woody i Jack Victor byli zbyt nieśmiali, żeby wydzwaniać do dziewczyn. Skręcał ich ból brzucha i paraliżował strach. Zabieganie o względy dziewcząt było wykańczającym nerwowo i niebywale frustrującym zajęciem. Rozterki Woody'ego pogłębiał fakt, iż przeważnie upatrywał sobie najbardziej atrakcyjne przedstawicielki płci pięknej, akurat te, u których nie miał szans. Potrafił wszakże przezwyciężyć przerażenie i zadzwonić do dziewczyny – jeżeli miał to zrobić w imieniu któregoś ze swoich kolegów. „Cały się trząsłem i nie byłem w stanie wydusić słowa – wspominał Jack Victor. – Była jedna dziewczyna, z którą chciałem się umówić, ale dała mi kosza, więc postanowiliśmy zrobić kawał. Woody nagrał w mieszkaniu u Jerry'ego przezabawną taśmę. Wykorzystaliśmy nazwisko innego ucznia, wzięliśmy też adres tego biedaka. Woody wybrał numer. Kiedy dziewczyna odpowiedziała, Woody włączył taśmę: «Cześć, tu Jesse Roth», powiedział i zaczął wciskać jej romantyczną gadkę, a ponieważ dziewczyna nie odzywała się, uznał, że po prostu uważnie słucha. Kiedy skończył, dodał jeszcze: «No powiedz coś!». I powiedziała. Rzuciła: «Żegnam» i odłożyła słuchawkę. Okazało się, że odebrała jej matka".

„Był bojaźliwy – wspominał Elliott Mills. – Był niski. Miał rude włosy. Rzucał się w oczy. I nie chciał, żeby go pobili. Nie chciał stać się obiektem ataku. Wzrost i wygląd narażały go na niebezpieczeństwo. Był łatwym celem".

„Kilka razy poszliśmy na randkę w dwie pary. Raz wybraliśmy się do kina o późnej porze. Na Ocean Avenue była linia tramwajowa, ale nie wiedzieliśmy, czy tramwaj jeszcze kursuje. No więc stanęliśmy na rogu. Podeszło do nas paru łobuzów i zaczęło nabijać się z Woody'ego, bo był niski, miał rude włosy i nosił trencz. Przyczepili się do niego. Więc Woody zatrzymał taksówkę, wsiadł i odjechał, zostawiając mnie samego z dwiema dziewczynami. Łobuzy pokładały się ze śmiechu".

W obecności dziewcząt Woody był nieśmiały i bojaźliwy, ale potrafił też uknuć sprytną intrygę. Wspominał, że kiedy był nastolatkiem, jego myśli związane z seksem koncentrowały się na problemie dostępności tegoż; ważniejsza od jakości była ilość. Jerry Epstein powiedział, że Woody nie wahał się podebrać dziewczyny koledze. „Zabierałem panienkę do kina – wspominał. – Mieliśmy wtedy takie pomysły, jak dziś ci, którzy wrzucają pigułki gwałtu do drinków. Myśleliśmy, że jeśli dodamy aspirynę do coli, dziewczyna pozbędzie się zahamowań. Woody powiedział: «Słuchaj, włożę przebranie i stanę przed kinem. Ty wprowadzisz dziewczynę do środka. Potem pójdziesz kupić colę». No więc poszliśmy do kina – ta dziewczyna naprawdę mi się podobała – Woody czekał przed wejściem, włożył trencz z postawionym kołnierzem, kapelusz z szerokim rondem i ciemne okulary – był wieczór – i miał plaster na policzku. Kiedy tam stał, akurat przechodził mój brat Sandy. Rzucił: «Cześć, Woody». Od razu go rozpoznał, zresztą trudno go było nie poznać.

Oto jak według Woody'ego wyglądał plan: «Stanę przy stoisku z napojami. Kiedy podejdziesz i kupisz colę, wrzucę do niej aspirynę». Jasne, wystarczyło się chwilę zastanowić, żeby dojść do wniosku, że do takiej czynności wcale nie potrzeba pomocnika – sam przecież mogłem wrzucić aspirynę do coli. No, ale jak zapowiedział, tak zrobił. Nie muszę chyba dodawać, że nie dało to żadnego efektu. Chyba tylko taki, że wkrótce Woody zaczął chodzić z tą dziewczyną. Dałem mu jej nazwisko i telefon, a on od razu do niej zadzwonił i mi ją podebrał. Załatwiał to tak, że nawiązywał znajomość z panienkami, wokół których się kręciłem, i podbierał mi je. Taki był jego sposób działania.

Woody ma usposobienie oszusta – ciągnął Epstein. – Taka jest jego natura. Przestępczość odegrała tragiczną rolę w życiu jego rodziny. Jego bratem stryjecznym był Arnold Schuster. Willie

Sutton, przestępca, który napadł na bank, uciekł z więzienia. Długo nie potrafiono go znaleźć. Pewnego dnia Arnold jechał do domu metrem i zobaczył, że w tym samym wagonie znajduje się Willie Sutton. Wezwał policję, Suttona ujęto, ale niestety, nieopatrznie ujawniono nazwisko Arnolda. [Gangster] Albert Anastasia dowiedział się o sprawie z wiadomości i zlecił zamordowanie Arnolda. Zabito go na stacji metra w Borough Park na Brooklynie.

Razem ćwiczyliśmy hipnozę i postrzeganie pozazmysłowe – mówił dalej Jerry. – Woody zawsze o wszystko obwiniał rodziców, zwłaszcza matkę. Wchodził do pokoju i odwracał tyłem do przodu zdjęcia wiszące na ścianach – tylko po to, żeby ją rozzłościć i sprowokować. Była chudą, rudowłosą kobietą. Nietrudno było znaleźć coś, czym dało się ją rozdrażnić. Miała skłonność do przesadnie gwałtownych reakcji. Woody'ego to śmieszyło, więc ją prowokował. W późniejszym czasie okazywał jednak szczodrość w stosunku do rodziców i siostry.

Miał niezwykle sprawną percepcję, potrafił bardzo szybko dostrzegać wady innych ludzi. Zarazem w dzieciństwie czuł się gorszy od swoich rówieśników, dlatego rozmawiając z nim, trzeba było zachowywać daleko posuniętą delikatność".

„Na Brooklynie być zabawnym to duża sprawa – powiedział mi Elliott Mills. – W dzielnicy mieszkało wielu utalentowanych Żydów. To był złoty wiek. Nikt nie miał pieniędzy, ale każdy miał głowę na karku – i był zabawny. Naszymi idolami byli Dodgersi i jazzmani. Do łóżka z dziewczyną szło się dopiero po ślubie. To było sielankowe dzieciństwo. Woody jednak chciał, potrzebował, żeby go zauważano. Na przerwach w szkole pokazywał magiczne sztuczki. Wymyślał, jak wyciągnąć pieniądze od kolegów. Zgadywał karty. W Circle Magic Shop na Manhattanie można było kupić zestawy do trików. Mieli podajnik do papierosów, który zaczepiało się za paskiem. Opuszczałeś rękę tak, żeby znalazła się blisko podajnika i już trzymałeś papierosa w dłoni.

Sprzedawali tego rodzaju sprzęty. Woody bardzo się w to wciągnął. Dzięki sztuczkom czuł, że ma władzę. Skubał Włochów z forsy. Wszystkie te triki wychodziły mu lepiej niż nam, ale zanim któryś pokazał, musiał być go pewny; nigdy nie pozwoliłby sobie na to, żeby coś sknocić. Nie był, jak to mówiliśmy, fumferem, to znaczy kimś, kto jąka się i bąka i wszystko chrzani. Nie, Woody zawsze był przygotowany. To dla niego podstawa. Jego numery były przemyślane i zaplanowane. Ćwiczył przed lustrem siedem godzin dziennie".

Woody pochodził z krainy tumlerów (zawodowych dowcipnisiów). Norman Podhoretz, który wychował się we Flatbush, powiedział mi: „Na Brooklynie, tam gdzie mieszkali Żydzi, dosłownie na każdym rogu stał tumler. My też takiego mieliśmy. To byli naprawdę zabawni faceci. Jasne, nie wszyscy zostali zawodowymi komikami, ale wielu owszem, na przykład Alan King albo Lenny Bruce". Istnieje wiele definicji tumlera. Mark Evanier określa go jako „duszę towarzystwa, osobę, która prowadzi gry i zapewnia rozrywkę. Kurorty w górach Catskill zatrudniały tumlerów jako wodzirejów".

„Wszyscy oglądaliśmy show Miltona Berle'a i programy tego rodzaju – powiedział Elliott Mills. – Następnego dnia spotykaliśmy się i przerzucaliśmy uwagami: «A słyszałeś ten tekst?»". Wymyślenie dobrego tekstu to było coś.

Zdaniem Millsa Woody nie był ani spritzerem, ani tumlerem. „Siadał i pisał. Był pisarzem! Od wczesnych lat układał sobie w głowie scenariusze. Przyjrzyj się jego monologom na scenie – przecież on po prostu opowiada dowcipy. Widać, że usiadł i napisał paradę świetnych żartów, które teraz stara się opowiedzieć. Posługuje się ruchami i minami, które są ewidentnie wymyślone. Na scenie, uprawiając stand-up, wcale nie był taki naturalny. Wszystko starannie przygotowywał. Wszelkie gesty były wyuczone. Jestem pewien, że dużo ćwiczył przed lustrem, tak jak wcześniej trenował sztuczki magiczne. Szlifował triki. Nie wiem, co by zrobił, gdyby na przykład obraził go ktoś z publiczności. To nie była jego bajka. Jakiś czas później Woody wystąpił w programie razem z Jackiem E. Leonardem [poprzednikiem Dona Ricklesa], komikiem uprawiającym humor polegający na obrażaniu widzów. Leonard nazwał go najstarszą żywą strzałką do gry w rzutki – bo był tak drobny i chudy – a Woody nie potrafił mu się odgryźć. Nie był dowcipasem. We Flatbush dominowało poczucie, że zabawnym można być na różne sposoby. Woody z tego skorzystał".

Matka Woody'ego była mimo woli zabawną osobą, bo nigdy nie widziała w sobie niczego śmiesznego. Codziennie dawała synowi pretekst do wesołości. „Matka Woody'ego przypominała postać z kreskówki – powiedział mi Mills. – Była histeryczką, a Woody jeszcze ją nakręcał. Im bardziej się złościła, tym zabawniejsza się stawała. Woody mówił jej, że wygląda jak Groucho Marx, co jednocześnie ją denerwowało i pochlebiało jej. «No i co? – mówiła. – Przecież to przystojny mężczyzna!». «Ale mamo – odpowiadał Woody. – Ty jesteś kobietą». Myśmy tarzali się ze śmiechu, a ona nie rozumiała, co w tym zabawnego".

Lakoniczność Allena, jego dystans, pozorny chłód i brak uśmiechu, to, że rzadko podnosi głos, a także trzeźwa racjonalność – wszystko zdaje się wypływać z jego stosunku do matki. Już na wczesnym etapie życia przekonał się bowiem, że milczeniem i opanowaniem łatwiej kontroluje się różnorakie sytuacje społeczne – podczas gdy jego histeryczna matka się rozpadała, zdana na łaskę gniewu, traciła samokontrolę i nie potrafiła zachować racjonalnej równowagi.

„Matka nie pochwalała tego, co robił. Ani trochę jej się to nie podobało – powiedział Jerry Epstein. – Dzwoniła do mnie i błagała, żebym przemówił mu do rozumu, przekonał do rzucenia show-biznesu i zostania aptekarzem. Bo aptekarz to pewny zawód, w którym człowiek zawsze znajdzie pracę. On już wtedy zarabiał tysiące dolarów, ale dla niej nie miało to znaczenia. Według niej to nie była kariera dla żydowskiego chłopca. Nigdy nie potrafiła się cieszyć z tego, co osiągnął. To było jak syndrom Ala Jolsona ze *Śpiewaka jazzbandu*. [Bohater tego filmu opuszcza ortodoksyjną rodzinę i „zdradza" ojca, żydowskiego kantora, wchodząc do show-biznesu i zostając gwiazdą mikrofonu. Film w rzeczywistości odzwierciedlał osobiste doświadczenia Jolsona, który też wychował się w ortodoksyjnej rodzinie i którego ojciec również był kantorem]. Jaki masz interes – pytała – w brataniu się z tymi wszystkimi zdzirami i dziwkami?".

Jego rodzina wyglądała zupełnie jak w *Złotych czasach radia*: wujowie, ciotki i kuzyni zajmowali jedno mieszkanie bądź jedno piętro we wspólnym domu, w którym drzwi się nie zamykały, bo krewni wciąż wpadali i wypadali. Filmowy ojciec ma na imię Martin, jeździ taksówką i chce zostać grawerem – tak jak ojciec Allena. „Zawsze powtarzałem Woody'emu, że żył w *obszczinie*, takim rosyjskim kolektywie – powiedział Jack Victor. – Jego rodzina zawsze trzymała się razem".

W 1952 roku Jerry i Woody pojechali na obóz jako opiekunowie, ale pobyt nie ułożył się pomyślnie. „Woody zabierał dzieciaki na stołówkę na lunch – usłyszałem od Epsteina. – Kiedy kończył posiłek, po prostu wychodził, a dzieci zostawały i dalej jadły. A przecież miał się nimi opiekować. To zwróciło uwagę organizatorów. I w końcu odebrano mu tę funkcję.

Usunięto go, a ja nie chciałem tam dłużej siedzieć sam. Wolałem spędzić lato z Woodym; byliśmy sobie bardzo bliscy. No więc Woody zadzwonił do ojca i powiedział: «Wyciągnij mnie stąd! Przyjedź po mnie!». Ojciec przyjechał z dwoma uzbrojonymi zbirami! Wkroczyli na teren obozu i ojciec wrzasnął: «Gdzie mój syn?!». Myślał, że Woody'emu coś zagraża.

Prawda była taka, że pozostali opiekunowie niesłusznie czepiali się Woody'ego. Przede wszystkim dlatego chciał się stamtąd zwinąć. Nigdy nie był i nie jest przesadnie towarzyskim człowiekiem. Źle się czuje we własnej skórze. A ponieważ żywo się interesował parapsychologią, musiał bardzo uważać na to, jaka energia krąży w jego otoczeniu. Na obozie był jeden chłopak, który szczególnie się uwziął na Woody'ego, więc zanim wyjechaliśmy, zrobiliśmy mu kipisz na łóżku i nasikaliśmy na kołdrę albo pod nią, już nie pamiętam.

Z Woodym mieliśmy na siebie ogromny wpływ. To dzięki mnie poznał jazz w wieku dwunastu lat – ciągnął Epstein. – Naszą znajomość cechowała głęboka symbioza. On dużo zawdzięcza mnie, a ja jemu. Wykorzystując swoje zdolności mediumiczne, pomagał mi w nawiązywaniu kontaktów z dziewczynami. Siedzieliśmy w knajpce na rogu Piętnastej Uicy i Alei J we Flatbush i jedliśmy kanapki. Na ścianie wisiała reklama Coca-Coli z kartonową sylwetką kobiety. Był 1956 rok, miałem dwadzieścia lat. Zbliżał się koniec roku szkolnego, w wakacje miałem pojechać na obóz jako opiekun. Woody powiedział: «Na obozie poznasz dziewczynę, która będzie wyglądała tak jak ta na reklamie. Jej ulubioną piosenką będzie *Moonglow*, a kolorem lazurowy».

Pojechałem na obóz i okazało się, że na spotkaniu usiadła przede mną dziewczyna o identycznej sylwetce jak ta na reklamie. Nawiązaliśmy znajomość i poznaliśmy się bliżej. Napisałem Woody'emu o tym, co się wydarzyło, na co odpisał: «Wybierzecie się na spacer po wiejskiej drodze» i podał okoliczności, w jakich to się stanie. Mówił mi, jak powinienem prowadzić tę znajomość i co z tego wyniknie. I dokładnie tak było. Spytałem ją o ulubioną piosenkę i kolor. Odpowiedziała tak, jak przewidział Woody. Później ożeniłem się z nią".

Woody był szelmą. „W 1948 roku Żydowski Fundusz Narodowy rozdawał niebieskie puszki, do których należało zbierać pieniądze na Palestynę – opowiadał Elliott Mills. – Właśnie rodziło się Państwo Izrael. Któregoś dnia stoję przed kinem Midwood, podchodzi do mnie Woody – miał wtedy trzynaście lat – i mówi: «Słuchaj, odetniemy dno w puszce i tylko postawimy ją na nim».

Tak też zrobiliśmy. Zbieraliśmy pieniądze do puszek z odciętym dnem, a ponieważ było ono metalowe, to ludzie, wrzucając monety, oczywiście słyszeli brzęk. Potem po prostu podnosiliśmy puszkę i zostawało odcięte dno pełne monet. Cała kasa wędrowała do naszych kieszeni.

Innym razem szliśmy ulicą, która ciągnęła się na tyłach piekarni. Na ścianie był zamontowany wiatrak wentylatora. Po drugiej stronie ulicy znajdowała się niewielka trójkątna działka, jedna z ostatnich farm na Brooklynie. Gospodarz trzymał tam konie, więc na ulicy leżało pełno końskiego łajna. Kiedy tamtędy przechodziliśmy, Woody powiedział: «Ciekawe, co się stanie, kiedy gówno naprawdę wpadnie w wentylator»[24]. Wziął kawałek kartonu, który walał się po ulicy, nabrał porcję łajna i cisnął nim w wiatrak. Szybko się stamtąd zmyliśmy, bo cali byliśmy w końskiej kupie.

Wcale nie był szlemielem. Był przebojowy. Kombinował. Miał swój cel. Wymyślił sobie wielki szwindel – na szczęście go nie zrealizowaliśmy, bo gdybyśmy spróbowali, chyba by nas zaciukali. Otóż postanowił, że przewidzimy wynik meczu koszykówki ligi międzyuczelnianej. Nauczył mnie sztuczki, która nazywa się «pisaniem paznokciem». Zakładało się na paznokieć specjalne urządzonko, w którym znajdował się kawałeczek grafitu. Chłopaki ze szkoły miały zebrać się wokół radia i słuchać transmisji meczu, a Woody miał mi wręczyć kopertę niby zawierającą kartkę z zapisaną nazwą zwycięskiej drużyny. Potem, po zakończonym meczu, miałem otworzyć kopertę i powiedzieć: «O rany, miał rację!», jednocześnie «pisząc paznokciem» nazwę drużyny, która naprawdę wygrała. Powiedziałem mu, że jeśli zrobimy ten numer, to mnie zlinczują. No więc odpuściliśmy sobie.

Oto przykład, jak wymyślał scenariusze – ciągnął Mills. – Nie był dowcipnisiem. To się działo na długo, zanim zagrał

---

[24] Nawiązanie do powiedzenia *shit hit the fan*, czyli mieć przesrane.

Jimmy'ego, bratanka Jamesa Bonda, w *Casino Royale*. Rozmawialiśmy o pierwszym Bondzie. Zero zero siedem lubi martini wstrząśnięte, nie zmieszane, tak? No więc Woody zastanawiał się, co by się stało, gdyby wejść do sklepu ze słodyczami i zamówić koktajl mleczno-czekoladowy tak, jak Bond zamawia martini. Akurat przechodziliśmy obok rodzinnego sklepiku ze słodyczami przy Ocean Avenue. Woody mówi: «Wypróbuję ten tekst». Wchodzimy do środka, za ladą stoi starsze żydowskie małżeństwo. Woody podchodzi do gościa i mówi z brytyjskim akcentem i pstrykając palcami: «Koktajl, dobry człowieku. Waniliowy. Tylko wstrząśnięty, nie zmieszany». Naprawdę to zrobił. Właściciel wyrzucił go za drzwi. Był w tym naprawdę dobry – Allen, nie cukiernik – w układaniu scenariuszy w głowie".

„Był największym buntownikiem z nas wszystkich – wspominał Jack Victor. – W liceum chciałem przedstawić go opiekunce koła zainteresowań, redaktorce gazetki szkolnej. Była nią starej daty Irlandka. Rozmawiając z Woodym, zaczęła szturchać go palcem wskazującym w pierś. Odwzajemnił jej się tym samym. Zdenerwowała się i wyszła. Potrafił śmiać się ze swoich prześladowców i z samego siebie, że jest dręczony. Potrafił spojrzeć na siebie z boku. Jest osobą obiektywną, a to bardzo trudne. Zawsze taki był".

Woody nie cierpiał szkoły, ale wśród nauczycieli byli tacy, którzy od samego początku doceniali jego talent pisarski. W piątej klasie czytali jego wypracowania na głos przy wszystkich uczniach i zdarzało się nawet, że zapraszali innych pedagogów, aby razem czytać to, co napisał.

„W dwunastoletnim Woodym najbardziej godne podziwu było to – wspominał Jerry Epstein – że miał jasno określony cel w życiu. Chciał być komikiem, pisać dowcipy i w ogóle funkcjonować w świecie komedii. Naciski rodziny nie miały dla niego znaczenia. Szedł własną drogą. Nigdy się nie wahał. Ja się wahałem. Każdy, kogo znałem, miewał wątpliwości. A on nie. To było w nim niezwykłe. Weźmy jego pragnienie zostania muzykiem jazzowym. Poruszył niebo i ziemię, żeby móc się doskonalić pod okiem tych, a nie innych nauczycieli. Ćwiczył niemal bez przerwy, ponieważ ma tę wspaniałą cechę, że jeśli podchodzi do czegoś z pasją, wówczas staje się ona jego motorem. Dzięki niej osiąga to, co sobie zamierzył. Grywał w Michael's Pub, a dziś raz w tygodniu, w poniedziałek wieczorem, choćby się waliło i paliło, występuje ze swoim jazz-bandem w hotelu Carlyle.

Woody znalazł w humorze ujście dla tragedii, dla miszegas [szaleństwo] świata stworzonego przez człowieka. Dla otaczającej nas rzeczywistości. Ponieważ humor wzmacnia naszą odporność, jest siłą życiową".

Od samego początku uwielbiał, rzecz jasna, filmy. Prawie codziennie wyciągał swoją paczkę (Elliotta, Jacka, Jerry'ego i Mickeya) do okolicznych kin. W brooklyńskim kinie Kent krótko – przez siedem dni, po dwa seanse dziennie – zaczęto ponownie wyświetlać *Przeminęło z wiatrem*; Woody namówił kilku kolegów, aby mu towarzyszyli, i obejrzał wszystkie seanse. Przy Alei J, nieopodal mieszkania Woody'ego, znajdowało się wspaniałe kino Midwood (którego właścicielem w okresie świetności był dziadek Allena Isaac). Latem Woody bywał tam praktycznie codziennie. Oglądał filmy, zajadając prażoną kukurydzę i karmelki w czekoladzie.

W dzieciństwie filmy były jego ucieczką od rzeczywistości. W wieku, w którym jest się podatnym na wpływy, obejrzał *Casablankę*, *Yankee Doodle Dandy*, dzieła Prestona Sturgesa, braci Marx i Franka Capry, i te obrazy przeniosły go do innego świata. „Mogłem porzucić swój skromny dom i zapomnieć o tych wszystkich problemach, w szkole, w rodzinie – powiedział Stigowi Björkmanowi – i wejść w całkowicie odmienny świat, gdzie ludzie żyli w apartamentach z białymi telefonami, gdzie można było spotkać cudowne kobiety i wspaniałych mężczyzn, którzy zawsze umieli znaleźć odpowiedni dowcip, gdzie wszystko było zabawne i zawsze dobrze się kończyło, a bohaterowie byli prawdziwymi bohaterami i w ogóle wszystko wydawało się nadzwyczajne[25]". Często podkreślał istnienie kontrastu między ponurą codziennością a jaskrawą fantazją kina. Kontrast ten stał się motywem przewodnim jego twórczości, wyraźnym zwłaszcza w *Purpurowej róży z Kairu*, *Alicji* i *Zagraj to jeszcze raz, Sam*.

Allen uważa, że te wczesne przeżycia w kinach wywarły druzgocący wpływ zarówno na niego, jak i na wielu spośród jego znajomych, wpływ, który utrzymywał się aż do późnego wieku średniego i sprawiał, że przystosowywanie się do surowych, nieraz bezlitosnych, warunków prawdziwego życia przychodziło im z dużym trudem. Rzeczywistość, którą brali za prawdę, w istocie była złudzeniem, iluzją nie do przezwyciężenia. „Siedziałeś w kinie – powiedział – i myślałeś, że to wszystko dzieje się naprawdę". Odruch autora polega na chęci zmiany rzeczywistości i dążeniu do tego, by wszystko dobrze się skończyło – tak właśnie postępuje Alvy Singer w *Annie Hall*: w swojej pierwszej sztuce przekształca rzeczywistość tak, że Annie nie odrzuca go, lecz postanawia wyjść za niego za mąż i przenieść się z Los Angeles – którego Allen nienawidzi najbardziej ze wszystkich miast i które uważa za gniazdo węży – z powrotem do Nowego Jorku.

W mało znanej i niedoskonałej – acz poruszającej – sztuce teatralnej Allena zatytułowanej *The Floating Light Bulb* (Lewitująca żarówka) pojawia się wątek pragnienia ucieczki od życia poprzez fantazję i magię. *The Floating Light Bulb*, wyprodukowana przez Lincoln Center Theater Company, miała premierę dwudziestego siódmego kwietnia 1981 roku na deskach nowojorskiego Teatru imienia Vivian Beaumont i jest najlepszą sztuką Allena, stojącą wiele poziomów wyżej niż okropna *Don't Drink*

---

[25] *Woody według Allena*, dz. cyt., s. 70.

the Water i o kilka długości wyprzedzającą uroczą *Zagraj to jeszcze raz, Sam*. Zapomnienie, w jakie popadła, jest nieuzasadnione. W *The Floating Light Bulb* występowali między innymi Beatrice Arthur i Danny Aiello, a reżyserował ją Ulu Grosbard. Zaliczono ją do najwybitniejszych przedstawień na Broadwayu w sezonie 1981–1982 i trafiła do szacownego, wydawanego raz w roku przewodnika *Best Plays* (Najlepsze sztuki) pod redakcją Otisa Guernseya. Tekst stanowi klucz do zrozumienia młodego Allena i znak kierujący na drogę, którą... nie poszedł. Bohaterem jest wzorowany na młodym Allenie Paul, jąkający się nastolatek, który ucieka od otaczającej go rzeczywistości w sztuczki magiczne i przeświadczenie, że odnosząc sukces w prestidigitatorstwie, zyska siłę i akceptację społeczną. Na pewno nie jest to zadziorny Woody, który wyrwał się ze swojego środowiska i w młodym wieku umknął z Brooklynu. Znajomi Allena z dzieciństwa powiedzieli mi, że nigdy się nie jąkał i zasadniczo od początku sam kierował własnym życiem. Można potraktować Paula jako postać, którą Woody mógł się stać, albo jako Woody'ego w bardzo wczesnym wcieleniu, albo jako ucieleśnienie nieprzemijającego, przygnębiającego wątku mrocznych wspomnień Allena z dzieciństwa.

W *The Floating Light Bulb* Allen powołuje do życia środowisko brooklińskich żydowskich przesiedleńców, pozbawione pokazanego w *Złotych czasach radia* upodobania do hałaśliwej zabawy, bez radosnej wrzawy wielopokoleniowej rodziny, rozpychającej się tak, że dom pęka w szwach. Nie ma tu wujów, ciotek, kuzynów i sąsiadów, są jedynie Paul, rzadko pojawiający się brat oraz zaogniający się, niszczący związek między matką a ojcem. Jest jeszcze „absztyfikant". I żeby nikt nie miał wątpliwości, kto tak naprawdę mówi ustami Paula, nadrzędnym wątkiem sztuki jest magia – temat ten raz za razem pojawia się w filmach Allena, również tych najnowszych, czego przykładem *Magia w blasku księżyca* z 2014 roku. Dokąd ucieka Paul, kiedy wyrywa się z domu? Do Nowego Jorku, do Automatów[26], do sklepów z akcesoriami dla iluzjonistów – czyli tam, gdzie bywał młody Woody.

Sztuka, której akcja dzieje się w 1945 roku, jest bolesna, ponura i osobista. Dominuje w niej nastrój rozpaczy, daremności i przygnębienia. Oto świat, mówi nam dramaturg, z którego się ucieka albo się w nim umiera. W didaskaliach Allen zaznaczył, że Pollackowie zajmują „mieszkanie cuchnące beznadzieją i zaniedbaniem", którego okna „wychodzą na smętne, ceglane podwórze i tyły okolicznych budynków, co daje poczucie, jakby znajdowało się w studni". Max, nonszalancki, niepotrafiący znaleźć sobie miejsca w życiu ojciec, przypomina prawdziwego ojca Woody'ego, ale brakuje mu uroku utracjusza. Zmienia zajęcia, jest ściganym przez lichwiarzy nieudacznikiem, który w dodatku zdradza żonę. Enid, matka, darzy syna powściągliwym uczuciem, mówi o nim: „Jest jednym z tych, co (…) przez całe życie dryfują z prądem, oddają się marzeniom i pozostają na czyimś utrzymaniu – choć żyją we własnym, prywatnym świecie – i zawsze ktoś musi o nich dbać". Nie potrafi wyzbyć się uczucia rozpaczy, pracuje jako ekspedientka w sklepie z wyrobami pończoszniczymi, toteż chwyta się rozmaitych sposobów: próbuje szybko się wzbogacić, handlując „zapałkami z indywidualnym wzorem na pudełku" i tropikalnymi rybami, albo zwraca się do siostry z prośbą o pieniądze. Lamentuje nad utraconymi dobrymi partiami, takimi jak Herb Glass, „pierwszorzędny specjalista od stóp, [który] ubóstwiał mnie", i szalony chłopak, którego nazywa „Całuśnym Bandytą".

W twórczości Allena przewija się wątek głębokiej niechęci do publicznego szkolnictwa; w *The Floating Light Bulb* pojawia się w rozmowie Paula z Enid:

---

[26] Popularne zwłaszcza w latach trzydziestych i czterdziestych lokale z fast foodem, w których napoje i proste posiłki kupowano w automatach na monety.

PAUL: Nie idę do szkoły. Nie wrócę t-tam.
ENID: Nie?
PAUL: Nie mogę. Tam jest pełno twarzy. Zatyka mnie. Gubię się w korytarzach... wszystko na mnie naciera.
ENID: Nie opowiadaj bzdur! Co się z tobą dzieje? Dokąd chodzisz, kiedy wagarujesz?
PAUL: Tak, o.
ENID: Ale dokąd?
PAUL: Czasem p-po prostu się snu-uję, siadam w A-automacie i czytam ga-azetę, a p-potem idę d-do sklepu dla magików i się ro-ozglądam.
ENID: No tak. Sklep dla magików. Powinnam była się domyślić.

Matka oskarża Paula o to, że jest „inny", wrażliwy i bezbronny i że ucieka przed rzeczywistością w sztuczki z lewitującymi żarówkami. Obawia się, że chłopak nie poradzi sobie w życiu: „Jesteś inny, bo żyjesz w swoim świecie chińskich szkatułek, jedwabnych chustek i cudownych zjawisk. Niestety, prawdziwy świat wygląda inaczej, o czym wkrótce się przekonasz".

Zgłasza sprzeciw wobec kariery Paula w show-biznesie, identyczny z zastrzeżeniami, które wielokrotnie wyrażała matka Woody'ego co do obranej przez syna drogi: na show-biznesie nie można polegać, miliony próbowało i poniosło porażkę, musisz mieć coś w zapasie, prawdziwą pracę – jakiś fach.

Paul usiłuje uciec od jej napastliwości i twierdzi, że musi pójść „poćwiczyć". Na to matka odpowiada: „Dobrze, Paul. Ćwicz... Ucz się magii. Więcej sztuczek i złudzeń – oto czego dziś potrzeba światu". W sposobie, w jaki Enid stara się zmusić mężczyzn w rodzinie do większej wydajności, do ciężkiej pracy, do sukcesu, odnajdujemy ślady zachowania matki Woody'ego.

W najbardziej przejmującej scenie (przypominającej – ale nie naśladującej jej – tę ze *Szklanej menażerii*, w której matka próbuje znaleźć wybawcę dla swojej córki Laury) Enid zaprasza do siebie Jerry'ego Wexlera, drugorzędnego łowcę talentów, którego omyłkowo bierze za producencką szychę, aby „przesłuchał" Paula. Wexler obnosi się ze swoimi mało znanymi klientami, tak jak Danny Rose z Broadwayu zachwala jednonogiego stepującego tancerza i beznadziejnego brzuchomówcę Barneya Dunna. Wexler wspomina o gadającym psie, który potrafi zaśpiewać *Little Sir Echo* (to jeden z licznych przykładów tego, jak Allen rozkosznie „pożycza" z własnej twórczości: w programie telewizyjnym z 1965 roku sam bowiem zaśpiewał *Little Sir Echo* gadającemu psu; ponadto boksował się z kangurem), oraz o dwóch bokserach Ormianach, wykonujących *Ave Maria* podczas walki. Paul, jako „Wielki Pollack", zaczyna swój występ: „M-mam tu zwy-ykły kawałek ga-azety, który zwijam w sto-ożek. I zwy-yczajny dzban m-mleka. Wlewam m-mleko do sto-ożka, tak o-o-to. – Odstawia dzbanek na stół. – Presto!". Kiedy chwyta stożek za wierzchołek i teatralnym gestem otwiera go, okazuje się, że mleko zniknęło.

Paulowi udaje się pokazać jeszcze kilka sztuczek, ale potem zaczyna się sypać. Przeprasza za jąkanie się, trzęsie się, traci zimną krew i w końcu nie jest w stanie kontynuować występu. Wybiega do swojego pokoju, trzaska drzwiami i zamyka je na klucz.

Scena jest surowa i bolesna, niewykluczone też, że wywodzi się bezpośrednio ze wspomnień Allena z dzieciństwa, jest być może ukrytą reminiscencją jednego z jego najbardziej upokarzających doświadczeń. Allen, lubiący odwodzić biografów od grzebania w swojej przeszłości, zwierzył się Diane Jacobs w *...But We Need the Eggs*, że wzorował postać Paula na chłopcu, którego zapamiętał z dzieciństwa: „Mijałem dom, w którym mieszkał pewien siedemnastoletni chłopak, i zawsze ilekroć tamtędy przechodziłem, siedział przy oknie i tasował karty. Nie wątpię, że dla swojej matki był krzyżem, który musiała dźwigać". Jacobs kupiła to wyjaśnienie i napisała, że „autobiograficzne analogie" kończą się na zamiłowaniu Paula do magicznych sztuczek. Słusznie podkreśliła, że Allen zupełnie nie przypomina „boleśnie nieśmiałego, jąkającego się Paula, który wskutek braku siły i motywacji nie potrafi wyobrazić sobie, w jaki sposób mógłby przełożyć swoją sztukę na prawdziwe życie". Prawdą jest na pewno to, że ojciec Allena był czuły i kochający, zaś ojciec w sztuce to postać nieobecna i egocentryczna. Paul ma szesnaście lat – w tym wieku Woody był pnącym się w górę młodym, rzutkim i asertywnym człowiekiem.

Paul mógł zostać pomyślany jako dużo młodsza postać i mógł uwzględniać pewne aspekty osobowości młodszego Allena. Znamienne, że w rzeczywistości w 1945 roku Allen miał zaledwie dziesięć lat. Woody zawsze ostro odnosi się do wszelkich prób łączenia jego prawdziwego życia ze sztuką i jest niezadowolony, kiedy sugeruje mu się słabość – chyba że sam się do niej przyznaje. Ten odruch samoobrony jest przecież wspólny nam wszystkim. Niektóre fragmenty *The Floating Light Bulb* brzmią jednak zbyt wiarygodnie w kontekście pewnych doświadczeń Allena, abyśmy mogli zakładać całkowitą szczerość zaprzeczeń padających z ust autora. Postać Paula być może stanowi uosobienie najskrytszych obaw Allena. Woody jako młody chłopak był prześladowany przez starsze dzieci, a mimo to zaczepny; był ambitny i stanowczy, a jednak uczył się słabo i kiepsko mu szło podrywanie dziewczyn. Niewykluczone, że Paul jest ucieleśnieniem chłopaka, który czaił się w młodym Allenie: gnębionego przez matkę nieudacznika, którego marzenia nigdy się nie ziszczą.

Po scenie nieudanego pokazu sztuczek magicznych następuje kolejna, tym razem pełna wdzięku i chyba raczej wymyślona, niż wzięta z doświadczenia. Podchmielony Jerry Wexler zaczyna dostrzegać w Enid piękno, ona zaś odwzajemnia jego zainteresowanie. Scena kończy się jednak smutno, Jerry oznajmia bowiem, że wyjeżdża z Brooklynu do Phoenix, aby zaopiekować się niedomagającą matką. Enid jest zdruzgotana. Wieczorem Max przyznaje, że opuszcza dom na dobre. Enid w napadzie furii uderza go magiczną różdżką Paula i ta wybucha bukietem papierowych kwiatów. Magia zawiodła Paula i Enid – i tak jak Cecilia w *Purpurowej róży z Kairu*, okazują się oni marzycielami, którzy muszą jakoś poradzić sobie z kompromisami rzeczywistości.

Walter Kerr trafnie zauważył w opublikowanej w „New York Timesie" recenzji z przedstawienia, że Paul został pokazany jako „urodzona ofiara losu":

> Nie wiem, jaki był pan Allen w wieku piętnastu lat. (…) Ale założę się, że wszyscy w okolicy (…) doskonale wiedzieli, że ten chłopak wyrośnie na kogoś wielkiego. Nieśmiałość to nic takiego, jeśli jest fasadą dla odpowiednich przymiotów – te zawsze znajdą sposób, by się uwidocznić. Tyle że pan Allen tak bardzo pragnął nadać chłopcu – zresztą nie tylko jemu, bo właściwie wszystkim bohaterom opowieści – atrybuty czechowowskie, że nie dał mu żadnych szans. To, myślę, początek diagnozy bolączek tej sztuki.

Kerr dodał, że historia ma „naprawdę bogate w szczegóły tło", a także „trafnie scharakteryzowane i z czułością nakreślone postaci", ale wyraził żal, że Paul został sportretowany jako „chłopiec, który nie walczy. Milknie, wycofuje się do swojego pokoju i pozwala, by matka bezsensownie waliła pięściami w zamknięte na klucz drzwi". Beznadziejność historii wydała mu się zbyt arbitralna, a załamanie Paula podczas przesłuchania – mało wiarygodne: „Przecież wiemy, że chłopak jest całkiem zdolnym iluzjonistą. Czemu więc udaje mu się zupełnie zawalić sprawę, tak że do reszty się załamuje i ucieka do swojego pokoju?". Zauważył, że „wszystko to jest bardzo arbitralne; pan Allen narzucił tym miłym ludziom niepowodzenie". Kerr napisał, że ton opowieści „nagle przechodzi w zabawnie wrażliwy i wzruszający" w „cudownej" scenie pomiędzy matką i Wexlerem (granym przez Jacka Westona), ponieważ „[Allen] wreszcie ma do czynienia z postacią – być może nawet z dwiema – które jedynie obserwuje z pewnej oddali, a nie obcuje z nimi na co dzień. (...) Kiedy pan Weston wchodzi na scenę w drugiej połowie (...) wyobraźnia pana Allena zrywa się z uwięzi i wykonuje ucieszny, oryginalny taniec".

Sztuka jest ponura (ponurość i posępność to zdecydowanie aspekty osobowości Allena; sam przyznał, że przez czterdzieści lat psychoanalizy nie opowiedział ani jednego żartu) i zarazem wstrząsająca, i nie jest, jak niektórzy sugerowali, po prostu kopią *Szklanej menażerii*. Niewykluczone, że sztuka Tennessee Williamsa natchnęła Allena, ale przecież artystom wolno czerpać inspirację z dzieł kolegów. *The Floating Light Bulb* jest sztuką na wskroś poważną – Allen potknął się, kiedy poszedł tą drogą we *Wnętrzach*, *Innej kobiecie*, *Wrześniu* i *Cieniach we mgle*. (Inna sztuka zrodzona z tego samego doświadczenia, *A Second-Hand Memory* [Wspomnienie z drugiej ręki], została w 2004 roku wyprodukowana poza Broadwayem przez Atlantic Theater Company i zmiażdżona przez krytyków. W przeciwieństwie do pozostałych, które wyszły spod ręki Allena, nigdy nie ukazała się w druku, i niestety nie udało mi się zdobyć jej tekstu). Allen zna ten świat i postaci, opisuje zdarzenia mające wiele wspólnego z jego prawdziwymi doświadczeniami. We wspomnianych filmach, smętnych i niemal nienadających się do oglądania, wyobraził sobie, jak mogliby wyglądać jego bohaterowie, gdyby należeli do białej, anglosaskiej elity, ale ani trochę ich nie znał. Przez to stali się abstrakcjami, w dodatku śmiertelnie nudnymi. W *The Floating Light Bulb* Allen jest u siebie i nawet jeśli sztuka nie do końca mu się udała, to jednak, jak zauważył Kerr, ma ona wiele świetnych momentów i stanowi kolejny dowód na to, jak dużym talentem dysponuje jej autor.

Z *The Floating Light Bulb* dowiadujemy się pewnych istotnych rzeczy na temat dzieciństwa Allena, a także, z perspektywy czasu, przekonujemy się, w jaki sposób uciekł z tamtego świata. (W *The Floating Light Bulb* jedynym, który znajduje drogę ucieczki, jest ojciec). Woody odniósł gigantyczny sukces wbrew przeciwnościom, ale każdy geniusz ma w sobie coś niewytłumaczalnego, nieuchwytnego. „Skoro mowa o geniuszu – powiedział Jerry Epstein – to musisz wiedzieć, że Woody śpiewał hymn amerykański, kiedy miał pół roku. Naprawdę go śpiewał. W wieku ośmiu miesięcy zaczął mówić pełnymi zdaniami i można było z nim porozmawiać".

Wielu z nas dysponuje przytłaczającymi, przejmującymi wspomnieniami z dzieciństwa, lecz niewielu potrafi przekuć ten ból w sztukę. Zamykanie się w piwnicy w domu rodziców, samotne jedzenie posiłków, ćwiczenie sztuczek z monetami i kartami, gra na klarnecie – wszystko to sprawiło, że Woody zyskał niezwykłą perspektywę, talent komediowy tak dalece instynktowny, że sam nie do końca potrafi go zrozumieć – talent, który bardzo wcześnie zaczął przekładać na sukces finansowy. Allen był całkowicie pewien swoich zdolności. I wykorzystywał je w zawrotnym tempie. Opowieść o nim to historia pełna niezmierzonej ambicji, sukcesów i triumfu, splatających się ze smutkiem i bólem dorosłego, który nie jest w stanie zupełnie zdystansować się do dzieciństwa niepozbawionego samotności i przygnębienia. Jeżeli próbuje pogodzić jedno z drugim – kiedy obstaje zarówno przy swojej normalności, jak i niekończącej się liście rozmaitych lęków – wówczas wtajemnicza nas w swoje fobie, ale tylko pod warunkiem, że sam po nich oprowadza, że panuje nad sytuacją, dzierży ster i snuje opowieść. Wiemy, że wypalił się w pierwszych latach, mimo „ciepłego jedzenia, mleka i ciasteczek", i że, jak otwarcie przyznaje, cierpi na przewlekłą „anhedonię" – zresztą tak chciał z początku zatytułować *Annie Hall* – czyli niezdolność odczuwania przyjemności. „Pisanie uratowało mu życie" – mówi Woody Allen jako Harry Block pod koniec *Przejrzeć Harry'ego*.

3. Prawdziwy Danny Rose z Broadwayu

Początkiem kariery artystycznej Woody'ego Allena była jego bar micwa, podczas której jako trzynastolatek zaśpiewał piosenki Ala Jolsona. Mając lat szesnaście, pokazywał magiczne sztuczki w Young Israel of Brooklyn, East Midwood Jewish Center oraz w Weinstein's Majestic Bungalow Colony w górach Catskill. Już w szkole średniej pisał dowcipy, używając pseudonimu, i sprzedawał je felietonistom Earlowi Wilsonowi, Walterowi Winchellowi i Leonardowi Lyonsowi. Jack Victor opowiedział mi, jak dumny Woody pochwalił mu się swoim pierwszym opublikowanym żartem – ten ukazał się w felietonie Earla Wilsona dwudziestego piątego listopada 1952 roku i brzmiał: „It's the fallen women who are usually picked up, says Woody Allen"²⁷. Wkrótce jego dowcipy zaczęły się pojawiać we wszystkich felietonach; „Woody Allen mówi, że jadł w restauracji, która miała ceny takie, że WOW – Wyższe Od Wynagrodzenia". Wiele jego kawałów trafiało do rubryki *Earl's Pearls* Earla Wilsona: „Taffy Tuttle usłyszał o facecie mającym sześć stóp i dwa cale i powiedział Woody'emu Allenowi: «O rety, ten to strasznie długo musi wkładać buty»".

„Miałem szesnaście lat, kiedy dostałem pierwsze zlecenie – opowiadał Allen w wywiadzie udzielonym «The Paris Review». – Pisałem zabawne teksty dla nowojorskiej agencji reklamowej [Davida Albera]. Codziennie po szkole zachodziłem do nich do biura i wymyślałem dowcipy, a oni rozdzielali moje kawały pomiędzy swoich klientów i puszczali je w gazetach. Wsiadałem do metra i jadąc na stojąco – bo zwykle panował tłok – wyjmowałem ołówek i zanim dotarłem do swojej stacji, miałem gotowe czterdzieści, pięćdziesiąt dowcipów. (...) Pięćdziesiąt żartów dziennie przez kilka lat (...). To naprawdę nic takiego". Z twórcy kawałów szybko stał się autorem nieco dłuższych tekstów komediowych, z początku dla osobistości telewizyjnej Herba Shrinera. Po zakończeniu tej współpracy znalazł zatrudnienie w zespole redakcyjnym NBC. Przystąpił do finansowanego przez NBC programu rozwojowego dla autorów, którego celem było wyłowienie przyszłych twórców tekstów do *Colgate Comedy Hour*.

Praktycznie zrezygnował z nauki w Midwood High School, nie uczestniczył w żadnych zajęciach i szczerze nie cierpiał nauczycieli. „Wstawałem rano, kiedy rodzice jeszcze spali – wspominał później. – Na śniadanie zjadałem spory kawałek ciasta

---

[27] Allen wykorzystuje wieloznaczność czasownika *pick up*, który oznacza „podrywać", ale też po prostu „podnosić". Można zatem spróbować przetłumaczyć ten żart na przykład tak: „Woody Allen mówi, że najczęściej sięga się po kobiety upadłe".

czekoladowego, który popijałem mlekiem, po czym wychodziłem. Rodzice zakładali, że szedłem do szkoły, ale tak nie było". Wsiadał do metra i jechał na Times Square i do kina Paramount. Allen powiedział Ericowi Laksowi, że kiedy miał sześć lat, ojciec po raz pierwszy zabrał go na Times Square. „To było podczas drugiej wojny światowej. Miałem więc sześć, siedem lat. Odbierał mnie na stacji kolejki w Alei J w Brooklynie i stamtąd zaczynaliśmy naszą trasę po Nowym Jorku. Szedłem do Automatu, wchodziłem do Circle Magic Shop, który miał wielkie centrum rozrywki na dole. Chodziliśmy do takiego miejsca na Czterdziestej Drugiej Ulicy – mój tato uwielbiał strzelać z wiatrówki. To było niesamowite"[28].

Ówczesny Times Square nie wyglądał jak dzisiejszy las szklanych wieżowców ani też nie był jeszcze siedliskiem występku i prostytucji, jakim stał się w latach siedemdziesiątych. Pod względem rozrywkowym przypominał niewinną rzeczywistość *Danny'ego Rose'a z Broadwayu*; był to świat występów na żywo, artystów rewiowych i tancerek zarabiających na życie w hotelikach przy bocznych uliczkach, sklepów z płytami i nutami. Był to świat Damona Runyona i Billy'ego Rose'a. Hotel Metropole dopiero później stał się pałacem striptizu, a na razie królował w nim świetny nowoorleański jazz: Max Kaminsky, Wild Bill Davison i Pee Wee Russell grali do kotleta, drzwi były szeroko otwarte, a muzyka ulatywała na ulicę.

W kinie Laff, do którego ojciec zabrał Woody'ego, przez dwadzieścia cztery godziny na dobę wyświetlano filmy braci Marx, Laurela i Hardy'ego i The Three Stooges; obok znajdował się całonocny Horn & Hardart Automat, w którym zbierali się początkujący artyści, różnoracy ekscentrycy i prozelici socjalizmu, nieodmiennie z gazetą w tylnej kieszeni spodni (w Nowym Jorku ukazywało się wtedy osiem dużych tytułów). RKO Palace,

---

[28] Eric Lax, dz. cyt., s. 65.

niegdyś ziemia obiecana miłośników wodewilu, wskrzeszał tradycję i prezentował klasyczny program składający się zwyczajowo z występów ośmiu wykonawców, w tym licznych gwiazd: Judy Garland, Danny'ego Kaye'a, Betty Hutton, Belle Baker, duetu Smith i Dale, Buddy'ego Hacketta i Eddiego Fishera. W sercu dzielnicy, restauracji Lindy's, szychy show-biznesu przesiadywały obok niedoszłych artystów, Winchell pisał swoje felietony, serwowano legendarny sernik. Niedaleko znajdowała się knajpa Jacka Dempseya; sam Dempsey często zajmował stolik przy oknie wychodzącym na ulicę. Olśniewający Winter Garden, siedziba Jolsona, znajdował się tam gdzie zawsze, podobnie jak restauracja Toffenetti's, w której witrynie można było zobaczyć ogromny sernik truskawkowy. W Paramount przy Czterdziestej Trzeciej, topie topów nowojorskich kin, występowali Frank Sinatra i Tony Bennett. Sklep płytowy Colony był ośrodkiem przemysłu muzycznego, podobnie jak stojący kilka ulic dalej Brill Building, w którym rezydowali kompozytorzy i promotorzy piosenek. Nocne kluby wciąż przeżywały lata świetności: Copacabana i Latin Quarter były prawdziwymi mekkami nocnej rozrywki, ale po piętach deptała im konkurencja: Diamond Horseshoe Billy'ego Rose'a; Old Roumanian, w którym występowała Sadie Banks; La Vie en Rose Monte'ego Prosera, w którym pierwsze kroki stawiała Dorothy Dandridge i mnóstwo innych dziewcząt. Kina przy Czterdziestej Drugiej Ulicy były otwarte całą dobę, tak samo jak drogeria Hansona, wyposażona w automat z napojami gazowanymi; mieszkańcy Broadwayu, promotorzy piosenek i piosenkarze, tacy jak Bobby Darin, przesiadywali tam całymi godzinami. Życie było wtedy piękne w centrum Nowego Jorku, choćby dlatego, że nie było się czego bać; nowojorczycy chętnie spędzali całą noc na Times Square i w jego okolicach.

Młody Woody Allen tak łapczywie chłonął tę tętniącą życiem atmosferę show-biznesu, że przeniknęła mu ona głęboko do serca – o czym zaświadczyć mogą obecne w jego filmach utwory Gershwina, Portera i Berlina, nastrój *Danny'ego Rose'a z Broadwayu* i sceny na dachu budynku przy Times Square w *Złotych czasach radia*.

To tylko jeden z aspektów piękna i intensywności Nowego Jorku, który zauroczył Allena. Nad wszystkim tym unosiła się atmosfera niewinności, której nie sposób jednak dokładnie odtworzyć.

Niechęć Allena do tradycyjnej edukacji trwała. Zapisał się na Uniwersytet Nowojorski, jako przedmiot kierunkowy wybierając filmoznawstwo, i zgłosił chęć uczestnictwa w kursach hiszpańskiego, angielskiego i produkcji filmowej, ale prawie w ogóle nie chodził na zajęcia. Po pierwszym semestrze oblał hiszpański i angielski i z trudem zdał produkcję filmową. Nic dziwnego, że uczelnia się go pozbyła. W 1954 roku próbował sił na studiach wieczorowych w nowojorskim City College na kierunku produkcja filmowa, ale ponownie został usunięty. Usiłował studiować dramatopisarstwo; zapisał się na kurs fotografii, ale nie pojawił się na nim.

„Kiedy miał dwadzieścia lat, namówiłem go na psychoanalizę – powiedział Jerry Epstein. – Sam kształciłem się w tym kierunku, rozpocząłem i skończyłem studia w Nowojorskim Instytucie Psychoanalitycznym. Skierowałem go do tamtejszej poradni. Bo cierpiał, i to bardzo. Nosił w sobie głębokie pokłady lęku. Mówimy tu o intensywnej terapii, pięć razy w tygodniu. Kosztowało go to pięćdziesiąt centów za sesję, czyli dwa i pół dolara tygodniowo".

Allen był spowinowacony z uznanym i odnoszącym spore sukcesy dramatopisarzem i autorem tekstów komediowych Abe'em Burrowsem; jego wuj poślubił ciotkę Burrowsa. Burrows był współautorem niektórych spośród największych broadwayowskich przebojów lat pięćdziesiątych: *Facetów i laleczek, Jak dojść na szczyt i się nie zmęczyć* i *Kankana*. W 1956 roku Allen udał się do Burrowsa po radę i powiedział mu, że chce zacząć pisać dla telewizji. Burrows zachęcił go do celowania wyżej: w pisanie dla teatru. W wydanych w 1980 roku wspomnieniach *Honest, Abe* Burrows opisywał swoje pierwsze spotkanie z Woodym. Przyznał, że talent tego młodego człowieka wprawił go w osłupienie. „Pewnego dnia zadzwonił do mnie, powiedział, że jest synem Nettie, i poprosił o spotkanie. Następnego dnia przyszedł do mnie do domu. Było z niego chuchro, wyglądał bardzo niewinnie, ale miał intrygujący błysk w oku.

Zapytał, czy chciałbym zapoznać się z tym, co do tej pory napisał – wspominał dalej. – Czytanie kawałów wymyślonych przez młodego, niedoświadczonego autora potrafi być naprawdę bolesnym doświadczeniem, ale cóż, w tym przypadku nie miałem wyboru. Woody wręczył mi dwie kartki pełne dowcipów. Z uprzejmości zacząłem je przeglądać i nagle: wow! To był porażający materiał". Burrows zauważył, że żadnego spośród tych trzydziestu żartów, które dostał do przeczytania, nie potrafiłby sam wymyślić.

> Często się zdarza, że słyszę, jak ktoś opowiada dobry dowcip – wtedy śmieję się i komplementuję tę osobę. Ale też wiem, że opierając się na podobnych założeniach, doszedłbym do podobnej puenty, jaką wymyślił autor żartu. Tymczasem kawały Woody'ego sprawiały wrażenie, jakby pochodziły z innego świata.

Burrows zacytował jeden z tych trzydziestu dowcipów, opowiadający o żonie, która mu ciąży. Wkrótce żart ten stał się jednym z filarów stand-upowego programu Woody'ego, który szybko zyskiwał gwiazdorski status; świadczy to o tym, że w 1956 roku, w wieku dwudziestu jeden lat, Woody był już w pełni przygotowany do swej przyszłej roli.

Burrows napisał Allenowi listy polecające: do Sida Caesara, Phila Silversa i Petera Linda Hayesa, znanego artysty komediowego, prowadzącego własny program w radiu. Caesar nie przyjął go (naprawił ten błąd dopiero jakiś czas później), Woody zwrócił się więc do Hayesa i znalazł u niego zatrudnienie. Burrows zauważył, że autorzy tekstów komediowych z reguły zaczynają od naśladowania innych twórców, znanych i odnoszących sukcesy, nierzadko podprowadzając im żarty. „Woody jest jednak nie do podrobienia – napisał. – Komicy i autorzy tekstów, którzy próbują od niego ściągać, nawet nie zbliżają się do jego poziomu, ponieważ styl i dowcip Woody'ego stanowią integralną część jego osobowości. On pisze jak Woody Allen, gra jak Woody Allen i wygląda jak Woody Allen. Nie da się go skopiować".

W NBC Allen znalazł mentora – pierwszego z wielu, którzy żywo się nim zainteresowali – w osobie Danny'ego Simona, autora tekstów komediowych i brata Neila Simona. Powiedział o nim: „Danny to jedna z najważniejszych osób w mojej karierze (...) dzięki niemu opanowałem podstawy konstruowania skeczów, a także zyskałem motywację płynącą ze świadomości, że uwierzył we mnie ktoś tak znakomity jak on". Woody często powtarza: „Wszystkiego, co wiem o pisaniu komedii, nauczyłem się od Danny'ego Simona". W rozmowie z Erikiem Laksem powiedział: „Całkowicie odmienił moją karierę zawodową". Dzięki Simonowi Allen zyskał pewność co do słuszności własnej oceny pracy swojej i innych. „Jedną z licznych rzeczy, które mi wpoił – bo sam ją miał – była niezłomna wiara w siebie, nieugięte przeświadczenie o słuszności własnych przekonań. Zostało to we mnie na zawsze. Ludzie mogli sobie mówić, że w tym czy tamtym programie pojawiły się zabawne skecze, nieważne, bo jeśli on powiedział, że wcale nie były śmieszne, nic nie było w stanie go przekonać. A jeżeli uważał, że tekst rzeczywiście jest zabawny, tylko artysta coś schrzanił, wtedy nie tracił wiary w delikwenta, lecz pokazywał mu, co zrobić, żeby chwyciło. Mawiał: «Jasne, że to nie jest śmieszne. Ale jeśli zagrasz inaczej, na przykład w ten sposób, wtedy będzie»". Simon pomógł Allenowi znaleźć zajęcie w Hollywood, tak że wkrótce dziewiętnastoletni Woody pisał teksty dla Boba Hope'a, Garry'ego Moore'a i Eda Sullivana oraz do programów *Candid Camera* i *The Tonight Show*. Allen powiedział: „Miałem siedemnaście lat i zarabiałem więcej pieniędzy niż moi rodzice widzieli w całym swoim życiu. (...) Dzieciaki z mojej okolicy zarabiały, nie wiem, jakąś pensję minimalną, pięćdziesiąt pięć centów na godzinę, a ja dostawałem tysiąc sześćset dolarów tygodniowo". W 1953 roku zrezygnował z nauki na Uniwersytecie Nowojorskim i zaczął pisać teksty i skecze dla Garry'ego Moore'a i Sida Caesara. Jego pensja wynosiła wówczas półtora tysiąca dolarów tygodniowo, ale w oczach rodziców, zwłaszcza matki, nadal był nieudacznikiem.

W tym samym roku Woody poznał Harlene Rosen. Miał osiemnaście lat, ona – piętnaście. Grała na pianinie w jazz-bandzie Woody'ego, razem z Jackiem Victorem, Elliottem Millsem i Jerrym Epsteinem. „Woody'emu nie szło z dziewczynami aż tak tragicznie – wspominał Jack Victor. – Powiedziałbym, że raczej przeciętnie. Zresztą żaden z nas nie chodził na randki przesadnie często. Pierwszą wyjątkową dziewczyną, która pojawiła się w jego życiu, była Harlene. Zanim ją poznał, właściwie nie był w żadnym poważnym związku. Była łagodna, życzliwa. Należała do cichych i spokojnych dziewczyn, ale też nie dawała sobie w kaszę dmuchać. Pojawiła się w naszym składzie jako pianistka, kiedy graliśmy w East Midwood Jewish Center. Jej matka była zawodową śpiewaczką i raczej trudną osobą, taką oschłą. Woody, chłopak, który rzucił studia, niewiele ją obchodził. Ojciec Harlene, Julius Rosen, miał sklep obuwniczy przy Kings Highway".

„W East Midwood Jewish Center było przekomicznie – wspominał Elliott Mills. – Harlene spanikowała, bo pierwszy raz w życiu występowała przed publicznością. Wygrywała jakieś trzysta nut na minutę, narzuciła niewiarygodne tempo, za którym myśmy nie nadążali".

„Potem muzykowaliśmy w domu Harlene – powiedział Jack Victor. – Elliot albo Mickey Rose [Woody współpracował z nim przy scenariuszach do *Bierz forsę i w nogi* i *Bananowego czubka*; zmarł w 2013 roku] grali na bębnach. Ojciec Harlene czasem chwytał za trąbkę i dołączał do nas.

Harlene miała kpiarskie poczucie humoru. Odnosiła się do Woody'ego ze szczyptą rezerwy. Śmiała się z jego tekstów. Myślę, że on po prostu czuł się przy niej swobodnie. Wiele żydowskich dziewczyn w tamtych czasach zachowywało się dość napastliwie. Harlene była inna".

W 1955 roku – tym samym, w którym stracił pracę u Davida Albera – Woody zaproponował Harlene, uroczej, drobnej brunetce, małżeństwo. Oboje inicjację seksualną nadal jeszcze mieli przed sobą. Allen podjął pracę za sto sześćdziesiąt dziewięć dolarów tygodniowo w ramach finansowanego przez NBC programu rozwojowego. Następnie dostał szansę pisania tekstów komediowych w Hollywood na potrzeby *Colgate Comedy Hour*. Miał być jednym z ośmiu stałych autorów. Poleciał sam do Hollywood i zamieszkał w motelu Hollywood Hawaiian na rogu ulic Yucca i Grace; mieszkanie dzielił z kolegą po fachu Miltem Rosenem. Czuł się bardzo samotny, codziennie pisał do Harlene dwudziestostronicowe listy.

Jack Victor pokazał mi niektóre spośród listów, które Woody wysyłał do niego w 1956 roku z Hollywood. Przebija z nich poczucie samotności, tęsknota za Brooklynem i kręgiem przyjaciół: Jerrym, Jackiem i Elliottem, ambiwalentny stosunek do Harlene, skupienie na sobie i poważne podejście do wyznaczanych celów, obejmujących między innymi zanurzenie się w świecie nowoorleańskiego jazzu, o którym Woody wiedział bardzo dużo i który ubóstwiał – zwłaszcza muzykę George'a Lewisa,

Sidneya Becheta, Kida Ory'ego i Muggsy'ego Spaniera; widać też, że darzył swojego serdecznego druha Jacka głęboką sympatią, wspierał go i namawiał do większej odwagi w nawiązywaniu znajomości z dziewczętami. Wydaje się, że łączyła go z Jackiem szczególna zażyłość, wynikająca z podobnych idealistycznych przekonań oraz zainteresowań na polu literatury i sztuki. Woody przekonywał Jacka, że warto chodzić do miejscowej synagogi, tam bowiem łatwiej poznać dziewczyny – tak jak jemu się to udało. Podpisywał listy „Alan", „Al" i raz „Woodster", zatem było to jeszcze przed zmianą nazwiska.

Donosił, że napisał skecz dla Boba Hope'a i Kathryn Grayson. Zwracał uwagę na słoneczną, ciepłą pogodę w Los Angeles i na różowe domy stojące przy białych ulicach, ale wkrótce zmęczyło go to i znużyło. Codziennie jadał w Brown Derby i krążył po mieście. W tym samym motelu mieszkali również pozostali autorzy piszący do programu: Danny Simon (szef zespołu), Arnie Rosen i Coleman Jacoby – wszystkich ich Woody określał jako „telewizyjne grube ryby". Namawiał Harlene, żeby przyjechała do Los Angeles i wyszła za niego. W końcu Harlene zgodziła się i piętnastego marca 1956 roku rabin udzielił parze ślubu. Rodzice obojga młodych nie byli obecni na ceremonii. Wiele wskazuje na to, że Woody szybko znudził się małżeństwem i nie mógł się doczekać powrotu do spacerów, rozmów i słuchania jazzu z Jackiem.

Niemal od początku było jasne, że małżeństwo nie przetrwa. „Woody regularnie pisywał do mnie z Kalifornii – powiedział Jack Victor. – Szczególnie intensywnie w okresie miesiąca miodowego. Zorientowałem się, że przestało być różowo. Pojawiły się problemy. Po prostu im nie wyszło".

Dwudziestego ósmego kwietnia Woody poinformował Jacka, że ósmego maja wyjeżdżają z Harlene z Hollywood. Dzień wcześniej zamierzał zobaczyć występ Kida Ory'ego w knajpie w Beverly Hills. Wybrał się na dwa dni do Las Vegas, żeby pograć w kasynach, a potem na kolejne dwa do Nowego Orleanu, żeby posłuchać jazzu, odwiedzić George'a Lewisa przy ulicy St. Philip i ogólnie rozejrzeć się po mieście. Po powrocie do Nowego Jorku na miesiąc zamieszkał na Manhattanie, u rodziców Harlene, a potem oboje wynajęli lokum niedaleko Central Parku.

Wskutek niskiej oglądalności *Colgate Comedy Hour* zniknął z anteny już po miesiącu, toteż Woody i Harlene byli zmuszeni pomieszkać u rodziców Harlene nieco dłużej, niż planowali. Wkrótce jednak przenieśli się do kawalerki przy Wschodniej Sześćdziesiątej Pierwszej Ulicy pod numerem sto dziesięć, ale nie mieszkali tam długo, bo niebawem przeprowadzili się do stojącej przy Zachodniej Siedemdziesiątej Piątej Ulicy pod numerem trzysta jedenaście kamienicy z elewacją z piaskowca. Harlene wróciła na studia filozoficzne w College'u Huntera, a Woody znów zaczął chodzić do psychoanalityka. Pisał dowcipy do programów telewizyjnych; jego rozczarowanie znalazło odzwierciedlenie w postawie wobec tych programów w *Annie Hall*. Woody i Harlene grywali razem na fletach podłużnych, a Harlene bez powodzenia próbowała gotować. „Odwiedzałem ich, kiedy mieszkali przy Zachodniej Siedemdziesiątej Piątej – wspominał Elliott Mills. – Mieszkanie było podzielone w wariacki sposób. Z sufitu zwisał ogromny żyrandol, który kiedyś musiał się znajdować pośrodku czyjegoś salonu. U Woody'ego i Harlene tuż obok niego wyrastała ściana.

W łazience pojawił się jakiś wielki robal – dodał Elliott. – Woody okropnie bał się takich rzeczy. Wziął wysoką puszkę ze środkiem owadobójczym i zaczął psikać jak szalony, podskakując. Tańczył oberka z tym psikadłem, usiłując trafić w robala. Harlene się z niego śmiała. Poszła do łazienki i zabiła robaka szczotką. Później, w *Annie Hall*, Woody z insekta zrobił homara, a potem pająka «wielkiego jak buick». Woody zawsze wykorzystuje w ten sposób prawdziwe wydarzenia".

Harlene chciała, żeby Woody zaczął pisać poważniejsze teksty. Niespecjalnie pociągał ją show-biznes, nie interesowała się jazzem, filmami i hazardem. Woody'ego, który czytał tylko komiksy, drażniło to i obudziło w nim ducha rywalizacji, zaczął więc sięgać po ambitniejsze lektury, po dzieła klasyków i filozofów. Sądząc po jego późniejszych zgryźliwych komentarzach na temat pism filozoficznych, początkowo chyba nie był w nich szczególnie rozmiłowany. Mimo to podjął się samodoskonalenia: poszerzał swoje słownictwo, prowadził wykaz nowych wyrazów, wytrwale śledził zajęcia, na które chodziła żona, a także czytał te same lektury. Zaczął nawet brać korepetycje z filozofii. Codziennie umawiał się ze swoim znajomym Lenem Maxwellem, chodził z nim na wystawy i w drodze powrotnej dyskutował o tym, co zobaczył.

To było małżeństwo stojące pod znakiem rażącego braku doświadczenia. „Myślę, że Woody się nudził" – powiedział Jerry Epstein. Jeśli weźmie się pod uwagę jego niejednoznaczny i niepewny stosunek do matki, nie powinno dziwić, że pierwsza próba stworzenia bliskiego związku z kobietą, jaką podjął, zakończyła się porażką na całej linii.

Allen pisał dowcipy do wielu programów Danny'ego Simona. W 1957 roku Simon polecił go do pracy w Tamimencie, kurorcie położonym niedaleko Stroudsburga w Pensylwanii, służącym jako poligon dla autorów tekstów komediowych. Założycielem kurortu była socjalistyczna Szkoła Nauk Społecznych im. Caroline A. Rand. W Tamimencie znajdowały się: teatr na tysiąc dwieście miejsc, sala taneczna, jezioro i pole golfowe. Simon namawiał Allena do wyjścia poza schemat kawałów i do budowania postaci i skeczów; uważał, że Tamiment to odpowiednie miejsce do rozwijania tego rodzaju umiejętności. Moe Hack zastąpił Maksa Liebmana (producenta *Your Show of Shows*) w roli producenta słynnych sobotnich wieczornych widowisk, które można było obejrzeć w Tamimencie. Kurort był wylęgarnią talentów: Danny Kaye, Sid Caesar, Imogen Coca, Carl Reiner, Mel Brooks – wszyscy oni tam występowali, a Neil i Danny Simon pisali im skecze. Tydzień w tydzień autorzy rezydenci Tamimentu pisali, nie improwizowali, zupełnie nowy materiał. Dla młodych autorów tekstów komediowych było to niezwykle cenne doświadczenie. Do kurortu chętnie przyjeżdżali producenci telewizyjni i z Broadwayu, oglądali występy i wyławiali nowe talenty. Każdego roku powstawał tam jeden musical fabularny. W Tamimencie napisano między innymi *Once Upon a Mattress*. W 1955 roku w kurorcie grali Carol Burnett i Larry Kert (późnej zagrał Tony'ego w *West Side Story*). Woody lubił panującą w Tamimencie atmosferę dawnego show-biznesu i intymnego świata „za kulisami", a wyznawany przez niego kult ciężkiej pracy idealnie pasował do tego miejsca. Skwapliwie skorzystał z okazji. Marshall Brickman, który współpracował z Allenem przy scenariuszach do *Manhattanu*, *Śpiocha* i *Annie Hall*, ciśnienie towarzyszące pisaniu przy tak napiętych terminach podsumował następującymi słowami: „Wiedziałeś, że z peronu właśnie odjeżdża pociąg, w którym musisz się znaleźć".

Allen został aktorem niemal przez przypadek. Członek zespołu Tamimentu, tekściarz Marshall Barer, powiedział w wywiadzie w książce *Writers' Theater*, że „Woody na pewno nie przyjechał do Tamimentu po to, żeby występować, ale występowanie zostało mu wręcz narzucone przez pozostałych autorów". Opowiedział o jednej z narad w kurorcie, podczas której najpierw wysłuchano, jak Allen czyta napisany przez siebie skecz, po czym zaczęto zastanawiać się, kto powinien w nim zagrać. Nagle jakby wszystkich olśniło: „Woody, sam to zrób – zakrzyknęli. – Pokazujesz to lepiej niż którykolwiek z naszych aktorów". Allen niechętnie się zgodził. Z podobnym nastawieniem zajął się pisaniem skeczów i ich reżyserowaniem. W drugim sezonie w Tamimencie zaczął tworzyć scenki podczas prób, improwizując z członkami obsady. Takim sposobem z autora dowcipów przedzierzgnął się w autora skeczów. Wtedy też po raz pierwszy zajął się reżyserią i aktorstwem. „To wzięło się wyłącznie z instynktu samozachowawczego – wspominał później – i nie stanowiło zaspokojenia jakiejś odwiecznej potrzeby reżyserowania". Stwierdził, że nie odpowiada mu sposób, w jaki tamtejszy reżyser prowadzi aktorów w scenkach, i uparł się, że sam będzie reżyserował własny materiał. Pokazywał aktorom, jak powinni odgrywać poszczególne postaci i sytuacje. Allen, wspominał Barer, „wybierał obsadę, ustalał, gdzie i w jakich okolicznościach dzieje się akcja, po czym wyrzucał do kosza wszelkie ustalenia i zachęcał wszystkich do zgłaszania propozycji".

Sid Weedman, który spędził w Tamimencie trzy sezony, począwszy od 1956 roku, powiedział mi, że „wszyscy mieszkali w długich drewnianych barakach. Woody i Harlene zajmowali jeden pokój z łazienką. Prawie w ogóle nie widywałem Harlene. Woody pokazywał skecz pod tytułem *Premiera*. Na scenie stoją cztery fotele kinowe, zwrócone w stronę publiczności. Siedzą na nich Woody, jego «matka» i dwie «ciotki». Kobiety rozmawiają o osobach zasiadających na wyimaginowanej widowni. «To mój syn. Napisał scenariusz tego filmu. Ależ z niego zdolny chłopak». Zachwycają się nim, opowiadają widowni, jakim to jest geniuszem i tak dalej. Potem zaczyna się skecz i jedna z nich mówi: «To chyba nie ja, prawda? No przecież nic takiego nie powiedziałam!». Okazuje się, że oglądają same siebie. Pod koniec skeczu besztają go i ofukują, a jedna nawet bije go po głowie torebką.

Mijaliśmy się za kulisami, ale Woody nie był zanadto towarzyski, natomiast ja – owszem. Kiedy na niego patrzyłem, zawsze tylko stał jak kołek. Był kłębkiem nerwów. Kiedy pisał, robił to z przekonaniem, ale w wielu innych dziedzinach życia brakowało mu pewności siebie. Tak mi się wydaje. Nie bratał się z nami, wolał własne towarzystwo. Inni autorzy utrzymywali kontakty, razem chodzili na lunch, ale on tego nie robił. W każdym razie skecz okazał się strzałem w dziesiątkę i największym hitem sezonu". Pozostałe scenki Allena były równie zabawne. Na przykład ta o gali skazańców, na której więźniowie wręczają sobie doroczne nagrody za najlepsze morderstwo, najlepszy napad z bronią w ręku i najlepszy rabunek. Inny skecz, *Szalony piekarz*, opowiadał o terroryzującym okolicę gigantycznym cieście czekoladowym. Akcja *Wojny psychologicznej*, wyraźnie inspirowanej psychoanalizą, której poddawał się Allen, rozgrywała się na polu bitwy: na scenę wchodzi grupa mężczyzn ubranych jak amerykańscy żołnierze, ale bez standardowego uzbrojenia. Sierżant omawia plan ataku: „Uderzymy ich w ego, walniemy w id, poprawimy w kompleksy niższości, a jeśli to nic nie da, zadamy cios poniżej pasa i dołożymy po staremu!". Tymczasem zjawia się „wróg", który bierze się za bary z sierżantem:

Sierżant: Jesteś niewyrośnięty i matka cię nie kochała!
Wróg: Obgryzasz paznokcie i nie potrafisz zasnąć przy zgaszonym świetle!
Sierżant: Nieudacznik z ciebie! Kupujesz ciuchy z drugiej ręki!
Wróg: Sam jesteś nieudacznik! Mieszkasz w Westport z własną żoną!

Willis Hall i Keith Waterhouse, autorzy *Writers' Theater*, napisali:

Allen narzekał, że nie udało mu się sprzedać materiału napisanego w Tamimencie, ale przecież wiele spośród pomysłów i motywów, nad którymi tam pracował, przewijało się w jego późniejszych dokonaniach. Przeniesiony do *Śpiocha* pomysł z gigantycznym żywym, atakującym ludzi ciastem czekoladowym to klasyczny przykład takich wygłupów. Skecz *Szalony piekarz* Allen w całości odtworzył we *Wszystko, co chcielibyście wiedzieć o seksie, ale baliście się zapytać*; zachował zarys fabuły i postaci, jedynie zamiast jedzenia w centrum zainteresowania umieścił seks. (...) W filmie ciasto czekoladowe zastąpiła ogromna pierś.

Tamiment był doskonałym miejscem dla Woody'ego, ale Harlene czuła się tam skrępowana. Wieczorem, kiedy kurort buzował seksualną energią, młodzi, niedoświadczeni małżonkowie siadali na werandzie i grali duety na fletach. Allen był spragniony uczuć i sfrustrowany. Pewnego razu piosenkarz folkowy Dick Davy chciał z nim o czymś porozmawiać. Allen zapytał go: „Dokąd pójdziemy?". Davy grywał na gitarze nad jeziorem, więc zaproponował, że może właśnie tam. „Przez całe lato Woody ani razu nie był nad jeziorem – opowiadał Davy Philowi Bergerowi, autorowi *The Last Laugh: The World of Stand-Up Comics*. – A przecież w kurortach nic innego się nie robi. Człowiek wyleguje się na leżaku, słucha muzyki, sączy gin, podjada arbuza i obściskuje się z płcią przeciwną. Woody patrzył na to jak na scenę z jakiegoś osobliwego filmu. Nagle się podniecił: «To tu się dzieją takie rzeczy? Same roznegliżowane babki. Wow, musicie mieć używanie. Wow». Rozglądał się i obserwował dziewczyny. Czuł się bardzo nieswojo. Bo bez przerwy pisał, nic innego nie robił. Miał zapas miętowej gumy do żucia. Pomagała mu koić nerwy". Otwarcie rozmawiał z innymi autorami tekstów o swoich problemach w związku. Mówił na przykład: „No, muszę uciekać do domku, czekają na mnie obowiązki małżeńskie". W obecności Harlene opowiadał o tym, jak oboje udali się po wskazówki do rabina i ten poradził Woody'emu: „Musisz po prostu pokryć ją jak młody byczek". Moe Hack powiedział Geraldowi McKnightowi, autorowi *Woody Allen: Joking Aside*, że Harlene „potrafiła wiele znieść".

Tymczasem w Hollywood Allen piął się w górę w komedii telewizyjnej. Danny Simon nadal mu mentorował i pomagał otwierać drzwi. Producent Max Liebman zatrudnił Allena do pisania scenariusza do *Stanleya*, sitcomu, którego gwiazdą był Buddy Hackett. W skład zespołu autorów wchodzili też Larry Gelbart, Danny Simon i Lucille Kallen, pracująca również przy *Your Show of Shows* Sida Caesara. Serial okazał się, nie z winy

Woody'ego, porażką. Allen przeniósł się do programu Pata Boone'a. W 1958 roku Sid Caesar dał mu pracę przy *Sid Caesar's Chevy Show*, który Allen współtworzył z Larrym Gelbartem i Melem Brooksem. (Kiedy Mel Brooks po raz pierwszy zobaczył Allena, opisał go jako „rudego szczurka"). Allen i Gelbart zdobyli nagrodę Sylvanii dla najlepszej komedii telewizyjnej roku.

Pisanie dla Caesara nie należało do najłatwiejszych zadań, był on bowiem alkoholikiem, cholerykiem i megalomanem (a także geniuszem komedii), który potrafił rzucać meblami. W późniejszych wywiadach Allen podsumowywał programy Caesara jako „kłębowisko wrogości i zawiści". W swoich wspomnieniach zatytułowanych *Laughing Matters* Gelbart podzielił się z czytelnikami wrażeniem, jakie wywarł na nim Allen, kiedy po raz pierwszy spotkali się na naradzie autorów tekstów do programu Caesara:

> Woody wyglądał jak sześciolatek (…). Nigdy zresztą nie miał imponującej postury (…) wydawał się bardzo wątły, nie w pełni ukształtowany, niczym kijanka w okularach w rogowej oprawce. Potem zaczął sypać żartami. I naraz, w magiczny sposób, stał się przystojny i wraz z każdą świeżą i zabawną puentą rósł o kolejne centymetry. Ta żaba przemieniła się w księcia komedii. Przez kolejne dwa tygodnie, kiedy spotykaliśmy się z Sidem, żeby pisać dla niego teksty, Woody nie tylko udźwignął ciężar własnej odpowiedzialności, ale jeszcze wziął nas obu na barana.

Gelbart opisał nastawienie Allena do męskiej nagości i do wsi; przez lata Woody wielokrotnie wypowiadał się na temat swojego stosunku do jednego i drugiego.

Wczesnym popołudniem Sid, w typowy dla siebie przewidywalnie nieprzewidywalny sposób, oznajmił, że ma ochotę na kąpiel parową, i zaproponował, żebyśmy kontynuowali pracę w jego saunie. (...) Woody nawet nie chciał o tym słyszeć. Wszedłem z Sidem do sauny, a Woody został na zewnątrz. Odmówił rozebrania się, twierdząc, że nie potrafi być zabawny na golasa.

Rok albo dwa później Woody i ja pisaliśmy scenariusz (...) rewii telewizyjnej dla (...) Davida Susskinda (...) na należącej do mnie niedużej farmie w północnej części stanu Nowy Jork. Pamiętam, że kiedy po raz pierwszy Woody i jego ówczesna żona Harlene przyjechali na weekend popracować, wybrałem się po nich na stację kolejową. (...) Woody, ubrany w trzyczęściowy (oby tylko!) garnitur, białą koszulę zapiętą pod szyją i czarny krawat, wyglądał jak rabin, który ucieka z wybranką serca. Harlene miała na sobie czarną sukienkę, kapelusz z woalką i rękawiczki do łokci i mogła być równie dobrze jego narzeczoną, jak i wdową. Założę się, że Woody nie zapomniał nawet o paszportach...

Nienawidził much, naprawdę się ich bał, nawet nie tego, że go pogryzą, ale że go porwą. Nie zbliżał się do basenu, już nie mówiąc o wchodzeniu do niego. Mówił, że w wodzie czają się różne „rzeczy". Dla niego ta błękitna, mieniąca się woda była niczym czarna laguna.

Allen został głównym autorem tekstów programu Garry'ego Moore'a, ale jego wyraźna niechęć do pracy w telewizji stawała się coraz bardziej widoczna i nieznośna. Spóźniał się, dokuczał innym autorom i nie krył obrzydzenia, jakim napawało go to, czym się zajmował. Uzmysłowił sobie bowiem, że pisanie dla telewizji prowadzi donikąd. Pogardę dla jałowości, płytkości i plastikowości tego zajęcia wyraził w *Manhattanie* – w jednej ze scen Isaac, ku zdumieniu pozostałych autorów, rzuca pracę nad idiotycznym programem, który z obrzydzeniem współtworzy; i w *Annie Hall* – Alvy jest zbulwersowany „śmiechem z puszki", który jego kolega Rob (Tony Roberts) podkłada do nakręconego przez Alvy'ego w Los Angeles sitcomu. Odnosząc się do swoich doświadczeń przy pracy nad *Colgate Comedy Hour*, Allen powiedział Larry'emu Wilde'owi: „W zawodzie autora tekstów dla telewizji nie ma przyszłości. Bumelujesz od odcinka do odcinka i wiecznie się martwisz: czy z powodu niskiej oglądalności stacja nie zrezygnuje z usług komika, dla którego piszesz? A jeśli tak, to za chwilę może się okazać, że będziesz musiał się przenieść pięć tysięcy kilometrów dalej, na drugie wybrzeże, i tam zacząć pisać dla kolejnego komika. To ciężki kawałek chleba".

W tym czasie Neil Simon zyskiwał rozgłos jako dramaturg, inni zaś twórcy tekstów komediowych ugruntowywali swoją pozycję jako autorzy i aktorzy we własnych skeczach – mowa o Melu Brooksie i Carlu Reinerze (i ich *Dwutysiącletnim starcu*), Mike'u Nicholsie i Elaine May oraz Allanie Shermanie (*Hello Muddah, Hello Fadduh*). Przestawali być niewidoczni, wysuwali się na pierwszy plan dzięki oryginalności i świeżości. To było nowe oblicze komedii: nie potok bon motów i puent, lecz oparte na wyrazistych postaciach skecze pełną gębą, z początku nierzadko improwizowane, później zaś dopracowywane i szlifowane tak, że stawały się evergreenami. Mort Sahl i Lenny Bruce byli buntownikami płynącymi z prądami politycznymi, które już w następnej dekadzie miały wywołać powódź w całym kraju. Zmianom sprzyjał szybki wzrost liczby klubów jazzowych i kawiarni artystycznych, a także rozwój ruchu hipisów w Greenwich Village, North Beach, San Francisco, Berkeley i Los Angeles. Allen po raz pierwszy zobaczył Sahla, kiedy ten występował w nowojorskim Blue Angel w 1954 roku. Show zrobił na nim piorunujące wrażenie. „Po obejrzeniu Sahla – powiedział – poczułem, że zostały mi już tylko dwie możliwości: zabić się albo odejść z branży. Nic innego nie wchodziło w rachubę. Sahl świetnie wyglądał. Miał psią pojętność, był dowcipny i atrakcyjny. Nie był artystą komediowym w dawnym stylu:

świecącym mankietami facetem w smokingu, który wychodził na scenę i sypał bezpiecznymi, pisanymi na zamówienie żarcikami". (Zjadliwy portret artysty komediowego w dawnym stylu zawarł Allen w *Annie Hall*: pewien żałosny komik popisuje się przed Alvym swoimi numerami i chce, aby ten napisał mu coś w podobnym guście). Sahl nie odwzajemnił komplementów i w swoich opublikowanych w 1976 roku wspomnieniach, zatytułowanych *Heartland*, zbył Allena i właściwie wszystkich pozostałych artystów komediowych wzruszeniem ramion. „Od Johna Garfielda do Woody'ego Allena daleka droga. (...) Woody Allen jest zabawny, ale trąci myszką". Sahl rzeczywiście natchnął Allena do napisania przezabawnej scenki w *Bierz forsę i w nogi* tym, że opowiedział o przestępcy napadającym na bank, który podaje kasjerowi karteczkę z napisem: „Zachowuj się normalnie", na co kasjer odpowiada liścikiem z tekstem: „Co to znaczy «normalnie»?", ale to jego, Sahla, żarty się zestarzały. Tymczasem Allen, który w całej swojej karierze opowiedział zaledwie dwa dowcipy polityczne – jeden o czytaniu raportu komisji Warrena w wersji „non-fiction" i drugi o Davidzie Greenglassie – nigdy nie stracił na świeżości.

Wiele osób, nie tylko Danny Simon i Arthur Krim, były szef United Artists i Orion Pictures, odegrało istotną rolę w sukcesie Woody'ego Allena, niemniej jednak żadna z nich nie miała tak znaczącego wpływu na jego karierę jak Jack Rollins. To Rollins namówił Woody'ego do spróbowania sił w stand-upie, on też (razem ze swoim wspólnikiem Charlesem Joffe'em) stał przy nim i trzymał go za rękę, dopóki Allen nie nabrał wiary w siebie i nie nauczył się opanowania na scenie. „Woody mu ufał – powiedziała mi Carol Joffe, wdowa po Charlesie i scenografka pracująca przy wielu filmach Allena. – Woody się go słuchał. Jacka to niezmiernie cieszyło, bo uwielbiał Woody'ego. To była wzajemna fascynacja".

Rollins zainspirował Allena do stworzenia postaci Danny'ego Rose'a z Broadwayu. Rzeczywiście można u niego znaleźć wiele spośród cech, które Woody przypisał Danny'emu: bezinteresowność, zamiłowanie do pracy, uczciwość, idealizm i całkowite zaangażowanie w sprawy podopiecznych. Odbierając Oscara za rolę w *Buntowniku z wyboru* w 1998 roku, nieżyjący już Robin Williams zakończył przemowę słowami: „Chciałbym też podziękować Jackowi Rollinsowi, najprzyzwoitszemu człowiekowi w show-biznesie". Jedyną rzeczą, jakiej Rollins nie współdzielił z Dannym Rose'em, było niepowodzenie. Należał do ścisłej czołówki agentów, zajmował się karierami największych, między innymi Robina Williamsa, Davida Lettermana, duetu Nichols i May, Billy'ego Crystala, Dicka Cavetta, Tony'ego Bennetta, Roberta Kleina i Harry'ego Belafonte'a. Żaden z jego klientów nie odwzajemniał jednak lojalności i uwielbienia Rollinsa z takim oddaniem, jak Woody Allen. Długo po tym, jak Rollins przeszedł na emeryturę, nadal, w każdym filmie, uwzględniał go w napisach w widocznym miejscu, wymieniając jako producenta, i wciąż mu płacił. Kiedy Rollins był już schorowany i nie opuszczał domu, Allen odwiedzał go razem z innymi przyjaciółmi i klientami, takimi jak Crystal i Cavett, interesował się jego zdrowiem i samopoczuciem. „To był duży wysiłek ze strony Woody'ego – powiedziała Carol Joffe. – Bo on nie lubi starości, chorób, śmierci. A te odwiedziny sprawiały Jackowi bardzo, bardzo dużo radości". (Rollins zmarł w 2015 roku w wieku stu lat).

Oddanie i lojalność Allena miały solidne podstawy. Jack Rollins (i Charles Joffe) walnie bowiem przyczynił się do przekonania jednego z najbardziej nieśmiałych ludzi na świecie do wyjścia na scenę jako stand-uper.

Ich stosunki od samego początku przypominały relacje ojca z synem: Rollins był kochającym tatą, który w przeciwieństwie do Marty'ego Konigsberga rozumiał Allena i jego pobudki, dostrzegał drzemiący w nim niebywały potencjał i nie miał najmniejszej wątpliwości, że pewnego dnia Woody zostanie jedną z najjaśniejszych gwiazd sceny i ekranu. Allen po to, by szlifować nowy fach, zrezygnował z zarabiania tysiąca siedmiuset dolarów tygodniowo i zadowolił się stoma dolarami. Jack Rollins, tak jak Danny Rose z Broadwayu, pokrywał straty właścicieli klubów, jeśli występ Allena okazywał się klapą (a często tak było). Rollins i Joffe długo nie zarabiali na Woodym; konkretny pieniądz zaczął płynąć, dopiero kiedy Allen zajął się kręceniem filmów.

Rollinsowi zależało na tym, aby zostać osobistym menedżerem w pełnym tego słowa znaczeniu. Okazał się w istocie pierwszym, o którym można tak powiedzieć, ojcem tego zawodu; przed nimi byli po prostu agenci i impresaria. Rollins zaczynał od zera i ciężko pracował na sukces. Napełniał kieszenie drobniakami, chodził po ulicach Manhattanu i prowadził akwizycję przez telefon, dzwoniąc z budek, bo go nie było stać na biuro. Jego pierwszym lokum był pokoik nad kinem Lyceum, a kolejnym niewiele większe pomieszczenie w hotelu Plaza, dawniej zajmowane przez pokojówkę.

Kiedy Allen poznał Rollinsa, ten dysponował już biurem, dzielonym ze wspólnikiem Charlesem Joffe'em, przy Zachodniej Pięćdziesiątej Siódmej Ulicy. Allen początkowo zaproponował mu dowcipy na sprzedaż. „To było piękne biuro, pełne zabytkowych mebli – powiedział mi aktor Howard Storm, klient Rollinsa i Joffe'a. – Schodziliśmy się i rozmawialiśmy z Jackiem. Przychodził Cavett, także Milt Kamen i Tom Poston. To były wyjątkowe chwile i niesamowite uczucie, że uczestniczyło się w tym wszystkim. Rollins i Joffe byli pierwszorzędnymi menedżerami, należeli do ścisłej czołówki.

Siedziało się godzinami w samochodzie i rozmawiało o swoich numerach, rozkładało je na czynniki pierwsze. Dyskutowaliśmy o komedii i o tym, dlaczego ten czy inny tekst jest śmieszny. Do bladego świtu. I to niemal codziennie. Występowało się w jakimś miejscu, potem szło do Stage Delicatessen, a tam bez końca siedziało się i gadało o własnych kawałkach i w ogóle o komedii. Nie słyszałem, żeby inni impresariowie postępowali w taki sposób. Kiedy miałeś serię występów poza miastem, Jack albo Charlie jechali z tobą, zostawali na pierwszy wieczór i upewniali się, czy wszystko jest w porządku. Widziałem pierwszy stand-up Woody'ego. Jack i Charlie dosłownie wypchnęli go na scenę".

Pierwszym klientem Rollinsa był Harry Belafonte. Był też jedynym, z którym Rollinsa wiązał kontrakt; potwierdzeniem współpracy z pozostałymi był uścisk dłoni. Namawiano go, żeby podpisywał umowy dla własnego bezpieczeństwa, ale konsekwentnie odmawiał; twierdził, że owszem, może się to wydawać nielogiczne, ale tak należy robić i koniec. Współpraca pomiędzy menedżerem a klientem może istnieć jedynie wówczas, gdy obaj tego chcą, gdy wola współdziałania jest obopólna. „Brak wzajemności – mawiał – oznacza koniec współpracy. Nie chcę być uwiązany kontraktem do klienta i vice versa. Jeśli ktoś chce odejść, droga wolna".

Kiedy Allen poznał Rollinsa, ten reprezentował duet Nichols i May, co na Woodym musiało zrobić pozytywne wrażenie, ponieważ podziwiał błyskotliwość tej pary komików. Rollins czuł się zdruzgotany odejściem Harry'ego Belafonte'a, którego zdrada przypominała zachowanie Lou Canovy (w tej roli Nick Apollo Forte), piosenkarza z filmu *Danny Rose z Broadwayu*, którego sława przeminęła. Rollins dosłownie stworzył Belafonte'a, gdy ten nie miał centa przy duszy i pracował jako kucharz przygotowujący szybkie dania w knajpie w Greenwich Village; poświęcił cały swój czas na zbudowanie jego kariery.

Rollins sam nie śmierdział groszem, pracował na utrzymanie żony i dwóch córek. Przez pewien czas, podczas gdy Rollins obmyślał strategie promocji talentu Belafonte'a, ten sypiał na kanapie w należącym do agenta mieszkaniu na czwartym piętrze bez windy. Rollins doradził Belafonte'owi, żeby przestał próbować dopasować się do popowej bądź jazzowej szufladki. „Daj sobie z tym spokój – powiedział mu. – Rób coś, co jest wyjątkowe, czego nie robi nikt inny". Wymyślił, żeby Belafonte zaczął śpiewać calypso – i to chwyciło; od tej pory kariera wokalisty ruszyła z kopyta. Obaj panowie pojechali do Los Angeles, aby Rollins mógł wypromować tam swojego podopiecznego.

Max Gordon, właściciel legendarnych manhattańskich klubów Village Vanguard i Blue Angel, opisał w swoich wspomnieniach, zatytułowanych *Live at the Village Vanguard*, jak Rollins błagał go, żeby pozwolił Harry'emu Belafonte'owi zaśpiewać:

> Kiedy Jack zaczął namawiać mnie na Belafonte'a, przekonywał, że atutem Harry'ego jest jego uroda.
> – Kobiety za nim szaleją – powiedział Jack. – Nie dlatego mówię, że jest przystojny, bo nie potrafi śpiewać. Śpiewa jak skurczybyk. (...)
> Jack wszystko wyreżyserował: kazał sprzątaczowi przerwać zamiatanie, spytał mnie, gdzie się wyłącza górne światła i włącza punktowe, po czym wszedł na krzesło i umieścił bursztynową przesłonę w reflektorze. (...)
> Kiedy Belafonte został gwiazdą, zostawił Jacka Rollinsa, nie patrząc, że ma z nim kontrakt. To mu się wiecznie przytrafiało: Jack przyprowadzał do mnie artystę, a ten, gdy tylko zyskiwał rozgłos, po prostu odchodził od niego. (...) Spytałem Jacka, czy nie czuje się rozgoryczony. Odpowiedział mi tak:
> – Jeśli artysta jest niezadowolony i stroi fochy (...) to niech idzie. Nie czuję żalu. Szkoda mi czasu na chowanie urazy.

Jednym z powodów, dla których Rollins nie miał czasu na chowanie urazy, było to, że właśnie odkrył Woody'ego Allena. Allen z nawiązką wynagrodził Rollinsowi to, co zrobili mu Belafonte i, w mniejszym stopniu, inni byli podopieczni.

Aktor Frank Buxton został klientem Jacka Rollinsa w tym

samym czasie co Woody. „Wydaje mi się, że to doświadczenie z Belafonte'em ukształtowało stosunek Jacka do wszystkich pozostałych klientów, z którymi pracował – powiedział mi Buxton. – Myślę, że wziął sobie tę naukę do serca. Kiedy trafiał na kogoś takiego jak Woody, jak Tom Poston, jak ja, cieszył się, że może nam zaufać. Uważał, że właśnie tak to powinno wyglądać. Był dla nas wszystkich jak ojciec".

W 2013 roku spotkałem się z Jackiem Rollinsem i jego córką Susan w jego domu w Nowym Jorku. Słaby i niedomagający Rollins ożywił się na wspomnienie o Woodym. „Był jedyny w swoim rodzaju – powiedział. – Oryginalny. Mimo to jego typ humoru trafiał do wszystkich. Chodził od biura do biura i próbował sprzedawać swój materiał innym komikom. Ja jako pierwszy zasugerowałem, że powinien sam wygłaszać swoje teksty. Spytałem go: «Czemu sam tego nie pokazujesz?».

Zaprzyjaźniliśmy się. Dla mnie to była wielka przyjemność. On potrzebował, żeby ktoś nim pokierował. Był nieśmiały, bardzo nieśmiały, nie znałem nikogo bardziej nieśmiałego. Praca z nim dawała mi ogromnie dużo radości, bo był po prostu wspaniały. Czysta radość. Był człowiekiem pełnym wdzięczności. Nigdy nie wykorzystywał innych, nie był zarozumiały ani arogancki".

„Pamiętam, że często długo i do późna rozmawialiście przez telefon – Susan Rollins zwróciła się do ojca. – Mówiłeś do niego: «Cześć, Wood!». Byłeś osobą, do której się zwracał, kiedy miał do podjęcia ważne decyzje albo coś go trapiło".

„Po prostu postępowaliśmy wobec siebie, jak należy – powiedział Jack. – Dzięki temu on rozwinął się jako człowiek. Razem z Charliem Joffe'em musieliśmy czekać w pogotowiu za kulisami i dosłownie wypychać go na scenę. Bo zjadała go trema. Był przerażony. Ale wiedziałem, jak bardzo jest utalentowany. I wypychałem go na tę scenę z niekłamaną radością. On już załatwiał całą resztę. Z początku chodził jak młody lew w klatce i miał mnóstwo tików nerwowych. Był potwornie spięty. To dopiero był widok! Ale kiedy już się znalazł na scenie, wszystko grało. Ileż on w sobie miał! W swojej duszy! Wiedziałem, co w nim drzemie; był świetnym komikiem. Powoli, krok po kroku, stawał się coraz bardziej pewny siebie. Był jednym z siedmiu cudów świata".

„Czy spodziewał się pan, że odniesie aż tak wielki sukces?" – spytałem Rollinsa.

„Tak! Wiedziałem od samego początku, ale czułem, że muszę odkryć, który guzik nacisnąć. Później zaczął pracować u mnie jego ojciec, «Pan K». Nie miał wiele do roboty. Wspierał Woody'ego, ale on i syn pochodzili z różnych światów. Był, co prawda, dumny z niego i zadowolony z jego osiągnięć, ale wolał, żeby ten wybrał jakąś «bezpieczniejszą karierę».

Trudno mi opowiadać o Woodym. Nie znałem drugiej takiej osoby jak on. Miał w sobie mnóstwo zapału. Był zarówno dobrym artystą komediowym, jak i człowiekiem. Niesamowita samodyscyplina. Pracował nieustannie. Właściwie nic poza pracą nie sprawiało mu radości. Raz przyjechał do nas na wieś na weekend i mało nie zwariował. Wystarczyły dwa dni, żeby zaczął pytać: «Co niby mam począć z całym tym świeżym powietrzem?».

Komicy tacy jak Mort Sahl byli błyskotliwi i przenikliwi, ale po występie po prostu schodzili ze sceny i tyle. Tymczasem w Woodym publiczność dostrzegła osobowość, człowieka, z którym mogła się identyfikować".

Rollins, który w imieniu Allena odebrał Oscara za *Annie Hall*, powiedział mi, że jego zdaniem Woody nie nakręcił jeszcze wybitnego filmu. „Nadal ma szansę to zrobić. Jest na dobrej drodze: jest zaangażowany w to, co robi, nie rozprasza się i nie pokazuje publicznie. Myślę, że może mu się udać. On doskonale wie, które jego dzieła są dobre, a które niezbyt. Nie oszukuje samego siebie. I nie słucha krytyków".

Przytoczyłem Rollinsowi słowa Woody'ego: „Jack kazał mi dążyć do bycia głębszym, bardziej złożonym, bardziej ludzkim, bardziej dramatycznym. I zabronił spoczywać na laurach".

„Pierwsze słyszę" – odparł Jack.

„A Belafonte?".

„Powiem tylko tyle: to było podłe".

„Woody był jego przeciwieństwem?".

„Och! Woody to taki porządny człowiek! Taki wyrozumiały! Szanuję go i uwielbiam".

Przy innej okazji spotkałem się ze wszystkimi trzema córkami Jacka. Rozmawialiśmy o tym, jak postrzegały Woody'ego, kiedy były małe. Francesca powiedziała, że Woody nauczył ją chodzić. „Wśród dorosłych był nieśmiały i skrępowany, zachowywał się niezdarnie – dodała Hillary – ale zmieniał się przy dzieciach, dogadywał się z nimi. Myślę, że w ich towarzystwie po prostu czuł się swobodnie... bo mógł je na przykład trzepnąć balonem po głowie. Ciągle nam to robił. Brał balony i walił nas nimi po głowie, a myśmy dostawały ataków śmiechu. Robił to, ilekroć przechodziłyśmy obok niego, po czym odwracał się, jakby nigdy nic. Uwielbiałyśmy, kiedy odwiedzał tatę. Był drobny, nie narzucał się, zupełnie nie jak dorosły.

Mam pierwszy klarnet Woody'ego – mówiła dalej Hillary. – Pożyczył mi go na wieczne nieoddanie. Klarnety mają różne układy klap. Obecnie Woody gra na klarnecie z niestandardowym układem, ale kiedyś grał na zwykłym. Chodziłam wtedy do gimnazjum i miałam w szkole lekcje gry na klarnecie. Mama mu o tym powiedziała. Ten mój szkolny instrument był fatalny, naprawdę bardzo kiepski, więc poprosiłam rodziców, żeby kupili mi nowy, ale tego nie zrobili. Moja mama powiedziała do Woody'ego: «Wiesz, chcemy kupić Hillary nowy klarnet. Nie orientujesz się, czy można je gdzieś dostać po cenach hurtowych?». Na to Woody: «Po co będziecie kupowali? Ja mam dwa i na jednym w ogóle nie gram». «Przecież nie oddasz nam swojego klarnetu – powiedziała mama. – Nie przyjmiemy go». «W porządku – odparł – nie oddam wam, ale zrobimy tak: pożyczę wam go na wieczne nieoddanie». Znaczy się: możemy go zatrzymać. I tak dostałam klarnet od Woody'ego".

Poruszyliśmy temat Belafonte'a. „Ta sprawa jest kluczem do zrozumienia relacji ojca z Woodym – powiedziała Francesca. – Ponieważ w przypadku Belafonte'a zostały przekroczone pewne granice. Mieszkał u nas, mama robiła mu kolacje. Wiem, że Woody znał tę historię; to klasyka, opowieść w stylu *Danny'ego Rose'a z Broadwayu*. Belafonte się zwinął, jak tylko się przebił i zyskał rozgłos.

W 2011 roku napisał autobiografię, która była dla mojego ojca jak policzek. Belafonte nazwał go tchórzem. Napisał, że za jego plecami pojechał negocjować kontrakt w Las Vegas. Że nie potrafił sobie poradzić, bo bał się tamtejszych biznesmenów. Opisał ich wspólną podróż do Kalifornii. To było na początku lat pięćdziesiątych. Belafonte nikogo wtedy nie znał. Tata też nie znał nikogo w Nowym Jorku, ale rozumiał świat show-biznesu. Nie miał samochodu. Wszyscy w Los Angeles zachowywali się swobodnie, uśmiechali się i rozmawiali o nieistotnych sprawach, a on przyjechał w garniturze i zatrzymał się w jakimś tanim motelu przy Sunset Boulevard. Obdzwaniał ludzi, rozpaczliwie próbując wkręcić Belafonte'a do klubów, byle ktoś go zauważył. Było ich dwóch kontra reszta świata. Wyruszyli w bój o słuszną sprawę. Obaj mieli poglądy lewicowe. No, ale skończyło się porażką. Tata poczuł się podle, wpadł w depresję. Co się stało z ich sojuszem przeciwko całemu światu?".

We wspomnieniach zatytułowanych *My Song* Belafonte przedstawił siebie i swoje postępowanie w korzystnym świetle, otaczając je nimbem postępowości, zaś o Rollinsie wypowiedział się z dezaprobatą, nazywając go „drugorzędnym producentem teatralnym (…) spiętym i podenerwowanym gościem (…) pozbawionym poczucia humoru". Po rozstaniu „Rollins wściekł się (...) zaczął rozpowszechniać pełną jadu historię o zdradzie z mojej strony". Belafonte napisał też, że na początku jego kariery Rollins bardzo mu pomagał i wspierał go. „Wierzył we mnie i dawał mi dobre rady".

„Po historii z Belafonte'em – powiedziała Francesca Rollins – ojciec przysięgał, że już nigdy nie pozwoli sobie zbliżyć się do klienta. Ale pojawił się Woody. Pukał do różnych drzwi i sprzedawał dowcipy. W biurze u taty był akurat Charles Joffe. Woody miał wtedy niezłą fuchę, pisał dla Jacka Paara. Mimo to handlował kawałami na boku, licząc na dodatkowy zarobek. Ojciec powiedział mu: «Nie kupuję dowcipów, ale pokaż, z czym przychodzisz. Może ktoś czegoś szuka albo będę mógł cię do kogoś skierować». Na to Woody: «W porządku, mogę je po prostu przeczytać?». «Pewnie, śmiało», odparł tata.

No więc Woody wyjął kartki i zaczął czytać. Tata i Charlie pospadali z krzeseł. Uznali, że jest oryginalny i przezabawny, a zarazem dziwny i niekonwencjonalny. Ujął ich osobowością, sposobem wygłaszania kwestii i szurniętą wyobraźnią! Nigdy nie widzieli kogoś takiego. Ojciec powiedział mu: «Nie znam komika, który chciałby to kupić. Nikt poza tobą nie potrafiłby odegrać tego materiału. Teksty są świetne, ale ty sam musisz je przedstawić. Zainteresowany? Występowałeś kiedyś na scenie?».

Woody na to stanowczo: «Nie! Nie interesuje mnie występowanie na scenie».

I na tym się skończyło – powiedziała Francesca. – Ale rok później Woody wrócił. Ponownie zapukał do drzwi taty i oznajmił: «No dobra, niech będzie. Spróbuję». Ojciec zabrał się do pracy. Woody zaczął występować we wszystkich kawiarniach i klubach w mieście – w Blue Angel, Duplex, Cafe Wha? – wszędzie, gdzie zechcieli go przyjąć. I z początku radził sobie fatalnie".

„Występował w klubach co wieczór – opowiadała Susan – i nikt nie śmiał się z jego dowcipów! Przez rok! Okropność.

Ludzie nie wiedzieli, co myśleć o tym dziwnym człowieczku. Jak można co wieczór stawać przed publicznością, która w ogóle nie śmieje się z twoich żartów? Nie było żadnej reakcji ze strony widowni! A mimo to Woody każdego dnia wychodził na scenę!". Niebezpieczeństwo polegało na tym, że przy całej swojej niezdarności i przerażeniu Allen okręci sobie kabel wokół szyi tak mocno, że w końcu się udusi. Czuł się upokorzony tym, że jako autor tekstów komediowych cieszył się renomą i zarabiał tysiące dolarów tygodniowo, tymczasem teraz wychodził na scenę i, jąkając się, wypowiadał kwestie za sto dolarów za wieczór. „Na scenie – napisał Larry Wilde – wygląda na chudego jak stojak od mikrofonu, na którym zresztą często się wspiera. Czasem zasłania głowę ręką, jakby bronił się przed przeciągami – albo ciosami – i nerwowo przeczesuje włosy palcami. Poprawienie okularów na nosie w jego wykonaniu wydaje się sporym wysiłkiem".

Wszędzie, gdzie występował, w gorączkowy nastrój wprowadzały go młode, wydekoltowane dziewczyny w czarnych pończochach. „Przyjaźniłam się z Woodym – opowiadała projektantka Vicky Tiel. – Pracowałam wtedy jako kelnerka w Fat Black Pussycat przy ulicy Macdougal. Krążyłam wśród publiczności i zbierałam do kapelusza kasę dla śpiewających chłopaków, którzy tam występowali: dla Steve'a DeNauta, Dave'a Van Ronka i Bobby'ego Zimmermana [Boba Dylana]. Mówili na mnie Peaches La Tour. Nosiłam takie szyfonowo-koronkowe wdzianko, całkiem prześwitujące na górze, i do tego krótką, czarną skórzaną spódniczkę. No więc była ze mnie laska, a Woody był jednym z występujących tam facetów. To się działo w początkach rewolucji seksualnej. Każdy sypiał z każdym. Każdy oprócz Woody'ego. I Bobby'ego Zimmermana. Oni nigdy, z nikim. Nie dało się ich skusić. Ani jednego, ani drugiego. Woody był takim trochę niedołęgą. Przyjaźniliśmy się. Do nikogo się nie przystawiał".

„Jechaliśmy taksówką na jeden z jego występów – usłyszałem od Elliotta Millsa. – Był mniej więcej 1960 rok. Jechaliśmy do Cafe Wha?, mieszczącej się w bocznej uliczce niedaleko Washington Square. W taksówce Woody zdążył obgryźć wszystkie paznokcie. Te występy napawały go autentycznym przerażeniem. To były jego początki. Wychodził z siebie, cały się trząsł. Nie sposób go nie podziwiać. Żeby wyjść na scenę, musiał stoczyć krwawą bitwę z samym sobą. Pamiętam, że przedtem poszliśmy coś zjeść. Woody'emu zrobiło się niedobrze i zwymiotował. Nigdy nie był typowym komikiem z «żydowskich Alp». Spritz, czyli tryskanie humorem, sprawiało mu trudności. On po prostu opowiadał historie. «Nie jestem hipisem», powiedział dobitnie. Nigdy go to nie pociągało. Nigdy. Pamiętam, że kiedy weszliśmy do klubu, siedziały tam może ze dwie osoby".

„Któregoś dnia – wspominał Jack Rollins – Woody przyszedł i był gotów zrezygnować. Powiedział: «Panowie, słuchajcie, czy naprawdę uważacie, że powinienem to ciągnąć? Wiecie, że bardzo dobrze zarabiam jako autor tekstów. A z tego… nie mam nic. Czy to naprawdę ma sens?». Nie zapominajmy, że to najbardziej nieśmiały człowiek, jaki kiedykolwiek stąpał po ziemi. «Woody, dasz radę – odparłem. – Nauczysz się występować. Jestem o tym przekonany. I będziesz w tym świetny. Widzisz, Charlie i ja dostrzegamy w tobie coś, czego nie potrafimy ująć w słowa – ale to nie my stajemy co wieczór przed ludźmi i męczymy się na scenie, tylko ty. I jeśli jest to dla ciebie aż tak trudne, to owszem, nie powinieneś tego ciągnąć. Wiesz co, spróbuj jeszcze tylko raz. Wiem, że łatwo mi mówić, ale naprawdę wierzę, że potrafisz to zrobić»".

Allen stwierdził, że się zastanowi. „Potem przyszedł do nas – mówił Rollins. – Trzeba było przekonać go, że to jego ostatnia próba. On sam musiał tego chcieć. Zdecydował: «Skoro uważacie, że poświęciłem temu zbyt mało czasu i że nadal zapowiadam się na dobrego komika scenicznego, to niech będzie, dam sobie jeszcze miesiąc»".

„I o to chodziło – powiedział Rollins. – Wiedzieliśmy, że mówi poważnie. Zdumiewające, że akurat wtedy wszystko zaczęło nabierać kształtu. Nie stało się to w jednej chwili, tylko działo się raczej powoli, ale w końcu coś się zmieniło. Woody wreszcie poczuł się swobodniej. Wiedział, że jeśli nadal będzie mu szło tak kiepsko, jak do tej pory, to będzie musiał wytrzymać jeszcze tylko cztery tygodnie, a potem koniec. Więc przestał się aż tak przejmować. Zwrot nastąpił w samą porę".

Jednym z powodów, dla których Woody'emu zależało na powodzeniu kariery scenicznej, było to, że nie znosił pisania dla telewizji. „Pisanie tekstów dla innych komików jako sposób na życie prowadzi donikąd – powiedział Larry'emu Wilde'owi w 1968 roku. – Zanim zacząłem występować, już wiedziałem, że nie będę dłużej pisał dla innych artystów komediowych. Robiłem to tylko po to, żeby zarobić na życie. (...) Dotarło do mnie, że występowanie na scenie może być niezłym sposobem wyrażania siebie. Postanowiłem więc spróbować".

Walcząc ze sceną, Woody nie rezygnował z pisania – jego teksty zadebiutowały na Broadwayu, miał bowiem swój udział w scenariuszu nowej rewii, zatytułowanej *From Z to Z*, której gwiazdą była ekscentryczna angielska aktorka Hermione Gingold i do której próby odbywały się w teatrze Long Wharf w New Haven. Rewię pokazywano w teatrze Plymouth; zeszła z afisza po dwudziestu jeden przedstawieniach. Wkładem Allena były dwa skecze, napisane jeszcze w Tamimencie: *Wojna psychologiczna* i kawałek o Groucho Marksie. „Woody pisał do mnie listy z New Haven – wspominał Jack Victor. – Uważał, że rewia nie chwyci. I rzeczywiście nie chwyciła".

Max Gordon opisał w książce swoje pierwsze spotkanie z Allenem, do którego doszło dzięki staraniom Jacka Rollinsa. (Rollins uprasza Gordona w podobny sposób, w jaki Danny Rose z Broadwayu błaga Phila Chomsky'ego, agenta teatralnego, w imieniu swojej klientki, kobiety grającej na kieliszkach:

„Dostaniesz ją po starej cenie, dobra? Czyli... dasz, ile dasz. Ile zechcesz – co ty na to, Philly?").

Gordon napisał:

Jack przedstawił nas sobie. Chłopak był niski i przestraszony, miał delikatny uścisk dłoni.
– Poznaj Woody'ego Allena – powiedział Jack.
Usiedliśmy.
– Słuchaj, chłopak pisze teksty – zaczął Jack. – To najlepsze teksty komediowe w całym Nowym Jorku. I wiesz, co z nimi robi? Rozdaje. To znaczy, sprzedaje za grosze komikom, którzy zbijają na nich kokosy. (...) Chodzi, słuchaj, biedny jak mysz kościelna, a tamci trzepią kasę na jego materiale. Mówię do niego: „Woody, weźże wyjdź na scenę i sam pokazuj te numery. Będzie z ciebie bogacz, a nie taki ciapciak".
Woody przewrócił oczami, słysząc tę „promocję" swojej osoby.
– Kwota nie gra roli – powiedział Jack. – Zapłać mu, ile chcesz. Zależy mi na tym, żeby gdzieś się zaczepił. Pójdę ci, słuchaj, na rękę. Jeśli na nim nie zarobisz, wypłacę mu honorarium z własnej kieszeni...

I tak Woody zaczął pojawiać się w Blue Angel latem 1960 roku. Zrobił klapę, i to nie raz – jego występy jeszcze długo były porażkami. „Zawsze sądziłem, że mojemu materiałowi nic nie dolega – wspominał – to tylko ja nawalałem. Uważałem się za autora tekstów i kiedy wchodziłem na scenę, myślałem jedynie o tym, żeby przedstawić, co mam do przestawienia, i pójść do domu. Nie przepadałem za publicznością, przerażała mnie. Choć nie było żadnego powodu, dla którego miałbym nie spodobać się widzom; przecież zapłacili za możliwość obejrzenia mojego występu. (...) Potem jednak zacząłem robić to z innym, lepszym nastawieniem. Okazało się, że występ wtedy jest udany, kiedy naprawdę chcesz tam być, przed publicznością, kiedy rozkoszujesz się graniem i wcale nie masz ochoty schodzić ze sceny". Charles Joffe powiedział, że Allen „był z początku arogancki i wrogo nastawiony. Brakowało mu cierpliwości, kiedy publiczność nie chwytała jego żartów. (...) W tamtym okresie strasznie cierpiał". „To był najgorszy rok w moim życiu – wspominał Allen. – Codziennie rano, zaraz po przebudzeniu, skręcało mi żołądek ze strachu, który mijał dopiero godzinę przed północą".

„Każdego wieczoru Jack stał za kulisami i oglądał występ Woody'ego – wspominał Gordon. – Podczas przerwy odprowadzał Woody'ego do jednej z garderób. Słyszałem go przez drzwi. Wołał mnie, żebym pomógł mu przemówić Woody'emu do rozumu.

«Powiedz, że dobrze mu idzie – błagał Jack. – Jemu się wydaje, że jest beznadziejny. Jeszcze gotów zrezygnować. Jesteś świetny, słyszysz? Świetny! No powiedz mu».

Wcale nie był aż tak dobry, ale akurat wtedy, ze zrozumiałych względów, o tym nie wspomniałem. Nie opanował jeszcze sztuki wygłaszania kwestii. Jedynie wyrobieni widzowie, których męczyła już i raziła agresja komików występujących w nocnych klubach, doceniali sceniczną powściągliwość Woody'ego. Ale uczył się, to fakt. Grał u nas przez trzy miesiące".

Trwało to dwa lata, dwa lata zarabiania po sto dolarów za wieczór. Zamiana dobrze płatnej, choć niedającej satysfakcji pracy – i zarobków na poziomie tysiąca siedmiuset dolarów tygodniowo – na niepewną karierę i brak zrozumienia u publiczności okazała się nie do zniesienia. Całe dnie, spacerując po mieście i pisząc, Woody martwił się wieczornym występem. Jadał późno, dopiero kiedy było po wszystkim. To, że wytrzymał, było z jego strony aktem wiary i determinacji w obliczu strachu i zwątpienia w samego siebie – a także przejawem ukrytej w nim pewności siebie. Mniej więcej w tym samym czasie zaczął, wskutek nalegań Jerry'ego Epsteina, chodzić do psychoanalityka.

Wtedy też, w trakcie intensywnych zmagań z samym sobą, nawiązał głęboką, wieloletnią przyjaźń z Dickiem Cavettem. Cavett pracował dla Jacka Paara i Paar wysłał go, żeby obejrzał występ nowego komika, o którym ktoś mu szepnął słówko. „Kiedy tylko wszedłem do klubu – powiedział Cavett Erikowi Laksowi – zorientowałem się, jakiej jakości jest ten materiał. Nie mogłem uwierzyć, że ktoś przez dwadzieścia minut potrafi wygłaszać tak świetne teksty". Allen zabrał Cavetta do klubu z bilardem, do którego chadzał wieczorami po występach. „Różne bandziorskie typy podchodziły i mówiły: «Cześć, Woody, zagramy partyjkę, co?»". Allen grywał też w pokera. „Poszedłem z nim na kilka spotkań – wspominał Cavett. – Grali na poważnie. Zero żartów. Dla mnie to było przerażające". Kolejny występ Allena Cavett obejrzał dwa lata później w Los Angeles. Publiczność siedziała w ciszy, nikt się nie śmiał, więc w pewnym momencie Allen też zamilkł. Potem powiedział: „Gdybym wręczał nagrodę dla najgorszej widowni, jaką w życiu widziałem, to wy byście ją zdobyli". Innym razem, w klubie o nazwie hungry i[29] w San Francisco, odwrócił się do publiki plecami i opowiadał dowcipy, patrząc na ścianę z cegieł.

Larry Gelbart był w Blue Angel, kiedy debiutował tam Woody. „Po występie poszedłem do niego do garderoby – napisał. – Chwilę wcześniej wyszedł z niej krytyk kabaretowy «Daily News», który na maszynie napisał recenzję z popisów Woody'ego. Kiedy skończył, wyjął kalkę z maszyny i wyrzucił do kosza. Woody wyciągnął ją, przeczytał i załamał się. Recenzent scharakteryzował go jako intelektualną wersję Menashy Skulnika, żydowskiego aktora komediowego, znanego z silnego akcentu, ale na pewno nie z intelektu. Woody ciężko pracował na wizerunek artysty komediowego dla wyrafinowanej i modnej

---

[29] Pochodzenie nazwy klubu (celowo pisanej małymi literami) jest nie do końca wyjaśnione. Według jednej teorii chodziło o „hungry intellectual" (głodnego intelektualistę), według innej o „hungry id" (wygłodniałe id).

publiczności (był nim), a ten tu przyrównał go do jakiegoś kiczowatego komika imigranta (którym Woody nie był)".

Wtedy, zupełnie nagle, wszystko się zmieniło.

Publiczność zwróciła się ku niemu i dostrzegła w nim swojego człowieka. Krytyczka Vivian Gornick widziała występ Woody'ego w klubie Bitter End w 1964 roku i tak o nim napisała: „Niepokój był jego paliwem, napędzał go, dodawał mu sił. Tysiące ludzi upajały się tym uczuciem jak adrenaliną, ponieważ je podzielały. Jedną nogą staliśmy w kulturze, drugą poza nią, a niepokój nas przepełniał". Ten lęk, napisała Gornick, „łączył się z odczuciami całego narodu tak doskonale, że ze wszystkich nas czynił outsiderów".

Kilka lat później Larry Gelbart widział występ Allena na wiecu Demokratów w Waszyngtonie:

Jego przemiana była totalna. Występował w aurze pewnego siebie autorytetu, nieustannie żartującego z tego, że brakuje mu wiary w siebie. (...) Wymagało to od niego dużo praktyki i akceptacji własnej osoby, ale w końcu przestał być męską wersją Elaine [May] albo młodym mną – przestał naśladować innych. Wreszcie był Woodym Allenem. Woody autor tekstów dostarczał Woody'emu komikowi pierwszorzędnego materiału – materiału będącego okazją do zaprezentowania talentu Allena do rozbrajania i spuszczania powietrza z tematów najbardziej niedających mu spokoju: seksu, braku seksu, zbyt małej ilości seksu, zbyt dużej ilości seksu, no i oczywiście stałego tematu śmierci. Talent ten pozwolił mu poradzić sobie z lękami od zawsze uprzykrzającymi mu życie, zatriumfować nad nimi poprzez wyśmiewanie jednego po drugim.

Sukces – triumf – jaki Allen odniósł w roli stand-upera, był punktem zwrotnym w jego życiu. Wcześniej zdobył on uznanie jako autor błyskotliwych tekstów komediowych pisanych dla innych wykonawców. Pozostawał jednak w cieniu, pracował na czyjś rachunek. Za to teraz stanął przed światem i zamiast udawać kogoś, kim nie jest – twardziela, kochanka w typie macho, zwycięzcę – zaczął udawać kogoś, kim... też właściwie nie był – nieudacznika, ofermę, faceta, któremu nic nie wychodzi. To prawda, że wyglądał i wypowiadał się jak ofiara losu; wyszarpnął te cechy z własnego wnętrza, z jakiegoś głęboko ukrytego miejsca. Ale w rzeczywistości wcale taki nie był. Był za to silny i przede wszystkim potrafił spojrzeć na siebie, dostrzec w sobie te cechy, które z pozoru go definiowały, i powiedzieć: chrzanić to! Czemu tego nie wykorzystać, skoro to takie zabawne? Skoro publiczność się śmieje? Rozbawiając ludzi, zarobił miliony, zdobył kobiety, zdołał utrzymać samodyscyplinę, dzięki której może tworzyć bez końca, i zrobił niewiarygodną karierę – na pewno jedną z najbardziej udanych w historii amerykańskiego show--biznesu – zdolną przetrwać różne przeciwności. W *Manhattanie* jego bohater leży na kanapie i rozmyśla o rzeczach, dla których warto żyć. Wymienia między innymi postacie: Louisa Armstronga, Franka Sinatry, Groucho Marksa, Willie Mays i Marlona Brando – dziś na tej liście nieśmiertelnych gwiazd z pewnością nie mogłoby zabraknąć Woody'ego Allena.

Ten triumf Allen w znacznej mierze zawdzięcza Jackowi Rollinsowi, Danny'emu Rose'owi z Broadwayu we własnej osobie. Woody nigdy o tym nie zapomniał. Robert Weide, autor filmu dokumentalnego o życiu Woody'ego Allena, zapytał go: „Jack Rollins od lat nie ma nic wspólnego z filmami, które kręcisz. W żaden sposób nie współpracuje już z tobą. Dlaczego więc nadal wymieniasz go w czołówkach jako producenta swoich filmów?". Na co Woody odparł: „Bo gdyby nie on, nie osiągnąłbym tego, co osiągnąłem".

W kwietniu 2013 roku natknąłem się na wpis na blogu Jonathana D. Cohena, który w 1989 roku odbywał staż u Jacka Rollinsa. Cohen odniósł się do burzliwych relacji Rollinsa z Harrym

Belafonte'em, wspomniał o jego udanej współpracy z licznymi znakomitymi klientami, po czym stwierdził:

> Związek Jacka Rollinsa z Woodym Allenem należy do najdłuższych i najbardziej lojalnych relacji między talentem a jego impresariem, jakie istnieją. Jako producenci i menedżerowie pana Allena, pan Rollins i jego partner Charles Joffe mieli udziały we wpływach brutto z kręconych przez niego filmów. Kiedyś Rollins i Joffe spotkali się z Woodym i zaproponowali, że wezmą mniejszy procent od wpływów, ale Woody kategorycznie odmówił. Stwierdził, że jego kariera nie byłaby możliwa, gdyby Jack i Charlie nie przekonali go, że powinien spróbować wyjść na scenę z własnym tekstem jako stand-uper. Podobno nie obyło się bez łez; tak głęboki to był związek.

Napisałem do Allena list z zapytaniem, czy ta historia jest prawdziwa. Czy naprawdę uparł się, żeby Rollins i Joffe nadal otrzymywali ten sam procent od wpływów z jego filmów?

Odpowiedział mi następująco: „Historia jest prawdziwa; pieniądze nigdy nie stanowiły dla mnie problemu. Kiedy zaczynałem, Jack nie ściągał ze mnie prowizji. Pozdrowienia, Woody".

4. „Woody, c'est moi"

Carol Joffe, wdowa po Charlesie Joffie i przez dziesięć lat projektantka kostiumów do filmów Allena, tak wspominała początki stand-upowej kariery Woody'ego: „Na pierwszej randce poszliśmy z Charliem do Bitter End obejrzeć występ Woody'ego. Widziałam jego pierwsze kroki na scenie i słyszałam pierwsze słowa, które wypowiedział drżącym głosem. To był sam początek. Woody był naturalnie potwornie spięty, ale znakomicie sobie poradził. Obserwowanie, jak się rozwija i zmienia, było niesamowicie emocjonującym przeżyciem. Charlie, już jako mój mąż, został kumplem Woody'ego. Bo Woody bał się chodzić sam między ludzi, czuł lęk przed salami pełnymi szych z branży. A Charlie był śmiały i arogancki i zawsze torował mu drogę. Woody miał okropnego pietra przed ludźmi. To znaczy, pod pewnymi względami był bardzo pewny siebie, ale sytuacje towarzyskie sprawiały mu kłopot. Nie potrafił znaleźć wspólnego języka z ludźmi w grupie. Mimo to przyjemnie przebywało się w jego obecności, ponieważ był wyjątkowym człowiekiem, obdarzonym błyskotliwym umysłem i talentem".

Howard Storm również wspomina ten wczesny etap: „Pamiętam, że Charlie i Jack dosłownie wypychali go na scenę. On naprawdę nie chciał tego robić. Z początku pozował na Morta Sahla, ale z czasem, kiedy oswoił się ze sceną, zaczął szlifować własną postać. Jack i Charlie byli też moimi agentami. Śmietanka show-biznesu, najlepsi z najlepszych, klasa sama dla siebie.

Wtedy liczyli się Cavett i Woody. Obaj bardzo wysoko zawiesili poprzeczkę. Woody dopiero zaczynał, ale kiedy już się rozkręcił, to wymiatał, i od razu wiedziałem, że mamy geniusza. Szybko mu poszło. Nie minęło, nie wiem, pięć miesięcy, a on już pracował dla Carsona".

Na początku lat sześćdziesiątych Allen zaczął przyciągać tłumy do Greenwich Village. Dick Cavett i Jack Benny ochoczo go lansowali. Benny powiedział: „Jeden z najbardziej niezwykłych ludzi, jakich spotkałem. Nie należy szafować słowem «geniusz» (…), ale nie znam innej tak bystrej i zabawnej osoby, która w dodatku potrafiłaby tak pisać. Nie ma drugiego takiego jak on".

Po obejrzeniu występu Allena w 1961 roku William K. Zinsser napisał o nim pierwszy duży artykuł, który ukazał się na łamach „Time'a". „Wątły, wyraźnie przestraszony, młody, dwudziestosiedmioletni człowiek mrugał do publiczności zza okularów w czarnych oprawkach – wspominał po latach. – Monolog Allena opierał się na opowiadaniu historii z jego własnego życia. A było to życie niepozbieranego nieudacznika, opisywane szybkimi seriami dowcipów. Żarty, choć proste, niezawodnie śmieszyły, zaś pod warstwą humoru krył się cenny materiał autobiograficzny. To był mistrz ofermowatości, w którym każda amerykańska ofiara losu z łatwością mogła dostrzec cząstkę siebie. Allen wymyślił doskonałą formułę na niespokojne nowe czasy: terapię na wesoło".

Podczas występów w klubie The Duplex w Greenwich Village dwudziestoczteroletni Allen poznał jedną ze swoich fanek, dwudziestojednoletnią drobną, ale biuściastą, rudoblond aktorkę Louise Lasser, studentkę Uniwersytetu Brandeisa. Była nieokiełznaną, szaloną kobietą, mającą skłonność do depresji i wahań nastrojów, w typie, który Allena zawsze, jak wielokrotnie podkreślał w swoich filmach, pociągał. Nadążała za modą, potrafiła zdobyć się na ciętą ripostę, była oczytana i stanowiła dla Woody'ego intelektualne i seksualne wyzwanie z gatunku jego ulubionych. Wychowała się w Nowym Jorku, była rozpieszczoną córeczką S. Jaya Lassera, wysokiego urzędnika skarbówki. Jej rodzice rozwiedli się, matka później popełniła samobójstwo. Louise rozpoczęła studia na Brandeisie, ale po trzech latach postanowiła zafundować sobie „psychiczny odpoczynek". „Zadzwoniłam do ojca i powiedziałam tak – opowiadała w wywiadzie z 1976 roku – «Już tu skończyłam. Możesz po mnie przyjechać»". Lasser wróciła na Manhattan i zaczęła uczyć się aktorstwa pod okiem Sanforda Meisnera; dostała rolę w skeczu Elaine May i zastępowała Barbrę Streisand jako Miss Marmelstein w broadwayowskim przedstawieniu *I Can Get It for You Wholesale*.

„Kiedy poznałem Louise, stałem się człowiekiem" – stwierdził Allen. Przez kilka miesięcy spotykali się w tajemnicy, chodzili do Metropolitan Museum i jeździli dorożkami po Central Parku. Harlene nie miała pojęcia o ich związku. W 1978 roku Lasser powiedziała „Newsweekowi": „Zupełnie straciliśmy dla siebie głowę. (...) Zaprosiłam ich [Woody'ego i Harlene] na sylwestra i Harlene była do mnie bardzo nieprzyjaźnie nastawiona, więc przypuszczam, że musiała się czegoś domyślać. Ale nasz związek zaczął się dopiero później. (...) Raz [Woody] wyciągnął mnie do centrum na zakupy, zgodziłam się i pokrążyliśmy trochę po sklepach i ulicach. (...) Potem, po kilku miesiącach, zaprosił mnie na randkę. (...) Spotkaliśmy się, zabrał mnie na przejażdżkę kabrioletem po Central Parku i próbował pocałować. «Przecież jesteś żonaty» – oburzyłam się, ale wszystko mi wyjaśnił. Powiedział, że pomiędzy nim a Harlene wszystko skończone i że rozstaną się, kiedy ona zaliczy studia. (...) Z tym że nadal mieszkali razem. Któregoś razu skończyły mi się prześcieradła i zadzwoniłam do Woody'ego, żeby mi jedno pożyczył. Telefon odebrała Harlene, ale co miałam zrobić – poszłam i pożyczyłam. Kiedy już się rozeszli, powiedziała mi: «Wiedziałam, że masz oko na mojego męża, gdy tylko przyszłaś po to prześcieradło»".

Znalazła zajęcie jako kelnerka w Bitter End, gdzie Woody występował jako stand-uper. Jej obecność rozpraszała Woody'ego, który dziwił się też, że w ogóle zdecydowała się pracować, skoro pochodziła z zamożnej rodziny. „Chciał, żebym tego nie robiła, ale ja bardzo lubiłam tę pracę – opowiadała Louise Timowi Carrollowi. – Wtedy powiedział: «Dlaczego nie miałabyś pracować u mnie?» [Woody mieszkał wtedy w osobnym mieszkaniu]. W końcu się zgodziłam i za pięćdziesiąt dolarów tygodniowo zostałam u niego sprzątaczką. Pewnego wieczoru, kiedy Woody występował w Village, przyszłam do jego mieszkania, żeby wypełnić moje obowiązki «sprzątaczki», i zobaczyłam, że wszędzie są przylepione karteczki z napisami: «nie rób prania», «nie ruszaj książek», nie rób tego, nie rób tamtego"[30].

Trzydzieści sześć lat później, w 2014 roku, Lasser udzieliła wywiadu magazynowi „The Point", w którym opowiedziała o swoim związku z Woodym:

---

[30] Tim Carroll, dz. cyt., s. 98.

Miałam dwadzieścia jeden lat. (...) Pod koniec studiów coraz częściej czułam, że wypełnia mnie coś mrocznego i złego. Budziłam się rano i nie wiedziałam, co się ze mną dzieje. Nie miałam pojęcia, czym jest depresja. (...) Nie skojarzyłam tego. Kiedy się poznaliśmy (...) momentalnie, natychmiast, poczuliśmy, że nadajemy na tej samej fali. (...) Poznaliśmy się i od razu stało się to jasne, bo przez cały wieczór, choć było nas czworo, myśmy z Woodym rozmawiali tylko ze sobą, rozumiesz? Wiemy, co się dzieje, i denerwujemy się, bo możemy mieć przez to kłopoty. (...) No więc zadzwonił do mnie i zapytał, czy nie wyskoczyłabym z nim kupić parę płyt. (...) Jeździliśmy jego autem i świetnie się dogadywaliśmy.

Doskonale się rozumieliśmy. Na przykład „egzystencjalizm" – wcześniej to pojęcie tylko obiło mi się o uszy, ale kiedy ze sobą rozmawialiśmy, miałam wrażenie, że znam temat. (...) Jeździliśmy do centrum i biegaliśmy, skakaliśmy przez ławki, robiliśmy wszystko to, co robią ludzie, kiedy czują się wolni.

Pokazywał mi wszystko, co znał. Chodziliśmy do teatru, do podłych spelunek, zamawialiśmy drinki, po drugim już miałam w czubie, ale jemu też niewiele brakowało. Miał naprawdę słabą głowę. (...) Nie chciałam dotrzymywać mu tempa. On od samego początku miał pewność, a ja bałam się, że poczuję się osaczona. (...)

Rozstanie wisiało w powietrzu. Mieszkaliśmy dwa kroki od siebie (...) wpadaliśmy na siebie na ulicy i wybuchałam płaczem, dlaczegośmy to zrobili, mówiłam, zerwijmy.

W listopadzie 1962 roku Harlene poleciała do Meksyku, by tam rozwieść się z Woodym. W ramach umowy rozwodowej Allen zgodził się wypłacić byłej żonie jednorazowo tysiąc siedemset pięćdziesiąt dolarów oraz przekazywać siedemdziesiąt pięć dolarów tygodniowo tytułem alimentów do końca jej życia bądź do dnia, w którym Harlene ponownie wyjdzie za mąż.

Gdyby Woody znalazł zatrudnienie na etacie, kwota alimentów miała wzrosnąć do stu siedemdziesięciu pięciu dolarów. „To, że decyzją o odejściu uprzedziła Woody'ego, który sam się do tego przymierzał, zemściło się na niej – usłyszałem od Jacka Victora – i w efekcie dostała marne grosze. Małżeństwo przetrwało pięć lat.

Było mi po drodze z Harlene – ciągnął Victor. – Była łagodna, miła. Staliśmy się sobie bardzo bliscy, oczywiście był to związek czysto platoniczny. Był taki moment, kiedy nawet pożałowała rozwodu. Powiedziała: «Może powinnam była zacisnąć zęby i wytrzymać?». Nie wiedziała o Louise. Zapytałem ją, co Woody zamierza zrobić z Louise. Posłała mi takie spojrzenie, że… Pomyślałem, o Boże, i miałem ochotę schować się pod stołem. Zawsze sądziłem, że Harlene rozwiodła się z Woodym z powodu Louise. Ale najwyraźniej chodziło o coś innego. Harlene była spokojna i tak dalej, ale nie dawała sobie w kaszę dmuchać".

Niedługo po rozstaniu Woody podjął pracę jako autor tekstów do programu *The Tonight Show*, którego gospodarzem był Jack Paar, i wkrótce stał się najszerzej komentowanym komikiem w całym show-biznesie.

W 1962 roku wystąpił w *The Ed Sullivan Show* i o włos uniknął awantury z samym Sullivanem. Niejako zwiastując własny rozwód, na próbie opowiedział dowcip o orgazmie, kończący się słowami: „A jeśli mężowi nie uda się zaspokoić jej seksualnie, wówczas Mutual of Omaha[31] będzie musiało wypłacać jej comiesięczne odszkodowanie". Sullivan, który prowadził, jak to się wtedy mówiło, przyzwoity program dla całej rodziny, wrzasnął na Woody'ego: „Przez taką postawę jak twoja dzieciaki palą swoje karty powołania!". Woody przeprosił.

W 1964 roku na występach w nocnych klubach zarabiał już pięć tysięcy dolarów tygodniowo. Cieszył się sporą

---

[31] Amerykańskie towarzystwo ubezpieczeń wzajemnych.

popularnością i często gościł w programach Johnny'ego Carsona i Steve'a Allena. Występował w chicagowskim Mister Kelly's oraz w Purple Onion i w hungry i w San Francisco. W lipcu 1964 roku wytwórnia Colpix wydała jego pierwszy album komediowy, zatytułowany po prostu *Woody Allen*. Płyta została nominowana do nagrody Grammy, ale przegrała z *I Started Out as a Child* Billa Cosby'ego. Allen występował w *Candid Camera* i *That Was the Week That Was* – jednym z najbardziej wyrafinowanych programów satyrycznych – u boku Steve'a Allena, Toma Lehrera i Morta Sahla.

Po rozwodzie Allen zaczął się naśmiewać ze stereotypowej komediowej „żony"; umieścił jej postać zarówno w tekstach, które przedstawiał w klubach, jak i tych pisanych na potrzeby telewizji. Nazywał ją Quasimodo. Pokazywał jej zdjęcie i mówił, że półpasiec był dla niej za krótki, więc złapała całego. Opowiadał, że na urodziny wręczył jej krzesło elektryczne, wmawiając, że to taka suszarka do włosów, jak u fryzjera. W materiale dla NBC powiedział: „Moja pierwsza żona mieszka w Upper West Side. Niedawno przeczytałem w gazecie, że została zgwałcona w drodze do domu. Jak znam moją pierwszą żonę, gwałciciel musiał się nie lada napocić, żeby coś poczuła". Był bezlitosny w robieniu upokarzających uwag – a publiczność nagradzała je gromkim śmiechem.

Jego przezabawny sposób wygłaszania kwestii rozbrajał słuchaczy i pozbawiał ich wszelkiej złości, którą mogli skierować przeciwko niemu. W żartach z małżeństwa mógł sobie pozwolić praktycznie na wszystko. Nie oszczędzał przy tym i siebie samego, nabijał się z własnej niedojrzałości, na przykład narzekał, że kiedy się kąpie, żona przychodzi i zatapia mu wszystkie stateczki. Do dziś zresztą, ilekroć ze strony moich rozmówców spotykam się z gniewem czy wręcz wściekłością na Allena za to, jak potraktował Mię Farrow, i za całe to zamieszanie z Soon-Yi – a także, w niektórych kręgach, za rzekome molestowanie seksualne Dylan Farrow – żadna z tych osób słowem nie wspomina o tym, jak publicznie upokarzał Harlene. Jeśli już temat wypływa, to tylko dlatego, że ktoś cytuje Allena sprzed pół wieku, chcąc podać przykład jego poczucia humoru.

Wybaczono mu – zrobiła to nawet Harlene.

Inną przyczyną, jak sądzę, jest to, że Allen nie poczuwa się do winy ani odpowiedzialności, jeśli chodzi o swoje zachowanie w stosunku do kobiet. To jego wypieranie się jest tak prostolinijne, tak dziecinne – wciąż jest tym małym nicponiem, któremu nie sposób się oprzeć – i towarzyszy mu tak potężna dawka humoru, że pozwalamy porwać się śmiechowi i zapominamy o osobie będącej obiektem żartów. Poza tym, rzecz jasna, drugim obiektem drwin jest sam Allen.

Allen nigdy nie dał po sobie poznać, że zdaje sobie sprawę, jak wiele bólu sprawił Mii, pozwalając jej znaleźć nagie zdjęcia Soon-Yi w swoim gabinecie; zachowuje się, jakby tego nie dostrzegał albo było mu to obojętne. Pewna scena z *Przejrzeć Harry'ego* sugeruje jednak, że jest tego o wiele bardziej świadom, niż skłonny jest przyznać. Doskonale wie, co robi, ale woli udawać niewiniątko i zachowywać się, jakby problem leżał wyłącznie po stronie kobiety, a nie jego, i jakby nie potrafił zrozumieć, o co tyle krzyku. Świadczy o tym scena pomiędzy Harrym a jego żoną (graną przez Kirstie Alley); powraca w niej wspomnienie tego, jak Allen droczył się ze swoją matką, jak szydził z niej i drwił, doprowadzając ją do histerii.

W tej scenie – jednej z najlepszych, jakie wyszły spod pióra Allena – żona zarzuca mężowi niewierność, której ten dopuścił się z jej piękną, młodą pacjentką. Allen pokazuje całkowity brak zrozumienia ze strony bohatera (Harry'ego Blocka), swojego alter ego. W roli Harry'ego Allen chciał obsadzić Elliotta Goulda, zamiast samemu wcielać się w tę postać – żeby publiczność nie identyfikowała go z Blockiem – ale Gould był akurat nieosiągalny. Harry pozostaje ślepy na cierpienie żony, nie dociera ono do niego. Allen ostrą, satyryczną kreską rysuje pozorną niezdolność Harry'ego do zrozumienia, co przeskrobał. Ale przecież Harry jedynie udaje głupiego. Allen jest doskonale świadomy pozornej nieświadomości Harry'ego. Scena jest przekomiczna właśnie ze względu na uszczypliwy i celny wachlarz zaprzeczeń w wykonaniu Harry'ego, na przegląd jego metod drażnienia i podburzania żony. Tak jak w przeszłości Woody zachowywał się tym spokojniej, im gwałtowniej matka reagowała na docinki, tak w filmie Harry zachowuje się, jak gdyby to on był tym rozsądniejszym, roztropniejszym w małżeństwie.

Kiedy żona Harry'ego, psychiatra, oskarża go o uwiedzenie jej pacjentki, ten cierpliwie klaruje, że nie miał innego wyjścia, ponieważ jego dostęp do innych kobiet jest ograniczony. Mówi: „Wyjaśniam tylko, dlaczego mój wybór z konieczności ogranicza się do twoich pacjentek". Tłumaczy się „niewinnie": „Myślisz, że było mi przyjemnie, kiedy cycata dwudziestosześciolatka robiła mi laskę?". Na to jego żona, oczywiście, wybucha gniewem. „Nie potrafię zrozumieć, dlaczego tak wyrafinowana kobieta – mówi on – nie jest w stanie odróżnić nic nieznaczącego, namiętnego romansu od pewnej i spokojnej małżeńskiej rutyny".

Nie ustępuje, wbija kolejne szpile: „Wiecznie pracujesz. Nie utrzymujemy żadnych kontaktów towarzyskich". Żona na to: „Aha, czyli winisz mnie za to, że nie chodzimy do miejsc, w których mógłbyś poznać kogoś, kogo potem przelecisz". I dodaje z krzykiem: „Od początku wiedziałam, że masz nierówno pod sufitem, ale wydawało mi się, że jako wykwalifikowana specjalistka zdołam ci pomóc". Harry odpowiada z udawaną troską: „Naprawdę, jako terapeutce nie masz sobie nic do zarzucenia".

Żona zostawiła pacjenta leżącego na kozetce, żeby móc porozmawiać z Harrym, i pacjent słyszy całą wymianę zdań między małżonkami.

Elliott Mills wspominał, że „Woody doprowadzał swoją matkę do szaleństwa. Prowokował ją. Gotowała mu kaczkę na obiad, a ten siedział, jadł, grzebał w mięsie, a potem krytykował jej umiejętności kulinarne. Woody uważał, że jest przezabawna, kiedy wpada w histerię, dlatego co rusz ją drażnił. Wiedział, co na nią działa, i wykorzystywał to".

Harry Block Allena sprawia wrażenie człowieka nieznającego granic i niemającego wyrzutów sumienia. Niemniej grani przez niego samego bohaterowie jego filmów czasem pokazują się też od bardziej zrównoważonej i ludzkiej strony, zwłaszcza w historiach miłosnych – w *Annie Hall* i *Manhattanie* – w których widać wyraźnie, że to on sam niszczy własne związki.

Allen zawsze zaprzeczał, że jest tą postacią, którą portretuje na scenie i ekranie. Kiedy dziś słucham klasycznych występów Woody'ego stand-upera z 1962 roku, gdy był już uznanym komikiem, nietrudno mi zrozumieć, dlaczego publiczności mieszał się – i nadal miesza – szlemiel, publiczny antybohater, z jego przebiegłym twórcą. Od samego początku Allen po trochu – po kawałeczku, szczyptami, raz mniej, raz więcej – wplatał elementy swojej prawdziwej osobowości i fragmenty rzeczywistych przeżyć do tworzonej przez siebie szalonej narracji pełnej farsy, fantazji, surrealizmu, metafory i komicznych sekwencji zdarzeń. Najwyraźniej słuchacze czuli potrzebę identyfikowania się z nim, przenoszenia swojego życia na jego perypetie. Zachęcał ich do tego odpowiedni ładunek realizmu w kreacji Allena. Woody pstrzył teksty takim mnóstwem odniesień i nawiązań do swojego prawdziwego życia, że wydawały się one rzetelnymi przewodnikami po tymże.

Odgrywanie szlemiela było sposobem na osiągnięcie sławy i bogactwa, niemniej dało się wypatrzyć ślady tej postaci w charakterze Woody'ego. Wydobywał je po mistrzowsku. Był prawdziwym antybohaterem. Antybohaterowie nie zdobywają dziewczyn. Ale jednemu z nich – niskiemu, chudemu, rudemu, z dużym nosem i w okularach – udała się ta sztuka. Przechytrzył wszystkich. Był tak sprytny i czarujący, że zamiast go powiesić, członkowie Ku Klux Klanu przeznaczyli dwa tysiące dolarów na zakup obligacji Państwa Izrael. Nadał ważność całemu spektrum społecznemu, które zostało spisane na straty. Udzielił mu głosu. Był szlemielem, który wychodził przed ludzi i miał im do przekazania rozsądne, trafne i zabawne spostrzeżenia. Był szlemielem, który zdobył dziewczynę. To, co prezentował, było nowatorskie i z gruntu rewolucyjne. Udzielił głosu żydowskim konusom – a także uprawiającym sporty wysokim blond gojom, którzy w głębi duszy czuli się jak żydowskie konusy. Mówił w imieniu wszystkich; jego przesłanie było uniwersalne.

Kim był człowiek, który zauroczył tak wielu? „Woody, *c'est moi*" – napisał Richard Schickel.

W rozmowie o publiczności identyfikującej się z jego noszącą komiczną maskę postacią Allen powiedział: „Przemawianie własnym głosem do słuchaczy było dla mnie najwygodniejsze, a dla publiczności – najprzyjemniejsze. Nie robiłem tego świadomie. Po prostu wychodziłem na scenę i starałem się rozbawić widownię. Postać, w którą wciela się aktor, ma to do siebie, że się ją przerysowuje, chcąc osiągnąć efekt komiczny. W czterdziestominutowym programie raczę publiczność serią wstrząsających historii – opowiadam o dzieciństwie i o związkach, a wszystko to całkiem zabawne historie, bo poświęciłem dużo czasu na ich szlifowanie; z nich, jak sądzę, po pewnym czasie wyłania się określona postać – to pod pewnymi względami ja sam i zarazem nie ja". Zauważył też trafnie, że z postacią tą „utożsamiła [go] publiczność". Badał grunt, analizował, co najlepiej trafia do słuchaczy, a następnie, dla uzyskania lepszego efektu, wyolbrzymiał to i podkreślał. Postać szlemiela sprawdziła się.

Rozpoczynał program tak, jakby rozmawiał z psychoterapeutą bądź drugim uczestnikiem sesji terapii grupowej: „Od ostatniego razu nastąpiło w moim życiu wiele istotnych zdarzeń, o których chciałbym dziś pomówić. A potem przerobimy część z pytaniami i odpowiedziami. Zacznę od początku. Mieszkałem na Manhattanie, w Upper East, w typowej kamienicy z fasadą z piaskowca. Wiecznie mnie napadano i okradano. Bito mnie bez litości po twarzy i karku. Przeniosłem się więc do kamienicy z portierem, stojącej przy Park Avenue, czyli w bogatej, bezpiecznej, drogiej i świetnej okolicy. Mieszkałem tam przez dwa tygodnie – dopóki portier mnie nie zaatakował".

Często zaczynał zdania od stwierdzenia: „Parafrazuję, rzecz jasna", które mogłoby paść z ust zwracającego się do studentów pedantycznego wykładowcy. Publiczność rozpoznawała język znany jej z wykładów albo sesji terapeutycznych i nie przypuszczała, że usłyszy taką mowę w scenerii klubu nocnego. Było to odważne i bardzo zabawne. Jeśli chodziło o dziewczynę, mówił: „Byliśmy w związku", przydając ostatniemu słowu odpowiednią wagę, sugerującą poufałość. Nie miał tematów tabu, opowiadał o osobistych i seksualnych porażkach, o nieporadności w sytuacjach towarzyskich, o fobiach, neurozach („Zgadzam się z samymi sobą") i traumatycznych doświadczeniach rodzinnych. Zawsze było to nieodparcie śmieszne.

W jego tekstach pojawiała się klaustrofobiczność Brooklynu i nienawiść Woody'ego do szkoły średniej, występowały postaci rabinów i ojca chwytającego się kiepskich zajęć, przewijały się wątki nieudanego małżeństwa, studiów na Uniwersytecie Nowojorskim i usunięcia z uczelni. Była mowa o początkach kariery, występach w Greenwich Village, obserwowaniu tamtejszej sceny, a także, co oczywiste, o niekończącej się psychoanalizie. Wyłapywane w tekstach komediowych Allena nawet najdrobniejsze pozory rzeczywistości prawdopodobnie wystarczająco uwiarygodniały w oczach publiczności całe monologi, które przecież w większości w niewielkim stopniu traktowały o prawdziwych przeżyciach ich autora albo ich zgoła nie dotyczyły.

Jego teksty błyszczały inteligencją i skrzyły się od metafor i zmyśleń doprawionych szczyptą prawdy. Mówił na przykład, że poradził się rabina w sprawie reklamy wódki z Monique van Vooren – urodzoną w Belgii aktorką filmową i telewizyjną – za którą miał dostać pięćdziesiąt tysięcy dolarów, i usłyszał od niego, że praca przy tego rodzaju anonsie byłaby niemoralna. Odrzucił więc ofertę. Jakiś czas później zobaczył w telewizji reklamę: van Vooren pozuje na plaży, a obok niej, trzymając „chłodny kieliszek wódki", stoi ów rabin, który, jak się okazuje, sprzątnął mu fuchę sprzed nosa. O grupce rabinów bez jarmułek powiedział, że są „topless". O grze na wyścigach konnych: „Mój koń to ten z doczepionymi kółeczkami".

Opowiadał, że nie chce eksperymentować z substancjami „poszerzającymi świadomość", co stanowiło odzwierciedlenie jego prawdziwej postawy. Po czym dodawał, że wziąwszy macha, złamał sobie „dwa zęby, próbując zrobić malinkę Statui Wolności". Mawiał, że kiedy ma ochotę na kapkę swingu, idzie do mięsnego i przygląda się, jak kiełbasy bujają się na hakach. Mówił, że wybiera się do Hollywood, bo chcą tam nakręcić „komedię muzyczną na podstawie bibliotecznej klasyfikacji dziesiętnej Deweya". Opowiadał, że jego ojca zwolniono z pracy i zastąpiono maleńkim urządzeniem, które „robi wszystko to samo, co mój ojciec, tyle że lepiej. Najsmutniejsze jest to, że matka pobiegła do sklepu i też kupiła sobie taki przyrząd".

Wiele spośród jego monologów to w istocie przypowieści o społecznym wykluczeniu. Szczytem surrealizmu, jeśli chodzi o teksty Allena, była historia o łosiu. Woody opowiadał, jak to zastrzelił łosia, na czas transportu przywiązał go do auta, po czym, ku swemu przerażeniu, odkrył, że łoś wciąż żyje, ocknął się w tunelu Hollanda pod rzeką Hudson i sygnalizuje skręt. Zabrał go ze sobą na bal kostiumowy, licząc, że uda mu się pozbyć zwierzęcia. Na przyjęciu obecni byli państwo Berkowitzowie – przebrani za łosia. Opuszczając imprezę, zamierzał rozjechać łosia, ale zamiast tego „rozpłaszczył Berkowitzów". Porzuca ich w lesie, a kiedy budzą się następnego ranka, nadal w kostiumie łosia, zostają zastrzeleni. Skutek jest taki, że wypchani trafiają na ścianę w przeznaczonym wyłącznie dla członków białej, anglosaskiej elity nowojorskim Athletic Club. „[Berkowitzowie] powinni się cieszyć – mówił Allen – bo nie każdy może się tam dostać".

Opowiadał dowcipy w podobnym duchu, często stawiając siebie w roli ofiary. Kiedy go porwano, jego rodzice natychmiast przystąpili do działania – „wynajęli mój pokój". Porywaczy skuto wspólnym łańcuchem, ale udało im się uciec – „strażników oszukali, udając ogromną bransoletkę z przywieszkami" (wariacja na temat tego żartu znalazła się w *Bierz forsę i w nogi*). Ojciec próbował zagrać *Lot trzmiela* na tubie – „i wypluł wątrobę przez dźwięcznik".

Mówił, że wyjechał na dwutygodniowy obóz międzywyznaniowy, na którym „chłopcy reprezentujący wszelkie rasy i wyznania stłukli [go] na kwaśne jabłko". Wszystkie opowieści podszyte były cynizmem i desperacją. Wiek dwudziesty to okres katastrof i niewysłowionego okrucieństwa. Życie jest brutalne, jest kłębowiskiem żmij; nienawiść i rasizm są powszechne; rozwój ludzkości i zmiana na lepsze to mity. Kondycja ludzka jest niezmienna, a ruchy społeczne i polityczne nie wprowadzają niczego nowego. Religia – ortodoksyjny judaizm, a właściwie wszystkie wyznania – to ideologiczny gorset i mitologia. Konstrukty filozoficzne to bzdury, a ich dostawcy, czyli intelektualiści, to szarlatani. (Postać Woody'ego studiuje prawdę, piękno oraz prawdę i piękno dla zaawansowanych, a także prawdę dla średnio zaawansowanych). Nie można szukać schronienia w sztuce ani w intelekcie. Jeszcze gorsze są sekty. Hipisi w komunach, puszczający płyty z nagraniami mima Marcela Marceau i robiący opium z papierowych kwiatów maku, produkowanych na Dzień Weterana, prorocy New Age, osoby o zdolnościach mediumicznych, seminaria treningowe Erharda, rewolucjoniści – wszystkie te chwilowe mody i panacea przeminą, a ludzkość nadal będzie tkwiła w tym samym bagnie.

Posłaniec przynoszący te ponure wieści był wszakże nieodparcie zabawny. Od tego przygnębienia, brzmiał jego przekaz, wytchnienie daje humor.

Inny skecz, zatytułowany *Stracone pokolenie*, powstał mniej więcej czterdzieści pięć lat przed oscarowym filmem Allena *O północy w Paryżu* i z pewnością stanowił jego zalążek. Niewykluczone, że Allen znalazł pożółkłą kartkę z zarysem fabuły w szufladzie w sypialni, gdzie trzyma wszystkie pomysły, które przychodzą mu do głowy. W skeczu Allen rozmawia z Ernestem Hemingwayem, Gertrude Stein, Picassem oraz Scottem i Zeldą Fitzgeraldami o wyprawie do Europy. Hemingway właśnie napisał swoją pierwszą powieść. „Powiedziałem mu, że to dobra rzecz – opowiada Allen – ale nie wybitna. A ten walnął mnie w nos".

W swoich tekstach zawsze przemycał urywki prawdziwego życia, których mogła się uchwycić publiczność spragniona „prawdziwego" Woody'ego. Rzeczywiście studiował na Uniwersytecie Nowojorskim, ale w skeczu mówił, że chodził na zajęcia ze śmierci dla początkujących i ściągał na egzaminie końcowym z metafizyki: „Zajrzałem do duszy chłopaka, który siedział obok mnie". Mówił, że został usunięty z Uniwersytetu Nowojorskiego, co było prawdą, ale też że jego „matka przez to przedawkowała z kamieniami do madżonga". Faktycznie od zawsze poddawał się psychoanalizie, ale nie był przecież „kapitanem drużyny softbolowej utajonych, obgryzających paznokcie paranoików, grającej przeciwko moczącym się w nocy", ani też nie „kradł drugiej bazy" po to, żeby zaraz „poczuć wyrzuty sumienia i ją oddać". W innym skeczu twierdził, że nie był w wojsku, tylko na „obozie kanibali" – on sam i „jedenastu pożeraczy niewieścich serc". Mówił, że kiedy był młodszy, chciał mieć psa, ale rodziców nie było na niego stać. Poszli do „sklepu ze zwierzętami po traumie" i powiedzieli, że kupili mu psa, choć w rzeczywistości „kupili mrówkę", a on nie zauważył różnicy. Mówił, że jemu i jego żonie ślubu udzielił „rabin reformowany... bardzo reformowany... w zasadzie nazista".

Zaproszono go na bal kostiumowy, opowiadał, więc narzucił białe prześcieradło i zamierzał udawać ducha. Kiedy szedł na imprezę, podjechało do niego trzech gości w białych kapturach i powiedziało: „Wskakuj. Musimy jeszcze wpaść po Wielkiego Smoka[32]". Wsiadł do auta z trzema członkami Klanu i próbował „wczuć się – powtarzałem: «bracia» i «brud»". Mężczyźni założyli mu sznur na szyję i Allenowi „całe życie przeleciało przed oczami: smażenie suma... wyprawy do sklepu wielobranżowego... kupowanie kraciastej bawełny dla Emmy Louise... I naraz uświadomiłem sobie, że to nie moje życie...".

Allen poczyna zwodzić prymitywów swoim humorem, aż w końcu „członkowie Klanu byli tak poruszeni tym, co powiedziałem, że sprzedałem im obligacje Państwa Izrael za dwa tysiące dolarów". Historia przypomina tę o łosiu, w której Allen – przebiegły Żyd – triumfuje nad gojami. W obu przypadkach sedno opowieści stanowią cynizm i rozpacz: w prawdziwym życiu nowojorski Athletic Club nie wyzbyłby się antysemityzmu, a członków Klanu nie udałoby się Allenowi przemienić w apostołów braterstwa – najprawdopodobniej od razu by go zlinczowali. Śmiech pomaga zapanować nad ponurą rzeczywistością, ale nie na długo.

Było jeszcze clou programu, najdłużej oklaskiwany element występu: opowieść o pięknym zegarku: „Mój dziadek... na łożu śmierci... sprzedał mi ten zegarek".

Tym, co silnie łączyło Allena z publicznością, było mówienie o sobie samym jak o pełnym wad, bezradnym i rozkosznym nieudaczniku, z którym widownia mogła się utożsamić. Dopiero

---

[32] Według hierarchii Ku Klux Klanu, każdym klanowym Królestwem (czyli stanem) zawiadywał Wielki Smok.

w późniejszych filmach Woody'ego, poczynając od *Annie Hall*, tę pozę, tę kaskadę komicznych zdarzeń zastąpi bardziej realistyczny i zorganizowany zestaw nawiązań do prawdziwych przeżyć Allena – wówczas więź łącząca Allena z publicznością jeszcze się pogłębi.

Allen trafił we właściwą strunę, jej dźwięk rozniósł się po wielu innych obszarach kultury: pojawiły się osobowości w świecie kina (choćby Scorsese, Coppola, Cassavetes, Altman, Spike Lee, Spielberg), muzyki (Carly Simon, Paul Simon, James Taylor, Bob Dylan, Peter Allen, Joni Mitchell – wszyscy oni tworzyli na podstawie własnego doświadczenia życiowego) i dziennikarstwa (Nowe Dziennikarstwo Toma Wolfe'a, Huntera S. Thompsona i Normana Mailera) – nierzadko ulubionym tematem tych twórców byli oni sami. Najbliższy odpowiednik Allena w dziedzinie literatury, Philip Roth, w swoim pisarstwie również czerpał z osobistych przeżyć. Szukając własnego głosu jako literat, Roth wymyślał teksty komediowe o swojej rodzinie, które przedstawiał na imprezach u znajomych niczym rasowy stand-uper – pomysły te z czasem przerodziły się w opowieść o kompleksie Portnoya.

Nieśmiałość Allena nie wykluczała zdolności do radzenia sobie z prasą i manipulowania nią, a także wykorzystywania rozgłosu. John Corry napisał, że „rozmyślnie lekceważąc rozgłos i starannie pielęgnując swoją ekscentryczność, Allen zapewnia sobie akurat taką reklamę, na jakiej mu zależy, i tyle, ile potrzebuje". John McPhee, którego artykuł o Allenie ukazał się na łamach „Time'a", niedawno wspomniał wizytę Woody'ego u siebie w redakcji w 1962 roku, kiedy Allen miał dwadzieścia siedem lat. McPhee napisał, że niektórzy spośród rozmówców, z jakimi przeprowadzał wywiady jako początkujący dziennikarz, „sprawiali niemało problemów i trudno było nad nimi zapanować, ale próżno wśród nich szukać osoby milszej i bardziej zgodnej od Woody'ego Allena":

[Allen] powiedział, że jest „ukrytym heteroseksualistą". Dodał, że marzy o powrocie do łona – „dowolnego". W artykule opisałem go jako „ubranego w sportową marynarkę rudowłosego lemura o obgryzionych paznokciach". Opowiadał o ludziach, którzy „głośno się pocą". (...) Kiedy przeprowadzałem z nim wywiad, Woody Allen występował jako stand-uper w nocnym klubie w Greenwich Village. Pisząc dla komików telewizyjnych, powiedział, w dwa lata spłodził dwadzieścia pięć tysięcy dowcipów. Obu nam nie przeszkadzało to, że w rozmowie sypał nimi jak z rękawa.

W 1963 roku Allen wiele razy pojawiał się gościnnie w programie Allena Funta *Candid Camera* (Ukryta kamera), zawsze wywołując salwy śmiechu. Program polegał na robieniu żartów osobom, które nie wiedziały, że są filmowane. W jednym z najlepszych numerów Allen, ubrany w ciemny garnitur i pozujący na poważnego, pedantycznego biznesmena, dyktuje list miłosny maszynistce. Mówi z kamienną twarzą: „Najukochańsza, przecinek, już nie mogę bez ciebie żyć, średnik, potrzebuję cię bardziej, niż potrzebowałem kogokolwiek (otworzyć nawias okrągły: nie przesadzam, zamknąć nawias). Cytat, cudzysłów: «Gdy stąpasz, przecinek, piękna, przecinek, jakże przypominasz gwiaździste niebo bez śladu obłoku», zamknij cudzysłów, przecinek, napisał poeta, myślnik – miał na myśli najpewniej ciebie. Kropka. Od nowego wiersza".

I na koniec: „Do rychłego, przecinek, moja droga, przecinek, i wiedz jedno, dwukropek: kocham cię! Wykrzyknik. Muszę cię mieć!! Podwójny wykrzyknik. Jesteś dla mnie wszystkim!!! Potrójny wykrzyknik. Świat obraca się wokół ciebie? Znak zapytania".

Zaskoczona maszynistka pyta: „Po «obraca się wokół ciebie»?".

„Tak – odpowiada Allen. – Kocham cię. Kocham cię. Jak powinienem ją pozdrowić?".

„To pan pisze list, nie ja – protestuje maszynistka. – Przepraszam, ale nie spodziewałam się, że ktoś podyktuje mi taki list".
„Uważa pani, że jest dziwny?" – pyta Allen.
„Nie, jeśli rzeczywiście pan tak czuje – odpowiada maszynistka. – Ale wydaje mi się, że tego rodzaju list powinien pan sam napisać".
„Ułożyłem go przecież".
„Listów miłosnych nie pisze się na maszynie. Bo to list miłosny, prawda?".
„Zgadza się, to jest list miłosny".
„I pisze pan list miłosny na maszynie?".
„To przecież elektryczna maszyna do pisania".
I tak dalej. Scenka bawi nawet oglądana wiele razy, tak jak inne w wykonaniu Allena; nie ma się jej dosyć. Co ciekawe, kiedy Woody obejrzał ją ponownie po latach, stwierdził, że jest „upokarzająca" (dla niego) i „gówniana"; akurat wtedy próbował tworzyć w duchu Dostojewskiego.

W 1964 roku Allen zarabiał ćwierć miliona dolarów rocznie. Jego świat, tak jak dziś, obejmował przestrzeń ograniczającą się do Wschodniej Dziewięćdziesiątej Szóstej Ulicy, Piątej Alei, Madison, na której robił zakupy, i Central Parku; ewentualnie zapuszczał się na Central Park West, o ile mógł stamtąd szybko wrócić do swojego luksusowego apartamentu przy Piątej Alei (dziś mieszka w szeregowcu w Upper East Side). Był gościem na oficjalnej kolacji, wydanej na cześć prezydenta Kostaryki, na której tańczył z przyszłą pierwszą damą „Lady Bird" Johnson i uścisnął rękę przyszłemu prezydentowi Lyndonowi B. Johnsonowi. Pół roku później zabawiał gości na przyjęciu zorganizowanym z okazji zaprzysiężenia Johnsona.

Nawiązał bliską znajomość z byłą modelką i przyszłą producentką filmową i telewizyjną Jean Doumanian, enigmatyczną postacią, jedną z kobiet, których najwyraźniej potrzebował do tego, by poczuć się bezpiecznie. Poznali się w klubie Mister

Kelly's w Chicago. Została jego powiernicą, wypróbowywał na niej swoje pomysły. Codziennie rozmawiali przez telefon i często jadali razem kolacje. W wywiadzie dla „Rolling Stone" Allen powiedział, że Doumanian jest jego „najbliższą przyjaciółką (...) i taką osobą, którą chciałbyś mieć przy sobie, kiedy czekasz na wyniki biopsji". Załatwił jej zajęcie polegające na zapraszaniu gwiazd do programu Dicka Cavetta. Nikt nie potrafił rozgryźć tego związku ani przewidzieć, w jaki sposób się zakończy.

Pomimo napiętego grafiku, Allen często znajdował czas na nawiązywanie i podtrzymywanie znajomości z początkującymi komikami i autorami tekstów, takimi jak brat Jerry'ego Epsteina Sandy, Jack Victor albo Mickey Rose, pisarz, którego spotkał we Flatbush, mając dwadzieścia kilka lat. Craig Modderno, hollywoodzki scenarzysta, dziennikarz, spod którego pióra wyszło wiele misternych wywiadów, a także współautor *I'll Be in My Trailer: The Creative Wars Between Directors & Actors*, miał piętnaście lat, kiedy w 1966 roku poznał Woody'ego. Dzięki wielkoduszności Allena spotkanie okazało się wydarzeniem, które odmieniło życie Modderna. „Występował w San Francisco w hungry i – powiedział mi Modderno – klejnocie koronnym wśród klubów, miejscu, w którym zaczynali bracia Smothers, Cosby i Belafonte. Publikę rozgrzewał Tim Hardin. Zakochałem się w Woodym, kiedy zobaczyłem go w *The Tonight Show*". Modderno, który mieszkał w Walnut Creek w Kalifornii, dowiedział się, że Woody przyjeżdża do jednego z okolicznych klubów. Zadzwonił do miejscowej gazety „Contra Costa Times" i zapytał, czy mógłby przeprowadzić z Allenem wywiad, który następnie ukazałby się na „zielonych stronach" gazety (naprawdę były drukowane na zielono). Redakcja zgodziła się opublikować rozmowę pod warunkiem oczywiście, że ta okaże się wystarczająco ciekawa. Modderno poszedł do szkolnej biblioteki i wypożyczył magnetofon szpulowy, który ważył jakieś trzydzieści pięć kilogramów – musiał go dźwigać, bo był „za młody na prawo jazdy – wspominał. – Zadzwoniłem do hungry i i powiedziałem, że chcę przeprowadzić z Allenem wywiad na potrzeby «New York Timesa», co oczywiście nie było prawdą.

Poprosiłem tatę, żeby mnie zawiózł. W rozmowie z magazynem «Look» Woody powiedział, że przepada za shake'ami czekoladowymi, więc po drodze wstąpiliśmy po jeden. Kiedy dotarliśmy na miejsce, akurat występował Tim Hardin. Miałem porozmawiać z Woodym, zanim wyjdzie na scenę, ale już po skończonym występie Hardina. Zauważyłem Woody'ego, podszedłem do niego i wręczyłem mu shake'a, mówiąc, że wyczytałem, że lubi czekoladowe. Spojrzał na shake'a, który trafił do jego rąk trzy godziny po przyrządzeniu... Ale był mi za niego wdzięczny. Od początku traktował mnie jak dorosłego. Magnetofon oczywiście nawalił. Widział, jak go taszczyłem i że ważył pewnie połowę tego co ja. No i ten shake...

Ale wziąłem ze sobą notatnik i zrobiliśmy jednak ten wywiad. Kiedy Woody musiał już wychodzić na scenę, podszedł do nas Enrico Banducci, właściciel klubu. Powiedziałem: «O rany, a mogę jeszcze kupić bilety?». Roześmieli się i odparli: «Mamy dla ciebie miejsca». Na to ja: «A mogę przyprowadzić tatę?». Woody wybuchnął śmiechem. Dołączył do niego Banducci i powiedział: «Jasne, a gdzie go zgubiłeś?». «Pewnie czeka pod klubem» – mówię. Banducci znów się roześmiał i rzucił: «Ach, chodzi ci o tego faceta, który od trzech godzin pije przy barze? Myślę, że go znajdziemy».

Wiedzieli, że nie jestem z «New York Timesa». Woody od razu mnie polubił. Sączył shake'a. Usiedliśmy z tatą z boku sceny. Woody wychodzi, a ojciec mówi do mnie takim szeptem, że słyszeli go chyba aż w San Francisco – pamiętaj, że Woody wyglądał wtedy jak Woody w najzabawniejszym wcieleniu, z burzą rudych włosów – ojciec mówi do mnie tak: «Słuchaj, ten facet to musi być przezabawny, bo w życiu nie widziałem kogoś, kto wyglądałby tak śmiesznie».

Wtedy Woody zrobił coś genialnego. Spojrzał na nas, zobaczył, że te słowa padły z ust mojego ojca, i uśmiechnął się, po czym zareagował łagodnie, wręcz życzliwie. A mógł przecież rzucić jakąś kąśliwą uwagę. Zamiast tego zwrócił się do publiczności i powiedział: «Nie byłem ślicznym bobaskiem». I proszę: dzięki mojemu tacie zebrał brawa i salwę śmiechu, choć nie opowiedział jeszcze żadnego dowcipu. Zwróć uwagę, że przeważnie rozpoczynał występ od słów: «Byłem brzydkim dzieckiem» i dodawał, że to pewnie wskutek karmienia sztuczną piersią. Ale powiedział: «Nie byłem ślicznym bobaskiem», czyli zareagował na uwagę mojego taty. W dwie sekundy zaimprowizował wstęp i dwukrotnie rozbawił widownię, a potem przeszedł do puenty! Pokazał, jakim jest świetnym komikiem. Nie był złośliwy, nie był grubiański, nie był agresywny. Zachowywał się, jakby chciał powiedzieć: «No dobra, pośmiejmy się z tego»".

Zdaniem Modderna Woody nie cierpiał stand-upu i interesowało go wyłącznie pisanie. „Zawsze uważał, że to coś zbyt osobistego, zbyt intymnego – powiedział Modderno. – Nie lubił stawać przed ludźmi. Z moich rozmów z nim wynika, że brawa nigdy nie działały na niego pobudzająco. Chyba wydawało mu się – całkiem zresztą słusznie – że jeśli będzie występował, ludzie w końcu zorientują się, jakim jest świetnym autorem tekstów. Zawsze lubił ten aspekt stand-upu. Testował materiał na słuchaczach i mógł go później odpowiednio redagować, obrabiać jak montażysta – i chyba dlatego lubi też reżyserować".

Modderno widział go dwa lata później w King's Castle Casino w Tahoe. Właścicielami udziałów w kasynie byli Rollins i Joffe, na czym Woody korzystał. Modderno zadzwonił do Woody'ego z Walnut Creek. „Dwie minuty później podszedł do telefonu. Powiedziałem: «Witam, panie Woody» i opisałem, kim jestem – okazało się, że mnie pamiętał. Powiedział, że występuje w Tahoe i żebym przyjechał. Dodał, że nie jest pewien, czy załatwi mi pokój, bo wszystkie są zajęte, ale może postawić mi kolację i wkręcić mnie na występ. Miałem wtedy siedemnaście lat. Przyjechałem więc i zaprowadził mnie do swojej garderoby. Powiedział, że będzie jego dziewczyna i że mam przyjść, i wziąć, co będę chciał, darmowy bilet na występ i tak dalej. Powiedział, że po występie wybiera się z dziewczyną na kolację, ale żebym przyszedł później, to pogadamy we dwóch. No więc najpierw spotkałem się z obojgiem. Byłem chudym, nieporadnym dzieciakiem, Woody był niesamowicie nieśmiały, a jego dziewczyna – jeszcze bardziej płochliwa od niego. Przez chwilę siedzieliśmy we trójkę i wszyscy milczeliśmy. Tą dziewczyną była Diane Keaton, cudownie razem wyglądali. To było już po tym, jak wystawili *Zagraj to jeszcze raz, Sam* na scenie, ale zanim nakręcili film. Zorientowałem się, że woleliby spędzić ten czas we dwoje, więc wyszedłem i usiadłem na widowni, czekając na występ".

Tak Modderno wspominał pozostałą część wieczoru: „Nigdy tego nie zapomnę. Po jego pierwszym występie tego wieczoru i po naszej rozmowie przechodzimy zapleczem przez kuchnię. Jest trzecia w nocy. Jakiś facet myje podłogę mopem, odstawia go, kiedy widzi, że idziemy. Woody ma jeszcze jeden występ. Oprócz nas nie ma nikogo. Woody odwraca się do mnie i mówi: «Przyjechałem tu wyłącznie dlatego, że poprosili mnie o to moi menedżerowie, bo mamy jakieś niewielkie udziały w tym klubie». Czyli: występuję dla pieniędzy, wyświadczam uprzejmość moim menedżerom. I powiedział jeszcze: «Miło dziś spędziłem czas. Romantyczna kolacja z dziewczyną. A i z tobą przyjemnie się rozmawiało». A potem: «Gdybym mógł, dałbym ci wszystkie pieniądze, jakie mam, żebyś tylko wyszedł zamiast mnie na scenę. Jest trzecia w nocy, świetnie się bawiłem z nią i z tobą, i już nie chcę być zabawny. Dziś już nie mam na to siły».

Przy tej samej okazji pokazał mi trik, który wykorzystywał w skeczu o zegarku i dziadku. Pokazał mi zegarek i zapytał: «Wiesz, po co sięgam po zegarek podczas występu?». «Dla lepszego efektu?» – odparłem. «To też – powiedział. – Chodzi o to, że kiedy otwieram kopertę, zanim wypowiem puentę, widzę, ile czasu zostało mi do końca występu». Jeśli miał na przykład dwie minuty w zanadrzu, dorzucał kilka dowcipów na wypełnienie, bo puenta o zegarku była tekstem na wyjście. Jeżeli był w niedoczasie, opowiadał szybko ze dwa kawały, po czym ponownie otwierał zegarek. Myślę, że to kolejna rzecz świadcząca o jego niechęci do występów. Pamiętam, że nie musiałem wyciągać z niego zwierzeń, sam zaczął. Tamtego wieczoru pocieszałem go, zanim wszedł na scenę. «Dasz im radę» – powiedziałem jak do boksera. Nie chciał tam wychodzić. Przecież w pokoju czekała na niego młoda Diane Keaton. Nie miałem wątpliwości, że rzeczywiście robi to wyłącznie dla Jacka i Charliego.

Wkrótce znów się zobaczyliśmy. Tego pierwszego wieczoru, kiedy przeprowadzałem z nim wywiad w hungry i, spytałem: «Jaką postacią historyczną chciałbyś być?». Zwiesił głowę, złożył dłonie jak do modlitwy i powiedział: «Daj mi chwilę». Potem podniósł głowę jak popularna w tamtych czasach maskotka Pillsbury Doughboy i odparł, trafiając w punkt: «Judaszem. Bo lubię kłamać». Uznałem, że to jeden z najzabawniejszych tekstów, jakie kiedykolwiek słyszałem.

Wiedziałem tylko, że mnie, chłopakowi, który jeszcze nigdy niczego nie opublikował, trafiło się doskonałe zakończenie. Żywe złoto, pomyślałem. Ozłocił mnie na sam koniec".

Nie było to ostatnie spotkanie Modderna z Woodym.

„Woody zawsze miał zdolności parapsychologiczne – wspominał Jerry Epstein. – Widziałem jego występ w Waszyngtonie, kiedy miał dwadzieścia osiem lat. Potem rozmawialiśmy. Powiedział mi: «Twoja kariera będzie się opierała na zgłębianiu zagadki śmierci». I rzeczywiście. Moja nowa książka nosi tytuł *Love Trumps Death* (Triumf miłości nad śmiercią). Faktycznie zajmuję się intensywnym zgłębianiem tajemnicy życia i śmierci.

Potem Woody powiedział: «Słuchaj, mam spotkanie z astrologiem. Może poszedłbyś ze mną?». Poszedłem. Usiedliśmy w hotelowym pokoju. W pewnej chwili astrolog powiedział do Woody'ego: «Z twojego horoskopu wynika, że będziesz się zajmował filmami. Zostaniesz reżyserem filmowym. Będziesz znany w tej dziedzinie». [Dla Woody'ego] to było zdumiewające, bo nawet nie przypuszczał, że pójdzie w tym kierunku. Był wtedy stand-uperem i robił karierę w sektorze komediowym. Ale niedługo, zaledwie kilka miesięcy później, zaczął pracować przy *Co słychać, koteczku?*".

W 1964 roku Warren Beatty oraz biznesmen i producent Charles K. Feldman poszli do klubu Blue Angel, usiedli tuż pod sceną i obejrzeli występ Woody'ego Allena. Feldman był znanym i wpływowym hollywoodzkim agentem, zajmował się interesami między innymi Howarda Hawksa, Johna Wayne'a, Charlesa Boyera, Lauren Bacall i George'a Stevensa; wyprodukował takie filmy jak *Szklana menażeria* (1950), *Tramwaj zwany pożądaniem* (1951) czy *Słomiany wdowiec* (1955), ale w 1964 roku, kiedy poznał Woody'ego, czuł się już wypalony. Szukał scenarzysty do pracy nad filmem o bohaterze w typie donżuana, wzorowanym na postaci Beatty'ego, który naprawdę rzucał do słuchawki: „Co słychać, koteczku?", ilekroć w telefonie odzywał się kobiecy głos.

Następnego dnia Feldman wysłał fotografa Sama Shawa, by ten zapytał Charlesa Joffe'a, czy Woody byłby zainteresowany napisaniem scenariusza do filmu. Woody dostrzegł w propozycji szansę na odejście od stand-upu i ochoczo na nią przystał. W lipcu 1964 roku poleciał do Londynu. Bardzo złe doświadczenia, które miał podczas pracy nad stricte komercyjnym obrazem, jakim był *Co słychać, koteczku?*, rzutowały na wiele spośród przyszłych kluczowych decyzji dotyczących kręconych przez niego filmów. Nigdy nie żałował tych decyzji, na nich bowiem zasadzało się jego psychiczne i artystyczne przetrwanie. Otóż

Woody zakładał, że scenariusz, który stworzył, pozostanie nietknięty, a tymczasem okazało się, że w trakcie pracy na planie stracił kontrolę nad własnym materiałem. Konsekwencja, z jaką dziś egzekwuje warunek całkowitej swobody jako reżyser, scenarzysta i filmowiec, wynika z urazu, który spowodowała w nim praca nad *Co słychać, koteczku?* i *Casino Royale*. „Kiedy scenariusz był już gotowy, wydawał mi się całkiem niezły, ale oni nie mieli pojęcia, jak go wykorzystać – powiedział Stigowi Björkmanowi. – Powstał więc film, z którego byłem bardzo niezadowolony i do którego w ogóle nie potrafiłem się przekonać. Przyrzekłem sobie wówczas, że już nigdy nie napiszę żadnego scenariusza, chyba że sam będę mógł zrobić z niego film"[33].

Bohaterem opowieści jest grany przez Petera O'Toole'a redaktor magazynu mody, który radzi się granego przez Petera Sellersa psychiatry w sprawie uzależnienia od seksu. Woody wcielił się w przyjaciela O'Toole'a, Victora Shakapopolisa, który ubiera i rozbiera striptizerki w Crazy Horse Saloon. Powstał lekki filmik, farsa, czysta anarchia. Przywodzi na myśl obrazy braci Marx, kojarzy się z farsami Georges'a Feydeau i trzaskaniem drzwiami, chaosem filmów Macka Sennetta albo z telewizyjnym programem komediowym *Laugh-In*.

Sporo tu żartów slapstickowych, głównie w wykonaniu Sellersa. Allen przywdziewa maskę ofermy i gamonia, a także zdradza, że jego postać to słabiak wzorowany na bohaterze granym przez Boba Hope'a w filmach z lat czterdziestych, takich jak *Monsieur Beaucaire*, *Casanova's Big Night* i *My Favorite Blond*. Allen przyznał, że jego tchórzliwe dowcipkowanie również stanowi spuściznę po wcieleniach Hope'a, który w swoich filmach nieustannie usiłuje zdobyć dziewczynę, a kiedy już mu się to udaje, popisuje się nieporadnością; zawsze wydaje się sobie lepszy, niż jest w rzeczywistości.

---

[33] *Woody według Allena*, dz. cyt., s. 25.

Pomysł był zabawny, ale zanim Feldman, Sellers i spółka zabrali się do realizacji scenariusza, fabuła zdążyła się rozwodnić i przerodzić w cyrk, kabaret i radosne bachanalia – słowem: chaos pełną gębą. Wizualnie *Co słychać, koteczku?* kojarzy się z filmem animowanym. I jest mało śmieszny. Sellers i Clive Donner, niedoceniony brytyjski reżyser z lat sześćdziesiątych, przejęli dowodzenie i przerobili scenariusz: pozamieniali dialogi i w zasadzie stworzyli nową wersję całej opowieści. Historia nie trzyma się kupy, ma wybitnie swobodny charakter i bawi tylko momentami. W kilku scenach Woody (Victor) postanawia zabić Petera O'Toole'a po to, żeby odbić mu dziewczynę, ale wątek zostaje na dobre porzucony mniej więcej w połowie filmu. Zmasakrowano historię napisaną przez Woody'ego, a jego obiekcje zakrzyczano bądź zignorowano. Allen był zaledwie trybikiem w maszynce do zarabiania pieniędzy. Zlekceważono go. Napisawszy scenariusz, utracił nad nim kontrolę i został pozbawiony możliwości dokonania twórczego wkładu w pracę. „Wydawało mi się, że nikt nie ma pojęcia, co zrobić z tym filmem – powiedział. – Producenci (…) byli uosobieniem hollywoodzkiej machiny. Podjęli się realizacji tego projektu na modłę hollywoodzką w najgorszym tego słowa znaczeniu. (…) To największy koszmar, jaki można sobie wyobrazić. Podważali każdą moją twórczą decyzję. (…) Producenci nigdy nie rozumieli tego scenariusza. A ja, oczywiście, nie mogłem nic powiedzieć"[34].

Dochodziło do silnych tarć między Allenem a Feldmanem. „Charlie Feldman rządził wszystkim żelazną ręką – opowiadał Allen Erikowi Laksowi. – A ja wciąż myślałem: Nie przeszkadzajcie mi i pozwólcie pokazać, jak to zrobić. (…) Miał po prostu blokadę, jakąś psychologiczną blokadę, która nie pozwalała mu mówić prawdy. Dlatego trudno było z nim pracować"[35].

---

[34] Tamże, s. 25–26.
[35] Eric Lax, dz. cyt., s. 432.

Krytycy nie zostawili na filmie suchej nitki, ale frekwencja w kinach dopisała; obraz przyniósł siedemnaście milionów dwieście tysięcy dolarów dochodu brutto i zajął piąte miejsce na liście najbardziej kasowych tytułów roku. Allen zarobił na nim majątek. Napisana przez Burta Bacharacha i Hala Davida, a zaśpiewana przez Toma Jonesa piosenka tytułowa również okazała się przebojem.

Nietrudno dostrzec w *Co słychać, koteczku?* zapowiedź późniejszych dokonań kinowych Woody'ego Allena. Film stanowi też, razem z *O północy w Paryżu* z przeciwnej strony spektrum czasowego, ciekawą klamrę jego twórczości. Zapoczątkowuje swego rodzaju format Allena, w którym główny bohater niekoniecznie jest kluczową postacią opowieści, bo oddziałuje na niego wiele innych *comoediae personae*. Dialogi kojarzą się z Groucho Marksem i Jerrym Lewisem, wczesnymi idolami Woody'ego. Najlepszy tekst pada z jego ust, kiedy opowiada o swojej pracy polegającej na ubieraniu striptizerek za dwadzieścia dolarów tygodniowo: „Na więcej mnie nie stać". W *Chłopcu na posyłki* Jerry Lewis dostaje propozycję pracy w studiu. „Za ile?" – pyta. „Pięćdziesiąt dolarów tygodniowo" – pada odpowiedź. „Nie stać mnie" – kwituje Lewis.

„Mój mąż Charlie pojechał z Woodym do Paryża – powiedziała mi Carol Joffe. – Sądzę, że razem uganiali się za kobietami. Podobał im się Paryż i podobało im się wszystko, co stawało się ich udziałem. Charlie był «tym niegrzecznym», a Woody jego przeciwieństwem. Wiem, że zaglądali do Crazy Horse Saloon w Paryżu, tam gdzie można było obejrzeć przedstawienia z półnagimi dziewczynami. Charlie jako pierwszy zrywał się z miejsca, obejmował, ściskał, dotykał. Woody, naturalnie, nigdy nie zrobiłby czegoś takiego; po prostu siedziałby i patrzył. W różnych sytuacjach towarzyskich potrzebował obecności Charliego. Niemniej na samym początku Woody nawiązywał chyba dość silne więzi z aktorkami. Dobrze się czuł w ich towarzystwie.

Wszystko było w porządku, dopóki tkwił we własnej skorupie. Miał w sobie moc, ludzie do niego lgnęli, nie musiał do nikogo docierać. Naprawdę nie wiem, co by począł, gdyby nie ten dar! Woody bez pracy by zginął. To cały on. Taki już jest. Myślę, że próbuje dorównać swoim idolom. A tymczasem inni starają się dorównać jemu".

Allen zakochał się w Paryżu, ale nadal prowadził hermetyczne życie, bez przerwy pracował, codziennie ćwiczył na klarnecie i co wieczór chodził do niewielkiej knajpki na filet z soli. „Żałuję, no, prawie żałuję, że tam nie zostałem – powiedział Laksowi. – Dwie garderobiane [Mia Fonssagrives i Vicky Tiel] tak bardzo polubiły Paryż, że zamieszkały w tym mieście na stałe i tam pracowały. Nie miałem ich ducha niezależności ani oryginalności"[36].

„Kiedy przyjechałam do Paryża – wspominała Vicky Tiel – Woody kręcił *Koteczka*. Wybrałam się z Mią, pasierbicą Irvinga Penna. To my, jako duet Mia-Vicky, wymyśliłyśmy spódniczkę mini. Producent *Koteczka* dopiero szukał pomysłu na film i nie miał nikogo od kostiumów. W magazynie «Life» ukazał się artykuł o nas: *Nadchodzi mini*. Do tego nosiłam prześwitujące ciuchy. Jako pierwsza na świecie wkładałam koronkowe bluzki, przez które wyraźnie było widać piersi. Producent powiedział: «Zatrudnijmy te szalone, seksowne nowojorczanki, żeby nam zaprojektowały kostiumy». I tak przyjęto mnie do ekipy; to była moja pierwsza praca i pierwszy film. Zupełnie przypadkiem znaleźliśmy się na planie tej samej produkcji.

Któregoś dnia patrzę: idzie Woody. Dla nas obojga to była pierwsza praca. I oto ja: kiczowata Peaches La Tour. «Peaches, co robisz w Paryżu?» – zapytał, więc odpowiedziałam: «Robię kostiumy do twojego filmu». Nie widzieliśmy się od czasów Greenwich Village, ale to był nadal ten sam nieśmiały Woody.

---

[36] Tamże, s. 433.

Miałam chłopaka w Niemczech, miałam chłopaka w Anglii, miałam chłopaka w Nowym Jorku, ale nie miałam nikogo w Paryżu. Reżyser miał na mnie ochotę i Woody miał na mnie ochotę. Chłopaki z ekipy mówiły, że powinniśmy zorganizować konkurs, w którym będę nagrodą. Dyrektor artystyczny oferował się, że zostanie sędzią. Obaj panowie mieliby kupić mi coś na urodziny i z tym, którego prezent byłby lepszy, poszłabym do łóżka. No więc w dzień moich dwudziestych pierwszych urodzin urządziliśmy odlotową imprezę. I Woody wygrał. Kupił mi flippera i wynajął dwóch facetów, żeby mi go zataszczyli na czwarte piętro do mieszkania.

Następnego dnia – opowiadała dalej Tiel – miałam się z nim przespać. Leżał w łóżku w pokoju w hotelu George V i czekał na mnie. Wymyśliliśmy to tak, że wejdę i wskoczę pod prysznic, a potem od razu pod kołdrę. Ale nie przyszłam. Już mówię dlaczego. Otóż tego dnia do pracy nad *Koteczkiem* zatrudniono charakteryzatora, który współpracował między innymi z Elizabeth Taylor; facet przyleciał prosto z Los Angeles. Nazywał się Ron. Przyszedł zjeść lunch w stołówce w studiu. Zjawił się z Burtonami i podszedł do naszego stolika, żeby porozmawiać z Paulą Prentiss. Kiedy skończyli, Paula powiedziała: «Gość jest szychą w MGM». Potem podszedł raz jeszcze i poprosił mnie o numer telefonu. Dałam mu go.

Zadzwonił do mnie tego samego dnia wieczorem, kiedy wrócił z pracy, i zapytał: «Mogę wpaść do ciebie?». O ósmej miałam się spotkać z Woodym w hotelu. Ron przyszedł do mnie ... i już został.

Nazajutrz było koszmarnie. Spotkałam Woody'ego na korytarzu. «Nie przyszłaś. Co się stało?» – zapytał. Dokładnie tak brzmiały jego słowa. Odparłam: «Wiesz co, Woody, poznałam mężczyznę, za którego wyjdę za mąż».

«Że co? – zareagował. – O czym ty mówisz?».

Ja na to: «Podczas lunchu poznałam faceta, z którym wezmę ślub».

«Podczas lunchu?».

«No tak» – przyznałam, zwiesiłam głowę i odeszłam. To go zdruzgotało.

Później w *Manhattanie* zobaczyłam scenę, w której Isaac mówi Tracy, że jeśli ta wyjedzie do Londynu, zapewne pozna kogoś podczas lunchu i zakocha się w nim. Byłam wstrząśnięta.

Mimo wszystko pozostaliśmy z Woodym przyjaciółmi. Często przylatywał do Paryża i zaglądał do mojego sklepu.

Woody intelektualizował kontakty z kobietami. Intelektualizował romantyczność. Usiłował objąć to rozumem i dużo rozmawiał. Nie mówił: a teraz rzucę cię na łóżko i zerżnę. Nie był, rozumiesz, taki jak Warren. Podobnym do Woody'ego intelektualistą był Richard Burton. Miał gadkę jak Woody, ale potem rzucał cię na łóżko jak Warren. Woody to mózgowiec. Pisze scenariusze na podstawie własnych doświadczeń. Większość ludzi nie potrafi żyć na tylu poziomach, co Woody. Jego interesuje przede wszystkim wymiana myśli. Kiedy angażujesz się w związek z nim, on staje się czuły i troskliwy. Zupełnie jak w swoich filmach. Ufa ci, dzieli się i rozmawia z tobą o wszystkim".

Na domiar całego zła, które spotkało go tamtego roku, Woody ze zdumieniem dowiedział się, że Harlene pozwała go do sądu, domagając się od niego, od sieci NBC i wszystkich jej oddziałów miliona dolarów za zniesławienie. Sporządziła listę zawierającą przykłady komentarzy w wykonaniu Allena, zawierającą również żart na temat gwałtu i tego, że gwałciciel musiałby się mocno napocić, żeby coś poczuła. Oskarżyła go także o to, że zalega z alimentami na kwotę ośmiu tysięcy dolarów. Allen, jak zwykle, był skołowany zarzutami Harlene i nie wierzył, że zrobił coś złego. (Przypomnijmy sobie scenę z *Przejrzeć Harry'ego*, w której Harry nie jest w stanie pojąć, dlaczego żona się na niego wścieka). Utrzymywał, że to przecież wszystko były żarty, a Harlene jest przewrażliwiona.

Harlene podniosła sumę żądań do dwóch milionów. Dopiero po kilku latach, w 1970 roku, udało się Woody'emu i Harlene załatwić sprawę polubownie. W ugodzie zawarto umowę, w myśl której Allen zobowiązał się do zaprzestania opowiadania dowcipów na temat Harlene, ona zaś obiecała, że zachowa w tajemnicy szczegóły ich małżeństwa oraz warunki ugody.

Allen spotykał się z Louise Lasser na randkach w Central Parku i zabierał ją do kina, robił zatem wszystkie te proste, zwyczajne rzeczy, które poza pisaniem stanowią podstawę jego życia. Wkrótce po powrocie z Paryża wybrał się z Louise do ratusza i tam uzyskali zezwolenie na zawarcie małżeństwa. Według opowieści Lasser, Allen zemdlał podczas badania krwi. Para pobrała się drugiego lutego 1966 roku, uroczystość odbyła się w salonie mieszkania znajdującego się przy Wschodniej Pięćdziesiątej Ulicy pod numerem sto pięćdziesiąt pięć, należącego do ojca i macochy panny młodej. Jedynymi znajomymi obecnymi na ślubie byli Mickey i Judy Rose'owie oraz Jean Doumanian. Wieczorem tego samego dnia Woody dał dwa występy w klubie The Royal Box w hotelu Loews Americana (obecnie mieści się tam Sheraton).

Wynajęli sześciopokojowe, dwupoziomowe mieszkanie na ostatnim piętrze domu przy Wschodniej Siedemdziesiątej Dziewiątej Ulicy pod numerem sto. Czynsz wynosił dziewięćset dolarów miesięcznie. Większa część lokum pozostała w zasadzie nieumeblowana, jeśli nie liczyć szafy grającej i organów Hammonda. W jadalni stały zabytkowe francuskie meble i stół do bilardu.

Allen zatrudnił kucharza i pokojowego z Filipin. W sylwestra 1966 roku Allenowie zaprosili na potańcówkę stu pięćdziesięcioro gości, ale okazało się, że na imprezę próbuje się dostać – i w rezultacie praktycznie okupuje budynek – dobre pięć setek chętnych. Widząc ten tłum, Louise rozpłakała się. Oboje z Woodym ulotnili się z mieszkania, poszli do taniej knajpki na rogu i zamówili kanapki, podczas gdy w mieszkaniu zabawa trwała w najlepsze.

Małżeństwo od początku było posadowione na niepewnym fundamencie; depresja Louise, jej lekomania, zmiany nastrojów, przesypianie całych dni i ogólnie nieobliczalność i niezrównoważenie przekreślały wszelkie nadzieje na ustabilizowanie związku w przyszłości. Przede wszystkim jednak sytuacja nie sprzyjała tworzeniu odpowiednich warunków do pracy, dlatego Woody nie zrezygnował z drugiego mieszkania (tak samo jak Alvy w *Annie Hall*). Woody i Louise naprawdę się kochali; Allen traktował ją z czułością. Odznaczali się podobną wysoką kulturą umysłową, stanowili bratnie dusze. Lasser była bardzo zabawna – doskonała partia dla Allena – miała cięty dowcip, była ekscentryczna, bystra i utalentowana. W 1967 roku wystąpiła w jednej z głównych ról w broadwayowskim musicalu *Henry, Sweet Henry*. Tytułowa rola w nakręconym dziesięć lat później osobliwym i rozkosznie głupkowatym serialu *Mary Hartman, Mary Hartman* pasowała do niej wręcz idealnie. Kiedy Allen portretował „szalone" kobiety, których parada przewinęła się przez jego filmy – od Nancy w *Bananowym czubku* (Louise Lasser) i Annie w *Annie Hall* (Diane Keaton), przez Mary w *Manhattanie* (Keaton), Dorrie we *Wspomnieniach z gwiezdnego pyłu* (Charlotte Rampling), Rain w *Mężach i żonach* (Juliette Lewis), po postaci Holly w *Hannah i jej siostrach* (Dianne West) i Amandy Chase w *Życiu i całej reszcie* (Christina Ricci) – często miał na myśli Louise. Nie robił tego, żeby dopiec Louise albo swoim bohaterkom; zawsze przyznawał, że pociągają go i podniecają takie kobiety i że stanowią dla niego wyzwanie. Problem w równym stopniu dotyczył ich, jak i jego. Poza tym Lasser nie była po prostu szalona; była autentyczna i oryginalna, jedyna w swoim rodzaju – zupełnie jak Allen.

„Louise stanowiła ważną część naszego życia – wspominała Carol Joffe. – Była niesamowicie zabawną kobietą. Bardzo niekonwencjonalną, powiedziałabym, że nieco postrzeloną. Pełna czułości, serdeczna i ciepła osoba, niezwykle swobodna. Była odrobinę zwariowana, ale w pozytywnym tego słowa znaczeniu. Razem z Woodym stanowili prześmieszny duet. Choć bywało, że przeholowywała. Kiedyś miała urodziny, zebraliśmy się bodaj w ósemkę, usiedliśmy przy ławie, ktoś przyniósł przepyszny tort. Louise zdmuchnęła świeczki, odśpiewaliśmy *Happy Birthday* i nagle ona wsadziła rękę prosto w tort, nabrała sobie pełną garść i włożyła do ust. «Zawsze chciałam to zrobić» – powiedziała. Taka była. Wariatka. Dzika, wspaniała i zabawna. Cudownie odnosiła się do moich dzieci, często się nimi opiekowała. Uwielbiały ją".

Krótko przed ślubem Woody napisał dialogi do japońskiego filmu, który następnie został zdubbingowany i trafił do kin pod tytułem *Jak się masz, koteczku?* Allen współpracował przy nim z Louise, Mickeyem Rose'em, Frankiem Buxtonem i Lenem Maxwellem. Podłożył głos pod kwestie dwóch postaci. Wynajął pokój w hotelu Stanhope, ustawił projektor i kilkakrotnie puścił cały film. Wszyscy mówili, co im ślina na język przyniosła, i jeśli Woody'emu spodobał się jakiś tekst, umieszczał go w ścieżce dialogowej. Uważał, że gotowy film był koszmarny. Próbował sądownie doprowadzić do zakazu jego rozpowszechniania, ale odpuścił, kiedy okazało się, że drugi *Koteczek* zebrał pozytywne recenzje. Ponownie niemal wbrew sobie odniósł spory sukces komercyjny, nie taki jednak, na jakim mu naprawdę zależało.

Imponujący dorobek Allena obejmował teraz, oprócz występów w filmach, których scenariusze sam napisał, również specjalne wydania popularnych programów telewizyjnych, opowiadania i sztuki. Jego pierwszą sztuką była *Don't Drink the Water* o prostej żydowskiej rodzinie, która wyjeżdża na wczasy za żelazną kurtynę i zostaje oskarżona o szpiegostwo. Miała premierę w 1966 roku na Broadwayu, a w obsadzie znaleźli się

Lou Jacobi i Kay Medford jako para Amerykanów oraz Tony Roberts jako syn ambasadora, który zakochuje się w córce pary, granej przez Anitę Gillette. Allen stwierdził, że to „okropna sztuka". Miał rację. Tekst sprawia wrażenie lżejszej wersji utworów Neila Simona (o ile to w ogóle możliwe), jest pozbawioną humoru, ordynarną komedią slapstickową pełną stereotypowych postaci. Jedynie w *The Floating Light Bulb*, *Zagraj to jeszcze raz, Sam* i jednoaktówkach *Śmierć* oraz *Gdy śmierć zastuka* udało się Allenowi przemycić typowe dla siebie poczucie humoru; w *Don't Drink the Water* powrócił do dowcipów rodem z żydowskich Alp, stworzył przerysowane postaci i rzucił je w wir perypetii wymyślonych bez polotu, zupełnie jak w niektórych spośród jego pomniejszych filmów – choć podobno natrudził się nad tą sztuką. *Don't Drink the Water* to jeden z jego najsłabszych tekstów, który być może cieszyłyby się powodzeniem w kurortach w górach Catskill, a w każdym razie nadal bywa grywany i oklaskiwany w kabaretach. Moją pierwszą reakcją było: czy naprawdę podpisał się pod tym Woody Allen? Niestety, tak. Pierwsze recenzje były niepochlebne. Walter Kerr napisał w „New York Timesie": „Powiedzenie, że zbyt wiele żartów potrafi położyć tego rodzaju przedstawienie, to bzdura. Arystofanes na pewno chętnie zdzieliłby tego, kto je wymyślił. Tym, co w istocie tu widać, jest bowiem niedostatek teatralnej esencji w słowach płynących ze sceny. Źródło wysycha, rzeka nie sięga znaku wysokiej wody. Bon moty padają jeden za drugim, a mimo to poziom cieczy w zbiorniku opada. Komedia, tak jak zresztą inne gatunki sceniczne, wymaga wewnętrznego impulsu. Ten zaś rodzi się w opowieści i rozwija w sytuacje, które byłyby zabawne, nawet gdyby podawały je sztywne dialogi. (…) Liczy się struktura, a nie ozdobniki". Mimo to sztuka okazała się sporym sukcesem komercyjnym i grano ją przez półtora roku. Prawa do ekranizacji zakupił Joseph E. Levine. Film z Jackie Gleason, który trafił na ekrany w 1969 roku, był jeszcze gorszy niż sztuka; jego drugie wcielenie, z 1994 roku[37], ostatecznie pogrążyło tekst i okazało się klapą.

Allen zaczął również pisać opowiadania i wysyłać te krótkie, utrzymane w stylu S.J. Perelmana, humorystyczne teksty do „New Yorkera", najbardziej prestiżowego magazynu w Stanach Zjednoczonych. Roger Angell, jeden z redaktorów pisma, uznał jednak wczesne prozatorskie próby Allena za zbyt wyraźnie wzorowane na twórczości Perelmana. Powiedział Allenowi: „To bardzo zabawne teksty, ale nie oryginalne". Woody, zgodnie ze swoim zwyczajem, wziął krytykę głęboko do serca, poprawił się i napisał wiele opowiadań, które przetrwały próbę czasu. Jako pierwsza, dwudziestego stycznia 1966 roku, ukazała się w „New Yorkerze" *Korespondencja Gossage'a i Vardebediana*. Allena rozpierała radość. W opowiadaniu była mowa o dwóch mężczyznach, którzy grając korespondencyjnie w szachy, posyłają do siebie listy o coraz bardziej nieprzyjaznej treści, przy czym jeden uważa drugiego za szaleńca i odwrotnie. Następnie na łamy trafiły *Trochę głośniej, proszę* i *Maszyna parowa sobie z tym nie poradzi* – historia wynalezienia kanapki. W latach 1965–1980 w różnych magazynach, głównie w „New Yorkerze" ukazało się około pięćdziesięciu opowiadań Allena; choć potem Woody stwierdził, że ma dość pisania „suflecików", to jednak nadal sporadycznie publikował w „New Yorkerze". Niektóre spośród tych historii zapadają w pamięć, ale z czasem wzorzec polegający na mieszaniu rzeczywistości z tym, co absurdalne, surrealistyczne i paradoksalne, stał się monotonny, z czego sam Allen zdał sobie sprawę. W odróżnieniu od filmów, w których Woody nieustannie zaskakuje innowacyjnością i potrafi badać nowe, zadziwiające tereny, jego proza wyraźnie skoncentrowała się na wałkowaniu sprawdzonych motywów: była inteligentna i zręcznie posługiwała się

---

[37] Tę wersję, pod tytułem *Nie wkładaj palca między drzwi*, wyświetlano również w Polsce.

parodią, ale sprawiała wrażenie tłoczonej z jednej formy. Mimo że nie do wszystkich opowiadań chciało się wracać, to jednak Allenowi udawało się nie popełnić grzechu monotonii. Zaskakiwał, kiedy czytelnik najmniej się tego spodziewał. Różnica między jego filmami a prozą może polegać na tym, że parodia i satyra, które posługują się pewnymi wzorcami, mają swoje ograniczenia, ponieważ bohater nie jest w nich najważniejszy i ponieważ nie są one gatunkami emocjonalnymi, lecz ze swej natury krytycznymi. Natomiast filmy Allena nie tylko często diametralnie różnią się od siebie i reprezentują ogromną różnorodność stylów oraz metod prowadzenia opowieści, ale też zawierają głębszą charakterystykę postaci i ładunek emocjonalny, jak również przetwarzają osobiste doświadczenia ich twórcy. Niemniej wiele spośród opowiadań Allena można uznać za znakomite. Na przykład w *Rzucie oka na przestępczość zorganizowaną* Woody zapoznaje czytelnika ze strukturą Cosa Nostry: „Na szczycie stoi *capo di tutti capi*, czyli szef wszystkich szefów. W jego domu odbywają się spotkania i to on jest odpowiedzialny za dostarczanie zimnych przekąsek i lodu w kostkach. Niedopełnienie tego obowiązku oznacza natychmiastową śmierć. (Śmierć, nawiasem mówiąc, jest także jedną z najgorszych rzeczy, jakie mogą się przytrafić członkowi Cosa Nostry, wielu zatem woli po prostu płacić grzywny)"[38].

Allen był niczym bicz na wszelkie współczesne mu mody: myślenie w kategoriach newage'owych, seminaria treningowe Erharda, zjawiska paranormalne, jasnowidzenie, postrzeganie pozazmysłowe, Uriego Gellera (iluzjonistę wyginającego łyżki), to, co nadnaturalne, radykalne fanaberie – panacea podsycające jego nienawiść do Hollywoodu, w którym zdaniem Woody'ego

---

[38] Woody Allen, *Rzut oka na przestępczość zorganizowaną* (przeł. Piotr W. Cholewa), w: *Obrona szaleństwa*, Dom Wydawniczy Rebis, Poznań 2015, s. 16. (Zbiór opowiadań, który ukazał się w Polsce trzykrotnie pod tytułem *Bez piór*, został później włączony do tomu *Obrona szaleństwa* wydanego przez Rebis).

wiele spośród nich rodzi się i dojrzewa. (W *Annie Hall* w scenie imprezy u Paula Simona kamera przesuwa się wśród gości; jeden z nich, Jeff Goldblum, dzwoni do guru i mówi: „Zapomniałem swoją mantrę"). Allen zawsze opowiada się za zdrowym rozsądkiem oraz tym, co praktyczne i prawdziwe. (W *Hannah i jej siostrach* ojciec Mickeya odpowiada na pytanie syna następującymi słowami: „Skąd, u licha, mam wiedzieć, dlaczego istniał nazizm? Ja nawet nie wiem, jak działa otwieracz do konserw"[39]). W opowiadaniu *Badanie zjawisk parapsychicznych* z wydanego w 1975 roku zbioru *Bez piór* Woody naśladuje typowy dla tego rodzaju literatury górnolotny styl i sposób myślenia, jednocześnie drwiąc z niego: „Świat niewidzialny istnieje, bez dwóch zdań. Kwestia tylko, jak daleko to jest od śródmieścia i do której otwarte (...). Czy po śmierci można jeszcze wziąć prysznic? Na szczęście na wszystkie te i podobne pytania o zjawiska parapsychiczne odpowiada książka zatytułowana *Boo!*, która już wkrótce zostanie wydana. Jej autorem jest dr Osgood Mulford Twelge, znany parapsycholog i profesor ektoplazmy na Uniwersytecie Columbia"[40]. Allen pisze, że Twelge sporządził „kronikę wydarzeń nadprzyrodzonych", obejmującą na przykład przypadek dwóch braci „po przeciwnych stronach kuli ziemskiej, z których jeden się kąpie, a drugi nagle staje się czysty"[41]. Puenta nieodmiennie ciska podniosłą abstrakcją o ziemię i wyśmiewa ją, sprowadzając do banalnych, czysto praktycznych kwestii, którymi przeważnie się zajmujemy. Allen ukazuje absurd tego, co parodiuje. Robi to, posługując się językiem oddającym żargon, styl i tempo mowy używanej w przedrzeźnianym gatunku. Parodia Kafki, którą zawarł w opowiadaniu *Dieta*

---

[39] Woody Allen, *Hanna i jej siostry*, przeł. Małgorzata Sabadach, Zysk i S-ka, Poznań 1999, s. 120.

[40] Woody Allen, *Badanie zjawisk parapsychicznych* (przeł. Jacek Łaszcz), w: *Obrona szaleństwa*, dz. cyt., s. 127–128.

[41] Tamże, s. 128.

ze zbioru *Skutki uboczne* (1986), brzmi jak wodewilowa wersja tego pisarza. Bohaterem jest niejaki F., przejawiający skłonność do przejadania się oraz mający konflikt ze swoim przełożonym Schnablem. Zrobił coś nie tak, ale nie wie dokładnie co. Szef odebrał F. krzesło i oddał je jego współpracownikowi Richterowi, który ma teraz dwa krzesła. F. szuka pomocy u zagadkowego ministra. Tymczasem ojciec F. (przypominający ojca z *Wyroku* Kafki) odrzuca go bezlitośnie (oznajmia synowi, że minister „nie ma czasu dla takich niedojdów"[42]) i, tak jak w *Wyroku*, skazuje na śmierć. Przez opowiadanie przewija się owadzia metaforyka (ukłon w stronę *Przemiany*) – F. stwierdza, że jest „żałosnym, niegodnym owadem, do którego wszyscy słusznie czują wstręt"[43].

W zachwycającej historii, ujętej w ramy jednoaktówki *Gdy śmierć zastuka* (ze zbioru *Wyrównać rachunki* z 1971 roku; jej echa pojawiają się w filmie *Przejrzeć Harry'ego*), Allen rozprawia się ze swoim ulubionym i budzącym największy strach tematem. Postać w obcisłym czarnym wdzianku i z kapturem na głowie próbuje dumnie wkroczyć przez okno do mieszkania Nata Ackermana i o mały włos nie łamie sobie przy tym karku. Ackerman, producent ubrań, nie chce jeszcze umierać, co denerwuje Śmierć (która jest mężczyzną), wykonującego właśnie swoje pierwsze zlecenie: „Proszę cię, tylko nie zaczynaj"[44], mówi. Śmierć sposobem wysławiania się przypomina producenta ubrań, jakim jest Ackerman. Jest spragniony i głodny, więc prosi o wino i jakieś chipsy albo ciasteczka: „Postaw coś na stole. Na miłość boską, masz gościa!"[45] – mówi. Nat proponuje partyjkę remika – jeśli wygra, Śmierć daruje mu dodatkowy dzień życia.

---

[42] Woody Allen, *Dieta* (przeł. Bogdan Baran), w: *Obrona szaleństwa*, dz. cyt., s. 289.
[43] Tamże, s. 290.
[44] Woody Allen, *Gdy śmierć zastuka* (przeł. Piotr W. Cholewa), w: *Allen na scenie*, Dom Wydawniczy Rebis, Poznań 2011, s. 22.
[45] Tamże, s. 27.

Pyta, jak wygląda śmierć. „A jak ma wyglądać. Leżysz i tyle"⁴⁶ – odpowiada Śmierć. Całe to przekomarzanie się jest, jak zwykle, utrzymane w duchu żydowskiego targowania się. W końcu Ackerman wygrywa grę i Śmierć musi przyjść po niego dopiero następnego dnia. Ponieważ nie ma grosza przy duszy ani dokąd pójść, musi przesiedzieć całą noc w podrzędnym barze Bickford. Ackerman okazuje się twardszy od niezdecydowanego Śmierci i możliwe, że dalej będzie wygrywał w remika i trzymał Śmierć, spłukanego i ogólnie ćwokowatego typa, na dystans. Allen zawsze mówił, że pisarz nadaje swoim utworom takie zakończenia, jakich nie mógłby oczekiwać po prawdziwym życiu (Alvy robi to pod koniec *Annie Hall* – w jego sztuce Annie opuszcza Los Angeles, wraca do niego i mówi, że go kocha). W *Gdy śmierć zastuka* Allen zaspokaja swoje najgłębsze pragnienie: udaje mu się przechytrzyć śmierć.

W komediowym arcydziele *Ladacznica z Mensy* (z tomu *Bez piór*) Allen stworzył narratora pseudotwardziela, który w parodii detektywistycznej historii naśladuje typową dla tego gatunku melodię języka, opowiadając o rozbiciu gangu prostytutek podniecających mężczyzn intelektualnie. Rzecz zaczyna się niczym jedna z powieści Raymonda Chandlera. Mówi narrator twardziel: „Oto dlaczego, gdy wkroczyła do mojego biura ta trzęsąca się kupa galarety zwana Wordem Babcockiem i położyła na stoliku swoją wizytówkę, zaufałem chłodnemu dreszczowi, jaki przebiegł mi po plecach. (...) Trząsł się i podrygiwał niczym solistka w zespole grającym rumbę. Popchnąłem w jego stronę szklankę i flaszkę żytniówki, którą zawsze miałem pod ręką dla celów pozamedycznych"⁴⁷. Worda ktoś szantażuje w związku z tym, że ów korzysta z usług pobudzających intelektualnie dziewcząt, które potrafią rozmawiać o literaturze. „No pewnie, facet może

---
⁴⁶ Tamże, s. 29.
⁴⁷ Woody Allen, *Ladacznica z Mensy* (przeł. Jacek Łaszcz), w: *Obrona szaleństwa*, dz. cyt., s. 149.

tu spotkać każdą szprychę, jaką tylko chce. Ale trafić prawdziwą kobietę mózgowca to nie to samo, co splunąć"[48]. Taka niewiasta „przychodzi za opłatą i rozprawia na dowolny temat: Proust, Yeats, antropologia. Wymiana myśli. (...). Naturalnie, moja żona jest świetna. Ale nie będzie ze mną dyskutować o Poundzie. Ani o Eliocie. Nie wiedziałem o tym, kiedy się z nią żeniłem. (...) potrzebuję kobiety, która mnie umysłowo pobudza. I jestem gotów za to zapłacić. Nie chcę dalszego ciągu, chodzi mi o szybkie intelektualne doznanie, potem mogę tę dziewczynę zostawić"[49].

W opowiadaniu *Wspaniałe czasy: pamiętnik mówiony* (również ze zbioru *Bez piór*) przywołuje wspomnienia kobiety w typie Mae West, właścicielki nielegalnego baru w czasach prohibicji; udaje mu się uchwycić sedno postaci i odwrócić banały utrwalone przez setki opowieści na ten temat: „Na początku tańczyłam w Jewel Club, w Chicago, dla Neda Malucha. (...) Znany był z tego, że łamał ci obie nogi, jeśli go zawiodłeś. I tak właśnie postępował, chłopaki. (...). Tak czy owak, jak powiedziałam, tańczyłam w Jewel Club Neda Malucha. Byłam jego najlepszą tancerką, chłopaki – tancerką-aktorką. Inne dziewczyny po prostu tańczyły, ale ja potrafiłam odtańczyć całe opowiadanie. O tym, jak Wenus wyłania się z kąpieli, oczywiście na Broadwayu i na Czterdziestej Drugiej Ulicy, idzie do nocnego klubu i tańczy aż do świtu, a potem ma rozległy zawał i traci kontrolę nad mięśniami twarzy po lewej stronie. Takie smutne kawałki, chłopaki. Dlatego zyskałam sobie szacunek"[50]. Samo tylko używanie słowa „chłopaki" przywodzi na myśl Mae West i zamknięty rozdział historii show-biznesu.

Natomiast w *A jeśli dentyści – to impresjoniści (Fantazja na motywach przeniesienia charakteru)*, opowiadaniu pochodzącym ze

---

[48] Tamże, s. 150.
[49] Jw.
[50] Woody Allen, *Wspaniałe czasy: pamiętnik mówiony* (przeł. Jacek Łaszcz), w: *Obrona szaleństwa*, dz. cyt., s. 212–213.

zbioru *Bez piór*, pierwszy list od Vincenta van Gogha do jego brata rozpoczyna się od słów: „Drogi Theo! Czy życie nigdy nie potraktuje mnie przyzwoicie? Jestem pogrążony w rozpaczy! Rozsadza mi czaszkę! Pani Sol Schwimmer pozwała mnie do sądu, ponieważ zrobiłem jej mostek tak jak czułem, a nie tak, żeby pasował do jej śmiesznych ust!"[51].

W każdej linijce widać Allena w najlepszym wydaniu. Opowiadania pulsują energią, tryskają humorem, mienią się surrealistyczną metaforyką i skrzą grami słów. Nawet jeśli Woody znużył się tymi „suflecikami" i nawet jeśli nie spotkały się one z tak szerokim oddźwiękiem, jak jego bardziej udane filmy, to i tak mają wielką wartość i są przezabawne. „Nie należy do grona najznamienitszych autorów opowiadań – powiedział mi Phillip Lopate. – Po części dlatego, że nigdy nie wyszedł poza pastisz. W pewnym sensie nie udało mu się uwolnić od piętna S.J. Perelmana. Pożeglował bardzo daleko na fali wczesnej fascynacji Bobem Hope'em i Perelmanem, ale jego twórczość literacka nie zyskała przez to wagi. Potrafił napisać postmodernistyczny kawałek w stylu humoru z żydowskich Alp, jak to opowiadanie o Emmie Bovary, *Epizod z Kugelmassem*, i był on śmieszny. Takie historie – satyryczne pastisze – to specjalność «New Yorkera»".

W wywiadzie z 1987 roku, udzielonym Michiko Kakutani z „The Paris Review", Allen opowiedział o swojej współpracy z „New Yorkerem" oraz braku wiary we własne możliwości jako prozaika – w przeciwieństwie do pewności siebie jako autora tekstów komediowych:

> Kiedy przynosiłem teksty do „New Yorkera", nigdy nie wiedziałem, jak na nie zareagują. Mogli powiedzieć: „To się

---

[51] Woody Allen, *A jeśli dentyści – to impresjoniści (Fantazja na motywach przeniesienia charakteru)* (przeł. Jacek Łaszcz), w: *Obrona szaleństwa*, dz. cyt., s. 197.

nie nadaje. Napisałeś mnóstwo słów, ale nic z nich nie wynika" albo: „Młody człowieku, to jest wspaniałe". Z radością przyjmowałem każdą ich ocenę. (...) Gdyby mi kazali, bez mrugnięcia okiem wyrzuciłbym to, co napisałem, do kosza. (...) Tylko w jednej, może dwóch dziedzinach poruszam się na tyle swobodnie, by czuć, że mam lepszy osąd niż większość ludzi. Na przykład w komedii. Mając do czynienia z zabawnym materiałem, niezależnie od medium, czuję się pewny siebie.

Allena często niesłusznie postrzega się jako niczym nieskrępowanego „wolnomyśliciela", który opowiada się za tymi poglądami i wzorcami kulturowymi, które namiętnie wyśmiewa. Publiczność przenosi na niego wszystko to, co jej zdaniem jest pożądane. Allen ma swoje trwałe obsesje, owszem, ale przy tym twardo stąpa po ziemi, trzyma się kurczowo rzeczywistości, stanowiącej zarazem fundament jego niesłabnącego kultu pracy, który każe mu wcześnie jadać kolację, oglądać film albo mecz i chodzić spać. W filmie i na scenie sprawia wrażenie, jakby miotał się bez opamiętania, ale w życiu prywatnym emanuje spokojem, dyscypliną wewnętrzną i racjonalnością.

Trzy miesiące po ślubie Allen, za namową Charlesa Feldmana, poleciał z Charlesem Joffe'em do Londynu, by nakręcić tam *Casino Royale*. To kolejny po *Co słychać, koteczku?* pogardzany przez Woody'ego film, przy którym w zasadzie nie miał nic do powiedzenia i który tylko utwierdził go w przekonaniu, że w przyszłości musi dążyć do pełnej kontroli nad tym, co napisał.

Casino Royale było dla Woody'ego ostatecznym potwierdzeniem tego, jak nie należy robić filmów i jak może wyglądać los scenarzysty. Obraz, który powstał, był okropny, wymuszony, sztuczny, rozhisteryzowany i płytki. Allen był mocno zniesmaczony całym procesem tworzenia filmu: komisją, marnowaniem czasu, nieustannymi przerwami na lunch, niebotycznymi wydatkami, przesadą, nadęciem, anonimowością, górnolotnością, efekciarstwem i czystą głupotą – szaleństwem – czego był świadkiem podczas pracy nad trzema bezmyślnymi i bezsensownymi filmami. Myślę, że scenę hollywoodzkiej imprezy w *Annie Hall* napisał, mając w pamięci doświadczenia z planu *Co słychać, koteczku?* i *Casino Royale*. Alvy kręci się wśród gości i słyszy następujący dialog:

PIERWSZY MĘŻCZYZNA: Spotkaj się z nim. Spotkam się z tobą, jeśli spotkasz się z Freddym.
DRUGI MĘŻCZYZNA: Spotkałem się z Freddym, a Freddy spotkał się z Charliem. Spotkaj się z nim.
PIERWSZY MĘŻCZYZNA: Wszystkie dobre spotkania są już zajęte.

Potem przypadkiem podsłuchuje wymianę zdań na temat sztuki tworzenia w stylu hollywoodzkim. Mężczyzna oznajmia stojącej wokół niego grupie osób: „Na razie to tylko propozycja, ale sądzę, że mogę zdobyć pieniądze, by przekuć ją w koncepcję... a później w pomysł".

Casino Royal, którego scenariusz opierał się ponoć na jednej z powieści Iana Fleminga z bondowskiej serii, wyprodukowali w 1967 roku Charles K. Feldman i Jerry Bresler dla studia Columbia. W gwiazdorskiej obsadzie znaleźli się, oprócz Allena, Peter Sellers, Ursula Andress, David Niven, Orson Welles, Deborah Kerr, Peter O'Toole (w epizodycznej roli), Charles Boyer i George Raft.

Feldman zafundował Woody'emu przelot do Londynu i ulokował go w luksusowym hotelu, w którym Woody czekał... czekał... czekał pół roku, zanim stanął przed kamerą – w tym czasie liczni scenarzyści, reżyserzy i producenci próbowali ustalić, co właściwie robią. Allen uprawiał hazard, pisał sztuki i prozę oraz włóczył się po Londynie. Po latach wyznał Stigowi Björkmanowi, że „cała ta impreza była jednym wielkim kretyństwem, idiotycznym marnowaniem taśmy i pieniędzy. Kolejne okropne doświadczenie związane z filmem"[52].

"Woody poinformował producentów, że chce, abym współpracował z nim przy jego udziale w *Casino Royale* – powiedział mi Frank Buxton. – Razem stworzyliśmy sceny z postacią graną przez Woody'ego. W nocy graliśmy w karty i pokazywaliśmy sobie magiczne sztuczki. Wielu aktorów zaczynało od iluzjonistyki. Każdy z nas miał w dzieciństwie zestaw małego czarodzieja, te wszystkie piłeczki, kubeczki, karty, monety. Nadal pamiętam kilka niezłych sztuczek z kartami".

Feldman celował w parodię na poziomie *Koteczka*, ale wyszło coś dużo, dużo słabszego, o ile to w ogóle możliwe. Głównym bohaterem jest grany przez Nivena emerytowany agent tajnych służb sir James Bond, pod którego podszywa się oszust, szkalujący dobre imię 007 i wykorzystujący jego sławę do uwodzenia kobiet. Bond postanawia zabić wrogich agentów, łącznie z ich przywódcą Le Chiffrem (w tej roli Orson Welles). W końcu udaje mu się odkryć, że tym, który naprawdę pociąga za sznurki, jest jego mikry, płaczliwy, neurotyczny bratanek Mały Jimmy Bond (Woody). Postać Jimmy'ego przypomina inne wcielenia Allena tym, że frustruje go niemożność dorównania bohaterowi, Jamesowi Bondowi. Frustracja sprawia, że poddaje się, traci rozum i staje po stronie zła.

Allen jest jedynym, którego honor zostaje uratowany. Tylko bowiem sceny z jego udziałem są udanymi fragmentami filmu. Kontekst, w jakim Woody pojawia się na ekranie, jest dobrze znany: obsesja na punkcie pięknych kobiet i niemożność zainteresowania ich sobą powodują, iż zaczyna knuć spisek mający na celu uczynienie wszystkich kobiet urodziwymi oraz zlikwidowanie wszystkich mężczyzn wyższych od niego. Jego nieporadność w posługiwaniu się urządzeniami mechanicznymi – pianolą

---

[52] *Woody według Allena*, dz. cyt., s. 29.

albo bujakiem w kształcie konia – wywołuje u widza jedyne w całym filmie szczere wybuchy śmiechu.

Krytycy mieli używanie. „Time" nazwał *Casino Royale* „nieskładnym, prostackim wodewilem". Howard Junker napisał w „Newsweeku", że „pełen chaotycznych skeczy i gagów" film „przypominał bełkot idioty z nadczynnością tarczycy".

W odróżnieniu od *Koteczka*, *Casino Royale* zaliczyło spektakularną klapę, ale Woody wyszedł z tej klęski bogatszy i zawodowo bez szwanku. Nie zapomniał tego, co przeżył na planie, i wkrótce miał pójść drogą wolną od głupoty, której był świadkiem.

Praca przy *Casino Royale* podziałała na niego otrzeźwiająco. Podczas pobytu w Londynie zwrócił na siebie uwagę Johna Simona. „Pamiętam go z Londynu – wspominał Simon w rozmowie ze mną. – Spotykałem się wtedy z Patricią Marx [spikerką w radiu publicznym], która potem wyszła za Daniela Ellsberga, i przez pewien czas przebywaliśmy w Londynie. Wiedziała, że Woody jest tutaj, i wiedziała o jego przygnębieniu. Zaprosiła go więc, a także grupę znajomych, do przyjemnej knajpki. Usiadłem obok niego. Był okropnie przybity. Wszyscy staraliśmy się go rozweselić. Rozmawialiśmy o tym i owym, tymczasem on siedział w kącie i niewiele się odzywał. Był przygnębiony i milczący".

5. Kąpiel w miodzie

Po powrocie do Ameryki Allen dołączył do ekipy przygotowującej produkowany przez stację NBC program *Hot Dog* Franka Buxtona. Był to jedyny cykl telewizyjny, w którym regularnie występował. Buxton wspominał, że *Hot Dog* opowiadał „o różnych rzeczach – skąd bierze się to albo tamto: ołówek, piłka do gry w bejsbol, sklejka; jak się robi hot dogi. Jonathan Winters, Tommy Smothers i Woody w zabawny sposób odpowiadali na pytania postawione w pilotażowym odcinku serii. Na przykład pytałem Woody'ego, kto wynalazł hot doga, a on rzucał: «Hrabia Hot Dog w 1643 roku». Improwizowaliśmy. Cały materiał z Woodym nakręciliśmy w jeden dzień. Po prostu siadaliśmy i rozmawialiśmy. Wszystko w jednym ujęciu. W pewnym momencie Woody chciał wymyślić zabawną reakcję na któreś z pytań, spojrzał na mnie i powiedział: «Rozmawiajmy dalej, aż wymyślimy dowcip»". (W pilocie wystąpili Allen, Winters i Smothers, ale w pozostałych odcinkach zamiast Smothersa obok Allena i Wintersa najczęściej pojawiała się Jo Anne Worley [później znalazła się w obsadzie *Laugh-In*]).

W ciągu kilku miesięcy Rollins i Joffe domknęli umowę z wytwórnią Palomar Pictures, która zdecydowała się wyprodukować pierwszy niezależny film Allena, noszący tytuł *Bierz forsę i w nogi*. Allen miał napisać scenariusz, wyreżyserować go i zagrać w nim główną rolę, zaś Palomar zobowiązała się do wyłożenia na ten cel dwóch milionów dolarów; nie miało znaczenia, że Woody mógł się pochwalić autorstwem zaledwie jednego scenariusza oraz miał niewielkie doświadczenie przed kamerą i zgoła żadnego, jeśli chodzi o reżyserowanie. O pomoc przy tekście Allen poprosił Mickeya Rose'a, z którym znał się od dziecka. Z propozycją stanięcia za kamerą zwrócił się do Jerry'ego Lewisa, ale ten odmówił, twierdząc, że Allen powinien sam wyreżyserować film. Woody odbył też jedno spotkanie z Arthurem Pennem, który podzielił się z nim „praktyczną wiedzą". (Film Penna *Bonnie i Clyde*, również opowiadający o napadzie na bank, trafił do kin kilka miesięcy wcześniej niż obraz Allena). „Sprytnym zabiegiem ze strony Woody'ego – opowiada Howard Storm – na który Jack i Charlie przystali, była zgoda na niższą gażę w zamian za pełną kontrolę nad dziełem. Od samego początku miał ostatnie słowo. Wtedy to było bardzo rzadko spotykane".

Allen był absolutnie przekonany, że poradzi sobie z nakręceniem filmu. Zapytany przez Stiga Björkmana o to, czy korzystał z rad jakiegoś bardziej doświadczonego reżysera, odparł: „Szczerze powiedziawszy, nie zdarzyło mi się nigdy, żebym nie wiedział, co mam robić. Kierowałem się wówczas tym, że dokładnie wiem, co sam chciałbym zobaczyć na ekranie. Najważniejszy był sposób. Zrezygnowałem z jakichkolwiek sztuczek.

Wiedziałem tylko, że mężczyzna ma wejść do pokoju, wyciągnąć pistolet i tak dalej. Przecież nie trzeba być geniuszem, żeby wiedzieć, jak to zrobić. (...) Traktowałem to raczej jako zabawę"[53].

I rzeczywiście była zabawa – jest prześmiesznie. *Bierz forsę i w nogi*, pseudodokument o Virgilu Starkwellu, niewydarzonym drobnym przestępcy, dziś wypada równie świeżo, jak w 1969 roku, kiedy wszedł na ekrany. Film jest parodią dokumentów kryminalnych, takich jak seriale *Nagie miasto* albo *Nietykalni*, i składa się z podawanych z prędkością karabinu maszynowego skeczów i gagów pozujących na biografię Virgila, okraszonych poważną i miejscami pompatyczną narracją Jacksona Becka, lektora niezliczonych kronik filmowych Paramountu i narratora w audycji radiowej na motywach *Supermana*. Największym rozczarowaniem Virgila jest to, że nie może się dostać do grona dziesięciu najbardziej poszukiwanych przestępców. „Bo trzeba mieć znajomości" – lamentuje jego żona Louise.

Kiedy widzimy Virgila po raz pierwszy, jest czyścibutem i zamiast splunąć na skórzany but, żeby wypucować go na wysoki połysk, trafia w spodnie klienta. W jednej z najbardziej pomysłowych scen Virgil gra na kontrabasie w orkiestrze marszowej i żeby nadążyć za kolegami z zespołu, musi nieustannie przestawiać krzesło, na którym siedzi. Wczesne lata życia Virgila upływają pod znakiem nieporadnych prób rabunku: wybiera napad na sklep ze zwierzętami, ale wybiega z niego goniony przez goryla; kiedy chce okraść rzeźnika, udaje mu się zwędzić jedynie kotlety cielęce. Podczas próby buchnięcia pieniędzy z automatu z gumą do żucia nie może uwolnić rąk i maszyna ciąży mu, kiedy ucieka przed policją. Ma słaby wzrok, a różni ludzie wiecznie tłuką bądź rozdeptują mu okulary. (Raz nawet sam to robi – profilaktycznie). Za każdym razem daje się

---

[53] *Woody według Allena*, dz. cyt., s. 35.

złapać. Jest nieudacznikiem we wszystkim, czego się podejmuje. Kradzieże Virgila nawiązywały do napadów pokazywanych w serialach kryminalnych wytwórni Warner Bros., a pomysł na sceny z więźniami skutymi łańcuchem zaczerpnął Woody z filmu *Jestem zbiegiem* z 1932 roku.

W najbardziej pamiętnej scenie Virgil próbuje napaść na bank, ale kasjer nie potrafi rozczytać jego pisma. Virgil podsuwa mu karteczkę z instrukcją i upiera się, że nie jest na niej napisane: „Mam grata", jak twierdzi kasjer, tylko oczywiście: „Mam gnata". Ciąg dalszy brzmi: „Zachowuj się naturalnie", co kasjer najpierw odczytuje jako: „Zachowuj się nachalnie", po czym konsultuje się z kolegami z innych okienek, podczas gdy Virgil bezradnie czeka, co uradzą pracownicy banku. Kasjer prosi Virgila o okazanie gnata, co też rabuś posłusznie czyni. Następnie okazuje się, że karteczkę z instrukcją kontrasygnować musi kierownik placówki.

Virgil przyznaje, że często ślini się w obecności kobiet, że cechują go przesadna „wrażliwość", nieśmiałość i nerwowość, kiedy jest zakochany, i że miewa nudności. Zakochuje się w Louise, pięknej praczce (granej przez Janet Margolin), która zostaje jego żoną i czeka na niego, kiedy Virgil trafia za kratki. W więziennej sali odwiedzin skazani rozmawiają z odwiedzającymi przez metalową siatkę. W tle rozmowy Virgila z Louise pojawia się szalony obrazek: naprzeciw siebie, każda po swojej stronie siatki, siedzą dwie lalki, obie na kolanach u brzuchomówców, i prowadzą konwersację.

W więzieniu Virgil nie potrafi zapanować nad maszyną składającą koszule po praniu. Widzimy, jak Virgil podejmuje próbę ucieczki z więzienia: terroryzuje strażników pistoletem wyrzeźbionym z mydła, ale zaczyna padać deszcz i broń się rozpuszcza. Zostaje skuty łańcuchem z innymi więźniami i kiedy sadystyczny strażnik wygłasza groźną mowę do skazanych, a potem chce wiedzieć, czy któryś z nich ma jakieś pytania, Virgil podnosi rękę i mówi: „Czy uważa pan, że powinno się uprawiać petting na pierwszej randce?".

W filmie jest pełno akcentów żydowskich. Będąc w swojej celi, Virgil krzyczy do strażnika, że źle się czuje i musi pójść do izby chorych. „Co ci jest?" – mówi strażnik. „Nie pytaj" – odpowiada zawodzącym tonem Virgil.

Strażnik proponuje więźniom udział w eksperymentach medycznych ze szczepionkami; ochotnicy mogą sobie zasłużyć na zwolnienie warunkowe. Zgłasza się, rzecz jasna, Virgil i wkrótce okazuje się, że jednym z efektów ubocznych szczepionki jest tymczasowa przemiana w rabina. (Później, w *Annie Hall*, Alvy Singer, będąc z wizytą u rodziców Annie, zamienia się w chasyda). Dźwięcznym głosem opowiada o znaczeniu obrzędów Paschy, a w tle słychać radosne dźwięki hory (żydowskiego tańca ludowego).

Nauczyciele Virgila, jego kurator sądowy i rodzice wypowiadają się przed kamerą jak w filmie dokumentalnym (po ten zabieg, tyle że rozciągnięty na cały film, sięgnął Allen w *Zeligu*). Rodzice Virgila wstydzą się swojego syna, dlatego noszą okulary upodabniające ich do Groucho Marksa. Ojciec Virgila mówi, że próbował „wbić mu Boga do głowy", ale na próżno.

Brak doświadczenia w kręceniu filmów Woody tarktował niefrasobliwie. W rozmowie z pisarzem Bobem Thomasem powiedział: „Wychodzę z założenia, że im mniej wiesz o reżyserowaniu, tym lepiej". Lubił improwizować na planie: „Mamy scenariusz, ale wykorzystujemy go na zasadzie ogólnych wytycznych. (...) W przypadku wielu scen kręcimy kilka wersji – nawet po trzy żarty na jedno ujęcie (...) ale w dialogach dużo improwizujemy".

Zdjęcia rozpoczęły się siedemnastego czerwca 1968 roku na terenie więzienia San Quentin w San Francisco. Woody zaprosił na plan niektórych spośród swoich kumpli z dzieciństwa. „Kręcili scenę napadu na bank w prawdziwym banku – wspomina

Elliott Mills. – Na planie oprócz mnie i mojej żony był Mickey Rose z żoną Judy. Próbowaliśmy odegrać dla Woody'ego scenę, w której ktoś wchodzi do banku z ulicy. Wystarczyło otworzyć drzwi, dojść do wyznaczonego miejsca i powiedzieć: «Ejże, co tu się dzieje?», ale nikt z nas nie potrafił tego zrobić. To wcale nie takie łatwe, kiedy próbuje się wypaść przekonująco. Ja próbowałem, Mickey próbował, nasze żony próbowały, a Woody wszystkich po kolei odprawiał, bo źle wypadaliśmy. A potem poszliśmy na pizzę".

Craig Modderno, wówczas uczeń liceum, dowiedział się, że w San Quentin i w Stockton Woody będzie kręcił sceny z więźniami skutymi łańcuchami. „Zadzwoniłem do biura Allena – opowiadał mi – i dostałem odpowiedź, że jeśli chcę, mogę przyjść na plan w Stockton.

Udało nam się porozmawiać pierwszego dnia zdjęć. Pod koniec Woody zaoferował mi pieniądze! «Nie musisz» – powiedziałem, na co odparł: «Chłopaku, przecież ty jeszcze chodzisz do szkoły. Bierz, musiałeś zapłacić za przejazd, za benzynę i takie tam». Podał mi numer do osoby, która będzie mogła wpuścić mnie na plan, i instrukcje, jak do niej dotrzeć. Kiedy wróciłem po kilku dniach, zrobił mnie swoim asystentem na jeden dzień. Powiedział: «Tak się zarabia na myto».

Niewiele robiłem – mówił dalej Modderno. – Głównie rozmawialiśmy. Albo trzymałem jego notatnik, kiedy kręcił scenę. Powiedziałem mu, że kilka miesięcy wcześniej zmarł mój ojciec. «Pamiętam go – odparł. – Rozgrzał mi publikę w klubie nocnym». Woody zawsze miał doskonałą pamięć.

On i Janet Margolin świetnie się dogadywali. Niemniej ekipa *Bierz forsę i w nogi* nie znała Woody'ego i nie ufała mu. Większość z nich nie miała pojęcia, o co mu chodzi. Lubili go jako człowieka, ale po prostu nie rozumieli jego sposobu pracy. Nawet nie miał asystenta. Dobrze, że przynajmniej wytwórnia zbytnio nie naciskała. Palomar była młoda, chciała się przebić. Film był tani, a scenariusz zabawny. Ponieważ ekipa nie rozumiała Woody'ego, odnosiła się do niego chłodno. Co innego aktorzy, zwłaszcza Janet. To wycofanie, które od kilku dekad charakteryzuje Woody'ego, w tamtych czasach musiało sprawiać wrażenie gburowatości albo arogancji. Bo przecież Woody nie miał wtedy jeszcze żadnych dokonań".

Podczas kręcenia scen w San Quentin Allena i jego aktorów nieustannie mylono z prawdziwymi strażnikami i osadzonymi. Zresztą Woody sam mylił członków obsady z pracownikami więzienia. „Filmowaliśmy w San Quentin przez dwa tygodnie – powiedział mi Howard Storm. – Co rano wszyscy szliśmy do więzienia. Cała ekipa, łącznie z obsługą planu, technicznymi i tak dalej, nosiła hipisowskie, barwione koszule, dżinsy i włosy do ramion. W oknach nad nami stawali więźniowie, cmokali i wołali: «Hej, laleczki» – to było przerażające. Strażnik ostrzegł nas: «Nie odpowiadamy, jeżeli ktokolwiek z was zostanie wzięty na zakładnika. Od grupy wolno się oddalać wyłącznie w towarzystwie drugiej osoby i strażnika».

Wybieramy się z Woodym na lunch – ciągnął Storm. – Idziemy ze strażnikiem przez boisko, na którym więźniowie grają w piłkę. Odwracam się i widzę, że strażnik zamiast odznaki z napisem «Więzienie stanowe San Quentin» ma plakietkę, na której jest napisane: «Więzienie stanowe Rahway w stanie New Jersey» [faktycznie istniejący zakład, w którym jakoby toczy się akcja filmu]. Domyślam się więc, że to statysta, którego ubrano w strażniczy mundur. Widocznie chciał, nie wiem, pobyć bliżej Woody'ego i poszedł za nami. Mówię do Woody'ego: «Słuchaj, to nie jest prawdziwy strażnik. To statysta». Woody na to: «Chyba żartujesz!», a potem odwraca się do niego i mówi: «Tylko zachowuj się jak strażnik!».

Potem kręciliśmy scenę buntu więźniów. Woody stwierdził, że chce wykorzystać prawdziwych skazanych. Zrobiliśmy więc próbę, ale oni nie zorientowali się, że to tylko próba, i zaczęli się okładać i prać po pyskach. Woody do mnie: «Co to jest? Przecież oni się naprawdę nawalają!».

Ale lubili go; byli w porządku. Film ich kręcił. Natomiast Woody'ego smuciło to, że więźniowie byli bardzo młodzi".

Podczas pracy nad *Bierz forsę i w nogi* Allen znalazł czas, by w sierpniu 1968 roku pojawić się na zorganizowanym w San Francisco wiecu Eugene'a McCarthy'ego, demokratycznego kandydata na prezydenta głoszącego hasła antywojenne.

Craig Modderno spotkał się z Woodym pod koniec zdjęć do *Bierz forsę i w nogi* i była to ostatnia z subtelnych lekcji, jakich starszy kolega udzielił młodszemu – ten bowiem, dzięki owym lekcjom, wkrótce sam został pisarzem. „Woody szykował się już do wyjazdu – wspominał Modderno. – Napisałem sztukę do szkoły, opowiedziałem o niej Woody'emu i ten był pod wrażeniem dojrzałej tematyki. Zapytałem, czy zechciałby rzucić na nią okiem. Udzielił mi wspaniałej odpowiedzi: «Posłuchaj, masz tu mój adres. Wyślij mi tę sztukę za pół roku. Do tej pory zapomnę, jak żeśmy się tu dobrze dogadywali, więc przeczytam tekst bez uprzedzeń i bezstronnie. Ale wyślij mi też swoje zdjęcie, żebym pamiętał, że chodzi o ciebie. Miło spędziliśmy czas, więc na pewno przeczytam twoją sztukę».

Taki był Woody w 1968 roku – powiedział Modderno. – Chciał być w porządku. Z jednej strony nie chciał złamać mi serca, a z drugiej – pozwolić mi się łudzić.

Minęło kilka miesięcy. Czuję się paskudnie. Niedawno umarł mi ojciec. Jestem jedynakiem. Mam osiemnaście lat. Obejmuje mnie pobór. W rejonie zatoki San Francisco, tam gdzie mieszkałem, tak wielu młodych ludzi uniknęło poboru albo odmówiło stawienia się przed komisją wojskową, że zaczęto powoływać nawet tych, których wcześniej zwalniano od służby. Dzień jest brzydki jak noc. Pracuję w kinie – to akurat najlepsze z tego wszystkiego. Wyświetlaliśmy *Grand Prix* Johna Frankenheimera po raz bodaj dziewięćdziesiąty. Za dwa dni

Święto Dziękczynienia, a mój tata nie żyje. Mój nauczyciel literatury bez owijania w bawełnę powiedział, że nigdy nie zostanę pisarzem.

Dzwoni mama i mówi, że przyszedł do mnie list, chyba ważny. Brązowa koperta, a na odwrocie nadrukowane: «Woody Allen». Przywiozła mi ten list. Był krótki, raptem kilka akapitów, ale napisał go sam Woody. Przyznał, że tekst bardzo mu się podobał i że powinienem pomyśleć o pisarstwie. Napisał też zdanie, które tamtego dnia musiałem przeczytać chyba z pięćset razy, zanim w końcu je zrozumiałem. Sądziłem, że się pomylił. Napisał bowiem: «Musisz wystawić tekst i przekonać się, co w nim zagra». Wydawało mi się, że się pomylił i powinno być: «Przekonać się, co w nim nie gra» albo coś w tym stylu. Ale jemu chodziło oczywiście o to, jak sztuka «zagra» na scenie, jak się sprawdzi przed publicznością. Inna sprawa, że na tym etapie Woody miał na koncie jedną sztukę, jeden jeszcze niewyświetlany film i film, przy którym nie miał nic do powiedzenia, a ja miałem osiemnaście lat. Potraktował mnie jak dorosłego i udzielił wskazówek na poważnie. Tego się o nim nie mówi. Niczego od niego nie oczekiwałem, a on też nic z tego nie miał".

Zakończenie zdjęć do *Bierz forsę i w nogi* było dopiero pierwszym krokiem na długiej drodze. Ku zdumieniu Woody'ego, próbne pokazy okazały się katastrofą. Odbiór filmu pogarszało to, że nie miał jeszcze napisów, efektów dźwiękowych i muzyki. Nie udało się rozbawić publiczności. Grupa żołnierzy obejrzała film w siedzibie United Service Organizations na Manhattanie i wyszła oszołomiona, kręcąc głowami.

Zdesperowani Rollins i Joffe zwrócili się do Ralpha Rosenbluma, montażysty, który w 1967 roku uratował *Noc, w którą zamordowano Minsky'ego* Williama Friedkina, kiedy film tonął. (Rosenblum zmontował też *Producentów* i mówiło się, że gdyby nie on, debiut reżyserski Mela Brooksa zaliczyłby klapę).

Po obejrzeniu *Bierz forsę i w nogi* Rosenblum zorientował się, na czym polega problem. Fragmentaryczny charakter materiału narzucał konieczność całkowitego przearanżowania obrazu. Na dodatek dzieło miało rzewne zakończenie, którego autorem był inny, mroczny, ponury i kompletnie nieśmieszny Allen: było nim ujęcie podziurawionego kulami ciała Virgila. Rosenblum napisał w swoich wspomnieniach, że film „wydawał się chaotyczny i bardzo nierówny, raz osiągał poziom braci Marx, to znów sprawiał wrażenie skleconego naprędce w domowym studiu. (...) Sceny były w większości rozkosznie surrealistyczne". Rollins i Joffe powiedzieli Rosenblumowi, że skrajnie krytyczny Allen odrzucił całe mnóstwo nakręconego materiału. Rosenblum nadstawił uszu; istnienie dodatkowego materiału dawało nadzieję obrazowi, który nawet w surowej postaci uznał za „bardzo zabawny" i napisany przez autora obdarzonego „świeżym spojrzeniem".

„Menedżerowie Woody'ego zachowywali się, jakby ich podopieczny był delikatną orchideą, z którą należy obchodzić się bardzo ostrożnie, bo w przeciwnym razie zwiędnie" – wspominał Rosenblum. Spotkał się z Allenem na lunchu i uznał go za bardzo poważnego i wygadanego człowieka. Allen, który nigdy nie pozwolił, by ego pozbawiło go szansy na wyciągnięcie nauki z krytyki, był otwarty na sugestie Rosenbluma. Woody zrobił na montażyście wrażenie swoją „pruską dyscypliną". Panowie zgodzili się, że Rosenblum spojrzy na odrzucony przez Allena materiał i zobaczy, co da się zrobić. Następnego dnia do jego montażowni dostarczono dwieście rolek taśmy.

Przejrzenie całości zajęło Rosenblumowi dwa tygodnie i było to, jak sam przyznał, „jedno z najprzyjemniejszych zajęć w mojej karierze montażysty". Zabrał się do rekonstrukcji filmu. Przywrócił wiele spośród odrzuconych scen, między innymi kilka fragmentów z rodzicami Virgila, które przydały mu się do zatkania luk pomiędzy nieprzechodzącymi płynnie jeden w drugi segmentami. Jako wypełniacze, oprócz wypowiedzi rodziców, posłużyły również rozmowy Jacksona Becka z Virgilem, a także narracja Woody'ego. W niektórych przypadkach wystarczyło jedynie dopasować odpowiedni podkład muzyczny. Obskurny pokój hotelowy Virgila, w którym miał on nadzieję poromansować z Louise i w którym musiał pociągnąć za spłuczkę toalety, żeby uruchomić prysznic, był bodaj najbardziej depresyjną norą, jaką reżyser mógł wymyślić. Rosenblum zastąpił towarzyszącą tej scenie rzewną muzykę ragtime'owymi utworami Eubiego Blake'a. „To była ciężka, męcząca i nieśmieszna scena – powiedział Woody. – Po czym, bez zmiany nawet jednego ujęcia, za to z inną muzyką, nagle stała się zabawna". Allen zwrócił się do kompozytora Marvina Hamlischa, który ożywił film magiczną ścieżką dźwiękową.

Największy problem stanowiło zakończenie. Powstało sześć wersji, „każda sentymentalna, mało śmieszna albo smutna" – napisał Rosenblum. Potem Woody stworzył przezabawną nową scenę z Louise, w większości zaimprowizowaną przez Lasser, która gra kobietę zdumioną tym, że jej sąsiad szlemiel okazał się kryminalistą: „Miałam go za idiotę. Naprawdę tak myślałam. (...) Zresztą, wszyscyśmy tak sądzili. (...) I pomyśleć, że ten dureń był kryminalistą! Po prostu nie mogę w to uwierzyć. (...) Że też takie zero... Niewiarygodne! W głowie mi się nie mieści, że miał dość sprytu, by wymyślić napad na bank! Niesamowite! No niesamowite!". W finałowej scenie Jackson Beck rozmawia z Virgilem w więzieniu. Virgil rozpamiętuje swoje życie, które upłynęło pod znakiem przestępstw, i – znowu! – rzeźbi w mydle. Jego ostatnie słowa brzmią: „Nie wiesz, czy aby nie zanosi się na deszcz?".

Film miał premierę osiemnastego sierpnia 1969 roku w Nowym Jorku. Recenzje były entuzjastyczne. Vincent Canby napisał w „New York Timesie": „Ma strukturę kolażu: szybkie skecze, humor sytuacyjny, stylizacje na wywiady jak w cinéma-vérité i fragmenty starych taśm, parodie przeróżnych gatunków – i takie tempo (a może to tylko kwestia rozpędu), że widz gładko przechodzi nad słabszymi gagami do tych dobrych".

Postać grana przez Woody'ego – oferma, neurotyk, szlemiel – trwale zapisała się w pamięci widzów. Była to postać na miarę nowych czasów, włóczęga Chaplina i kamienna twarz Keatona odchodziły bowiem do lamusa – być może po części dlatego, że silnie kojarzyły się z odległymi z perspektywy końca lat sześćdziesiątych czasami filmu niemego.

Publiczność zaczęła domagać się więcej Woody'ego – i dziś, ponad czterdzieści pięć lat później, nadal się go domaga.

Allen traktuje *Bierz forsę i w nogi* lekceważąco, określa ten obraz jako prymitywny zlepek gagów, ale moim zdaniem to jeden z dwudziestu pięciu jego najlepszych filmów. Jest świeży, zadziwiający i nieustająco zabawny, nawet kiedy ogląda się go po raz dwudziesty. Woody rozwinął w nim skrzydła, pokazał się jako postać, którą publiczność chciała oglądać na ekranie. Była to ta sama postać, którą Allen kreślił przez niemal całą swoją karierę: wyposzczony seksualnie, lubieżny romantyk, udręczony, dowcipny, niemający pojęcia o obsłudze urządzeń mechanicznych, niekryjący się ze swoją żydowskością, posługujący się humorem opartym na paradoksie, absurdzie, niedorzeczności i zuchwałości. Babcia powieściopisarki Jennifer Belle dostrzegła to i nazwała Woody'ego „ósmym cudem świata" – tego samego określenia użył w stosunku do Allena Jack Rollins.

Oboje mieli rację.

„Starkwell jest tak rozkosznie nieszczęsny – napisał w «Los Angeles Timesie» Kevin Thomas – że w ogóle nie myśli się o nim jak o kryminaliście, prędzej jak o zwykłym, szarym człowieku, w którym każdy z nas dostrzega własną frustrującą bezradność wobec świadomości, iż pozostajemy wszyscy na łasce obojętnego wszechświata. Jest to film o absurdzie w pełnym tego słowa znaczeniu".

Niektórzy nadal uważają filmy Woody'ego za jego zawoalowaną autobiografię w odcinkach, ale możemy się jedynie domyślać, czy są one nią bardziej niż dzieła innych artystów. Nie postrzegam ich wyłącznie jako takich, szczególnie że poruszają całą gamę tematów, wykorzystują przeróżne techniki, style, postaci i scenerie. To prawda, że obrazy Allena nigdy nie oddalają się od jego najważniejszych tematycznych i osobistych obsesji, ale przecież nie jest on pod tym względem wyjątkiem, to samo można powiedzieć o wielu innych artystach.

Louise Lasser powiedziała Robertowi Higginsowi: „Woody nosi w sobie dużo wściekłości, pociąga go to, co niebezpieczne, kusi nieprzewidywalność sytuacji. Przestępstwo, takie jak napad na bank, jest buntem przeciwko ustalonemu porządkowi – i Woody jest takim buntownikiem".

Jerry Epstein wspomina, że kiedy z Woodym dorastali, obu im świat zbrodni i przestępców wydawał się atrakcyjny. „Pamiętajmy, że motto *Bierz forsę i w nogi* brzmiało: «Zbrodnia żyje». Za młodu ślęczeliśmy z Woodym nad encyklopedią kryminologii. W wielu jego filmach pojawia się wątek przestępstwa [rodzina mafijna w *Dannym Rosie z Broadwayu*; Cheech i Nick Valenti w *Strzałach na Broadwayu*; morderca, który grozi Sally White w *Złotych czasach radia*; morderczy bracia w *Śnie Kasandry*; zabójczy karierowicz we *Wszystko gra*; alfons w *Jej wysokości Afrodycie*; sympatyczny morderca Paul House w *Tajemnicy morderstwa na Manhattanie*; Charles Ferry, były skazaniec, we *Wszyscy mówią: kocham cię*; płatny morderca we *Wspomnieniach z gwiezdnego pyłu*; Judah Rosenthal w *Zbrodniach i wykroczeniach*].

Przez pewien czas miałem swój gabinet przy Wschodniej Dziewięćdziesiątej Szóstej na Manhattanie. Mówi się na tę okolicę «kompleks kozetki», bo występuje tam największa koncentracja psychiatrów w całym mieście. Spotykałem na ulicy Lou Lynda – kolejnego psychoanalityka, do którego posłałem Woody'ego – i ucinaliśmy sobie pogawędkę. Lou miał gabinet kilka budynków dalej. Często rozmowa schodziła na Woody'ego. Któregoś razu Lou powiedział: «Świetnie nam szło, muszę przyznać. Ale żałuję jednego – i jest to wyłącznie moja wina – tego mianowicie, że nie próbowałem zbliżyć się do Woody'ego na gruncie towarzyskim».

Woody żyje chwilą – wyjaśnia doktor Epstein. – Przeskakuje od jednego doznania sensorycznego do drugiego. Wszystko, co robi, mówi albo pisze, musi być krótkie. Czynności odbywają się szybko, ponieważ Woodym rządzi chwila, nie czas. Zatem, ogólnie biorąc, Woody zamieszkuje swego rodzaju «królestwo chwili».

Psychoanaliza była w jego przypadku niewłaściwą metodą leczenia. Ponieważ kiedy poddajesz się jej, rozpamiętujesz przeszłość. Dla kogoś takiego jak Woody jest to bardzo bolesne i jego reakcja jest taka: «Nie każ mi cofać się do tego, co było. Skończyłem z tym. Wziąłem stamtąd wszystko, czego potrzebowałem, i nie chcę tam wracać. Rządzi mną chwila. Chwila za chwilą».

Woody zwierzył mi się, że przez te wszystkie lata, kiedy poddawał się psychoterapii, ani razu nie zażartował, leżąc na kozetce".

Zastanawiając się w późniejszych latach nad rozwojem Allena, Epstein przypomniał sobie, że „Woody zawsze uważał, że wszystko powinno uchodzić mu na sucho. Na przykład w tej historii z Mią i Soon-Yi – sądził, że mu się upiecze, ale został przyłapany. Brak w nim poczucia winy i wyrzutów sumienia. Zawsze winien jest ktoś inny i ktoś inny ponosi odpowiedzialność. On nie czuje, żeby to był jakiś dwustronny układ, nie widzi w nim swojego udziału. Ciężar odpowiedzialności zawsze spoczywa na drugiej osobie. Dlatego ludzie z jego otoczenia muszą spełniać standardy, które Woody sam narzuca, które uznaje za najdoskonalsze i najodpowiedniejsze – dla siebie. W związkach pozostaje wierny zasadzie dominacji: ja jestem prawdziwy, ty jesteś cieniem. Mimo to nieustannie odczuwa niepokój; w jego mniemaniu za każdym rogiem czai się katastrofa.

W miarę jak Woody się bogacił – opowiadał Epstein – tematyka jego filmów zmieniała się z oscylującej wokół problemów klasy średniej na dotyczącą wyższej warstwy klasy średniej albo zamożnej klasy wyższej, z którymi się identyfikuje. Ważne są pieniądze i bezpieczeństwo, które te zapewniają. Kiedy należysz od wyższej warstwy dobrze sytuowanej klasy społecznej, wówczas wzrasta twój strach przed śmiercią i coraz mocniej zaczynasz wierzyć, że pieniądze ochronią cię przed nią.

W tej chwili Woody pozostaje w stabilnym związku z Soon-Yi – stabilnym, ponieważ, jak mi się zwierzył: «Jej nie interesuje moja praca». To zrozumiałe. Soon-Yi zajmuje się pedagogiką specjalną. Powiedziałbym, że jedno dziecko specjalnej troski ma w domu.

Woody potrafi być dobry dla innych. W 2000 roku, w którym miałem zawał, zadzwonił do mnie po wielu latach nieodzywania się i poszliśmy na spacer do Central Parku. W 1991 roku, kiedy zmarł mój brat Sandy, Woody zadzwonił, złożył kondolencje i powiedział, że nikt nie miał takiego wpływu na ukształtowanie się jego poczucia humoru, jak właśnie Sandy. Potem zaskoczył mnie, mówiąc, że dobrze się znali z Sandym i często rozmawiali. Brat nigdy mi o tym nie opowiadał.

Sandy był niewiarygodnie zabawny. W latach siedemdziesiątych Woody zaproponował, że będzie pisał teksty dla Sandy'ego, który był wtedy prawnikiem. Powiedział: «Pojedź do Las Vegas i zacznij występować jako stand-uper, a będę dla ciebie pisał za darmo». Bardzo cenił jego talent. Ale Sandy odrzucił ofertę. Odparł: «Woody, mam żonę i troje dzieci. Niby jak zarabiałbym na życie? Nie wiem, czy w Vegas wpadłby przyzwoity grosz. Przecież nie mógłbym liczyć na stałą pensję». Miał okazję uwierzyć w siebie i powiedzieć: «Dobra, zrobię to!». Chciał dla niego pisać najzabawniejszy facet w całej Ameryce. To nie mogło się nie udać. Mój brat był tak wyjątkowym komikiem, że sukces miał murowany. Nie mogłem zrozumieć, dlaczego się nie zgodził. Z drugiej strony trudno mu się dziwić. Podjęcie tak poważnej decyzji, której przecież większość ludzi by nie zaryzykowała, wymagało aktu wiary. Deklaracja ze strony Woody'ego była bardzo szlachetna. Zabolało mnie jednak, że dopiero w taki sposób dowiedziałem się, co ich łączyło".

W 1968 roku, krótko przed nakręceniem *Bierz forsę i w nogi*, w wywiadzie udzielonym Larry'emu Wilde'owi na potrzeby książki *The Great Comedians Talk About Comedy*, Allen zastanawiał się, na czym polega bycie komikiem; oprócz Allena w książce swoje przemyślenia zaprezentowali między innymi Milton Berle, Jack Benny, Jimmy Durante, Danny Thomas i George Burns. U Woody'ego zdążyły się wykształcić nawyki pisarskie: powiedział, że pisze na serwetkach i pudełkach od zapałek, a pomysły trzyma w szufladzie; w odpowiednim momencie wyjmuje je, rozkłada i przegląda. Proces ten opisał również w wywiadzie, którego udzielił do wyreżyserowanego w 2012 roku przez Roberta Weide'a filmu dokumentalnego *Reżyseria: Woody Allen*.

Allen powiedział, że jego zdaniem nie można nauczyć się pisania dowcipów i że jest to „wrodzona" umiejętność. Najważniejsze wcale nie są żarty same w sobie, ale „osoba mówiącego. Te same kawały, którymi trafiałem w pustkę, kiedy zaczynałem, dziś wywoływałyby salwy śmiechu, i to nie dlatego, że stałem się bardziej znany. Chodzi o postać, którą wykreowałem – to ona przydaje żartom zabawności". Stwierdził, że nie wie, dlaczego ludzie się z niego śmieją. „Mogę się jedynie domyślać, że jest we mnie coś, na co reagują tak, a nie inaczej, coś wykraczającego poza materiał, który przedstawiam, coś we mnie, czego nie dostrzegam. Wydaje mi się, że komicy sami nie wiedzą, co jest w nich takiego zabawnego, nie zauważają tego. (...) Nie potrafią przyjrzeć się sobie z boku na tyle, by zrozumieć, o co może chodzić".

Zapytany, co jest najtrudniejsze w byciu komikiem, odpowiedział (tu przypomina się nocna scena nad jeziorem Tahoe, w której Allen przyznaje Craigowi Modderno, że nie ma ochoty na drugi występ tego wieczoru): „Presja. Nie tak łatwo stale wychodzić przed publiczność i rozbawiać ją. (...) Jeżeli widownia nie ryczy ze śmiechu, masz przerąbane. Trzeba cały czas być świetnym. (...) Istnieje presja związana ze stawianiem czoła publiczności i zabawianiem jej przez czterdzieści minut. Po występie wracasz do garderoby i za godzinę znów musisz wyjść na scenę, na drugi albo trzeci show tego wieczoru, następnego dnia robisz to samo i potem znowu, i tak rok za rokiem".

Zapytany, jakiej rady udzieliłby młodym komikom, powiedział: „Kiedy zaczynałem, pomyślałem: piszę zabawne teksty, więc pewnie nawet gdybym wyszedł na scenę i po prostu przeczytał ludziom te kawały, to i tak by się śmiali. Spróbowałem to zrobić. Wyjąłem kartki w nocnym klubie i zacząłem czytać, ale to zupełnie nie trafiło do publiczności, bo ta oczekiwała czegoś zupełnie innego. Ludziom zależy na poufałości. Chcą polubić tego, który stoi na scenie, i uznać go za zabawnego jako człowieka".

Wilde zastanawiał się, czy jest jeszcze coś, co początkujący komik mógłby zrobić, aby nadać bieg swojej karierze. Allen podsunął wskazówki, będące tak naprawdę deklaracją zasad oraz, patrząc z perspektywy czasu, wytycznymi, których trzymał się przez następne niemal pół wieku. Wyobraził sobie człowieka, który „narzuca sobie dyscyplinę i rozwija się. Naprawdę ciężko pracuje. Sam pisze dla siebie materiał, nie przejmuje się, czy prasa nazywa go dobrym, czy kiepskim, nieustannie próbuje nowych rzeczy, cały czas bada nowe obszary – kino, Broadway – angażuje się w nowe projekty, stale podejmuje ryzyko, nie zastanawiając się nad pieniędzmi ani nad tym, czy to, co robi, zniszczy, czy zbuduje jego karierę. Skupia się wyłącznie na pracy".

Wilde zapytał, czy oznacza to, że ta osoba powinna ryzykować, nie przejmując się, że może jej się nie udać. „Dokładnie tak! – odparł Allen. – Nie zastanawiaj się, czy to, co robisz, podoba się krytykom, czy trafia w gust publiczności, czy zarabiasz dość pieniędzy, czy w ogóle powinieneś się tym zajmować. Twoja najważniejsza myśl powinna być taka: «Czy jestem wystarczająco zabawny pod każdym względem?». Jeśli dasz się skusić obietnicy nagrody, to już po tobie. Wtedy zaczniesz przyjmować albo odrzucać zlecenia w zależności od tego, jak bardzo poprawią one stan twojego konta. To już niczym się nie różni od pracy w sklepie z ciuchami, tyle tylko, że w naszej branży zarobki są jednak lepsze".

W 1969 roku Woody rozpoczął przygotowania do wystawienia swojej drugiej sztuki, *Zagraj to jeszcze raz, Sam*. Wkrótce zaangażował się w cichy związek z Diane Keaton, która wzięła udział w przesłuchaniach do roli Lindy Christie i dostała ją. Keaton pochodziła z Santa Ana, miasta leżącego na południe od Los Angeles. Jej ojciec był inżynierem budownictwa, zaś matka prowadziła dom. Po przyjeździe do Nowego Jorku Keaton rozpoczęła naukę w szkole aktorskiej Neighborhood Playhouse. Pierwszą poważną rolę na Broadwayu zagrała w musicalu *Hair*; jako jedyna z całej obsady odmówiła rozebrania się na scenie. Louise Lasser wiedziała o związku Woody'ego z Diane. W czerwcu 1969 roku wyprowadziła się ze wspólnego mieszkania. Małżeństwo dobiegło końca.

Wiosną 1970 roku, po dziesięciu latach prób i starań o ocalenie związku, Woody i Louise pojechali do Meksyku, żeby się rozwieść. W sądzie trzymali się za ręce, co pokazywało, jak wiele nadal mieli dla siebie czułości, która pomimo przeciwności przez długi czas nie pozwalała im się rozstać. „Miło spędziliśmy czas – opowiadała Lasser o wyjeździe. – Zatrzymaliśmy się na noc w hotelu, w jednym pokoju. Istniało między nami wiele tego rodzaju sprzeczności. Ponieważ wtedy wciąż jeszcze byliśmy sobie bliscy". W tamtym czasie Lasser ciągnęło do Woody'ego chyba bardziej niż jego do niej, on bowiem był już zadurzony w Diane Keaton. Niedługo potem Lasser przeszła załamanie nerwowe. Po rozwodzie Allen utrzymywał kontakty z Louise zarówno na stopie prywatnej, jak i zawodowej. W maju 1970 obsadził ją w *Bananowym czubku*.

Lasser ciepło wspomina Woody'ego. W wywiadzie udzielonym Erikowi Laksowi do wydanej w 1975 roku książki *On Being Funny: Woody Allen and Comedy* powiedziała: „Mogło się walić i palić, a on szedł do swojego pokoju i pisał. (...) Wspaniale się z nim mieszkało, pomimo jego licznych obsesji. W pracy Woody'ego nie czuć słabości. Wstaje, idzie do siebie i pisze, ale możesz mu przerwać w dowolnej chwili. Nie jest kapryśny. Jest wymagający w tym sensie, że kiedy czegoś chce, nie masz wyjścia: musisz to zrobić. Jest bardzo konkretny. (...) Ma swoje rytuały dotyczące wielu rzeczy, na przykład tego, co i kiedy je".

W 1979 roku w wywiadzie udzielonym Natalie Gittelson z „New York Timesa" Allen odniósł się do obu związków: z Louise Lasser i z Diane Keaton. „Obie dały mi więcej niż ja im – powiedział. – Nie osiągnąłbym nawet połowy tego, co osiągnąłem, gdyby nie Louise. (...) Jest wspaniałą kobietą, cudowną towarzyszką. Doskonale rozumie życie".

„Nasz związek zakończył się na dobre dopiero mniej więcej dwa lata po rozwodzie" – powiedziała Lasser w wywiadzie z 2014 roku. Zapytana, czy nadal utrzymują kontakt, odparła: „Już nie rozmawiamy ze sobą tak często, jak kiedyś, ale Woody zaprasza mnie na Święto Dziękczynienia. [Woody i Soon-Yi] mieszkają raptem przecznicę dalej. Kilka razy przyjęłam zaproszenie, ale to już nie to samo. Życie płynie w innym kierunku. Nasz związek był tak istotną częścią mojego życia, w pewnym sensie publiczną, że nie potrafiłam przejść nad nim do porządku dziennego. Nie umiałabym powiedzieć: «Och, kiedy chodziłam z tym a tym...». Woody, zdaje się, twierdzi, że to był szalony związek. (...) To bardzo dziwne uczucie, kiedy rozstajesz się z osobą, z którą byłeś tak blisko. Rozmawiasz z nią, ale nie wiesz, która część ciebie się odzywa. Z drugiej strony wciąż coś czujesz do tej osoby".

W innym wywiadzie z tego samego roku, udzielonym magazynowi „Interview", Louise powiedziała: „Cudownie, kiedy człowiek poznaje kogoś, przy kim może się rozwijać i pragnie stać się lepszy. (...) To, co robi Woody, zawsze będzie miało na mnie wpływ. Wiele spośród moich największych dokonań wypływa z inspiracji Woodym".

Allen zakochał się w Diane Keaton przy pierwszym spotkaniu (kiedy przyszła na przesłuchanie do *Zagraj to jeszcze raz, Sam*) – i z miejsca poczuł się przy niej onieśmielony. Z początku zachowanie Woody'ego w stosunku do Diane zgadzało się z przytoczonym przez Vicky Tiel opisem jego postępowania wobec kobiet. „Bałem się do niej odezwać poza teatrem – wyznał Jonathanowi Moorowi, autorowi *Diane Keaton* – a ona bała się odezwać do mnie. Dlatego po próbach każde udawało się w swoją stronę i do niczego między nami nie dochodziło". To samo powtarzało się również podczas wyjazdowych przedstawień przedpremierowych, ale kiedy sztuka trafiła wreszcie na deski Broadwayu, Woody i Diane byli już kochankami. Wkrótce potem Lasser wyprowadziła się z mieszkania Allena i jej miejsce zajęła Keaton. Pisarz i krytyk filmowy Foster Hirsch w swojej książce o Woodym tak opisał słabość Allena do Keaton:

> Allena, podobnie jak wielu innych żydowskich romantyków, pociągają gojki, których bezbarwność ślicznej blondynki utożsamia zarówno zakazany owoc, jak i wcielenie amerykańskiego snu. (...) Żydowskość Allena i gojowskość Keaton dorównują sobie żarliwością. Keaton jest wysoka i szczupła, ma regularne rysy i pozbawiony wyrazu głos. Jest ucieleśnieniem zatwardziałej kalifornijskiej gojki.

Sztuka *Zagraj to jeszcze raz, Sam* miała premierę dwunastego lutego 1969 roku w teatrze Broadhurst i szybko stała się przebojem – na Broadwayu była grana czterysta pięćdziesiąt trzy razy. Do listy swoich osiągnięć Allen mógł dopisać pozycję „aktor i gwiazda Broadwayu". Rozwinął się jako dramaturg, *Zagraj to jeszcze raz, Sam* stanowi bowiem duży krok naprzód w stosunku do *Don't Drink the Water*, choć to może za mało powiedziane, sztuka bowiem, mimo obojętności, z jaką traktuje ją Allen, jest naprawdę bardzo dobra. Woody doskonale zna swoją postać (samego siebie) i – w odróżnieniu od *Don't Drink the Water*, utworu przesyconego pogardą dla postaci i płytkiego żydowskiego środowiska – oczywiście ją uwielbia. Znów jest wyposzczonym, nerwowym, nieśmiałym i niepewnym pisarzem, krytykiem filmowym, który wyobraża sobie, że w jego życiu pojawia się Humphrey Bogart i udziela mu porad dotyczących tego, jak zdobyć kobietę i stać się odważnym, honorowym mężczyzną. Sztukę rozpoczyna głos Bogarta w scenie z *Sokoła maltańskiego*.

Allan Felix niedawno rozstał się z żoną i z pomocą najbliższych znajomych – Dicka Chistie'ego (Tony Roberts), cwaniaka z Wall Street, i jego neurotycznej żony Lindy (Diane Keaton) – próbuje na nowo poukładać sobie życie. Przyjaciele umawiają go z dziewczyną, lecz bohater, w jednej z najlepszych, ocierających się o slapstick scen, jakie Allen wymyślił w początkach swojej kariery scenarzysty i dramaturga, odstrasza ją od siebie i zaprzepaszcza szansę na randkę. (W wersji filmowej ta scena została wydłużona i rozbudowana). Linda, która współodczuwa z Allanem niektóre jego obawy i niepokoje, głęboko się z nim identyfikuje i staje mu się coraz bliższa, zwłaszcza kiedy Dick wyjeżdża w interesach. Allan zaprasza Lindę wieczorem do siebie, ale jest w rozterce, nie wie bowiem, czy powinien spróbować ją uwieść, a jeśli tak, to w jaki sposób. W kluczowych momentach materializuje się Bogart i doradza bohaterowi, jakie kroki powinien poczynić.

Sztuka *Zagraj to jeszcze raz, Sam* jest urocza, zgrabna i nieźle się broni. Dialogi napisane przez Allena są soczyste i zabawne.

Na przykład wtedy, gdy w muzeum jego bohater podchodzi do dziewczyny oglądającej obraz Franza Kline'a i próbuje zagaić rozmowę.

ALLAN: Co sądzisz o tym obrazie?
DZIEWCZYNA: Wyraża negatywność wszechświata. Odrażającą, samotną pustkę istnienia, nicość, sytuację człowieka zmuszonego do życia w jałowej, pozbawionej Boga wieczności, będącego niczym ognik migoczący w niezmierzonej otchłani pełnej odpadów, strachu i upodlenia, tworzącej bezużyteczny, marny kaftan bezpieczeństwa w czarnym, absurdalnym kosmosie.
ALLAN: Co robisz w sobotę wieczorem?
DZIEWCZYNA: Kończę ze sobą.
ALLAN: A w piątek?

W tle dowcipów, zgrabnych powiedzonek i wesołkowatości rozbrzmiewa emocjonalne echo bezdennej frustracji i nieodwzajemnionego pożądania – echo, które Allen doskonale oddaje w tekście, odwołując się do wczesnych doświadczeń z własnego życia. Czy znajdziemy wśród autorów filmowych i teatralnych kogoś, kto w sposób tak rozpaczliwy i nieodparty pisałby o heteroseksualnej żądzy i pragnieniu? Czy jakikolwiek inny męski bohater sztuki bądź filmu tak desperacko toczył pianę z ust (czy też „ślinił się", jak to ujmuje Allen) na widok kobiety?

Ten niepowtarzalny talent komediowy, który Allen traktuje z lekceważeniem, jest przecież jego wyjątkową zaletą.

„W trakcie prób zadurzyłam się w Allanie [Feliksie, bohaterze *Zagraj to jeszcze raz, Sam*] zgodnie ze scenariuszem, ale także i w Woodym – napisała Diane Keaton w swoich wspomnieniach zatytułowanych *Wciąż od nowa*. – Jakże mogło być inaczej? Kochałam się w nim, zanim jeszcze go poznałam. Cała nasza rodzina zbierała się przed telewizorem i oglądała go w programie Johnny'ego Carsona. (...) W rzeczywistości wyglądał jeszcze lepiej niż na ekranie. Miał wspaniałą budowę ciała i poruszał się z wielką gracją"[54].

„Podobnie jak w sztuce, zostaliśmy przyjaciółmi. Stanowiłam świetną publiczność. Śmiałam się w przerwach między rzucanymi przez niego dowcipami. Chyba mu się to podobało, choć zawsze wytykał, że nie połapałabym się w dowcipie, nawet gdyby podano mi go na tacy"[55].

Niektóre opisy ich związku sprawiają wrażenie zapożyczonych wprost ze scenariusza *Annie Hall*, na przykład to, jak Keaton spóźniła się na pokaz *Smutku i litości* w kinie Baronet, oraz autoironiczny stosunek Diane do samej siebie, po części wynikający z jej bulimii: „Uważałam siebie za atrakcyjną ofiarę, uroczą, nierozumianą ofiarę. Nikt nie mylił mnie z tęgą kobietą z gabinetu osobliwości. Tymczasem właśnie nią byłam. I uszło mi to płazem. Zostałam mistrzynią, a zarazem oszustką"[56].

„Z pozoru wszystko szło dobrze – napisała. – Woody powoli zaczynał dostrzegać we mnie kogoś więcej niż kumpla w spódnicy. Choć nasz związek trwał nieprzerwanie, nie było w nim jakiegoś szczególnego zaangażowania. Już wtedy Woody był najbardziej zdyscyplinowanym, pracowitym, oddanym swojej pracy, zorganizowanym i – jak na ironię – odpornym człowiekiem, jakiego kiedykolwiek spotkałam. Codziennie ćwiczył na klarnecie, występował w sztuce, czytał dzieła Tołstoja i pisał nowe dowcipy (...)"[57].

„Woody wyprawia na scenie wiele, powiedzmy, niecodziennych rzeczy, o które nie podejrzewalibyście osoby jego

---

[54] Diane Keaton, *Wciąż od nowa: wspomnienia*, przeł. Beata Hrycak, Bukowy Las, Wrocław 2012, s. 121–122.
[55] Tamże, s. 122.
[56] Tamże, s. 127–128.
[57] Tamże, s. 123.

formatu – napisała w liście do matki. – Wczoraj wieczorem w samym środku sceny zaczął nagle parodiować Jamesa Earla Jonesa z *Wielkiej nadziei białych*. Starałam się nie śmiać, ale się nie dało"[58].

Pamiętamy, jak Woody nalegał, żeby Diane zatrzymała własne mieszkanie po przeprowadzce do niego? „Przewiozłam kilka rzeczy do jego nowego penthouse'u – opowiadała – ale nie zrezygnowałam ze swojej kawalerki przy Osiemdziesiątej Drugiej"[59]. Postać Annie Hall przewija się właściwie przez całe wspomnienia Keaton. W początkowej fazie związku z Woodym Keaton napisała w liście do matki z osiemnastego lutego 1969 roku: „Chyba byłam z nim na randce. Poszliśmy do słynnej knajpy serwującej steki, Frankie and Johnnie. Wszystko szło dobrze, póki nie zgrzytnęłam widelcem o talerz, wydając przy tym normalny – podkreślam: normalny – odgłos, jak przy krojeniu. Musiało doprowadzić go to do szału, bo głośno zawył. Nie umiałam wykoncypować, jak przekroić stek, nie popełniając przy tym tego samego błędu, więc przestałam jeść i wdałam się w rozmowę o statusie kobiet w sztuce, jakbym miała jakiekolwiek pojęcie o kobietach albo sztukach pięknych. Ależ ze mnie idiotka. Wszystko to było upokarzające. Wątpię, byśmy mieli w najbliższej przyszłości zjeść kolejną wspólną kolację"[60].

Wydawało się, że tym, co zbliża ich do siebie, jest autoironia. Podczas zdjęć do *Miłości i śmierci* Woody pisał do Keaton, nazywając ją „uroczą niezdarą. On był moim «Białasem»"[61]. Cierpiała na bulimię, a on był panikarzem. „Choć miał proporcjonalną budowę i wysportowane ciało, traktował je tak, jakby było osobliwą zbieraniną niepowiązanych z nim dodatków – napisała. – Jego stopy nigdy nie dotykały ziemi. Bez przerwy znajdował się pod opieką takiego czy innego lekarza. Oboje w miejscach

---

[58] Tamże, s. 96.
[59] Tamże, s. 123.
[60] Tamże, s. 96.
[61] Tamże, s. 141.

publicznych nosiliśmy kapelusze, on zawsze trzymał mnie za rękę, a raczej ściskał ją kurczowo, nie wypuszczając ani na chwilę. Ludzi należy unikać. Zaszufladkowałam go jako skrzyżowanie «Białasa» z karaluchem, którego nie da się unicestwić. Oboje uwielbialiśmy torturować się nawzajem naszymi niepowodzeniami. On potrafił sypać zniewagami, ja nie pozostawałam mu dłużna. Kwitliśmy, poniżając się nawzajem. Jego spostrzeżenia na temat mojego charakteru były absolutnie trafne oraz – jakżeby inaczej – zabawne. Ta więź pozostaje rdzeniem naszej przyjaźni, a w moim wypadku – miłości"[62].

Uprzedzając sceny o jej mieszkającej w Chippewa Falls w stanie Wisconsin rodzinie, które stworzy na potrzeby *Annie Hall*, Woody napisał w liście do Diane: „Postanowiłem pozwolić twojej rodzinie uczynić mnie krezusem! Okazuje się, że stanowią fantastyczny materiał na film. I to całkiem poważny (...)"[63].

Związek przetrwał trzy lata (przyjaźnią się do dziś). Wydaje się, że Woody polubił Diane zarówno za jej zalety, jak i ograniczenia. Być może myślał o niej nie tylko jak o roztrzęsionej, niepotrafiącej wydusić z siebie słowa kapuścianej głowie, jaką była Annie (tak ją określiła Keaton w 2014 roku), ale też jak o Mary z *Manhattanu*. W latach siedemdziesiątych Allen napisał historię pod tytułem *Zemsta*, która ukazała się na łamach „Kenyon Review". Opowiadała o mężczyźnie zakochanym w Connie Chasen, boskiej gojce: „Wysoka blondynka o wydatnych kościach policzkowych, aktorka, sensatka, czarowna, nieodwołalnie wyobcowana, o agresywnym, przenikliwym umyśle, którego siłę przyciągania przyćmiewa tylko jej zmysłowy, wilgotny erotyzm, sugerowany każdą jej krągłością (...). To, że wybrała mnie, Harolda Cohena, chudego, długonosego początkującego dramaturga i nędzarza w wieku dwudziestu czterech lat, było równie

---

[62] Tamże, s. 141–142.
[63] Tamże, s. 143.

non sequitur, jak sylogizm o ośmiu sprzecznych przesłankach"[64]. W opowiadaniu uwidacznia się fascynacja Allena przełamywaniem tabu – jego bohatera Harolda ogarnia gorąca obsesja na punkcie pięćdziesięciopięcioletniej matki Connie, obsesja silniejsza niż pragnienie zdobycia ciała Connie, której udaje się na nowo rozbudzić w sobie pożądanie do Harolda, dopiero kiedy ten poślubia jej matkę i symbolicznie zostaje jej ojcem.

Niezadowolenie Allena z niedoskonałości Keaton – powiedział kiedyś, że kiedy ją poznał, jej umysł był jak czysta kartka; innym razem nazwał ją „prostaczką z gatunku tych, co żują osiem listków gumy naraz" – sprawiło, że zaczęła za jego namową chodzić na psychoterapię, tak jak bohaterka *Annie Hall*, czytać poważne lektury i studiować fotografię, aż w końcu odsunęła się od niego. Kiedy w marcu 1970 roku sztuka *Zagraj to jeszcze raz, Sam* schodziła z broadwayowskiego afisza, kresu dobiegał również związek Woody'ego i Diane. Keaton zaczęła spotykać się z Warrenem Beattym i Alem Pacino (którego poznała wcześniej niż Woody'ego). Cały związek Allena i Keaton można prześledzić, oglądając *Annie Hall*; z filmu dowiedzieć się też można, jakie były powody rozstania: Annie zbyt często używa słowa „zacny". „Uważasz, że jestem za głupia", mówi Alvy'emu. On namawia ją, żeby nie pozbywała się swojego mieszkania, na co ona odpowiada: „Bo nie chcesz ze mną mieszkać". Annie zaczyna spotykać się ze swoim wykładowcą, a gdy Alvy jej to wytyka, przypomina mu: „Przecież to ty nie chciałeś się do końca zaangażować". W scenie z podziałem ekranu, w której widzimy Alvy'ego i Annie jednocześnie rozmawiających ze swoimi terapeutami, Alvy narzeka, że płaci za terapię Annie i w ten sposób „dymam się sam". Kiedy się rozstają, Annie mówi: „Czuję, że spada mi z ramion ogromny ciężar". Różnica zdań na temat Los

---

[64] Woody Allen, *Zemsta* (przeł. Bogdan Baran), w: *Obrona szaleństwa*, dz. cyt., s. 349.

Angeles i Nowego Jorku okazuje się tym, co przesądza o ostatecznym rozstaniu, ale w rozmowie Annie mówi Woody'emu/ Alvy'emu, na czym tak naprawdę polega problem: „Nie potrafisz cieszyć się życiem. (...). Mieszkasz na wyspie i sam jesteś jak wyspa". Cały Woody – to chyba oczywiste.

I tak to się skończyło, zapewne podobnie jak w prawdziwym życiu.

Wydaje się, że między Allenem a Keaton niewiele istniało seksualnego napięcia – przynajmniej zdaniem Louise Lasser, aczkolwiek nie można wykluczyć, że mówi to jako skrzywdzona była żona. Lasser to szalona, zwariowana kobieta, taka, jakie najbardziej pociągają Woody'ego – to wariatka „Harriet Harmon", którą Allen opiewa w *Mężach i żonach*, i Dorrie (Charlotte Rampling) ze *Wspomnień z gwiezdnego pyłu*; obie, mówi nam Allen, skończyły na oddziale dla psychicznie chorych. „Kobiety są albo niezrównoważone, albo radośnie niezrównoważone. Ja zawsze byłam dla niego po prostu niezrównoważona, a Keaton – radośnie niezrównoważona". Keaton – zarówno jako Annie Hall, jak i prywatnie – jest uroczą, neurotyczną szyksą, bynajmniej nie stukniętą, ale na tyle nierozgarniętą, by Allen mógł jednocześnie i czuć się od niej lepszy, i identyfikować się z nią, a także do pewnego stopnia nad nią panować. „Diane była dla Woody'ego wspaniałą przyjaciółką – powiedziała Lasser – ale seksualnie niezbyt go pociągała. Owszem, czuł coś do niej i robił z nią «te rzeczy», ale pod tym względem między nimi było inaczej niż między mną a nim. On ma duże libido, ona zresztą też, ale z jakiegoś powodu nie miał na nią apetytu". Być może dlatego Keaton i Allenowi udało się pozostać przyjaciółmi na długo.

Dwa lata później, w 1971 roku, sztuka *Zagraj to jeszcze raz, Sam* trafiła na ekrany w wersji filmowej. Woody i Diane zagrali główne role, lecz Allen nie stanął za kamerą – wtedy jedyny raz dopuścił do takiej sytuacji. Peter Bart, były redaktor naczelny „Variety", był w 1971 roku wiceprezesem Paramount Studios odpowiedzialnym za produkcję. „Zawsze mi się podobało *Zagraj to jeszcze raz, Sam* – powiedział w rozmowie ze mną. – To był mój jedyny kontakt z Woodym na stopie zawodowej. 20th Century Fox miała przerobić *Zagraj to jeszcze raz, Sam* na film, ale projekt ugrzązł. Tymczasem ja miałem w ręku bardzo dobry scenariusz – nazywał się *Władca północy* – tyle że nie potrafiłem przekonać do niego ludzi, którzy, jak mi się wydawało, powinni być nim zainteresowani. Uważałem, że Fox przepuszcza wielką okazję, nie ruszając z *Samem*, bo ten był świetny. Pogadałem więc z Davidem Brownem, który pracował w Foksie, i on pomógł mi wszystko zorganizować. Bobowi Evansowi i mnie bardzo spodobał się reżyser Herbert Ross. Byłem wtedy młody. Uważałem, że Woody kręci filmy dla stosunkowo wąskiej publiczności, za to Herb Ross ma na uwadze szersze grono odbiorców. Uznałem zatem, że gdyby połączyć wrażliwość Rossa z wrażliwością Allena, powstałby film, który mógłby dotrzeć do znacznie większej liczby widzów. Jak pomyśleliśmy, tak zrobiliśmy. Strategia była dobra, ale nie pasowała Woody'emu. Tak oto dzięki mojej znajomości z Davidem doprowadziliśmy do nietypowego interesu w tej branży, mianowicie wymieniliśmy się projektami. Dałem mu *Władcę*, a dostałem *Sama*. Bez pieniędzy, czysty barter.

Woody był zachwycony, że to Paramount chce wyprodukować film. Potem dowiedział się jednak, że za kamerą postawię nie jego, ale Herba Rossa, i na tym, rzecz jasna, skończyła się moja znajomość z Woodym. Nigdy więcej nie raczył się do mnie odezwać. Nie szkodzi, film i tak wyszedł wspaniały. Dokonałem rzeczy nie do pomyślenia: zrobiłem film Woody'ego Allena bez Woody'ego Allena. Chciał mieć pełną kontrolę, był oburzony tym, że nie stanął za kamerą".

W 1968 roku Allen kupił jedenastopokojowe, dwupoziomowe mieszkanie na ostatnim piętrze w budynku stojącym u zbiegu Piątej Alei i Siedemdziesiątej Dziewiątej ulicy, z widokiem na Central Park, i przeprowadził generalny remont nowego lokum. Nabył też rolls-royce'a i wynajął szofera. W nieprzychylnej Woody'emu biografii jej autor, John Baxter, przypisuje wiele motywów zjawisku, które rozumie jako przeobrażenie się Allena z „nowoczesnego, świetnie zorientowanego manhattańczyka", człowieka „energicznego, pewnego siebie, dobrze ubranego i wychowanego" w, jak to określa, „najsłynniejszego nowojorskiego samotnika" i oskarża Allena o to, że zawodzi oczekiwania fanów, w rzeczywistości wcale nie będąc takim neurotycznym nieudacznikiem, jakiego odgrywa na ekranie:

> Z premedytacją przystąpił do realizacji długofalowej strategii budowania nowego wizerunku, a wraz z nim nowej postaci, mogącej zapewnić mu większe zyski (...) w istocie rzeczy Allenowi zależało na sławie, jak również na anonimowości. (...) Allen w akcie śmiałego wyrzeczenia porzucił wizerunek nadzianego, mającego powodzenie u kobiet autora inteligentnych tekstów komediowych i zastąpił go image'em niedojdy. (...) Na ekranie „Woody" stał się płaczliwą ofiarą o minie zbitego psiaka, faszerującą się lekami, niezdecydowaną, bezsilną, nieatrakcyjną, fizycznie i towarzysko niezręczną, zajmującą się tym, co najbanalniejsze.

Teoria o „przeobrażeniu", o której pisze Baxter, nie pokrywa się z faktem, że na wizerunek Allena zawsze składały się liczne skomplikowane i sprzeczne elementy: chełpliwy i pewny siebie kochanek jest tak naprawdę nieporadnym pierdołą; żałosna oferma i romantyk na koniec po męsku zdobywa dziewczynę. Spryt jest przywilejem, a właściwie cnotą i powinnością artysty. To, co zdaniem Baxtera świadczy o wyrachowaniu czy wręcz nikczemności, można równie dobrze uznać za przejaw wielowarstwowości kondycji ludzkiej; człowiek nie jest ani aniołem, ani świętym.

Zamiast przesadnej identyfikacji z wymyśloną postacią, w którą wciela się Allen i która martwi i frustruje niektórych spośród jego rozczarowanych fanów, u Baxtera mamy zawód wręcz przeciwny: że artysta nie przypomina swojego ekranowego wcielenia. Zatem zmylił nas. W ocenie Baxtera ukryta jest teza, że ciężka praca włożona w wysiłek całego życia i wszelkie osiągnięcia artystyczne są nieistotne. Liczy się to, że jesteśmy zwodzeni. Ten bowiem, którego oglądamy, nie jest prawdziwym Woodym.

Baxter ma Allenowi za złe również olbrzymi sukces, jaki ten odniósł, a także wytyka mu ucieczkę, typowe dla artysty chowanie się przed ciekawskimi spojrzeniami. To prawda, że Allen jest niebywale nieśmiałym człowiekiem; nieśmiałość ta, podobnie jak zestaw nadnaturalnych obaw i lęków, towarzyszy mu przez całe życie. Według Baxtera Allen w sekrecie przezwyciężył nieśmiałość i obecnie przedstawia niczego niepodejrzewającej opinii publicznej fałszywy obraz własnej osoby. To się nazywa tupet! Pytanie brzmi: dlaczego artysta miałby być dokładnie taki, jak wykreowane przez niego fikcyjne postaci? Baxter wzmacnia swoje argumenty cytatami ze wspomnień Mii Farrow, w których pisze ona między innymi: „Woody-aktor już dawno wypracował swój filmowy wizerunek: ujmujący niedojda, bezustannie gderający w zabawny sposób, stawiający pod znakiem zapytania moralne i filozoficzne kwestie małego i dużego kalibru. Szczery i otwarty, sypiący cytatami z Kirkegaarda i Kanta: wnikliwa i niegroźna maskotka inteligencji. Jednym słowem facet, który w niczym nie przypomina prawdziwego Woody'ego Allena"[65].

Allen nigdy nie twierdził, że jest „ujmującym niedojdą", wręcz przeciwnie. W 1987 roku powiedział „Esquire'owi": „Nigdy nie

---

[65] Mia Farrow, *Wszystko, co minęło*, przeł. Alina Śmietana, Znak, Kraków 1998, s. 216.

byłem niedojdą. (…) Ten przydomek nadały mi osoby bez wyobraźni. (…) Wcale nie byłem wystraszonym, samotnym dzieciakiem. Uprawiałem sporty i w wielu byłem naprawdę niezły. Nie byłem biedny, głodny ani zaniedbany. Byliśmy dobrze odżywioną rodziną z klasy średniej. Nosiliśmy dobre ubrania i mieszkaliśmy w wygodnym domu.

Ludzie zawsze kojarzyli mnie z Greenwich Village, z dziurawymi swetrami i tego typu rzeczami. A ja nigdy taki nie byłem. Nigdy. Nigdy nawet nie mieszkałem w Village, tylko w Upper East Side na Manhattanie. Zawsze stołowałem się w dobrych restauracjach". W podobnym tonie wypowiadał się w wywiadzie z Samem Tanenhausem w 2005 roku: „Ludzie zawsze mylnie uważają mnie za intelektualistę, choć wcale nim nie jestem. Zacząłem czytać tylko dlatego, że kobiety, które podobały mi się, kiedy byłem nastolatkiem, biegały z jednej imprezy kulturalnej na drugą i były erudytkami. Starałem się, jak mogłem, zainteresować je sobą, ale nie miały dla mnie czasu. Zacząłem więc sięgać po książki po to, żeby móc dotrzymywać im kroku w rozmowach i żeby mnie nie skreślały". W 1979 roku opowiadał Natalie Gittelson: „Nie zaszywam się co wieczór w mieszkaniu, żeby ślęczeć nad literaturą rosyjską i duńskimi filozofami. Nie nazwałbym siebie samotnikiem. (…) Bardzo często wychodzę: do kina, do sklepu, pospacerować ulicami, na imprezy, na których, jak mi się wydaje, będę się dobrze bawił, do Elaine's [w 2012 roku restauracja została zamknięta]". Allen z jednej strony wciąż ma swoje obsesje, a z drugiej twardo stąpa po ziemi i nadal z tą samą żarliwością wyznaje kult pracy, który każe mu wcześnie zjadać kolację, obejrzeć film albo mecz i iść spać. Na ekranie i scenie jest szalony, w prawdziwym życiu zaś – na pozór spokojny, zdyscyplinowany i rozsądny.

Zagraj to jeszcze raz, Sam jest oczywistym dowodem błędności teorii Baxtera, według której Woody to dokładnie ten sam rozkoszny szlemiel, ten sam lubieżny nieudacznik, który popisuje się przed publicznością od końca lat pięćdziesiątych. Tymczasem nie było żadnego „przeobrażenia".

W 1971 roku Allen pojechał z Diane Keaton na New Orleans Jazz & Heritage Festival i uznał tę wyprawę za jedno z najważniejszych wydarzeń w swoim życiu. Wkrótce miał zapoczątkować jeden ze swoich niezwykłych, odświeżających rytuałów, mianowicie poniedziałkowe wieczorne koncerty z New Orleans Funeral and Ragtime Orchestra. Począwszy od 1974 roku, nie było bodaj jednego poniedziałku, żeby klarnecista Allen nie grał z zespołem, chyba że razem z orkiestrą wyjeżdżał w trasę albo akurat kręcił film za granicą. Poniedziałkowe muzykowanie zawsze miało priorytet, nawet przed ceremonią wręczenia Oscarów, kiedy zdobywał statuetkę.

Pisząc o Allenie, często pomija się jego uwielbienie dla Nowego Orleanu, stylu dixieland i jazzu tradycyjnego, tymczasem nie sposób w pełni zrozumieć Woody'ego, jeśli nie uwzględni się jego miłości do muzyki. To żarliwe uczucie stanowi klucz do kryjącej się pod posępną powierzchownością radosnej strony jego duszy, która dochodzi do głosu w tak wielu jego filmach. Fascynację Woody'ego jazzem można wywieść ze szczenięcych lat, kiedy to wraz z Jerrym, Elliottem i Jackiem czytał autobiografię Mezza Mezzrowa *Really the Blues* i chodził do Stuyvesant Casino, Central Plaza i Child's Paramount, ówczesnych dixielandowych mekk, żeby oglądać mistrzów tradycyjnego jazzu – a nawet spotkał samego Sidneya Becheta, kiedy ten przebywał z wizytą w Nowym Jorku. Od czterdziestu pięciu lat Woody rezerwuje każdy poniedziałkowy wieczór na granie z zespołem; dawniej koncertowali w Michael's Pub, obecnie w hotelu Carlyle. Muzyka kapeli wciąż tchnie radością, jak przyznali w rozmowie ze mną kompozytor Johnny Mandel oraz nieżyjący już Jerry Wexler z Atlantic Records. Allen otacza nabożną czcią mistrzów dixielandu: Sidneya Becheta, George'a Lewisa – *Burgundy Street*

Blues to chyba jego ulubiony utwór Lewisa – Bunka Johnsona, Johnny'ego Doddsa, Alberta Burbanka, Kida Thomasa, Muggsy'ego Spaniera i Turka Murphy'ego – słuchanie ich muzyki przepełnia go radością. W wyreżyserowanym przez Barbarę Kopple filmie dokumentalnym *Wild Man Blues* z 1998 roku wyruszamy wraz z Allenem, bandżystą Eddym Davisem i zespołem na trasę po Europie. Kiedy gra, Woody bez reszty skupia się na muzyce, praktycznie nie podnosi wzroku na publiczność, co widać zarówno na filmie, jak i na żywo, podczas koncertów kapeli w hotelu Carlyle. W wywiadach mówi, że granie muzyki kojarzy mu się z „kąpielą w miodzie". Kiedy zaczyna grać, czuje się, jakby zrzucał z siebie ubranie i wydawał głośne: „Ach!"; jest całkiem obnażony.

W 2010 roku powiedział w wywiadzie udzielonym „Village Voice": „Kiedy jest się tak słabym jak ja, koniecznie trzeba codziennie ćwiczyć. Jestem amatorem w pełnym tego słowa znaczeniu. Nie mam zbyt dobrego słuchu muzycznego. Jestem kiepskim muzykiem, można mnie przyrównać do niedzielnego tenisisty. (...) Lubię współczesny jazz, ale moim faworytem pozostaje jazz nowoorleański. Urzeka mnie w nim pewna prymitywność, prostota, bezpośredniość. To muzyka, która najdłużej we mnie zostaje. W jazzie jest coś przedwiecznego – to sprawka czasu – zwłaszcza we wczesnych jego formach, te są bowiem świadectwem narodzin nowej formy sztuki. Po prostu kocham jazz". „Dla mnie im muzyka prymitywniejsza, tym lepiej – opowiadał Johnowi Lahrowi. – Wtedy radość z grania jest bardziej bezpośrednia, ponieważ żaden wysiłek intelektualny nie zakłóca przeżywanych emocji. (...) Czasem wystarczą trzy akordy. Muzycy, którzy je grają, którzy naprawdę potrafią to robić, sprawiają, że muzyka brzmi zdumiewająco pięknie".

Styl komediowy Allena – jego niekrępowaną, niezmąconą radość – cechuje emocjonalne podobieństwo do muzyki. Podobnie jak dixieland, poczucie humoru Woody'ego jest szczere, spontaniczne i płynie prosto z serca. Jazz nowoorleański stanowi muzyczne tło w wielu jego filmach, na przykład w *Bananowym czubku*, *Zeligu*, *Purpurowej róży z Kairu*, *Alicji*, *Strzałach na Broadwayu* i *Słodkim draniu*. Allen wykorzystuje oryginalne nagrania mistrzów: Jamesa P. Johnsona (*Charleston*), Biksa Beiderbecke'a (*Singin' the Blues*), Jelly'ego Rolla Mortona (*Wolverine Blues*), Django Reinhardta, współczesnego Preservation Hall Jazz Band (*Sleeper*), a także utwory własnego zespołu oraz wybitnego współczesnego pianisty Dicka Hymana, który często komponuje i aranżuje ścieżki dźwiękowe do filmów Allena. „Woody jest bardzo muzykalnym człowiekiem i muzykiem, który naprawdę dobrze zna się na rzeczy – mówi Hyman. – Celowo i z rozmysłem sięga po jazz, doskonale przy tym rozumiejąc, jak ta muzyka współgra ze scenariuszami, które pisze". To, że Allen opiera się wyłącznie na własnej wizji, że uparcie broni jazzu, a także konsekwentnie umieszcza tę muzykę w swoich filmach i gra ją przed publicznością na przekór panującym modom (tak jak kompozycje członków rodziny Gershwinów, Cole'a Portera i utwory, które obejmuje Great American Songbook[66]), mówi nam wiele o jego nieustępliwości i wytrwałości. Sam zresztą powiedział: „Nie sądzę, aby jazz nowoorleański cieszył się jakąś szczególną popularnością, ale dla nas, dla naszej garstki, to wspaniała muzyka".

Założycielką jazz-bandu, z którym obecnie gra Allen, była Cynthia Sayer. Jako bandżystka, pianistka i wokalistka występuje u boku Woody'ego już od ponad ćwierć wieku z przerwami; pojawia się też w *Wild Man Blues*.

„Uprzedzono mnie, że w kontaktach z Woodym należy być asertywnym i otwartym – wspominała Sayer. – Że nie ma sensu czekać, aż się odwróci i przywita, bo można tak siedzieć pięć lat, a on nic nie powie. Zrobiłam więc, jak mi doradzono, podeszłam

---

[66] Kanon amerykańskiej muzyki popularnej.

się przywitać i Woody powiedział: «Och, cześć». Są chwile, kiedy daje wyraz życzliwości, ale przez większość czasu dystansuje się. Z drugiej strony czuję, że mam oparcie w jego zespole".

Fascynacja Allena jazzem skupia się na jego wczesnej formie, w tym przypadku na stylu nowoorleańskim w wydaniu Bunka Johnsona i George'a Lewisa. Styl ten, mówi Sayer, charakteryzuje się nakładaniem się partii granych przez poszczególne sekcje zespołu, co daje surowsze brzmienie niż lepiej znana muzyka i styl klarnecistów takich jak Benny Goodman. „Kiedy go poznałam, Woody bardzo chciał grać w stylu George'a Lewisa i Bunka Johnsona – powiedziała mi Sayer. – Bo uwielbia taką muzykę. Ma ogromną wiedzę na temat tego gatunku i swoją grą na klarnecie składa bezpośredni hołd wyjątkowemu brzmieniu i stylowi George'a Lewisa. Miłość Woody'ego do tej muzyki jest szczera, głęboka i płynie prosto z serca – to słychać, ilekroć rozlega się zawodzący dźwięk jego instrumentu. Wykorzystując dixieland w swoich filmach i grając w tym stylu z własnym zespołem, utrzymuje tę muzykę przy życiu i popularyzuje ją.

Ta muzyka dodaje siły i otuchy – mówiła dalej Sayer. – Emanuje specyficzną duchowością. Jest zarazem surowa i słodka. Kiedy wszystko idealnie ze sobą współgra, czuję bijącą od niej radość wymieszaną ze sporą dawką dzikości, tak jakbym płynęła na grzbiecie fali, niesiona siłą potężnego, naturalnego ruchu. Najczęściej czułam coś takiego – tę spotęgowaną energię zgromadzonej w dużej hali koncertowej rozentuzjazmowanej publiczności, która rozpala cały zespół, łącznie z Woodym, do czerwoności – gdy byliśmy w trasie.

W *Wild Man Blues*, filmie opowiadającym o naszej pierwszej europejskiej trasie koncertowej, widać, że Woody jest bardzo otwarty wobec słuchaczy i wdzięczny im, ale to raczej wyjątek niż reguła. Przeważnie wchodzi na scenę, siada, daje sygnał zespołowi i zaczyna grać, nawet nie spoglądając na publiczność. To jasne, że podejmuje świadomy wybór: na scenie chce być muzykiem, nie Woodym Allenem, gwiazdą kina. I robi to z tak niezwykłym emocjonalnym zapamiętaniem i otwartością, że swoją grą porywa widownię.

W Europie graliśmy w dużych salach koncertowych, przed którymi czekały tłumy fanów, skandując imię Woody'ego z miejscowym akcentem: «Łu-di, Łu-di». Słychać było podszyte niecierpliwością radosne podniecenie – a potem westchnienie, jakby ktoś spuścił powietrze z balonu, kiedy z autokaru wysiadał zespół bez Woody'ego i kierował się ku wejściu dla artystów. Całe to zaaferowanie gwiazdą kina mijało, gdy wszyscy siedzieli już na swoich miejscach, Woody wychodził na scenę i zaczynał grać. Czuło się, że kiedy muzyka zaczyna docierać do publiczności i pochłaniać ją – na przekór wszelkim uprzedzeniom, które słuchacze mogli mieć przed występem – płynąca z widowni energia zamienia się w coś zupełnie nowego".

John Lahr, autor zamieszczonej w 1996 roku w „New Yorkerze" wyjątkowej sylwetki Allena, napisał o tym, jak Woody ćwiczy w domu wczesnym rankiem, grając do utworów Bunka Johnsona. „W muzyce, w filmie – właściwie we wszystkim, co robi – Allen tworzy tak sugestywny świat fantazji, że spełniają się w nim niektóre spośród jego najbardziej nierealnych marzeń. Willie Mays posyła mu aut z powietrza w meczu w softbol na stadionie Dodgersów; gra na klarnecie podczas parady orkiestr w Nowym Orleanie albo w Preservation Hall; je kolację z Groucho i z S.J. Perelmanem (...) niewątpliwie podchodzi do życia z pasją i wdzięcznością. «Kiedy z przyjemnością oglądasz występy komików albo filmy, wówczas radość, którą odczuwasz, metabolizuje się – mówi. – Bez ustanku pochłaniasz ten pokarm i nagle okazuje się, że stał się on częścią ciebie». Jest coś ujmującego w skłonności Allena do zachwytu. «Gdybym miała zamknąć oczy i wyobrazić sobie Woody'ego – mówi Diane Keaton – przywołałabym z pamięci to, jak oglądał *Szepty i krzyki*

(...) jak porwał go ten film. Miał to wypisane na twarzy. Wzruszyłam się. Za to go kocham»".

Kiedy Woody pracował nad *Śpiochem*, ziściło się jedno z jego marzeń. Pojechał mianowicie do Preservation Hall, legendarnej, autentycznej kolebki jazzu nowoorleańskiego, by tam wspólnie z członkami Preservation Hall Jazz Band stworzyć ścieżkę dźwiękową do swojego filmu. Wiekowa sala z wytartym drewnianym parkietem ma prawie czternaście metrów długości i o połowę mniej szerokości. Niecały metr od podestu, na którym gra zespół, ulokowano kilka rzędów ław, za nimi zaś znajdują się miejsca stojące.

Dziś już, niestety, większości najsłynniejszych muzyków grających dawniej w Preservation Hall Jazz Band nie ma wśród żywych, ale kiedy Allen nagrywał z zespołem soundtrack do *Śpiocha*, niektórzy mistrzowie, pełni sił witalnych siedemdziesięcio- i osiemdziesięciolatkowie, nadal cieszyli się dobrym zdrowiem; byli wśród nich: puzonista Jim Robinson, bandżysta Emanuel Sayles, pianista Sing Miller, basista Chester Zardis, perkusista Cie Frazier oraz lider kapeli, trębacz Percy Humphrey. Allen wszedł, usiadł obok Humphreya i zaczęli grać *Little Liza Jane*. „Ma świetne ucho – powiedział później Percy o Allenie. – Zrobił dokładnie to, co powinien był zrobić, dołączając do zespołu kierowanego przez innego muzyka: grał to, co my. Dostosował się. Nie gwiazdorzył".

Wisienką na torcie była dla Allana niewątpliwie ostatnia sesja, po której Jim Robinson podszedł do niego i zapytał: „Mówił ci ktoś, że brzmisz jak mój stary druh George Lewis? Przypomnij mi, jak się nazywasz.

Woody.

Willard? Dobry jesteś, Willard".

W 1971 roku Allen napisał i wyreżyserował (oraz w niej wystąpił) telewizyjną krótkometrażówkę *Men in Crisis: The Harvey Wallinger Story* (Mężczyźni przeżywający kryzys: historia

Harveya Wallingera), nakręconą dla WNET, nowojorskiej filii PBS. Woody stworzył ten polityczny (jak rzadko u niego) tekst, będący satyrą na relacje między Richardem Nixonem a Henrym Kissingerem (Harvey Wallinger), u szczytu niechlubnych rządów Nixona. Sportretował Wallingera jako prawnika, który startując z pozycji prezydenckiego chłopca na posyłki, osiąga wysokie stanowisko w administracji Nixona i zyskuje sławę playboya. Jedna z jego dziewczyn, siostra Mary Elizabeth Smith, mówi, że Wallinger „jest niewiarygodnym hulaką, po prostu maniakiem". „Adwokat John Mitchell – napisał Allen – ma wiele pomysłów na usprawnienie metod ochrony porządku publicznego w naszym kraju i na przeszkodzie stoją mu jedynie ograniczone fundusze oraz konstytucja". PBS nie spodobała się postać siostry Mary; szefom telewizji nie przypadł do gustu również pokazujący środkowy palec Hubert Humphrey; przechwałki Wallingera o tym, że Pat Nixon [żona prezydenta] zaprasza go do siebie, ilekroć Richard wyjeżdża, też nie spotkały się z aprobatą. Allen nie zgodził się na wycięcie tych fragmentów. Na domiar złego o filmie dowiedział się Committee to Re-elect the President (Komitet na Rzecz Reelekcji Prezydenta; w skrócie CREEP, czyli kanalia) i zdobył egzemplarz scenariusza. Nixon, mający paranoję na punkcie mediów, w tym zwłaszcza publicznych, takich jak PBS, zapowiedział wcześniej – ustami Claya Whiteheada z działającego przy Białym Domu Office of Telecommunications Policy (Urząd Polityki Telekomunikacyjnej) – że jeśli PBS nie zaprzestanie krytyki prezydenta, sieć będzie się musiała liczyć z cięciami w budżecie. Film pokazano działowi prawnemu PBS; prawnicy zasugerowali jedynie wycięcie scenki z Hubertem Humphreyem. Prezes WNET Ethan Hitchcock obejrzał film, zignorował pozytywne opinie i wydał polecenie, żeby „pod żadnym pozorem [filmu] nie emitować". W późniejszym wywiadzie Allen przyznał, że film był „w wyjątkowo złym guście (...), ale trudno nakręcić o [tamtej] administracji coś, co nie byłoby w złym guście". PBS poinformowała, że zrezygnowała z emisji filmu, ponieważ wymieniono w nim nazwiska kandydatów na prezydenta, którym należałoby zapewnić równy czas antenowy. Nikt nie uwierzył w to tłumaczenie.

Mniej więcej w tym samym czasie Allen zrezygnował z kariery stand-upera i rzucił pisanie dla telewizji. Przestał pojawiać się w talk-show, teleturniejach i rewiach, a odraza, jaką poczuł dla własnej schematycznej twórczości telewizyjnej (i ogólnie dla telewizji) stanie się ważnym motywem w *Annie Hall* i *Manhattanie*.

Zarzucił też pracę przy obrazach innych artystów. Choć czasy produkcji filmów według systemu studyjnego dawno minęły, to jednak wkrótce udało się Woody'emu stworzyć, w ramach United Artists, własną wersję tego systemu – lepszą nawet niż oryginalna – obejmującą strukturę podobną do tej, z której zalet cieszyli się scenarzyści w latach trzydziestych i czterdziestych.

Po sukcesie, jaki odniósł filmem *Bierz forsę i w nogi*, Jack Rollins i Charles Joffe wynegocjowali dla niego trzyletni kontrakt z United Artists. Z umowy wynikało, że budżet każdego filmu będzie wynosił dwa miliony dolarów, Woody dostanie trzysta pięćdziesiąt tysięcy za napisanie scenariusza, wyreżyserowanie go oraz występ w filmie, natomiast sto pięćdziesiąt tysięcy przypadnie producenckiej parze Rollins–Joffe. David Picker, szef produkcji, zagwarantował Woody'emu scenarzyście i reżyserowi artystyczną swobodę. Dzięki środkom finansowym z United Artists Allen nie musiałby zabiegać o dodatkowe fundusze. I uniknąłby największej wady przestarzałego systemu studyjnego: bossów dyktujących artyście własną wizję filmu. Z systemu przejął tylko to, co najlepsze: silne wsparcie, jakiego dawni szefowie studiów udzielali swoim ulubieńcom – którym przecież i tak mogli narzucać swoją wolę. Allen znalazł sobie takich mecenasów, którzy go wspierali, jednocześnie zostawiając w spokoju.

W latach siedemdziesiątych United Artists było najbardziej prestiżowym spośród amerykańskich niezależnych studiów filmowych. Studio, założone w 1919 roku przez cztery wielkie hollywoodzkie gwiazdy: Mary Pickford, Douglasa Fairbanksa, Charlesa Chaplina i D.W. Griffitha, w 1951 roku dwoje ostatnich żyjących właścicieli, Chaplin i Pickford, sprzedało Arthurowi Krimowi i Robertowi Benjaminowi. „Arthur Krim i Robert Benjamin – pisał Steven Bach, były starszy wiceprezes United Artists – nie byli kuśnierzami, handlarzami starzyzną ani akwizytorami producenta rękawiczek. Byli skutecznymi i szanowanymi prawnikami, poza tym znali się na przemyśle filmowym". Studio pod ich kierownictwem świetnie prosperowało i produkowało wysokiej jakości filmy, takie jak *Pół żartem, pół serio*, *Marty*, *Afrykańska królowa*, *Garsoniera*, *Elmer Gantry*, *West Side Story* i *W samo południe*.

United Artists, z siedzibą w Nowym Jorku, była jedyną wytwórnią filmową bez własnego studia nagraniowego. Funkcjonowała na zasadach firmy finansującej i dystrybuującej pełnometrażowe filmy fabularne; z producentami tychże podpisywała siedmioletnie umowy licencyjne. Mieściła się daleko od Hollywood, toteż cechowały ją inne niż Fabrykę Snów walory i standardy. Na początku lat siedemdziesiątych na czele spółki stał Krim, a wspomagał go zespół złożony między innymi z Erica Plesowa, Mike'a Medavoya (starszego wiceprezesa do spraw produkcji), Williama Bernsteina (starszego wiceprezesa do spraw działalności handlowej) i Boba Benjamina, z którym Krim przejmował United Artists w 1951 roku. Byli to wyrobieni i wykształceni, ale nie wyrachowani mężczyźni, nie kierowały nimi tylko i wyłącznie pobudki finansowe. Krim, prawnik specjalizujący się w sprawach związanych z amerykańskim przemysłem rozrywkowym, wcześniej zasiadał w fotelu prezesa wytwórni Eagle-Lion Films, kierował działem finansowym Partii Demokratycznej, a także doradzał prezydentom Lyndonowi Johnsonowi i Johnowi F. Kennedy'emu w sprawach związanych z kontrolą zbrojeń, prawami obywatelskimi oraz Bliskim Wschodem. Pleskow w 1938 roku wyjechał wraz z rodziną z Wiednia, uciekając przed nazistami, i wyemigrował do Stanów Zjednoczonych. Służył w wojsku, a po wojnie wrócił do Austrii, gdzie prowadził przesłuchania w ramach procesu denazyfikacji. W 1951 roku zaczął pracować w United Artists, a w 1973 roku został prezesem wytwórni. Pod koniec lat siedemdziesiątych filmy wyprodukowane przez United Artists zdobyły Oscara w kategorii najlepszy film trzy razy z rzędu: *Lot nad kukułczym gniazdem* w 1975 roku, *Rocky* w 1976 roku i *Annie Hall* w 1977 roku.

To było miejsce w sam raz dla Woody'ego. Arthur Krim miał zostać jednym z jego najbardziej oddanych mentorów. Nie od razu jednak. Pierwsza propozycja, która wyszła od Woody'ego, *The Jazz Baby*, wprawiła szefostwo United Artists w zdumienie, toteż Allen szybko się z niej wycofał. Następnie podsunął wytwórni scenariusz pod tytułem *El Weirdo*, który napisał wspólnie z Mickeyem Rose'em i który ostatecznie trafił do kin jako *Bananowy czubek*. Woody zagrał Fieldinga Mellisha – rozwinął i udoskonalił postać wyposzczonego sznuka, czyli niedojdy, głupka – który zakochuje się w Nancy (Louise Lasser), ślicznej marksistce; ta początkowo go odrzuca, ponieważ jest dla niej za mało radykalny i męski. Aby udowodnić Nancy swoją męskość i dać wyraz miłości, Fielding leci do bananowej republiki o nazwie San Marcos, gdzie zostaje pionkiem w grze prowadzonej przez Vargasa (Carlos Montalban), dyktatora wojskowego, który planuje go zabić, by następnie winą za jego śmierć obarczyć socjalistycznych buntowników – wszystko po to, aby zyskać wsparcie ze strony Stanów Zjednoczonych. Fielding ucieka, dołącza do rebeliantów i pomaga ich liderowi obalić Vargasa. Zostaje prezydentem, powraca do Nowego Jorku w przebraniu, które sprowadza się do lichej rudej brody, i próbuje działać na rzecz wymiany handlowej pomiędzy oboma krajami, oferując

Amerykanom szarańczę w przystępnej cenie. Nancy zakochuje się w alter ego Fieldinga, ale kiedy ten ujawnia swoją prawdziwą tożsamość, dziewczyna stwierdza: „Od razu wiedziałam, że czegoś mi brakowało". Fielding zostaje aresztowany i zwolniony. Film kończy się sceną transmitowanej przez telewizję nocy poślubnej Fieldinga i Nancy; łóżkowe figle pary komentuje na żywo Howard Cosell (który wcześniej relacjonował dla telewidzów zamach na Vargasa). Tak jak w niemal wszystkich filmach Allena, szczęśliwe zejście się bohaterów sprawia wrażenie kompromisu. Nie jest też do końca szczęśliwe, zwłaszcza po stronie Nancy, na której seksualność Fieldinga raczej nie zrobiła wrażenia. „Czegoś mi brakuje" – mówi Nancy.

W 2014 roku spotkałem się z dziewięćdziesięcioletnim Erikiem Pleskowem. Powiedział mi, że Arthur Krim był oszołomiony filmem Allena. „Po seansie *Czubka* Arthur nie wiedział, co ma o tym myśleć. Martwił go brak szacunku dla religii, dla Żydowskiego Funduszu Pomocy. To wynikało z różnicy pokoleń. Poza tym Arthur bardzo dbał o wizerunek firmy. Powiedział: «Nie możemy wypuścić tego filmu». Ależ oczywiście, że go wypuścimy, odparłem. Po prostu wtedy jeszcze tego nie rozumiał, nie docierało to do niego. Pojął wszystko dokładnie dopiero później. Nie mówię tego, żeby krytykować Arthura. Rozumiem go. Woody bardzo go podziwiał, bo rzeczywiście Krim był kimś wyjątkowym. Zorganizował przyjęcie w Madison Square Garden na cześć Kennedy'ego – to wtedy Marilyn Monroe zaśpiewała *Happy Birthday, Mister President*. Cały Krim. Był blisko Lyndona Johnsona i chyba jeszcze bliżej Kennedy'ego.

Tak więc na początku – opowiadał dalej Pleskow – Woody miał po swojej stronie Jacka Rollinsa i Charliego Joffe'a, ale nie Arthura Krima. Mógł też liczyć na Davida Pickera, który go do nas przyprowadził. Davidowi należy się uznanie. Potem David odszedł i założył własną firmę producencką. Przejąłem po nim szefostwo i pociągnąłem spółkę dalej. Przez kilka pierwszych filmów, które wyprodukowaliśmy, Arthur był jak zamroczony. Wydaje mi się, że Arthur od samego początku dostrzegał talent Woody'ego i pewnie bardzo się cieszył, że może mieć do czynienia z gwiazdą takiego formatu. Natomiast Woody, jak sądzę, miał kompleksy w związku ze swoim wzrostem. Cechuje go też pewna afektacja. Jeśli nie chcesz, żeby cię ludzie rozpoznawali – a on tak twierdził – to nie nosisz czapki rybackiej w taki sposób. Nie chodzisz po Madison Avenue z takim nakryciem głowy. No ale, pomyślałem, przecież nie będę mu mówił, jak ma żyć.

Woody był wyjątkowo utalentowany i przy tym niezwykle skromny, bardzo przyjemnie się z nim pracowało. Oczywiście nie wtrącałem się w to, co robił. Często czułem się jak jego mecenas, jak któryś z Medyceuszy. Jeden z filmów, *Wrzesień*, pozwoliłem mu nakręcić dwa razy. Nikt inny w branży filmowej nie zgodziłby się na taki manewr. Po prostu nie chcieliśmy psuć naszych relacji z nim z powodu tego jednego filmu. Nie tylko ja tak uważałem. Potrafił angażować drogich aktorów za niewielkie pieniądze. Zresztą wkrótce wszyscy chcieli dla niego pracować i nie miało znaczenia, czy jego poprzedni obraz odniósł sukces, czy nie – zawsze znajdowali dla niego czas.

Na południe od Czterdziestej Drugiej Ulicy zaczynał się dla Woody'ego Meksyk, a na północ od Dziewięćdziesiątej Szóstej – Kanada – mówił dalej Pleskow. – Nie ruszał się poza Manhattan. Nie było szans namówić go na jakikolwiek wyjazd. Więc nawet nie próbowałem. Dla Woody'ego czas stanął w miejscu. Robiliśmy tak, że z Arthurem odbieraliśmy od niego scenariusz, czytaliśmy przez noc i następnego dnia oddawaliśmy. Odpowiadało mi to. Cóż miałem mu mówić? Przecież większość tego, co mogłem mieć do powiedzenia, on i tak już wiedział. Moim zdaniem Woody miał szczęście, że trafił akurat na nas. Rozumieliśmy go. Nie dałbym sobie rady, gdybym pracował wyłącznie z takimi ludźmi. Wyleciałbym z interesu. Z Allenem zaryzykowałem – i jestem zadowolony; niczego nie żałuję".

Między Woodym a Arthurem Krimem z czasem zrodziła się silna więź. Woody ujrzał w nim ojcowski autorytet, zaś Krim, który nie miał własnych dzieci, zachowywał się, jakby odnalazł w Woodym zaginionego syna, i traktował go tak, jak Jack Rollins, czyli z oddaniem. Zarówno dla Rollinsa, jak i dla Krima inwestycja w Allena okazała się bardzo opłacalna, na dłuższą metę Allen przyniósł bowiem obu fenomenalne zyski, tak finansowe, jak i prestiżowe, a także zrewanżował się na poziomie emocjonalnym.

Dzięki Krimowi i Pleskowowi Allen mógł kręcić takie filmy, na jakie miał ochotę; dostał całkowicie wolną rękę, i to bez żadnych zobowiązań. Miał carte blanche; został przyjęty do rodziny. „Mam pełną kontrolę – powiedział w wywiadzie dla magazynu «Cinema». – Nie muszę zabiegać o niczyją aprobatę dla scenariusza. Nie muszę mieć zgody na taką czy inną obsadę. Nic nie muszę". W innym miejscu opowiadał: „Zawsze przez grzeczność rozmawiam z nimi i słucham ich uwag, ale niczego to nie zmienia. Z kolei oni zawsze proszą o pozwolenie, ilekroć chcą zajrzeć na plan". Ten chłodny, szorstki i arogancki sposób ujmowania spraw był charakterystyczny dla Allena; rzeczywiście tak to wyglądało, wcale nie przesadzał, zresztą nie zgodziłby się na nic innego. Sentymentalność nie była ani w jego stylu, ani potrzebna. Woody wiedział, że poradzi sobie dzięki talentowi – i nie mylił się. Sparzył się na pierwszych filmach, nad których produkcją nie panował, dlatego postanowił, że nigdy więcej nie dopuści do takiej sytuacji – i nie dopuścił. Wyszedł na swoje.

Tym, co ujmowało Krima, Pleskowa i innych w Woodym, był nie tylko jego talent, lecz również uczciwość i wierność własnym zasadom. Allen zawsze dotrzymywał słowa i nie zbywał wzruszeniem ramion obaw o to, czy film okaże się dochodowy. Był też inny czynnik, o którym wtedy być może nikt nie mówił głośno: Woody jako pierwszy w sposób bardzo bezpośredni demonstrował na ekranie swoją żydowskość. Żydowskie

Hollywood, pełne uciekinierów z Europy zdeptanej hitlerowskim butem – od Billy'ego Wildera przez Erika Pleskowa i Otto Premingera po setki innych – i przez lata skrywające prawdziwą tożsamość żydowskich znakomitości, z miejsca przyjęło go, pierwszą żydowską gwiazdę lat siedemdziesiątych, z otwartymi ramionami. Allen był jak członek rodziny, nie tylko dla obytych i wyrobionych Żydów, którzy prowadzili United Artists. Nie będzie przesadą, jeśli wywiedziemy związek między pojawieniem się granej przez Allena postaci bezpośredniego, bezczelnego Żyda a narodzinami Izraela, który w 1948 roku dźwignął się z popiołów Holokaustu i stał się dumnym, dynamicznym państwem.

W swoich wspomnieniach zatytułowanych *Final Cut* Steven Bach potwierdza Allenowską wersję zdarzeń. Kontrakt Woody'ego z United Artists był „wyjątkowy jak na tę branżę. Z umowy wynikało, że mógł kręcić filmy bez konieczności uzyskiwania jakichkolwiek zgód i aprobat. Jeżeli szacowany koszt obrazu mieścił się w zakładanym budżecie (...) wówczas Woody dostarczał scenariusz Arthurowi Krimowi. (...) Jeden egzemplarz wędrował też do onieśmielającego Lehmana Katza, stanowiącego w United Artists jednoosobowy dział wycen produkcyjnych, i jeśli Krimowi spodobał się scenariusz, a Katz zaproponował budżet, sprawa była załatwiona. Obywano się bez recenzji, posiedzeń komisji, burz mózgów, dyskusji nad obsadą (chyba że Krim miał jakieś – nieoficjalne – uwagi) i oglądania materiałów z dni zdjęciowych. Woody zostawał sam na sam ze swoim scenariuszem, budżetem i błogosławieństwem Arthura Krima".

Tak skonstruowana umowa sprawdzała się doskonale, ponieważ filmy Woody'ego za każdym razem mieściły się w harmonogramie i budżecie, a Woody zawsze dotrzymywał słowa. Poza tym koszty tych obrazów były stosunkowo niskie. „Do wszystkich swoich zobowiązań Woody podchodził w staroświecki sposób, to znaczy z głęboko zakorzenionym poczuciem honoru" – napisał Bach. Nikt nie wymagał od niego występowania do wytwórni o różnego rodzaju zgody, ale i tak Woody przestrzegał własnych zasad dżentelmeńskiej umowy. „Wyjaśnił mi to później słowami – wspominał Bach – «Nie chciałbym, żeby firma wydawała pieniądze na coś, w co nie wierzy» – chodziło mu o aspekt zarówno komercyjny, jak i tematyczny". W rozmowie z Marion Meade Bach tak skomentował relacje między Allenem a Krimem: „Gdyby nie istniał Arthur Krim i jego United Artists, cała ta misterna konstrukcja, którą w końcu wzniósł Woody Allen, nie miałaby szans powstać".

Allen nigdy nie pozwolił, żeby ambicja przesłoniła mu dążenie do artystycznej autonomii. Jest jedynym w gronie najwybitniejszych reżyserów, któremu od pół wieku konsekwentnie udaje się realizować własne cele. Przez te lata wielu filmowców złamało się i złożyło broń, a on przeżył i nadal robi swoje.

Woody wspinał się po drabinie kariery, nadal był wszakże obciążony bagażem dziwactw i fobii. „Byliśmy w Portoryko, gdzie kręciliśmy *Bananowego czubka* – wspominał Howard Storm. – Woody przyszedł do mnie i mówi: «Słuchaj, mam mysz w walizce». I widzę, że zaczyna go nosić. Poszedłem sprawdzić i rzeczywiście znalazłem mysz. Zdechłą. Walizka była otwarta i leżała w niej martwa mysz. Wziąłem chusteczkę, złapałem gryzonia za ogon i podniosłem. Kiedy ruszyłem w stronę Woody'ego, ten spanikował i odskoczył. Stał z boku i czekał, aż wyrzucę mysz do śmieci. Trzymał się z daleka. «Wyrzuć walizkę», powiedział. «Przecież to dobra walizka», ja na to. «Nieważne, kupię nową», odparł. No to wyrzuciłem".

Istnieje multum opowieści o natręctwach Woody'ego. W rozmowie ze mną producent filmowy Vincent Giordano przypomniał sobie, jak jechał z Allenem windą: „To było w latach osiemdziesiątych. Za młodu pracowałem w różnych montażowniach i firmach producenckich, żeby zarobić na studia i nauczyć się fachu z pierwszej ręki. Kiedyś znalazłem zajęcie w montażowni znajdującej się na tym samym piętrze, na którym wysiadał Woody Allen. Czasem razem jeździliśmy windą. Ilekroć wsiadałem, on obracał się i stawał twarzą do ściany. Było mi go szkoda, bo wyglądało to tak, jakby, nie wiem, bał się czegoś. Inna sprawa to to, że zawsze wysiadał z windy jako drugi. Pewnego dnia postanowiłem zobaczyć, co się stanie, jeśli go przepuszczę. Spanikował. Czekał i czekał, aż w końcu odwrócił się i niemal wybiegł z windy".

U Woody'ego z każdej obsesji rodzi się żart, skecz albo film. Weźmy na przykład gadającą windę, o której Allen opowiadał, kiedy jeszcze występował jako stand-uper; windę, która onieśmiela go, bo „wysławia się lepiej" od niego i „wygłasza antysemickie komentarze". Nagranie całego skeczu można znaleźć na wydanej w 2014 roku przez wytwórnię Razor & Tie płycie *The Stand-Up Years 1964–1968*.

Dziwactwa i natręctwa u artystów to nic nowego. Przypominam sobie, jak nieżyjąca już Julie Hayden, która w latach osiemdziesiątych współpracowała z „New Yorkerem", opowiadała mi, że niektórzy autorzy i członkowie redakcji, łącznie z nią samą, nigdy nie korzystali z windy, ani w budynku gazety, ani w ogóle gdziekolwiek. Bywali też tacy, dla których nawet schody stanowiły problem – ci schodzili tyłem.

Frank Buxton pamięta, jak kręcił z Woodym zwiastun do *Bananowego czubka* – śmiertelnie poważny i przez to nieodparcie zabawny. „To był po prostu wywiad, przeprowadzony bez żadnego przygotowania, w całości zaimprowizowany – powiedział mi Buxton. – Czuliśmy się swobodnie. Woody mi chyba ufał. Oczywiście wiedziałem, o co pytać i do czego zmierzać, żeby wyciągnąć z niego coś, co dałoby się wykorzystać – coś zabawnego. Coś takiego jak w *Zeligu* albo w *Bierz forsę i w nogi*. Istotą komedii jest dla mnie to, że robi się ją na poważnie. Nie opowiada się dowcipów. Wywiad stał się zabawny dzięki temu, że przeprowadziliśmy go z kamiennymi twarzami".

Oto fragment zwiastuna. Buxton pyta Woody'ego, o czym jest film:

Woody: O rozmnażaniu ślimaków. A także o kryzysach emocjonalnych, jakie przechodzą ślimaki w trakcie poznawania, spotykania się i zrywania z innymi ślimakami.

Buxton: Film jest kolorowy czy czarno-biały?

Woody: Sekwencje snu są kolorowe, natomiast sam obraz jest utrzymany w tonacji brązu, ponieważ coś się zepsuło w kamerze. (…)

Buxton: Czy to niemy film?

Woody: Tak, ale nie celowo. (…) Kiedy po raz pierwszy pokazaliśmy film, wzburzeni widzowie porwali ścieżkę dźwiękową i wrzucili ją do morza. (…)

Buxton: Ile trwa film?

Woody: Z przerwą? Pięć minut.

Buxton: Ile trwa przerwa?

Woody: Mniej więcej trzy i pół minuty. Druga część jest dłuższa od pierwszej. Większość ludzi nie potrafi wysiedzieć na drugiej części. (…).

Buxton: Czy spodziewasz się, że film odniesie sukces kasowy?

Woody: Mamy ciekawy plan. Otóż będziemy wpuszczali ludzi za darmo, ale żądali opłaty za wyjście z kina.

Surrealistycznym klimatem i zagęszczeniem żartów *Bananowy czubek* przypominał *Bierz forsę i w nogi*. Znalazły w nim odbicie typowe dla Allena cynizm, sceptycyzm i odrzucenie wszelkich utopijnych ruchów społecznych bądź politycznych. Poza tym wszyscy uznali, że film tak naprawdę opowiada o Kubie pod rządami Fidela Castro. Fielding i Virgil byli wymiennymi postaciami – jeden i drugi był przecież po prostu Woodym. Publiczność dopisała i reagowała żywiołowo na padający z ekranu grad dowcipów. Paul D. Zimmerman napisał w „Newsweeku", że film jest „najbardziej szaloną i zwariowaną komedią od czasów, kiedy Harpo, Groucho i Chico wspinali się na Mount Dumont. Allena łączy z nimi anarchiczne dążenie do podporządkowania wszystkiego – fabuły, wiarygodności, bohaterów – imperatywowi, którym w tym wypadku jest dobry żart".

W United Artists Woody znalazł dom. I rodzinę. Było tam zupełnie inaczej niż w piwnicy domu we Flatbush i z rodzicami, którzy nie rozumieli jego twórczości – ojciec komentował filmy syna, złośliwie mówiąc, że „nigdy nie ogląda tych pierdół"; natomiast matka do końca życia pragnęła, żeby Woody zmienił zawód i został farmaceutą. W United Artists Allen mógł liczyć na bezwarunkową miłość, wsparcie i uwielbienie ze strony wyczulonych i łebskich Żydów, którzy w latach siedemdziesiątych prowadzili wytwórnię od sukcesu do sukcesu. Woody odpowiednio się odwdzięczał. Wśród najwybitniejszych dzieł opatrzonych logo United Artists znajdowały się filmy podpisane jego nazwiskiem.

6. „Bezwzględny i romantyczny, taki jak miasto, które ukochał"

Pierwszym dużym sukcesem finansowym Allena był jego kolejny film, *Wszystko, co chcielibyście wiedzieć o seksie, ale baliście się zapytać*, jeden z dziesięciu najbardziej kasowych obrazów 1972 roku. Producent Jack Brodsky nabył dla Paramount prawa do adaptacji filmowej bestsellerowej powieści z myślą o Elliotcie Gouldzie, ale Gould zrezygnował z udziału w projekcie. „Mój nieżyjący już partner w interesach Jack Brodsky znał doktora Davida Reubena, autora książki – opowiadał mi Gould. – Powiedziano mi, że zainteresowanych nakręceniem adaptacji jest dwóch młodych, początkujących filmowców. Jednym był Rob Reiner, a drugim Woody. Woody był moim faworytem, więc to jemu powierzyliśmy reżyserię. Za produkcję odpowiadali: «Rollins, Joffe, Brodsky i Gould», ale to był stuprocentowo film Woody'ego. Trochę znałem Woody'ego, bo Louise Lasser była dublerką mojej pierwszej żony [Barbry Streisand] w *I Can Get It for You Wholesale* na Broadwayu. Pamiętam, że chodziliśmy z Barbrą po Central Parku i spotykaliśmy tam Woody'ego i Louise, kiedy jeszcze byli parą. Widziałem też stand-up Woody'ego z okazji zaprzysiężenia Lyndona Johnsona. Uważałem go zatem za świetnego satyryka i do głowy by mi nie przyszło, jak wspaniałym filmowcem zostanie.

Wiele lat później – powiedział Gould, wspominając o minusach bycia sławnym – akurat przechodziłem przez Pięćdziesiątą Siódmą Ulicę na wysokości Piątej Alei, kiedy zobaczyłem Woody'ego. On mnie nie zauważył. Podszedłem do niego i wziąłem pod rękę. Aż podskoczył. Chyba go wystraszyłem. Mój gest był serdeczny, ale zdaje się, że dla niego nieco zbyt agresywny, za bardzo bezpośredni. Jego przestrach wynikał z tego, że zaskoczyłem go na środku ulicy".

Wszystko, co chcielibyście wiedzieć o seksie, ale baliście się zapytać stanowi bardzo swobodną adaptację poradnika autorstwa seksuologa Davida Reubena. Allen nakręcił film, nawet nie przeczytawszy książki. Wyrzucił z niej wszystko poza tytułem i głupkowatymi pytaniami otwierającymi kolejne rozdziały, które wykorzystał do zatytułowania siedmiu segmentów obrazu, będących w istocie skeczami wymyślonymi jako parodie filmów i mediów.

Powstało nierówne dzieło, zawierające wprawdzie nieśmieszne dłużyzny, ale Allenowi udało się na przykład wydobyć z Gene'a Wildera jego niezwykły komizm w skeczu *Czym jest sodomia?*, w którym lekarz (Wilder) zakochuje się w owcy, czym niszczy sobie życie i stworzyć zabawną parodię kina

Antonioniego w opatrzonym napisami kawałku *Dlaczego niektóre kobiety mają kłopoty z osiągnięciem orgazmu?* – gra w nim arystokratę, którego żonę (w tej roli Louise Lasser) podnieca jedynie uprawianie seksu w miejscach publicznych. Allen tak gładko wciela się w wariację na temat postaci granych przez Marcella Mastroianniego, że – jak rzadko kiedy – zapominamy o Woodym szlemielu.

W segmencie *Co się dzieje podczas ejakulacji?* Allen pokazuje, jakie procesy zachodzą w ciele mężczyzny podczas orgazmu, i bierze na siebie rolę neurotycznego plemnika, zatroskanego tym, co się z nim stanie. Najlepszym skeczem jest *Czy afrodyzjaki działają?* – Allen gra w nim błazna na dworze średniowiecznego króla, który próbuje uwieść królową (Vanessa Redgrave). Kawałek nakręcono w konwencji klasycznego widowiska kostiumowego, widzimy w nim typowego Allenowego fajtłapę i odnajdujemy echa jego stand-upowego mędrkowania w tym, jak Woody goni za nieosiągalnym pięknem i bez powodzenia usiłuje otworzyć pas cnoty królowej – robi to nieporadnie, bo przecież jako niedojda ma dwie lewe ręce.

W dwóch skeczach Allen celuje w Żydów i są to segmenty nie tyle nieśmieszne, co wręcz odpychające. W jednym z nich, zatytułowanym *Co to są zboczeńcy seksualni?*, Woody daje upust swojej wściekłości na żydowską ortodoksję, uosabianą w postaci chichoczącego rabina, którego podnieca fantazja, że zostaje związany i wychłostany przez młodą gojkę, podczas gdy jego żona jest zmuszona do zjedzenia wieprzowiny. W tamtym czasie Woody często brał na celownik rabinów i chasydów, najpierw w stand-upie (rabin, który wystąpił w reklamie wódki; rabini, którzy nie nosili jarmułek, a więc byli „topless"), potem w filmach. Skecz, ujęty w ramy parodii teleturnieju *What's My Line?*, skojarzył mi się z uwagami Louise Lasser na temat złości, którą czuł Allen, kiedy byli małżeństwem. Skecz emanuje wrogością i, co najważniejsze, nie jest zabawny. W innym segmencie, *Czy transwestyci są homoseksualistami?*, Allen każe Lou Jacobiemu (*Don't Drink the Water*), ulubionemu tłustemu, wulgarnemu Żydowi, wystąpić w kolejnej niewybrednej parodii, w której pewien biznesmen przebiera się w damskie ciuszki. Oba te skecze to Allen w najgorszym wydaniu; są niemieszne, nie nadają się na parodie, sprawdzają się jedynie jako klucze do wybuchowych konfliktów wewnętrznych, które od dzieciństwa rozgrywały się w duszy Allena. Takim przypadkom nadaje się zwykle miano „Żyda, który nienawidzi samego siebie", ale to raczej luźne określenie można odnieść do każdego potraktowania żydowskiej postaci, które nie przypadło do gustu krytykom. Woody Allen i Philip Roth stanowią dwa najczęstsze cele tego rodzaju krytyki. Allen inaczej definiuje swoją przypadłość. Przyznaje się bowiem do nienawiści do samego siebie, ale utrzymuje, że nie ma ona nic wspólnego z żydowskością: „Przyczyny tkwią zupełnie gdzie indziej – na przykład w tym, jak wyglądam rano. Albo w tym, że nie umiem korzystać z mapy". Gdyby sposób, w jaki Allen sportretował Żydów w tych dwóch skeczach z *Wszystko, co chcielibyście wiedzieć o seksie, ale baliście się zapytać*, wyznaczył mu kierunek, uznałbym, że jego krytycy mieli rację. Ale w pozostałych czterdziestu dwóch filmach nie ma śladu tego rodzaju wrogości. Owszem, Woody natrząsa się z Żydów i ma do nich ambiwalentny stosunek, ale, jak napisał Hillel Halkin, rzecz w tym, że autor żartów silnie utożsamia się z grupą, z której się naśmiewa. Allen podkreśla, jak gorąco identyfikuje się z Izraelem, i twierdzi, że jednym z jego najważniejszych tematów, którymi się niepokoi, jest Holokaust. „Najważniejszy w żydowskiej tożsamości Woody'ego Allena jest Holokaust – twierdzi Morley T. Feinstein. – To jego kamień probierczy, punkt odniesienia, ulubiona metafora". „W żydowskiej tradycji żarty wymierzone w Boga są przeważnie łagodne – napisał rabin Joseph Telushkin. – To raczej ironiczne przytyki, nie sposób zrywać przy nich boków. Spośród wszystkich współczesnych komików to Woody Allen jest mistrzem tego gatunku".

Śmiejący się z samych siebie Żydzi pojawiali się w dziełach Szolema Alejchema i zajmują poczesne miejsce w literaturze w jidysz, jak również w książkach amerykańskich autorów żydowskiego pochodzenia, od powieści *Stern* Bruce'a Jaya Friedmana, *Criers & Kibitzers, Kibitzers & Criers* Stanleya Elkina, utworów Isaaca Bashevisa Singera, Stephena Dixona i Philipa Rotha po *To an Early Grave* Wallace'a Markfielda (na której podstawie Sidney Lumet nakręcił *Żegnaj, Braverman*) oraz trylogię o Williamsburgu[67] pióra Daniela Fuchsa. Freud w *Dowcipie i jego stosunku do nieświadomości* stwierdził, że „na gruncie żydowskiej codzienności wyrosło tak wiele celnych dowcipów (...). Poza tym muszę przyznać, że nie wiem, czy często się zdarza, że jakiś naród tak gromko się śmieje z własnej natury"[68]. „Humor żydowski – napisała Sarah Blacher Cohen – opiera się na masochistycznych cechach Żydów, wyrażanych w ich samokrytycznych żartach. Jest również najważniejszym źródłem ocalenia. Śmiejąc się z własnego tragicznego położenia, Żydzi niejako wyswobadzają się z niego. Ich humor równoważy zewnętrzne przeciwności losu i wewnętrzny smutek".

Film *Wszystko, co chcielibyście wiedzieć o seksie, ale baliście się zapytać* spodobał się publiczności, ale nie krytykom. „To jeden z nielicznych filmów, których recenzowanie daje więcej przyjemności niż oglądanie – napisał Paul D. Zimmerman w «Newsweeku». – Film zawodzi, bo scenariusza nie udało się przetransponować z papieru na ekran". W Stanach Zjednoczonych obraz zarobił osiemnaście milionów dolarów (dziś odpowiadałoby to prawie osiemdziesięciu siedmiu milionom) i jest jedenasty na liście najbardziej kasowych przebojów Allena.

---

[67] Po polsku ukazała się tylko ostatnia część tej trylogii, *Spelunka* (przeł. Zofia Zinserling, PIW, Warszawa 1968).

[68] Sigmund Freud, *Dowcip i jego stosunek do nieświadomości*, przeł. Robert Reszke, „Sen", „KR", Warszawa 1993, s. 141–142.

Śpioch, którego Allen napisał wspólnie z Marshallem Brickmanem w 1973 roku, był udaną komedią science fiction. Żyd Miles Monroe (Allen), właściciel sklepu ze zdrową żywnością Szczęśliwa Marcheweczka w Greenwich Village i były klarnecista, przechodzi zabieg, który, niestety, się nie udaje, więc lekarze… zawijają pacjenta w folię aluminiową i zamrażają. Po przebudzeniu Miles odkrywa, że został przeniesiony z 1973 roku do dystopijnej przyszłości roku 2173. Totalitarne państwo postrzega go jako obcą, niebezpieczną siłę mogącą zatruć społeczeństwo. Monroe/Woody jak zwykle znajduje pociechę w „dwóch rzeczach, które przytrafiają się w życiu: seksie i śmierci". Państwo zaprogramowało mu nową tożsamość, ale buntownicy przeciwko systemowi chcą go przeprogramować. Uciekając przed policją, przebiera się za robota i trafia do Luny (Keaton), lwicy salonowej i poetki. Chcąc przywrócić Milesowi dawną osobowość, mięśniak Erno i poetka Luna odtwarzają scenę z jego dzieciństwa. Widzimy ich, jak siedzą przy uczcie sederowej i odgrywają rodziców Milesa, mówiąc z żydowskim akcentem. Nie udaje im się jednak osiągnąć zamierzonego celu, ponieważ Miles zmienia się nie w dawnego siebie, lecz – w cudownym komicznym majersztyku i najlepszej scenie filmu – w Blanche DuBois (nie zapomina nawet o południowym akcencie), podczas gdy Keaton staje się Stanleyem Kowalskim w szaleńczo zabawnej parodii *Tramwaju zwanego pożądaniem*. Wcześniej, w innej scenie z przebierankami, Allen startuje w konkursie piękności Miss Ameryki jako Miss Montany.

Śpioch, który miał premierę osiemnastego grudnia 1973 roku w Radio City Music Hall, okazał się wielkim sukcesem komercyjnym i zdobył uznanie krytyków. Zarobił dokładnie osiemnaście milionów trzysta czterdzieści cztery tysiące siedemset dwadzieścia dziewięć dolarów, co daje mu dziewiąte miejsce pośród filmów Allena. Zapewnił Woody'emu status gwiazdy, zarówno w kategorii aktorskiej, jak i reżyserskiej; niedługo potem United

Artists przedłużyła z nim kontrakt o siedem lat. Woody zwrócił na siebie uwagę Vincenta Canby'ego, krytyka filmowego „New York Timesa", który został jego najbardziej oddanym, jeśli nie najbardziej utalentowanym, zwolennikiem w mediach. Inna jego stronniczka, Penelope Gilliatt, wyraziła uwielbienie, portretując Allena na łamach „New Yorkera".

Dwoje najbardziej liczących się w oczach Allena, najważniejszych i najzdolniejszych krytyków, Pauline Kael i John Simon, zwróciło na niego baczniejszą uwagę i nabrało dlań większego szacunku. Kael napisała, że dwa ostatnie filmy Allena, *Bananowy czubek* i *Wszystko, co chcielibyście wiedzieć o seksie, ale baliście się zapytać*, „miały mocne momenty, będące przebłyskami kapryśnego jeszcze komicznego geniuszu". *Śpiocha* uznała za „najrówniejszy spośród jego filmów (...). To małe arcydzieło". Dodała jednak, że brakuje w nim „luźnych, szalonych momentów", takich jak we wcześniejszych dwóch obrazach. „Świetnie się bawiłam na *Śpiochu* – napisała. – Śmiałam się od początku do końca, ale film nie podziałał na mnie upajająco". Słusznie zauważyła, że nie potrafi „precyzyjnie wyjaśnić" sprzeczności w swoich słowach. Dla Kael to jednak typowe. Stwierdziła ponadto, że Allen „rozwija się jako komik i zdecydowanie zyskuje coraz większą wprawę jako reżyser".

Simon po raz pierwszy okazał się jednoznaczny w swojej ocenie *Śpiocha*: jego zdaniem Allen nakręcił swój najlepszy film. „Wystarczy powiedzieć, że tutaj Allen mniej się skupia na seksualnych fobiach i społecznej nieporadności (...) zaś elementy wizualne są bardziej dopracowane niż w jego poprzednich, dość niedbałych obrazach".

Simon odgadł zamiar Allena, polegający na pójściu w stronę spójniejszej i równiejszej narracji. „Allen – napisał – powoli odchodzi od komedii opartej na bon motach i luźnych gagach i zmierza w kierunku bardziej zwartej i spójnej całości. Jednocześnie chętniej niż do tej pory sięga po chwyty komedii wizualnej, z nierównym skutkiem. Niemniej scenariusz Allena i Marshalla Brickmana jest ogólnie zabawny, chwilami nawet przezabawny. Allen skomponował i zagrał niektóre spośród towarzyszących obrazowi radosnych jazzowych kawałków. Także w jego reżyserii czuć znacznie większą pewność siebie. Nade wszystko wzbogaca on repertuar kinowy polityczno-kulturalną satyrą, potrzebną na ekranach niemal tak bardzo, jak rzeczywista zmiana w naszej polityce i kulturze".

W wywiadzie ze Stephenem Bankerem z 1973 roku Allen opowiadał o niewyjaśnionej naturze talentu i związku tegoż z instynktem, przypadkiem i szczęściem. Nie potrafił wytłumaczyć, skąd wzięła się u niego żyłka do komedii. „Sądzę, że nie można analizować humoru – powiedział. – Mnie on zawsze zaskakuje. Kiedy piszę żarty, efekt końcowy wydaje mi się wielką niespodzianką. Jestem sam w pokoju, szukam czegoś, co będzie dowcipne, myślę i myślę, i nagle słyszę, jak na głos opowiadam kawał. Słyszę go po raz pierwszy i wiem, że jest zabawny. To nie tak, że najpierw wymyślasz dowcip, a potem go wygłaszasz. Nie, najpierw go sobie opowiadasz, a potem spisujesz to, co powiedziałeś".

Zapytany, czy czuje się jak nieudacznik, Allen uciekł się do typowego dla siebie zainteresowania śmiertelnością i śmiercią. „Mam wrażenie, że wszyscy czujemy się jak nieudacznicy. Z automatu. Jeśli jest inaczej, znaczy to, że coś z nami nie w porządku. Bo każdy jest ofiarą losu. Nie sposób nią nie być. Wystarczy, że otacza nas smutna rzeczywistość".

Banker poprosił Woody'ego o przykład owej „smutnej rzeczywistości". „Choćby to, że wiemy, iż jesteśmy śmiertelni – odparł Allen. – Żyjemy, ale nie wiemy dlaczego. Nie potrafimy uporządkować relacji międzyludzkich i zanim połapiemy się, o co w nich chodzi, i dowiemy się, czemu to wszystko służy, umieramy. Od początku stoimy więc na przegranej pozycji, bez dwóch zdań jesteśmy ofiarami losu. Mówiąc szczerze, nie lubię ludzi, którzy nie są skromni. Od razu czuję do nich odrazę, nie potrafię się powstrzymać. Po prostu nie przepadam za pewnymi siebie ludźmi, nie ufam im, nigdy nie ufałem. Zawsze ciągnęło mnie do skromnych osób, zarówno mężczyzn, jak i kobiet".

Allen nadal publikował literackie parodie klasyków literatury, erudycyjnych biografii, historii teologicznych i traktatów filozoficznych; teksty te ukazywały się na łamach „New Yorkera", „New Republic" i innych magazynów. Stanowiły z reguły pomieszanie tego, co metafizyczne, z tym, co prozaiczne i potoczne, były paradoksalnym starciem klasycznej formy z zabawną i ekstrawagancką treścią. Nierzadko dotykały kwestii żydowskich i prześmiewczo traktowały judaizm oraz Biblię. Allen napisał w wiadomości do mnie, że w młodości czytał Stary Testament, zwłaszcza Księgę Hioba, po hebrajsku. Wiele spośród opowiadań Allena natrząsających się z rabinów i pełnych parodii biblijnych przypowieści i żydowskich tradycji religijnych przenika zwątpienie w istnienie Boga. Allen nieustannie szuka dowodu na obecność Boga, nie znajduje go, utyskuje, plecie androny, robi dużo hałasu o nic i na przekór wszystkiemu liczy, że Bóg jednak gdzieś, jakoś się objawi. W *Przypowieściach chasydzkich* kobieta pyta rabina, dlaczego Żydom nie wolno jeść wieprzowiny. Rabin odpowiada: „Nie wolno? Oj-oj!"[69]. W *Zwojach*, własnej wersji historii o Hiobie, którą opublikował w „New Yorkerze" z trzydziestego pierwszego sierpnia 1974 roku, Allen mierzy się z problemem dalszej wiary w istnienie Boga pomimo rzeczywistości Holokaustu. W tej opowieści pewien pasterz znajduje sześć zwojów pergaminu (oraz dwa bilety na rewię na lodzie) w dużych glinianych amforach. Autentyczność zwojów budzi wątpliwości, ponieważ „stwierdzono, że kilkanaście razy

---

[69] Woody Allen, *Opowieści chasydzkie, ze wskazówkami interpretacyjnymi znanego uczonego* (przeł. Piotr W. Cholewa), w: *Obrona szaleństwa*, dz. cyt., s. 48.

pojawia się w tekście słowo *oldsmobile*"[70]. Allen cytuje fragmenty zwojów o tym, że Pan zesłał sześć plag, że żona Hioba się pogniewała, i że „wtedy podniesiono czynsz, ale odmówiono odmalowania"[71]. Poprawia historię o Abrahamie, który zamierza poświęcić swojego syna Izaaka. Bóg oznajmia Abrahamowi, że tylko żartował, i beszta go za bycie łatwowiernym: „To dowodzi tylko tego, że niektórzy ludzie gotowi są wykonać każde polecenie, choćby nie wiem jak głupie, jeśli tylko wydaje je dźwięczny, dobrze ustawiony głos"[72].

Następny jest przypadek sprzedawcy koszul, na którego „przyszły złe czasy. Nie szedł wcale jego towar i nie miał już żadnych widoków"[73]. Człowiek ten błaga Pana: „Przecież przestrzegam Twoich przykazań. Dlaczego ja nie mogę zarobić na życie, gdy mój młodszy brat spuszcza, jak leci, całą seryjną produkcję dziecięcą?"[74].

I wysłuchał Pan tego człowieka, i rzekł: „Co do twoich koszul…".
„Tak, Panie" – rzekł człowiek, padając na kolana.
„Umieść aligatora nad kieszenią".
„Przepraszam, co rzekłeś, Panie?".
„Zrób właśnie tak, jak ci mówię, a nie będziesz miał kłopotów".
I przyszył ów człowiek do wszystkich swych koszul malutki znak aligatora, i patrzcie no, i podziwiajcie! Nagle jego towar poszedł jak woda i było przy tym dużo radości, podczas gdy wśród jego wrogów był tylko płacz i zgrzytanie zębów (…)"[75].

---

[70] Woody Allen, *Zwoje* (przeł. Jacek Łaszcz), w: *Obrona szaleństwa*, dz. cyt., s. 143.
[71] Tamże, s. 144.
[72] Tamże, s. 147.
[73] Jw.
[74] Jw.
[75] Tamże, s. 147–148.

Istnieje wiele relacji przeczących wizerunkowi Allena jako człowieka wyniosłego i zachowującego dystans do ludzi; relacje te pochodzą od osób młodych, niebędących jego rówieśnikami. Autorem jednej z nich jest Craig Modderno, a drugiej Steve Stoliar. Stoliar napisał *Raised Eyebrows: My Years in Groucho's House*, najlepszą książkę o Groucho Marksie, jaka kiedykolwiek się ukazała. Mając dwadzieścia kilka lat, został sekretarzem i archiwistą Marksa; mieszkał u niego od 1974 do 1977 roku. W tym czasie zaprzyjaźnił się z jeszcze dwiema znanymi osobami: Dickiem Cavettem i Woodym Allenem. Groucho wręczył mu autobiografię Cavetta i powiedział: „Przeczytaj. Spodoba ci się". Rzeczywiście, książka spodobała się Stoliarowi na tyle, że postanowił napisać do Cavetta. Panowie zaczęli korespondować i nie zerwali kontaktu nawet po śmierci Marksa. W jednym z listów Cavett napisał: „Nawiasem mówiąc – mam nadzieję, że się nie obrazisz – pokazałem niektóre twoje listy Woody'emu i powiedział, że masz niezłe pióro". W 1982 roku, kiedy Stoliar miał trzydzieści lat, Cavett zaproponował mu wspólne pisanie dla HBO, i tak Stoliar przeniósł się z Hollywood do Nowego Jorku.

„Pewnego dnia zadzwonił Cavett – opowiadał mi – i powiedział, że w budynku niedaleko jego mieszkania Woody kręci nowy film. Pomyślał, że jeśli pójdziemy tam razem, niby przypadkiem, będę mógł poznać Woody'ego. «Nie będzie miał nic przeciwko?» – zapytałem, na co Cavett odparł: «Och, tego nie powiedziałem. Założę się, że zareaguje słowami: 'Dickie, naprawdę wolałbym, żebyś tego nie robił'». Więc trochę przestraszyłem się spotkania z Woodym. Weszliśmy do przychodni, w której kręcił. Znajdował się tam korytarz, a na jego końcu otwarte drzwi, z których biło jaskrawe białe światło, zupełnie jak w Krainie Oz. Potem światło zgasło, z pomieszczenia wyszli Woody i Mia Farrow i zaczęli rozmawiać z Cavettem. Stałem jak wmurowany, myśląc, co ja tu robię z Woodym Allenem, Mią Farrow i Dickiem Cavettem? Potem Cavett coś powiedział, pokazał na mnie i cała trójka spojrzała w moją stronę. Ja zaś odstawiłem typową pantomimę: «Że niby o mnie chodzi?», obejrzałem się i dopiero wtedy podszedłem do nich, pokonując korytarz, który naraz wydał mi się bardzo długi. Woody powiedział: «Nazywam się Woody Allen, a to jest panna Farrow. Znajdujemy się na planie naszego najnowszego filmu fabularnego», zupełnie jakby wypowiadał się dla *Entertainment Tonight*.

To, co później nastąpiło – opowiadał dalej Stoliar – było niezwykłe w swojej zwyczajności. Zaczęliśmy rozmawiać we czwórkę, całkiem swobodnie. Nie zostałem zlekceważony; przy tym znałem, oczywiście, swoje miejsce. Cavett powiedział, że jestem w porządku, co oznaczało, że nie byłem śliniącym się fanem – chociaż byłem nim! Woody wspomniał, że kiedy pracował nad *Zeligiem*, próbował skontaktować się z Gretą Garbo, ale nie odpowiedziała. «Wysłałeś list na Wschodnią Pięćdziesiątą Ósmą pod numer sto trzydzieści dwa?» – zapytał Cavett. Woody potwierdził. «Pewnie wpisałeś zły numer mieszkania», rzuciłem, na co Woody pokiwał poważnie głową i odparł: «Prawdopodobnie na tym polegał mój błąd». No jasne: list do niej nie dojdzie, bo wpiszesz jeden A, chociaż Greta Garbo mieszka pod dwa A.

Kręcili akurat scenę z *Hannah i jej sióstr*, retrospekcję, w której Woody i Mia idą do lekarza i dowiadują się, że nie mogą mieć dzieci. Teraz ilekroć widzę tę scenę, przypominam sobie, że wtedy poznałem Woody'ego. To było bardzo przyjemne.

W 1985 roku stacja zrezygnowała z programu Cavetta, więc wróciłem do Los Angeles. I zacząłem korespondować z Woodym. Zwierzyłem mu się, że mam pomysł na książkę o latach, które spędziłem pod dachem Groucho Marksa. Odpisał, że to świetny pomysł i że nie było jeszcze dobrej książki o Groucho. Kiedy ją ukończyłem, wysłałem rękopis Woody'emu i dostałem od niego wylewny, odręczny list, z którego do tej pory jestem wyjątkowo dumny. Napisał, że moja książka jest jedną z najlepszych opowieści o ikonie show-biznesu, jakie czytał. Zapytałem, czy mogę umieścić jego słowa na obwolucie, i odpowiedział, że owszem, ale koniecznie razem z wypowiedziami innych osób i niech moje nazwisko będzie większą czcionką niż jego. Książka się ukazała i radziła sobie całkiem nieźle. W jednym z listów do Woody'ego ponarzekałem na brak reklam w telewizji, na co Woody odpisał, że chyba nie wyobrażam sobie, żeby Dickens albo Tołstoj musieli martwić się promocją swoich dzieł w telewizji. Dodał, że książka jest naprawdę dobra i że wita mnie w klubie ludzi starających się wykonywać porządną, uczciwą robotę i odkrywających, jak trudno przebić się z nią do szerokiej publiczności.

Od tamtego pierwszego spotkania w Nowym Jorku tylko raz widziałem Woody'ego na żywo. Przyjechał na krótko na zdjęcia do *Scen z mallu* [rzadki przypadek, kiedy Allen zagrał w filmie, do którego nie napisał scenariusza i którego nie wyreżyserował] i przysłał mi list z zaproszeniem na plan. Pisał, żebym wpadł, kiedy będę miał ochotę, to pogawędzimy. Pojechaliśmy więc, ja i moja żona Angelique, do centrum handlowego Beverly. W końcu Woody wyszedł z garderoby. Powiedział: «Nie mogę się doczekać, kiedy to się skończy»; miał dziwny, niewyraźny głos. Pomyślałem: «O mój Boże, stało się: Woody się zestarzał, miał udar, to okropne». Dopiero wtedy zobaczyłem pół snickersa w jego dłoni. Drugą połówkę właśnie przeżuwał. Powiedział, że poszedł z Cavettem obejrzeć Sida Caesara i Imogene Cokę w nocnym klubie i że za kulisami Coca wyglądała na starą i słabowitą, ale oboje z Caesarem odzyskali młodość, gdy tylko wyszli na scenę i zaczęli występ. Rozmawialiśmy o tym, że rutynowani aktorzy, ci starzy wyjadacze, którzy przeżyli czasy wodewilów – trudne czasy – mają w sobie coś, co sprawia, że wiek i choroby ich się nie imają. Kiedy trzeba, stają w pełnej gotowości.

Kiedy w 2008 roku nagle zmarła moja żona, Cavett powiedział o tym Woody'emu i ten zaczął pisać do mnie listy w trakcie mojej żałoby, które bardzo dużo dla mnie znaczyły. Woody jest praktycznym realistą, zdecydowanie ani nie ckliwym, ani nie sentymentalnym. Ale potrafi napisać: «Wydaje nam się, że już nigdy nie będzie lepiej, ale będzie, wiem to, bo jesteśmy zaprogramowani do radzenia sobie w takich sytuacjach». A po jakimś czasie: «Z tonu twojego listu wnioskuję, że czujesz się już lepiej». Nagle się okazuje, że pamięta ton twojego listu sprzed pół roku.

Powiedziałem mu, że zamierzam napisać książkę o swoim życiu z Angelique i o trudzie dalszego istnienia po nieoczekiwanej śmierci żony. Odpisał, iż nie może uwierzyć, że czuję się na siłach, żeby o tym pisać. On sam wsadziłby głowę w piasek jak struś i tak przetrwał najgorsze. Ogromnie wiele znaczyło dla mnie to, że Woody mówił mi, oczywiście swoimi słowami: «Robisz coś, czego ja sam chyba nie potrafiłbym zrobić». Tak bardzo go podziwiam – za wszystko, co osiągnął i nadal osiąga.

Przez te wszystkie lata wymienialiśmy się wspaniałymi, gawędziarskimi listami – łącznie ponad czterdziestoma – w których Woody opowiadał, nad czym właśnie pracuje, pisał o rzeczach, które zainteresowały go w wiadomościach, komentował recenzje filmowe, żartował – i nieodmiennie żegnał się słowami: «Odzywaj się. Pisz, co u ciebie słychać». Kiedy znajdowałem w skrzynce kopertę ze znaczkiem z Nowego Jorku, od razu poprawiał mi się nastrój, zwłaszcza w depresyjnym okresie po śmierci żony. Raz rozmawiałem z Cavettem przez telefon i usłyszałem od niego: «Któregoś dnia poszliśmy z Woodym na spacer po Central Parku i powiedziałem: Stolarz zauważył ciekawą rzecz». Wtedy sobie pomyślałem: «Wow, Dick Cavett rozmawia o mnie z Woodym Allenem». «Stolarz powiedział – ciągnął Cavett – że ty i ja jesteśmy dziś starsi niż Spencer Tracy w *Wyroku w Norymberdze*. Woody zatrzymał się, wbił spojrzenie w ziemię i poprosił, czy możemy na chwilę usiąść. Usiedliśmy obaj na ławce w Central Parku i Woody przez minutę patrzył przed siebie i starał się zrozumieć, co powiedziałem»".

Film *Miłość i śmierć*, który trafił na ekrany w 1975 roku, był parodią dzieł ulubionych rosyjskich artystów Allena: Dostojewskiego i *Wojny i pokoju* Tołstoja, z odniesieniami do *Aleksandra Newskiego* i *Pancernika Potiomkina* Siergieja Eisensteina. Allen gra Borisa, tchórza (czuć w tej postaci spuściznę Boba Hope'a i Groucho Marksa), który nie chce brać udziału w wojnie z Napoleonem, ale zostaje nieumyślnym bohaterem. Zdobywa miłość swojej kuzynki Sonii (Keaton), która postanawia, że oboje dokonają zamachu na Napoleona. Boris to typowy Woody: niedojda i ogier, tchórz i bohater o piskliwym głosie i w okularach w rogowej oprawie (identyczne nosi w *Śpiochu*). Nawiązania, jak zwykle, dotyczą żydowskości i współczesności: sprzedawcy polis ubezpieczeniowych jako dręczyciele, „wujek Sasza płacący rachunek" jako wyczekiwany przez Borisa cud, na dokładkę jidyszyzmy tu i tam. Nie zapominajmy też o cheerleaderkach na polu bitwy. Allen okrasza całość typowymi dla siebie frustracjami i pragnieniami seksualnymi: kiedy razem z żoną leżą w małżeńskim łożu i Boris próbuje się do niej dobierać, ona mówi: „Nie. Nie tutaj". W scenie z dzieciństwa Boris spotyka Śmierć i pyta: „Co się z nami dzieje po śmierci? Czy jest niebo? Piekło? Bóg? Czy są tam dziewczyny?".

„Czerpiąc z różnorodnych (nawet sprzecznych ze sobą) komediowych źródeł [Charliego Chaplina, Bustera Keatona, Boba Hope'a, Groucho Marksa] i przetwarzając je po swojemu – napisał krytyk filmowy Douglas Brode – staje się Allen produktem końcowym przeróżnych stylów, które obowiązywały, zanim się pojawił, i które połączyły się oto w jednym filmie i jednym człowieku".

Podobnie jak wiele innych filmów Allena, również *Miłość i śmierć* został zmiażdżony przez Stanleya Kauffmanna, krytyka filmowego „New Republic". Paul D. Zimmerman napisał w „Newsweeku", że „oglądamy [Allena] w najlepszej formie – jeszcze nigdy nie był tak zalękniony, zdesperowany i natchniony.

Śmiejemy się nerwowo, a to dlatego, że Allen, w swojej komediowej odpowiedzi na strach przed śmiercią, opowiada o czymś, co dotyczy nas wszystkich. (...) Film pełen jest prywatnych lęków Allena, które jednak korespondują z naszymi własnymi".

John Simon uznał film za krok wstecz w stosunku do *Śpiocha*. „Osobliwy miszmasz grepsów rodem z nocnych klubów, numerów rewiowych i bon motów, w większości całkiem śmiesznych, ale kiepsko ze sobą powiązanych – napisał. – Rezultat przypomina film w taki sposób, w jaki coś będącego skrzyżowaniem kapy i worka na ziemniaki przypomina ubranie. (...) *Miłość i śmierć*, choć przezabawny, ma jednak pewną poważną wadę. Otóż formuła tego rodzaju filmów szybko się wyczerpuje i śmiech, przeważnie i tak nieuzasadniony, w końcu staje się męczący. (...) Podobny efekt uzyskalibyśmy dzięki gazowi rozweselającemu, tabace albo łaskotkom".

Simon nie ograniczył się jednak wyłącznie do krytyki i dodał ważny akapit, w którym, mimo ogólnej negatywnej oceny filmu, wyraził uznanie dla Allena oraz nadzieję na jego dalszy rozwój. Napisał, że jego własna reakcja na film zasmuciła go, tym bardziej że „Woody Allen nie należy do grona zwyczajnych wesołków; kiedy jest w najlepszej formie, cechuje go przenikliwa inteligencja – zaiste wielki umysł – znacznie przewyższająca intelektualne możliwości rzeszy przeciętnych żartownisiów. Taka bystrość potrafi odsłonić, wyśmiać, a może nawet zabić śmiechem prawdziwe zło, ale mało, bardzo mało z tego przetrwało nawet w tej anomicznej karuzeli śmiechu, jaką jest *Miłość i śmierć*. Film zdecydowanie zbyt często osiada na płyciznach żartów sytuacyjnych – takich jak zjazd wioskowych głupków – że jeśli wyzwala śmiech, to taki, który pozostawia niesmak w duszy".

Film okazał się kolejnym przebojem, zarabiając dwadzieścia milionów sto tysięcy dolarów (co dziś daje osiemdziesiąt milionów osiemset tysięcy dolarów), i zajmuje szóstą pozycję na liście najbardziej kasowych obrazów Allena. Te wczesne filmy – *Wszystko, co chcielibyście wiedzieć o seksie, ale baliście się zapytać*, *Śpioch* i *Miłość i śmierć* – nadal pozostawiają w tyle większość nowszych, nawet *Wszystko gra*, *Strzały na Broadwayu* i *Vicky Cristinę Barcelonę*.

Jednoaktówka *Śmierć* ukazała się w 1975 roku. Inspirację dla Allena mogły stanowić *Wizyta starszej pani* Friedricha Dürrenmatta oraz *Morderca nie do wynajęcia* Eugène'a Ionesco, ale rezultat stanowi autonomiczne dzieło, które się broni. Zarówno Dürrenmatt, jak i Ionesco pisali o złowieszczej wizycie obcego, o zbrodniczych zamiarach oraz o wybuchu szaleństwa będącym następstwem tejże. Sztukę Allena można postrzegać jako alegorię nazizmu bądź ruchów rewolucyjnych przeistaczających się w mordercze reżimy, identyczne jak te, przeciwko którym występowały. Sztuka odniosła znacznie większy sukces niż jej późniejsza inkarnacja filmowa, *Cienie we mgle* z 1991 roku, budząca skojarzenia z Brechtem – co podkreślała muzyka utrzymana w klimacie kompozycji Kurta Weilla do *Opery za trzy grosze* – i obarczona dysonansem fragmentów dramatycznych i komediowych, w których Allen czasem zakładał maskę Woody'ego.

W *Śmierci* po anonimowym mieście grasuje maniakalny zabójca. Kleinman (Allen) jest ofermą, którego mieszkańcy miasta wyciągają z ciepłego łóżka i zmuszają do wzięcia udziału w polowaniu na mordercę zorganizowanym przez samoobronę obywatelską. Kleinman stanowi alter ego Allena, toteż wstydzi się własnego tchórzostwa i wolałby, żeby zostawiono go w spokoju. Zamiast tego trafia w sam środek obławy, tyle że jakoś nikt nie potrafi wytłumaczyć mu, jaki właściwie jest plan działania. Wszystkie pytania Kleinmana są ignorowane, on sam jest zaś traktowany z podejrzliwością. Jest outsiderem, postacią lekko komiczną, i rozumiemy doskonale, że blisko mu do Woody'ego, kiedy mówi: „Ja tak bardzo boję się śmierci! Już prędzej wszystko inne, tylko nie to!"[76]. Kiedy jeden z mężczyzn, Hacker, zostaje zamordowany, napięcie wzrasta, po czym śmiertelny postrzał otrzymuje również doktor. Okazuje się, że Hacker zginął, ponieważ był członkiem „innej frakcji". Kleinman nie ma pojęcia o istnieniu „innych frakcji". Kiedy jeden z mężczyzn pyta go: „To pan nic nie wie o tym innym ugrupowaniu, naprawdę?", Kleinman odpowiada: „Nic nie wiem! Zgubiłem się w nocy"[77].

Sztuka traktuje życie, jakby było zupełnie bezsensowne. Pewna jest jedynie niezmienność ludzkiego szaleństwa i chaosu historii, którą tworzą nieracjonalni mężczyźni. Powołują frakcję za frakcją i planują pozabijać się nawzajem. Frakcja przeciwna Hackerowi grozi Kleinmanowi i pyta, po czyjej stoi stronie. Nie sposób zachować neutralność w beczce prochu, którą trzęsą gwałtowne ruchy rewolucyjne. Nieważne, za jaką opcją Kleinman się opowie, i tak zostanie zgładzony przez tę drugą. Tekst jest przesiąknięty głęboko cynicznym stosunkiem Allena do ruchów politycznych i społecznych: sojusze toną we krwi i stają się nie do odróżnienia. Szukając mordercy, mieszkańcy miasta sami stają się zabójcami i wyzbywają się skrupułów. Ten, kto ostatecznie wygra, przedstawi taką wersję zdarzeń, która akurat jemu będzie odpowiadała (ten sam motyw powtarza podczas rozmowy przy stole ciotka anarchistka z ortodoksyjnej żydowskiej rodziny Judah Rosenthala w *Zbrodniach i wykroczeniach*).

Śmierć przenika atmosfera całkowitego zamętu, chaosu, którą Allen przekonująco oddaje. Mężczyźni rzucają Kleinmanowi wyzwanie: „Teraz wybieraj, Kleinman, to jest właściwa chwila!"[78]. Kleinman, głos rozsądku, odpowiada: „Pozabijacie się wzajemnie, a maniak pozostanie na wolności. Słyszycie?"[79]. Mężczyźni odrzucają deklarację neutralności ze strony Kleinmana i debatu-

---

[76] Woody Allen, *Śmierć* (przeł. Jacek Łaszcz), w: *Allen na scenie*, dz. cyt., s. 79.
[77] Tamże, s. 101.
[78] Tamże, s. 108.
[79] Tamże, s. 109.

ją nad zabiciem go. Jeden z nich mówi do niego: „Jak będziesz tak dalej marudził, to poderżnę ci gardło, ty gamoniu"[80]. Nikt się nie sprzeciwia. Wcześniej słyszymy echa antysemityzmu w sposobie, w jaki mężczyźni i policjant zwracają się do Kleinmana – „ty głupi robaku" i „robalu".

Mieszkańcy miasta znajdują rozwiązanie w osobie Spira, jasnowidza, który rozwiąże zagadkę, posługując się węchem. Spiro obwąchuje Kleinmana i oświadcza, iż wyczuwa w nim zabójcę. Mężczyźni i Gina, miejscowa prostytutka, zmawiają się przeciwko Kleinmanowi i postanawiają go powiesić. W ostatniej chwili okazuje się jednak, że prawdziwy morderca został właśnie przyłapany na gorącym uczynku, kiedy próbował kogoś udusić. Grupa się rozbiega, Kleinman zostaje sam – i nieoczekiwanie staje oko w oko z prawdziwym zabójcą, który jest do niego łudząco podobny. Kleinman pyta: „Dlaczego to robisz?", na co maniak odpowiada: „Mam szajbę. Czy myślisz, że ja wiem?"[81].

Maniak zabija Kleinmana. Gdy ten umiera, zjawiają się pozostali mężczyźni i pytają go, czy boi się śmierci. W typowym dla Woody'ego stylu Kleinman odpowiada im: „To nie tak, że się boję śmierci, ja tylko nie chciałbym tam być, kiedy to się dzieje"[82].

Wkrótce potem zabójca zostaje rozpoznany przy torach kolejowych.

Mężczyźni idą go dalej ścigać, zostawiając umierającego Kleinmana.

Śmierć to udana jednoaktówka. Podobnie jak większości sztuk Allena – z wyjątkiem *Zagraj to jeszcze raz, Sam* i *The Floating Light Bulb* – brakuje jej jednak oryginalności i intensywności charakterystycznej dla jego najlepszych filmów. Nie można powiedzieć, że stanowi zapożyczenie, ale echa Kafki i charakterystyka

---
[80] Tamże, s. 105.
[81] Tamże, s. 120.
[82] Tamże, s. 124.

postaci, będącej kolejną wariacją na temat maski scenicznej Woody'ego, sprawiają, że jest utrzymana w tonacji molowej. Przekonuje natomiast jako przypowieść o dwudziestowiecznym szaleństwie.

W 1976 roku Allen zgodził się zagrać w *Figurancie*, do którego nie napisał scenariusza i którego nie wyreżyserował. Tematem filmu była tak zwana czarna lista hollywoodzkich pisarzy i artystów z końca lat czterdziestych, powstała pod wpływem rosnącej paniki wywołanej powojennym strachem przed komunizmem, uosabianym przez agresywne poczynania Związku Radzieckiego w Europie Wschodniej oraz inwazję Korei Północnej na Południową. W przywiązaniu Amerykańskiej Partii Komunistycznej do Stalina i ZSRR prawicowi politycy stojący na czele House Un-American Activities Committee (Komisja do spraw Działalności Antyamerykańskiej, działająca przy Izbie Reprezentantów) upatrywali przyczyn rosnącego wewnętrznego zagrożenia kraju. Uważali, że scenarzyści o poglądach komunistycznych będą próbowali przemycić wyznawaną przez siebie ideologię do filmów. Setki aktorów i scenarzystów dowiedziało się, że mogą oczyścić swoje imię, jedynie donosząc na przyjaciół i rodziny. W przeciwnym razie zostaną pozbawieni możliwości pracy w branży filmowej.

Reżyser filmu Martin Ritt, scenarzysta Walter Bernstein i aktorzy, spośród których niejeden – tak jak gwiazda obsady Zero Mostel – padł ofiarą czarnej listy Hollywoodu, włożyli w ten film całe serce. Czarna lista zniszczyła karierę i życie wielu liczących się postaci show-biznesu. Philip Loeb, który w latach 1949–1950 grał męża Gertrude Berg w telewizyjnym komediodramacie *The Goldbergs*, popełnił samobójstwo; nie można wykluczyć, że do przedwczesnej śmierci Johna Garfielda przyczyniło się umieszczenie jego nazwiska na liście; mnóstwo innych przeżyło załamanie i musiało pożegnać się z karierą. Allen zdecydował się na udział w filmie ze względów moralnych i osobistych: jedną z osób uwzględnionych na liście był Abe Burrows, krewny, który okazał Woody'emu życzliwość i do którego Woody zwrócił się, kiedy próbował przebić się w branży. Burrows miał odebrać Pulitzera w kategorii dramatu za *Facetów i laleczki* w 1951 roku, ale wręczenie nagrody wstrzymano. „Pamiętam, że kiedy chodziłem do szkoły, słyszało się o czarnych listach – powiedział Allen Kenowi Kelleyowi z «Rolling Stone'a» w 1976 roku – ale nikt zbytnio nie wiedział, z czym to się wiązało. Z perspektywy czasu i mając obecną wiedzę, rozumiem, że to były okropne lata. Scenariusz [*Figuranta*] wyraża moje poglądy polityczne, mimo że nie jest mojego autorstwa".

„Kiedy Martin Ritt i ja zostaliśmy w końcu skreśleni z listy i znów mogliśmy pracować – wspominał Walter Bernstein w rozmowie ze mną – postanowiliśmy nakręcić film o czarnej liście Hollywoodu. Chcieliśmy zrobić prosty dramat o człowieku, który został na nią wciągnięty, o tym, co i dlaczego się stało. Ale nie byliśmy w stanie nikogo tym zainteresować. Marty, który miał siłę przebicia jako reżyser, szedł z pomysłem do studia, a oni go odrzucali. Bo to zbyt kontrowersyjny temat. Bo nie chcieli tykać pewnych spraw. Wreszcie doszliśmy do wniosku, że zabierzemy się do tego z innej strony i zrobimy komedię o człowieku, który jest swego rodzaju ghostwriterem dla scenarzystów znajdujących się na czarnej liście.

Nasz były agent – mówił dalej Bernstein – David Begelman został szefem Columbii. Poszliśmy do niego i dostaliśmy jakąś śmieszną kwotę na film. Begelmanowi pomysł się spodobał, ale powiedział, że weźmie się do tego, o ile zaangażujemy gwiazdę. Redforda, Nicholsona, kogoś takiego. Tylko wtedy podejmie się zrobienia filmu. Zaczęliśmy się więc zastanawiać, do kogo się zwrócić. Pewnego dnia graliśmy z Martym w tenisa i nagle Marty powiedział: «Słuchaj, a ten chłopak?». «Jaki chłopak?» – pytam. «No, ten zabawny» – mówi Marty. Nie mógł sobie przypomnieć nazwiska. Wreszcie domyśliłem się, o kogo mu chodzi:

«Znaczy się: Woody Allen?». «O, właśnie ten». «Świetnie by się nadał». Zadzwoniliśmy do Begelmana i się zgodził. Wysłaliśmy scenariusz Woody'emu – i też się zgodził. Dzięki temu w ogóle udało się nakręcić film.

Polecieliśmy do Paryża spotkać się z Woodym. Kręcił właśnie *Miłość i śmierć*. Mieszkał w hotelu. Kazał zasłonić wszystkie okna w swoim pokoju. Powiedział: «Podoba mi się scenariusz. Chciałbym w nim zagrać». I załatwione.

Zjawił się na planie i oznajmił: «Panowie, przyjeżdżam jako aktor. Mówcie, co mam robić». I tyle. Niczego nie napisał. Sympatyzował z liberałami. Słuchał poleceń. Był dżentelmenem. Nie rozmawialiśmy zbyt wiele o polityce, częściej o sporcie. Dla nas to było ważne doświadczenie, Woody miał w nim swój udział. To dobry człowiek. Jest jak ten króliczek Energizera. Wie, dokąd zmierza, i wie, co musi zrobić. Chcę przez to powiedzieć, że znalazł sposób na okiełznanie własnego szaleństwa.

Postać graną przez Zero Mostela [Hecky'ego Browna, który popełnia samobójstwo, skacząc z okna hotelowego] oparliśmy częściowo na Johnie Garfieldzie, a częściowo na Philipie Loebie. Garfield i ja przyjaźniliśmy się. Garfield miał chore serce. Komisja naciskała go, i to bardzo, chcieli go dorwać i nie zamierzali odpuścić. Manewrowali tak, że w końcu nie miałeś innego wyjścia, jak zostać informatorem i zacząć sypać nazwiskami. Garfield znalazł jednak wyjście: śmierć. Nie chciał być kapusiem. Ani myślał podawać im nazwiska. Lubił być gwiazdą".

W kluczowej scenie filmu postać grana przez Woody'ego, Howard Prince, zawozi Hecky'ego do hotelu Concord w górach Catskill, gdzie ten ma wystąpić na imprezie zaręczynowej. Hecky spodziewa się, że dostanie marne pięćset dolarów, bo wie, że nie jest pierwszoligowym graczem, ale dyrektor hotelu wręcza mu sumę o połowę mniejszą, którą Hecky odbiera jak policzek. Wybucha gniewem. Podobna scena naprawdę się zdarzyła. Artystą był Mostel, świadkiem zaś Bernstein. „Zawiozłem tam

Zero – wspominał Bernstein. – Facet zapłacił mu mniej, niż obiecał, i Zero się wściekł. Osiemset osób na widowni. Bluzgał na publikę w jidysz i obrzucał ją wyzwiskami, a im ostrzejszych słów używał, tym bardziej to się ludziom podobało. Nie mieli pojęcia, co jest grane. Zszedł ze sceny, wypił pół butelki gorzały i poszedł spać. Chciałem, żeby powtórzył to w filmie, ale się nie zgodził. Wspomnienie tamtego zdarzenia nadal było dla niego bolesne".

W napisach końcowych oprócz informacji, kto jest kim – producent, reżyser, scenarzysta, aktorzy – przy każdym nazwisku pojawia się rok, w którym dana osoba trafiła na czarną listę.

Film mógł się okazać nazbyt poważny, zważywszy na tematykę oraz osobiste doświadczenia osób zaangażowanych w jego powstanie, ale został ujęty w komediowe ramy. Dzięki temu, że chętnie korzysta z przywileju beztroski, nie ma, na szczęście, charakteru diatryby. Niemniej czarno-biała paleta barw, którymi maluje postaci i wydarzenia (postępowcy są zawsze dobrzy, a członkowie Komisji – nieodmiennie źli), nie pozwala na oddanie większych niuansów i złożoności. I, paradoksalnie, ze względu na obecność humoru, historia jawi się jako niedokładnie spasowane połączenie dramatu i komedii. Howard Prince Allena to fajtłapowata postać, kasjer i zadłużony drobny bukmacher, który zostaje szarlatanem, udaje pisarza, a na końcu demonstruje odwagę. Przez cały film towarzyszy nam poczucie, że oglądamy Woody'ego; nie zapominamy, kim jest. *„Figurant* łypie pożądliwie na Ważkość, ale zadowala się konkubinatem z Farsą – napisał John Simon. – Z poważnym problemem można się, rzecz jasna, rozprawić komediowo, zwłaszcza jeśli jest to czarna komedia – o ile w przeszłości został on potraktowany w sposób wystarczająco poważny i jeśli zmęczyło nas wałkowanie go wciąż w tym samym stylu. Ale jeżeli dotąd jedynie prześlizgiwano się po powierzchni tematu, wówczas błaznowanie z niego wydaje się w najlepszym razie wymijające, a w najgorszym – naiwne – dodał Simon. – Bycie komunistą bądź osobą sympatyzującą z komunistami nie gwarantuje automatycznie moralnej i intelektualnej przewagi".

„Czuje się – stwierdził Richard Schickel – że twórców *Figuranta* coś powstrzymuje. Widać osobliwą niechęć do wbicia szpadla i przekopania się przez tę bogatą historyczną i psychologiczną glebę. W rezultacie powstał film niespełniający swoich znakomitych intencji". Glebą, której twórcy obrazu nie naruszają, jest złożoność zwodniczej natury partii komunistycznej, kontrolującej umysły swoich członków do tego stopnia, że uwierzyli oni, iż Stalin jest „nowym Mojżeszem" (to słowa przewodniczącej partii, Elizabeth Gurley Flynn), gułag to uzdrowisko dla robotników, a ten, kto w czasie obowiązywania paktu Ribbentrop–Mołotow przeciwstawiał się nazizmowi, wspierał „imperializm". Członkowie partii komunistycznej potrafili z jednej strony strajkować, domagając się mleka dla biednych dzieci w Stanach Zjednoczonych, i organizować czarnych robotników z Południa przeciwko Ku Klux Klanowi i segregacji rasowej, a z drugiej – popierać czystki i sadystyczne mordy na milionach ludzi (z których wielu oddało życie za „postępową ludzkość") w Związku Radzieckim.

Niemniej autentyczność klimatu i atmosfery, niesprawiedliwość czarnej listy, a także ważkość historycznych zdarzeń, które oglądamy na ekranie, nadają *Figurantowi* powagę celowości i prawości.

Annie Hall była pierwszym z pięciu filmów, które Allen nakręcił po tym, jak wytwórnia United Artists, reprezentowana przez Arthura Krima i Erica Pleskowa, odnowiła i przedłużyła z nim kontrakt. „Kariera, która wydawała się przypadkowa i krótka – napisał Steven Bach – pełna nowojorskich fobii i grepsów, niesprawdzających się w małomiasteczkowej Ameryce i niemal całkiem niezrozumiałych poza granicami kraju, zaowocowała serią nadzwyczaj udanych i przyjemnych filmów: *Bananowym czubkiem*, *Śpiochem*, *Wszystkim, co chcielibyście wiedzieć o seksie, ale baliście się zapytać* oraz *Miłością i śmiercią*. Okazały się one oryginalne nie tylko ze względu na tematykę, ale też dzięki podejściu do obrazu i stylu. Wyewoluowały z niezdarnej wesołkowatości w błyskotliwość i podawane pół żartem, pół serio wzruszające sceny *Annie Hall*. Opłacało się postawić na Allena; to była jedna z najrozsądniejszych i najbardziej udanych inwestycji w najnowszej historii kina". Allen w pojedynkę odnowił reputację United Artists jako wytwórni oryginalnej i niezależnej. Znalazł się w raju filmowca.

Wyobraźmy sobie, że oglądamy *Annie Hall* po raz pierwszy. Jest 1977 rok. Widzieliśmy Woody'ego jako Virgila, Borisa i Fieldinga, postaci uwikłane w burzliwe, slapstickowe przygody. Widzieliśmy go w bardziej przyziemnym wcieleniu jako Allana Feliksa w *Zagraj to jeszcze raz, Sam*. W *Annie Hall* jego Alvy Singer stąpa jeszcze bardziej twardo po ziemi. Spogląda w kamerę. Nie gra muzyka, brak typowych dla Woody'ego dixielandowych motywów. Opowiada dwa dowcipy, po czym mówi, że kończy czterdzieści lat. Przyznaje, że obawia się, iż pewnego dnia przemieni się w śliniącego się staruszka z reklamówką, który chodzi po kawiarniach i wrzeszczy o socjalizmie. (W tym i w następnych filmach Woody zaserwuje nam wariacje na temat tej budzącej grozę wizji, na przykład w osobie faceta sprzedającego komiksy pod Bloomingdale'em w *Annie Hall*). Potem przechodzi do sedna: „Rozstałem się z Annie". Nie wie dlaczego.

Opowiada, że miał normalne dzieciństwo, ale obraz, który oglądamy, przeczy temu. Siedzi na kozetce u brooklyńskiego lekarza, do którego zabrała go matka, ponieważ wpadł w depresję, kiedy dowiedział się, że kosmos się rozszerza i pewnego dnia się rozpadnie. „O co ci chodzi?" – krzyczy matka, a lekarz pociesza chłopca, że do rozpadu kosmosu dojdzie dopiero za wiele miliardów lat i że należy cieszyć się życiem, po czym wybucha serdecznym śmiechem na znak, jak radosny jest żywot. Alvy informuje nas, że chodzi do psychoanalityka i że wychował się w domu stojącym pod kolejką górską na Coney Island – Woody w najlepszym wydaniu. (Kiedy jeździli po Brooklynie w poszukiwaniu plenerów, dyrektor artystyczny Mel Bourne i operator Gordon Willis znaleźli mały, samotny domek, który rzeczywiście przycupnął pod kolejką górską). Przenosimy się do podstawówki, Alvy ma sześć lat i kradnie dziewczętom całusy (tak jak to robił Woody), zaś surowi, zasuszeni irlandzcy nauczyciele przywołują go do porządku. Gładko przechodzimy do prawdziwej sceny z wywiadu telewizyjnego Dicka Cavetta z Woodym, żeby przypadkiem nikt nie miał wątpliwości, że ogląda rzeczywistą historię życia Woody'ego, opowieść o odnoszącej sukcesy gwieździe stand-upu, programu Johnny'ego Carsona i mnóstwa innych; że mamy do czynienia z Woodym, który rezygnuje z pisania tekstów do komedii telewizyjnych i odcina się od tej branży, ponieważ jest ona mdła i jałowa – to samo powtórzy w *Manhattanie*, *Hannah i jej siostrach* oraz *Zbrodniach i wykroczeniach*. Wracamy do matki, która mówi, że Alvy nigdy nie nadążał za światem i nie ufał ludziom. Wtedy spływa na nas potok typowych dla Woody'ego motywów: zaczyna się od (1) antysemityzmu i Holokaustu. Woody skarży się swojemu kumplowi Robowi (Tony Roberts), noszącemu białe ciuchy, płytkiemu wiecznemu hulace, który reprezentuje próżność Los Angeles, dokąd się przeprowadza (Roberts gra w kilku filmach Allena, zawsze w identycznej roli, nawet w *Hannah i jej siostrach*, gdzie pojawia się zaledwie w epizodzie), że w jego obecności ludzie mruczą pod nosem „Żyd", z pozoru niewinne wyrazy wypowiadają tak, że brzmią z żydowska, na przykład „może" zamienia się w „Mosze", albo puszczają Wagnera w sklepie z płytami po to tylko, żeby go udręczyć. Allen kilka razy wspomina o świetnym dokumencie Ophülsa *Smutek i litość*, opowiadającym o niemieckiej okupacji Francji, a nawet cytuje jego fragmenty.

Przenosimy się do kina Beekman, gdzie po raz pierwszy spotykamy Annie. Alvy czeka na nią, bo umówili się, że pójdą razem na film Ingmara Bergmana. Osacza go trzech upierdliwych brooklyńczyków i w ten sposób poznajemy następny motyw Allena, a mianowicie (2) brzemię celebryty. Annie się spóźnia (cała historia jest opowiedziana w formie retrospekcji, dlatego wiemy, że w końcu zerwą ze sobą) i Allen oznajmia, że nie wejdzie do kina, bo film już się zaczął i trwa od dwóch minut, co daje asumpt do wprowadzenia kolejnego motywu, (3) bezwzględnego dążenia do prawdy. Trafiają do kolejki przed kinem New Yorker, gdzie dowiadujemy się (podobnie jak pozostałe osoby czekające przed kasą), że Annie i Alvy mają problemy z pożyciem i że ona próbuje rozwiązać je drogą psychoanalizy. Alvy wścieka się na komentarze stojącego za nimi w kolejce pedantycznego nauczyciela akademickiego i tak pojawia się następny motyw: (4) skłonność Alvy'ego do krytyki. Prawie nikt, łącznie z Annie, nie spełnia jego oczekiwań. W tej scenie Allen wprowadza również technikę eksperymentalną, zapraszając przed kamerę prawdziwego Marshalla McLuhana, by ten udowodnił głupkowatemu profesorowi, że się myli. W kolejnej retrospekcji widzimy Allison (Carol Kane), pierwszą żonę Alvy'ego, którą ten poznaje na wiecu Adlaia Stevensona tuż przed wyjściem na scenę z programem stand-upowym i natychmiast dyskredytuje ją, jednocześnie z nią flirtując; domyśla się jej pochodzenia z rodziny „nowojorskich lewicujących żydowskich intelektualistów", zgaduje, że studiowała na Brandeisie i jeździła na letnie obozy dla socjalistów, i że jej ojciec ma na ścianie rysunki Bena Shahna; sprowadza ją, jak sama to ujmuje, do „kulturowego stereotypu". Kiedy Alvy wychodzi już na scenę, na krótko pojawia się kolejny motyw (5) wpływu Boba Hope'a na zmysł komediowy Allena. Alvy prosi Allison o słowa zachęty, a kiedy ta mówi, że jest fajny, Alvy poprawia krawat i gwiżdże niczym Bob Hope, dając wyraz samozadowoleniu. Oglądamy go podczas występu na wiecu i jest to kolejny przykład Woody'ego Allena jako stand-upera. W następnej scenie widzimy, jak Alvy unika seksu z Allison, wciąż przeżywając zamach na Kennedy'ego; Alvy spogląda w kamerę, zwraca się do widzów (Allen wykorzystuje ten chwyt kilkakrotnie) i powtarza żart, który opowiedział na początku filmu (to przy okazji kolejny motyw): (6) „Mój Boże, ona ma rację! (...) Czy to ten stary dowcip Groucho Marksa, że nie chcę należeć do klubu, który przyjąłby na członka kogoś takiego jak ja?". Kolejna scena, nakręcona w domku na plaży, przeszła do historii kina: Alvy zmaga się w niej z żywymi homarami, które musi włożyć do garnka. Była to pierwsza scena, jaką Allen i Keaton nakręcili do *Annie Hall*, i wybuch śmiechu u obojga jest jak najbardziej spontaniczny. Wrażenie, że oglądamy improwizowaną scenę, znakomicie oddaje jej radosną atmosferę; para przeżywała cudowne chwile i oto jeden z tych sielankowych momentów utrwalono na taśmie.

A to dopiero początek filmu. Każda scena lśni, historia unosi się na fali inteligentnego zmysłu komicznego Allena: Alvy i Annie są na pierwszej randce, Alvy zatrzymuje Annie na ulicy i proponuje, żeby pocałowali się po raz pierwszy teraz i tu, bo „i tak później pójdziemy do domu, prawda? Pojawi się całe to napięcie – wyjaśnia Alvy. – Wiesz, nigdy się nie całowaliśmy i nie będę wiedział, kiedy zrobić odpowiedni ruch i w ogóle. No więc pocałujmy się od razu, będziemy to mieli z głowy, a potem pójdziemy coś zjeść. Co ty na to?".

„Aha, rozumiem" – mówi Annie.

„Lepiej będzie nam się trawiło" – dodaje Alvy.

Całują się. „No, teraz możemy iść trawić" – mówi Alvy.

Problemy łóżkowe pary zaczynają się wcześnie i przewijają się przez cały film. Alvy nie podnieca Annie, która musi sięgać po marihuanę, żeby czerpać przyjemność z seksu. Alvy'ego zniechęca postawa Annie, czuje się odrzucony. Zauważa całkiem rozsądnie, że będąc komikiem, zdaje sobie sprawę, iż kiedy publiczność jest na haju, jej śmiech nic nie znaczy, bo został sztucznie wywołany. W jednej z wielu oryginalnych scen, które zrywają z naturalizmem, widzimy, jak duch Annie opuszcza ciało, kiedy Annie i Alvy się kochają; podchodzi do krzesła, przygląda się ruchom pary i rozmawia z obojgiem.

Każdy, kto ogląda film, przypomina sobie własną pierwszą randkę, miotanie się i zażenowanie, niepewną próbę objęcia dziewczyny, obawę przed odepchnięciem. Allen podsumował całe to doświadczenie w najbardziej oryginalny, świeży i ujmujący sposób. Czy zrobił to wszystko w prawdziwym życiu? Oczywiście.

I tak historia Annie i Alvy'ego staje się znaną każdemu opowieścią o nieudanej pierwszej miłości oraz o tym, że powody, dla których wszystko poszło na opak, często udaje nam się zrozumieć dopiero po latach. Alvy lubi kontrolować, jest krytyczny i odrzucają go wady innych ludzi. Jest dla siebie samotną wyspą prawości i moralności; czuje się zarazem lepszy i gorszy od innych. Brzmi znajomo? Odsuwa od siebie Annie tym, że nie chce, aby się do niego wprowadziła. Wyśmiewa jej intelekt, tak że Annie szuka pocieszenia w ramionach nauczyciela akademickiego i w końcu znajduje je, wiążąc się z wygadanym, mantrującym hollywoodzkim producentem płytowym Tonym Laceyem (Paul Simon). Alvy izoluje Annie od świata, ponieważ nikt nie jest w stanie spełnić jego wygórowanych standardów, z wyjątkiem, nie wiadomo dlaczego, hulaszczego kumpla Roba, który myśli tylko o tym, jak się sprzedać Hollywoodowi, i zdaje się nie mieć zielonego pojęcia, o co chodzi Alvy'emu – do tego stopnia, że w swoim programie komediowym woli wykorzystać śmiech z puszki, bo wtedy nie będzie musiał zawracać sobie głowy pisaniem zabawnych dialogów.

Alvy wspiera Annie w jej aspiracjach muzycznych i dążeniu do „odnalezienia siebie" – płaci nawet za jej psychoterapię – ale odrzuca propozycję Tony'ego Laceya, który chce wyprodukować jej płytę, i ze zdumieniem odkrywa, że psychoterapia wyzwala Annie spod jego, Alvy'ego, kontroli. Bo przecież sam za to płaci. Traci Annie, pozbawiając ją szansy odniesienia sukcesu w życiu, a potem doświadcza na sobie skutków odrzucenia przez nią.

Allen bardzo szybko nabrał odpowiedniego dystansu, by móc pisać o romansie z Keaton; być może dlatego, że bardziej namiętny romans przeżył jednak z Louise Lasser – nigdy nie nawiązywał do niego w swoich filmach, może tylko wtedy, gdy tworzył skrajne postaci, takie jak Dorrie albo Harriet Harmon, i czynił je groteskowymi. Lasser była nieprzeciętnie utalentowaną aktorką komediową – co udowodniła rolą w *Mary Hartman, Mary Hartman* – ale jej późniejszą karierę osłabiły poważne problemy emocjonalne. (Kiedy grała w *Mary Hartman, Mary Hartman*, aresztowano ją za posiadanie kokainy; zdarzenie to znalazło kapitalne odzwierciedlenie w fabule serialu, a także zostało utrwalone w skeczu dla *Saturday Night Live*).

Keaton i Allen mieli całkowicie odmienne doświadczenie życiowe, pochodzili z zupełnie innych etnicznych i społecznych klas. (Keaton, tak jak Lasser, wywodziła się z wyższych sfer). Byli dla siebie źródłem egzotycznej fascynacji. W przypadku Lasser i Allena siła napędowa obojga była zakorzeniona w nich samych; znali się i rozumieli, tak naprawdę zanim się poznali. Byli błyskotliwymi żydowskimi oryginałami i świetnymi improwizatorami; rozpalali się nawzajem seksualnie i intelektualnie byli sobie równi. Louise, podobnie jak Allison Portchnik, studiowała na Uniwersytecie Brandeisa. Allen nie mógł traktować jej protekcjonalnie ani próbować równać ją do swojego poziomu, ponieważ już się tam znajdowała. Mówili tym samym językiem. Louise poprawiała Woody'ego, kiedy wtrącał powiedzonka w jidysz, i odgrywała zabawne scenki niemal tak dobrze jak on. Oboje byli świeckimi Żydami w każdym calu i jednocześnie byli bardzo żydowscy. Lasser miała bujne, typowo kobiece ciało, dokładnie takie, jakiego Allen pożądał. Tym natomiast, co szkodziło ich związkowi, był chaos emocjonalny Louise; Woody nie był w stanie funkcjonować w takich warunkach. Początkowo zamykała się w sobie dwa razy w miesiącu, potem dwa razy w tygodniu, a w końcu niemal nieustannie. Allen został sam; towarzyszka opuściła go; czarne chmury zawisły nad jego rygorystycznym planem pracy.

Historia opowiedziana w *Annie Hall* jest uniwersalna. To pierwszy film Allena, jaki trafił do serc widzów na całym świecie. Ostatnie sceny, w których Diane Keaton wykonuje poruszającą, hipnotyzującą wersję *Seems Like Old Times*, i finałowy montaż urywków z ich związku, któremu towarzyszy śpiew Annie, są niezapomniane. Oto wspólne nam wszystkim wspomnienie pierwszej miłości, która choć nieudana, trwa w naszej pamięci, otulona czułością. Nawet jeśli tak naprawdę wcale nie chodziło o pierwszą miłość Allena – Harlene – ani nawet drugą – Louise – to i tak była ona artystycznie i uniwersalnie prawdziwa.

Jedno z ujęć pod koniec filmu jest szczególnie ujmujące: jakiś czas po rozstaniu z Annie Alvy natyka się na nią i czuje się usatysfakcjonowany, widząc, że Annie w towarzystwie chłopaka wychodzi z seansu *Smutku i litości* w Thalii. Alvy próbował zabrać ją na ten film co najmniej kilka razy, ale zawsze się opierała; teraz przekonuje się, że jego głębokie przejęcie Holokaustem odcisnęło na niej trwałe piętno.

Pauline Kael oskarżyła Allena o stworzenie z Alvy'ego uosobienia „miłości własnej", o nowojorski szowinizm i pogardę dla Los Angeles, a także o pełen abnegacji i deprecjacji stosunek do własnej żydowskości. W uwagach do filmu (nie zrecenzowała go wtedy, kiedy był wyświetlany w kinach) napisała, że Alvy „pokazuje tylko to, co i tak widać" (miała, jak sądzę, na myśli, że jego postać była jedynie zestawem póz i brakowało jej głębi). Brian Kellow, biograf Kael, napisał, że Kael uważała *Annie Hall* za „obiecujący pomysł, który nie został należycie pogłębiony i rozminął się z założeniem, stając się w istocie opowieścią o dwóch miastach – o rywalizacji Nowego Jorku z Los Angeles".

Myślę, że to niesprawiedliwa opinia; Los Angeles stanowiło jedynie tło dla wydarzeń, nie znajdowało się na pierwszym planie. Oto jednak Kael w najlepszej formie: „Film rozjeżdża się przez to, że Woody Allen pokazuje nam Alvy'ego Singera jako udręczonego poczuciem winy, pochłoniętego sobą malkontenta, wiecznie oceniającego innych. Allen (a nie tylko Singer) wydaje się zdziwiony tym, że Annie męczy obsesja Alvy'ego i że postanawia uwolnić się od niego oraz dla odmiany zabawić. Pod koniec Alvy i opowieść znikają; pozostaje jedynie smutek Woody'ego Allena". Zupełnie nie miała racji. Film się nie rozjeżdża. Allen rozumiał, że to Alvy zniszczył związek. Alvy też niejasno zdaje sobie z tego sprawę.

Kael trafia celniej, pisząc o stosunku Allena do własnej żydowskości: „We wszystkich jego filmach – stwierdziła w 1980 roku – wyraźnie widać, że żydowskość oznacza dla niego fajtłapowatość, niezręczność i niezdecydowanie, będące przecież jego własnymi cechami. Być Żydem to dla Allena być robakiem na haczyku; w *Annie Hall* wije się i rzuca. Kiedy Alvy siedzi na nudnym obiedzie u białych protestanckich Anglosasów, następuje podział ekranu i Alvy widzi własną rodzinę przy kolacji, kłócącą się i wrzeszczącą, wtedy ma się wrażenie, że ten obraz Żydów jest jednak zbyt mocny, jak na komedię. W tej scenie, podobnie jak w prawie wszystkich filmach Allena, Żydom brakuje godności. Tak Allen ich definiuje i dlatego czuje się przez nich upokorzony".

Phillip Lopate postrzega film dość podobnie: „Czułem opór przed *Annie Hall* – powiedział mi. – Opór, jak sądzę, typowego nowojorczyka. Miałem poczucie, że to film z wieloma ograniczeniami i że nie jest to Nowy Jork, który znam. To samo tyczy się *Manhattanu*. Nie wydaje mi się, żeby Allenowi udało się uchwycić charakter Nowego Jorku tak, jak robił to, dajmy na to, Sidney Lumet w swoich filmach. Czułem, że *Annie Hall* coś ukrywa; widzimy, że związek się rozpada, ale w gruncie rzeczy nie wiemy, dlaczego tak się dzieje. Z drugiej strony Allen pokazuje tu swoją wielkość. Niemniej wciąż miałem to trudne do określenia poczucie, że nie przechodzi do sedna sprawy. Pozwalał widzom idealizować. Film ma cudowne momenty, na pewno dziś podoba mi się bardziej, niż kiedy wszedł na ekrany.

Myślę też, że rywalizowaliśmy ze sobą, czerpaliśmy z tej samej studni żydowskiego humoru. Nie chodzi o to, że Woody miał na mnie wpływ, po prostu był częścią tradycji, wspólnego doświadczenia, zgryźliwości niższej klasy średniej. Budowaliśmy z tych samych klocków, tyle że to, co on tworzył, było bardziej nostalgiczne i zdystansowane. *Annie Hall* znacznie bardziej podobała się nieżydowskiej publiczności spoza Nowego Jorku. Upraszczała i mitologizowała sprawy, które były skomplikowane. Nie oddawała charakteru miasta; tworzyła z niego karykaturę, na przykład w tym znanym ujęciu, w którym Allen siedzi przy stole u Hallów i wygląda jak chasyd. To było coś, co podobało się osobom niebędącym Żydami, to był żart, który do nich trafiał".

Lopate powtórzył pytania Kael: „O co naprawdę szła gra? Czego rzeczywiście pragnął grany przez Woody'ego Allena bohater? Allen często zazdrośnie strzeże postaci Woody'ego, czyniąc ją jedyną, której wolno mówić aforyzmami i która potrafi wejrzeć w siebie, podczas gdy inni trwają w wiecznej rozterce [jak Annie]. Nie daje równych szans. Nadal uważam, że [*Annie Hall* i *Manhattan*] to były filmy bardziej komercyjne niż artystyczne. Miały artystowską otoczkę, ale ulegały kaprysom publiczności. Grały na jej uprzedzeniach".

Czasem zastanawiam się, czy gdyby *Annie Hall* nie była filmem, ale powieścią, lśniłaby równie jasno. To prawda, jak pisze Kael, że tożsamość Alvy'ego określa zestaw póz i uprzedzeń, które nie składają się na skończoną postać. Allen oczekuje od nas, że całkowicie utożsamimy się z punktem widzenia i przekonaniem o własnej nieomylności Alvy'ego, ale pozwala sobie na ironię, każąc mu uświadomić sobie własną hipokryzję w tym, że najpierw zachęcał Annie do powrotu do szkoły, a potem ją wyśmiewał („Kształcenie dorosłych to jakaś bzdura! Wykładowcy to pozerzy! Jak możesz to robić?") za to, że zbyt poważnie podeszła do zajęć (i do znajomości z pewnym profesorem). I nagle przyznaje, że pomysł, by Annie zatrzymała swoje mieszkanie, wyszedł jednak od niego, nie od niej. Są też inne sytuacje, w których Alvy uświadamia sobie, choćby nawet niejasno, że w tym związku to nie on został skrzywdzony. Podczas pracy nad filmem Ralph Rosenblum zapytał Allena, czy nieustanne narzekanie Alvy'ego jest uzasadnione, na co Allen odparł, że owszem: „W filmie jego obsesje osiągają taki poziom, że Alvy może się wydawać neurotykiem, ale dla mnie nie jest nim".

> ROSENBLUM: Ale w filmie naśmiewasz się z jego obsesji, dajesz do zrozumienia, że posuwa się za daleko.
> ALLEN: Zgadza się. Ponieważ dla mnie to bardziej racjonalny punkt widzenia. Po prostu go nie podzielam.

Powieść wymagałaby od autora większej ironii, dystansu i samowiedzy. Tutaj – i jest to być może jedna z magicznych cech kina – urzekają nas piękne ujęcia Manhattanu, zwodzi dowcip Alvy'ego, jego bon moty i autentyczna zabawność. Przykuwają nas komedia i wrażenie naoczności. Kochamy Alvy'ego/Woody'ego, tak jak on kocha samego siebie. I podoba nam się ta niemal romantyczność opowieści, pragnienie, namacalna cielesność, związek pomiędzy Alvym i Annie.

Annie Hall to, podobnie jak wiele innych dzieł Allena – wbrew jego zapewnieniom, że jest inaczej – po części autobiografia, osobista historia, którą opowiada nam, jednocześnie zaprzeczając, jakoby była prawdziwa. Alvy Singer, tak jak Allen, jest stand-uperem i gwiazdą komedii telewizyjnej; jego występy to po prostu występy Allena na uczelniach i u Dicka Cavetta;

nie znosi stand-upu; odwrócił się od komedii telewizyjnej i pogardza Los Angeles, w którym bije serce tego gatunku; spotyka Diane Keaton i ma z nią romans; prawdziwe nazwisko Keaton brzmi Hall; rodzina Diane Keaton to biała anglosaska elita, bardzo podobna do rodziny Annie Hall. Naprawdę istniała „nienawidząca Żydów" babcia Hall, w prawdziwym życiu równie zajadle antysemicka. „Kogoś takiego jak ty babcia Hall nazwałaby «prawdziwym Żydem» – mówi Annie Alvy'emu. – Nienawidzi Żydów". We wspomnieniach *Wciąż od nowa* Keaton napisała, że kiedy powiedziała babci Hall o uzyskaniu przez film nominacji do nagrody Akademii, ta stwierdziła: „Ten Woody Allen za śmiesznie wygląda, żeby udało mu się coś wskórać z tymi bzdetami, które robi, no ale Żyda nie da się urazić, prawda?"[83].

O Allenie pisze się bez końca, ale wielu autorom tekstów o nim umyka zasadnicza uczciwość Allena jako filmowca. Jego opinia o Hollywood nie jest wyrazem pogardy wyrażanej przez jałowego zrzędę, lecz ma silny związek z dążeniem do wykonywania pracy w sposób niezakłócony, a także klarownością jego artystycznych celów. „Myślę, że w Stanach Zjednoczonych jest zaledwie garstka reżyserów, którzy mają naprawdę poważny stosunek do robienia filmów – powiedział Björkmanowi. – Reszta realizuje tak zwane «projekty». Zajmuje im to bardzo dużo czasu, bo wcześniej muszą zaliczyć te wszystkie lunche, obiady, spotkania ze scenarzystami, reżyserami, aktorami. Ich życie skupia się na rytuałach związanych z okresem przedzdjęciowym. W końcu udaje im się zrobić film, przeważnie jakąś komercyjną bzdurę"[84]. Allen oddaje to szaleństwo w scenie hollywoodzkiej imprezy w domu Tony'ego Laceya w *Annie Hall*.

---

[83] Diane Keaton, *Wciąż od nowa...*, dz. cyt., s. 179.
[84] *Woody według Allena*, dz. cyt., s. 115.

W jednej z rozmów pewien mężczyzna mówi do drugiego: „Na razie to tylko propozycja, ale sądzę, że mogę zdobyć pieniądze, by przekuć ją w koncepcję (…) a później w pomysł". Niepoważne i bezmyślne podejście do historii podsumowuje luźna uwaga Tony'ego Laceya o tym, że wcześniej, „przed tą całą aferą z Komisją", właścicielem jego domu był sam Charlie Chaplin. Alvy i Annie słyszą, jak pewna ubrana na biało dziewczyna wspomina o uwielbianym przez Alvy'ego/Woody'ego filmie Renoira: „Wczoraj widzieliśmy tu *Towarzyszy broni*" i w bezcennym ujęciu widzimy leżącego na sofie mężczyznę (Daniel Stern), który, chichocząc, komentuje: „Świetny film, kiedy się najarasz". Uśmiecha się, podnosi głowę i proponuje Alvy'emu i Annie skręta. Potem mijają człowieka (Jeff Goldblum) rzucającego do słuchawki: „Zapomniałem swoją mantrę".

Aby zrozumieć niechęć Allena do dogadzania publiczności, trzeba spojrzeć na sprawę z dystansu oraz przyjąć historyczny punkt widzenia. Jego uwagi pomija się bądź przemilcza. Uważa się, że coś zataja. Rzecz być może w tym, że uwagi te są tak nietypowe, że niemal niezrozumiałe dla społeczeństwa, w którym nawet artyści odnoszący największe sukcesy muszą walczyć o to, by zyskać – i utrzymać – akceptację. Jeśli tego nie zrobią, nie będą w stanie przetrwać finansowo i stracą status gwiazdy, na który tak ciężko pracowali.

Allen jest pod tym względem konsekwentny. Obojętność wobec opinii krytyków – nawet kiedy oceniali jego dzieła w większości pozytywnie – deklarował już w 1975 roku w książce *On Being Funny*: „[Recenzje] mają wartość czysto ekonomiczną. Mogą zaszkodzić filmowi, czasem tak bywa. Nie mają żadnego przełożenia na ciebie jako artystę, ani w jedną, ani w drugą stronę. Jeśli twierdzą, że jesteś kiepski, to wcale nie znaczy, że rzeczywiście taki jesteś. Jeśli krytycy piszą, że jesteś dobry, niekoniecznie oznacza to, że faktycznie jesteś dobry. Gdyby nie było krytyków, nie istniałoby nic, co osłabiałoby sztukę. Prawdziwi artyści nie zważają na nich i robią swoje. Nie chodzi o to, że nimi pogardzam, nic z tych rzeczy. Po prostu artyści sami wiedzą, co i jak robić". Obstawał – i nadal obstaje – przy prawie do „błądzenia" w trakcie szukania nowych pomysłów, pojęć, sposobów ekspresji: „Poważni artyści, tacy jak Chaplin – powiedział – próbują nowych rzeczy i nie zawsze się w nich odnajdują. Czasem ponoszą porażkę i wtedy ludzie nazywają ich pretensjonalnymi głupkami, ale inaczej się nie da. Możesz złapać właściwy rytm i trzymać się go; myślę jednak, że nie sposób uniknąć lekkiego fałszu, ilekroć zgubisz ten rytm".

Allen potrafi przetrwać bez względu na wszystko i jak niemal nikt inny w branży filmowej. Wypracował to już na samym początku. Rozmawiając z Björkmanem o swoich dwóch największych klapach, *Wnętrzach* i *Wrześniu*, powiedział: „Wiedziałem, że nikt nie będzie chciał ich oglądać. Nawet gdybym miał wielkie ambicje, gdybym się bardzo postarał i powstałyby całkiem dobre filmy, byłem pewien, że nie znalazłyby szerokiej widowni. Potrafię to wyczuć. (...) Zawsze robię takie filmy, jakie mam ochotę robić i nie obchodzi mnie, czy przypadną do gustu publiczności czy krytykom. Oczywiście, bardzo chciałbym, żeby tak było. Jeśli jednak się nie spodobają, to trudno. Robię filmy dla własnej przyjemności"[85]. Jak bystrym trzeba być albo ile szczęścia mieć (lub jedno i drugie), aby osiągnąć taką swobodę? Trudno przełknąć tę wypowiedź i łatwo przypisać ją arogancji. Allen nie przyjmie wsparcia, jeżeli osoba, która pragnie go udzielić, będzie chciała sprawować kontrolę nad kształtem dzieła. To się nazywa niezależność duszy. Ludzie przyjmują stosunek Allena do wyróżnień, zwłaszcza do nagród Akademii z niedowierzaniem: na pewno się popisuje, mówią, z pewnością tylko udaje, że nie zależy mu na takich zaszczytach. (Ukoronowaniem kłótni pomiędzy Annie a Alvym, kiedy rozstają

---

[85] *Woody według Allena*, dz. cyt., s. 104.

się pod koniec *Annie Hall*, jest to, że Annie nie rozumie, o co chodzi Alvy'emu, gdy ten zżyma się na nagrody. Odchodząc, Alvy mruczy pod nosem: „Najlepszy dyktator faszystowski: Adolf Hitler"). Jak to możliwe, że przedkłada grę na klarnecie z zespołem ponad pławienie się w blasku sławy i ceremonię wręczenia najbardziej prestiżowej nagrody w branży? Keaton opisuje emocje towarzyszące odbieraniu Oscara w 1977 roku. Allen, rzecz jasna, był nieobecny na imprezie: „Woody obudził się następnego dnia rano i otworzył «The New York Times». Na pierwszej stronie przeczytał, że *Annie Hall* dostała Oscara za najlepszy film, po czym spokojnie powrócił do pracy nad kolejnym scenariuszem, tym razem do dramatu *Wnętrza*. Woody trwał przy swoich zasadach. W jego mniemaniu w sztuce nie istniało pojęcie «najlepszego» – co oznaczało, że nie ma czegoś takiego jak najlepszy reżyser, film, a co dopiero najlepsza aktorka. Sztuka to nie mecz koszykówki"[86].

Annie Hall, podobnie jak *Bierz forsę i w nogi*, była z trudem wywalczonym zwycięstwem. Przy wszystkich zdolnościach Woody'ego nie udało mu się jeszcze opanować sztuki składania pojedynczych obrazków w zwartą i spójną opowieść. Nie był nawet pewien, co to właściwie za opowieść. Kryła się pośród wspomnianych obrazków, należało ją wydobyć i uporządkować. Ukazywały się jedynie serie oślepiających rozbłysków; chodziło o to, żeby wyłowić ze szczegółów istotę rzeczy. Można sobie wyobrazić, przed jakim dylematem stał Allen, choćby uświadamiając sobie, że poważnie chciał zatytułować film *Anhedonia*. Kiedy zdradził się z tym zamiarem na jednej z pierwszych narad nad tytułem, Eric Pleskow wykazał się dużą dozą cierpliwości, Ralph Rosenblum tak opisał swoje wrażenie: „Setka par oczu spojrzała na mnie w osłupieniu", a Arthur Krim podszedł do okna i zagroził, że wyskoczy.

---

[86] Diane Keaton, *Wciąż od nowa…*, dz. cyt., s. 183.

Anhedonia jest stanem umysłu. Pojęcie podobało się Allenowi, bo nazywało jego skłonność do depresji. Ale przecież nie pisał podręcznika medycyny, tylko historię miłosną, której bohater cierpi na tę właśnie przypadłość; to znaczy opowieść, która ostatecznie przerodziła się w historię miłosną. Rosenblum w swojej książce przytacza słowa Allena: „Na początku to była rzecz wyłącznie o mnie, nie o związku. O mnie, o moim życiu, przemyśleniach, poglądach, pochodzeniu; związek był po prostu częścią tego wszystkiego, ważną częścią". Bohater opowieści miał bajeczne poczucie humoru, romantyczną duszę i ujmującą osobowość. Nie uginał się pod ciężarem obsesji. Urzekające sceny ilustrowały tę jego przypadłość z komiczną klasą, zabawnie, w slapstickowym stylu, wzruszająco i z głębokim uczuciem. Kluczem do sukcesu filmu raz jeszcze okazała się interwencja Ralpha Rosenbluma, któremu udało się uporządkować i poskładać w spójną całość pojedyncze obrazy i sceny. Allen potrzebował pomocy – i zawsze potrafił przyjąć ją z wdzięcznością, nie pozwalając, by ego przesłoniło jego cele.

Rosenblum napisał, że kiedy Allen skonsultował się z nim w sprawie *Annie Hall*, film, w odróżnieniu od *Bierz forsę i w nogi* we wczesnej fazie, „był pozbawionym tytułu, chaotycznym zlepkiem fragmentów, w których próżno było szukać ciągłości, które wprawiały w zakłopotanie swoich twórców i w których najtrudniej spośród wszystkich filmów Allena można było się dopatrzyć obietnicy przyszłego sukcesu". Oryginalny szkic Allena i Brickmana opowiadał przede wszystkim historię Allena (Annie pojawiała się rzadko i na krótko) i opisywał, jak to ujął Rosenblum, „surrealistyczne, abstrakcyjne przygody neurotycznego żydowskiego komika, który przeżywał ponownie swoje życie i przy okazji wyśmiewał naszą kulturę. (...) Film był niczym wizualny monolog. (...) Fabuła kojarząca się ze strumieniem świadomości; rozwlekłe komentarze, osobliwe gagi – wszystko to zagłuszało istotę opowieści". Akcja miała się rozgrywać w umyśle Allena. „Jakieś zdarzenie miało mi przypominać o czymś, co stało się w dzieciństwie, a to z kolei naprowadzać na trop jakiegoś surrealistycznego obrazu – opowiadał Allen. – Nic z tego nie wyszło". Filmowi brakowało dramatyzmu, a setce wątków – wspólnego mianownika. Zadaniem Rosenbluma było wyłuskanie właściwej fabuły z miszmaszu znakomitych obrazków i scenek.

Allen zauważył, że kiedy pojawiał się na ekranie razem z Keaton, film ruszał z miejsca i nabierał przyspieszenia. „Szybko wyczuliśmy, gdzie bije źródło energii" – napisał Rosenblum. Pierwsze dwadzieścia minut filmu przycięto tak, by znalazło się miejsce dla Keaton. „Musieliśmy wrócić do Annie – powiedział Rosenblum. – Skoro miała stać się osią dramatyczną i spoiwem, nie mogliśmy zbyt często od niej odchodzić". Związek zaczął dominować.

Praca nad zakończeniem filmu często sprawia Allenowi niemałą trudność – nie inaczej było przy *Annie Hall*. „A wspomnienia? – spytał Rosenbluma. – Może powinniśmy pokazać, jak wracają do dawnych chwil?".

Pytanie trafiło do odpowiedniej przegródki, obudziło skojarzenie z pięknie zaśpiewaną przez Keaton piosenką i zrodziło w głowie Rosenbluma pomysł na genialne zakończenie. „Wiedziałem, co musimy zrobić". Poprosił montażystkę Susan Morse o zmontowanie ujęć Alvy'ego i Annie z homarem, Alvy'ego i Annie na plaży, Annie i Alvy'ego wracających z tenisa, Alvy'ego i Annie w łóżku, Alvy'ego całującego Annie, Annie i Alvy'ego na molo, Annie wchodzącą z walizkami do mieszkania Alvy'ego, Annie oglądającą seksowny peniuar, który dostała od Alvy'ego na urodziny („Kupiłeś ten prezent dla siebie", stwierdza). Morse skleiła to wszystko na jednej rolce, a Rosenblum podłożył pod owo podsumowanie piosenkę *Seems Like Old Times* w wykonaniu Keaton – i stworzył jeden z najbardziej zapadających w pamięć montaży w historii amerykańskiego kina.

"Nigdy tego nie zapomnę – powiedział Marshall Brickman Rosenblumowi. – Nagle się okazało, że historia ma zakończenie, i to nie byle jakie, tylko zarazem filmowe i poruszające dzięki prostej rekapitulacji wcześniejszych scen. I jeszcze ta muzyka (...). Cała praca poszłaby na marne, gdyby nie ten końcowy akcent".

"Poczułem, że w mojej karierze musi nastąpić jakiś przełom – powiedział Allen Stigowi Björkmanowi. – Po raz pierwszy odważyłem się opuścić bezpieczny obszar błazeństwa i rubasznych komedii. Pomyślałem sobie: «Najwyższy czas, żebym przestał rozśmieszać ludzi i spróbował zrobić coś poważnego. Być może widzowie znajdą w tym jakąś wartość, która ich zainteresuje i wzbogaci». Sprawdziło się to znakomicie"[87].

W „Variety" napisano: „W dekadzie zdominowanej przez filmy o męskiej przyjaźni, fantazje o brutalnych gwałtach i bezduszne widowiska pełne efektów specjalnych Woody'emu Allenowi niemal w pojedynkę udało się podtrzymać przy życiu wiarę, że w amerykańskim kinie wciąż jest możliwy heteroseksualny romans". Zgodził się z tym nawet Andrew Sarris, przeważnie surowy krytyk twórczości Allena. „Za tę filmową walentynkę dla Diane Keaton można wybaczyć [Allenowi] niemal wszystko. Nie sądziłem, że film Woody'ego Allena skojarzy mi się z tekstami piosenek [Lorenza] Harta. *Annie Hall* zwiastuje mocny powrót romantycznej, heteroseksualnej miłości".

Annie Hall zdobyła cztery Oscary, nagrodę Amerykańskiego Stowarzyszenia Krytyków Filmowych, nagrodę Amerykańskiej Gildii Reżyserów Filmowych i cztery statuetki Brytyjskiej Akademii Sztuk Filmowych i Telewizyjnych, w tym dla najlepszego filmu i najlepszego montażu.

S.J. Perelman, jeden z literackich idoli Allena, wygłosił przemówienie podczas wręczania Allenowi i Brickmanowi nagrody

---

[87] *Woody według Allena*, dz. cyt., s. 96.

Stowarzyszenia Nowojorskich Krytyków Filmowych za najlepszy scenariusz.

Allen nie zaszczycił swoją obecnością żadnej z tych imprez. W oscarowy poniedziałkowy wieczór jak zwykle grał z zespołem w Michael's Pub. Rok później powiedział: „Wiem, że to brzmi okropnie, ale fakt, że zdobyłem Oscara za *Annie Hall*, nic dla mnie nie znaczy. Nie dbam o tego rodzaju ceregiele. Wydaje mi się, że ci, którzy o tym decydują, nie wiedzą, co robią. Kiedy spojrzysz, kto zdobywa te nagrody – albo ich nie zdobywa – zrozumiesz, że Oscary nie mają żadnego znaczenia".

Zawsze grywał z kapelą w Michael's Pub, ilekroć jego film stawał do wyścigu o nagrodę Akademii.

Przed Oscarami *Annie Hall* nie była przebojem, ale kiedy ogłoszono, że zdobyła cztery statuetki, jej notowania nagle poszły ostro w górę. „Małomiasteczkowa Ameryka zareagowała na nowojorski niepokój Woody'ego – napisał Steven Bach. – Ponadto po raz pierwszy publiczność w innych krajach zrozumiała jego dowcipy i złapała rytm, składając się na znaczne wpływy z dystrybucji filmu za granicą. *Annie Hall* przetarła szlak wcześniejszym obrazom Allena, które zaczęto ponownie wyświetlać w zagranicznych kinach; słabo sobie poradziły". United Artists nadal ceniła Allena nie tylko i wyłącznie ze względu na jego wartość ekonomiczną. Sprawiał, że wytwórnia „wydawała się równie oddalona od Hollywoodu, jak sam Allen – napisał Bach. – Tak samo niezależna, tak samo wyjątkowa. Był nowojorskim swojakiem, «pupilkiem krytyków»". Film zarobił trzydzieści osiem milionów dwieście pięćdziesiąt jeden tysięcy czterysta dwadzieścia pięć dolarów i zajmuje czwarte miejsce na liście najbardziej kasowych przebojów Allena.

Na planie *Annie Hall* czterdziestoletni Allen poznał siedemnastoletnią Stacey Nelkin i zaczął się z nią spotykać; ich związek kwitł w tajemnicy przez dwa lata. Allena widziano z nią w restauracji Elaine's, dokąd zanosił jej podręczniki – szczegół ten wypłynął w komentarzu Allena na temat Tracy, bohaterki granej przez Mariel Hemingway w *Manhattanie* (i częściowo opartej na postaci Nelkin). Nelkin przez krótki czas grywała w filmach, a dziś jest „specjalistką od spraw związków". Kiedy do niej zadzwoniłem, zakończyła naszą niedługą rozmowę słowami: „Woody nigdy nic dla mnie, kurwa, nie zrobił". (Poszła za radą prawnika i odwołała wywiad, na który się umówiliśmy).

Wiele lat po tym, jak w 1978 roku na ekrany trafił jego pierwszy poważny dramat *Wnętrza*, Allen wspominał słaby, uprzejmy uśmiech, który pojawił się na twarzy Erica Pleskowa po projekcji filmu. Wiedział, że Pleskow jest zbyt dobrze wychowany, by powiedzieć, co naprawdę myśli. Pleskow nie był zresztą jedynym, który przeżył szok. Każdy, kto widział *Wnętrza*, czuł się podobnie. Kiedy czytam pochwały, którymi przychylni Allenowi krytycy – wnikliwi i inteligentni ludzie – obsypali film, i poznaję opinie, które wyrazili w rozmowach z Allenem, odnoszę wrażenie, że oglądając *Wnętrza*, doznali chwilowego pomieszania zmysłów.

Pierwszym, który zapoznał się z pomysłem Allena na nowy film, był Arthur Krim. Allen znajdował się w dobrej sytuacji: sukces *Annie Hall* utrwalił jego reputację geniusza z United Artists. „Ośmielam się twierdzić – powiedział mi Pleskow – że Woody miał wielkie szczęście, będąc pod naszymi skrzydłami". Steven Bach zauważył, że „prawo do nakręcenia *Wnętrz*, swojego pierwszego «poważnego» filmu (w biurach przy Siódmej Alei pod numerem siedemset dwadzieścia dziewięć [adres siedziby United Artists] nazywano go Ingmarem Allenem), w którym nie występował i który stanowił rzadki we współczesnej historii kina amerykańskiego przypadek, kiedy artyście pozwolono stworzyć obraz służący w zasadzie wyłącznie jego twórczemu rozwojowi, nie bacząc na to, czy odniesie sukces, czy też nie", zdobył Allen okazywaniem szacunku „tym, którzy go finansowali, swoim mecenasom". „To, że film zrobił komercyjną klapę, nie umniejsza jego wartości ani też nie osłabia szacunku, z jakim został sfinansowany i stworzony. Nie pomniejsza również olbrzymiego kredytu zaufania, jakim obdarzył Woody'ego Arthur Krim, rozumiejąc, jak duże znaczenie mają dla niego *Wnętrza*".

Stosunek Allena do *Wnętrz* staje się jasny po lekturze jego rozmowy z Natalie Gittelson z „New York Timesa" w 1979 roku. Allen zmagał się z ograniczeniami komedii: „Formą, do której dążę, jest tragedia – powiedział. – Komedia przychodzi mi łatwo. Jej tworzeniu towarzyszy ból na zupełnie innym poziomie, inaczej człowiek odnosi się do problemów, inaczej staje twarzą w twarz z samym sobą, inaczej przepracowuje pomysły". Z punktu widzenia Allena lepiej było polec na *Wnętrzach*, niż zwyciężyć obrazem o mniejszym znaczeniu: „Jeśli podejmujesz się czegoś i przegrywasz z honorem, lepiej ponieść taką porażkę, niż odnieść sukces oparty na wyzysku". Oczywiście, istnieją inne rozwiązania i Allen miał je wkrótce znaleźć. Natomiast nowe „poziomy bólu", o które mu chodziło, osiągała głównie publiczność oglądająca ten film.

Bo *Wnętrz* w zasadzie nie da się oglądać. Zniechęcają od samego początku. Nie mają nic wspólnego z najlepszymi, wielowarstwowymi osiągnięciami Allena. Stanowią marną kopię dzieł Ingmara Bergmana, pozbawioną życia, bohaterów z krwi i kości, napięcia, dramatyzmu i bezpośredniości. Bohaterami są ludzie, których Allen nie zna, z którymi nie miał kontaktu i o których nie ma pojęcia. Ich sztywność jest wręcz klaustrofobiczna. Allen przyznał – o czym pisałem już wcześniej – że pisząc scenariusz *Wnętrz*, być może nieświadomie naśladował napisy do zagranicznych filmów, które oglądał. *Wnętrza* nie były pod tym względem wyjątkiem – w tym samym kierunku poszły też niektóre późniejsze jego obrazy: *Inna kobieta*, *Wrzesień* i *Cienie we mgle*.

Arthur (E.G. Marshall) jest prawnikiem, mężem Eve (Geraldine Page) zafascynowanej urządzaniem wnętrz. Ich córki są w kiepskiej formie. Eve nie jest dobrą matką. Renata (Diane

Keaton) jest poetką publikującą w „New Yorkerze", ale nie sposób w to uwierzyć. Jej mąż Frederick (Richard Jordan) jest pisarzem i alkoholikiem. Joey (Mary Beth Hurt) pracuje tu i tam, nie ma jakichś szczególnych uzdolnień, a jej mąż Mike (Sam Waterson) jest filmowcem dokumentalistą i osobą uszczęśliwiającą innych na siłę. Flynn (Kristin Griffith) jest młoda, grywa w operach mydlanych i wciąga kokainę.

Nadążacie? W żadnej z tych postaci nie tli się choćby iskra oryginalnego życia. Są martwymi prototypami. Arthur wyprowadza się z domu. Eve jest zszokowana. Arthur zjawia się z Pearl (Maureen Stapleton), która jest ubrana na czerwono, odcina się na tle szarości pozostałych bohaterów, ponieważ w zamyśle ma być siłą życiową, tańczącą, śmiejącą się, wywołującą zamieszanie swoją zmysłową, praktyczną osobowością. Tyle że okazuje się nudną karykaturą. Eve wychodzi z domu i odbiera sobie życie, topiąc się w morzu. Joey próbuje ją uratować, po czym Pearl ratuje Joey (ponieważ jest siłą życiową). Pearl przejmuje kontrolę nad rodziną, zapowiada się, że będzie dużo zabawniej niż z przygaszoną Eve, a Joey dochodzi do wniosku, że może nawet znajdzie sobie jakieś zajęcie.

Koniecznie trzeba posłuchać rozwlekłych, drętwych dialogów *Wnętrz*. Stanowią przykład wysiłku intelektualnego, na którym w normalnych okolicznościach Allen nie zostawiłby suchej komediowej nitki. Oto próbka:

> EVE: Chyba znalazłam ładny wazon na korytarz... (*wyjmuje pudełko z torby na zakupy i otwiera je*) Pomyślisz pewnie, że to z mojej strony rozrzutność, ale to nieprawda. Coraz rzadziej można dostać coś takiego. (*podnosi delikatny, niebieski wazon*) Cudowny, prawda? (*Mike nalewa wodę do czajnika; spogląda na Eve; Eve rusza w stronę korytarza*) Mam nadzieję, że ci się podoba. Doskonale pasuje do tego, co wymyśliłam na korytarz.

Mike: (*stawia czajnik na kuchence*) Mamy już wazon w korytarzu.

Eve: (z *korytarza*) Owszem, ale tamten nie będzie pasował do nowej podłogi.

Mike: (*stawia słoik z kawą rozpuszczalną i cukiernicę na tacy*) Nie rozumiem, po co mamy zmieniać podłogę...

Tymczasem wypływa kwestia lampy z sypialni:

Eve: (*zerka na lampę stojącą na szafce w jadalni*) Nie podobała ci się w sypialni?

Mike: (*patrzy na lampę*) Wiedziałem, że zauważysz. Tutaj bardziej mi się przydaje.

Eve: (*podchodzi do lampy*) Skoro korzystasz z niej tutaj, to w porządku. W końcu jest po to, żeby jej używać. Tyle że w sypialni stanowi element całości. (*pokazuje na abażur*) Uznałam, że abażur i narzuta będą do siebie pasowały.

Niełatwo pisać o filmie, którego bohaterów się nie lubi i nie dba się o ich los – o filmie, którego w ogóle nie miało się ochoty oglądać. Postaci snują refleksje o sylwetkach drzew na zaparowanych szybach, o szarych falach rozbijających się o brzeg. To jak film Bergmana bez Bergmana – i, co gorsza, bez Allena. Jak mógł nakręcić coś takiego?

Trzy dni przed rozpoczęciem zdjęć Guy Flatley z „New York Timesa" zapytał Allena, czy jego nowy film będzie „skąpany w bergmanowskim przygnębieniu". Allen zaprzeczył, ale powiedział: „Przede mną pole minowe pełne pułapek nieprzemyślanych pomysłów i naśladowczych technik. Poruszam się po nim po omacku".

W grudniu 1978 roku urządzono pokaz przedpremierowy dla niewielkiego grona widzów. „Podczas tej prywatnej projekcji elegancka publiczność siedziała w pełnej zdumienia ciszy" – napisał „The New York Post". *Wnętrza* weszły na ekrany dopiero w sierpniu następnego roku. Louise Lasser zarzuciła Allenowi, że film opowiada o jej rodzinie i samobójstwie jej matki. Gdyby rzeczywiście tak było, obraz być może byłby lepszy, bo prawdziwszy. O członkach rodziny sportretowanej we *Wnętrzach* Allen nie ma bowiem zielonego pojęcia.

„*Wnętrza* charakteryzuje ponura surowość, będąca cechą również innych jego wczesnych, bergmanowskich filmów – powiedział Phillip Lopate w rozmowie ze mną. – Kiedy ogląda się *Wnętrza*, ma się wrażenie naśladownictwa i brakuje poczucia, że autor zna swoich bohaterów. Czuje się, że ambicją Allena jest stworzenie czegoś w duchu Czechowa. Na przeszkodzie stają mu jednak jego słabości jako dramatopisarza. Wadą Woody'ego jest pobieżność. Często się zdarza, że kiedy oglądam jakiś jego film, myślę sobie, że byłby lepszy, gdyby tylko Allen dopracował scenariusz. Zabrzmi to może dziwnie, ale tym, co szkodzi zarówno *Wnętrzom*, jak i *Wrześniowi* oraz *Innej kobiecie*, jest brak humoru. Tak jakby Allen pracował w dwóch trybach: albo kręci coś zabawnego, albo coś zupełnie pozbawionego humoru.

W filmach Ingmara Bergmana zawsze czaiła się ironia – mówił dalej Lopate. – Ludzie rzucali się sobie do gardeł z sardonicznym uśmiechem na ustach. Z zapałem rozrywali się na strzępy. Woody Allen stworzył wielkie rzeczy, ale akurat tego zrobić nie potrafił. Ponieważ nadal jest nowicjuszem w świecie anglosaskiej elity i chce się zachowywać godnie. Ilekroć usiłuje ukazać ludzi należących do mieszczańskiego świata anglosaskiej elity, uwypukla ich represyjność, a nie umie uwidocznić tego, co pokazuje Bergman, kiedy zaczyna się prawdziwa walka. Drętwieje. Na tym właśnie po części polega problem z klasowymi aspiracjami Allena.

Woody gardzi komedią, tyle że nauczył się panować nad tym odczuciem. Potrafi wyprodukować coś w tym gatunku, przyłożyć się do tego, ale myślę, że jego wyobraźnia sięga poza sferę komedii. U podstaw komedii leży przekonanie, że nie powinno się traktować samego siebie zbyt poważnie. Obowiązuje poczucie własnej nieistotności. Wydaje mi się, że Woody jest zanadto narcystyczny na taki punkt widzenia. Może to niesprawiedliwe, ale moim zdaniem tłumaczyłoby to, dlaczego jego filmy dzielą się na komediowe i zupełnie pozbawione akcentów komediowych.

Te postaci są nieznośne po części dlatego, że, jak mi się zdaje, Allen nie rozumie tych ludzi i nie bawią go oni tak, jak Czechowa bawili jego właśni bohaterowie. To świat, do którego Allen aspiruje i czuje się zawiedziony faktem, że ci ludzie są tak nieszczęśliwi".

Wnętrza, napisała Pauline Kael, „wyglądają na arcydzieło, gdy tymczasem ich tematem jest arcybanalny metafizyczny motyw (życie kontra śmierć). (...) To podręcznikowy przykład maniery filmów artystowskich; (...) surowy i wystudiowany. (...) W mniemaniu Woody'ego Allena miarą osiągnięcia artystycznego jest dzieło przesiąknięte śmiercią, oszczędne w stylu i doskonale skonstruowane – dzieło opowiadające o rzeczach wzniosłych. Osoba oglądająca ten film prawie na pewno zada sobie pytanie: jak to możliwe, że tutaj Woody Allen w wyważony i zasmucająco bezpośredni sposób opowiada o tych samych sprawach, które tak ochoczo parodiuje?".

John Simon był równie brutalny. „Woody Allen nakręcił swój pierwszy poważny film (...) i rzeczywiście: to poważna sprawa, tak poważna, że aż tragiczna – tragicznie zła. Nieważne, czy będziecie zagryzać wargi z wściekłości, czy skręcać się w bezsilnym śmiechu, tak czy owak, dojdziecie do wniosku, że w tym filmie nie ma ani jednego bohatera z krwi i kości; że niemal wszystkie wypowiadane kwestie są w najlepszym razie wyświechtane, a w najgorszym – absurdalnie koturnowe, i że dosłownie każde ujęcie stanowi kalkę z dzieł innych filmowców, zwłaszcza z Bergmana i Antonioniego. (...) Przez cały film Allen nie pokazuje nam dosłownie niczego. O wszystkim i wszystkich, łącznie z samym sobą, opowiadają bohaterowie. Uprawiają niekończącą się, nieudolną, czczą gadaninę: «Pewnego dnia otworzyła się pod nami głęboka otchłań» albo: «Nie chcę, żeby wciągnął mnie anonimowy styl życia». Albo – to słowa poetki *in extremis*: «Jak gdybym miała wyraźną wizję, w której wszystko wydaje się okropne i drapieżne. (...) Poczułam się niepewnie. Jakbym była maszyną, mogącą w każdej chwili odmówić posłuszeństwa». I tak dalej. Postaci co rusz wyrażają słowami rzeczy, które można by uznać za prześmiewcze, gdyby nie to, że Allen wielokrotnie podkreślał, iż *Wnętrza* należy traktować śmiertelnie poważnie".

Wnętrza zarobiły marne dziesięć milionów czterysta trzydzieści tysięcy dolarów. Geraldine Page otrzymała nominację do Oscara w kategorii najlepsza aktorka, Mel Bourne i Daniel Albert zostali nominowali w kategorii najlepsza scenografia i dekoracja wnętrz, zaś Allen zdobył dwie nominacje: za scenariusz i reżyserię, co prawdopodobnie jedynie utwierdziło go w przekonaniu o miernej wartości nagród Akademii.

Scenariusz do kolejnego filmu, *Manhattanu*, był trzecim, który Allen napisał wspólnie z przyjacielem Marshallem Brickmanem. Na początku lat sześćdziesiątych Brickman grał na bandżo w znanej grupie folkowej The Tarriers, później zaczął pisać teksty dla Johnny'ego Carsona, a następnie został producentem i dyrektorem kreatywnym przy programie Dicka Cavetta. Allen pracował z Brickmanem w 1967 roku nad obrazem zatytułowanym *The Filmmaker*, ten jednak nigdy nie ujrzał światła dziennego. Owocem współpracy, którą ponownie nawiązali w 1972 roku, był *Śpioch*. Obaj kontynuowali – i do dziś są mu wierni – swój rozpoczęty w 1967 roku rytuał, polegający na tym, że zanim zasiądą do pisania scenariusza, spacerują po Central Parku i rozmawiają o pomysłach. Kolejny raz połączyli siły przy

Annie Hall. Koncepcja *Manhattanu* zrodziła się z ich spacerów: „Chodzimy z Marshallem po mieście – powiedział Woody Natalie Gittelson z «New York Times Magazine» – i rozmawiamy o moich przeżyciach. Obgadujemy pomysły i emocje, które uważamy za ważne i które chcielibyśmy wyrazić. Dzieje się to w nieuporządkowany sposób. «A gdyby twoja była żona postanowiła napisać o mnie książkę?» – zadajemy sobie takie pytania. Zaczynają wyłaniać się postaci: ludzie, których ja znam, osoby znane nam obu. Potem wymyślamy nowych bohaterów, sięgamy po wytwory naszej wyobraźni".

Brickman i Allen wspólnie wymyślają historię, po czym Allen, zgodnie ze swoim procesem twórczym, ujmuje ją w ramy scenariusza. „Na planie wiele rzeczy się zmienia. Okazuje się, że jeden z aktorów ma jednak nieco inne cechy, niż się spodziewałem, więc piszę na nowo jego rolę. Zmieniam mnóstwo dialogów. (...) Nie brałem pod uwagę Meryl Streep jako kandydatki do roli mojej żony (...) ale kiedy mi ją zasugerowano, od razu wiedziałem, że świetnie się sprawdzi. I znowu musiałem napisać tę rolę na nowo. (...) Film się rozrastał, na planie nieustannie zmieniałem scenariusz, ciągle go przepisywałem. (...) W trakcie montażu film przechodzi dalszą metamorfozę. Niektóre pomysły gubią się po drodze albo sam z nich rezygnuję, po czym wyłaniają się inne, lepsze. Wreszcie kończę pierwszą wersję. (...) Okazuje się, że między tym, co początkowo sobie założyłeś, a tym, co w końcu powstało, istnieje taki rozdźwięk, że masz ochotę... umrzeć. Nie chcesz nigdy więcej oglądać tego filmu".

Lorenz Hart i Richard Rodgers w 1925 roku skomponowali i opatrzyli zapadającym w pamięć tekstem piękną piosenkę pod tytułem *Manhattan*, śpiewaną później przez całe mnóstwo wykonawców, między innymi Dinah Washington. „The great big city's a wondrous toy, just made for a girl and boy...". Sama piosenka nie pojawia się w filmie, ale wypełnia go jej romantyczny duch: Manhattan jest złotym miastem. W 1979 roku trudno było uwierzyć w istnienie tamtego mitycznego Manhattanu, kiedy widziało się tonące w śmieciach ulice, na których szerzyła się przestępczość, a z witryn sklepowych wylewała się pornografia. Nowojorczycy borykali się z następstwami kryzysu finansowego w 1975 roku i „blackoutu" (przerwy w dostawie energii elektrycznej) latem 1977 roku. Opanowany przez ulicznych bandytów, lokale ze striptizem i salony masażu Times Square dziczał. Graffiti było wszechobecne.

To jednak nie wszystko. Ocalało zaledwie kilka lokali sieci Horn & Hardart Automat, w których dawniej przesiadywali Allen i jego koledzy; stopniowo zastępowały je bary Burger Kinga. Ostało się też niewiele knajp z logo Schrafft's. Na rogu Czterdziestej Szóstej Ulicy i Broadwayu wciąż jeszcze znajdowała się restauracja Howard Johnson's. „Variety", oryginalna, szelmowska tygodniówka o przemyśle rozrywkowym nadal drukowała teksty w stylu Damona Runyona i wówczas miała swoją siedzibę przy Zachodniej Czterdziestej Szóstej Ulicy, dwie przecznice od RKO Palace, w którym wskrzeszono rewię i podtrzymano ją przy życiu do końca lat siedemdziesiątych. Kina Capitol, Roxy, Strand, Paramount, Loew's State, w których Woody poznawał świat filmu w swych szczenięcych latach, odeszły w niepamięć. Jego ukochany świat przestał istnieć.

Niewiele pozostało również po dawnym Broadwayu i jego olśniewającym blasku: zniknęły sklepy płytowe przy Szóstej Alei, lokal Lindy's, w którym przesiadywali i zajadali się sernikiem Damon Runyon, Winchell i wszyscy komicy, został zamknięty w 1969 roku; pięć lat później kłódkę na drzwiach swojej restauracji założył Jack Dempsey. Klub Copacabana, siedziba Martina i Lewisa, Sinatry, Tony'go Bennetta, Louisa Primy, Leny Horne i Jimmy'ego Roselliego, przestał istnieć w 1973 roku; równie prestiżowa Latin Quarter (przy Zachodniej Czterdziestej Siódmej Ulicy), w której można było zobaczyć Ellę Fitzgerald, Sinatrę, Sophie Tucker, Belle Baker i Teda Lewisa, zamknęła swoje podwoje w 1969 roku. Pod koniec lat siedemdziesiątych niedobitki dawnego show-biznesu można było spotkać już tylko w Carnegie Deli, Rainbow Room, Stage Deli, Brill Building i Colony Record Shop, który wyzionął ducha dopiero w 2013 roku. To były ostatnie ogniwa łączące teraźniejszość ze złotymi latami. Istniała jeszcze WNEW-AM, świetna radiostacja, puszczająca utwory z American Songbook, kompozycje Gershwina, Berlina i Portera, piosenki Sinatry – wszystkich luminarzy klasycznej amerykańskiej muzyki popularnej; radio przetrwało, stopniowo tracąc słuchaczy, do 1992 roku. W roku 1979 William B. Williams nadal w południe pozdrawiał swoich słuchaczy hasłem „Witaj, świecie" i puszczał Sinatrę, a stacja mogła się pochwalić licznymi niezwykłymi osobowościami wśród swoich dyskdżokejów: Jonathanem Schwartzem, Jimem Lowe'em i Alem „Jazzbo" Collinsem.

Koniec lat siedemdziesiątych to również zmierzch ery kurortów w górach Catskill: Grossinger's, Concord, Brown's (gdzie zaczynał Jerry Lewis) – stamtąd wywodzili się Milton Berle, Alan King i Sophie Tucker, a także kelnerzy, którzy rozwinęli skrzydła i zostali gwiazdami. (Grossinger's, „pałac" gór Catskill, zamknął podwoje na zawsze w 1986 roku). Od tamtej pory ukazało się, i nadal ukazuje, wiele nostalgicznych wspomnień dotyczących wszystkich tych miejsc i lokali.

Woody'emu Allenowi udało się nawiązać do tamtych lat w *Dannym Rosie z Broadwayu* (1984), będącym hołdem złożonym komikom i artystom rewiowym, przemysłowi rozrywkowemu własnej młodości. Do *Przejrzeć Harry'ego* Allen nakręcił scenę w Red Apple Diner, dawnym miejscu spotkań komików występujących w kurortach Catskill. Knajpa wygląda na opuszczoną, tak jakby zwijał się cały interes, nie było w niej nikogo poza aktorami odgrywającymi scenę (w których zresztą nie ma życia), co akurat w czasie, gdy powstawał film, mogło być prawdą.

Wizja magicznego miasta była nierozerwalnie związana z tymi miejscami; pracujący w nich pisarze, dziennikarze, biografowie, pamiętnikarze, poeci, dramatopisarze, scenarzyści, autorzy piosenek, artyści rewiowi, komicy i piosenkarze ucieleśniali tę wizję Manhattanu, doświadczali jej, ubierali ją w słowa, śpiewali o niej, upamiętniali ją w olśniewających dziełach, takich jak autobiografia *Act One* Mossa Harta i *A Walker in the City* Alfreda Kazina. Ci, którzy przeczytali te wspomnienia, już zawsze będą kojarzyli Manhattan ze spacerem ogarniętego euforią Kazina przez most z Brownsville na Manhattan i z dwudziestojednoletnim Hartem, który wygląda przez okno hotelu na Broadwayu i po raz pierwszy widzi podświetlony afisz z własnym nazwiskiem i tytułem swojej sztuki *Once in a Lifetime*. W tej wizji było miejsce dla Dylana Thomasa i Brendana Behana w White Horse Tavern, Arthura Millera i Thomasa Wolfe'a w hotelu Chelsea, Johna Lennona w Dakocie oraz dla wcześniejszych: Maxwella Bodenheima i Kay Boyle w San Remo Café w Greenwich Village (tam właśnie Boyle, która przez wiele lat mieszkała w Paryżu w tym samym czasie, co Hemingway, Dos Passos i Gertrude Stein, zabrała mnie, młodego pisarza i studenta The New School, na moje pierwsze espresso).

Allen urzeczywistnia tę klasyczną wizję i uzupełnia ją. Jego *Manhattan* uwiecznia Nowy Jork dla przyszłych pokoleń. Jest portretem miasta, którego już prawie nie ma.

Allen opiewa i uosabia artystyczne poszukiwania, wysiłek umysłu i duszy, tygiel pomysłów, rozwój artystyczny, dążenie do tworzenia rzeczy nowych, których nikt wcześniej nie robił. To dlatego wciąż podkreśla konieczność podejmowania ryzyka i nie widzi niczego zdrożnego w porażce: „Ważne, bardzo ważne jest to – powiedział Natalie Gittelson – żeby nie wszystko się udawało". Porażka wskazuje bowiem, że „nie idziesz na łatwiznę, że wciąż eksperymentujesz i nadal podejmujesz artystyczne ryzyko. Kiedy przestajesz starać się tworzyć przeboje, przynosi to ciekawe rezultaty. Świat jest pełen kompromisów i ustępstw. (...) Jeśli zbyt często odnosisz sukces, oznacza to, że coś jest z tobą nie tak".

O Chaplinie Allen powiedział: "Stawiał na rozwój. Chętnie podejmował ryzyko i często mu nie wychodziło. Niektóre jego filmy są po prostu okropne. Ale zawsze starał się rozwijać".

W takim rozumowaniu kryje się coś zarazem głęboko prawdziwego, jak i osobliwego. Prawdziwe jest to, że walcząc z materiałem, sprawdzając się i podejmując ryzyko, artysta może osiągnąć zupełnie nowe poziomy swojej sztuki. Natomiast zastanawia w podejściu Allena, że zamiast zachować tę walkę dla siebie, zmagać się z problemami w zaciszu studia i zwyciężać w tej walce, zanim rozpoczną się zdjęcia, Allen niejako narzuca swoje porażki widzom. To prawda, że jest dla siebie niezwykle surowy, ale chyba nie zawsze zdaje sobie sprawę, jak kiepskie są niektóre jego filmy – a także w drugą stronę: jak świetne są inne. Nigdy nie przyznał, że *Wnętrza* były porażką, ale w przypadku *Innej kobiety* jest całkiem szczery: "To zimny, nudny, bzdurny film – powiedział Erikowi Laksowi. – Recepta na bezsenność. Zasypiałem po pierwszym kwadransie. Myślałem sobie: «Wytrzymaj, zaraz będzie dobra scena». Ale nie... Film jest zbyt chłodny. Gdyby zabrał się do tego ktoś lepszy, może by coś wyszło. *Tam, gdzie rosną poziomki* opowiada o oziębłym człowieku, a mimo to bije od niego żar. Cóż, nie ma sensu tracić czasu i energii. To tylko stara taśma filmowa". Kiedy zasugerowałem, że *Zelig* i *Zbrodnie i wykroczenia* należą do najlepszych jego filmów, zdecydowanie się ze mną nie zgodził.

Manhattan nie jest porażką. Nikt przed Allenem nie namalował tak olśniewającego, czarno-białego portretu Nowego Jorku kamerą Gordona Willisa. Sam Allen zaś nigdy wcześniej nie odsłonił się tak jak w tym filmie.

Pauline Kael w typowym dla siebie gładkim i przenikliwym stylu tak oto skomentowała *Manhattan*: "Woody Allen jako bodaj jedyny czterdziestolatek potrafi przemycić pociąg do nastolatek pod płaszczykiem poszukiwania prawdziwych wartości".

Natalie Gittelson – w odróżnieniu do Kael i innych krytyków, którzy rozebrali twórczość Allena na czynniki pierwsze, szukając jakichkolwiek śladów wskazujących na to, że w jego związkach z młodszymi kobietami mogło kryć się coś niezdrowego (i doszukujących się dowodów na winę Allena w sprawie z Dylan Farrow kilkanaście lat później) – widzi związek Isaaca z siedemnastoletnią Tracy inaczej:

> *Manhattan* dobitnie i otwarcie sygnalizuje, że Allen może mieć słabość do młodych, naprawdę młodych kobiet. Nie jest to jednak fascynacja w stylu Nabokovowskiego Humberta Humberta. Oczywiście, Allen docenia zalety seksu, ale tym, co naprawdę go pociąga w kobiecie, jest bratnia dusza. Im Allen starszy, tym bardziej ceni niewinność kobiety – nie seksualną niewinność, lecz blask duszy, który z wiekiem tak często matowieje.

W *Opowiadaniu dla Esmé* J.D. Salinger opisał podobny związek, który połączył zniszczonego psychicznie wojną żołnierza z nad wiek rozwiniętą młodą dziewczyną.

Pejzaż *Manhattanu* i zamieszkujący go bohaterowie przywołują na myśl dawne czasy. We mnie i w wielu fanach filmu budzi niezatarte wspomnienia. Znam to miejsce przy Pięćdziesiątej Dziewiątej Ulicy obok mostu w Sutton Place – chodziłem tam z dziewczyną, w której byłem zakochany lata temu, niedaleko stoi dom, w którym chciałem mieszkać (chyba bezczynszowy; miałem wówczas dwadzieścia jeden lat). Nie było tam wtedy ławki, więc staliśmy oparci o barierkę i wpatrywaliśmy się w lśniącą wodę i cudowne miasto.

W sekwencji otwierającej *Manhattan*, w tej zapierającej dech w piersiach, zniewalającej kaskadzie ujęć (niektóre zostały zrobione z balkonu Allena), rozpoznajemy niemal wszystkie symbole Nowego Jorku: fragmenty Central Parku, linię dachów Manhattanu o świcie, parkingi, most Brookliński, neon Coca--Coli, tonące w świetle latarni Park Avenue i alejki Central Parku, Washington Square, Empire Diner, Grand Central Station, pranie suszące się na sznurach w czynszówkach, drogowców rozkopujących ulicę, chmury pary wodnej wydobywające się ze studzienek, Times Square, migający neon na Broadwayu, dzielnicę mody, prom na Staten Island, dzieci na szkolnych boiskach, pralnie, nabrzeże, Manhattan Center, śnieg na Manhattanie, kobiety idące Piątą Aleją, pożerających je wzrokiem robotników, zbiegające po schodach dzieci w mundurkach prywatnej szkoły, dwie starsze panie okutane zimowymi płaszczami, stoisko z owocami, Muzeum Guggenheima, trzech mężczyzn wystających na rogu ulicy, dorożki przed hotelem Plaza, paradę gejowską w Greenwich Village, Gramercy Park, Bliźniacze Wieże, kobietę i mężczyznę całujących się na balkonie, rozświetlone nocą puste budynki biurowe, stadion Jankesów, Madison Square Garden, most przy Pięćdziesiątej Dziewiątej Ulicy, biegaczy w Central Parku, targ rybny przy ulicy Fulton, licealistów grających w koszykówkę, autobusy na Piątej Alei, Central Park w śnieżnej scenerii i wreszcie na koniec fajerwerki na tle Manhattanu nocą, do crescenda *Błękitnej rapsodii* Gershwina.

„*Manhattan* oddaje urok Nowego Jorku w formie przefiltrowanej przez klimat starych filmów – powiedział Douglas Brode Stephenowi Spignesiemu w *The Woody Allen Companion*. – To Nowy Jork z 1979 roku, oglądany – dzięki wspaniałym, czarno--białym zdjęciom i towarzyszącej im muzyce Gershwina – przez ostatniego człowieka, który nie chce przyznać, że lata czterdzieste już dawno minęły".

Isaac chce znaleźć odpowiedni początek dla swojej powieści. Wypróbowuje różne wersje wstępu, na przykład: „Traktował Manhattan przesadnie romantycznie, tak jak zresztą wszystko inne. Uwielbiał ten pośpiech (...) ludzi i samochodów". W końcu decyduje się na: „Był (...) bezwzględny i romantyczny, taki jak miasto, które ukochał. Za jego okularami w czarnych oprawkach buzowała seksualna energia dzikiego kota. [Komentarz Isaaca: To jest świetne]. Nowy Jork był jego miastem. I na zawsze miał nim pozostać".

„Po *Wnętrzach* – powiedział Allen w rozmowie z Gittelson – chciałem iść dalej tą samą drogą, którą szedłem wcześniej, tyle że po jej poważniejszej stronie". Film był „odbiciem moich własnych odczuć – przyznał – odzwierciedleniem mojej subiektywnej, romantycznej wizji współczesnego życia na Manhattanie. Lubię myśleć, że jeśli za sto lat ktoś obejrzy ten film, dowie się z niego, jak wyglądało życie w mieście w latach siedemdziesiątych dwudziestego wieku. W pewien sposób będzie mógł go dotknąć i wiernie wczuć się w życie tych ludzi, przekonać się, co było dla nich ważne".

W rozmowie opowiedział też o ścieżce dźwiękowej z kompozycjami George'a Gershwina, z których jedna towarzyszy wspaniałej sekwencji z widokami Manhattanu, o przewijających się przez cały film piosenkach: *Someone to Watch Over Me*, *He Loves and She Loves*, *But Not for Me*. „Muzyka Gershwina współgra z pojmowaniem miasta przez Isaaca – powiedział. – Isaac postrzega Manhattan w czerni i bieli, rozbrzmiewający dźwiękami Gershwina. Kompozycje podkreślają powracające w filmie motywy: przemijanie, żal, że miasto zmierza w takim, a nie innym kierunku; to, że Isaac w pewnym sensie żyje w przeszłości, w czasach, które wydają mu się lepsze".

Allen czasem żartuje ze swojej wieloletniej psychoanalizy („Daję mu [terapeucie] jeszcze rok, a potem jadę do Lourdes", mówi Alvy w *Annie Hall*), ale kiedy porusza ten temat w rozmowie z Gittelson, mając za sobą dwadzieścia dwa lata leczenia, wyłania się obraz refleksyjnego, roztropnego Allena, który najwyraźniej dużo zyskał na psychoanalizie. Zmiany, jakie w nim zaszły, trudno ująć w słowa, niemniej były prawdziwe i na pewno pomogły mu w pracy: „Jeśli będziesz to robić na łapu-capu, niczego się o sobie nie dowiesz. To powolny i niezauważalny proces. Ale jeśli przez godzinę dziennie rozmawiasz o swoich emocjach, nadziejach, przyczynach złości, rozczarowaniach z kimś, kto potrafi to wszystko ocenić – jeśli powtarzasz to przez wiele lat, na pewno pozostajesz w lepszym kontakcie z własnymi uczuciami niż ktoś, kto nie robi nic w tym kierunku. Wydaje mi się, że psychoanaliza ma moc wyzwalania w człowieku jego naturalnych zdolności. Możliwe, że dzięki niej pracujesz wydajniej, ponieważ nie skupiasz się na autodestrukcyjnych rzeczach".

Niewykluczone, że rezultatem tych zmian jest wierniejszy portret Allena, który oglądamy w *Manhattanie* – portret, w którym komedia została okiełznana na potrzeby dramatu i nie przysłania go; komedia i dramat zlewają się w jedno, opowieść jest spójna i harmonijna.

Isaac Davis jest odnoszącym niemałe sukcesy autorem tekstów do telewizyjnych programów komediowych, który nie cierpi swojego zajęcia. Jego najlepszy przyjaciel Yale, zdeklarowany intelektualista, jest w istocie półgłówkiem; zamiast skoncentrować się na pisaniu biografii Eugene'a O'Neilla albo zakładaniu magazynu literackiego, ma obsesję na punkcie porsche, które chce kupić. W końcu zdradzi Isaaca. Program telewizyjny Isaaca wygląda jak wczesne wcielenie reality TV i nazywa się *Human Beings Wow!* Isaac ściera się z naćpanymi kolegami z planu, odchodzi z zespołu przygotowującego program i postanawia poświęcić rok na napisanie poważnej powieści. Jej temat brzmi znajomo, podobnie jak krytyka społeczeństwa w wykonaniu Isaaca, bliska poglądom Allena; przyjaciołom mówi, że książka będzie traktowała o „upadku wartości". Bez telewizyjnej pensji Isaac musi przenieść się z luksusowego dwupoziomowego mieszkania z kręconymi schodami do zwykłego, mniejszego i głośniejszego. (Bohaterowie niemal wszystkich filmów Allena, niezależnie od tego, czym zajmują się w życiu, mieszkają w przestronnych, luksusowych wnętrzach).

Dowiadujemy się, że Isaac płaci alimenty dwóm byłym żonom. Dodatkowo pomaga finansowo rodzicom. I będzie musiał zrezygnować ze swojej części domu letniego w Hamptons. Co najważniejsze, jedna z jego byłych żon opuściła go „dla innej kobiety". To znajomy motyw – w *Annie Hall*, kiedy Annie opowiada Alvy'emu o wizycie u psychoterapeutki, zastanawia się, czy te sesje zmienią jej „żonę" (*wife*). Jest przekonana, że powiedziała „życie" (*life*), ale zarówno Alvy, jak i my słyszymy, że faktycznie z jej ust padło słowo „żona". Allen pozostawia wątek w zawieszeniu. W *Manhattanie* nie drąży tematu konsekwencji usiłowania przez Isaaca przejechania dziewczyny byłej żony samochodem – chodzi o efekt komiczny, ale sytuacja wskazuje na istnienie wrogości, która powinna przynajmniej wzbudzić zaniepokojenie. Poza tym Allen nie zastanawia się nawet przez chwilę, dlaczego w ogóle jego bohater postanowił ożenić się z biseksualną kobietą.

Tracy, siedemnastoletnią dziewczynę Isaaca, poznajemy w scenie z Isaakiem, Yale'em i jego żoną Emily w restauracji Elaine's. Isaac żartuje, że spotyka się z dziewczyną, która nadal musi odrabiać lekcje. Olśniewająca Mariel Hemingway jest jednym z aktorskich odkryć, w których Allen od samego początku celował. Hemingway wspominała, że Allen opiekował się nią na planie i pomagał odnaleźć jej się w roli. To ona jest autentycznym, bijącym sercem filmu, sceny z jej i Woody'ego udziałem są zawsze szczere. Jest niezmiennie prawdziwa.

Rozumiemy wahanie Isaaca przed głębszym zaangażowaniem się w związek z nią z powodu różnicy wieku oraz obaw, że Tracy stanie się od niego jeszcze bardziej zależna. Allen umiejętnie porusza obecny we wszystkich jego filmach motyw strachu przed zaangażowaniem i małżeństwem (oraz rodzicielstwem). Isaac nie krytykuje Tracy tak, jak Alvy czepia się Annie; traktuje jej czystość serca z czułością i życzliwością. Kiedy pyta Tracy, na co ma największą ochotę, odpowiedź poznajemy w następnej scenie, w której oboje jadą nocą dorożką przez Central Park, a w tle słychać *He Loves and She Loves*. W podejściu Allena do tego związku nie ma nic lubieżnego. Jego echa odnajdujemy w tym, w jaki sposób Cliff gra rolę mentora swojej bratanicy w *Zbrodniach i wykroczeniach*. Isaac obejmuje Tracy w dorożce i mówi: „Jesteś odpowiedzią Boga dla Hioba. Zakończyłabyś wszelkie spory między nimi. Bóg wskazałby ciebie i powiedział: «Wiem, robię straszne rzeczy, ale wychodzi mi też coś takiego»". Kładzie jej głowę na swoim ramieniu i całuje ją w rękę. „A wtedy Hiob odpowiedziałby: «W porządku, wygrałeś»". Oto namiętność i prawdziwa miłość – z czego Isaac zbyt późno zda sobie sprawę.

Kiedy Yale (Michael Murphy) przedstawia Isaacowi Mary (Diane Keaton), swoją dziewczynę pseudointelektualistkę, Isaaca z początku odpycha jej pretensjonalność, a także płytkie komentarze, upokarzające pisarzy i artystów, których Isaac wyjątkowo ceni. Każde padające z jej ust słowo jest fałszywe, Isaac krzywi się z niesmakiem, ze złością. Mary jest samotna, pusta i do bólu narcystyczna, ale sama w siebie nie wierzy; jest całkowitym przeciwieństwem Tracy. „Jestem piękną kobietą – oświadcza Mary. – Jestem młoda, jestem inteligentna, świetnie mi się układa... tylko... chodzi o to, że... sama nie wiem. Jestem popieprzona. Jestem... do dupy. Mogłabym się przespać z całą kadrą MIT, gdybym tylko zechciała". Doskonale pasuje do Yale'a. Ale to Isaac wkrótce wplątuje się w związek z nią (z typowego dla Allena powodu: bo pociągają go niezrównoważone, niepewne i porywcze kobiety) i zrywa z Tracy.

W scenie przy saturatorze Tracy wręcza Isaacowi prezent: harmonijkę ustną, licząc, że pomoże mu ona choć na chwilę wyrwać się z przygnębienia. Isaac jest wzruszony, ale mimo to, przyjąwszy od Tracy podarunek, wyznaje jej, że zakochał się w innej. To z pewnością najbardziej poruszająca i najsilniejsza emocjonalnie scena autorstwa Allena na tym etapie jego kariery. Jest niezapomniana. Ani przez moment nie ma wątpliwości, że Hemingway roni prawdziwe łzy; przeżywa tę scenę całą sobą.

Zarówno *Annie Hall*, jak i *Manhattan* były punktami zwrotnymi w karierze Allena, ale dopiero *Manhattanem* udało mu się osiągnąć zamierzony cel. Alvy wciąż ma w sobie coś z ofermy, na końcu zostaje sam, nie całkiem rozumie, dlaczego Annie go zostawiła, wypełnia go złość na władzę (rozbija auto i kłóci się z policjantem), ciągle czuje moralną wyższość nad Los Angeles i resztą świata, dalej jest swoją własną armią, jak go nazwała Annie. Widzimy w nim jednak zapowiedź zmiany: jest dumny, że coś jednak wpoił Annie, kiedy z zadowoleniem widzi, jak wychodzi ona ze *Smutku i litości* ze swoim nowym chłopakiem. W *Manhattanie* zachodzi dużo więcej zmian. Isaac robi coś, o co nigdy by siebie nie podejrzewał. Biegnie ulicami, żeby zdążyć spotkać się z Tracy, zanim ta wyleci do Londynu. Dociera do niego, co stracił i co naprawdę ma znaczenie: bratnia dusza, wyznająca wartości, które nie są „doraźne", niezepsuta otaczającym go pustym życiem. Isaac układa listę tego, co w życiu ważne i ponadczasowe, od Becheta i Sinatry po Cézanne'a i „Satchmo" Armstronga. To jest jego własna lista, pochodzi wprost z jego duszy. Znajduje się na niej tylko jeden pisarz: Stendhal. Oto zjawiska i nazwiska, które uwielbia prawdziwy Allen. Listę zamyka twarz Tracy. Isaacowi nie udaje się powstrzymać Tracy przed wyjazdem. Ale przynajmniej zdołał uciec od dawnego siebie i ruszyć w stronę czegoś znacznie lepszego.

„*Manhattan* – powiedział Allen – opowiada o tym, jak trudno wieść przyzwoite życie pośród współczesnej śmieciowej kultury, wśród tych wszystkich bodźców i pokus".

„Nie każdy zmienia się na gorsze" – mówi Tracy.

Allen oparł się zmianie na gorsze.

Niemniej Pauline Kael słusznie zauważa, że: „Allen wywiódł swój zarzut ogólnego zepsucia moralnego ze słabości (nawet nie okrucieństwa) dwóch czy trzech samolubnych, zagubionych postaci. Tak to można oskarżać nawet cały raj".

W *Manhattanie*, nawiązując do tego, co zaczął *Annie Hall*, Allen nadal jawi się jako prawdziwy artysta. Film był nie tylko po mistrzowsku zrobiony, ale też zuchwały w wymowie. O czym właściwie opowiadał? O mężczyźnie zakochanym w dwadzieścia lat od niego młodszej dziewczynie, w dodatku nieletniej. O mężczyźnie spotykającym się z dziewczyną, która „ciągle jeszcze musi odrabiać lekcje". Allen dostał za to nominacje do Oscara i zyskał międzynarodową sławę. W następnym filmach powracał do tematu słabości mężczyzny do dużo młodszej partnerki – i nadal sięga po ten motyw. Jakby tego było mało, zrealizował ten scenariusz w prawdziwym życiu. I uszło mu to na sucho.

Andrew Sarris napisał, że *Manhattan* „pojawił się znikąd i był jednym z najwybitniejszych amerykańskich filmów lat siedemdziesiątych". J. Hoberman, który skrytykował *Manhattan* w roku premiery, nazywając go „mieszczańskimi bzdurami", w 2007 roku powrócił do filmu i ponownie go ocenił na łamach „Village Voice". Podobnie jak John Simon, tym razem wyraził większe uznanie, ale podtrzymał opinię, że Allen nigdy już nie nakręcił tak dobrego filmu, jak *Manhattan*:

> Allen nigdy nie był wyraźniej sobą niż w roli Isaaca, egocentrycznego, owładniętego obsesją na punkcie nazistów, napalonego i działającego na kobiety jak magnes autora tekstów do programów telewizyjnych. (...) Niezależnie od tego, czy *Manhattan* jest najbardziej osobistym filmem Allena, czy nie, obejmuje go całego, od moralności po środowisko, w którym się obraca. (...) *Manhattan* jest tym filmem Woody'ego Allena, w którym wszystko się splata. Miasto zostało przepięknie ukazane na zdjęciach operatora Gordona Willisa. (...) Każda kwestia jest bon motem, lecz dialogi wypadają naturalnie – są nie tylko zabawne, ale i płynne. Po raz pierwszy (i ostatni) Allen

zaszczycił ekran w pełni przemyślaną wizją. (...) Jego późniejsze próby odtworzenia klimatu *Manhattanu* nierzadko kończyły się fiaskiem, ale cóż, przynajmniej zawsze pozostaje mu (i nam) ten film.

Powtórna ocena dorobku Allena przez Hobermana poszła dalej; w 2014 roku krytyk opublikował w „New York Timesie" recenzję *Zbrodni i wykroczeń*, w której zrewidował swoją wcześniejszą opinię o tym filmie.

Allen przez całe życie pisze dla siebie i o sobie.

Steven Bach, jeden z byłych szefów United Artists, napisał we wspomnieniach, że kiedy przeczytał scenariusz Allena, przestraszył się, że publiczność nie zrozumie licznych „ezoterycznych" odniesień, które pojawiają się w *Manhattanie*: do Strindberga, Mahlera, Junga, Dinesena, Kafki, Cézanne'a, Flauberta, Scotta i Zeldy Fitzgeraldów, Noëla Cowarda, Heinricha Bölla, Brechta, Mozarta, Nabokova i O'Neilla. Stworzył listę tych nawiązań i kiedy spotkał pewną młodą parę, którą znał – farmaceutkę i przedsiębiorcę z branży zdrowej żywności („reprezentatywni dla ogółu społeczeństwa równie dobrze, jak ktokolwiek inny, na kogo mógłbym się natknąć") – odczytał im wykaz wynotowanych nazwisk. Okazało się, że znają wszystkich oprócz Heinricha Bölla. Bach schował listę do kieszeni.

Niektóre pierwsze recenzje były wręcz entuzjastyczne: Vincent Canby stwierdził w „New York Timesie", że *Manhattan* jest „nadzwyczaj udany i zabawny". „Isaac Davis to jak dotąd najbardziej spełniony i najbardziej przejmująco osaczony bohater pana Allena – pisał dalej Canby – zaś *Manhattan* to jego najbardziej poruszające i najwystawniejsze dzieło". Pochwalił „wspaniałą scenę przy saturatorze", w której Isaac zrywa z Tracy, i dodał: „Film jest pełen momentów tak śmiesznych, że boki zrywać, oraz tak druzgocących, że dojmująca samotność udziela się widzowi. (...) Pan Allen, jeden z naszych najważniejszych filmowców – kończy recenzję – rozwija się w takim tempie, że my, którzy śledzimy jego postępy, od czasu do czasu musimy przystanąć dla złapania oddechu".

Robert Hatch z „The Nation" film pochwalił, ale z pewnymi zastrzeżeniami. Allen nadal jest „typowym nowojorczykiem – napisał – spędzającym dni i noce na poszukiwaniu sensu życia, który wedle jego przekonania musi kryć się gdzieś na wschód od Piątej Alei. (...) W zmaganiach Allena z Aniołem jest sporo szczerej troski, nie wspominając już o tym, że jest on człowiekiem nietuzinkowego uroku i dowcipu (...) ale w sumie nie sądzę, że Allenowi udało się pójść jeszcze dalej z tą obsesją na punkcie własnej osoby". Sam Woody wykazał się typową dla siebie samokrytyką, tym razem zaprawioną szczyptą melancholii. Williamowi Geistowi z „Rolling Stone'a" powiedział w 1987 roku, że ani *Annie Hall*, ani *Manhattanu* nie ma w jakimś „szczególnym poważaniu".

Annie Hall była szkicem, który Allen w *Manhattanie* pociągnął tuszem, otrzymując rysunek plasujący się daleko od karykatur, w których dawniej celował. Film stanowi tak zdumiewający skok w porównaniu z *Wnętrzami*, że sprawia wrażenie stworzonego przez zupełnie inną osobę. Allen jednocześnie widzi samego siebie wyraźniej i ma wystarczająco dużo pewności i obiektywności, by spojrzeć poza własne „ja" i dostrzec otaczających go ludzi, zwłaszcza Tracy, ale też Mary i Yale'a. Rozwija się; pod koniec filmu jest innym człowiekiem, niż był na początku.

Phillip Lopate: „Podobnie jak w przypadku *Annie Hall*, czułem, że ból kondycji ludzkiej został zagłuszony i wyestetyzowany poza granicę mojego komfortu psychicznego. Przykrość oglądania starszego faceta uderzającego do licealistki zręcznie zatuszowano. Z jednej strony Allenowi nie brakuje odwagi, by mierzyć się z tego rodzaju tematami tabu, ale z drugiej niemal zawsze zdaje się zamiatać je pod dywan.

O co naprawdę szła gra? – pytał dalej Lopate. – Czego rzeczywiście pragnął bohater grany przez Woody'ego Allena? Allen często zazdrośnie strzeże postaci Woody'ego, tyko jej pozwalając mówić aforyzmami i dokonywać wglądu w siebie, podczas gdy inne postaci trwają w wiecznej rozterce. Postać Diane Keaton wygłasza truizmy i banały. To nie wydaje się w porządku. Allen nie daje równych szans. Zarówno *Annie Hall*, jak i *Manhattan* miały artystowską otoczkę, ale ulegały kaprysom publiczności. Grały na jej uprzedzeniach".

Bezdyskusyjne jest to, że w przeciwieństwie do świata anglosaskiej elity z *Wnętrz*, Allen dobrze zna otulającą Elaine's jak kokon zadowoloną z siebie, intelektualną, ale mającą ograniczone horyzonty subkulturę wyższej warstwy klasy średniej. Doskonale wychwytuje tę pustą gadaninę wokół siebie. *Manhattan* osiąga poziom *Reguł gry* Jeana Renoira jako dzieło komediowe z wyższej półki.

Jest jeszcze zauważony przez Pauline Kael problem uporu, z jakim Isaac krytycznym tonem i spoza kadru postrzega Nowy Jork jako „metaforę upadku współczesnej kultury". Co to znaczy? Czym ten intelektualny bełkot różni się od pretensjonalnych osądów Mary i innych, które Isaac wyśmiewa? Allen rozwodzi się nad tym w wywiadach, mówiąc, że kontekst dla filmu stanowiło społeczeństwo „znieczulone telewizją, narkotykami, fast foodem, głośną muzyką i pozbawionym uczuć, mechanicznym seksem". Isaac przenosi na taśmę magnetofonową typową (i lepiej uzasadnioną) skargę Allena, że „ludzie nieustannie wymyślają sobie kolejne neurotyczne problemy, ponieważ dzięki temu nie muszą stawiać czoła strasznym, nierozwiązywalnym problemom wszechświata".

Allen wziął na siebie rolę intelektualnego krytyka i powiedział zachwyconej Natalie Gittelson, że „dopóki nie znajdziemy lekarstwa na swoje lęki, będziemy musieli zadowalać się doraźną kulturą". Gittelson była (a może to redaktorzy „Times Magazine" byli) pod takim wrażeniem tego apelu, że umieszczono go jako nagłówek artykułu i opatrzono komentarzem: „Czy to powiedział Woody Allen? Owszem, nowy Woody Allen... wyjątkowo poważny artysta przy pracy". Sens tego, o co mu chodzi, Allen ukazuje znacznie wyraźniej w swojej twórczości, na przykład w filmie, gdy zarówno Mary, jak i Yale w imię doraźnych korzyści gotowi są wyzbyć się wszelkiej uczciwości zawodowej, którą, jak im się wydaje, nadal mają: Mary – pracując nad adaptacją książkową filmu; Yale – przedkładając porsche ponad książkę i magazyn.

„Geniusz komedii: Woody Allen osiąga pełnoletność" – z takim podpisem trzydziestego kwietnia 1979 roku ukazało się na okładce „Time'a" zdjęcie Allena. Autorem artykułu był Richard Schickel, jeden z najbardziej przenikliwych krytyków twórczości Woody'ego. Napisał, że *Manhattan* jest „dokładnie skonstruowanym, wyraźnie zogniskowanym intelektualnie (...) pryzmatycznym portretem czasu i miejsca, który przyszłe pokolenia będą studiowały po to, aby się przekonać, jacy byliśmy".

„Musimy się z tym zmierzyć – powiedział Allen Schickelowi – i pogodzić z faktem, że wszechświat oferuje nam jedynie najbardziej ponure możliwości. Musimy zbudować coś, na czym moglibyśmy oprzeć wiarę, iż rzeczywiście opłaca się dokonywać moralnych wyborów wyłącznie z pragmatycznego punktu widzenia".

Charles Joffe powiedział Schickelowi, że Allen potrafi być „wyjątkowo arogancki i nieprzyjazny. Musi czuć się przy tobie cholernie swobodnie, żeby sobie na to pozwolić, i nie jest to wcale związane z jego ego, tylko z wymaganiami, jakie sam sobie stawia".

Schickel stworzył jeden z najlepszych portretów Allena, napisał bowiem: „Wszystko jest podporządkowane pracy. Oddaje się jej w sposób nieopanowany, ponieważ jest ona narzędziem, za którego pomocą wprowadza w życie narzucony samemu sobie imperatyw nieustannego intelektualnego i duchowego rozwoju".

Allen miał wtedy czterdzieści trzy lata.

7. Kobieta, która ratuje Leonarda Zeliga

Od 1980 do 1994 roku Allen nakręcił kilkanaście w większości świetnych i niezwykłych filmów; tworzył konsekwentnie jeden obraz rocznie. Po kontrowersyjnych *Wspomnieniach z gwiezdnego pyłu*, w których dostało się zarówno jego zwolennikom, jak i przeciwnikom, i po radosnym *Seksie nocy letniej* posypały się, praktycznie jeden po drugim, arcydzieła i filmy, którym do arcydzieł niewiele brakowało: *Zelig, Danny Rose z Broadwayu, Purpurowa róża z Kairu, Hannah i jej siostry, Złote czasy radia, Zagłada Edypa, Zbrodnie i wykroczenia, Alicja, Mężowie i żony* oraz *Strzały na Broadwayu*. Wkrótce potem nadeszła trzecia fala: *Jej wysokość Afrodyta, Wszyscy mówią: kocham cię!, Przejrzeć Harry'ego, Życie i cała reszta, Wszystko gra, Sen Kasandry, Vicky Cristina Barcelona, Poznasz przystojnego bruneta, O północy w Paryżu* i *Blue Jasmine*.

Zdaniem Richarda Schickela to „należąca do najlepszych w historii świetna passa jednego reżysera, i to obejmująca stosunkowo niedługi okres". Zdarzyły się też jednak Allenowi trzy kompletne porażki: *Wrzesień, Inna kobieta* i *Cienie we mgle* – choć Schickel sądził inaczej – i do tej listy można jeszcze dorzucić *Tajemnicę morderstwa na Manhattanie*, film, który sam Woody mógłby określić mianem jednej ze swoich „błyskotek". Woody nie byłby Woodym, gdyby trochę niepewnie nie próbował przekazać głębszego sensu. Kiedy się skupiał, kiedy trzymał się tego, co mu dobrze znane albo do czego mógł się odwołać, korzystając z własnych doświadczeń bądź wyobraźni, wtedy osiągał wspaniałe rezultaty. Potem nakręcił jeszcze wiele świetnych filmów – i nic nie wskazuje na to, żeby owa dobra passa miała się skończyć.

Zacznijmy od *Wspomnień z gwiezdnego pyłu*, dzieła pełnego wad, ale dla Allena, jak się okazało, przełomowego – w nim bowiem po raz pierwszy otwarcie dał on wyraz swoim mieszanym uczuciom w odniesieniu do sławy i gwiazdorstwa, a zwłaszcza ambiwalencji względem fanów, dla których, jak się w tym filmie wydawało, żywi pogardę. Bohater *Wspomnień* i jego punkt widzenia sprawiają wrażenie tak bardzo bliskich prawdziwemu Allenowi i jego opiniom, że zapewnienia Woody'ego, iż wcale tak nie jest, brzmiały bardzo nieprzekonująco. (Rzeczywiście odbywały się takie weekendowe filmowe retrospektywy twórczości Allena, jak ta ukazana we *Wspomnieniach*, prowadzona przez krytyczkę Judith Crist).

Wspomnienia z gwiezdnego pyłu otwiera wskazująca na sen sekwencja w zatłoczonym wagonie kolejowym. Allen siedzi z grupą beznadziejnie smutnych, brzydkich, załamanych ludzi. Patrzy w okno i widzi stojący na równoległym torze drugi pociąg, pełen eleganckich, pięknych kobiet i par, pijących i doskonale się bawiących. Jedna z tych osób, młoda Sharon Stone, posyła mu przekornego całusa. Sandy Bates – tak się nazywa bohater – podrywa się i rozpaczliwie szarpie za klamkę, chcąc przesiąść się do drugiego pociągu, ale drzwi ani drgną. Utknął, jest skazany na towarzystwo szpetnych ludzi. Kiedy skład wreszcie dociera do stacji końcowej, Bates trafia na wysypisko śmieci, będące celem podróży pasażerów obu pociągów. Słychać tu echa Holokaustu, ale scena przywołuje raczej skojarzenia z wypowiedziami Allena, że samo życie jest jak Holokaust – przyznam się, że nigdy nie rozumiałem tego poglądu.

Bates, słynny reżyser komediowy, usiłuje wyrwać się z getta komedii i zacząć tworzyć poważniejsze dzieła, ale fani nieustannie powtarzają mu, że uwielbiają jego filmy takimi, jakie są, „zwłaszcza te pierwsze, zabawne".

Batesa przyciągają trzy kobiety, z których dwie balansują na krawędzi szaleństwa: chuda jak szkielet Dorrie (Charlotte Rampling), biseksualna, maniakalno-depresyjna Daisy (Jessica Harper) – Allen zawsze utrzymywał, że najbardziej podobają mu się kobiety w tym typie – oraz twardo stąpająca po ziemi Isobel (Marie-Christine Barrault), która ma dwoje dzieci i co do której Bates nie potrafi się zdecydować. Allen twierdził, że film opowiada o Batesie przechodzącym załamanie i że stanowi po części ciąg snów, obaw i fantazji głównego bohatera, po części składają się na niego sceny z nowego filmu, który Bates ujawnia w hotelu, a po części realistyczne zdarzenia z weekendu w hotelu Stardust (tytułowy gwiezdny pył). Trudno powiedzieć, z którym elementem akurat mamy do czynienia na ekranie. Allen powiedział, że film być może odniósłby większy sukces, gdyby on sam w nim nie występował, ponieważ fanom najwyraźniej pomylił się fikcyjny Bates z prawdziwym Allenem.

Zgorzknienie Batesa, jego niechęć do fanów i szorstkość w stosunku do nich szkodzą filmowi. Obraz sprawia wrażenie mizantropijnego. Bates nie natrafia na choćby jedną osobę pośród swoich licznych miłośników, którą darzyłby sympatią bądź szacunkiem. Wszystko to są ludzie obmierzli, głupi, zazdrośni, samolubni, słowem: groteskowi. Chcą wykorzystać Batesa w celach towarzyskich albo charytatywnych; chcą się pożywić jego sławą i mieć udział w jego sukcesie. Bates przeklina fanów, czy go chwalą, czy ganią; tak czy owak, są tępi. Nie postrzega sam siebie w glorii i chwale, w jakiej go widzą. Nie podziela ich uwielbienia. Bywa, że atmosferę ożywiają trafione smaczki: w swoim łóżku Bates znajduje młodą kobietę w koszulce z podobizną Woody'ego/Batesa. Pyta ją, czy mąż wie, co robi jego żona, na co kobieta odpowiada, że mąż śpi na dole w furgonetce i byłby zaszczycony, gdyby Bates zechciał ją przelecieć. Bates robi jej wykład o pustce anonimowego seksu. „Słuchaj, pusty seks to i tak lepiej niż brak seksu, no nie?" – odpowiada kobieta i gasi światło. Scena brzmi prawdziwie w kontekście natury fandomu. Czy Allenowi rzeczywiście przytrafiło się coś takiego? Pewnie nie raz.

Kolejnym niezłym akcentem jest przybycie obcych z kosmosu, którzy zresztą też wiercą mu dziurę w brzuchu, żeby wrócił do kręcenia zabawnych filmów. Film ma kilka jaśniejszych punktów, na przykład scenę z przyjacielem Batesa z dzieciństwa, człowiekiem pełnym zazdrości i poczucia daremności własnych działań. Bates stara się go pocieszyć, mówiąc, że życie to kwestia przypadku i że gdyby Bates urodził się w Polsce w czasie wojny, skończyłby jako abażur. Ale to przecież typowa filozofia życiowa Allena. Scena wzmacnia w widzu wrażenie, że wbrew wszelkim zaprzeczeniom Bates to po prostu Allen.

Inna pomysłowa scena ilustruje jeden z dylematów Allena z kobietami. Na stołach operacyjnych leżą dwie nieprzytomne kobiety. Bates w stroju chirurga mówi, że nigdy nie udało mu się znaleźć kobiety idealnej. Dotyka głowy jednej z leżących – jest nią Doris, która ma wspaniałą osobowość i jest cudowna, ale go nie podnieca. Dotyka drugiej – Rity – i mówi, że jest jak dzika bestia i „same z nią kłopoty. Ale uwielbiam chodzić z nią do łóżka". Po seksie, stwierdza, zawsze żałuje, że nie ma przy nim Doris. Uznaje, że rozwiązaniem będzie umieszczenie mózgu Doris w ciele Rity. Przeprowadza operację: zamienia kobietom osobowości. „Wziąłem całe zło i umieściłem je tutaj – mówi. – A Ritę zamieniłem w ciepłą, cudowną, uroczą, seksowną, słodką, hojną, dojrzałą kobietę". Po czym dodaje: „I zakochałem się w Doris". To znów ten Allen, którego znamy z niezliczonych opisów jego doświadczeń z kobietami. Bates wyobraża sobie, że ginie z ręki rozmiłowanego w nim fana, który wprost mówi, że go kocha. Koszmarnym zbiegiem okoliczności było to, że zaledwie dwa tygodnie po premierze *Wspomnień* przed wejściem do budynku Dakota wierny fan zamordował Johna Lennona.

Allen powróci do tematu gwiazdorstwa w *Zeligu* oraz *Celebrity* (z Kennethem Branaghiem), filmie udanie łączącym elementy komediowe z tragicznymi. We *Wspomnieniach z gwiezdnego pyłu* głównego problemu nie stanowi obecność Allena na ekranie, nie jest nim również oczywiste nawiązanie do *Osiem i pół* Felliniego. Allenowi często udawało się składać hołd filmom, którymi się zachwyca, bez naśladowania ich. Największy niepokój budzi głęboka ambiwalencja filmowca, ta jego niemal bezmyślna pogarda, którą czujemy jeszcze długo po seansie. „Jeden z krytyków napisał, że publiczność mnie opuściła – powiedział Allen Seanowi Mitchellowi w wywiadzie dla «Los Angeles Times» w 1992 roku. – Ale tak naprawdę to ja od niej odszedłem. To się zaczęło po *Wspomnieniach z gwiezdnego pyłu*. Nadal uważam, że ten film jest jednym z najlepszych, jakie nakręciłem. Chciałem zrobić coś, na co miałem ochotę, a nie czego oczekiwali ode mnie widzowie".

Pauline Kael nie przyjęła tych tłumaczeń. „Woody Allen każe się nazywać Sandym Batesem – napisała – ale woal, za którym się skrywa, jest tym razem wyjątkowo cienki; to najbardziej jawna ze wszystkich jego ryzykownych, niby-autobiograficznych fantazji. (...) Allen poniża tych, którzy pozytywnie reagują na jego twórczość, i przedstawia siebie jako ich ofiarę. Myśli chyba, że chcą, aby ich uzdrowił; film kojarzy się z [powieścią Nathanaela Westa] *Miss Lonelyhearts*, tyle że brakuje mu ironii.

Allen aspiruje do grona wielkich artystów, takich jak Fellini i Bergman – chce zostać przyjęty do klubu poważnych twórców gojów. Swoją publiczność postrzega jako Żydów ciągnących go w dół i zamykających w getcie żydowskich klaunów. Wielbiciele wielkich twórców powinni umieć zachować dystans. Natomiast jego sympatykom wydaje się, że go znają i mogą się do niego zbliżyć; uważają, że należy do nich, że jest ich własnością – on zaś widzi w nich swoich morderców. (...) Jeżeli Woody'ego Allena sukces przygnębia i irytuje, i jeśli chciałby, żeby publiczność dała mu spokój, tym filmem może osiągnąć cel".

John Simon również nie miał skrupułów: „Niemal wszystko, co w filmie zostaje powiedziane i pokazane na temat Sandy'ego Batesa, dotyczy też Woody'ego Allena, z zachowaniem wszakże pewnych odstępstw od autobiografii w ścisłym tego słowa znaczeniu, pozwalających Allenowi twierdzić, iż przyrównywanie go do jego bohatera zakrawa na bezczelność. (...) Fani są groteskowi i przerysowani w stylu Felliniego, zachowują się jak rozjuszone świnie (...) są jak wstrętne szkodniki, które nie dają chwili spokoju. (...) Kiedy Bates-Allen mówi: «Sztuka i masturbacja – oto dwie dziedziny, w których czuję się ekspertem», to mu wierzę, tyle że po prostu nie potrafi odróżnić jednego od drugiego".

Kael i Simon nie mogli wiedzieć, że szczyt możliwości – przyszłych arcydzieł wystarczyłoby dla niejednego reżysera – Allen ma dopiero przed sobą.

Po finansowej klapie *Wspomnień z gwiezdnego pyłu* drogi Allena i United Artists rozeszły się i Woody zaczął się rozglądać za nowymi źródłami finansowania. Steven Bach chętnie zatrzymałby Allena w wytwórni, ale kiedy Arthur Krim założył Orion Pictures w 1978 roku było jasne, że Allen za nim podąży, i tak też się ostatecznie stało. Woody nigdy jednak nie złamał danego słowa i zawsze honorował pierwotny kontrakt.

Steven Bach spotkał się z nim w The Russian Tea Room i próbował przekonać do pozostania w United Artists. „Posłuchaj, jesteś wspaniałym człowiekiem – powiedział mu Allen. – Wszyscy jesteście wspaniali. Ale tu nie chodzi o interesy".
„Chodzi o lojalność" – stwierdził Bach. O Krima.
Allen pokiwał głową. „Zdarza się, że trzeba kogoś rozczarować. A ja nie chcę nikogo rozczarowywać".
Minęło kilka tygodni. W tym czasie do kin trafił film Michaela Cimino *Wrota niebios*, który zebrał tak miażdżące recenzje i okazał się tak wielką katastrofą finansową, że zagroził przetrwaniu United Artists. (Wkrótce rzeczywiście pociągnął wytwórnię na dno). Allen nie mógł o tym nie wiedzieć, ale nie zamierzał ewakuować się ze statku United Artists, nawet gdyby ten miał zatonąć. Nie zdradziłby Krima. Zadzwonił do Bacha i wyraził ubolewanie.

W grudniu 1980 roku podpisał umowę z Orionem. Zobowiązał się do nakręcenia trzech filmów w ciągu kolejnych pięciu lat oraz do zagrania w co najmniej dwóch z nich. Nowy kontrakt gwarantował Allenowi piętnastoprocentowy udział w dochodach brutto z każdego filmu, którą to sumą miał się od razu dzielić z producentami Robertem Greenhutem oraz Rollinsem i Joffe'em, zamiast czekać, aż wytwórni zwrócą się koszty produkcji obrazu.

W tym właśnie okresie, w 1979 roku, Allen poznał Mię Farrow. Michael Caine i jego żona zabrali ją na kolację do restauracji Elaine's – Farrow występowała wtedy na Broadwayu w sztuce Bernarda Slade'a zatytułowanej *Romantic Comedy* – i kiedy tam byli, zauważyli Allena siedzącego przy jednym ze stolików. Kiedy Mia wyraziła zainteresowanie Allenem, państwo Caine namówili ją, by wysłała mu liścik. Woody w odpowiedzi zaprosił ją na imprezę sylwestrową u siebie. Ich związek zaczął się na dobre dopiero w kwietniu 1980 roku, kiedy Allen zaprosił Farrow na obiad w Lutèce. Mia, kobieta o anielskiej urodzie, miała już za sobą dwa małżeństwa ze słynnymi, sporo od niej starszymi mężczyznami: Frankiem Sinatrą i André Previnem. Ten drugi rozwiódł się, by móc wziąć ślub z Farrow, wywołując tym samym załamanie nerwowe u byłej żony, przez co trafiła do szpitala.

Maria de Lourdes Villiers Farrow, urodzona w Beverly Hills dziewiątego lutego 1945 roku, była czwartym dzieckiem, a pierwszą córką aktorki Maureen O'Sullivan oraz reżysera i scenarzysty Johna Farrowa. Należała do śmietanki show-biznesu. Jej chrzestną matką była redaktorka rubryki towarzyskiej Louella Parsons, a chrzestnym ojcem reżyser George Cukor. W wieku dziewięciu lat zachorowała na porażenie dziecięce i spędziła trzy tygodnie w izolatce w szpitalu w Los Angeles. Jej brat Michael zginął w katastrofie samolotowej, kiedy miała trzynaście lat. Cztery lata później na atak serca zmarł jej ojciec.

Od samego początku, od pierwszych związków z Kirkiem Douglasem i Yulem Brynnerem, interesowała się starszymi gwiazdorami. Utrzymywała platoniczną znajomość z Salvadorem Dalím, z którym jadła motyle w Terrace Room w hotelu St. Regis na Manhattanie. Pisarz Michael Thornton powiedział Sarah Rainey z londyńskiego „Daily Telegraph", że Mia była „bardzo inteligentna, niesamowicie atrakcyjna i bardzo niedoceniana. Była mocno androgyniczna. Wyglądała jak mieszkanka innej planety. I była bardzo młoda – nie umysłem, ale z wyglądu".

Miała upodobanie do płytkiej duchowości i mistycyzmu, ale była przy tym kobietą nieustępliwą i szalenie ambitną. Według Kitty Kelley Farrow powiedziała: „Chcę mieć imponującą karierę, imponującego faceta i imponujące życie. Trzeba mieć wielkie plany, bo inaczej się nie spełnią". Ojciec Mii był postacią równie złożoną i trudną, jak mężczyźni, do których lgnęła jego córka; wybuchowy alkoholik – kiedy pił, wpadał w melancholijny nastrój, badacz katolicyzmu (pisał cenione teksty o papiestwie i życiu Tomasza Morusa), kobieciarz, reżyser, scenarzysta i producent filmowy. W 1957 roku zdobył nagrodę Akademii w kategorii najlepszy scenariusz adaptowany za *W 80 dni dookoła świata*, a w 1942 roku był nominowany w kategorii najlepszy reżyser za *Wake Island*.

Mia poznała Franka Sinatrę w 1964 roku, kiedy miała dziewiętnaście lat; w tym samym roku trafiła do obsady serialu *Peyton Place*. Sinatrę spotkała na planie jego filmu *Ekspres Von Ryana*. Tych dwoje – on: największy piosenkarz wszech czasów, mężczyzna żyjący szybko i ostro, ona: mistyczna, eteryczna istota z długimi blond włosami, która nigdy nie rozstawała się z pudełeczkiem pełnym amuletów, talizmanów i relikwii – błyskawicznie zbliżyło się do sobie i wzięło ślub dziewiętnastego lipca 1966 roku. Wkrótce jednak zaczęli skakać sobie do oczu. Roman Polański zaproponował Farrow główną rolę w *Dziecku Rosemary* i ustalił z międzynarodowej sławy stylistą, Vidalem Sassoonem, że na potrzeby filmu Mia zmieni fryzurę na bardziej chłopięcą. Sinatrę mierziło modne uczesanie żony. Nie podobało mu się też, że protestowała przeciwko wojnie w Wietnamie.

Sinatrze zależało, żeby Farrow zagrała u jego boku w *The Detective*, ale zdjęcia do filmu Polańskiego przeciągały się, więc Mia odmówiła, a Frank zastąpił ją Jacqueline Bisset. Małżeństwo przetrwało tylko dwa lata i zakończyło się rozwodem w 1968 roku.

Wydaje się, że Farrow i Sinatra lepiej dogadywali się po rozwodzie, kiedy utrzymywali kontakty na stopie przyjacielskiej, niż gdy byli małżeństwem. W swoich wspomnieniach *Wszystko, co minęło* Farrow nie pomija wprawdzie milczeniem istnienia maniakalnego, brutalnego aspektu osobowości Sinatry, ale podkreśla, że niewielu poznało Franka od jego bardziej wrażliwej strony: „Nie dostrzegają w nim bolesnej tkliwości, do której jemu samemu trudno jest się przyznać – z wyjątkiem chwil, gdy śpiewa. Może gdyby zobaczyli najwcześniejsze zdjęcia Franka, gdy był jeszcze chudym chłopcem występującym w ogromnej muszce, gdyby rzeczywiście przyjrzeli się tej urodziwej, prawie dziewczęcej twarzy, zobaczyliby dokładnie, kogo Frank Sinatra, twardy facet, przez całe życie usiłuje chronić"[88].

„W świecie pełnym udawania był całkowicie pozbawiony sztuczności i przebiegłości – pisze dalej z przesłodzoną sentymentalnością i zdumiewającym brakiem przejrzystości. – Posiadał dziecięcą umiejętność sprzeciwiania się każdemu przejawowi niesprawiedliwości i brakowi kompromisu. Był surowy w ocenie innych i siebie samego"[89].

Ta zracjonalizowana interpretacja postępowania Sinatry kazała Farrow napisać, że Frank zadzwonił do niej na plan i powiedział, że wdał się w bójkę, „stracił korony na zębach, inny facet został ranny (…) i dentysta już leci do niego z nowymi zębami"[90]. Dla Farrow „nie miało znaczenia, kto wszczął bójkę: zawsze chodziło o jego silne, sycylijskie poczucie przyzwoitości, które o czwartej nad ranem mogło być nieco przyćmione. Był zaskoczony i zasmucony, powiedział, że mnie kocha i potrzebuje"[91]. Uznała jego zachowanie – nie zdradził jej, co naprawdę zaszło – za obronę honoru: „Choć serce i rozum często ze sobą walczyły, pozostawiając go osamotnionym i niespokojnym, tam gdzie chodziło o sprawy sumienia i ludzką nadzieję, stanowiły jedno"[92].

Podczas pobytu w hotelu Sands w Las Vegas Mia wzięła udział w szalonej przejażdżce Franka wózkiem golfowym, kiedy to rozpędzony gnał prosto w stronę wielkiego okna. Sinatra, który miał na głowie pudełko po butach, żeby osłonić oczy przed słońcem (Mia siedziała za jego plecami), nagle skręcił i wózek uderzył w szybę bokiem. Obojgu nic się nie stało. Sinatra pobiegł do

---

[88] Mia Farrow, *Wszystko, co minęło*, dz. cyt., s. 103.
[89] Tamże, s. 107.
[90] Tamże, s. 124.
[91] Jw.
[92] Jw.

hotelu, rzucił kilka krzeseł na stos i próbował je podpalić zapalniczką. „Gdy nie udało mu się rozniecić ogniska – napisała Mia – wziął mnie za rękę i opuściliśmy budynek"[93].

Następnej nocy doszło do zdarzenia, które Mia nazwała Frankową „sprawą sumienia i ludzkiej nadziei". Nie mieszkała już w hotelu.

Hotel Sands był centrum rozrywki przy Sunset Strip oraz miejscem narodzin słynnej grupy piosenkarzy i aktorów Rat Pack. Sinatra był właścicielem dziewięciu procent udziałów w hotelu i uważał go za swoje królestwo i plac zabaw. Z pomocą gangstera Sama Giancany, który ułatwił mu uzyskanie pożyczki w wysokości miliona siedmiuset pięćdziesięciu tysięcy dolarów na remont, Sinatra kupił też część Cal-Neva Lodge, hotelu stojącego nad brzegiem jeziora Tahoe. Giancana zawsze zatrzymywał się w domach i hotelach należących do Sinatry. W lipcu 1963 roku w tajemnicy przebywał w Cal-Nevie. Kiedy nevadzka Komisja Kontroli Gier dowiedziała się, że Sinatra gości w swoim hotelu osobę wyjętą spod prawa, Frank stracił licencję na prowadzenie gier hazardowych i został zmuszony do odsprzedania udziałów zarówno w Cal-Nevie, jak i w Sands. Ten drugi w 1967 roku odkupił Howard Hughes i anulował Sinatrze linię kredytową.

Wściekły na Hughesa Sinatra wziął odwet: dokonał szarży wózkiem do golfa i odmówił występu, zasłaniając się chorobą. Wyładował się na Carlu Cohenie, zastępcy dyrektora Sands. Sinatra nie był antysemitą, ale w podlanej alkoholem złości potrafił zdobyć się na wyjątkowe okrucieństwo. Pisze Kitty Kelley:

> Sinatra wrócił do hotelu Sands o piątej nad ranem i wpadł w pijacki szał. (…) Zażądał natychmiastowego widzenia z Carlem Cohenem. Cohen zgodził się i za kwadrans szósta rano (…) usiadł przy stole z Frankiem i Stanleyem Parkerem. (…)

---

[93] Tamże, s. 114.

– Znajdę kogoś, kto cię zajebie, ty skurwielu. Ty żydku! – wrzasnął Sinatra.

Cohen walnął Franka pięścią w twarz, rozbijając mu górną wargę i utrącając koronki na dwóch przednich zębach.

Wkrótce małżeństwo Farrow i Sinatry dobiegło końca. Mia zamiast na alimenty zdecydowała się na biżuterię, między innymi pierścionek z dziewięciokaratowym brylantem i bransoletkę wysadzaną brylantami. W 1968 roku w poszukiwaniu oświecenia Mia i jej siostra Prudence wyjechały do Indii, do aśramu Maharishiego Mahesha Yogiego w Nowym Delhi. (Allen później odwołał się do tego epizodu w zakończeniu *Alicji*, w którym kazał tytułowej bohaterce – granej przez Farrow – wyjechać do Indii do pracy z Matką Teresą). Uczestnicy kursu mieli medytować przez dwanaście godzin dziennie. Mia nie była w stanie wytrzymać tak długo, zamiast tego oddawała się lekturze Bhagawadgity. Pewnego dnia przyjechali The Beatles „z radosnym paplaniem, gitarami i śpiewem"[94] i ożywili aśram. Zanim opuścili to miejsce, napisali piosenkę *Dear Prudence* dla siostry Mii. Swój pobyt w Indiach opisuje Farrow jako „długą halucynację". Przemieszczała się autobusami, samochodami, rikszami, wozami ciągniętymi przez woły; spała w chatach, hotelach i spelunkach; jeździła na słoniu; zwiedzała świątynie, klasztory i pałace. „Nie czułam się tam u siebie"[95], pisze, dlatego w końcu wyjechała, przyjąwszy rolę w *Tajnej ceremonii*, do której zdjęcia kręcono w Londynie. Tam dopadły ją „bałagan w myślach i narastająca depresja"[96] i doprowadziły do przedawkowania leków. Doszła jednak do siebie i wróciła do pracy nad filmem, na którego planie codziennie jadła lunch z Elizabeth Taylor i Richardem Burtonem.

---

[94] Tamże, s. 140.
[95] Tamże, s. 146.
[96] Tamże, s. 147.

Po powrocie do Malibu „moje nowe ja świętowało nadejście wiosny. (...) Brałam udział w marszu protestacyjnym przeciwko wojnie w Wietnamie. (...) Spotykałam pisarzy, artystów, gwiazdy rocka, gwiazdy filmowe, rewolucjonistów, śpiewaków, muzyków i zwyczajnych ludzi. Traktowałam ich wszystkich jak przewodników, którzy uzmysławiali mi istnienie niezliczonych tysięcy złotych nici wirujących i wplatających się w kanwę czasu i przestrzeni, wiążących całą ludzkość, tworzących połyskującą tkaninę, skrawek Istnienia, poprzez którą mogliśmy przenikać siebie i dotknąć bezkresnej całości"[97]. Niesiona tą błogą, psychodeliczną wizją, pojechała z Romanem Polańskim i Sharon Tate do Joshua Tree, niezwykłego miejsca na pustyni w południowej części Kalifornii, do Big Sur, Paryża, Londynu, Nowego Jorku, Teksasu i Acapulco.

Mia, to ambitne dziecko kwiat, podjęła następnie pracę nad filmem zatytułowanym *John i Mary*, w którym zagrała u boku Dustina Hoffmana, oraz nawiązała związek przez telefon z utalentowanym pianistą i kompozytorem André Previnem, w tamtym czasie dyrygentem London Symphony Orchestra. Farrow znała Previna i jego żonę Dory, płodną tekściarkę, od lat; Dory uważała ją za swoją przyjaciółkę. Odwiedzała Previnów, gawędziła z Dory, podziwiała jej obrączkę i siadywała w kącie przy kominku, żeby porobić na drutach. Dory Previn była autorką tekstów do trzech piosenek, które zdobyły nominację do Oscara; dwie z nich napisała wspólnie z mężem, a trzecią, *Come Saturday Morning*, motyw z *Bezpłodnej kukułki*, stworzyła razem z Fredem Karlinem.

Mia bywała u Previnów na wieczorkach muzycznych – wtedy również, ubrana w białe rajstopy i wdzianka z falbankami, siadała w kącie i robiła na drutach. Dory Previn, która przez całe życie cierpiała na schizofrenię i depresję (w 1965 roku trafiła

---

[97] Tamże, s. 153.

do szpitala z powodu załamania nerwowego), była zdruzgotana, kiedy dowiedziała się o związku André i Mii. Napisała nawet o tym piosenkę *Beware of Young Girls* (Strzeż się młodych dziewcząt), która zyskała niemałą popularność. Przestrzegała w niej żony przed dziewczętami: „Smutne i blade, dwudziestoczteroletnie / wręczają stokrotki delikatnymi dłońmi (…) / Sądziłam, że ma uczciwe zamiary (…) / ale ta dziewczyna (…) / miała inny, mroczny plan (…) / Sprawiła mi ból". W 1969 roku, dowiedziawszy się, że Mia jest w ciąży, Dory odeszła od męża. Wkrótce potem przeżyła kolejne poważne załamanie i została poddana terapii elektrowstrząsowej. (Wiele lat później, w 1997 roku, Dory ponownie nawiąże współpracę z André – który przez całe życie wspierał ją jak przyjaciel – przy kompozycji *The Magic Number* na sopran i zespół, wykonaną po raz pierwszy przez New York Philharmonic pod batutą Previna. Zmarła w 2013 roku).

I tak Mia zrobiła Dory to samo, co Soon-Yi zrobi Mii dwadzieścia lat później.

André „wiódł dyskretne, odosobnione [od Dory] życie przez kilka lat, ale nie starał się o rozwód, dopóki mnie nie poznał – napisała Farrow. – Dory Previn przeżywała to w zupełnie inny sposób, czego wyraz dawała publicznie we własnych piosenkach. Przykro mi, że przysporzyłam jej cierpień"[98] – dodała zwięźle.

Farrow nawiązała romans z Previnem w 1968 roku, kiedy miała dwadzieścia trzy lata. W lutym 1970 roku urodziła mu bliźniaki: Matthew i Saschę. Zabierała maleńkich synów w wózku na demonstracje antywojenne i maszerowała u boku Vanessy Redgrave. Mia i André wzięli ślub we wrześniu 1970 roku. Zaadoptowali dwie wietnamskie sieroty. Między 1974 a 1977 rokiem Farrow zagrała w pięciu sztukach: *Sen nocy letniej*, *Trzy*

---

[98] Tamże, s. 163–164.

siostry i *Iwanow* Czechowa, *The Marrying of Anne Leete* Harleya Granville-Barkera oraz *Zykowowie* Maksyma Gorkiego; w trzech ostatnich z zespołem Royal Shakespeare Company. W 1977 roku, zmęczona Previnem, który bez przerwy jeździł po świecie w związku ze swoją pracą i rzadko bywał w domu, nawiązała romans z Polańskim. Pod koniec małżeństwa Mia i André, dzięki pomocy zaprzyjaźnionego z nimi pisarza Williama Styrona, który w tym celu wykorzystał swoje znajomości w Kongresie, uzyskali pozwolenie na adopcję dziecka koreańskiej prostytutki: siedmioletniej Soon-Yi, porzuconej przez matkę w seulskich slumsach i wyjadającej resztki ze śmietników. Zdjęcia Soon-Yi, którymi Mia i André dysponowali, przedstawiały smutne, ogolone na łyso i poranione dziecko. Farrow pojechała do Korei, żeby spotkać się z dziewczynką. „Kiedy przyjechałam do sierocińca – napisała – jakiś tuzin czystych i starannie uczesanych dziewczynek stał na chodniku przed wejściem. Za dziewczynkami stała zakonnica, która popchnęła w moim kierunku Soon-Yi. Aby jej nie przestraszyć, przyklęknęłam z respektem, wzięłam ją za rękę i uśmiechnęłam się"[99].

Soon-Yi nigdy wcześniej nie widziała lustra, więc kiedy zobaczyła własne odbicie, szarpnęła się ze strachu i kopnęła z całej siły w szkło, przewracając przy tym siebie i Mię. „Soon-Yi nie znała luster ani obrotowych drzwi – napisała Mia – dywanów, wind, lodu ani jajek (wyciągałam jej z buzi skorupki), trawy, kwiatów ani tak naprawdę większości rzeczy, które dla nas były oczywiste. Cokolwiek się jej spodobało – spinacze do papieru, orzeszki ziemne, pieniądze, kwiatki, gumki, papierki po gumie do żucia, chrupki – wtykała to do majtek"[100].

Z tonu wspomnień Farrow przebija głos niezwykle prawej i cnotliwej kobiety. Już sam fakt wychowywania przez Mię

---

[99] Tamże, s. 181.
[100] Tamże, s. 182.

czternaściorga dzieci powstrzymuje nas przed formułowaniem jakichkolwiek niekorzystnych opinii na jej temat. Kathryn Harrison w recenzji *Wszystkiego, co minęło* na łamach „New York Timesa" napisała: „Pragnienie odmienienia czyjegoś życia oraz zapewnienia miłości i bezpieczeństwa biednej i chorej sierocie nie wymaga dodatkowych wyjaśnień. Lecz zaadoptowanie dziesięciorga dzieci, do czwórki własnych – dziesięciorga dzieci, tym chętniej przyjmowanych, im są słabsze i mają trudniejszą sytuację, budzi ciekawość. Co za tym stoi? (...) Czytelnik zaczyna podejrzewać, że tym, na czym pani Farrow naprawdę zależy, są ład, pociecha, sens i odkupienie".

Mia odeszła od Previna, tak jak Dory przewidziała w swojej piosence: „Pewnego dnia zostawi go bez refleksji". Polański, oskarżony o seks z trzynastoletnią modelką i podanie jej narkotyków, uciekł do Paryża; Mia chętnie będzie się wypowiadała w jego obronie. Farrow zabrała dzieci i przeniosła się do swojego dawnego domu rodzinnego na wyspie Martha's Vineyard. Mia Farrow i André Previn rozwiedli się pod koniec 1979 roku. W grudniu tego samego roku Mia przyjęła rolę w *Romantic Comedy*, ponieważ potrzebowała pieniędzy.

Inną piosenką Dory, która, jak się okaże, prześladowała Mię, była *With My Daddy in the Attic* (Z tatusiem na strychu). Jej słowa, opowiadające o dziecku będącym ofiarą kazirodztwa, zadziwiająco przypominają zarzuty, jakie w 1992 roku Mia wysunęła, a w 2014 roku powtórzyła (razem z córką Dylan), przeciwko Allenowi. Zbieżność – już nie mówiąc o tym, że rzeczona piosenka ukazała się na tym samym albumie Dory, co *Beware of Young Girls* – jest uderzająca. Niewykluczone, że Mia wcale nie słyszała tego utworu. Ale mógł też utkwić jej w głowie i dostarczył inspiracji do sformułowania zarzutów przeciwko Allenowi. Na pewno nie uszedł jej uwadze szczegół, że ojciec w piosence gra na klarnecie – tak jak Allen.

Oto fragment tekstu:

W przerażającej bliskości
jego oczu
nie ma sąsiadów
zaglądających w okna
(...)
Nie będą nas
niepokoili na strychu
(...)
I zagra
na klarnecie (...)

Nie jestem pierwszym, który zastanawia się, czy między piosenką a oskarżeniami istnieje jakiś związek. Temat podnosili między innymi pisarze Robert Weide i Andrew Sullivan. A także, rzecz jasna, sam Woody Allen, w komentarzu wydrukowanym dziewiątego lutego 2014 roku na łamach „New York Timesa":
„Niewątpliwie pomysł ze strychem zaczerpnęła [Mia] z piosenki Dory Previn *With My Daddy in the Attic*. Piosenka ukazała się na tym samym albumie, co utwór *Beware of Young Girls*, który Previn napisała po tym, jak Mia zniszczyła ich przyjaźń, podstępnie kradnąc Dory męża".

Romans Mii i Woody'ego rozwinął się szybko. Allen miał czterdzieści pięć lat, a Farrow trzydzieści cztery. Po pierwszym spotkaniu w kwietniu 1980 roku zaczęli często obdarowywać się prezentami i spędzać ze sobą każdą wolną chwilę. Spacerowali po Manhattanie i po Central Parku, z butelką Château Margaux w papierowej torebce i dwoma kieliszkami. Chodzili do sklepów płytowych, takich jak Colony albo Tower (w którym Mickey wpada na Holly w *Hannah i jej siostrach*), do księgarni, takich jak Pageant na Wschodniej Dziewiątej Ulicy, w której Allen podarował Farrow zbiór wierszy e.e. cummingsa (w *Hannah* Elliot wręcza je Lee), i do ulubionych kin studyjnych Allena. Należącym do Woody'ego rolls-royce'em z szoferem jeździli do ulubionych restauracji i wracali ze spacerów. Ich mieszkania znajdowały się po przeciwnych stronach parku; twierdzili, że dają sobie sygnały, włączając i wyłączając światła, a także machają do siebie ręcznikami i podglądają się przez lornetkę. Wszystkie te opowieści weszły w skład romantycznej otoczki ich związku.

Ze wspomnień Farrow wynika, że oboje szczerze się w sobie zakochali. Nie byli pierwszej młodości, mieli za sobą kilka całkowicie różnych związków. Łączyła ich miłość do Mozarta, Mahlera, Yeatsa, Dostojewskiego. Spotykali się na lunchu i rozmawiali długo, wiele godzin, po czym orientowali się, że zdążyło się już ściemnić. Allen zostawiał u portiera liściki i podarunki dla Farrow, ona odwdzięczała mu się tym samym. Oglądali klasyczne filmy, na przykład *Złodziei rowerów*, w sali projekcyjnej Woody'ego, sącząc wino i przytulając się. On robił na niej wrażenie inteligencją, talentem, sławą i zamożnością; ona stanowiła dla niego uosobienie śmietanki Hollywood, którą podziwiał, poza tym była piękna i czarowała zniewalającym urokiem. Ten związek miał dla obojga romantyczny blask; Mii, samotnej matce siedmiorga dzieci, życie musiało wydawać się łatwiejsze i ambitniejsze, a położenie lepiej rokujące na przyszłość z czekającym na każde jej wezwanie należącym do Allena białym rolls-royce'em z szoferem, jego luksusowym apartamentem na ostatnim piętrze, częstymi podróżami do Paryża. „W świecie Woody'ego było miejsce – napisała Farrow – na drogie restauracje, kosztowne wina, czarterowe samoloty, kawior nawet dla najmłodszych dzieci i limuzynę z szoferem wyposażoną w magnetowid. Robiłam, co mogłam, żeby dzieci zachowały we wszystkim umiar"[101]. Nie ulegało ponadto wątpliwości, że Allen, jako czołowy amerykański reżyser, mógł wydatnie pomóc karierze aktorskiej Farrow.

---

[101] Tamże, s. 210.

Nie znaczy to, że jedno chciało wykorzystać drugie; na początku fascynacja Mii i Woody'ego sobą nawzajem była naprawdę żarliwa. Ona pisała do niego, że nie może się doczekać spotkania; on odpisywał, że nie wytrzyma tygodnia bez niej. Przysłał jej widokówkę z 1935 roku, która „przedstawiała mężczyznę w meloniku z pięciorgiem małych dzieci. Na górze był dopisek: «TWÓJ PRZYSZŁY MĄŻ – TWOJE PRZYSZŁE DZIECI»"[102]. Widywano ich wszędzie, jak spacerowali po Central Parku z dziećmi, i wydawali się najbardziej romantyczną i elegancką parą w mieście, kwintesencją bogatego i odnoszącego sukcesu Nowego Jorku. Mia wyglądała jak ucieleśnienie macierzyństwa, była ciepła i opiekuńcza, jednocześnie szykowna i zmysłowa. Znerwicowany, zdystansowany Allen był po prostu Woodym; tiki i manieryzmy stanowiły już część jego uroku.

Pojawiały się sygnały ostrzegawcze, ale Farrow je lekceważyła: Allen nigdy do niej nie dzwonił (robiła to za niego sekretarka); twierdziła, że nie lubił mówić o niej, używając jej imienia, wolał zwykłe „ona"; jego hipochondria budziła niepokój i nie przepadał za dziećmi (co akurat musiało szczególnie martwić matkę siedmiorga). „Jego lodowata powaga zmieniła poprzednie obawy w przerażenie – napisała o pracy nad ich pierwszym wspólnym filmem, *Seksem nocy letniej*. – (…) Istnieją reżyserzy – przyznał Woody – którzy mają do aktorów stosunek emocjonalny, ale ja nigdy nie potrafiłem w ten sposób pracować. Nawiązuję taki kontakt, jaki jest profesjonalnie niezbędny"[103]. Kupił wart kilka milionów dolarów dom na plaży w East Hampton i bogato go urządził. Razem z Mią spędzili w nim jedną noc, po czym Allen, który nie potrafi znieść życia poza miastem, nigdy tam nie wrócił i wkrótce sprzedał nieruchomość. Była też

---
[102] Tamże, s. 198.
[103] Tamże, s. 203–204.

słynna sprawa prysznica we Frogs Hollow, należącej do Mii wiejskiej posiadłości w Bridgewater w stanie Connecticut. Ponieważ Woody nie przepadał za wannami, Mia kazała specjalnie dla niego zainstalować i wykafelkować prysznic. Allen wszedł do łazienki i natychmiast z niej wyszedł – ze skargą, że odpływ w prysznicu znajduje się dokładnie pośrodku, więc nie zamierza z niego korzystać – i w ogóle spędzi w domu co najwyżej jedną noc. Wtedy Mia zleciła budowę zupełnie nowej łazienki, oczywiście takiej, w której prysznic miałby odpływ z boku.

Doszło do sceny przed domem Williama F. Buckleya juniora przy Wschodniej Siedemdziesiątej Trzeciej Ulicy. Buckley, jak wspomina Farrow, miał dla Allena znaczenie symboliczne, jego obecność w tej dzielnicy była dla niego niezwykle ważna. (Allen i Buckley wzięli razem udział w programie telewizyjnym i widać było, że mają dla siebie dużo szacunku i serdeczności). Farrow napisała, że kiedy błędnie ustaliła lokalizację domu Buckleya, Allen przypuścił na nią atak, którego się nie spodziewała i który sprawił, że, „zdruzgotana", rozpłakała się. *Wszystko, co minęło* w tonie, w jakim opisuje Allena, dzieli się na dwie części: w drugiej dominuje gniew autorki, ale w pierwszej – zawierającej między innymi opis tego incydentu – znajdziemy stosunkowo niewiele podyktowanych złością przeinaczeń. Niewykluczone zresztą, że relacja z wybuchu Allena jest prawdziwa, obsesja na punkcie anglosaskiej protestanckiej elity leży bowiem w naturze Allena, zaś elegancki, przystojny, błyskotliwy, bogaty, obdarzony melodyjnym głosem i roztropny Buckley, mimo iż katolik, jak nikt inny symbolizował tę właśnie grupę społeczną.

Co ważniejsze, Allen nie miał zamiaru żenić się z Farrow ani mieszkać z nią i jej dziećmi. Przez cały czas trwania ich związku nie zmienił zdania. Nie był już tym dającym sobą kierować, neurotycznym Woodym, który, z Harlene i Louise u boku, walczył o uznanie. Praca zawsze miała u niego pierwszeństwo.

Osiągnąwszy sukces i będąc od lat na fali, Allen nabrał przyzwyczajeń i poświęcał całą energię na utrwalenie swojej reputacji poważniejszymi i szerszymi dziełami. Żył, aby pisać. Nic absolutnie nie mogło stanąć mu na przeszkodzie. „W czasie trwania naszego związku parokrotnie pojawiała się kwestia małżeństwa – napisała Farrow. – Woody twierdził, że to «tylko świstek papieru». (...) Woody nigdy nie dawał mi tyle dowodów miłości i otuchy, jak w chwilach mojej niepewności. «Czyż nie zachowuję się tak, jakbyśmy byli małżeństwem?», pytał wtedy, a ja przytakiwałam"[104]. Allen twierdzi, że kiedy w 1985 roku Mia adoptowała nowo narodzoną Dylan, zmienił nastawienie. Przeszedł przemianę. „Stałem się wtedy wspaniałym, jak sądzę, wspaniałym ojcem dla Dylan – powiedział. – To było dla mnie najważniejsze".

„The New York Times" doniósł, że Allen scharakteryzował Farrow – mającą wówczas siedmioro dzieci – jako „kobietę opętaną macierzyństwem, która okresowo fiksuje na punkcie jednego z dzieci z pominięciem pozostałych".

Allen nigdy nie zostawał na noc w mieszkaniu Farrow na rogu Central Park West i Siedemdziesiątej Trzeciej Ulicy, za to Farrow od czasu do czasu – w piątki i soboty, razem z siódemką pociech – sypiała w jego penthousie. Trzymała u niego szczoteczki do zębów, szlafroki i kurtki dla całej rodziny. Allen zadbał o półki na śpiwory, lalki, zabawki i pidżamy, a nawet kupił piętrowe łóżka. W 1980 roku Mia zaadoptowała kolejne dziecko, wrażliwego koreańskiego chłopczyka, którego ochrzciła imionami Misha Amadeus, a nazywała Moses. Był ciepłym i kochającym dzieckiem; cierpiał na dziecięce porażenie mózgowe. Tak więc Farrow miała teraz: dziesięcioletnich bliźniaków Matthew i Saschę, siedmioletnie Lark i Soon-Yi, sześcioletnich Daisy i Fletchera oraz Mishę. Napisała we wspomnieniach, że „Woody

---

[104] Tamże, s. 224.

nigdy nie czuł się z dziećmi swobodnie, ale na swój sposób starał się. Zamienił białego rollsa na długą czarną limuzynę, wystarczająco dużą, żeby nas wszystkich pomieścić. W jesienno-zimowe weekendowe popołudnia organizował dzieciom pokazy filmów w pracowni przy Park Avenue"[105]. Raz zostawiła go samego z dziećmi u niego w mieszkaniu, a kiedy wróciła, „zastałam go wrzucającego do kominka swoje kapelusze i rękawiczki. Dzieci były wniebowzięte. «Zabrakło mi pomysłów», wyjaśnił, wzruszając ramionami"[106].

Kluczem do sposobu myślenia Farrow i jej rzekomego psychicznego podporządkowania Allenowi może być jej refleksja o tym, dlaczego znosiła tak wiele, łącznie z, jak twierdziła, obojętnością Allena w stosunku do większości jej dzieci: „Lecz to on był królem, on wszystko wiedział, jego sprawy były ważniejsze niż innych, był kimś lepszym. Jego opinie były wyrocznią. Potrafił człowieka zgasić, zanim ten zdążył otworzyć usta. Podziwialiśmy go, lecz baliśmy się go, każde z nas na swój sposób"[107].

We wrześniu 1980 roku w teatrze Vivian Beaumont, mieszczącym się w Lincoln Center for the Performing Arts, miała premierę pierwsza broadwayowska sztuka Allena, *The Floating Light Bulb*, zawierająca przejmujące tropy wiodące do jego wczesnego dzieciństwa. „Woody był bezwzględny dla swoich tekstów. Musiałem powstrzymywać go przed wycinaniem kwestii, które jego zdaniem się nie sprawdzały. Kiedy nie był z czegoś zadowolony, wychodził do sąsiedniego pomieszczenia, wracał z czterema alternatywnymi wersjami i mówił do mnie: «Wybierz tę, która ci odpowiada, a ja pociągnę ten wątek». Robił to błyskawicznie. Byłem pod wielkim wrażeniem" – powiedział reżyser Ulu Grosbard w rozmowie z reżyserem i scenarzystą Johnem Andrew Gallagherem.

---

[105] Tamże, s. 197–198.
[106] Tamże.
[107] Tamże, s. 211.

Przyjaciółka Allena Jean Doumanian, jedna z nielicznych kobiet, z którymi przez długi czas pozostawał w bardzo bliskim kontakcie, krótko przed premierą sztuki straciła pracę jako producentka *Saturday Night Live*. Przygnębiona dzień przed premierą *The Floating Light Bulb* postanowiła polecieć do Paryża, a Allen i Farrow, jako wierni przyjaciele, dołączyli do niej. Sztuka miała zaledwie sześćdziesiąt pięć przedstawień, ale jest jedną z dwóch najwybitniejszych w dorobku Allena.

Drugim filmem Farrow nakręconym wspólnie z Allenem był *Zelig* z 1983 roku. Talent Allena czasem uważa się za coś oczywistego i *Zelig* jest tej oczywistości najlepszym przejawem. Obraz taki jak ten wystarczyłby do awansowania dowolnego reżysera i scenarzysty do filmowej pierwszej ligi. W przypadku Allena tonie jednak w zalewie jego twórczości, przeszłych i przyszłych filmów, które spływają w takim tempie, że nie potrafimy ich przetrawić i nabrać do nich odpowiedniego dystansu. Brakuje po prostu czasu, aby je należycie ocenić.

Zelig był pierwszym filmem, w którym Mia i Woody wystąpili jako para. Byli wtedy razem od dwóch lat. Obrazy Allena z udziałem Farrow pozwalają do pewnego stopnia wejrzeć w ich związek na różnych jego etapach. W *Zeligu* Mia gra psychiatrę, która ratuje postać Allena i wychodzi za niego za mąż. (W całej swej ambiwalencji Allen nazwał ją doktor Eudorą Fletcher, nadając jej prawdziwe miano dyrektorki szkoły, której za młodu nie cierpiał).

Kręcąc *Zeliga*, Woody był po uszy zakochany w Mii. To jeden z nielicznych jego filmów, w których kobieta ratuje mężczyznę, a nie odwrotnie. Jest nietypowy dla Allena. Kobieta bierze na siebie odpowiedzialność za mężczyznę, cierpi przez niego, a następnie doprowadza do jego ocalenia. W wielu filmach Allena grany przez niego bohater stara się ratować kobiety. Nierzadko mocuje się z takimi, które go odrzucają, których nie sposób zadowolić (Annie Hall) albo które są szalone, zagubione i zgryźliwe (Mary w *Manhattanie*), chore psychicznie (Dorrie we *Wspomnieniach z gwiezdnego pyłu*) bądź specjalizują się w pożeraniu serc (Halley w *Zbrodniach i wykroczeniach*). Tylko raz, w *Zeligu* właśnie, kobieta doskonała mierzy się z trudnym mężczyzną i ocala go. U Allena przeważnie to kobiety są Zeligami.

Czy Zelig to Woody w 1983 roku? Jego bohater jest nienawidzącym samego siebie Żydem. Ratuje go gojka. Jest idealna. Jest psychiatrą, która w dodatku wyprzedza swój czas.

Zelig chce się dopasować, ale zawsze się czymś zdradza, zawsze ludzie stają przeciw niemu. Allena, który poddaje się psychoterapii, ratuje kobieta psychiatra (przełomowy koncept w latach trzydziestych, kiedy to rozgrywa się akcja filmu). Ratuje nienawidzącego samego siebie Żyda, który próbuje upodobnić się i do papieża, i do Hitlera. Po czym Leonard Zelig i doktor Eudora Fletcher żyją długo i szczęśliwie. Dzięki fascynującemu *Zeligowi* możemy podejrzeć, jak Allen traktował Farrow i ich związek w 1981 roku.

Jeżeli Allen obsadził Mię jako psychiatrę, która bierze na siebie trudny przypadek mężczyzny i ratuje go, ponieważ uważał, że w prawdziwym życiu odgrywa ona podobną rolę, wówczas niewykluczone, że obecnie, jak spekulował Jerry Epstein, w tej samej funkcji występuje Soon-Yi, która na co dzień pracuje z dziećmi specjalnej troski.

Jeśli rzeczywiście tak jest, to Allen raz jeszcze udowodnił swój niebywały talent w zdobywaniu tego, czego pragnie.

Allen obruszył się, kiedy napisałem w e-mailu do niego, że uważam *Zeliga* za arcydzieło. Niemniej obstaję przy swoim i sądzę, że *Zelig* to pierwszy z nowej serii naprawdę świetnych filmów, które wyszły spod ręki Allena. Obraz jest pseudodokumentem o Zeligu, „człowieku kameleonie"; Allen, operator Gordon Willis i montażystka Susan Morse wykorzystali trzydzieści godzin nagrań z kronik filmowych, archiwalne zdjęcia i programy radiowe. Nakręcone współcześnie czarno-białe ujęcia, naśladujące sceny z przeszłości, nałożono na stary materiał. Nie lada wyczyn z technicznego punktu widzenia. Widzimy Zeliga stojącego za Hitlerem na prawdziwym wiecu nazistów; widzimy go z Eugene'em O'Neillem i wieloma innymi historycznymi postaciami. Nowe zdjęcia postarzono tak, żeby pasowały do starych nagrań. Allen podjął się olbrzymiego trudu. Doglądał selekcji i montażu archiwalnych zdjęć i nagrań, na które miała zostać nałożona jego fikcyjna postać. Rezultat wygląda bardzo przekonująco i prawdziwie, lecz Allen uważa, że te użyte w filmie efekty specjalne zdominowały przesłanie. Nie ma racji.

Wizja człowieka bez wiary w siebie, próbującego wtopić się w otoczenie poprzez zgadzanie się z każdym, kogo napotka na drodze, i przejmującego cudzą osobowość, a nawet wygląd, w tak znacznym stopniu współgra z naszym doświadczeniem, że *Zelig* jest filmem niezapomnianym. Jest zamierzoną, wyjątkową i całkowicie oryginalną przypowieścią o faszyzmie i komunizmie. Jako widzowie mamy poczucie autentyczności, kiedy oglądamy sceny stylem i treścią dopasowane do dawnych kronik i gdy słyszymy brzmienie starych mikrofonów (użyto zabytkowych mikrofonów z 1928 roku). Siłą i oryginalnością udało się Allenowi zbliżyć *Zeligiem* do mistrzostwa *Obywatela Kane'a* Orsona Wellesa, który przecież też udawał film dokumentalny. Było to największe – w perspektywie tamtych lat – osiągnięcie Allena jako filmowca. Komedia nie przysłania tu dramatu, a dramat nie przygniata komedii.

Film jest stosunkowo krótki; trwa tyle, ile czasu potrzebuje Allen na złożenie deklaracji za pośrednictwem obrazu. Wiarygodności dodaje mu fakt, iż Woody poprosił wiele prawdziwych postaci, między innymi Saula Bellowa, Irvinga Howe'a, Brunona Bettelheima i Susan Sontag, o komentarz do losów Zeliga (sam napisał ich kwestie); nieważne, że wiemy, że wszyscy oni uczestniczą w fikcji. Co najmniej jeden z tych ludzi – Saul

Bellow – z perspektywy czasu miał poczucie, że został wyprowadzony w pole, aczkolwiek nie jest jasne, czego w takim razie oczekiwał od czołowego amerykańskiego reżysera komediowego. *Czerwoni* Warrena Beatty'ego też sięgają po znane postaci historyczne, między innymi ze świata literatury, i są to w zasadzie jedyne momenty, kiedy ten film ożywa. Tymczasem w *Zeligu* prawdziwe postaci pogłębiają wymowę obrazu, choć są tylko jednym z wielu jego jasnych punktów. *Zelig* jest w całości hipnotyzujący.

Mamy tu również do czynienia z kolejną w karierze Allena refleksją nad naturą gwiazdorstwa, z tym że inaczej niż we *Wspomnieniach z gwiezdnego pyłu*, wszystko w *Zeligu* sprawia wrażenie obiektywnego, skondensowanego, pełnego współczucia i służącego celowi wykraczającemu poza osobiste problemy i doświadczenia Allena. Film jest cudownie zabawny – to humor typowy dla Woody'ego, ale Zelig nie jest po prostu kolejnym wcieleniem Woody'ego fajtłapy; dowcip został dopasowany do specyfiki postaci. To Allen w wydaniu na słodko, którego możemy posmakować w wielu filmach, takich jak *Danny Rose z Broadwayu* albo *O północy w Paryżu*. Kiedy Zelig zostaje oskarżony między innymi o bigamię, cudzołóstwo, plagiat, niedbalstwo oraz przeprowadzanie nieuzasadnionych ekstrakcji zębów i operacji, kaja się słowami: „Chciałbym wszystkich bardzo przeprosić. Bardzo mi przykro, że wziąłem ślub z tymi kobietami, wtedy wydawało mi się to słuszne. Panu, któremu usunąłem wyrostek robaczkowy, powiem... jeśli to może stanowić jakieś pocieszenie... wydaje mi się, że jeszcze mam go w domu. Chciałbym serdecznie przeprosić rodzinę Trokmanów z Detroit. Nigdy wcześniej nie odbierałem porodu. Sądziłem, że szczypce do lodu to odpowiednie narzędzie".

Ponieważ Zelig staje się tym, z kim przebywa, w towarzystwie doktor Fletcher przeistacza się w psychiatrę. Aby pomóc mu się wyleczyć, doktor Fletcher postanawia zastosować psychologię

odwrotną. Opowiada mu, że brakuje jej wiary w siebie, wspomina o lękach i niepewnościach, które on sam przejawia. Mówi, że tak naprawdę wcale nie jest psychiatrą. „Tak bardzo pragnę być lubiana, być taka jak inni i nie wyróżniać się".
„To naturalne" – komentuje Zelig.

Doktor Fletcher dodaje, że jest w stanie posunąć się bardzo daleko, byle tylko wtopić się w otoczenie, na co Zelig mówi: „No cóż, jest pani lekarzem, więc wie pani, jak sobie z tym radzić". Fletcher odpowiada: „Właśnie rzecz w tym, że... nie jestem lekarzem".

ZELIG: Nie?
DOKTOR FLETCHER: Nie. Żaden ze mnie lekarz. (*kręci głową*) Udawałam, żeby... żeby nie wyróżniać się wśród znajomych.
Bo to sami lekarze.
ZELIG: (*drapie się po głowie*) To dopiero. (*wierci się*) To... hm.

Fletcher mówi, że całe jej życie to jedno wielkie kłamstwo, że nieustannie udaje różne osoby.

Zakłopotany Zelig odpowiada: „No... potrzebuje pani pomocy".

Fletcher opowiada mu o swoich snach i pyta, co to za dolegliwość, na którą cierpi.

„Skąd mam wiedzieć? Nie jestem lekarzem!" – brzmi odpowiedź Zeliga.

Jest w filmie okraszona delikatnym humorem scena miłosna, w której poddany hipnozie Zelig szepcze do doktor Fletcher: „Kocham cię", po czym dodaje: „Beznadziejnie gotujesz. Te naleśniki... Kocham cię... Chcę się tobą zaopiekować. Nie smaż już naleśników".

Film jest przesiąknięty parodystycznym stylem Allena. W ramach pseudodokumentu Allen pokazuje kolejny prześmiewczy obraz, rzekomo udramatyzowaną wersję życia

Zeliga, który z kolei wyśmiewa filmowe biografie starego kina; tworzy kompozycje i układy choreograficzne oddające ducha epoki, ale mające dotyczyć Zeliga. Nazwisko bohatera przewija się nie tylko w zmontowanych archiwaliach, ale też w tekstach współczesnych utworów, na przykład *I'm Sitting on Top of the World*: „Alleluja, powiedziałem Leonardowi Zeligowi / Hej, Len, bądź gotów na wezwanie"; powstają o nim piosenki (*Leonard the Lizard*), a nawet tańce (*Chameleon*). Allen sięga po prawdziwe współczesne postaci, takie jak Howe i Sontag, i obsadza je w roli ekspertów, ale ich komentarze są chwilami tak abstrakcyjne, oczywiste i nudne, że choć są krótkie, szybko tracimy nimi zainteresowanie. To jeden z jego ulubionych motywów: historycy i pisarze owładnięci abstrakcją. Eksperci, mimo że słynni, nie wnoszą niczego ciekawego, nie zawsze wiemy, o czym właściwie mówią, i czym prędzej chcemy wrócić do opowieści o Zeligu. Urywki z Hearstem, Marion Davies, Marie Dressler, Jamesem Cagneyem, Irvingiem Berlinem i Dolores del Río są fascynujące, nie mamy poczucia, że oglądamy upiorne relikty, jakimi mogłyby się wydawać poza kontekstem. Połączenie archiwaliów z materiałami nakręconymi w studiu sprawia, że nie potrafimy oderwać oczu od ekranu. Widzimy Jamesa Cagneya rozmawiającego z doktor Eudorą Fletcher – i Cagney pieszczotliwie szturcha panią psychiatrę w policzek; ten słynny gest znamy z większości jego filmów. Zelig i doktor Fletcher otrzymują klucz do miasta, w ratuszu odbywa się uroczystość na cześć doktor Fletcher i jej pracy nad uzdrowieniem Zeliga; widzimy doktor stojącą na udekorowanym flagą podwyższeniu, uderza butelką szampana o kadłub statku. Słyszymy głos lektora, który komentuje w stylu znanym z tysięcy kronik filmowych: „Niebywały to sukces dziewczyny z głębokiej prowincji". Inny lektor zadaje ironiczne pytanie: „Kto powiedział, że kobiety nadają się wyłącznie do szycia?". Allen zadbał o każdy szczegół.

John Simon napisał, że *Zelig* to „najśmielszy spośród wszystkich dotychczasowych pomysłów Woody'ego Allena", a Jack Kroll z „Newsweeka" zauważył, że obraz jest „czystą magią, błyskotliwym filmowym kolażem, który pozwala Woody'emu wyśmiać wszystko, od nostalgii, psychoanalizy i Amerykańskiego Snu po krytyków, samego siebie i mnóstwo innych rzeczy. (...) Jego Zelig to romantyk w rozpaczliwej pogoni za wyjątkową mieszanką realizmu i chwały – Wielki Gatsby jako szlemiel".

Pauline Kael, tym razem zaskakująco protekcjonalna, pochwaliła film, choć zrobiła to w sposób zawiły i zakamuflowany. Napisała, że *Zelig* to „miła komedyjka, która jednak ugina się pod ciężarem pochwał, jakie na nią spływają. Jeśli jest arcydziełem, to wyłącznie w swojej własnej kategorii. (...) Allen miał przyprawiający o zawrót głowy, oryginalny pomysł na w sumie zwyczajny film – coś jak z tą historią o pani Bovary [opowiadanie *Epizod z Kugelmassem*] – i zrealizował go perfekcyjnie. Film lśni, to fakt, ale jest jak miniaturowe wesołe miasteczko, które łatwo przeoczyć – w zeszłym tygodniu rozstawiło się na placu za kościołem metodystów, zauważyliście je? To nierzucanie się w oczy jest zresztą tematem *Zeliga*".

Stanley Kauffmann, jeden z najzagorzalszych krytyków Allena, napisał: „Biegłość twórców filmu jest niezwykła, wręcz wybitna. Pomijam dziesiątki utalentowanych artystów i techników, aby wyróżnić choćby tylko Santa Loquasto za kostiumy, w których wierność i precyzja łączą się ze sprytem. Allen jako reżyser pokazuje, że ma oko do szczegółów: do tego, jak ludzie dawniej wyglądali, jak spoglądali w kamerę, ustawiali się do zdjęć albo wynajdywali sobie zajęcia, kiedy filmowano ich do kroniki. Stoi za tym nie tylko drobiazgowe wyczulenie na przemiany kulturowe. Allen spogląda na archiwalia z dzisiejszej perspektywy i rozumie, że obserwuje proces, w którego trakcie kamera przestała być jedynie cywilizacyjną ozdobą, a stała się jednym z głównych elementów świadomości".

Rozmawiałem z terapeutką Ilaną Howe, wdową po Irvingu Howe, o jego udziale w *Zeligu*. W *Annie Hall* Woody wspomina o „Dissent", lewicowym magazynie Howe'a – mówi, że wydawało mu się, iż magazyny „Commentary" i „Dissent" połączyły się w jeden tytuł: „Dissentary" (wymawia się prawie tak samo jak *dysentery* – dyzenteria). „Irving się uśmiał – powiedziała Ilana Howe – i napisał wiadomość do Woody'ego: «Wspomniał pan o 'Dissent' w swoim filmie. Prosimy o datek».

Woody odpowiedział – mówiła dalej Howe. – Umówili się w The Russian Tea Room. Było coś symbolicznego w spotkaniach w miejscu, w którym wszyscy Woody'ego znali. Był potwornie nieśmiały. Kiedy ktoś podchodził do stolika, kurczył się w sobie – był aż tak skrępowany. Po co więc umawiał się w takim miejscu? Lepiej było pójść do jakiejś spelunki. Człowiek pełen paradoksów.

W każdym razie Woody obiecał, że przyśle pieniądze. Napisał list z pytaniem, ile konkretnie miałby przekazać. Irving odpowiedział: «Ile pan może». Potem przychodziły kolejne listy, ale w sprawie czeku cisza. Wreszcie dotarł. Opiewał chyba na pięćset dolarów. Długo się Woody do tego zabierał.

Jakiś czas później zadzwonił telefon. Woody chciał, żeby Irving wystąpił w jego filmie. Irving odłożył słuchawkę, bo pomyślał, że ktoś sobie z niego żartuje. Ale telefon znów zadzwonił. Padło pytanie o to, ile Irving życzy sobie za rolę. Irving na to, że nie wie, bo nigdy nie grał w filmie. «A ile pan bierze za wykład?» – spytała kobieta po drugiej stronie. Odpowiedział. «W porządku – skwitowała. – Tyle pan dostanie».

Irving nie wiedział, o czym będzie film. Któregoś dnia otrzymał jedno- czy dwustronicowy monolog – to była cała jego rola. Przeczytał to, ale nie znał kontekstu. Dostał wiadomość, że tego a tego dnia Woody go sfilmuje. Przyjechał po niego samochód. Nie zdążyłam wypić kawy, a Irving był już z powrotem. «Zwolnił cię?» – zapytałam. «Nie, stwierdził, że jestem urodzonym aktorem – odparł. – Powiedziałem, że w następnym filmie chcę zagrać u boku Diane Keaton. 'Nie jest pan jeszcze gotowy' – odrzekł». Kiedy film wszedł na ekrany, Irving był zadowolony. *Zelig* mu się spodobał.

Woody zaprosił Irvinga na swój występ w Michael's Pub. Kiedy Woody grał, był pełen energii. Ożywał! Usiadł przy naszym stoliku i był niesamowicie rozmowny. Rzeczywiście potrafił każdego oczarować. To dzięki klarnetowi, dzięki graniu muzyki. Był zupełnie innym człowiekiem niż ten, którego Irving poznał w The Russian Tea Room. Był jak śpiąca królewna, która obudziła się ze snu po pocałunku księcia". Ilana Howe zamilkła, po czym, jak na profesjonalistkę przystało, podjęła próbę charakterystyki Allena. „Woody zazdrości kobietom. Narodziny nowego filmu odbywają się u niego nawet nie co rok, a raz na dziewięć miesięcy. Odtrutką na strach przed śmiercią jest zapoczątkowanie nowego życia. Danie szansy nadziei".

Marilyn Michaels, która zagrała w *Zeligu* epizod jako Mae West, ale ostatecznie została wycięta, ponieważ Allen postanowił wykorzystać prawdziwe urywki z West, daje wyraz niezadowoleniu, jakie niektórzy aktorzy czują w związku z zachowaniem Allena na planie, z jego dystansem. „Bardzo go cenię, jest niezwykle utalentowanym komikiem, scenarzystą i reżyserem – powiedziała mi Michaels. – Nie, to za małe słowo. Jest nie tyle utalentowany, co genialny. Przygląda się swoim kobietom tak, jak artysta malarz przygląda się owocom. Potem wykorzystuje to, co zaobserwował, do pisania kobiecych ról. Tworzy je w znakomity sposób. Aktorki, w tym również Mia, zrobią niemal wszystko za takie role. Smutne.

Spotkałam się z nim w jego mieszkaniu w Upper East Side – opowiadała Michaels. – On był serdeczny, a ja zachwycona, bo bardzo go wtedy podziwiałam. Nie mam jednak tak dobrych wspomnień o nim jako osobie. Jako istota ludzka – a raczej: nieludzka – nie ma za grosz klasy.

Jest nieuprzejmy, a przynajmniej był w stosunku do mnie, kiedy razem pracowaliśmy. Rozmawiał ze mną tak, jakbyśmy porozumiewali się przez tłumacza. Stałam obok niego, a on zwrócił się do swojej asystentki: «Powiedz jej, żeby zrobiła to i to». W jego świecie obowiązuje jego własna moralność. Nie przestrzega reguł życia społecznego ani w ogóle żadnych. Jest głęboko egocentryczny i nie zna umiaru. Jako reżyser jest oszczędny w słowach i chłodny – poza tym pożerał mnie wzrokiem, bo zrobiłam naprawdę bardzo seksowną parodię Mae West.

Wydaje mi się, że ważne jest to, jak on traktuje swoją żydowskość. Obracasz coś w żart po to, aby inni nie mogli tego zrobić. Humor hamuje nienawiść. Woody, robiąc to, mówi: wiem, kim jestem. Nie możecie ze mnie żartować. Bo ja zrobiłem to jako pierwszy. To bardzo ważne. Doczepiasz sobie pejsy [tak jak Woody w *Bierz forsę i w nogi* i *Annie Hall*], żeby oni nie mogli tego zrobić. Ubiegasz ich. Nie sądzę, żeby ktokolwiek przed nim sparodiował ortodoksyjny judaizm tak, jak zrobił to Allen, każąc babce Annie Hall oglądać go w stroju chasyda. Te obrazy są bardzo zabawne i jednocześnie prawdziwe. Myślę, że jeśli ktoś mówi o Holokauście w taki sposób jak Woody i nie pozwala o nim zapomnieć, robi coś ważnego. To jest w nim najlepsze.

Aktorzy denerwują się, kiedy Woody z nimi nie rozmawia – zauważył Ric Menello. – Nikt tego nie przyzna przy tych wszystkich ceregielach z reżyserami: John Ford mawiał, że osiemdziesiąt procent dobrej reżyserii sprowadza się do właściwego doboru obsady. Jeśli odpowiednio przydzielisz role, aktorzy sami sobie poradzą. «Niech się napocą, o to w tym chodzi. Niech sami to rozgryzą», mawiał Ford. Kiedyś Ford kręcił film z Katharine Hepburn w roli Marii Stuart. Hepburn pyta: «Na czym polega moja rola? Co mam robić?», na co Ford odpowiada: «Jesteś aktorką komediową». «Słucham? – dziwi się Hepburn. – Aktorką komediową? Wyjaśnij». «Nie muszę. No już, idź sobie». I wiesz co? Człowiek się w tym odnajduje. No, ale aktorzy tego nie cierpią".

Pewien aktor (woli zachować anonimowość), który niedawno starał się o rolę u Allena, powiedział mi: „Byłem bardzo zdenerwowany, bo naprawdę zależało mi na tej roli. Zacząłem wygłaszać kwestie. Woody podszedł blisko, bardzo blisko, jego twarz znajdowała się jakieś dwadzieścia centymetrów od mojej. Wpatrywał się we mnie, mrużąc oczy, przyglądał mi się ze wszystkich stron. W takich warunkach nie dało się grać, więc oczywiście nie dostałem roli".

Jednakże Allen potrafił być też ciepły, zabawny i pokrzepiający. Woody upatrzył sobie Elliotta Goulda do roli Harry'ego Blocka w *Przejrzeć Harry'ego*, ale aktor miał inne zobowiązania. Allen uważa Goulda za wielkiego aktora. Gould wziął później udział w castingu do roli w jednoaktówce Allena, włączonej do off-broadwayowskiej trylogii *Death Defying Acts*. „Wszedłem i przeczytałem swoje kwestie – opowiadał mi Gould. – Wcześniej zjadłem kolację z producentem i dowiedziałem się, że zachowanie Woody'ego będzie dla mnie wskazówką. Niestety, niewłaściwie odczytałem sygnały. Zamilkłem więc i trwało to bardzo długo, cisza się przedłużała. W końcu Woody powiedział: «No już, Elliot. Jutro rano muszę być w świątyni»".

W 1986 roku Allen obsadził Farrow w bardziej wieloznacznej roli Hannah w *Hannah i jej siostrach*. Na tym etapie związku postrzegał ją w zupełnie innym świetle. Hannah jest tajemniczą postacią. Kształtuje ją to, jak jest postrzegana przez innych ludzi. Jest „dobra" i „niezwykła", ale wyczuwa się pewną irytację filmowca w stosunku do niej. Pojawia się sugestia, że Hannah pozbawia mężczyzn męskości. Jej mąż Elliot nie jest w stanie jej zapłodnić. Były mąż Hannah Mickey (Woody Allen) idzie do łóżka z jej siostrą Holly (Dianne Wiest), a później ją poślubia. Hannah zostaje skrzywdzona przez siostry i dwóch mężów. Allen przedstawia te wydarzenia tak, jakby nie były niczym niezwykłym. W filmie wszyscy nieustannie atakują i krzywdzą Hannah – i unikają kary. Holly pisze książkę, w której atakuje

Hannah po tym, jak wzięła od niej pieniądze na... napisanie tej książki, w dodatku wychodzi za mąż za byłego męża Hannah i zachodzi z nim w ciążę. W końcu dowiadujemy się, że Mickey Sachs nie mógł zapłodnić Hannah, kiedy byli małżeństwem; przyczyną miała być zbyt mała ilość plemników w spermie – dlatego para zwróciła się do najlepszego przyjaciela Mickeya (Tony Roberts) z prośbą, aby został dawcą. Ale w końcu, w ostatniej scenie filmu, okazuje się, że Mickey bez problemu zapładnia Holly. Dla Hannah to sygnał, że coś może być nie tak z nią samą. W taki sposób obie siostry Hannah okazują się lepsze od niej: jednej przypada aktualny mąż Hannah, drugiej – były, i jeszcze dziecko w drodze.

Historia Hannah sprowadzała się początkowo do opowieści o mężczyźnie, który zakochuje się w siostrze swojej żony. „Ale potem – opowiadał Allen «New York Timesowi» w 1986 roku – przeczytałem ponownie *Annę Kareninę* i spodobało mi się to prowadzenie wielu wątków jednocześnie i przechodzenie od jednego do drugiego. Uznałem, że spróbuję czegoś podobnego". Zaintrygowała go zwłaszcza postać Mikołaja Lewina, który „nie potrafi odnaleźć sensu życia i potwornie boi się śmierci. To do mnie trafiło. Pomyślałem, że ciekawie byłoby spleść opowieść o relacjach pomiędzy trzema siostrami z historią człowieka owładniętego obsesją śmiertelności". Najtrudniejsza do napisania, jak przyznał, okazała się jego własna rola byłego męża Hannah: „Z początku nie miałem nic więcej ponad to, że był mężem Hannah i że trawił go okropny strach. Potem pomyślałem: «Co będzie robił przez cały film? Snuł się ulicami i rozmyślał?». W końcu dotarło do mnie: «Czemu nie? Gdyby to była powieść, dokładnie to by robił». No, ale film nie jest powieścią, więc musiałem to snucie się jakoś upiększyć. Pomysł miał potencjał, a ponieważ byłem monologistą, wypełnienie scen nie sprawiło mi kłopotu. Stwierdziłem: «Niech chodzi ulicami i roztrząsa fakt, że życie nie ma sensu. Będziemy słyszeli jego myśli»".

Film jest przesiąknięty atmosferą ukrytej wrogości w stosunku do Hannah. Hannah, podobnie jak prawdziwa Mia, która ją gra, jest wcieleniem doskonałości. Ale czy na pewno? Żadna z postaci nie czuje się swobodnie w jej towarzystwie. Allen dostrzega panujący tu nastrój rezygnacji; bohaterowie znajdują niewłaściwe rozwiązania. Holly nie wydaje się predysponowana do trwałego związku. Zaś Elliot (Michael Caine) decyduje się w końcu na Hannah, ponieważ Lee go odrzuca. (Podobne wyjście Allen proponuje w *Mężach i żonach* [związek Mii z Woodym przypominał wówczas „zdechłego rekina", jak w filmie ujmuje to postać grana przez Woody'ego], kiedy Liam Neeson, wzgardzony przez Judy Davis, decyduje się jednak poślubić Mię, która okrutnie dręczy go o to, że wolał Judy Davis, wzbudza w nim poczucie winy, a w końcu go zadręcza). W *Hannah i jej siostrach*, które trafiły do kin w 1987 roku, znajdują się sceny jakby żywcem wyjęte ze wspomnień Mii. Farrow opisuje rosnącą oziębłość i oddalenie Allena, spowodowane obecnością trzeciej osoby, w tym wypadku, rzekomo, Dylan. „W porównaniu z pierwszymi latami naszego związku stał się teraz nieprzystępny i okrutny"[108]. „Robisz dla mnie takie miłe rzeczy, a jesteś taki zimny" – powiedziała do niego, na co zaczął bronić się i krzyczeć: „To kłamstwo, to wierutne kłamstwo!"[109].

W *Hannah i jej siostrach* Elliot ma romans z siostrą Hannah, Lee (Barbara Hershey). Kiedy Hannah indaguje go w sprawie oziębłości i pyta: „Kochasz inną?", ten wykrzykuje: „Mój Boże! Co to ma być? Przesłuchanie na gestapo? Nie".

Ronan Farrow, właściwie Satchel Ronan O'Sullivan Farrow, przyszedł na świat przez cesarskie cięcie dziewiętnastego grudnia 1987 roku. Imię wybrał mu Allen – Satchel Paige był

---

[108] Tamże, s. 240.
[109] Tamże, s. 246.

czarnoskórym miotaczem, któremu kolor skóry przez wiele lat uniemożliwiał występy w pierwszej lidze; początkowo Woody chciał nazwać chłopca Ingmar, ale Mia się nie zgodziła.

Pojawienie się dziecka pogorszyło stosunki między Mią i Woodym. Allen powiedział, że jego związek z Farrow zepsuł się już dużo wcześniej i że kiedy Mia była w ciąży z Satchelem, oznajmiła: „Myślę, że nasz związek zmierza donikąd, więc nie przywiązuj się zanadto do dziecka". Farrow twierdziła, że po narodzinach Satchela Allen stracił zainteresowanie nią, przez cesarskie cięcie przestała pociągać go seksualnie. Poza tym zniechęcało go to, że Satchel był trudnym, marudnym dzieckiem. Zapowiedzią burzy w związku Woody'ego i Mii były *Hannah i jej siostry*.

8. Dick i Woody

Przyjaźń Woody'ego Allena i Dicka Cavetta, równolatków, trwa już pięćdziesiąt pięć lat. Poznali się w 1961 roku i od tamtej pory chętnie regularnie spacerują po Manhattanie i Central Parku. W 2015 roku Cavett udzielił mi obszernego wywiadu na temat tej wieloletniej znajomości.

> DAVID: Od 1961 roku, od czasów Blue Angel, jesteś najbliższym przyjacielem Woody'ego. Opowiedz o początkach waszej znajomości.
>
> DICK: To było dzień przed pogrzebem George'a S. Kaufmana w zakładzie pogrzebowym Franka E. Campbella na Manhattanie. Pogrzeb okazał się tematem naszej pierwszej rozmowy. Wysłano mnie, żebym zrobił rozpoznanie, czy Woody będzie się nadawał do *Tonight Show*. Po nabożeństwie uznałem, że pójdę na pogrzeb, Woody tego nie zrobił.

Tam zresztą poznałem Groucho Marksa. Sporo się wydarzyło w ciągu tych dwudziestu czterech godzin.

DAVID: Jak wyglądało wasze pierwsze spotkanie?

DICK: To było tuż po jego występie w Blue Angel. Woody niechętnie wychodził do publiczności. Naszym wspólnym menedżerem był Rollins. Rollins i Charles Joffe, jego partner, musieli wypychać Woody'ego na scenę. Bardzo się opierał. Uważał się za autora tekstów i aktora i opowiadał, że przed wyjściem przed ludzi wiele razy wymiotuje. No, ale w końcu wyszedł. Stanął za mikrofonem, sporo większym niż te współczesne, tak że ledwo było widać jego twarz. Wyglądał, jakby trzymał przed sobą wentylator. Potem zaczął mówić i z jego ust popłynął potok komediowych pereł, prawdziwych kamieni szlachetnych, każdy tekst był co najmniej tak dobry, albo lepszy, jak najlepsze kawałki innych komików. Nie mogłem uwierzyć, że potrafi tak przez pół godziny. Przypuszczam, że jemu wydawało się, że trwa to o wiele dłużej. Częściowo dlatego, że widownia rozmawiała. Zagłuszali go. Byłeś kiedyś na konferencji, na której za mikrofonem stoi nudny prelegent, i nagle okazuje się, że nikt go nie słucha i cała sala rozmawia między sobą? No właśnie tak to wyglądało. Miałem o to okropny żal do ludzi. Czułem się, jakby słowa Woody'ego trafiały bezpośrednio do mnie, ponad głowami publiczności, a ja je chłonąłem. Jeden tekst po drugim, niektórych publiczność nie rozumiała, bo były dla niej zbyt nowatorskie, ale wszystkie były zabawne.

DAVID: Nikt wcześniej nie uprawiał takiej komedii?

DICK: Ja w każdym razie nigdy czegoś takiego nie słyszałem. Oglądałem komików, którzy wychodzili na scenę i opowiadali serie dowcipów. Robili jakieś numery, gagi.

DAVID: Komedia w stylu kurortów w górach Catskill.

DICK. Zgadza się. W stylu Catskill. Albo w innych stylach. Widziałem, jak Bob Hope przez dwadzieścia minut opowiada przezabawne kawały, ale to było coś zupełnie innego. Woody chyba nawet raz napisał coś dla Boba Hope'a. W każdym razie podszedłem do niego i nie wiedziałem, co mówić. Tak kiepsko poradził sobie z publicznością. Pomyślałem, że chyba powinienem powiedzieć mu, jak bardzo spodobał mi się jego występ. Siedział w klubie, a wszyscy, którzy wychodzili, po prostu go mijali.

DAVID: Ignorowali go.

DICK: Tak. Nie widziałem, żeby ktokolwiek go pochwalił. To przypominało czuwanie – siedział tam, choć mógł zostać za kulisami – świadczyło o odwadze. Ciekawe, pomyślałem, na co liczy? Czego chce się dowiedzieć? Ma nadzieję, że ktoś podejdzie i powie: „Chłopaku, wyrobisz się. Już i tak jesteś całkiem niezły"? „Mówią tak?" – spytałem go. „Nie – odpowiedział. – Mówią: «Gitarzysta był świetny, ale ten komik... mój Boże»". Podobno usłyszał to chwilę wcześniej. Takich rzeczy się dowiadywał, siedząc wśród publiczności. Raz słyszałem, jak Jack Paar mówi do jakiegoś gościa: „Słuchaj, występy tego Allena... nie wiem, czy to najlepszy pomysł". Nie pamiętam, czy opowiedziałem o tym Woody'emu. To jednak był dobry pomysł, genialny, Woody występował dalej i coraz bardziej się wyrabiał. Zresztą już wtedy był świetny, tylko publika była na niego głucha.

DAVID: Potem przeszedł do Paara?

DICK: Tak.

DAVID: Opowiedziałeś Paarowi o tym, jaki Woody jest świetny?

DICK: Tak. A on prawie odebrał mi pracę. Poleciłem go, bo w zespole miał się zrobić wakat. Nie wiem, dlaczego wtedy mogło nas być tylko czterech; dziś zespół składa się z dwudziestu osób. Powiedziałem: „Ten gość jest bardzo zabawny". Jack miał taki paskudny, neurotyczny zwyczaj, stanowiący część jego elektryzującej osobowości, że mówił na wizji: „Jeden z moich współpracowników twierdzi, że ten gość jest zabawny". I to jako zapowiedź przed występem! Potrafił na przykład rzucić za kulisami: „Tylko spróbuj nie być zabawny" do trzęsącego się nowicjusza. Tę zapowiedź zrobił przed występem Woody'ego. „Tom O'Malley z mojego zespołu mówi, że ten gość jest wspaniały". To jedna z najmniej przyjemnych cech Jacka. Mimo to uwielbiałem go, nadal uwielbiam. No więc po tych słowach Woody stanął przed kamerami i zgorszył Jacka. Trochę mnie zdziwiły teksty, które zaserwował, bo był nowy na scenie, nie miał jeszcze renomy. Opowiedział kawałek o Szwecji, o tym, że bardziej ich tam podnieca jedzenie niż seks. Nie pominął również fragmentu o bitej śmietanie. Publiczności się podobało. Poczułem, że to mój sukces. A Jack powiedział przed kamerami, do widzów w całym kraju: „To było ciekawe, może nawet coś z tego puścimy w eter". Nawet dziś robi mi się zimno, kiedy o tym myślę.

DAVID: Nigdy nie polubił Woody'ego?

DICK: Nie sądzę. Później opowiadał, że to on go odkrył. Tak jak Barbrę Streisand i innych, których tak naprawdę wcale nie on odkrył.

DAVID: Czego tak bardzo nie lubił w Woodym?

DICK: Nie wiem. Nie był antysemitą jak Nixon, a przynajmniej nic o tym nie wiem. Może to kwestia szoku; Jack bywał sprośny, jak wszyscy, ale zarazem nosił w sobie purytanina. To samo było z Groucho. Nie wiem. Woody ostrzegł mnie kiedyś, że będąc w zespole Paara, spotkam najgorszego człowieka na świecie. Oczywiście zadałem sobie pytanie, o kogo chodzi. Rozmawiałem o tym, będąc już w ekipie programu... Nie powiem, jak ma na nazwisko, ale ma inicjały jak Paul Keys. Był szefem autorów tekstów dla Jacka, a przy okazji podstępnym wazeliniarzem. No, ale chyba nie można szkalować zmarłych, prawda?

DAVID: Myślę, że można. Chyba właśnie to zrobiłeś.

Dick: Podobno jednak nie można. Naprawdę. Teraz trzeba rzucić coś miłego o Hitlerze, tak dla równowagi. No dobrze, powiedzmy więc, że był cwanym gościem. Następnego dnia usłyszałem, jak studzi wściekłość Jacka, ponieważ ludzie wyrazili zdumienie tym, że Jack powiedział to, co powiedział o Woodym. Bo Woody wszystkim się spodobał, całemu zespołowi, oczywiście poza PK – ten siedział w biurze Jacka i przekręcał słowa Woody'ego: „Zlizałaś serek śmietankowy z mojego bajgla". To był pierwszy występ Woody'ego w programie Paara. Założę się, że Jack do końca życia wspominał jako swój sukces to, że wsparł Woody'ego.

David: Nadal go zapraszał?

Dick: Tak. Nie znam dokładnej liczby występów Woody'ego u Paara. Jestem głęboko przekonany, że Jack uzmysłowił sobie, jaki błąd popełnił.

David: Byłeś też iluzjonistą, stand-uperem i autorem tekstów, który chciał występować na scenie. Mieliście z Woodym wiele wspólnego.

Dick: Owszem, to zdumiewające, jak wiele nas łączyło, oczywiście oprócz tego, że on dorastał w Nowym Jorku, a ja w Nebrasce. Poza tym – mnóstwo rzeczy. Szybko okazało się, że obaj podziwiamy Boba Hope'a na ekranie i Groucho Marksa we wszelkich wcieleniach. Czuliśmy też niechęć do tych samych osób. Naprawdę doskonale się dobraliśmy i spędzaliśmy ze sobą mnóstwo czasu. Zdarzało się, że dwa albo trzy dni z rzędu chodziliśmy do parku porzucać do kosza albo wybieraliśmy się na film lub sztukę, albo obejrzeć Morta Sahla z Ellą Fitzgerald w Blue Angel i tak dalej. Pamiętam, że po drugim wieczorze oglądania Sahla Woody ukuł powiedzenie: „Ta wspaniała psia inteligencja", które jest doskonałe, bo jednocześnie mówi bardzo dużo i wiele pozostawia niedopowiedziane.

David: Bardzo się różnili.

Dick: Mort miał ostre, zdecydowane rysy i niezwykłe zdolności językowe. Woody podarował Mortowi pudełko ciasteczek, wzruszające to było i zabawne. Woody nie miał wcześniej okazji poznać Morta. Po występie Sahla w klubie Basin Street East poszliśmy obaj na zaplecze i spotkaliśmy się z Mortem.

David: Jak wyglądało to spotkanie?

Dick: Było miłe. Bardzo serdeczne. Obaj byliśmy pod wrażeniem. Zdarzył się taki zabawny moment: kiedy szliśmy za kulisy, Woody, ściskając pudełko drogich ciastek, powiedział: „Mam nadzieję, że ten gest nie skojarzy mu się z homoseksualizmem". Głośno się roześmiałem.

David: Chciałbym porozmawiać o twoim zachwycie Nowym Jorkiem po przeprowadzce z Nebraski. Pod wieloma względami przypomina to odczucia Woody'ego towarzyszące jego przenosinom z Brooklynu. Obu wam Nowy Jork bardzo przypadł do gustu.

Dick: Odpowiem tak, jak radzi się mówić gościom programów telewizyjnych: to bardzo dobre pytanie. Kiedyś powiedziałem Woody'emu: „Żal mi ludzi, którzy przyjeżdżają po raz pierwszy do Nowego Jorku i nie doświadczają tego co ja. Rzucony do miasta marzeń prosto ze Środkowego Zachodu. Ty, rzecz jasna, nie przeżyłeś tego samego". Na to on: „Właściwie to przeżyłem". Ojciec go zabrał. Pojechali na Times Square. Wyszli z Grand Central prosto do miasta moich marzeń.

David: Pamiętam, jak opowiadałeś o programie radiowym *Grand Central Station*.

Dick: Chodził mi po głowie, kiedy pociąg wjeżdżał na stację. Jest taki fragment: „Mija rząd czerwonych czynszówek na południe od Sto Dwudziestej Piątej Ulicy – i wjeżdża z hukiem do czterokilometrowego tunelu...".

David: Radio sprawiało, że czułeś się, jakbyś tam był.

Dick: Widziałeś, co zrobiliśmy z Woodym w [centrum kulturalnym] 92nd Street Y?

David: Nie.

Dick: To wygoogluj sobie. Urządzali pokaz *Złotych czasów radia* i poprosili Woody'ego i mnie, żebyśmy opowiedzieli o dawnym radiu. Wiedziałeś, że Woody stworzył składankę najlepszych momentów w karierze ekranowej Boba Hope'a?

David: Też nie.

Dick: Jak zwykle nie zjawił się na wieczorze. Prowadziłem własny program – to było po przenosinach do stacji PBS – i pomyślałem, że byłoby miło, gdyby widzowie dowiedzieli się, jak bardzo Woody ceni Hope'a. Woody powiedział: „Mistrz komedii na dużym ekranie. Chciałbym móc kiedyś poskładać w jedno jego najlepsze momenty". Obejrzeliśmy program i jeden z nas stwierdził: dobra, zróbmy to. Obejrzeliśmy kilka filmów w sali projekcyjnej, przypomnieliśmy sobie czasy dzieciństwa. Bob Hope w Lincoln Center... to, jak pracowałem z nim na scenie. I jaki z tego wyszedł wieczór! Puściliśmy film, pokazaliśmy widzom, na czym polegał talent Hope'a. Nie widziałem tej składanki od tamtej pory, mam nadzieję, że jeszcze istnieje.

David: Kiedy Woody zyskiwał rozgłos, Hope był już postrzegany wyłącznie jako postać należąca do establishmentu. Widziano w nim tuza, kogoś w typie Nixona.

Dick: Wiesz, że niedawno wyszła książka o nim [chodzi o wydaną w 2014 roku biografię *Hope: Entertainer of the Century* pióra Richarda Zoglina]. Za długo pozostawał aktywny. Dziwił się, kiedy go wygwizdywali. Mówił o tym John Kerry w moim programie, o czasach, kiedy służył w wojsku. Opowiadał, że w Danang wygwizdali Hope'a żołnierze, którzy mieli dość wojny w Wietnamie. Hope był w szoku, prawie go to zabiło. Woody zawsze przyznawał, że większość tego, co Hope zrobił dla telewizji, to śmieci. Był na szczycie, ale potem jego popularność zaczęła spadać. I niestety, za późno przeszedł na emeryturę.

David: Zawsze miało się wrażenie, że czyta z teleprompter a.

Dick: Nagrywałem program z Jackiem Gleasonem – Woody się z tego śmiał – który właśnie nakręcił jedno z wydań specjalnych show Boba Hope'a dla NBC. Spytałem go: „Kiedy pracujesz w ten sposób z Hope'em, to czy macie kontakt ze sobą?". Na to Gleason: „Hope od lat nie widział żadnego gościa". A teleprompter był bez sensu umieszczony z przodu sceny.

David: Zastanawiam się, czy tym, co was połączyło, była również depresja: w twoim przypadku kliniczna, w przypadku Woody'ego – lekka?

Dick: Całkiem możliwe. Na pewno sporo o tym rozmawialiśmy. Woody odwiedzał mnie, kiedy depresja nie pozwalała mi wychodzić z domu. Właśnie sobie uświadomiłem, że mi nie przynosił ciasteczek... Ktoś kiedyś zapytał Woody'ego w wywiadzie o to, jak bardzo się przyjaźnimy. Woody odparł: „Nie jestem przekonany, czy przyniósłby mi rosołek, gdybym był chory". Rozmówca się roześmiał, a ja zapewniłem Woody'ego, że owszem, przyniósłbym, o ile nie byłby zbyt gorący. Żałuję, że nie zapisywałem ani nie nagrywałem wszystkich tych złotych myśli, które pojawiały się w moich rozmowach z Woodym. I z Groucho też. Wydawało mi się, że je zapamiętam.

David: Jestem zdziwiony, że nie robiłeś notatek.

Dick: Czasem robiłem, przy obu. Bóg raczy wiedzieć, gdzie się podziewają. Podczas jednego z naszych spacerów dwadzieścia pięć albo trzydzieści lat temu Woody powiedział coś niezapomnianego. Chodziliśmy po Central Parku, był ładny, wiosenny dzień. Po chwili milczenia Woody nagle się odezwał: „Słuchaj, Cavett, znasz coś, co staje się lepsze?". Jedyne, co przyszło mi do głowy, to: „Może francuskie wina, które starzeją się w piwniczkach. I tyle". Dalej szliśmy w milczeniu.

DAVID: Jesteście całkowicie sobą.

DICK: To fakt, że podczas gdy wielu ludzi odniosło sukces, nie różniąc się niczym od innych komików bądź aktorów, każdemu z nas udało się pozostać sobą.

DAVID: Czy obecnie utrzymujecie równie bliskie kontakty jak dawniej?

DICK: Tak. Choć dziś już nie spotykamy się tak często jak kiedyś. Mijały lata... chciałem powiedzieć, że żaden z nas nie miał wtedy żony, ale przecież Woody miał. Tego samego wieczoru, kiedy poznałem Woody'ego, poznałem też Harlene. Po występie poszliśmy do jego mieszkania – najmniejszego spośród wszystkich jego mieszkań, jakie widziałem – i tam ją poznałem. Uderzyła mnie pewna wspaniała rzecz. Otóż niektórzy aktorzy wieszają u siebie swoje zdjęcia z gwiazdami show-biznesu – Woody obracał się wśród sław, na pewno nie raz i nie dwa pstryknięto mu fotkę z Nicholsem i May albo z Bobem Fossem u Rollinsa. U Woody'ego nie znalazłem niczego takiego. (...) Miał tablicę korkową z notatkami i różnymi innymi rzeczami. W prawym górnym rogu przypiął starannie wyciętą z obwoluty książki podobiznę S.J. Perelmana. Nie przyczepił całej okładki, jedynie profil Perelmana. Dokładnie, precyzyjnie wycięty. I tyle. Powiedziałem pewnie: „O, lubisz S.J. Perelmana" albo coś równie oryginalnego. Porozmawialiśmy o jego dziełach. Podziw Woody'ego dla Perelmana był wyraźny, wręcz namacalny. Bardzo mnie to poruszyło.

DAVID: A jaka była Harlene?

DICK: W ogóle jej nie pamiętam. Zamieniliśmy kilka słów. Miła, przyjemna młoda kobieta. Szybko zostawiła nas samych. Spędziła z nami raptem parę chwil.

DAVID: Poznałeś Louise?

Dick: Mój Boże, tak. Louise jest cudowna. Niestety, straciliśmy kontakt. To taka osoba, że wystarczy, że na siebie spojrzycie, i od razu zaczynacie się śmiać, a inni nie wiedzą, o co chodzi. Tak właśnie się zachowywaliśmy z Louise, dużo się śmialiśmy. Jakoś tak wystarczyło, że coś zaskoczy między nami – i już. Pracowaliśmy razem tylko raz, improwizowaliśmy reklamy excedrinu.

David: Była świetną improwizatorką, prawda?

Dick: O tak. W agencji reklamowej zatrudniali całe mnóstwo improwizatorów. Podsuwali nam tropy, a myśmy przerzucali się pomysłami, aż trafiliśmy w żart, jak mawiał mój znajomy. Z tego, co pamiętam, zdobyliśmy nawet jakąś nagrodę za tekst reklamowy, który nazywał się *Wątróbka*. Improwizowaliśmy, wcielając się w role męża i żony. Powiedziałem: „Wątróbka staje mi już w gardle. Prędzej sam na niej stanę, niż ją zjem". Uznano to za śmieszne. Taki to był duet Lasser i Cavetta.

David: Zawsze uważałem, że spośród wszystkich kobiet, które pojawiły się w tamtym czasie w życiu Woody'ego, Louise było z nim najbardziej po drodze.

Dick: Bez dwóch zdań. Choć przyznam, że nie znam kobiet, które były obecne w jego życiu, zanim pojawiła się w nim jego pierwsza żona. Ze dwa razy wyszliśmy razem na podryw. Potem, rzecz jasna, nastał czas Keaton. Nie znam nikogo, komu byłoby bliżej do Woody'ego niż Louise. Zawsze doceniał ją za dowcipy, które za niego kończyła.

David: Powiedział kiedyś, że kiedy poznał Louise, stał się człowiekiem.

Dick: Byłbym skłonny w to uwierzyć. Świetnie się dogadywali. Pamiętam, jak kiedyś dokończyła za niego dowcip. Musisz go o to zapytać, bo mogę coś pokręcić. W restauracji w Greenwich Village poruszył temat, zdaje się, żartu z rabinów reformowanych. Powiedział chyba, że jest rabinem tak bardzo reformowanym, że praktycznie stał się nazistą.

DAVID: Wykorzystał to! W stand-upie.

DICK: Zapytaj go, czy to prawda, że Louise wymyśliła tekst z nazistą. Woody wziął leżące na sąsiednim stoliku pudełko zapałek i zapisał na nim dowcip. Żałuję, że sam nie miałem takiego nawyku. Woody natychmiast rozglądał się za czymś do pisania, ilekroć przyszedł mu do głowy dobry żart. Był zdyscyplinowany i nigdy nie zakładał – nigdy nie popełnił tego błędu – że wszystko doskonale spamięta.

DAVID: Przypuszczam, że tak samo notuje fragmenty dialogów.

DICK: Och, ma tego pełne kieszenie.

DAVID: Podobno kiedyś Woody powiedział ci, że nie wystarczyłoby mu życia, gdyby zechciał spisać wszystkie pomysły, które przychodzą mu do głowy.

DICK: Tak, rozłożyło mnie to na łopatki. Raz na pewno w Trader Vic's w Beverly Hills. Obaj zamówiliśmy homara. Woody zaskoczył mnie, mówiąc, że chciałby „pisać scenariusze i kręcić filmy". Występował wtedy w... jakimś lokalu na piętrze, nad Crescendo przy Hollywood Strip. A ja pisałem dla Jerry'ego Lewisa. Widywaliśmy się codziennie wieczorem. Oglądałem go w klubie i przesiadywałem z nim pomiędzy występami. Graliśmy nawet w gry słowne. Wypełnialiśmy kwadraty literami. To było jednego z takich wieczorów... Nagle gość siedzący po drugiej stronie stolika mówi mi, że będzie kręcił filmy, mało tego – że będzie je pisał. Pomyślałem, pamiętam, że nawet nie wiedziałbym, jak się do tego zabrać. Potem dodał: „Mam tyle pomysłów, że pewnie do końca życia nie zdążę ich spisać". Prawie zemdlałem.

DAVID: Rozmawiamy czterdzieści cztery filmy później. Wiele z nich to arcydzieła, choć Woody nie postrzega ich w tych kategoriach.

Dick: Dużo bym dał, żeby się dowiedzieć, co on naprawdę myśli o takich sprawach. (...) Ale wierzę, że to prawda... znając go. Jest w nim coś takiego, że człowiek mu wierzy, kiedy mówi: „Nie będę płakał, jeśli już nigdy więcej nie obejrzę żadnego ze swoich filmów". Nie ma mieszkania obwieszonego plakatami do własnych obrazów.

David: Chyba niczego nie przechowuje, prawda?

Dick: Nie wiem. Kiedy go poznałem powiedział, zdaje się: „Trzymam wszystkie listy".

David: Jak byś go opisał jako przyjaciel? Sprawia wrażenie niewiarygodnie lojalnej osoby.

Dick: Tak, to prawda. Och, przyszło mi coś do głowy: listy słów. Kiedy byłem pierwszy raz w jego mieszkaniu przy Park Avenue, wyjął z szafy różne rzeczy i wśród nich znajdował się gruby plik kartek. To była jakaś lista spisana z podwójnym odstępem. „Co to takiego?" – spytałem. Okazało się, że to spis osobliwych słów, w większości niewątpliwie wypatrzonych u S.J. Perelmana, mistrza słownictwa, których znaczenie musisz sprawdzać w słowniku.

David: Kiedy Harlene podjęła studia filozoficzne, Woody zaczął się dokształcać, wtedy to się pewnie zaczęło.

Dick: Tak, kiedyś powiedział mi, że brał korepetycje z klasyków.

David: To prawda.

Dick: Zanim zadzwoniłeś, zdążyłem sporządzić trochę zapisków. Ale pewnie i tak znasz już większość tych informacji. Spójrzmy. Pamiętam, kiedy powiedział mi: „Muszę poznać Groucho". Ja sam poznałem Groucho na ulicy przed zakładem pogrzebowym, po pochówku George'a S. Kaufmana, i to był początek mojej wieloletniej znajomości [z Woodym]. Nie mogłem się doczekać, aż opowiem mu, że zjadłem lunch z Groucho. Rozmawialiśmy na ulicy, mówił głosem jak w swoim teleturnieju [*You Bet Your Life*], powiedział:

„Wygląda na to, że miły z ciebie młody człowiek. Zapraszam cię na lunch". Uzgodniliśmy, że spotkamy się w Plazie. Później zadzwoniłem do Woody'ego i powiedziałem: „Mogę umierać. Właśnie zjadłem lunch z Groucho Marksem". Niedługo potem Woody oznajmił: „Muszę poznać Groucho". To ja zorganizowałem ich spotkanie. Umówiliśmy się na lunch w Lindy's. Jechaliśmy taksówką z Woodym i obaj byliśmy spięci. Po wszystkim Woody zwierzył mi się, że to było niezwykłe spotkanie, czuł się, jakby obcował z wielką, ogromną postacią i jednocześnie rozmawiał z żydowskim wujem.

DAVID: Ciekawe. Kiedy oglądałem twój wywiad z Groucho, przeszło mi przez myśl, że wygląda jak żydowski wuj.

DICK: No właśnie. Taki, który od czasu do czasu wtrąca jidyszyzmy.

DAVID: I ten głos.

DICK: Tak jest. Kiedy nie sypie bon motami, może spokojnie grać starego żydowskiego wuja.

DAVID: Albo żydowskiego rzeźnika. Albo kelnera.

DICK: Bez żydowskiego akcentu, za to z silnym nowojorskim. Ludzie często źle go naśladują, mówiąc *soytainly* [*certainly* – oczywiście]. Ale Groucho wcale tak nie mówi. Nie ma symboli fonetycznych mogących oddać tę jego wymowę. Próbując to przenieść na papier, lepiej napisać *sight* niż *soit* w pierwszej części słowa *certain*. O dziwo, brzmi to podobnie do *let me do it foist* [*first* – najpierw] Olivera Hardy'ego. Pewnego wieczoru, kiedy podziwialiśmy Morta Sahla, stojąc z tyłu Basin Street East, Woody powiedział: „Wiesz co, Cavett? Kiedy na niego patrzę, to myślę, że wszyscy pozostali powinni zmienić branżę". No, to tyle przygotowałem. Możesz pytać dalej, jeśli chcesz.

DAVID: Porozmawiajmy o sprawie z Mią. Czy uważasz, że Mia jest szalona?

Dick: Nie wiem, co powiedzieć. Myślę, że mamy do czynienia z przypadkiem patologicznej mściwości. Mia zawsze była dla mnie, jak to się mówi, bardzo uprzejma. Myślę, że Woody najlepiej podsumował całą rzecz, kiedy w którymś z późnowieczornych talk-show poproszono go o zajęcie stanowiska. Powiedział wtedy: „Czy to się trzyma kupy, że będąc w średnim wieku – miał wtedy bodaj pięćdziesiąt siedem lat – nagle postanowiłem zacząć molestować dzieci?". Jak wiadomo z badań nad osobami o takich skłonnościach, to nie bierze się znikąd. Zawsze pojawiają się różne oznaki. (…) Pomysł, że Allen mógłby zrobić coś takiego, jest niedorzeczny. Że niby wydarzyło się to w domu pełnym ludzi – w dodatku na strychu – gdzie każdy mógł zobaczyć, jak wchodzi do pokoju i z niego wychodzi… nie, to się nie składa w jedną całość. Dylan – strasznie mi szkoda tego dziecka, miała okropne życie. A Mia, razem ze swoim znajomym dziennikarzem o potężnych wpływach [Nicholasem Kristofem], każe jej ponownie przeżywać ten koszmar. (…) Wreszcie zostawiła to za sobą i, tak jak chciała, znalazła sobie niszę – a tu mama znów każe jej być w centrum uwagi. [W 2014 roku] z jakichś szalonych powodów ponownie przeżywa to samo. Czyżbyśmy zapomnieli o prowokowaniu wspomnień seksualnych – w latach osiemdziesiątych i dziewięćdziesiątych było o tym głośno – o wywoływaniu wspomnień seksualnych u dzieci? Moses Farrow mówi, że to nie Woody był tym złym, ale Mia. Pewne jest to, że dziecko zostało wykorzystane. Tylko przez kogo? Zaburzenie umysłowe przyjmujące postać psychopatycznej mściwości – to, myślę, naprawdę wiele mówi. Tak ja to widzę.

David: Spotykałeś ich razem?

Dick: Pamiętam początek związku Woody'ego i Mii. Kiedyś powiedział, że widział, jak wysiadała z samochodu, i pomyślał, że jest uderzająco piękną kobietą.

DAVID: Kiedy kręcił *Zeliga*, znali się dopiero od dwóch lat, a jest to jedyny film, w którym ona go ratuje; jest psychiatrą, której udaje się go uleczyć. Zastanawia mnie, czy tak właśnie postrzegał ją w początkowej fazie ich związku.

DICK: Mój Boże, nie pamiętam tego. Nie mam pojęcia.

DAVID: O czym rozmawiacie, kiedy spacerujecie po mieście?

DICK: Nie pomogę ci, jeśli odpowiem, że o wszystkim. Czasem rozmawiamy na tematy polityczne. O magii. Wymieniamy się plotkami z branży. Wspominamy to i owo. Sprawdzamy się nawzajem, czy nasza pamięć nie szwankuje. I czy wszystko w porządku ze słuchem. Pamiętam, jak przed wieloma laty poszliśmy z Woodym na nasz pierwszy spacer i on spytał: „Cavett, czy mógłbyś iść po mojej prawej stronie?". Odparłem, że jasne, nie ma sprawy, i pomyślałem: „Czy to ma coś wspólnego, nie wiem, z religią?". Ale Woody wyjaśnił, że chodzi o lewe ucho – po prostu zaczął tracić w nim słuch. Jakiś czas później sam zacząłem mieć problemy ze słuchem w jednym uchu i powiedziałem wtedy: „Allen, kończą nam się strony".

DAVID: Jak sądzisz, dlaczego jego zdaniem komedia jest mniej istotnym gatunkiem niż dramat? Powiedział, że twórcy komedii nie siadają przy jednym stole z dorosłymi.

DICK: Nie wiem. Niekoniecznie się z tym zgadzam. Pod jakimi względami dramat przewyższa sprawną komedię? Chętnie dowiedziałbym się, co Woody ma do powiedzenia na ten temat.

DAVID: Z czego, twoim zdaniem, wynika zmienność, z jaką media traktują Woody'ego? I jakie, według ciebie, obecnie mają nastawienie do jego osoby?

DICK: Każdy normalny człowiek powinien umieć dostrzec w nim geniusza w dziedzinie, którą Woody się zajmuje. A jeśli ktoś ma jakieś idiotyczne moralne obiekcje, znaczy to, że wybrał złą stronę. (...) Chcę wspomnieć o przekrojowym artykule, który czytałem, o osobach molestujących nieletnich. Ludzie uważają ich za zepsutych do cna potworów. Najczęściej, jak się okazuje, są to osoby dysponujące władzą, na przykład opiekunowie dzieci, nauczyciele, trenerzy, księża, drużynowi w skautach, kierownicy chórów.

Kiedyś, na początku naszej znajomości, podczas spaceru po Park Avenue, spytałem: „Masz jakiś powód, żeby nie chcieć wpaść na Neila «Doca» Simona?". „A co?" – odparł. „Bo idzie w naszą stronę. Jest dwie przecznice stąd". Miałem wtedy ostrość wzroku dwadzieścia na pięć. To osiem razy lepsze widzenie niż bazowe dwadzieścia na dwadzieścia. Potrafiłem odczytać tablice rejestracyjne aut znajdujących się dwie przecznice dalej. Litery w dolnym rzędzie na tablicy u okulisty odczytywałem równie łatwo, jak litery w górnym rzędzie. Lekarz nie mógł uwierzyć. Więc żeby go wkurzyć – bo oskarżył mnie, że po prostu nauczyłem się liter na pamięć – powiedziałem: „Na samym dole jest napisane: Drukarnia w Brunswicku". Zmyśliłem to. Allenowi się spodobało. Pewnie pomyślał, że zmówiliśmy się z Neilem Simonem.

DAVID: Czy uważasz, że Woody jest świadom wagi swoich dokonań?

DICK: Pewnie tak, skoro nieustannie przypomina mu się o tym różnego rodzaju hołdami i wyrazami uznania. Być może niektórzy najbardziej cenią go za postawę: „Przykro mi, ale nie mogę odebrać Oscara, bo gram z zespołem". Istnieją ludzie, który twierdzą, że nie obchodzi ich, co inni myślą. Woody wytrwał, bo jego rzeczywiście to nie obchodzi. Osiągnął, co osiągnął, i jest prawdziwy. Nie interesuje go, co ma do powiedzenia Akademia, ale co myślimy ty czy ja – owszem.

DAVID: Wydaje mi się, że w świecie show-biznesu, w którym toczy się bezpardonowa walka, Allen zawsze był uczciwy i lojalny.

Dick: O to chodzi. Z czasem jego decyzje – na przykład ta, żeby nie pójść na pogrzeb Kaufmana, chociaż podziwiał go nie mniej niż Groucho – przestały mnie zaskakiwać. Potem ten hołd dla Boba Hope'a. Byłem na scenie z Hope'em. Woody'emu imponowało to, że siedziałem za kulisami, kiedy Hope prowadził imprezę. I że napisałem nowy tekst do *Thanks for the Memory*, w którym znalazło się miejsce dla nas dwóch: „I Woody wygadany, i Dick dobrze znany, to są konusy dwa, więc dziękujemy wam". Napisałem to wołami, żeby Hope nie przeoczył. I przeczytał to.

David: Piękne. Co uważasz za spuściznę po Woodym?

Dick: Całą jego pracę. Nadzwyczaj spójną twórczość komediową na tak wysokim poziomie, że jest niczym rzadki klejnot. Aha, nie darowałbym sobie, gdybym nie wspomniał o jednej rzeczy. Znasz wiersz Philipa Larkina pod tytułem *Alba*? To swego rodzaju hymn do poranka. Podesłałem go Woody'emu, zaraz zrozumiesz dlaczego. Woody znał Larkina, ale nie kojarzył tego utworu: „Zanim brzegi zasłon blask rozpali / Widzę tę, która zawsze tam jest, tak naprawdę: / Niestrudzoną śmierć, teraz o cały dzień bliższą"[110] – to dopiero początek tego długiego wiersza. Podesłałem go Woody'emu krótko po tym, jak powiedział mi, że ktoś zwrócił mu uwagę, że w pierwszym zbiorze, który ogłosił drukiem, jakieś dziesięć na czternaście historii dotyczy śmierci.

David: Numeru jeden na liście jego zmartwień.

Dick: Napisał o niej w swoim ostatnim e-mailu do mnie. Ponieważ powiedziałem mu, że właśnie czytam *The Denial of Death*, arcydzieło Ernesta Beckera.

David: Jego ulubione.

Dick: Zapomniałem, że wręcza tę książkę Keaton.

David: Zgadza się.

---

[110] Fragmenty wiersza Philipa Larkina *Alba* w przekładzie Jacka Dehnela.

Dick: I to w *Annie Hall*, filmie, w którym wszyscy występujemy. Chodzi w każdym razie o to, że w tym wierszu Larkina padają słowa, od których przechodzą dreszcze: Woody'ego, ciebie, każdego, kto je czyta.

David: Czy odpowiedział ci jakoś?

Dick: O tak, jak najbardziej. To właśnie jest najlepsze. Nie zrobił tego od razu. Jakieś dwa tygodnie później wybraliśmy się na spacer i powiedziałem: „Dostałeś ten wiersz Larkina, który ci wysłałem? Mam nadzieję, że nie zepsuł ci dnia". Na to on: „Mnie nie". Jeden z najlepszych tekstów Allena. I oczywiście zaczęliśmy o tym rozmawiać. To olśniewający wiersz. Jest w nim takie określenie... „piec trwogi"... chwileczkę, gdzie to było? O, mam: „Większość rzeczy nie zdarza się – lecz ta się zdarzy, / A zrozumienie tego dzikie rozpala płomienie / W piecu trwogi, gdzie nagle jesteśmy schwyceni, / Bez ludzi i bez drinków". Myślę, że to bez dwóch zdań arcydzieło poezji Larkina. Co roku czytałem ten wiersz podczas wieczoru poetyckiego w Lincoln Center i zawsze mroził publiczność.

David: Dawno mu go wysłałeś?

Dick: Jakieś cztery lata temu.

David: Musiał zrobić na nim ogromne wrażenie.

Dick: No, powiedział: „Mnie nie". Zapamiętam te słowa do końca życia. Co ty na to, że kiedy w 2014 roku znowu zrobiło się głośno o tej aferze z Mią, dwie gazety – widziałem to na własne oczy – podały datę ich ślubu. A przecież nie byli małżeństwem. W innej napisano, kiedy zaczęło się i skończyło ich wesele.

David: Wszystko to miało sugerować, że Soon-Yi jest jego córką.

Dick: Piszą ci, co nie znają sprawy. Wspomniałem o nim w swojej nowej książce, *Brief Encounters*, i ktoś odezwał się do mnie: „Jak pan może kalać własne dzieło, pisząc o kryminaliście?".

DAVID: Niezwykłe jest to, że Woody nie ustawał w pracy. I w graniu.

DICK: To musiało go bardzo podnosić na duchu. Żałuję, że sam już nie gram na klarnecie. Oto kolejna rzecz, która nas połączyła. I to, że obaj jesteśmy niscy.

DAVID: Poznałeś jego rodziców?

DICK: Tylko ojca. Uwielbiałem go. Niski facet, chyba niższy od Woody'ego, krępy, miał prawie prostokątne ciało. Pamiętam takie zabawne zdarzenie: byliśmy w Stage Delicatessen. Ojciec Woody'ego coś zamawiał, pewnie burgera. W każdym razie w pewnym momencie powiedział: „To nie pierwsze, co dzisiaj wtrząchnę". I pamiętam śmiech Woody'ego. Kiedy po raz pierwszy spytałem go o ojca, odparł, że to niski, krępy facet, wykidajło, który nosi trzydziestkę ósemkę i wywala ludzi z klubów.

DAVID: Był postacią z opowieści Damona Runyona.

DICK: Wypisz, wymaluj. Taką jak on postać nauczyciel pisania skrytykowałby jako mało wiarygodną.

DAVID: Właśnie to najbardziej mi się podobało w *Dannym Rosie z Broadwayu*, cały ten świat, który Woody przywołuje. W gruncie rzeczy to był hołd złożony Jackowi Rollinsowi, prawda?

DICK: Który nawet pojawia się w tym filmie.

DAVID: Tak, siedzi przy stoliku w Carnegie Deli. To hołd – dla bezinteresownego menedżera, który dla swoich klientów zrobiłby wszystko.

DICK: Ten element został mocno wyeksponowany.

DAVID: Które jego filmy należą do twoich ulubionych?

DICK: *Danny Rose z Broadwayu* znajduje się wysoko na mojej liście. Bardzo lubię *Zbrodnie i wykroczenia*. Są też takie, o których nawet nie wiedziałem, że je oglądałem. *Życie i cała reszta*. Mam w nim swój wkład. Kiedy z moją nieżyjącą już żoną [Carrie Nye] mieszkaliśmy w Montauk, mieliśmy w naszym budynku gospodynię, starszą ekscentryczną panią, solidnie zbudowaną, metr czterdzieści w kapeluszu, przezabawną alkoholiczkę w typie Marie Dressler z *Pilnuj swego męża*. Miała takie powiedzonko. Dawniej pracowała na ciepłej posadce jako sekretarka, bodaj Heleny Rubinstein. Alkohol i wiek uczyniły z niej niezwykle zabawną postać. Kiedy się z nią rozmawiało i nie potrafiła wymyślić odpowiedzi, mówiła: „Ech, to jak życie i cała reszta, co nie?".

DAVID: Wspomniałeś o tym Woody'emu?

DICK: Tak.

DAVID: Zatem stąd to się wzięło.

DICK: Bardzo mu się to spodobało: „Życie i cała reszta". Powiedziałem mu: „Chciałem choć raz odparować pani Bolder: «Naprawdę? Jak cała reszta? Jak antracyt? Jak Hanza? Jak pedicure?»". No i Woody wykorzystał tę „całą resztę". Wprawił mnie tym w osłupienie. Miałem swój udział w jego filmie. A on swoimi filmami wniósł bardzo wiele do historii kina.

DAVID: I nadal wnosi. To kolejna niezwykła rzecz w jego „przepracowywaniu" skandali. Nic nie jest w stanie go powstrzymać. Nawet wszystkie te brudy, którymi go oblano.

DICK: Zgadzam się. Ale wiesz, „To jak życie i cała reszta", co nie?

9. „Zaskakujące oznaki wielkości"

W 1984 roku do kin trafił *Danny Rose z Broadwayu*, jeden z najbardziej szczerych filmów Allena, hołd oddany Jackowi Rollinsowi, list miłosny do show-biznesu dawnych lat, do gór Catskill, rewii (osiem dużych numerów w RKO Palace, pięć mniejszych w RKO Jefferson przy Czternastej Ulicy) i starego szemranego Broadwayu, pełnego tętniących energią postaci wyjętych żywcem z opowieści Damona Runyona, walczących o uznanie ludzi sceny ze zniszczonymi walizkami, wlokących się w górę i w dół po schodach podłych hoteli stojących przy odchodzących od Broadwayu uliczkach: akrobatów, stepujących aktorów, hipnotyzerów, brzuchomówców, którzy nie potrafili zapanować nad ustami, kiedy ich lalki sypały dowcipami, treserów śpiewających ptaków – wszyscy oni czekali na swój wielki dzień, który nigdy nie nadszedł. (Widziałem, jak jeden z komików, Frank Marlowe, za każdym razem, gdy występował w RKO Palace, w finale swojego show rzucał się ze sceny prosto do fosy orkiestrowej). To był Broadway *Facetów i laleczek*, Abla Greena, Sime'a Silvermana, Joe'ego Lauriego juniora i „Variety"; Broadway grubych cygar, wielkich brzuchów, sportowych marynarek w szachownicę i wystających z bocznych kieszeni programów wyścigów konnych.

Danny Rose z Broadwayu jest przesiąknięty atmosferą subkultury show-biznesu, którą Allen dobrze znał i darzył gorącym uczuciem. Byli tam aktorzy irlandzcy, włoscy, czarnoskórzy oraz, jak w każdej branży związanej z rozrywką, żydowscy. Komicy z gór Catskill, „żydowskich Alp", gromadzili się w Lindy's, Stage albo Carnegie Deli (ulubione miejsce spotkań spadających gwiazd) i to oni stanowią narracyjne centrum filmu. Znani komicy: Jack Carter, Sandy Baron, Jackie Gayle, Morty Gunty, Will Jordan i sam Jack Rollins, siedzą przy stoliku w Carnegie, wspominają i śmieją się z tragizmu Danny'ego Rose'a („Ależ był z niego nieudacznik", mówią). Można oglądać ten film w kategoriach „co by było, gdyby": jaki byłby los Allena, tego młodego, jąkającego się, osamotnionego chłopca, tego Woody'ego, który jest bohaterem *The Floating Light Bulb* i ucieka w świat magii.

Film jest zabawny, poruszający i wielowarstwowy. Allen wciela się w Danny'ego Rose'a, nieudacznika, który osiadł na mieliźnie show-biznesu, tam gdzie niedoszłe gwiazdy, pieczeniarze i rewiowe wiarusy gromadzą się, żeby we własnym gronie użalać się na ciężki los. Film jest nasycony typową dla Allena uderzającą do głowy mieszanką dramatu, absurdu i komedii oraz podszyty głęboką wrażliwością. Danny zagrzewa swoich klientów, artystów najgorszego sortu, do działania, każąc im patrzeć w lustro i powtarzać: „Trzy «s»: sława, szczęście, siła".

Lou Canova, sympatyczny, choć głupawy, otyły włoski piosenkarz barowy, którego kariera skończyła się, zanim się rozkręciła, wykazuje bliskie podobieństwo do prawdziwej osobowości grającego go aktora, Nicka Apolla Forte'a. Zapytałem

Juliet Taylor, kierowniczkę obsady w ekipie Allena, jak znalazła Forte'a. „Reakcja Woody'ego na aktorów jest wybitnie instynktowna – powiedziała mi. – Jest przy tym bardzo wymagający dla dobrych aktorów. Ale zdarza się, że widzi kogoś i już wie: to jest postać, którą napisałem. Przez lata wiele razy się zdarzało, że obsadzaliśmy role aktorami, u których wyczuwaliśmy, że ich naturalne przymioty pozwolą im najlepiej oddać odgrywaną postać. Woody lubi aktorów grających naturalnie, nie przepada za egzaltowanymi.

Zdarza się, że angażujemy naturszczyków, i wtedy oczywiście bywa zabawnie – mówiła dalej Taylor. – Właściwie cała obsada *Danny'ego Rose'a z Broadwayu* była taką przygodą. Musieliśmy wyszukać artystów. Kobieta grająca na kieliszkach z wodą, komicy, rodzina na trawniku podczas imprezy – to była prawdziwa włoska familia z New Jersey, która prowadziła firmę świadczącą usługi pogrzebowe. Słowem: niezła przygoda. Poszukiwania barowego śpiewaka do roli Lou Canovy były zakrojone na szeroką skalę. Poprosiłam moją ówczesną asystentkę Ellen Lewis, która później sama została uznaną kierowniczką obsady, żeby poszła do sklepu płytowego Colony i przeszukała dział z nagraniami wokalistów. Wróciła z naręczem albumów mało znanych piosenkarzy. Równocześnie rozglądaliśmy się wśród bardziej rozpoznawalnych nazwisk, artystów pokroju Vica Damone'a albo Jimmy'ego Rosellego. Trafiliśmy na album ze zdjęciem Nicka Apolla Forte'a na okładce i już wiedzieliśmy, że to jest to. Śpiewał wtedy w Holiday Inn w Waterbury w stanie Connecticut".

W filmie pojawia się nawet Joe Franklin, rozkoszny król nostalgii, który uwielbiał wszystkich, był ucieleśnieniem show-biznesu z dawnych czasów i z najniższej półki, a także gospodarzem programów radiowych i telewizyjnych, w których przez pół wieku gościł tysiące byłych i niedoszłych artystów. Franklin przeprowadza wywiad z najnowszym niewypałem Danny'ego, Lou Canovą, w swoim telewizyjnym show. Słowa, którymi go zapowiada, napisał, co prawda, Allen, lecz równie dobrze Franklin mógł je sam wymyślić: „I oby mój entuzjazm okazał się zaraźliwy, bo... kocham tego faceta, jeśli mogę tak powiedzieć. Kocham Lou Canovę".

Historia miłosna stanowiąca sedno *Danny'ego Rose'a z Broadwayu* została opowiedziana z poczuciem humoru, czułością i dbałością o szczegóły. Obiektem uczuć jest Mia Farrow w swojej najlepszej roli jako Tina Vitale, była żona gangstera, twarda jak skała, której serce i sumienie nieoczekiwanie porusza Danny Rose swoją wrażliwością i osobliwą prawością. Danny, „menedżer teatralny", nosi naszyjnik z symbolem *chai* (życie) i jest nieforemną, ubraną w niechlujne, tandetne marynarki w kratę wersją Woody'ego Allena; pod pachą nosi złożony egzemplarz „Variety"; używa wyświechtanych broadwayowskich powiedzonek w typie: „Bóg z wami, kochani" albo: „Taka jest *emes* (prawda)"; mawia: „Czy mogę podsunąć pomysł w tym momencie?"; jest bezwzględnie lojalny w stosunku do artystów zajmujących się robieniem zwierzątek z balonów, niewidomych żonglerów, jednonogich stepujących tancerzy (jeden z nich, Peg Leg Bates, naprawdę kiedyś występował jako gwóźdź programu w Palace i Apollo); pożąda kobiet będących poza jego zasięgiem; jada mrożone gotowe dania i ma lokum w opłakanym stanie – ale niewykluczone, że w końcu zdobędzie dziewczynę.

Mia Farrow w roli byłej kobiety gangstera, noszącej ciemne okulary, za którymi kryje się łagodne spojrzenie, jest niemal nie do poznania. Po kolacji w restauracji Rao's we wschodnim Harlemie powiedziała Allenowi, że chciałaby zagrać postać taką jak pani Rao – to wystarczyło Woody'emu do stworzenia bohaterki, a wraz z nią filmu, arcydzieła. Umożliwił Mii zagranie roli życia.

Ten film to cudowny gobelin ze skomplikowanym splotem zdarzeń; nieustannie zaskakuje; ma niezwykły, spójny klimat, pełen smaczków – nawet tak drobnych, jak ten, że nieszczęsny brzuchomówca nosi idealnie do niego pasujące nazwisko

Barney Dunn (Patafian) – i ani przez chwilę nie rozpływa się w sentymentalności. Danny Rose, choć nie jest bardziej religijny niż wcześniejsze wcielenia Allena, nosi naszyjnik *chai* i afiszuje się ze swoją żydowskością, która ma też związek z jego przyzwoitością i współczuciem dla najsłabszych i przegranych. Allen dwukrotnie używa zapadających w pamięć prostych słów mądrości – przypisuje je swojemu wujowi Sidneyowi – o tym, jak wieść moralne życie: „Akceptacja, przebaczenie, miłość". (Pierwszy raz słowa te wypowiada Danny, a drugi raz Tina, kiedy błaga go, aby wybaczył jej zdradę).

Allenowi udaje się tym filmem osiągnąć równowagę między dramatem i komedią. *Danny Rose z Broadwayu* jest wzruszająco przejmujący; jego zabawni, sprawiający wrażenie wyjętych wprost z prozy Runyona bohaterowie nie są papierowi – to postaci z krwi i kości, obdarzone godnością i szacunkiem. Film jest przypowieścią o uczciwości i moralności. Danny, podobnie jak Jack Rollins, nigdy nie rezygnuje z zaangażowania w sprawy swoich klientów. Allen spłaca *Dannym Rose'em z Broadwayu* dług człowiekowi, który od początku w niego wierzył i sprawił, że Allen sam uwierzył w siebie jako artystę. Jednym ze źródeł inspiracji dla Woody'ego był Rollins, drugim zaś prawdopodobnie Dave Jonas, agent, który naprawdę zajmował się beznadziejnymi przypadkami i którego podopieczni bezlitośnie kantowali, ilekroć udawało im się osiągnąć jakikolwiek sukces. Jonas miał biuro przy Zachodniej Pięćdziesiątej Siódmej Ulicy, dokładnie naprzeciwko siedziby Rollinsa i Joffe'a.

To też opowieść o lojalności: Rollinsa wobec Allena, Allena wobec Rollinsa. Tinę, która zdradza Danny'ego, znajdując nowego, przebojowego menedżera dla Lou Canovy, dręczą wyrzuty sumienia, toteż udaje się do Danny'ego, by prosić o przebaczenie, akurat kiedy ten w Święto Dziękczynienia wydaje kolację z mrożonych gotowych dań („Śmiało! – krzyczy – wcinajcie!") dla swoich broadwayowych wyrzutków.

Allen od początku kariery okazuje wdzięczność Rollinsowi, zarówno w sposób materialny, jak i symboliczny, przedstawiając go jako producenta wszystkich swoich filmów. Lecz jest *Danny Rose z Broadwayu* również opowieścią o Woodym Allenie, o jego moralności, uczuciowości, lojalności i o tym, co nim powoduje. Krytyk Andrew Pulver napisał w „Guardianie": „Rose wyróżnia się jako postać wyjątkowa na tle niezwykłej Allenowej galerii szlemieli, oferm i kutafonów: ani nie jest oczytany, ani nie ma seksapilu, ani nie potrafi się ubrać. Nie sposób jednak nie zauważyć, jak wielką czułością darzy Allen tę postać". Pulver chwali film za wyczucie moralności, za „oddanie człowieczeństwu, miłości i prawości".

„To nie jest opowieść o spełnieniu – pisze dalej – lecz o pojednaniu. To uznanie, że chcemy naprawiać błędy, że dobro zwycięży i że niewierni zostaną ukarani bądź nawróceni". Kończy recenzję wzmianką o „wrodzonej żydowskości", którą dostrzega w filmie:

> Jaka inna kultura dostrzega bohaterstwo w tej tak na pozór nielogicznej porażce jednego człowieka? Danny Rose nie nadaje się do walki, robi mu się niedobrze, kiedy musi podbiec pod górkę, nie radzi sobie w interesach, opuszczają go wszyscy poza tymi, którzy przeżywają jeszcze większe trudności niż on. Mimo to jest bez wątpienia światełkiem nadziei na moralnej pustyni – dlatego, a nie pomimo tego, że nie godzi się na rzucanie ludziom wyzwań. Żydowskość Rose'a stanowi element rażąco niereligijnej tożsamości; jest czymś, czego współcześni komentatorzy nie potrafią objąć myślami, a co dla pokolenia Allena (…) było normą. Trzeba do tego wrócić. Myślę, że każda grupa etniczna mogłaby się czegoś nauczyć.

W latach 1987 i 1988 na ekrany trafiły dwa słabe filmy Allena: *Wrzesień* i *Inna kobieta*, kolejne obrazy inspirowane Bergmanem.

Wydaje się, że spłodził je jakiś obcy Allen, oba sprawiają bowiem wrażenie nieprzystających do tożsamości Woody'ego jako scenarzysty, filmowca i reżysera, są całkowicie wyzute z humoru, ciepła, błyskotliwości, autentyczności, oryginalności, spontaniczności i ironii. *Wrześniowi* nie pomogło nawet powtórne nakręcenie. Allen celował wysoko jako artysta, ale przeliczył się i przestrzelił. Znamienne, że inspiracją do napisania zarówno *Wnętrz*, jak i *Września*, nie były dla niego postaci, lecz dom. „Niezwykle ważną rolę w kreowaniu nastroju odgrywa również sam dom, który – podobnie jak we *Wnętrzach* – jest jednym z bohaterów filmu – powiedział Stigowi Björkmanowi. – To właśnie dom stał się pierwszą inspiracją scenariusza i dlatego jego znaczenie jest bardzo istotne. Pragnąłem, by widzowie postrzegali go tak samo, jak dom w filmie *Wnętrza*. Główna bohaterka, matka, była z zawodu dekoratorem wnętrz, a więc mógł on budzić jeszcze więcej skojarzeń. We *Wrześniu* dodatkowo pojawia się kwestia sprzedaży domu. Zatem jest on bardzo ważnym bohaterem filmu"[111]. Björkman zapytał Allena o to, w jaki sposób on i scenograf Santo Loquasto zbudowali w studiu wnętrze domu. „Skoro cały film miał rozgrywać się we wnętrzach – odparł Allen – bardzo nam zależało, żeby stworzyć w nich jak najwięcej interesujących perspektyw. Starałem się, żeby zawsze była zachowana głębia ostrości, żeby pokoje nie wydawały się zbyt płaskie i żeby były od siebie oddzielone. Zależało mi też na ciepłych kolorach. Miało dla mnie ogromne znaczenie, by wszystko było skąpane w ciepłych, miodowych barwach (...), by wnętrze nie wzbudzało klaustrofobicznych lęków i by nie wydawało się nudne"[112]. Sęk w tym, że jest klaustrofobiczne i bez względu na to, jak dobrze wygląda dom, zamieszkują go papierowe postaci bez charakteru. *Wrzesień* sprawia wrażenie marnej podróbki

---

[111] *Woody według Allena*, dz. cyt., s. 205–206.
[112] Tamże, s. 206.

Bergmana. W rozmowie z Seanem Mitchellem z „Los Angeles Times" w marcu 1992 roku Allen powiedział o *Wrześniu*: „Doskonale wiedziałem, że nie zarobi ani centa. Ani złamanego centa". Wiedział, ale się nie przejął. Celem było dla niego dążenie do artystycznej prawdy – tyle że w obu tych filmach artystycznej prawdy tyle, co kot napłakał. Genialny satyryk abstrakcji, malarz posługujący się ciepłą, żywą i oryginalną paletą, zagorzały parodysta przeintelektualizowanych, nudnych, pretensjonalnych postaci, takich jak we *Wnętrzach*, sam uległ urokowi abstrakcji i intelektualizowania.

Jak to zwykle Allen, w 1989 roku, po dwóch nieudanych obrazach wypuścił prawdziwy majersztyk pod tytułem *Zbrodnie i wykroczenia*. W tym filmie postanowił zmierzyć się z motywem zbrodni i kary jak u Dostojewskiego, tyle że pozbawionym elementu kary. Postaci Allena popełniają występki wyłącznie w celu ochrony swej zamożności i przywilejów (ten temat powróci we *Wszystko gra* i w *Śnie Kasandry*). Pomimo strachu przed złapaniem, bohaterowie w końcu i bez zbędnych ceregieli wracają do normalnego życia. Kiedy film trafił do kin, Allen powiedział Stigowi Björkmanowi: „W prawdziwym życiu nie liczą się autentyczne ambicje, liczy się tylko sukces. Ludzie popełniają morderstwa i uchodzi im to bezkarnie. Nie istnieje pojęcie kary, za to uczciwi ludzie pewnego dnia tracą wzrok. Ale jest jeszcze świat fantazji. Ludzie nieustannie się nią karmią i uciekają w fikcyjne światy. Często także traktują je na równi z rzeczywistością"[113]. W *Zbrodniach i wykroczeniach* Allen stawia czoło brutalnej rzeczywistości naszych (i pewnie każdych innych) czasów i dochodzi do wniosku, że zło triumfuje nad dobrem, i to bez poczucia winy ze strony dopuszczających się go ludzi. Ten film stanowi syntezę poglądów Allena na świat; to, co mroczne, i to, co zabawne, łączy się w nim nierozerwalnie, ale zwycięża ciem-

---

[113] Tamże, s. 262.

ność. Udaje się Allenowi rozprawić z doniosłymi zagadnieniami obrazem będącym mieszaniną realizmu i komedii.

Sednem scenariusza jest śmierć wszelkich istotnych wierzeń religijnych oraz pilna potrzeba zastąpienia ich moralnością relatywną, pozbawioną zaczepienia w religii i przekonania o istnieniu moralnego fundamentu. Dopiero tu Allen powraca do swojej ortodoksyjnej żydowskiej przeszłości z szacunkiem, bez satyry, ironii i komedii. Judah Rosenthal (Martin Landau), bardzo ceniony okulista, przypomina sobie słowa ojca ortodoksa: „Bóg nas zawsze widzi".

Rosenthal nie wie, co począć z kochanką (Anjelica Huston), która grozi, że zniszczy mu małżeństwo i karierę (jest winny nadużycia i ona o tym wie). Rosenthal prosi o radę jednego ze swoich pacjentów, Bena, ślepnącego rabina. Ten mówi mu: „Nie byłbym w stanie dalej żyć, gdybym nie czuł całym swym sercem, iż istnieje moralna struktura obejmująca prawdziwą miłość i wybaczenie. Pewien rodzaj siły wyższej. W przeciwnym bowiem razie nie wiadomo, jak żyć. Wiem, że cząstka tego tkwi również... gdzieś w tobie".

Rosenthal w końcu zleca morderstwo kochanki – co okazuje się zdumiewająco łatwe dzięki pomocy ustosunkowanego, mającego kontakty ze środowiskiem przestępczym brata – i nie ponosi żadnych konsekwencji. Z początku dręczą go wyrzuty sumienia. Wraca pamięcią do bimy w synagodze i do scenek rodzinnych przy sederowym stole – do miejsc, gdzie roztrząsa się dylematy moralnego postępowania. Kluczową rolę w filmie odgrywa znakomity pisarz, psychoanalityk i wykładowca profesor Martin Bergmann jako profesor Louis Levi, postać będąca połączeniem, jak napisał w wiadomości do mnie Allen, Primo Leviego i samego Bergmanna. To właśnie Bergmann kończy film, wyrażając nadzieję, że na przekór Allenowej rozpaczy nad brakiem struktury moralnej, „większość istot ludzkich zdaje się mieć tę zdolność szukania i znajdywania radości w prostych rzeczach, takich jak rodzina, praca, a także w nadziei, iż przyszłe pokolenia zdołają zrozumieć więcej". (Wiele kwestii Leviego to w istocie słowa Bergmanna; Allen zaczerpnął je z pierwszego spotkania z profesorem, podczas którego zadał mu wiele pytań). Allen osłabia jednak tę nadzieję, każąc profesorowi, ocalałemu z Holokaustu, niespodziewanie popełnić samobójstwo. Jego ostatnie słowa o optymizmie i nadziei w związku z kondycją ludzką padają już po tym, jak dowiadujemy się, że nie żyje.

Kiedy profesor Levi pojawia się po raz pierwszy na ekranie, mówi o dylemacie tkwiącym w istocie myśli judeochrześcijańskiej: „Wyjątkową rzeczą, która przydarzyła się wczesnym Izraelitom, było to, że wymyślili troskliwego Boga. Bóg ten troszczy się, lecz zarazem wymaga moralnego zachowania. Ale tu mamy paradoks: jak bowiem brzmi jedna z pierwszych próśb tegoż Boga? Otóż żąda od Abrahama, aby ten poświęcił dla niego swojego jedynego syna, ukochanego syna. Innymi słowy, od tysiąca lat, pomimo wysiłków, nie udało nam się stworzyć wizerunku Boga całkowicie i prawdziwie kochającego. Okazało się to poza naszym zasięgiem".

Mądre i zapadające w pamięć słowa Leviego/Bergmanna/Allena przewijają się przez cały film, wypowiada je profesor na migoczącym ekranie w biurze Cliffa (bohatera granego przez Woody'ego):

> Kiedy się zakochujemy, staramy się odnaleźć w obiekcie naszych uczuć wszystkich lub tylko pewnych ludzi, do których mieliśmy słabość w dzieciństwie. Z drugiej strony wymagamy od ukochanej osoby, aby naprawiła całe zło, które w przeszłości wyrządzili nam rodzice bądź rodzeństwo. Zatem miłość zawiera w sobie sprzeczność: zarówno próbę powrotu do przeszłości, jak również próbę odwrócenia jej.
>
> Wydarzenia rozgrywają się w sposób nieprzewidywalny i niesprawiedliwy. Struktura wszelkiego stworzenia zdaje się

nie uwzględniać ludzkiego szczęścia. To my, obdarzeni zdolnością do miłości, nadajemy znaczenie obojętnemu wszechświatowi.

Przez całe życie zmagamy się z trudnymi decyzjami, z moralnymi wyborami. Niektóre dotykają spraw ważkich, większość jednak dotyczy rzeczy mniej istotnych. Definiujemy samych siebie poprzez podejmowane decyzje. Stanowimy w istocie sumę własnych wyborów.

Cliff, wzorcowy szlemiel Allena, idealista bez pieniędzy i praktycznych umiejętności umożliwiających przetrwanie w prawdziwym świecie (kolejny Danny Rose, tym razem jednak obdarzony większym intelektem, świadomością i humorem), puszcza fragmenty wypowiedzi Leviego Halley (Mia Farrow) – kobiecie, w której się zakochuje – rzekomo w celu przekonania jej, aby wstawiła się za jego filmem o Levim w dużej sieci telewizyjnej, w której pracuje. Jego prawdziwym motywem jest chęć zamanifestowania uczucia do niej, potrzeba przekazania myśli, pragnień i odczuć, którymi nie może podzielić się ze swoją niczym niewyróżniającą się, wspinającą się po szczeblach kariery żoną, i przy okazji, na co liczy, zdobycie Halley. Przeciwieństwem Cliffa jest jego szwagier Lester (Alan Alda), gwiazda telewizji, odnoszący sukcesy scenarzysta i producent, którego sławę Allen zestawia z płytkością, próżnością i banalnością; pogłębia portret Lestera, czyniąc go, mimo wszystko, człowiekiem sympatycznym i pełnym dobrych chęci w stosunku do fajtłapowatego szwagra. Kiedy Lester podaje Cliffowi rękę, zlecając mu nakręcenie pochlebczego dokumentu o sobie, ten nie potrafi oprzeć się pokusie powiedzenia prawdy o szwagrze – wyolbrzymia pewne cechy, na przykład przyrównując Lestera do Mussoliniego – i w rezultacie traci jedyną przyzwoicie płatną pracę i niszczy własne małżeństwo. Wkrótce straci też Halley, kobietę, którą uwielbia, na rzecz Lestera, swojej nemezis.

Co najważniejsze, Allenowi, tak jak wielu utalentowanym powieściopisarzom, udaje się obdarzyć bohatera, morderczego Judah Rosenthala, cechami wzbudzającymi sympatię i współczucie, które sprawiają, że jego drogę ku zbrodni oglądamy zarazem z przerażeniem i smutkiem. Inaczej niż jego oschły brat Jack (wyraziście zagrany przez Jerry'ego Orbacha), który nie ma wprawdzie wyrzutów sumienia, ale wydaje się bardziej szczery wobec samego siebie, Judah, widząc, jak łatwo zabić, ze zdumieniem i rozpaczą obserwuje zdradę własnego wychowania i sumienia – nawet kiedy wreszcie rozluźnia się i dochodzi do wniosku, że w sumie nie skończyło się tak źle.

Te dwa wątki luźno łączy postać Bena, drugiego szwagra Cliffa, rabina tracącego wzrok, ale nie wiarę w Boga. To on stanowi moralne jądro filmu. Gra go dość powściągliwie Sam Waterson. Tutaj, podobnie jak w religijnych scenkach z dzieciństwa, Allen po raz pierwszy nie drwi z rabina. Jeśli już, to zazdrości wiary, w której Ben niezłomnie trwa. Tylko ślepiec wierzy w Boga; tylko Ben postrzega sprawy przez pryzmat moralności. „Zsyłając tę dolegliwość na jedyną w całym filmie postać będącą blisko Boga – napisał Richard Schickel w «Time» – Allen chce powiedzieć, że jeśli Stwórca istnieje, to na pewno ma bardzo kiepski wzrok".

W wywiadzie udzielonym Schickelowi Allen powiedział – z typową dla siebie skromnością i ukrywając przejęcie – że chciał „jedynie pokazać w zabawny sposób, że Bóg nie istnieje, jesteśmy sami we wszechświecie, nie ma komu nas ukarać, a nasze życie nie skończy się jak hollywoodzki film, i że moralność leży w naszej wyłącznej gestii. (...) Jeżeli gotów jesteś zamordować i ujdzie ci to płazem, i jesteś w stanie z tym żyć, to w porządku. Ludzie bez przerwy popełniają zbrodnie, okropne zbrodnie przeciwko innym ludziom (...)". Allen wychodzi daleko poza „jedynie" ilustrację tego poglądu. Pokazuje nam, jak dziś żyjemy i jakiej erozji uległ kodeks moralny. *Zbrodnie i wykroczenia* to refleksja nad tym, jak chciwość przenika tkankę społeczną na wszystkich jej poziomach.

Schickel dopatrzył się w filmie tęsknoty za Bogiem. „Owszem, jest coś takiego – przyznał Allen. – Chcielibyśmy żyć w świecie, w którym Bóg istnieje i w jakiś sposób rozstrzyga tego rodzaju dylematy. Ale nie żyjemy. Judah, gdyby miał wybór, to tak, wolałby żyć w świecie – zanim popełnił zbrodnię – w którym istnieje Bóg albo choć jakaś sprawiedliwość, i wtedy być może nie popełniłby zbrodni. (…) Ale żyje w świecie, w którym takie decyzje trzeba podejmować samemu (…) trzeba dokonywać moralnych wyborów. I jeśli udaje ci się uniknąć kary, to po prostu nie zostajesz ukarany. Tak jak w tej scenie podczas sederu, kiedy mówią, że historię piszą zwycięzcy i gdyby to naziści wygrali drugą wojnę światową, nasze podręczniki do historii wyglądałyby zupełnie inaczej. No, ale na szczęście nie wygrali".

Profesor Martin Bergmann, który obejrzał film w całości, dopiero kiedy ten trafił na ekrany, był zaskoczony samobójstwem profesora Leviego; jeszcze bardziej zdumieni byli prawdziwi pacjenci Bergmanna. „Byłem w lekkim szoku – powiedział profesor Bergmann Michaelowi Bambergerowi z «Philadelphia Inquirer». – Fabuła rzeczywiście wymagała takiego rozwiązania, ale dla mnie to nie było przyjemne. U niektórych spośród moich pacjentów wywołało to spory wstrząs". Dodał, że motyw samobójstwa Leviego był przekonujący, pomimo jego „afirmującej życie" filozofii. Istnieją dwa rodzaje samobójstw, powiedział: zaplanowane i spontaniczne. W tym drugim przypadku „nieoczekiwanie objawiają się najmroczniejsze siły podświadomości, doprowadzając człowieka do całkowitej rozpaczy. Samobójstwo Primo Leviego było przypuszczalnie spontaniczne. Samobójstwo było najprawdopodobniej jego ostateczną reakcją na Holokaust". Profesor Bergmann napisał też do Allena: „Trafił do mnie artykuł Cynthii Ozick z «The New Republic» z jedenastego marca 1981 roku. Pani Ozick dowodzi przekonująco, że w istocie listem pożegnalnym Primo Leviego była jego ostatnia książka. Ostatecznie przygnębienie wywołane przez Holokaust zniszczyło jego zdolność do przepracowania tego doświadczenia".

Bergmann był wybitnym psychoanalitykiem, specjalizującym się w leczeniu osób, które przeżyły Holokaust, oraz ich dzieci. Jego historia stanowi ważny element genezy filmu i rzuca sporo światła na metody, filozofię i cele Allena jako filmowca. Allen sięgnął po żywy wzór, ważną i szanowaną postać naszych czasów. Bergmann przez wiele lat wykładał na Uniwersytecie Nowojorskim na podoktoranckich studiach psychoanalizy i psychoterapii. Zajęcia i seminaria, które odbywały się w jego domu, w jadalni, stały się legendą; prowadził je aż do śmierci w wieku stu jeden lat w 2014 roku. Jego ojciec, Hugo Bergmann, był wybitnym praskim filozofem, bliskim znajomym Kafki i Martina Bubera, po którym Martin Bergmann otrzymał imię. Antysemickie nastroje zablokowały Hugonowi możliwość objęcia posady na Uniwersytecie Praskim, toteż w 1920 roku wyjechał wraz z rodziną do Palestyny, gdzie został profesorem na Uniwersytecie Hebrajskim w Jerozolimie. Po proklamowaniu Państwa Izrael Bergmann został pierwszym rektorem uniwersytetu.

Młody Martin skłaniał się ku życiu w kibucu. Zainteresował się edukacją progresywistyczną, a potem psychologią. Karierę nauczycielską rozpoczął w 1952 roku od prowadzenia seminarium na temat analizy snów. Był autorem doniosłych dzieł: *The Anatomy of Loving*, *Generations of the Holocaust* (wspólnie z Miltonem E. Jucovym) oraz *Understanding Dissidence and Controversy in the History of Psychoanalysis*.

Zapytałem Juliet Taylor, jak jej i Allenowi udało się pozyskać profesora Bergmanna, przenieść go z prawdziwego życia do filmu, tak jak często robili z naturszczykami. „Zależało nam na autentyczności, jak zawsze – powiedziała mi. – Mam kilku znajomych psychoanalityków. Poszłam na imprezę bożonarodzeniową Nowojorskiego Towarzystwa Psychoanalitycznego.

Wyglądało to, szczerze mówiąc, jak scena z filmu Woody'ego Allena. To było jakieś dwadzieścia lat temu – w tamtych czasach wszyscy ci psychoanalitycy nosili kozie bródki i buty marki Earth. Było przezabawnie. Opisałam jednej z koleżanek, kogo dokładnie z Woodym szukamy, i ona skierowała mnie do profesora Bergmanna. Poszłam do niego do gabinetu, usiadłam i porozmawiałam".

A tak profesor Bergmann opowiedział „New York Timesowi" o pierwszym spotkaniu z Allenem: „Zaprowadził mnie do pokoju i zaczął zadawać pytania. Chciał, żebym się rozgadał. Chciał, żebym powiedział coś o miłości, śmierci i religii. Mówiłem na wszystkie te tematy przez półtorej godziny. Miałem też [na potrzeby filmu] poprowadzić zajęcia o Holokauście". Z kolei „Inquirerowi" Bergmann powiedział, że kiedy skończył odpowiadać na pytania Allena, ten stwierdził: „Nada się pan". „Nie jest przesadnie uprzejmy – skomentował profesor. – Ale wyżej cenię bezpośredniość".

„I tak [w jednej ze scen] próbowałem zadawać pytania studentom, ale wszyscy oni byli statystami, którzy nie mieli obowiązku reagować. Jestem przyzwyczajony do wymiany zdań, tymczasem żadne z moich pytań nie doczekało się odpowiedzi". Scena się nie udała. Allen chciał też, żeby Cliff (Allen) i profesor Bergmann podczas spaceru w Central Parku porozmawiali o Holokauście, ale surowa zimowa aura pokrzyżowała plan przechadzki. (W filmie znalazło się pojedyncze nieme ujęcie, na którym profesor Bergmann idzie samotnie przez park w szary, zimowy dzień). W wypowiedzi dla Associated Press profesor takimi słowami skomentował psychologiczną wiarygodność filmu: „Mamy granego przez Woody'ego Allena Clifforda, wybitnie pechowego idealistę. Zakochuje się w kobiecie [Halley], ale w końcu ona również go rozczarowuje. Należy zadać sobie pytanie nie tylko, czy ma to sens jako pojedyncze zdarzenie, ale też czy sprawdza się w ramach struktury opowieści. Otóż moim zdaniem owszem, ma to sens. Pobrzmiewa tu Chaplinowski pogląd, że życie jest tajemnicą, a człowiek – tyci".

Krótko po śmierci profesora Bergmanna spotkałem się z dziewięćdziesięciopięcioletnią doktor Marią Bergmann, psychoanalityczką i przez sześćdziesiąt siedem lat żoną profesora, oraz z ich synem Michaelem, scenarzystą, reżyserem i producentem. Doktor Maria Bergmann urodziła się w Wiedniu i poślubiła profesora Bergmanna w 1946 roku. „Samobójstwo [profesora Leviego] z początku wstrząsnęło moim mężem – powiedziała mi. – Woody przyjechał i porozmawiał z nim. W końcówce filmu pozwolił mu mówić własnymi słowami, ponieważ mąż stwierdził, że to, co napisał Woody, nie w pełni odzwierciedla jego poglądy. Tak więc ostatnie słowa Leviego w filmie pochodzą w całości od męża.

Mąż bardzo się ucieszył, że może zrobić coś nowego. To był cały on. Mieli nakręcić scenę, w której mąż i Woody przechadzają się po parku. Ale nic z tego nie wyszło. Martin, który był dużo starszy od Woody'ego, czuł się świetnie, ale Woody'emu było zimno. Więc zrezygnowali z tego".

Maria Bergmann pokazała mi list, który profesor Bergmann napisał do Allena krótko po premierze filmu:

29 grudnia 1989

Szanowny Panie Allen,

Rok zbliża się do końca i gorączka zwana Zbrodniami i wykroczeniami *wreszcie ustępuje, ja zaś, po krótkiej przerwie na przeistoczenie w gwiazdę filmową, powracam do swej dawnej tożsamości psychoanalityka. Chciałbym podziękować Panu za ten urlop. Uczynił Pan ze mną więcej, niż się spodziewałem, i to tak, że Vincent Canby uznał mnie za aktora (...) tak jakby bycie naturszczykiem wiązało się z jakimś szczególnym talentem. Dla mnie ciekawsze okazało się to, że w życiu osoby poddawanej psychoanalizie odnalazł Pan artystyczną replikę roli psychoanalityka. Nigdzie mnie nie widać, nawet na weselu, na którym wszyscy się spotykają. A mimo to wpływ mojej pracy jest odczuwalny w całym filmie.* (...) *Aktorstwo nigdy nie należało do moich marzeń, ale muszę przyznać, że praca z Panem mnie, mężczyźnie w określonym wieku, najbardziej ze wszystkiego przypominała zabawę. I za to też chcę Panu podziękować.* (...)

Martin Bergmann

Allen odpowiedział drugiego stycznia 1990 roku listem, w którym zawarł zarówno słowa wdzięczności dla profesora Bergmanna, jak i żart z samego siebie:

Szanowny Profesorze Bergmann,
Dziękuję za list. Cieszę się, że dobrze Pan wspomina swój debiut kinowy. Żałuję, że nie poznaliśmy się wcześniej, zanim rozpocząłem trwający już ćwierć wieku okres psychoanalizy i psychoterapii. Być może zdołałby mnie Pan wtedy uleczyć.
Serdeczne pozdrowienia,

Woody Allen

„Mąż nie usunął wszystkiego, co Woody napisał w końcówce filmu – powiedziała mi pani Bergmann – ale części się sprzeciwił, resztę zaś pogłębił. Woody bardzo szanował mojego męża. I niezwykle go cenił, czemu daje wyraz w swoim liście".

Zarówno pani Bergmann, jak i jej syn Michael mieli wprawdzie zastrzeżenia do motywu samobójstwa postaci granej przez profesora, ale podkreślają, że różnica zdań z Woodym nie była podszyta złością ani goryczą.

Michael Bergmann powiedział mi: „Sądzę, że Woody Allen chętnie pozwolił ojcu improwizować. Kiedy ojciec dostał scenariusz, przeczytał go i stwierdził w rozmowie z Woodym: «Naprawdę pan chce, żebym to powiedział, czy może woli pan usłyszeć moje własne przemyślenia na ten temat?». Woody Allen odparł, że najpierw spróbują nakręcić wersję z osobistymi refleksjami profesora. Wydaje mi się, że Woody po prostu podrzucił ojcu punkty, do których ten miałby nawiązać. No i nawiązał – na swój własny sposób. Cała reszta to po prostu mój ojciec rozwijający te zagadnienia.

Ojciec uważał, że nie miał okazji zagrać profesora Leviego tak, jakby ten dążył do samobójstwa, ponieważ nie wiedział, że jego bohater się zabije. Twierdził, że wówczas zinterpretowałby tę postać zupełnie inaczej. Nie spodobał mu się żartobliwy list pożegnalny, to: «Wyszedłem przez okno». Prosty żart. Zdaniem ojca samobójstwo postaci było kluczem do niej. Ale według niego ciężar tworzenia postaci w taki sposób, jaki uważał za stosowny, spoczywał w całości na Woodym Allenie. Po prostu ojciec zrobiłby to inaczej. Nie, nie denerwowało go to; ojca takie rzeczy nie wyprowadzały z równowagi. Nie miał żalu, nic takiego".

W magazynie „Nowy Jork" David Denby nazwał *Zbrodnie i wykroczenia* „najambitniejszym i najlepiej uporządkowanym z dotychczasowych filmów Allena; dynamicznym, sprawnym, ekscytującym i pełnym zaskakujących zwrotów akcji". Inaczej niż jako Alvy Singer w *Annie Hall* albo Sandy Bates we *Wspomnieniach z gwiezdnego pyłu*, Allen w roli Cliffa nie jest pełen samozadowolenia. „Cliff Allena to dowcipny facet – napisał Denby – i zarazem obiekt jednych z najbardziej gorzkich i przejmujących studiów nad niepowodzeniem, jakie można zobaczyć w kinie. Cliff upokarza siebie i innych. Kiedy przewraca oczami, widzimy, że Allen obdarzył go sarkazmem bez odwagi oraz inteligencją bez samowiedzy. Czy jest zabawny? Owszem, ale celowo w sposób, od którego krew ścina się w żyłach – jego żarty obnażają słabości ich autora". Richard A. Blake, współpracownik jezuickiego tygodnika „America" oraz autor wnikliwego studium o Allenie, napisał: „W swoich najlepszych filmach Woody Allen krąży ciemnymi zaułkami psychiki człowieka dwudziestego wieku, odkrywa i opisuje przyczyny naszego tragizmu:

strach przed śmiercią, niepowodzenie w miłości, odejście od Boga. Tragedię tę filtruje wszakże przez swoją ekranową osobowość: drobnego, nerwowego rozbitka pośród zasobnego miejskiego pustkowia. Jego postać jest komiczna, przekształca najgłębsze ludzkie troski w komedię. (...) Woody raz jeszcze staje się komicznym Everymanem, substytutem publiczności, która przygląda się niebywale skomplikowanemu i nierzadko wrogiemu światu i stara się objąć go rozumem".

Pauline Kael, nie zwlekając, z niezrozumiałych powodów uznała film za szmirę, a krytyk literacki Leon Wieseltier aż się zapienił, pisząc o Allenie i jego dziele („to plama na kulturze, której jest produktem"), ale trzech spośród czołowych krytyków filmowych, którzy wcześniej mieli pewne zastrzeżenia do Allena, *Zbrodnie i wykroczenia* zmusiły do zmiany stanowiska: Johna Simona i Stanleya Kauffmanna w 1989 roku, a J. Hobermana – poniewczasie – w 2014 roku.

„Największą siłą filmu – napisał Simon – jest odwaga, z jaką staje twarzą w twarz z poważnymi i bolesnymi pytaniami, z którymi kino amerykańskie za wszelką cenę nie chciało się zmierzyć. (...) [*Zbrodnie i wykroczenia*] są pierwszym filmem Allena, w którym udanie łączą się dramat i komedia, wątek główny i poboczne. Umiejętnie wykorzystuje szekspirowską technikę, polegającą na tym, że wątek poboczny stanowi komiczne odbicie i komentarz do głównego wątku. Judah jest KIMŚ, może mieć wszystko: kochankę, na którą może mieć ochotę i którą może usunąć (za cenę niewielkiego cierpienia), gdy stanie mu się ciężarem. Cliff, człowiek małego kalibru – mniej czarujący niż Judah, ale lepszy i dowcipniejszy – nie ma nic. Zbrodnia popłaca; wykroczenie, tak jak niewinność (...) zostaje surowo ukarane. (...) Tym jednak, co najbardziej odróżnia ten film od pozostałych dzieł Allena, jest techniczna pomysłowość. Allen przeskakuje pomiędzy przeszłością a teraźniejszością, zmienia wątki, umieszcza film w filmie, miesza ponurość z beztroską, a wszystko to robi pewną ręką i okiem. (...) Poza tym nietypowo ustawia kadry. (...) Proszę zwrócić uwagę na sposób, w jaki Allen traktuje muzykę, która jest tu lepiej dobrana i mniej natrętna niż wcześniej. (...) Wykorzystanie Schuberta w poza tym popowej ścieżce dźwiękowej, zwłaszcza w takiej scenie [morderstwa kochanki], to śmiałe posunięcie. Allen zaczął wykorzystywać sztukę w celach innych niż zwykłe wtrącanie znanych nazwisk. (...) Obsada (...) jest ogólnie świetna. Alan Alda jako Lester, Jerry Orbach jako Jack [brat Judah] i Martin Landau jako Judah – najlepsze wybory z możliwych. Nawet z amatorów, takich jak psychoterapeuta Martin Bergmann (...), Allen wydobywa dokładnie to, na czym mu zależy". Stanley Kauffmann napisał w recenzji dla „New Republic", że „Zbrodnie i wykroczenia wyróżniają się spośród jego filmów, ponieważ tym razem Allen podszedł do poważnych tematów w znany sobie i sprawdzony sposób, bez uciekania się do naśladownictwa".

W wydaniu „New York Timesa" z czternastego marca 2014 roku J. Hoberman zrecenzował *Zbrodnie i wykroczenia*, kiedy ukazały się na dysku blu-ray. Napisał, że spośród ponad trzydziestu filmów Allena, które dane mu było obejrzeć, „wyróżnia się jeden: *Zbrodnie i wykroczenia*. (...) Film, w jednej z najlepszych obsad, jakie udało się Allenowi zgromadzić, charakteryzuje się powieściowym rozmachem w kreśleniu bohaterów. (...) Warstwa stricte filmowa również jest nietypowo złożona. (...) Film skrzy się od dialogów, pełno w nim celnych uwag, wypowiadanych głównie przez Cliffa. (Pan Allen jest w świetnej komediowej formie, zaś pan Alda doskonale wciela się w postać stanowiącą obiekt żartów komika). Zarazem jest to być może jedyny film Woody'ego Allena, w którym żydowskość funkcjonuje mniej jako temat dowcipów, a bardziej jako kodeks moralny".

Hoberman zauważył, że film wyraźnie nawiązuje do Dostojewskiego: „Tytuł filmu pana Allena nie bez powodu przywodzi na myśl *Zbrodnię i karę* i porównanie nie jest tak całkiem pozorne. Podobnie jak bohaterowie Dostojewskiego, postaci Allena mają skłonność do bolesnej autoanalizy i jak rzadko u Allena, gra toczy się o bardzo wysoką stawkę. Zbrodnie i wykroczenia obejmują tu morderstwo, samobójstwo i cudzołóstwo (pośród innych form zdrady), a także najtrudniejszy do opisania stosunek seksualny w całej twórczości pana Allena. Film kończy się weselem, podczas którego wszyscy zebrani błogosławią idei niesprawiedliwego świata.

Kiedy pierwszy raz recenzowałem *Zbrodnie i wykroczenia* dla «The Village Voice» – napisał dalej Hoberman – mając obojętny stosunek do pana Allena, wydawało mi się, że dostrzegam w tym filmie «zaskakujące oznaki wielkości». Dziś, prawie ćwierć wieku później, zdumiewa mnie biegłość, z jaką udało mu się stworzyć ten niezwykły amalgamat".

Prześladują mnie dwa obrazy Allena. Jeden z *Danny'ego Rose'a z Broadwayu*, a drugi ze *Zbrodni i wykroczeń*. Te dwa bolesne, obnażone momenty pozostają w pamięci chyba dłużej niż wszelkie inne wizerunki Allena ze wszystkich jego filmów. Oba wiążą się ze zdradą. W *Dannym Rosie z Broadwayu* do Danny'ego powoli dociera, że Lou Canova właśnie wystawia go do wiatru, pomimo wielu miesięcy, a może lat, bardzo żmudnej pracy i mimo że Danny całym sercem poświęcił się ratowaniu Canovy przed jego własną autodestrukcyjnością i w końcu wyprowadził go na ścieżkę wiodącą do sukcesu. Uświadamia sobie nie tylko, że Canova go opuszcza, ale też że Tina Vitale, kobieta, w której się zakochał, przyłożyła się do tej zdrady, naciskając Canovę, aby opuścił Danny'ego. W *Zbrodniach i wykroczeniach* zakochany po uszy w Halley Cliff widzi ją i Lestera, którym pogardza, na ceremonii zaślubin córki Bena i uzmysławia sobie, że Halley i Lester są zaręczeni. Jest zdruzgotany. Motywy Halley, podobnie jak Tiny, są czysto materialistyczne: Lester jest gwiazdą i może pomóc Halley w karierze oraz powieść ją ku sławie i bogactwu. Tina postrzega Danny'ego jako kulę u nogi Lou Canovy, co do którego ma własne plany. Lester jest wesoły i towarzyski, nie przypomina potwora, jakiego widzi w nim Cliff. To Danny i Cliff są nieatrakcyjni, nie robią na Tinie i Halley wrażenia, jeśli chodzi o wygląd i seksapil.

W obu tych filmach Allen wychodzi daleko poza komedię i sięga do głębokich pokładów emocji.

W 1988 roku, pracując nad *Zbrodniami i wykroczeniami*, Allen zrecenzował na łamach „New York Timesa" autobiografię Ingmara Bergmana zatytułowaną *Laterna magica*. Nietrudno dostrzec, jak bardzo identyfikuje się ze swoim idolem, którego nazywa „głosem geniuszu". Przytacza wiele przykładów bolesnego życia Bergmana: „Dzień po dniu wleczono albo zanoszono mnie wrzeszczącego ze strachu do klasy. Wymiotowałem na wszystko, co widziałem, mdlałem i dostawałem zawrotów głowy"[114]; pisze o matce, która odpychała go i biła, ilekroć próbował się do niej przytulić; o ojcu, który wymierzał „brutalną chłostę"; o siostrze, którą Bergman uważał za „odrażającą" i chciał zabić; myśli o samobójstwie; rozważania o domu, w którym „akceptowano" nazizm. Wreszcie przytacza słowa Bergmana podsumowujące życie: „Rodzisz się bez celu, żyjesz bez sensu (…). Gdy umierasz, gaśniesz"[115]. „Wychodząc z takiego środowiska – napisał Allen – musisz być geniuszem". „Nadal pamiętam suchość w gardle i bicie serca w piersi – dodał o pierwszym razie, kiedy zobaczył *Tam, gdzie rosną poziomki* – od początkowej, niezwykłej sekwencji snu aż po ostatnie łagodne zbliżenie".

Allen nie zetknął się w dzieciństwie z taką brutalnością jak Bergman, a jednak w wielu fragmentach recenzji odnajdujemy również ślady autoportretu Allena. Pisze on na przykład: „Bergman też pracuje za nieduże pieniądze. Jest szybki; jego filmy niewiele kosztują, jego skromny zespół potrafi stworzyć dzieło

---

[114] Ingmar Bergman, *Laterna magica*, przeł. Zygmunt Łanowski, Czytelnik, Warszawa 1991, s. 8.
[115] Tamże, s. 183.

sztuki o połowę szybciej i za jedną dziesiątą tego, ile potrzebują inni na sklecenie efekciarskiego filmidła. Do tego sam pisze sobie scenariusze. Czegóż więcej trzeba? Sens, głębia, styl, obrazy, piękno wizualne, napięcie, talent do opowiadania historii, szybkość, oszczędność, płodność, pomysłowość, reżyser niezrównany w prowadzeniu aktorów".

I jeszcze to: „[Z autobiografii Bergmana] wyłania się obraz niezwykle wrażliwej duszy, mającej kłopot z przystosowaniem się do życia na tym zimnym, okrutnym świecie, a mimo to fachowej i produktywnej, a także, rzecz oczywista, genialnej w sztukach dramatycznych".

Ta „niezwykle wrażliwa dusza", ten „geniusz", którego wymyślona publiczna maska jest chłodna, opanowana i zdystansowana, nigdy nie nakręci wielkiego bergmanowskiego filmu i polegnie na wszystkich frontach, ilekroć będzie próbował być Bergmanem. Stworzy jednakże wiele, wiele własnych obrazów, w których dostrzec będzie można „zaskakujące oznaki wielkości".

10. Seks, kłamstwa i wideokasety

Pod koniec lat osiemdziesiątych rozłam między Allenem a Farrow groził już całkowitym zerwaniem związku. W początkowych rozdziałach swoich wspomnień *Wszystko, co minęło* z 1997 roku, w których zarzuca Allenowi molestowanie Dylan, Farrow zachowuje jeszcze względną równowagę, ale w dalszej części coraz bardziej odbiega od rzeczywistości, nie tyle w opisie ambiwalentnego stosunku Allena do niej, co próbując ukazać Allena jako osobę molestującą dziecko.

Podaje liczne przykłady całkiem zwyczajnych napięć między nią i Allenem, chwilami przyznaje, że Woody dokłada starań w kontaktach z nią i dziećmi, po czym tak jakby przypominała sobie, że powinna skupić się na molestowaniu seksualnym Dylan. Czyni to, pisząc o minach, które Allen robił do Dylan, o tym, że pozwalał jej ssać swój kciuk, kiedy była mała, i o przestrogach ze strony przyjaciół. Ale w 1985 roku powiedziała miesięcznikowi „McCall's", że dzieci „mają bardzo bliski kontakt z Woodym, co mnie cieszy. Dobrze zastępuje im ojca, jest przy nich w najważniejszych chwilach. Spędza z nimi wolny czas, chodzi do parku, gra w piłkę i zabiera je do miasta. Przychodzi zawsze, kiedy zapragną się z nim zobaczyć".

Farrow opisuje Allena jako ojca nieokazującego zainteresowania swoim synem Satchelem, ale w rzeczywistości Woody był rodzicem troskliwym, o ile nie nadopiekuńczym. Nie potrafił na przykład pogodzić się z tym, że Satchel zostaje sam, czyli bez niego, w przedszkolu. Choć, tak jak pozostali rodzice, miał przykazane, żeby przyprowadzić dziecko na zajęcia i pójść do własnych spraw, to jednak, czekając na syna, chodził tam i z powrotem przed budynkiem Episcopal Nursery School, co drażniło rodziców pozostałych maluchów. Według dziennikarza „Newsday", opiekunka Satchela powiedziała Allenowi, że denerwuje innych rodziców i że powinien pozwolić dziecku na trochę samodzielności. „To nie Satch ma z tym problem – odparł Allen – tylko ja". Przeniósł syna do Park Avenue Christian School i znów zaczął robić to samo. W sierpniu 1992 roku, zapytany przez Jacka Knolla z „Newsweeka" o romans z Soon-Yi, Allen zaprzeczył, jakoby był dla niej ojcowskim autorytetem, ale zapewnił, że jest oddanym ojcem dla własnych dzieci. „Ona nie należy do mojej rodziny. Ma bardzo znanego ojca – powiedział. – Nie byłem autorytetem dla tych dzieci, byłem nim wyłącznie dla własnych – tych trojga, które uwzględniam w testamencie".

Relacja Farrow zawiera wiele sprzeczności. Opisawszy ze wszystkich stron obsesję Allena na punkcie Dylan, wiosną 1991 roku Farrow sugeruje Woody'emu, że mogliby zaadoptować osieroconego sześcioletniego chłopczyka z Wietnamu. Allen wydaje się otwarty na propozycję. Na jednym ze zdjęć dostrzega stojącą obok chłopca śliczną dziesięcio- albo dwunastoletnią dziewczynkę – o imieniu Tam, jak się później dowiadujemy – i okazuje zainteresowanie. Zastanawia się, czy nie mogliby zaadoptować obojga. Farrow pisze, że jest szczęśliwa: „Stałam jak porażona. Uściskałam go ze wszystkich sił"[116]. Skoro jednak tak bardzo niepokoiły ją upodobania seksualne Woody'ego, to czemu tak ochoczo przystała na sprowadzenie kolejnej dziewczynki do jego alkowy?

Mię niepokoiło zachowanie Woody'ego w stosunku do jednego z dzieci – i podobnie Woody'ego niepokoił stosunek Mii do jednego z dzieci. Allen uważał, że Farrow zanadto zbliża się do Satchela i że jest to nienormalne. Farrow sądziła to samo o relacji Allena z Dylan. Postanowili zabrać dzieci do doktor Susan Coates, specjalizującej się w psychologii klinicznej. Coates skierowała Dylan do doktor Nancy Schultz, koleżanki po fachu zajmującej się przypadkami dzieci niezrównoważonych emocjonalnie. Jednocześnie doktor Coates pracowała z Woodym, pomagając mu zmienić niektóre zachowania, zwłaszcza kładzenie głowy na kolanach Dylan i pozwalanie, żeby ssała jego kciuk. Według doktor Coates, dzięki tym sesjom Allen uczynił postępy.

Istnieją wiele mówiące paralele między autoportretem Farrow w jej wspomnieniach a obrazem Farrow w filmach Allena. Alice – tytułowa bohaterka filmu *Alicja* – wyjeżdża, aby pracować u boku Matki Teresy. Farrow pisze, że Matka Teresa jest dla niej autorytetem. Opowiada, jak na początku lat osiemdziesiątych zabrała dzieci do siedziby Organizacji Narodów Zjednoczonych w Nowym Jorku na projekcję filmu dokumentalnego o Matce Teresie oraz spotkanie z nią. Kiedy w 1991 roku wybiera się do Hanoi po dwoje dzieci, które zamierza adoptować (na razie możliwa będzie adopcja jedynie chłopca), ponownie spotyka

---

[116] Mia Farrow, *Wszystko, co minęło*, dz. cyt., s. 262.

się z Matką Teresą, tym razem przypadkowo, i pisze: „Prawie przyklękłam, gdy powiedziała: «niech cię Bóg błogosławi»"[117].

Z lektury wspomnień Farrow wynika, że nie zauważyła ona uczucia rodzącego się pomiędzy Woodym i Soon-Yi. W 1990 roku pojawiały się już wyraźne oznaki wzajemnego przyciągania; dla wielu osób, które widziały na przykład, jak Allen i Soon-Yi trzymali się za ręce na meczach koszykówki, było jasne, że między tymi dwojgiem coś jest. Jeden z fanów New York Knicks zauważył, jak Woody głaszcze Soon-Yi po włosach i całuje ją w policzek. Felietonistka Cindy Adams napisała o nich tekst dla „New York Post", nie podając jednak nazwisk bohaterów. Farrow zapytała Allena, czy chodzi o niego i Soon-Yi, ale zaprzeczył. Farrow powiedziała Allenowi, że Soon-Yi się w nim zadurzyła i może błędnie zinterpretować jego zachowanie. Allen odparł: „Nie bądź niemądra" i Farrow nie drążyła tematu. Życie seksualne Allena i Farrow od pewnego czasu znajdowało się, nazwijmy to, w stanie uśpienia i Farrow nie mogła nie być świadoma plotek, nawet jeśli postanowiła je ignorować. Związek Mii i Woody'ego był martwy dla każdego, kto przyglądał się tej parze. Kristine Groteke, niania ich dzieci, napisała w swojej książce *Woody and Mia*: „Latem 1991 roku nie mieli ze sobą dużo kontaktu. Mało rozmawiali. Mijali się, jak gdyby każde unosiło się na chmurze własnej obojętności. Czasem przypominali mi stare małżeństwo o czterdziestoletnim stażu, niewiele już sobą zainteresowane". Napisała też: „Nigdy nie widziałam, żeby się całowali. Nigdy. Ani razu. Nie widziałam też, żeby trzymali się czule za ręce albo spontanicznie dotykali".

Allen przedstawił podobny obraz związku. Po adopcji Dylan w 1985 i narodzinach Satchela w 1987 roku powiedział: „Jedyne, co trzymało nas razem, to były dzieci. Nic więcej. (…) Czuliśmy, że związek się wypalił, ale nie było między nami złości ani

---

[117] Tamże, s. 265–266.

wrogości, tylko wzajemny szacunek dwojga profesjonalistów. Trwało to przez długi czas, pięć lat, może więcej". Groteke opisała Allena jako ojca zaangażowanego w sprawy dzieci; jej obraz kłócił się z portretem, jaki malowała Mia:

> Latem 1991 roku, ilekroć Woody zjawiał się w domu, zawsze spędzał wiele godzin z dziećmi. Nauczył Mosesa grać w szachy; zdarzało się, że kiedy wchodziłam do pokoju, siedzieli w milczeniu w kącie, pochyleni nad szachownicą i zamyśleni. (…) Wczesnym wieczorem (…) Woody, czasem razem z Mią, odprowadzał Dylan i Satchela do ich pokoju, gdzie albo im czytał, albo opowiadał bajkę. (…) Dzieci zasypiały zachwycone.

Siedemnastego grudnia 1991 roku Allen oficjalnie zaadoptował Dylan i Mosesa wspólnie z Mią. Mia złożyła w sądzie pisemne oświadczenie pod przysięgą, że Allen jest dobrym ojcem. Dylan wierciła się zniecierpliwiona, ale Moses uśmiechał się od ucha do ucha i był przeszczęśliwy; najbardziej na świecie marzył o tym, żeby Woody został jego ojcem.

Allen przyznał, że początkowo dzieci w ogóle go nie interesowały, zaś Farrow nie potrafiła myśleć właściwie o niczym innym. Parafrazując, powiedział, że usłyszał od niej: „Ty masz swoją pracę, a moim celem w życiu jest mieć dużą gromadkę dzieci". Allen zwierzył się pisarzowi Walterowi Isaacsonowi, że miesiąc po adopcji Dylan poczuł „więź z dziewczynką". „To była cudowna istotka. Nagle odkryłem radość bycia rodzicem". Dodał, że pojawienie się Dylan na pewien czas „ożywiło" jego związek z Mią. „Łączyło nas to, że wspólnie wychowywaliśmy dzieci. Ale kiedy urodził się Satchel, wszystko zaczęło zbliżać się do uprzejmego i serdecznego końca. (…) Nie angażowałem się w wychowywanie pozostałych dzieci. Miały własnego ojca".

Soon-Yi powiedziała później Farrow, że jej związek z Woodym wkroczył w intymną fazę w 1990 roku, lecz Allen zeznał pod przysięgą, że dopiero podczas zimowej przerwy świątecznej w 1991 roku „zaczęliśmy rozmawiać o tym, co będzie, kiedy skończy studia, jak to się dalej potoczy, i wtedy to się stało".

Soon-Yi była wtedy uczennicą ostatniej klasy Marymount, prywatnego liceum parafialnego dla dziewcząt, mieszczącego się naprzeciwko Metropolitan Museum of Art. Podczas przerw na lunch w tajemnicy odwiedzała mieszkającego pięć minut dalej Woody'ego. Zaczęła też widywać się z nim w weekendy; stroiła się i wychodziła z domu, mówiąc Mii, że poznała starszą od siebie dziewczynę, z którą chodzi na zakupy. Jesienią 1991 roku wyjechała z Nowego Jorku i rozpoczęła studia na Uniwersytecie Drew w Madison w stanie New Jersey.

W tym czasie Woody kręcił *Mężów i żony* z Mią. Tak jak *Hannah i jej siostry* odzwierciedlały pewne napięcia pomiędzy Allenem a Farrow i skupiały się na pasywno-agresywnej, ofiarnej osobowości Hannah oraz na tym, jak zniechęcała do siebie mężów; tak jak z *Alicji* dowiedzieliśmy się czegoś o duchowym dążeniu Mii do doskonałości i cnoty, tak w *Mężach i żonach* widzimy Judy, bohaterkę przypominającą prawdziwą Mię, potulną i zarazem kłótliwą wersję Hannah. W filmie dwóch mężczyzn, których małżeństwa dobiegają końca, mając do wyboru swoje żony albo młodsze kobiety, decydują się na te drugie. Obaj tkwią w matni, nie potrafią się z niej wydostać. Nigdy się nie zmienią. Wychodzi ich prawdziwa natura, ciągnie ich nieustannie do postaci, którymi byli wcześniej.

Podobnie jak w *Hannah i jej siostrach*, bohaterowie *Mężów i żon* godzą się w końcu na związki będące „zdechłymi rekinami". Jack (Sydney Pollack) wraca do swojej oziębłej żony Sally (Judy Davis); odrzucony przez Sally Michael (Liam Neeson) ulega emocjonalnemu szantażowi Judy i ostatecznie poślubia ją wbrew sobie. Gabe (Woody Allen) opiera się pochlebstwom młodej Rain (Juliette Lewis) i na koniec zostaje sam, pozbawiony własnego miejsca. Oczywiście wiemy, że w rzeczywistości Allen zrobił coś dokładnie przeciwnego: nie oparł się pochlebstwom młodej dziewczyny (ale też nie wyplątał się z wieloletniego, ograniczającego swobodę związku z Mią). Wybrał młodą dziewczynę, zerwał kajdany i ma się świetnie. (Można też powiedzieć, że Allen wręcz postawił na wygodę: Soon-Yi była po prostu pod ręką).

Techniki, po które sięgnął Allen, kręcąc *Mężów i żony*, są znamienne w obliczu faktu, że pracował nad tym filmem, kiedy akurat rozpadało się jego prywatne i zawodowe życie. Nagle zmienił perspektywę. Wcześniej jego sposób filmowania był bardziej opanowany i rygorystyczny, przed *Mężami i żonami* nigdy tak chętnie nie wykorzystywał zdjęć kręconych kamerą z ręki. Tutaj po raz pierwszy zastosował też ostre cięcia, czyli montaż polegający na przeskokach w miejscu i czasie. Zdecydował się na ten roztrzęsiony, niespokojny obraz, ponieważ przeżywał kryzys.

Jeśli porównamy *Mężów i żony* z wcześniejszymi filmami Allena, okaże się, że ten wydaje się chwilami tak swobodny, że niemal chaotyczny. Allen zmienił formułę estetyczną, żeby nakręcić film o ludziach w potrzasku, będących stworzeniami składającymi się z przyzwyczajeń. W pewnym momencie osoba przeprowadzająca wywiad z Gabe'em pyta go, co sprawiło, że na kandydatkę do stałego związku wybrał kogoś tak niepasującego do tej roli, jak Rain. Gabe wzrusza ramionami i odpowiada: „Moje serce nie wie, co to logika" – w tych słowach zawiera się zarówno istota filmu, jak również, wyrażany często w różnych formach, pogląd Allena na własne życie, a szczególnie na romans z Soon-Yi. „Serce pragnie tego, czego pragnie" – powiedział Walterowi Isaacsonowi z „Time", odnosząc się do związku w prawdziwym życiu.

Ostatnie sceny filmu, w których Judy (Mia) i Gabe (Woody) przyznają, że ich małżeństwo dobiegło końca, że trzymają w rękach „zdechłego rekina", nakręcono już po rozpadzie związku pary. Nie trzeba chyba dodawać, że finał wypadł bardzo wiarygodnie. Chcący czy niechcący, Allen raz jeszcze dostał dokładnie to, czego chciał.

Farrow napisała we wspomnieniach, że trzynastego stycznia 1992 roku „odprowadziłam jedno z dzieci na spotkanie z terapeutką do mieszkania Woody'ego. Otworzyłam drzwi kluczem, który Woody trzymał pod stojakiem na parasole, i usiadłam (...) w narożnym pokoju, w którym zazwyczaj czekałam. Wiedząc, że tam będę, Woody zadzwonił z pracy. Gawędziliśmy pogodnie, jak robiliśmy to kilka razy dziennie, po czym odłożyłam słuchawkę i odwracając się, spostrzegłam na gzymsie kominka stosik pornograficznych zdjęć z polaroida: nagiej kobiety z szeroko rozłożonymi nogami. Trochę potrwało, zanim dotarło do mnie, że to Soon-Yi"[118].

Osiemnastego stycznia, poniżona i wściekła, Mia wystosowała do dzieci list, którego treść przytoczyła później we wspomnieniach:

> *Moje dzieci,*
> *Przeciwko naszej rodzinie popełniono okrutny występek, którego nie można w żaden sposób wyjaśnić. Wiecie, że dzielę z wami ból, zaskoczenie i złość. Ale czuję potrzebę wspólnego zastanowienia się, co dalej mamy robić. Nie możemy poddać się temu – musimy za wszelką cenę wyciągnąć z tego wnioski i nawet szukać w tym umocnienia*[119].

Ten pozorny spokój miał się wkrótce zmącić. Farrow najpierw pobiła Soon-Yi w dniu, w którym odkryła fotografie, a potem wycięła jej twarz z wiszącego na ścianie oprawionego zdjęcia i zastąpiła je wizerunkiem niedawno adoptowanej Tam. W walentynki Allen przysłał Mii pudełko w kształcie serca pełne

---
[118] Tamże, s. 273.
[119] Tamże, s. 279.

czekoladek i z dołączoną poduszeczką do szpilek. Mia wręczyła Allenowi czerwone atłasowe pudło, a w nim opakowaną, wyszywaną poduszkę w kształcie serca. Kiedy otworzył je później, jak powiedział w programie *60 Minutes* w listopadzie 1992 roku, okazało się, że to „mrożąca krew w żyłach i świadcząca o, chciałoby się powiedzieć, psychotycznej osobowości walentynka, której autorka bardzo się napracowała". Dekorację białego serca stanowiły bowiem różowe pąki i zielone pnącza, splecione wokół portretu Mii z dziećmi. Farrow przebiła serca dzieci rożnami do indyka, sobie zaś wbiła w pierś czubek dużego noża do steków. Trzonek noża owinęła kserokopią polaroidu z nagą Soon-Yi. Dołączyła rymowany liścik: „Kiedyś miałam serce jedno i było ono całe twoje. / Lecz zraniłaś je po stokroć, i to głęboko, dziecko moje". Wyglądało to, powiedział Allen, „dość przerażająco". Odebrał prezent jako poważną pogróżkę.

W wywiadzie z Walterem Isaacsonem w 1992 roku Allen opowiedział o tym, jak Farrow traktowała Soon-Yi. Rozmowa była wnikliwa i szczera. „Od Soon-Yi usłyszałem o rzeczach, które mnie zaskoczyły – zaczął Allen. – Okazało się, że rodzina nie była tak szczęśliwa, jak mi się wydawało. Ona i inne dzieci miały problemy z matką. Stosunki pomiędzy Soon-Yi a Mią nie należały do najlepszych. Rozmawialiśmy o tym, powiedziała mi, że matka jest dla niej bardzo okrutna. Zarówno fizycznie, jak i psychicznie. Mii brakowało cierpliwości do Soon-Yi. Biła ją szczotką. Wypisywała jej na dłoni angielskie słowa, których Soon-Yi nie potrafiła się nauczyć, i kazała jej tak chodzić do szkoły, co było upokarzające. Straszyła, że zamknie ją w psychiatryku, bo niecierpliwiła się, że Soon-Yi ma trudności z opanowaniem języka. Oprócz tego było wiele innych rzeczy. (…) Traktowała ją źle, ponieważ Soon-Yi sprzeciwiała się jej. Poza tym Mia inaczej traktowała dzieci adoptowane i własne". Allen powiedział, że trzynastego stycznia, kiedy Farrow znalazła nagie zdjęcia Soon-Yi, „zamknęła ją w łazience w swoim mieszkaniu – jest na to wiele dowodów – a potem pobiła ją kilka razy, uderzyła krzesłem, skopała, poturbowała tak, że koleżanki w szkole zaczęły pytać [Soon-Yi], skąd te wszystkie siniaki. Wreszcie, chyba dzięki interwencji lekarza, Soon-Yi udało się wyrwać z domu i zamieszkać w akademiku [Uniwersytetu Drew]". Kiedy w 2014 roku Moses Farrow publicznie odciął się od matki, częściowo powtórzył zarzuty sformułowane przez Allena w tym wywiadzie i nawet Mia przyznała, że faktycznie uderzyła Soon-Yi.

Isaacson zapytał Allena o „dylemat moralny" jego związku z Soon-Yi. „Nie miałem żadnych moralnych rozterek – odparł Allen. – Nasz związek nie wzbudził we mnie żadnych moralnych wątpliwości przez to, że Soon-Yi była córką Mii. Był to fakt bez większego znaczenia. Przecież nie była moją córką...". Allen – w niemal identyczny sposób, jak zrobiła to Mia – opowiedział o dystansie, z jakim traktował niektóre dzieci. Isaacson spytał: „Nie zostałeś ojcem zastępczym dla dzieci, które Farrow adoptowała z André Previnem?". Allan odpowiedział na to: „Nie angażowałem się w sprawy związane z pozostałymi dziećmi. Miały swojego ojca. Nie spędzałem z nimi zbyt wiele czasu, zwłaszcza z dziewczynkami, właściwie w ogóle nie spędzałem z nimi czasu. Wszystkie te osoby nawet w niewielkim stopniu nie tworzyły komórki rodzinnej z prawdziwego zdarzenia".

„Soon-Yi nie traktowała cię jak ojcowski autorytet?" – zapytał Isaacson.

„Ani trochę – brzmiała odpowiedź Allena. – W ogóle się do mnie nie odzywała. Przez lata sądziłem, że zostanie zakonnicą. Chodziła do Sacred Heart, więc myślałem... nie miałem pojęcia, co robi. Interesowały mnie wyłącznie własne dzieci".

Po tym jak Farrow znalazła zdjęcia Soon-Yi, zasypała Allena telefonami z pogróżkami; dzwoniła każdej nocy, zaczynała wieczorem, kończyła rano. Według Allena, Farrow groziła mu śmiercią, wrzeszczała, że jest „diabłem wcielonym", powinien umrzeć i „smażyć się w piekle".

Napisała we *Wszystkim, co minęło*, że wtedy przeniosła uwagę na zachowanie Allena w stosunku do Dylan – i ujrzała je „w zupełnie innym świetle". Zastanawiała się, czy jego „nieodpowiedni" i „nachalny" stosunek do Dylan nie ma zabarwienia seksualnego; w tej samej książce stwierdziła jednak, że uwagę na to zaczęła zwracać długo przed zdarzeniem z trzynastego stycznia. Nie wyjaśnia sprzeczności. „W którym momencie – pyta – zaczyna się seksualne molestowanie dziecka?"[120]. Najbardziej wymowną oznaką, którą zresztą przytacza kilkakrotnie, jest dla niej wkładanie palca do ust Dylan.

Zastanawiając się nad pobudkami, z jakich Allen zostawił fotografie w tym, a nie innym miejscu, pisze: „(...) zaczęłam mieć wątpliwości, czy rzeczywiście znalazłam zdjęcia przypadkiem, jak twierdził Woody. Nie był człowiekiem nieostrożnym. Był skrupulatny. (...) Wiedział przecież, że będę w tym pokoju. To jego telefon sprawił, że znalazłam się w pobliżu zdjęć"[121].

Miała rację. Allen, który przecież zawsze unikał konfrontacji, chciał zapewne wyznać jej prawdę, ale nie potrafił zmusić się, by zrobić to podczas spotkania w cztery oczy. Polaroidy były jego sposobem na przyznanie się. Farrow napisała: „Jakąż to złość czuł w stosunku do mnie, do kobiet, do matek, do sióstr, do córek, do całej rodziny?"[122]. Nazwała zdjęcia granatem wrzuconym do domu.

Nawet jeśli część z tego, o czym pisała Farrow, było prawdą, i tak niełatwo uznać to za molestowanie seksualne Dylan, mimo że dla Farrow jedno (niestosowne zachowanie) praktycznie równało się drugiemu (molestowaniu) – i mogło, rzecz jasna, dużo bardziej zaszkodzić reputacji Allena.

Niedługo potem Mia napisała list do przyjaciółki, Marii Roach, a w nim przyznała, że jest „niebezpiecznie bliska

---

[120] Tamże, s. 280.
[121] Tamże, s. 282.
[122] Jw.

całkowitego zatracenia". Allen „doprowadził moją córkę do tego, że zdradziła swoją matkę, rodzinę i zasady (...) uczynił z niej moralnego bankruta". Allen „nie miał szacunku dla tego, co dla mnie najświętsze – dla mojej rodziny, mojej duszy, mojego Boga i dla moich najczystszych intencji". Allen zasługiwał na współczucie, ponieważ „zniszczył i okaleczył tę cząstkę siebie, która zmienia się na lepsze pod wpływem właściwego postępowania, w przeciwnym razie staje się zła; czy może w nas istnieć coś cenniejszego? Teraz śmiało spoglądam w nieznaną przyszłość. Podążę ku niej bez obaw, zabierając ze sobą jedynie to, co niezbędne, i ufając, że nowe życie odrodzi się samo"[123]. Farrow zaczęła czerpać pociechę z wiary, do której powróciła po długiej przerwie; ochrzciła wszystkie dzieci podczas tradycyjnej ceremonii w obrządku katolickim, zaś Allenowi oznajmiła, że odnalazła Boga i spokój. Allen skomentował, że przez cały czas trwania ich związku Mia „nawet raz" nie wspomniała o Bogu albo religii.

Mia wahała się pomiędzy wcieleniem wszelkich cnót a kobietą pragnącą surowo ukarać mężczyznę, który symbolicznie wbił ostrza w serca jej dzieci i rozpruł jej własne nożem do steków; który był dla niej mordercą. Allen powiedział w programie *60 Minutes*, że czasem Farrow zachowywała się wielkodusznie i była pełna religijnego uniesienia, „a następnego dnia groziła mi śmiercią, zapowiadała, że wyłupi oczy".

Woody obawiał się, że Mia może odebrać sobie życie. W kwietniu zostawiła mu list pożegnalny. „Zadzwoniłam do Woody'ego, żeby mu powiedzieć, co zamierzam – opowiedziała o tym Groteke. – Wyszłam na zewnątrz i stanęłam na krawędzi jego tarasu. Spojrzałam w dół. Ale nie potrafiłam skoczyć". Wróciła do mieszkania, położyła się na kanapie i rozpłakała. Allen szybko przyjechał do domu i znalazł ją w takim stanie.

---

[123] Tamże, s. 284.

Tak wygląda jej wersja zdarzeń. Allen twierdzi natomiast, że pokłócił się z Farrow, po czym udał się na górę. Kiedy wrócił na dół, zobaczył, że Mii nie ma, a wiatr wydyma zasłony w pokoju. Pobiegł na taras. Na podłodze znalazł list o treści: „Postanowiłam skończyć ze sobą, bo zakochałeś się w mojej córce".

Spanikowany Allen wychylił się przez barierkę, żeby przekonać się, czy Mia faktycznie skoczyła. Na dole, na ulicy, nie zobaczył jednak żadnego poruszenia. Wrócił do środka i znalazł Mię schowaną w kuchni. Wyrwała mu list i, krzycząc, podarła. Następnie wybiegła z mieszkania. Allen zadzwonił do jej psychiatry i powiadomił o tym, co się właśnie wydarzyło.

Cztery miesiące później, szóstego sierpnia 1992 roku, Farrow przypuściła atak. Oświadczyła, że czwartego sierpnia podczas wizyty we Frog Hollow Allen, będąc sam na sam z Dylan, molestował ją. Relację Farrow ze zdarzenia cechuje niejasność co do tego, kiedy w ogóle ono nastąpiło. Tego samego dnia doszło bowiem ponoć do dwóch incydentów: (1) przyjaciółka Mii, Casey Pascal, powiedziała, że widziała, jak „Woody klęczał przed nią [przed Dylan siedzącą na kanapie], trzymając głowę na jej kolanach"[124]. (Farrow dodała, że Dylan nie miała na sobie majtek). Farrow napisała, że kiedy spytała o to Dylan, ta odpowiedziała, że „obmacywał ją".

(2) Według Farrow, Allen zabrał Dylan na strych i tam całował ją i „dotykał jej intymnych miejsc"[125]. Obie te relacje są tak do siebie podobne, że doprawdy trudno zrozumieć, po co Allen miałby zabierać Dylan na strych, skoro tam tylko powtórzyłby tę samą czynność, której rzekomo dopuścił się na dole, na kanapie. Wiadomo też, że Woody cierpi na klaustrofobię. Do zdarzeń tych miało dojść wtedy, kiedy Allen był osobą znienawidzoną, wyklętą przez rodzinę i niemile widzianą w domu – i kiedy nad

---

[124] Tamże, s. 296.
[125] Jw.

każdym jego krokiem miała czuwać niania rodziny Farrowów, Kristine Groteke, oraz pozostali domownicy. W czerwcu Farrow zostawiła Groteke wiadomość: „Kristi, od tej pory chciałabym, żebyś miała na niego [na Allena] szczególne baczenie, ilekroć będzie z Dylan. Chcę, żebyś za nim chodziła i była bardzo czujna, ponieważ niepokoi mnie jego zachowanie w stosunku do Dylan". Groteke nie przejęła się jednak obecnością Allena i tego dnia, kiedy miało dojść do opisywanego zdarzenia, wyszła na zakupy.

Farrow nie traciła czasu: chwyciła kamerę i nagrała rozmowę z nagą Dylan o tym, co rzekomo zaszło. Wiele osób spośród tych, które miały sposobność obejrzeć nagranie, stwierdziło, że zostało ono spreparowane przez Farrow.

Groteke napisała, że wcześniej, jedenastego czerwca 1992 roku rodzina wydała przyjęcie z okazji urodzin Dylan. Woody przyjechał na nie z Nowego Jorku. Mia prosiła go, żeby nie spędzał czasu wyłącznie z dziećmi, on jednak, nie zważając na jej słowa, poświęcił całą uwagę Dylan, ignorując gości. Wieczorem wściekła Farrow napisała na kartce: „CZŁOWIEK, KTÓRY MOLESTUJE DZIECI, UROBIŁ I WYKORZYSTAŁ JEDNĄ SIOSTRĘ, A TERAZ DOBIERA SIĘ DO DRUGIEJ, MŁODSZEJ" i przyczepiła ją do drzwi do łazienki. Groteke nie przytacza reakcji dzieci na te słowa.

Farrow pospieszyła się jednak. Dopiero bowiem czwartego sierpnia złożyła oficjalne zawiadomienie. Rzekome zachowanie Allena owego lipcowego dnia było kroplą, która przelała czarę. Wiadomość na kartce była osobliwą zapowiedzią tego, co dopiero miało nastąpić. Później Farrow złożyła w sądzie opiekuńczym na Manhattanie wniosek o cofnięcie adopcji Dylan przez Allena.

Relacja, którą Groteke zdała w książce *Woody and Mia* – według autorki, Farrow najpierw namówiła ją do napisania książki, a potem, po lekturze gotowego tekstu, była niezadowolona i próbowała wstrzymać publikację – jest niejasna i nie stanowi jednoznacznego świadectwa przeciwko Woody'emu – na którym Farrow zależało. Groteke pisze, że nie wie, czy Allen rzeczywiście molestował Dylan. Jedną z trafnych kwestii, które podnosi, jest na przykład ta: „Skoro Mia miała wątpliwości co do zachowania Woody'ego w stosunku do swojej córki, to czemu w ogóle (w 1991 roku) pozwoliła mu ją adoptować?".

Groteke powiedziała, że kiedy czwartego sierpnia wróciła z zakupów, nie zauważyła Allena i Dylan; nie było ich około dwudziestu minut. Kolejną kwestią, która nie dawała Groteke spokoju, była autentyczność nagrania z Dylan. „Taśmę na pewno (...) kilka razy zatrzymywano i przewijano – napisała. – Wydaje mi się, że nie można wykluczyć, iż w tym czasie Mia mogła instruować córkę, co ma mówić. Niektórzy widzieli nagranie i stwierdzili, że wygląda na przećwiczone, tak jakby Dylan odgrywała swoją rolę". Groteke nie podważyła autentyczności nagrania, ale zadawała pytania, które sprawiały, że pojawiały się wątpliwości. Jej słowa były zadziwiające, zwłaszcza że padały z ust osoby przekonanej o prawdomówności Mii. Tak napisała o wydarzeniach z czwartego sierpnia: „Intrygowała mnie gorliwość, z jaką Mia szukała oznak molestowania; czasem wyglądało to tak, jakby chciała, żeby coś się wydarzyło. Weźmy na przykład tę kartkę z tekstem o człowieku molestującym dzieci, którą przypięła do drzwi łazienki po przyjęciu urodzinowym Dylan. Mia powiedziała, że oczywiście miała na myśli Soon-Yi. W świetle tego, co zdarzyło się potem, jej oskarżenia wydają się niepokojąco prorocze. Ale właściwie kogo i o co oskarżała? Woody'ego o jego zachowanie? Samą siebie o mściwe dążenie do tego, aby występek został stosownie ukarany?". Nawet Groteke zastanawiała się, czy działaniami Farrow nie kieruje chorobliwa mściwość.

Farrow poprosiła policję stanu Connecticut o interwencję około czwartego sierpnia, nie podaje jednak dokładnej daty, kiedy zatelefonowała. Policja kazała Farrow przyprowadzić Dylan na spotkanie z przedstawicielem komitetu ochrony praw dziecka. Mia napisała, że „przeprowadzający wywiad potwierdził, że można przypuszczać, iż miała miejsce przemoc seksualna. Na podstawie tego stwierdzenia policja rozpoczęła śledztwo"[126].

Allen uważa, że przez wiele tygodni poprzedzających wydarzenia i oskarżenia z czwartego sierpnia Mia robiła Dylan pranie mózgu. „Kilka tygodni wcześniej powiedziała mi w rozmowie telefonicznej – zeznał przed sądem – że wymyśliła dla mnie coś paskudnego. (…) Że skoro odebrałem jej córkę, ona odbierze mi moją. Przyczepiła do drzwi tę kartkę z tekstem o «człowieku, który molestuje dzieci». Sądzę, że wtedy już prała Dylan mózg w ramach przygotowań do tej «paskudnej» rzeczy, jaką dla mnie zaplanowała".

Elkan Abramowitz, adwokat Allena, zapytał go, jak Mia mogła prać swojej córce mózg przed czwartym sierpnia po to, żeby po czwartym sierpnia oskarżyć Allena o molestowanie Dylan czwartego sierpnia. Allen odparł: „Wydaje mi się, że nie robiła tego po to, żeby Dylan opowiedziała o czymś, co miało się wydarzyć czwartego sierpnia (…) po prostu tego dnia nadarzyła się okazja. Wtedy okazało się, że właśnie całe to pranie mózgu może przynieść spodziewane rezultaty. Myślę, że wmawiała jej [przed czwartym sierpnia] rzeczy w rodzaju: «Twój ojciec zrobił coś brzydkiego Soon-Yi», «Zrobił jej coś okropnego», «Bądź ostrożna. Czy on cię dotyka? Czy cię przytula?». Sądzę, że cały czas tak do niej mówiła. I do pozostałych dzieci, które za nią stoją, też".

Trzynastego sierpnia Allen rozpoczął sądową batalię o opiekę nad Dylan, Satchelem i Mosesem. Złożył wniosek w sądzie stanowym na Manhattanie.

---

[126] Tamże, s. 298.

Groteke napisała, że „wysunięte przez Mię oskarżenia o molestowanie i pozew złożony przez Woody'ego rozpętały w mediach burzę, której echa było słychać jeszcze rok później". Do Bridgewater przybył tłum dziennikarzy i fotoreporterów i „rozlokował się na szczycie pagórka, tuż przed podjazdem Mii".

Siedemnastego sierpnia Allen wydał oświadczenie, w którym stwierdził, że jest zakochany w Soon-Yi.

Abramowitz i jego zespół prawników namówili Allena na badanie wykrywaczem kłamstw. Badanie przeprowadził były agent FBI, szef programu kontroli jakości wariografów. Allen pomyślnie przeszedł test. Kathryn Prescott, psychiatra Allena, złożyła pod przysięgą dwustronicowe oświadczenie, w którym napisała między innymi: „Nic nigdy nie wskazywało na to, żeby pan Allen przejawiał jakiekolwiek dewiacyjne bądź perwersyjne skłonności". Inny psychiatra, Fred Brown, profesor emerytowany psychiatrii w Mount Sinai School of Medicine oraz ekspert w dziedzinie pedofilii, napisał, że z badań, którym poddał Allena, wynika, iż jest on obdarzony „dziecinną" osobowością, charakteryzującą się „obsesyjnością, podatnością na niepokój, skrępowaniem w obecności osób dorosłych, a także poczuciem bezpieczeństwa w obecności dzieci i młodych kobiet. Molestowanie seksualne dziecka, a zwłaszcza jego córki, byłoby dla pana Allena zarówno obce, jak i odrażające". Brown zakończył stwierdzeniem, że „wysuwane wobec niego oskarżenia są nieprawdziwe".

W całym tym zamieszaniu Allen, co wręcz niewiarygodne, pracował nad nowym filmem, którym była *Tajemnica morderstwa na Manhattanie*, i oczywiście w każdy poniedziałkowy wieczór grał ze swoim jazz-bandem w Michael's Pub. Film okazał się przeciętny. Był utrzymany w tradycji hollywoodzkiej: małżeństwo natyka się na zagadkę kryminalną i obsesyjnie próbuje ją rozwiązać. Allen nakręcił go dla własnej przyjemności, chciał wskrzesić ducha obrazów w dawnym stylu, które oglądał, będąc chłopcem; w *Tajemnicy morderstwa na Manhattanie* traktuje tę zachciankę poważnie, podczas gdy film w filmie w *Purpurowej róży z Kairu* miał niefrasobliwie satyryczny sznyt. Początkowo u boku Woody'ego miała zagrać Mia, ale ponieważ ich związek przechodził trzęsienie ziemi, rola przypadła w udziale Diane Keaton. (Farrow wniosła do sądu sprawę z żądaniem wypłaty obiecanej gaży w wysokości trzystu pięćdziesięciu tysięcy dolarów). Przed *Tajemnicą morderstwa na Manhattanie*, a po *Zeligu*, *Dannym Rosie z Broadwayu*, *Zbrodniach i wykroczeniach*, *Mężach i żonach* oraz *Hannah i jej siostrach* Allen nakręcił cztery świetne filmy: *Purpurową różę z Kairu* (1985), *Złote czasy radia* (1987), *Zagładę Edypa* (1988) i *Alicję* (1990). Natomiast potknął się na *Cieniach we mgle*, filmie opartym na własnej jednoaktówce pod tytułem *Śmierć*, a inspirowanym niemieckim ekspresjonizmem i twórczością Brechta i Weilla.

W *Tajemnicy morderstwa na Manhattanie* Larry i Carol Liptonowie (Allen i Keaton), małżeństwo w średnim wieku, zaprzyjaźniają się z sąsiadami, Paulem House'em (Jerry Adler) i jego żoną Lillian (Lynn Cohen). Kiedy niespodziewanie i w tajemniczych okolicznościach umiera Lillian, a Paul wydaje się tym osobliwie mało przejęty, Carol nabiera podejrzeń i wślizguje się do jego mieszkania. Znajduje ukryte pod zlewem ludzkie prochy i dwa bilety do Paryża oraz podsłuchuje rozmowę Paula z inną kobietą. Jest przekonana, że sąsiad zabił swoją żonę.

Carol przekonuje znajomego, Teda (Alan Alda), żeby pomógł jej w szukaniu dowodów, zaś Larry namawia pisarkę Marcię Fox (Anjelica Huston) na spotkanie z Tedem, świeżo upieczonym rozwodnikiem. Cała czwórka angażuje się w rozwiązywanie zagadki. Film jest dość powierzchowny i raczej pozbawiony uroku, co prawda, nie sięga dolnej granicy możliwości Allena (tę wyznaczają *Koniec z Hollywood* i *Klątwa skorpiona*), ale można go nazwać najwyżej błahostką. Niemniej – Allen nadal pracował.

„Wpadłam w sam środek chaosu – powiedziała mi Lynn Cohen, która w *Tajemnicy morderstwa na Manhattanie* zagrała Lillian House. – Zatrudniono mnie, a następnego dnia ogłoszono, że Mia odeszła z obsady. Oho, pomyślałam, z filmu nici. Ale Diane Keaton przybyła na ratunek. Dostałam jedynie fragment scenariusza z moimi kwestiami. Nie wiedziałam, że to właśnie moja bohaterka zostanie zamordowana.

Gazety codziennie rozpisywały się o skandalu. W całym tym wielkim poruszeniu wokół jego osoby Woody pozostawał dżentelmenem. Zamieszanie było okropne. Wszędzie, gdzie przenosiliśmy się z ekipą, ludzie na ulicy krzyczeli: «Kochamy cię, Woody. Jesteśmy z tobą». Nie widziałam, żeby choć raz stracił nad sobą panowanie. A był przecież w koszmarnie rozpaczliwej sytuacji, oskarżano go o potworne rzeczy, w większości niesłusznie. On jednak był dżentelmenem i do tego niezwykle delikatnym człowiekiem. I pomyśleć, że niektórzy poświęcają życie, żeby go szkalować. Znam ludzi, którzy nie cierpią ani jego, ani jego filmów. Nie rozumieją ich. Tymczasem Woody to lojalny i ufny człowiek, utrzymuje z innymi relacje, które potrafią trwać pół wieku, na przykład z Jackiem Rollinsem albo z Diane Keaton. Wydaje mi się, że on bardzo kocha ludzi. Podobał mi się film *Wszyscy mówią: kocham cię* – wzruszyłam się, kiedy Woody śpiewał, bo tak bardzo się wtedy odsłonił.

Zaczęliśmy zdjęcia – opowiadała dalej Cohen. – Cudownie się z nim pracowało. Rozumiałam wszystko, co mówił. Wcale nie jest zdystansowany, moim zdaniem odsłania się intelektualnie i emocjonalnie, okazuje głęboką troskę. I wcale nie jest wyrobnikiem, tylko artystą. Ma jeszcze dużo do powiedzenia. W końcu z osiemdziesiątką na karku masz więcej do powiedzenia niż z siedemdziesiątką, prawda? Woody będzie robił to, co robi, aż do samego końca.

Działa bardzo instynktownie. Na samym początku powiedział mi: «Nie musisz mówić dokładnie tego, co napisałem». Na planie sporo improwizowaliśmy. Niektórzy aktorzy boją się tego, ale ja to uwielbiam. Jeśli chodzi o kobiety, ma szeroki gust, od Louise Lasser po Soon-Yi. Znałam Louise – Mię Farrow, Diane Keaton i Soon-Yi dzieliły od niej lata świetlne. Różniła się od nich pod każdym względem tak, że już chyba bardziej nie można. Woody uwielbia kobiety, co jest przyjemne. I nie sądzę, żeby się ich bał. Kobiety nie zawsze dobrze wypadają w filmach, tymczasem Woody pisze dla nich złożone role, nie czyni ich postaci płytkimi.

Tak więc Diane przybyła z odsieczą. Myślę, że ona go kocha, a on kocha ją. Miłość nie zawsze ma coś wspólnego z tym, z kim sypiasz albo czyje dzieci wychowujesz. Istniała między nimi bardzo silna więź. Miałam niebywałe szczęście, ponieważ Diane improwizowanie ma we krwi i zawsze bezbłędnie za mną nadążała.

Myślę, że Woody daje aktorom szansę, której ci jeszcze nie mieli. Weźmy Owena Wilsona w *O północy w Paryżu*. Nikt inny nie obsadziłby go w takiej roli. Woody ma doskonałe oko do aktorów. Albo Mia w *Dannym Rosie z Broadwayu*. To bodaj jedyna rolą, jaką zagrała poza swoim emploi, a nie jest aktorką, która łatwo się przeobraża. Woody dał jej tę szansę. Grała u jego boku w jednym filmie za drugim. Podarował jej coś wspaniałego. Gdyby nie on, utknęłaby w roli malutkiej dziewczynki.

Kiedy się z nim pracowało, cały czas czuło się jego obecność. Nie jest aktorem, który odgrywa swoją rolę i cześć. Niektórzy aktorzy, nawet bardzo dobrzy, odpuszczają, kiedy kamera nie jest skierowana na nich. Woody natychmiast wypełnia to miejsce.

Jest tak bardzo zakochany w Nowym Jorku, że aż chce się płakać. Jest genialny i nieprzypadkowo osiągnął tak wiele. Są tacy ludzie… dziękuję Bogu, że mogłam żyć w tych samych czasach, co oni".

We wrześniu 1992 roku, w odpowiedzi na oskarżenia Farrow, policja stanowa w Connecticut wszczęła dochodzenie oraz zleciła Child Sexual Abuse Clinic (poradni przypadków molestowania seksualnego dzieci) przy Yale-New Haven Hospital, kierowanej przez doktora Johna Leventhala, przeprowadzenie badań i wywiadów z osobami zaangażowanymi w sprawę, a także ocenę zasadności zarzutów. W grudniu Richard Marcus, emerytowany porucznik policji nowojorskiej, który przepracował sześć lat w manhattańskiej jednostce do walki z przestępczością na tle seksualnym, obejrzał nakręcone przez Mię nagranie Dylan. Napisał, że materiał „narusza wszelkie zasady" obiektywnego przesłuchania. „Wiele pytań sugeruje odpowiedzi, ponadto istnieje wiele przerw w nagraniu, co budzi uzasadnione wątpliwości". Uznał, iż taśma „nie przekonuje o wiarygodności dziecka".

W numerze „Newsweeka" z dwudziestego piątego sierpnia 1992 roku ukazał się wywiad Jacka Krolla z Allenem. Kroll zapytał go wprost, czy molestował seksualnie Dylan, na co Allen odparł: „Oczywiście, że nie. Zaprzeczam tak zdecydowanie, że bardziej już nie można". Na temat Dylan powiedział: „To sprawka Mii. Nastraszyła ją albo wbiła jej to do głowy w atmosferze panującej w domu wrogości w stosunku do mnie, wmówiła jej, jaki to niby jestem zły. W każdym razie jakoś to przeniknęło do jej psychiki. (…) Byłem dla tych dzieci wzorowym, naprawdę wzorowym ojcem".

Allen twierdził, że kiedy Mia oskarżyła go o molestowanie Dylan, uznał, iż musi zawalczyć o prawo do opieki nad nimi. „Kiedy to się stało, to było tak groteskowe – powiedział – i tak fałszywe, tak chore, że poczułem, że muszę zabrać stamtąd dzieci".

Kroll zapytał: „Wiele osób powołuje się na twoją, jak sądzą, słabość do znacznie młodszych dziewcząt, na którą wskazują niektóre wątki w twoich filmach".

Allen odpowiedział: „To zwykłe oszczerstwo. Gdzie, no gdzie są te młode dziewczyny? To absurd, idiotyczne wyobrażenie. Nie wytrzymuje konfrontacji z rzeczywistością, ze związkami w moim życiu. Byłem dwa razy żonaty i dwukrotnie utrzymywałem długotrwałe związki z kobietami: z Diane Keaton i Mią Farrow. We wszystkich czterech najważniejszych związkach w moim życiu nie było nic «niestosownego», jeśli chodzi o wiek partnerek".

Dwudziestego drugiego listopada 1992 roku w programie *60 Minutes* pojawiła się rozmowa Steve'a Krofta z Allenem. Zapytany o rzekomą wizytę na strychu, Allen odpowiedział: „Spójrzmy na to logicznie. Mam pięćdziesiąt siedem lat. Czyż to nie jest nielogiczne, żebym w samym środku niezwykle gorzkiej i zajadłej batalii o opiekę nad dziećmi jechał do domu w Connecticut, w którym nikt mnie nie lubi – do domu pełnego wrogów? Mia była na mnie wściekła i jeszcze nastawiła przeciwko mnie wszystkie dzieci, ale nic to, jadę i nagle, będąc tam z wizytą, wybieram akurat ten moment w moim życiu, żeby zacząć molestować dzieci. To się przecież kupy nie trzyma. Gdybym chciał molestować dzieci, już dawno bym to zrobił, bo w przeszłości miałem wiele okazji (...)". Powiedział Kroftowi, że kilka tygodni przed oficjalnym oskarżeniem „Mia zadzwoniła do mnie i w trakcie kłótni przez telefon powiedziała: «Zaplanowałam dla ciebie coś paskudnego». Na to ja: «Co zrobisz? Zastrzelisz mnie?»". I dodał: „Przy wielu, naprawdę wielu okazjach, przez telefon i twarzą w twarz, Mia powtarzała: «Zabrałeś mi moją córkę, teraz ja ci zabiorę twoją». (...) Chodziło jej o to, że stworzyłem związek z jej dwudziestojednoletnią córką, dlatego odbierze mi moją córkę, czyli Dylan. (...) Wielokrotnie mi groziła. (...) Groziła, że każe mnie zabić albo że sama mnie zabije. I że wyłupi mi oczy, że mnie oślepi, bo miała obsesję na punkcie greckiej tragedii i czuła, że... wiesz, że to będzie odpowiednia zemsta".

Kroft zapytał, czy Allen traktował groźby Farrow poważnie. „Kiedy dzwoniła w środku nocy, to owszem – odparł. – Kiedy o czwartej nad ranem dzwoni telefon i ktoś grozi ci śmiercią i mówi, że wydłubie ci oczy, to się boisz, bo przecież jest środek nocy i serce ci wali. Za dnia czułem się lepiej, ale kiedy chodzę po Nowym Jorku, i tak zawsze trochę się boję, więc w sumie przynajmniej nie bałem się jeszcze bardziej".

Allen stwierdził, że wiele osób uważa go za winnego molestowania Dylan, ponieważ związał się z Soon-Yi. „Próbuje się połączyć mój związek z Soon-Yi z oskarżeniami o molestowanie dziecka. To dwie zupełnie różne sprawy. Mój związek z Soon-Yi jest związkiem dwojga dorosłych ludzi. Ci, którzy uważają, że (...) to w złym guście, nie podoba im się to – bo jest dla mnie za młoda, bo jest córką Mii (...) – w porządku, rozumiem ich. Jestem za to odpowiedzialny. Przyjmuję krytykę, choć to moje życie i życie Soon-Yi, ale w porządku, przyjmuję. To jednak nie znaczy, że automatycznie powinno mi się zarzucać molestowanie dziecka".

Allen powiedział Kroftowi, że Mia po tym, jak czwartego sierpnia oskarżyła go o molestowanie Dylan, resztę tygodnia poświęciła, o dziwo, na przygotowania do przymiarki kostiumów do *Tajemnicy morderstwa na Manhattanie*. „Piątego, szóstego, siódmego, ósmego i dziewiątego sierpnia – powiedział Allen – rozumiesz, przez cały tydzień, ona powtarza: «Kiedy zaczynamy kręcić nowy film? W przyszłym tygodniu mam przymiarkę kostiumów». A ja – umówiła się już z projektantką kostiumów – a ja na to: «Jak to: nowy film?» A ona: «No wiesz, przecież muszę pójść do projektantki. Muszę dopasować kostiumy. Podobno zaczynamy zdjęcia za pięć tygodni». «Żartujesz sobie? – mówię jej. – Oskarżasz mnie o molestowanie dziecka i uważasz, że zwyczajnie nadal będziemy pracowali przy filmie? To jakieś szaleństwo»". Dodał, że zadzwonił do prawnika i polecił mu rozwiązać kontrakt z Farrow, po czym oddał rolę Diane Keaton.

Szesnastego grudnia 1992 roku Allen stawił się przed sądem stanowym na Manhattanie na przesłuchanie w sprawie o opiekę nad dziećmi. Przewodniczący składu, sędzia Elliott Wilk, był działaczem społecznym. Na ścianie w jego gabinecie wisiała fotografia Che Guevary, a kiedy jeszcze prowadził prywatną praktykę adwokacką, bronił zbuntowanych skazańców z więzienia Attica.

Wilk orzekł, że Farrow, nieobecna na rozprawie, musi dostarczyć kopię nagrania z Dylan. Odrzucił prośbę Allena o ustanowienie przez sąd opieki prawnej dla trójki dzieci oraz zapewnienie im psychologa, dopóki sąd nie zdecyduje, kto zostanie ich opiekunem. Harvey I. Sladkus, jeden z prawników Allena, oskarżył Farrow o „systematyczne i celowe wbijanie klina pomiędzy pana Allena a trójkę dzieci". Dodał, że Farrow przez ponad miesiąc zabraniała jego klientowi widywać się z Satchelem, a z Dylan i Mosesem – przez ponad cztery miesiące. Eleanor Alter, obrończyni Farrow, poruszyła temat zrobionych przez Allena zdjęć Soon-Yi i powiedziała: „To nie są zdjęcia, jakie robi się modelkom. To polaroidy młodej, nagiej kobiety z rozłożonymi nogami". „New York Times" podsumował rozprawę nagłówkiem: „Jad daniem dnia w sprawie Allen--Farrow".

Dwunastego stycznia 1993 roku Wilk poprowadził przesłuchanie wstępne celem rozważenia wniosku Allena o przyznanie prawa do odwiedzin trójki dzieci. Eleanor Alter powiedziała, że Allen odbywał stosunek płciowy z siostrą dzieci w ich obecności. Zacytowała złożone pod przysięgą pisemne oświadczenie Farrow, w którym stwierdza ona, że podczas odwiedzin w mieszkaniu Allena dzieci widziały, jak Allen i Soon-Yi uprawiają seks. Dodała, iż w takiej sytuacji zezwolenie na „odwiedziny u Dylan jest nie do pomyślenia". Wilk zgodził się z nią.

Dla Allena to był koszmarny okres. Codziennie w prasie pojawiały się negatywne doniesienia na jego temat. Oprócz tego, że walczył o opiekę nad dziećmi i przedstawił wniosek o poszerzenie prawa do odwiedzin, stawiał też czoło Farrow w procesie przed sądem opiekuńczym o unieważnienie adopcji Mosesa i Dylan. Ponadto czekał na wynik dochodzenia prowadzonego przez policję stanu Connecticut i Nowy Jork. Zgodził się na badanie wariografem. Praca była dla niego odskocznią. Pisał regularnie, pomimo silnych napięć, i nawiązał współpracę z Douglasem McGrathem, z której miał się zrodził scenariusz *Strzałów na Broadwayu*.

Jesienią 1992 roku trwało dochodzenie, prowadzone wspólnie ze specjalistami z Yale-New Haven. W swoich wspomnieniach Kristine Groteke zwraca uwagę na niekonsekwencje w zeznaniach Dylan: „Dwudziestego października Dylan wywołała małe zamieszanie w New Haven. Odwołała mianowicie swoje zeznania. Kiedy tego dnia Mia przyprowadziła ją na sesję, wyjaśniła pracownikom opieki społecznej, że Dylan nie chciała przyjść. W dodatku, jak zeznała Mia, Dylan wyznała jej, że Woody «nic nie zrobił; nic się nie wydarzyło». Po południu tego samego dnia Dylan znów zmieniła zdanie i zaprzeczyła swoim wcześniejszym zaprzeczeniom".

Drugiego lutego 1993 roku w artykule pod nagłówkiem: „Niania podaje w wątpliwość oskarżenia Farrow" „Los Angeles Times" napisał, że Monica Thompson, była niania, zeznała pod przysięgą adwokatom Allena, iż Farrow zmusiła ją do wsparcia zarzutów przeciwko Allenowi o molestowanie seksualne Dylan. Zeznała, że wskutek nacisków zrezygnowała z pracy. Na temat taśmy z Dylan powiedziała: „Wiem, że to nagranie powstawało przez dwa albo może nawet trzy dni. Pamiętam, jak pani Farrow mówiła do Dylan: «Dylan, co zrobił tatuś?... A potem co zrobił?». Dylan nie okazywała zainteresowania. Wówczas pani Farrow zatrzymywała nagranie i po pewnym czasie wracała do niego". Thompson wspomniała również o rozmowie, którą odbyła z Kristine Groteke: „Powiedziała mi, że czuje się winna, ponieważ pozwoliła pani Farrow mówić te wszystkie rzeczy o panu Allenie. [Groteke] powiedziała, że tego dnia, kiedy pan Allen przyjechał w odwiedziny do dzieci, nie spuściła Dylan z oka na dłużej niż pięć minut. Nie pamiętała, żeby Dylan była bez bielizny".

Istniały też inne sprzeczności w zeznaniu Dylan. Dwudziestego szóstego marca 1993 roku „The New York Times" napisał, że Farrow zeznała, iż pojechała z Dylan do lekarza tego samego dnia, kiedy rzekomo doszło do zdarzenia. Farrow stwierdziła: „Wydaje mi się, że [Dylan] powiedziała, że [Allen] ją dotykał, ale zapytana o to, gdzie ją dotykał, rozejrzała się i zrobiła tak". Farrow poklepała się po ramieniu. Farrow zeznała, że cztery dni później zabrała Dylan do innego lekarza. Adwokat Allena, odnosząc się do orzeczenia tego drugiego lekarza, zapytał Farrow: „Nie znaleziono dowodów na jakiekolwiek obrażenia w okolicy odbytu bądź pochwy, zgadza się?". Farrow odpowiedziała: „Tak".

Siedemnastego marca 1993 roku, po pół roku dochodzenia obejmującego szczegółowe badania, zespół Child Sexual Abuse Clinic przy Yale-New Haven Hospital sporządził raport na temat Dylan Farrow. Autorami raportu byli doktor John Leventhal, pediatra i kierownik Child Sexual Abuse Clinic, oraz dwoje pracowników opieki społecznej przeszkolonych w wykrywaniu objawów molestowania seksualnego dzieci. Leventhal przeprowadził z Dylan dziewięć rozmów, a także spotkał się z Allenem i Farrow.

Wywiady były wyczerpujące; przeprowadzono ekspertyzy zakładu medycyny sądowej; Allen musiał dostarczyć próbki włosów z różnych części ciała. Raport całkowicie oczyścił Allena z zarzutów i zalecił jak najszybsze odnowienie kontaktów ojca z córką. Odnosząc się do „bardzo niezdrowych" relacji Mii z Dylan i Satchelem, autorzy raportu stwierdzili, iż „decydujące znaczenie" ma to, żeby Mia poddała się „intensywnej psychoterapii pod kątem tych związków".

Czytamy w raporcie:

> Dylan Farrow została skierowana na obserwację w Child Sexual Abuse Clinic przy Yale-New Haven Hospital we wrześniu 1992 roku. Skierowała ją policja stanu Connecticut (...) w porozumieniu z prokuratorem stanowym Frankiem Maco oraz członkami zespołu do spraw przypadków molestowania seksualnego dzieci. Na spotkaniu z wyżej wymienionymi pokrótce zaprezentowano materiał, jaki zebrała policja, a także wyświetlono sporządzone przez panią Farrow nagranie, na którym Dylan opowiada o tym, co się rzekomo wydarzyło. Skierowujący postawili dwa podstawowe pytania:
> Czy Dylan mówi prawdę? Czy naszym zdaniem była molestowana seksualnie?
> W celu ustalenia znaczenia twierdzeń Dylan oraz określenia, czy są one prawdziwe, odbyliśmy z nią dziewięć rozmów w różnych terminach. Dodatkowo, ponieważ kontekst rodzinny oraz historia zaburzeń psychicznych Dylan są istotne dla zrozumienia sensu jej twierdzeń, spotkaliśmy się z obojgiem rodziców, dwiema młodszymi siostrami, a także dwojgiem psychoterapeutów, którzy leczyli Dylan i Satchela.

Dalej następuje szczegółowa chronologia długiej obserwacji. Później czytamy:

> Ogólnie rzecz biorąc, Dylan jest inteligentną siedmiolatką, mającą umiejętność wysławiania się oraz obdarzoną zacięciem gawędziarskim – jej opowieści bywały rozbudowane i świadczyły o bogatej wyobraźni; w jej myśleniu objawiają się luźne asocjacje. Wydawała się zdezorientowana co do tego, o czym powinna opowiedzieć osobie przeprowadzającej rozmowę, i w wypowiedziach bardzo się kontrolowała. W rozmowach i podczas zabawy rozwodziła się nad zagadnieniami powiązanymi z tematem

obserwacji. Była zmartwiona z powodu utraty ojca i Soon-Yi oraz obawiała się, że ojciec zechce zabrać ją spod opieki matki. Okazywała niepokój o matkę i była opiekuńcza w stosunku do niej. Dylan w znacznym stopniu odczuwa ból matki, ta zaś umocniła w córce negatywny wizerunek ojca.

Ocena prawdopodobieństwa tego, że Dylan padła ofiarą molestowania seksualnego:

Według naszej ekspertyzy Dylan nie była molestowana seksualnie przez pana Allena. Uważamy ponadto, iż utrwalone na taśmie twierdzenia Dylan oraz informacje, jakie uzyskaliśmy od niej w toku obserwacji, nie odzwierciedlają tego, co naprawdę przydarzyło się czwartego sierpnia 1992 roku. Pierwsze spostrzeżenia poczyniliśmy już w grudniu 1992 roku, zanim zapoznaliśmy się z materiałami pochodzącymi z zewnątrz oraz zanim spotkaliśmy się z osobami spoza kręgu rodziny, z wyłączeniem funkcjonariuszy policji stanu Connecticut oraz Kristine Groteke, niani. Potwierdzeniem naszej opinii okazały się dodatkowe informacje, które zebraliśmy w toku dalszej obserwacji.

Oto główne punkty uzasadnienia stwierdzenia, iż Dylan nie padła ofiarą molestowania seksualnego:

Pomiędzy twierdzeniami Dylan zarejestrowanymi na taśmie a tym, co od niej usłyszeliśmy w toku obserwacji, istnieją istotne rozbieżności.

Odnieśliśmy wrażenie, że Dylan nie jest pewna, jak opowiadać o dotykaniu.

Opowiadała o swoich przeżyciach w sposób nazbyt metodyczny i kontrolowany. W jej twierdzeniach brakowało spontaniczności. Odnieśliśmy wrażenie, że została przygotowana do udzielania takich, a nie innych odpowiedzi.

Jej opisy szczegółów okoliczności rzekomego zajścia były niezwykłe i niekonsekwentne.

Czwartego maja 1993 roku „The New York Times" napisał, że doktor John Leventhal, który przeprowadził dziewięć rozmów z Dylan, wydał oświadczenie pod przysięgą, w którym przedstawił teorię o tym, że „dziecko albo wymyśliło tę historię wskutek napięć wynikających z życia w niestabilnym i niezdrowym domu, albo zaszczepiła ją w jego umyśle matka, Mia Farrow. (…) Napisał, że jednym z powodów, dla których zwątpił w historię [Dylan], było to, że dziewczynka z rozmowy na rozmowę zmieniała pewne istotne szczegóły, na przykład to, czy pan Allen dotykał jej pochwy, czy nie".

Leventhal zauważył, że to, co Dylan mówi w szpitalu, przeczy jej wcześniejszym słowom oraz twierdzeniom zarejestrowanym na taśmie. „Nie są to drobne nieścisłości – wyjaśnił. – Początkowo powiedziała nam, że nie była dotykana w okolicy pochwy, potem że była, potem znów, że nie była". Jego zdaniem opowieść Dylan brzmiała „tak, jakby została przećwiczona"; poza tym dziewczynka poinformowała go, że „lubi troszkę oszukiwać".

„[Doktor Leventhal] zasugerował istnienie związku między oburzeniem panny Farrow na romans pana Allena z jej adoptowaną córką Soon-Yi Farrow Previn a oskarżeniami ze strony Dylan, która, jak podkreślił, jest bardzo opiekuńcza wobec matki – napisał «The Times». – «Jest całkiem możliwe – naszym zdaniem jest to prawdopodobne z medycznego punktu widzenia – że [Dylan] trzymała się swojej historii ze względu na silne przywiązanie do matki», powiedział.

Zanim w sierpniu ubiegłego roku padły oskarżenia o molestowanie, dodał, «w domu [pani Farrow] mówiło się o panu Allenie jak o złym, okropnym człowieku. Dominowało przeświadczenie, że dopuścił się molestowania Soon-Yi i że mógł molestować również Dylan»". Leventhal zwrócił też uwagę, że Dylan mówiła o „biednej mamie, biednej mamie", której kariera aktorska legła w gruzach.

Tym, co zaniepokoiło zwolenników wersji Farrow, było to, że przed złożeniem raportu członkowie grupy dochodzeniowej zniszczyli notatki oraz że troje wchodzących w skład zespołu lekarzy nie zeznawało w sądzie; jedynym, który składał zeznania, był kierownik zespołu, doktor Leventhal.

Allen uznał, że raport potwierdza, iż „nie było żadnego molestowania seksualnego. Nigdy nie wykorzystałem córki". Wyniki raportu nie poprawiły jednak jego notowań. Potraktował je jako oczyszczenie z zarzutów, z oskarżeń niemających oparcia w faktach, nadal jednak nie miał dostępu do dzieci. „Wyszło na zero – powiedział «New York Timesowi». – Niczego nie zrobiłem. Nigdy w życiu nie dopuściłbym się molestowania dziecka". Najbardziej niepokoiło go to, jak Mia zmanipulowała Dylan. „Popełniono okropną, straszną zbrodnię wobec mojej córki – powiedział. – Jest ona dosłownie więźniem we własnym domu. Jej twierdzenia mogły wynikać ze stresu. Ale mogła też zostać zaprogramowana. Od samego początku było wiadomo, że ta taśma to fałszywka. Została spreparowana. (…) [Raport Yale-New Haven] wyraźnie mówi, że Mia sama powinna zwrócić się o pomoc do psychiatry".

Wyniki raportu załamały Mię, dobiła ją zwłaszcza sugestia, że powinna leczyć się psychiatrycznie. W rozmowach z dziennikarzami w ogóle nie komentowała tego, co się w nim znalazło. Denis Hamill napisał w artykule dla „New York Daily News" o ilościach środków uspokajających, jakie Mia przyjmowała, a także o tym, że kiedy Satchel miał trzy i pół roku, nadal karmiła go piersią; „miała nawet, pomimo obiekcji Woody'ego – napisał – specjalne szelki, które jej w tym pomagały". Allen zauważył rozpacz Mii z powodu wyników raportu, choć przecież wynikało z niego, że Dylan nie była molestowała. „Ma w sobie tyle jadu – powiedział – że chyba naprawdę żałuje, że do niczego nie doszło".

W rozmowie z Denisem Hamillem dwudziestego marca 1993 roku Allen powiedział, że w czasie, gdy badano zarzuty przeciwko niemu, starał się omijać szerokim łukiem place zabaw i sklepy z zabawkami, ponieważ wszystko, co wiązało się z dziećmi, było dla niego zbyt bolesne: „Kiedy widziałem na ulicy ojca z dzieckiem, czułem ukłucia żalu. To był fizyczny ból".

Farrow poskarżyła się Sinatrze. Według „Los Angeles Times" z dwudziestego siódmego marca 1993 roku, zeznała, iż powiedziała swojej terapeutce, że jeden z jej mężów zaofiarował się przetrącić Allenowi nogi. „Abramowitz [adwokat Allena] nalegał: «Który z pani dawnych mężów, pan Previn czy pan Sinatra...». Ale przerwał mu okrzyk: «Sprzeciw!» adwokata Mii oraz słowo: «Podtrzymuję» sędziego. (...) «To był żart», wyjaśniła zakłopotana Mia"[127].

Niekoniecznie. „Sinatra wściekł się, kiedy się dowiedział, co Woody zrobił Mii – powiedział mi Len Triola, były specjalista od ramówki w rozgłośni WNEW-AM oraz kierownik Crystal Room, dawnej sali koncertowej w restauracji Tavern on the Green. – Frankie Randall [piosenkarz i bliski znajomy Sinatry] powiedział mi, że Frank chciał skasować Allena. Załatwić go. Frank kochał Mię. Codziennie rozmawiał z trzema osobami: Nancy [żoną], «Chicken» [córką, też Nancy] i Mią. Mia utrzymywała bliskie kontakty z Nancy i Tiną [drugą córką Sinatry]. Kiedy wychodziła za Franka, była w ich wieku.

Ale Frank nie miał już tej pozycji, co dawniej. Chłopcy nie zaaprobowaliby tego. Goście, wśród których Frank się obracał, to byli cieszący się szacunkiem weterani – dziś albo nie żyją, albo siedzą w więzieniu – i oni by tego nie pochwalili. Bo stworzyłoby to groźny precedens".

„Mia poszła do Franka, bo, jak twierdziła, bała się, że Woody zechce ją sprzątnąć" – powiedziałem Trioli.

„Myślę, że niepotrzebnie się martwiła – odparł Triola. – Nie

---

[127] Tim Carroll, dz. cyt., s. 289.

traktowałbym tego poważnie. Woody miał chody w związkach [zawodowych], ale nie były to takie wpływy, jakimi dysponował Stary [Sinatra]. Niby co jej mogli zrobić teamsterzy [członkowie związku zawodowego International Brotherhood of Teamsters]? No, ale Frank nie mógł pociągnąć za spust. Nie dosłownie... Słuchaj, wiem to od wielu osób. Frank naprawdę chciał się pozbyć Woody'ego. Tyle że mu nie pozwolili. To nie są ludzie o skomplikowanym kodeksie etycznym, ale przecież nie zaciukają reżysera filmowego tylko dlatego, że ten zdradził byłą żonę ich kumpla. Bo potem już idzie z górki: jakiś polityk coś chlapnie, jakiś fan napisze do ciebie list... W każdym razie nic z tego nie wyszło. Frank go nie znosił. Nienawidził. Mówiło się nawet, że Lou Canova z *Danny'ego Rose'a z Broadwayu* tak naprawdę przypomina Sinatrę, a nie Jimmy'ego Rosellego, że jest śpiewakiem tego typu. Woody chodził zdenerwowany".

Postępowanie Allen kontra Farrow w sprawie opieki nad dziećmi rozpoczęło się w piątek dziewiętnastego marca 1993 roku, dzień po tym, jak zespół specjalistów z Yale-New Haven Hospital w swoim raporcie oczyścił Allena ze stawianych mu przez Farrow zarzutów. Tego samego popołudnia sędzia Wilk zapytał Allena, czy zastanowił się nad wpływem swojego romansu z Soon-Yi na dzieci. „Sądziłem, że nikt a nikt się o tym nie dowie" – odparł Woody.

„Nie wystarczyła panu świadomość, że sypia pan z siostrą swoich dzieci?".

„Nie patrzyłem na to w ten sposób – powiedział Allen. – Przykro mi".

Dwudziestego piątego marca sąd stanowy rozpatrzył wniosek Allena o opiekę nad Satchelem, Dylan i Mosesem. Mia Farrow przeczytała list Mosesa do Allena, w którym chłopiec pisze, że Allen popełnił „straszną, niewybaczalną, samolubną, wstrętną i głupią rzecz", i dodaje: „Mam nadzieję, że zostaniesz tak upokorzony, iż popełnisz samobójstwo"[128] – osobliwe słowa, jak na małego chłopca; zdecydowanie bardziej wydają się pochodzić od jego matki.

Dwudziestego dziewiątego marca doktor Susan Coates zeznała, że ostrzegała Allena, iż obawia się o jego bezpieczeństwo w związku z groźbami ze strony Farrow. Doktor Coates, psycholog kliniczna, która leczyła Satchela od 1990 do 1992 roku i często spotykała się zarówno z Mią, jak i z Woodym, opisała Mię jako osobę pełną nasilającego się gniewu po odkryciu romansu Allena z Soon-Yi.

„New York Times" relacjonował, że „postępowanie pani Farrow w kolejnych miesiącach, w tym pełne złości telefony do pana Allena oraz wysłanie walentynki zawierającej zdjęcie jej dzieci z sercami przebitymi rożnami, przekonało ją [doktor Coates], iż pani Farrow może zrobić sobie lub panu Alenowi krzywdę. (...) «Uznałam, że sytuacja stała się naprawdę groźna», powiedziała i wyjaśniła, że z powodu pogłębiającej się rozpaczy Mii odradzała panu Allenowi wizytę u niej i dzieci w domu na wsi. «W takim miejscu, jak wynika z mojej zawodowej oceny, niezbędna jest ochrona»".

Dalej czytamy: „Doktor Coates określiła zachowanie pani Farrow jako coraz bardziej nieobliczalne. Doktor Coates zeznała, że pierwszego sierpnia ubiegłego roku [1992] pani Farrow zadzwoniła do niej, dowiedziawszy się, iż romans pana Allena z panią Previn nadal trwa. Opisała wtedy pana Allena jako osobę «demoniczną i złą», powiedziała doktor Coates i dodała, że pani Farrow błagała ją o «znalezienie sposobu, żeby go powstrzymać».

Doktor Coates zeznała, że była całkowicie zaskoczona, kiedy w tej samej rozmowie pani Farrow wspomniała, iż tydzień wcześniej ona i pan Allen zastanawiali się, czy nie wziąć ślubu. «Uważa pani, że powinnam za niego wyjść?» – doktor Coates

---

[128] Mia Farrow, *Wszystko, co minęło*, dz. cyt., s. 289.

zacytowała panią Farrow, zerkając do notatek sporządzonych podczas owej rozmowy.

«Mówi pani poważnie? – spytałam w odpowiedzi, powiedziała doktor Coates. – Usłyszała moją reakcję na swoje pytanie i uświadomiła sobie, jak bardzo było absurdalne»".

Autor artykułu, Peter Marks, napisał, że cztery dni po tej rozmowie Farrow ponownie zadzwoniła do doktor Coates i powiadomiła ją, że Dylan powiedziała, iż Allen ją molestował. Coates zaskoczyło „wyjątkowe opanowanie" Farrow podczas rozmowy, kontrastujące z jej wcześniejszymi nerwowymi telefonami. Doktor Coates zeznała, że podzieliła się informacją o twierdzeniach Dylan z Allenem. „Przysiadł na brzegu fotela i otworzył szeroko oczy – wspominała doktor Coates. – Powiedział: «Zaniemówiłem. Zupełnie nie wiem, co powiedzieć». Powtórzył to wiele razy".

Doktor Coates zeznała również, że choć zachowanie Allena w stosunku do Dylan rzeczywiście było „emocjonalne w niestosowny sposób", to jednak nigdy nie zauważyła, żeby Allen zachowywał się wobec Dylan w sposób seksualny. Zwróciła uwagę, że z oceny Dylan, sporządzonej w 1990 roku, wynika, że dziewczynka „łatwo daje się ponosić fantazji".

Trzydziestego pierwszego marca Gerald Walpin, prawnik Mii Farrow, podjął próbę zdyskredytowania doktor Coates. Scharakteryzował ją jako osobę, która „niechlujnie prowadzi zapiski", jest „zafascynowana" Allenem i chętnie wierzy jego wersji opisu zachowania Farrow.

„Zajmując na zmianę miejsce dla świadka i w dramatyczny sposób relacjonując zdarzenia – napisała w omówieniu procesu Elizabeth Gleick w «People» z dwunastego kwietnia – Woody Allen, lat pięćdziesiąt siedem, oraz Mia Farrow, lat czterdzieści osiem, udowadniają jedynie, jak żałośnie nieszczęśliwe stało się ich życie po tym, gdy latem ubiegłego roku w burzy oskarżeń i kontroskarżeń zakończył się ich trwający dwanaście lat związek. (...) Sednem całej sprawy nie jest to, czy Allen jest osobą molestującą dzieci. Chodzi o jego trwający romans z Soon-Yi Previn, dwudziestojednoletnią adoptowaną córką Farrow. Pierwszego dnia przesłuchań Allen mówił o tym, jak zaczął się spotykać z Soon-Yi jesienią 1991 roku i sypiać z nią w grudniu tego samego roku – podczas gdy Farrow siedziała kilka metrów dalej, słuchała tego i cicho płakała. (...) Z kolei Farrow w swoim zeznaniu namalowała drastyczny obraz Allena jako człowieka pochłoniętego obsesją na punkcie Dylan. (...) Pomimo zaprzeczeń ze strony Allena oraz wyników raportu końcowego zespołu specjalistów z Yale-New Haven, aktorka powtórnie sformułowała przekazany jej przez córkę zarzut, że Allen dotykał ją w sposób seksualny. Dodała, iż Allen zachowywał się niestosownie w stosunku do Dylan. Powiedziała przed sądem: «Ciągle się do niej przytulał. Cały czas kręcił się przy niej»".

Przesłuchania trwały sześć i pół tygodnia i zakończyły się czwartego maja. „W podsumowaniu – napisał John J. Goldman na łamach «Los Angeles Times» – obie strony oskarżyły się wzajemnie, ustami swoich prawników, o bycie niezdolnymi do pełnienia obowiązków rodzicielskich, o kłamanie oraz lekceważenie dobra dzieci. Prawnik Allena wezwał do pogodzenia i pojednania. Prawniczka Farrow z miejsca odrzuciła apel i dodała, iż rodzina jej klientki potrzebuje ochrony. Eleanor Alter powiedziała, że Allen «naruszył podstawowe zaufanie rodziny i zadał ranę, która nigdy się nie zabliźni. Jego postępowanie jest moralnie niedopuszczalne, społecznie skomplikowane oraz seksualnie dezorientujące dla dzieci, dla których [pan Allen] winien być wzorem do naśladowania. (...) Rodzina powinna być bezpiecznym schronieniem (...) jeśli w tej rodzinie ma zapanować spokój, potrzebuje ona od sądu ochrony»".

Elkan Abramowitz powiedział w imieniu Allena: „Panna Farrow uparcie przedkłada własne potrzeby i uczucia ponad potrzeby i uczucia Dylan. (...) Dzieci są dla niej żołnierzami i pionkami w prowadzonej publicznie kampanii oczerniania pana Allena". Prawnik dodał, że gdy Farrow dowiedziała się o związku Allena z Soon-Yi, „od razu zrozumiała, jak najlepiej się na nim zemścić. Zamiar ten podsumowują jej własne słowa: zabrałeś mi moją córkę, teraz ja ci zabiorę twoją. Rozumiała bezradność pana Allena wobec takich gróźb. Dążyła do wyznaczonego celu z wytrwałością, której pan Allen nie docenił". Dodał również, że jeden z prawników Farrow, Alan Dershowitz, absolwent Harvardu i adwokat gwiazd (reprezentował między innymi Clausa von Bülowa, Mike'a Tysona i Leonę Helmsley), już po postawieniu Allenowi zarzutu molestowania dziecka zaproponował mu, w imieniu Farrow, ugodę na sumę czterech milionów dolarów. „Jeżeli ktoś każe płacić ci za coś, czego nie zrobiłeś, to się nazywa wymuszenie". Abramowitz powiedział, że jeżeli Allen uzyska opiekę nad dziećmi, podzieli się z Mią pół na pół czasem spędzanym z nimi.

Siódmego czerwca sędzia Wilk wydał wyrok. Odrzucił prośbę Allena o opiekę nad dziećmi, ponieważ nie znalazł u niego żadnych umiejętności rodzicielskich. Według jego opisu Allen jako ojciec jest „pochłonięty wyłącznie sobą, niegodny zaufania, pozbawiony wrażliwości"[129]. „The New York Times" napisał, że „Wilk potępił Allena za kontynuowanie romansu z jedną z córek pani Farrow, próby nastawiania jednych członków rodziny przeciwko innym oraz brak wiedzy o podstawowych aspektach życia swoich dzieci". Wilk pozostawił dzieci pod opieką Mii, ponieważ uznał ją za lepszego rodzica. Allen dostał pozwolenie na widywanie się z Satchelem trzy razy w tygodniu po dwie godziny – oczywiście pod kontrolą – zatem zyskał jeden dodatkowy dzień. Wilk nie zezwolił na odwiedziny u Dylan, dopóki psychoterapeuta nie uzna, że związek Dylan i Allena przestał być szkodliwy dla dziewczynki i ojciec i córka mogą się znów widywać; specjalista dostał na to pół roku – po tym czasie Wilk miał ocenić skuteczność terapii

---

[129] Tim Carroll, dz. cyt., s. 294.

i wrócić do sprawy. Wilk dodał, że na ocenie psychoterapeutów, którzy przeprowadzili rozmowy z Dylan, „zaważyła ich lojalność wobec pana Allena", jak napisano w „New York Timesie".

W uzasadnieniu decyzji Wilk napisał: „Pan Allen nie wykazał ojcowskich predyspozycji, które kwalifikowałyby go na odpowiedniego opiekuna Mosesa, Dylan czy Satchela. (...) Nie kąpie swych dzieci. Nie ubiera ich, najwyższej od czasu do czasu pomaga im włożyć skarpetki i kurtki. Mało wie o losach Mosesa, oprócz tego, że ma on porażenie mózgowe, poza tym nie orientuje się nawet, czy ma on swojego lekarza. Nie zna nazwiska pediatry Dylan i Satchela. Nie pamięta nazwisk nauczycieli Mosesa, nie wie, jakie ma on osiągnięcia w nauce. Nie zna nazwiska dentysty dzieci. Nie zna nazwisk ich przyjaciół. Nie zna imion ulubionych zwierząt. Nie wie, w których pokojach dzieci sypiają. W spotkaniach z nauczycielami szkolnymi bierze udział tylko wtedy, kiedy poprosi go o to pani Farrow"[130].

Wilk odrzucił raport specjalistów z Yale-New Haven, uzasadniając, iż przedstawione dowody nie świadczą niezbicie, że Dylan nie padła ofiarą molestowania seksualnego ze strony Allena. Nie orzekł jednoznacznie o winie bądź niewinności Allena, zostawił tę kwestię otwartą, stwierdził, że zawsze będą istniały wątpliwości, i napisał: „Zapewne nigdy nie dowiemy się, co się wydarzyło 4 sierpnia 1992 roku"[131]. „Jak na ironię – dodał – największą wadą, jeśli idzie o odpowiedzialne rodzicielstwo, jest jej [Farrow] stały związek z panem Allenem"[132].

Wilk przystał na prośbę Mosesa Farrowa, aby sąd nie wymagał od niego spotkań z Allenem: „Nie wymagam, by ten piętnastoletni chłopiec widywał się z ojcem, jeśli nie będzie miał na to ochoty"[133]. „Niemal z każdej strony – napisał «Times» – to

---

[130] Tamże, s. 334.
[131] Tamże, s. 340.
[132] Tamże, s. 337–338.
[133] Tamże, s. 345.

orzeczenie było potępieniem Allena jako ojca. (…) Sędzia Wilk oszczędził panią Farrow, pochwalił ją za bycie troskliwą i kochającą matką, która starała się ochronić swoje dzieci przed, jak to nazwał, niewrażliwością oraz skłonnością do manipulacji pana Allena". Wilk nakazał Allenowi poniesienie wszelkich kosztów postępowania sądowego, ponieważ uznał jego wniosek o przyznanie opieki nad dziećmi za „lekkomyślny". Koszty oszacowano na milion dolarów od każdej ze stron.

Farrow i jej prawnicy świętowali zwycięstwo. „Moja adwokatka, Eleanor Alter, zadzwoniła z budki w sądzie – napisała Mia we wspomnieniach. – «Wygraliśmy! – krzyknęła – Wygraliśmy!»"[134].

Allen trafił na wyjątkowo uprzedzonego i wrogo nastawionego sędziego. Tym, co najbardziej go rozwścieczyło, było stwierdzenie, że okoliczności incydentu z Dylan są trwale niepoznawalne. Wilk nie rozwiał wątpliwości, lecz je podtrzymał. Wyraźnie zasugerował, że choć Allen jest winny, to jednak brakuje na to dowodów: „Nigdy się nie dowiemy, jak było naprawdę". Jednakże Elkan Abramowitz zwrócił uwagę, że zarzut molestowania został w istocie obalony: „Chyba nie da się dobitniej udowodnić, że nic się nie wydarzyło".

Farrow zwołała konferencję prasową w biurze Eleanor Alter. Wręcz promieniała. Jak doniósł „The New York Times", powiedziała przez łzy: „Moja rodzina przeżyła długi, wielomiesięczny koszmar. (…) Moje dzieci zostały zniszczone emocjonalnie. Jestem dumna z tego, jak dawały sobie radę, jak wspierały siebie nawzajem i mnie".

We wrześniu 1993 roku Allen otrzymał kolejny cios. Prokurator stanu Connecticut, Frank S. Maco, ogłosił, że choć znalazł „podstawy" do wszczęcia postępowania przeciwko Allenowi, to jednak postanowił z niego zrezygnować – ze względu na

---

[134] Mia Farrow, dz. cyt., s. 319.

Dylan, zbyt delikatną, by zniosła trud procesu. Dodał, że Farrow zgadza się z jego decyzją. Dał przy tym jasno do zrozumienia, że jest przekonany, iż Dylan była molestowana. To nietypowe oświadczenie – z którego wynikało, że Allen nie zostanie osądzony, choć jest winny – sam Allen potępił jako wygłoszone przez „tchórzliwego, nieuczciwego i nieodpowiedzialnego prokuratora stanowego". Złożył do Komisji Sądownictwa Karnego stanu Connecticut zażalenie, domagając się pozbawienia Maco uprawnień adwokackich ze względu na zachowanie niezgodne z etyką zawodową. Wiele osób w środowisku prawniczym zgodziło się z taką oceną decyzji Maco.

„The New York Times" napisał, że „niektórzy znawcy prawa skrytykowali uwagi poczynione przez pana Maco na temat sprawy. Uznali, że ogłaszanie własnego zwycięstwa w sytuacji, gdy nie doszło do rozprawy, jest niesprawiedliwe". Stephen Gillers, wykładowca na wydziale prawa Uniwersytetu Nowojorskiego oraz ekspert w dziedzinie etyki prawa, skrytykował Maco słowami: „Nie można powiedzieć, że ktoś jest winny, po czym zrezygnować z procesu, każąc tej osobie bronić się w mediach. Moim zdaniem to pogwałcenie konstytucyjnych praw pana Allena. To niezwykle istotne, według mnie wręcz trudne do przecenienia". Gerald E. Lynch, sędzia federalny, profesor prawa na Uniwersytecie Columbia oraz były oskarżyciel, tak skomentował działania Maco: „To nie jest błaha rzecz. Wypowiadanie się na temat sprawy, w której nie zostały postawione żadne zarzuty, zawsze jest niestosowne ze strony oskarżyciela. A mówienie: «Naszym zdaniem ten człowiek jest winny», jest po prostu oburzające".

Kate Smith, profesor prawa na Uniwersytecie Yale i była oskarżyciel federalna, powiedziała „New York Timesowi: „To jedyny znany mi przypadek, w którym oskarżyciel wypowiada się tak bezpośrednio i tak niestosownie o sprawie, której nawet nie zamierza wnieść do sądu".

Trzynastego października 1993 roku Allen złożył wniosek o podjęcie kroków dyscyplinarnych wobec Maco. Złożył skargi w dwóch instytucjach stanowych i powiedział, że Maco jest winny zachowania niezgodnego z etyką zawodową ze względu na sposób, w jaki zajął się skargą dotyczącą molestowania dziecka. Jedno zażalenie złożył Allen na ręce członka stanowej Rady Sądownictwa, Daniela B. Horwitcha, który dysponował kompetencjami do pozbawiania uprawnień adwokackich, drugie wniósł do Komisji Sądownictwa Karnego. W liście do Horwitcha napisał: „Oczywistym celem konferencji prasowej pana Maco było doprowadzenie do skazania mnie w mediach, skoro w żaden sposób nie mógł tego osiągnąć na sali sądowej". Wskutek skarg Allena Maco został zawieszony w czynnościach oskarżyciela. Sprawa znalazła finał dopiero po czterech latach.

W listopadzie 1993 roku rada Komisji Sądownictwa Karnego stanu Connecticut jednomyślnie oddaliła skargę Allena na Maco. Kilkoro jej członków postanowiło zgłosić zastrzeżenia do decyzji. William Mottolese, sędzia Sądu Najwyższego, uznał, iż uwagi Maco były „niestosowne i niewłaściwe". Dwudziestego czwartego lutego 1994 roku komisja dyscyplinarna doszła do wniosku, że sposób, w jaki Maco potraktował skargę na Allena, budzi „poważny niepokój" oraz „mógł istotnie wpłynąć na batalię sądową pomiędzy Allenem i Farrow". Według „New York Timesa", decyzja komisji była „równoznaczna z udzieleniem oskarżycielowi Frankowi S. Maco surowej reprymendy", ale stwierdzono jednocześnie, że Maco nie złamał żadnych zasad prawniczego kodeksu postępowania.

„Komisja ujawniła – napisał «New York Times» – że tego samego dnia pan Maco wysłał egzemplarz swojego oświadczenia do sędziego sądu opiekuńczego na Manhattanie, który zdecyduje, czy unieważnić adopcję Dylan oraz szesnastoletniego Mosesa przez pana Allena. Czyn ten, zaznaczyła komisja, był «niewłaściwy, niepotrzebny i potencjalnie szkodliwy»".

„To w istocie publiczna nagana, choć nie mówią tego wprost" – skomentowała Kate Smith. Powiedziała, że orzeczenie jest „mocno potępiające", ale dodała, że nie zaskoczyła jej decyzja o niekaraniu Maco, „ponieważ prawników rzadko karze się za to, co mówią publicznie".

Dorothy Rabinowitz, laureatka nagrody Pulitzera, felietonistka „Wall Street Journal" i autorka wybitnej książki o polowaniu na czarownice wokół wykorzystywania seksualnego dzieci w latach osiemdziesiątych i dziewięćdziesiątych, *No Crueler Tyrannies: Accusation, False Witness, and Other Terrors of Our Times*, oraz książki *New Lives: Survivors of the Holocaust Living in America* powiedziała mi w 2014 roku: „Należy wyraźnie podkreślić, że mówienie, tak jak zrobił to sędzia Wilk, że «nigdy się nie dowiemy», to potworność. Możemy dowiedzieć się z całą pewnością, co zdarzyło się, a co nie, w sferze ludzkiego prawdopodobieństwa. Pozostawienie tej sprawy otwartej jest wodą na młyn fanatyzmu – odpowiada tym, którzy myślą tak: skoro dziecko twierdzi, że to się wydarzyło (czego dziecko, rzecz jasna, nie powiedziało), znaczy, że się wydarzyło. Z jednej strony to absurd, a z drugiej... znam mnóstwo ludzi, którzy przez lata powtarzali: «Oczywiście, że to się wydarzyło» – ludzi pewnych siebie, normalnych, inteligentnych, zdrowych. «Skąd wiecie?» – pytałam. «Po prostu wiemy»".

Satchel odwiedził Allena w jego mieszkaniu. Tam Woody przytulił go i powiedział: „Kocham cię jak gwiazdy na niebie". Satchel odparł: „Kocham cię jak kosmos". Według Marion Meade, Satchel wyznał Allenowi: „Mam powiedzieć, że cię nienawidzę", a innym razem stwierdził: „Wolałbym, żebyś nie żył". Allen niecierpliwie czekał na grudzień, wtedy bowiem mógł liczyć na zapowiedzianą przez sędziego Wilka możliwość spotkania się z Dylan.

We wrześniu jednak psychiatra Dylan, doktor Susan Coates, wyraziła się negatywnie o możliwości wznowienia spotkań

Allena z Dylan. Twierdziła, że Dylan kilkakrotnie powtórzyła, iż Allen ją „dotykał". Psychiatra poprosiła o przedłużenie terminu do marca 1994 roku i Wilk przystał na jej prośbę. W marcu historia się powtórzyła: terapeutka przekonała sąd, że widzenie z Allenem byłoby wbrew interesom Dylan. W kolejnych miesiącach sędzia Wilk dał w prasie upust swej wrogości w stosunku do Allena: „Nie ufam mu – powiedział Cindy Adams z «The New York Post» w 1995 roku. – Nie ufałem mu dwa lata temu i nie ufam teraz. Nie ufam jego odruchom. Nie ufam jego spostrzeżeniom. Nie wierzę, że nie stwarza zagrożenia dla tego dziecka, ponieważ sam fakt, że Allen nie pobije go i nie wyrzuci za okno, wcale nie oznacza, że Satchel jest przy nim bezpieczny". Mijające miesiące były torturą dla Allena. W oczywisty sposób Wilk był do niego trwale uprzedzony.

Rok później wydział apelacyjny Sądu Najwyższego potwierdził zasadność wyroku Wilka. Podtrzymał restrykcje dotyczące odwiedzin Satchela u Allena (chłopiec nie mógł nocować u ojca, zabierać do domu zabawek ani widywać się z Soon-Yi). Allen złożył odwołanie do stanowego Sądu Apelacyjnego, najwyższej instancji w Nowym Jorku, który je oddalił. Sprawa została ostatecznie zakończona.

Trzyletnia droga przez mękę w znacznym stopniu uszczupliła zasoby finansowe Allena. Wydatki na zespół siedmiu adwokatów i wielu pełnomocników oraz prywatnych detektywów były ogromne. Musiał zapłacić za bitwę z Farrow w sądzie opiekuńczym, za odwołanie od wyroku Wilka i za zażalenia na Franka Maco. Najboleśniejszym ciosem było zarządzenie Wilka, że Allen ma również zapłacić milion dwieście tysięcy dolarów za usługi prawniczki Eleanor Alter świadczone Mii Farrow.

Linda Fairstein, była oskarżycielka i w latach 1976–2002 szefowa wydziału przestępczości na tle seksualnym przy biurze manhattańskiego prokuratora okręgowego, zajmuje się brutalnymi przestępstwami na kobietach i dzieciach. „Miałam wątpliwości co do oskarżeń wysuwanych pod adresem Woody'ego Allena – powiedziała mi. – Było dla mnie oczywiste, tak jak powinno być dla każdego, kto zawodowo pracuje w sądownictwie – to znaczy dla oskarżycieli zajmujących się sprawami przestępczości na tle seksualnym, oskarżycieli w ogóle, osób zajmujących się prawem w związkach małżeńskich, prawników, sędziów – że kiedy mamy do czynienia z pełnym wzajemnych animozji rozwodem, wówczas często, ale przeważnie dopiero kiedy postępowanie jest już w toku, pojawiają się oskarżenia o wykorzystywanie seksualne. W porównaniu z ogólną liczbą fałszywych oskarżeń, liczba fałszywych oskarżeń w tego rodzaju przypadkach jest niewspółmiernie wysoka. Panuje przekonanie, że to najgorsza rzecz, jaką można powiedzieć o człowieku: że wykorzystuje seksualnie własne dziecko. Dlatego takie oskarżenia stanowią część sporów sądowych toczących się o bardzo wysoką stawkę. Kiedy sprawa Allena i Farrow trafiła do sądu, miałam za sobą dwadzieścia lat pracy w zawodzie oskarżyciela i od szesnastu szefowałam wydziałowi przestępczości na tle seksualnym. Sprawy, które do nas kierowano, notorycznie obejmowały wychodzące na jaw w trakcie rozwodu oskarżenia o molestowanie. Dlatego dla mnie nie było to nic nowego.

Zacznijmy od tego, że w całej tej historii było sporo osobliwości i nieścisłości. Na przykład: zarzut pojawił się dopiero cztery miesiące później [po odkryciu przez Farrow nagich zdjęć Soon--Yi]. Soon-Yi nie była córką Allena, lecz jednym z dzieci adoptowanych przez Farrow i André Previna. Również Dylan nie była dzieckiem Allena; adoptowała ją Mia. I teraz tak: Allen znajduje się w samym środku całej tej roztrząsanej publicznie zawieruchy, że tak to łagodnie ujmę. Jedzie do Connecticut w odwiedziny do, jak sądzę, jednego ze swoich dzieci. Minęły cztery miesiące, w domu są opiekunki, wszędzie mnóstwo dzieci. Mia Farrow czuła wtedy taką złość na Allena, że to, iż mógłby on znaleźć się sam na sam z jakimś dzieckiem, wydaje się mało prawdopodobne. To jedna z możliwości; po prostu patrzę na tę sprawę z punktu widzenia oskarżyciela.

Mia Farrow nie od razu zadzwoniła na policję i wezwała lekarza. Wzięła kamerę i zaczęła nagrywać dziecko. To, pamiętam wyraźnie, zaniepokoiło wielu prokuratorów. Zaprowadziła dziewczynkę do łazienki, kazała stanąć nagiej w wannie i opowiedzieć o tym, co Woody Allen rzekomo zrobił. Na czym polega największy problem z tą taśmą? Na tym, że nagranie nie jest ciągłe, jest zatrzymywane i wznawiane, zostało zrobione w różnych okresach. Psychiatrzy, którzy rozmawiali z dziewczynką w 1993 roku, doszli do wniosku, że nagranie zatrzymywano po to, aby udzielać dziecku instrukcji, i że zarejestrowanym twierdzeniom dziecka brakuje spójności. Zatrzymywano nagranie po to, żeby móc dziewczynkę poinstruować: pamiętasz, co miałaś powiedzieć? Tutaj cię dotykał, a tutaj nie.

Z tym właśnie był duży kłopot. Trzecia rzecz, to że zeznania Dylan były niekonsekwentne. To bardzo typowe u dzieci; trudno o dokładność. Ale w pewnym momencie dziecko miało odpowiedzieć na pytanie: gdzie cię dotykał? – położyło dłoń na ramieniu i odparło: «Tutaj, w ramię». W żadnym wypadku nie można tego uznać za molestowanie seksualne. I jeszcze jedna rzecz, bardzo znacząca, przez którą oskarżyciel z Connecticut prawdopodobnie nie będzie mógł wykonać żadnego ruchu, nawet gdyby chciał. Chodzi o raport znanego ośrodka Yale-New Haven, w którym dzieci ofiary wykorzystywania seksualnego poddaje się badaniom fizycznym i psychiatrycznym. Dylan przebywała tam na półrocznej obserwacji. Doktor John Leventhal, szanowany specjalista w swojej dziedzinie, orzekł, iż nic nie wskazuje na to, aby Dylan padła ofiarą molestowania seksualnego. Zasugerował również, że dziecko albo jest niezrównoważone emocjonalnie wskutek działania jednego bądź obojga rodziców lub przez wzgląd na wychowanie, albo zostało przez kogoś odpowiednio poinstruowane, ewentualnie, jak stwierdził doktor Leventhal, zadziałało połączenie wszystkich tych czynników. Taki, a nie inny raport medyczny zamykał sprawie drogę do sądu.

Podsumujmy. Po pierwsze, sytuacja w związku, jego jawna ohyda, cały ten jad. Mia Farrow, która zrywa z Allenem z powodu jego romansu z Soon-Yi. W tego rodzaju sprawach – nieważne, czy chodziłoby o Soon-Yi, o sąsiadkę czy o zupełnie obcą osobę – kiedy rozpada się związek i robi się nieprzyjemnie, jednym z najczęstszych fałszywych oskarżeń jest to o molestowanie seksualne dziecka.

Po drugie, działo się to wszystko po tym, jak sąd dał bardzo precyzyjne wytyczne, jeśli chodzi o odwiedziny dzieci. Osoba, która dopuściłaby się występku w takich okolicznościach, bardzo dużo ryzykowała; czyn taki – w tak restrykcyjnych warunkach – niezbicie świadczyłby o patologii, której [u Allena] nie dostrzegłam. Po trzecie, nie był to dom, w którym odwiedziny następują bez żadnych ograniczeń, a sprawca zostaje sam na sam z dzieckiem. To był dom pełen dzieci i ich opiekunek, pełen ludzi akurat w tym czasie, w którym doszło do rzekomego zdarzenia. Byłoby bardzo dziwne i bardzo ryzykowne, gdyby ktoś, kto w przeszłości nie dopuszczał się przestępstw na tle seksualnym, popełnił taki czyn w takich okolicznościach. Tego rodzaju postępowania można się prędzej spodziewać po osobach, które w przeszłości przejawiały skłonność do ryzyka. I po czwarte, klaustrofobia Woody'ego Allena jest faktem znanym publicznie. Twierdzenie, że poszedł na strych, brzmi nieprzekonująco.

W przypadku małżonków spór o to, komu przypadnie opieka nad dziećmi, bardzo często prowokuje strony do rzucania fałszywych oskarżeń. Nie twierdzę, że tutaj również mieliśmy do czynienia z fałszywym zarzutem, ale w takich przypadkach zarówno sędzia, jak i prokurator powinni zastanowić się, dlaczego te oskarżenia pojawiają się akurat teraz.

Jakże łatwo, świadomie i nieświadomie, wpłynąć na dziecko, zwłaszcza kiedy znajduje się ono w samym centrum sprawy tak dramatycznej, jak spór Farrow i Allena. To nieświadome wpływanie polega na tym, że kiedy matka mówi o ojcu: «To zły człowiek», dziecko słucha jej, słucha też rodzeństwa, i zaczyna wierzyć, iż tata istotnie jest okropnym człowiekiem. Wtedy łatwo pojawia się przekonanie, że faktycznie zrobił on coś strasznego.

W tym przypadku dziewczynka słyszy pytanie: «Czy Woody cię skrzywdził?». Żyje w domu, w którym od wielu tygodni mama zachowuje się histerycznie, ponieważ «Woody był dla mamy okropny». Kiedy padają zarzuty, Woody jest już potworem dla mieszkańców domu. Dziecko wszystko chłonie. Bardzo, bardzo często spotykamy się z tym schematem. Sądzę, że tutaj w grę wchodziła teatralna przesada. Nie żadne: «Nie mieszajmy do tego dzieci» – dramat rozgrywał się na ich oczach.

A potem: «Zbliża się potwór; nie pozwól, żeby zrobił ci coś złego. To okropny człowiek; zrobił mamusi straszne rzeczy». Zarzut nie dotyczył pełnej penetracji. Chodziło o dotykanie. Jest to zatem coś, co (a) nie boli, (b) nie zostawia śladów. Często w takich sprawach, chcąc sprawdzić wiarygodność dziecka, na przykład pięcioletniego, na które gwałciciel miał wytrysk, pytamy je, aby opisało, jaki płyn nasienny jest w dotyku – a przecież nie ma powodu, dla którego wiedziałoby ono, co się dzieje, kiedy ktoś jest podniecony. Dziecko opisuje konsystencję, mówi, że to coś było lepkie i mokre – wtedy wiadomo, że rzeczywiście tam było. Szukamy tego rodzaju wskazówek. Kiedy w grę wchodzi jedynie dotykanie, wiadomo że jest to mniej jednoznaczne. Jest nam trudniej, ponieważ dotyk może nie boleć i trwać bardzo krótko – może być czynem, który nie pozostawia po sobie bólu".

„Jak więc dowieść, że do czegokolwiek doszło" – zapytałem.

„Dowieść trudno, ale zasugerować bardzo łatwo – odparła. – Na przykład mówiąc: «Tatuś dotykał cię w tym miejscu». Wrócę do sygnałów ostrzegawczych. Przypomnę dwie rzeczy: jedna to, że relacja dziecka od czasu do czasu się zmieniała. Raz było dotykane z przodu, innym razem z tyłu. Zwracamy uwagę na tego rodzaju niespójności, jeśli chcemy dowieść prawdy albo przeciwnie: niekonsekwencji.

I druga to, że nagranie było zatrzymywane i wznawiane. To rzecz zupełnie odrębna i bardzo ważna, o kluczowym wręcz znaczeniu. I bardzo negatywna. Pamiętam, że byłam zszokowana tym, że matce przyszło do głowy nagrywać swoje nagie dziecko i kazać mu opowiadać o tym, co się rzekomo wydarzyło. Zatem była to kolejna lampka ostrzegawcza, która zapaliła mi się w głowie, kiedy przyglądałam się sprawie i próbowałam ustalić, co naprawdę zaszło".

W 2014 roku Robert Weide, reżyser znakomitego dokumentu *Reżyseria: Woody Allen* z 2013 roku, zamieścił na stronie Daily Beast listę dziesięciu najczęstszych błędnych przekonań na temat Allena i Soon-Yi, wraz z własnym komentarzem. Oto ona[135]:

Soon-Yi była córką Woody'ego. *Nieprawda.*
Soon-Yi była pasierbicą Woody'ego. *Nieprawda.*
Soon-Yi była adoptowaną córką Woody'ego i Mii. *Nieprawda.*
Soon-Yi była adoptowaną córką Mii Farrow i André Previna. Jej pełne nazwisko brzmiało: Soon-Yi Farrow Previn.
Woody i Mia byli małżeństwem. *Nieprawda.*
Woody i Mia mieszkali razem. *Nieprawda. Woody zajmował mieszkanie przy Piątej Alei, zaś Mia z dziećmi mieszkała przy Central Park West. Przez dwanaście lat Woody ani razu nie został na noc u Mii.*
Woody i Mia żyli w związku partnerskim. *Nieprawda. Stan Nowy Jork nie uznaje związków partnerskich. Nawet w stanach,*

---

[135] Cały artykuł dostępny pod adresem: http://www.thedailybeast.com/articles/2014/01/27/the-woody-allen-allegations-not-so-fast.html.

> które dopuszczają tego rodzaju związki, wymaga się od pary, aby wcześniej przez określoną liczbę lat żyła w konkubinacie.

Soon-Yi postrzegała Woody'ego jako ojcowski autorytet. *Nieprawda. Dla Soon-Yi Woody był chłopakiem jej matki. Ojcowskim autorytetem był dla niej jej przybrany ojciec André Previn.*

Soon-Yi była niepełnoletnia, kiedy związała się z Woodym. *Nieprawda. Miała dziewiętnaście albo dwadzieścia jeden lat. (Dokładna data urodzin pochodzącej z Korei Soon-Yi nie jest znana; podaje się 1970 albo 1972 rok).*

Soon-Yi była upośledzona. *A to dobre! Soon-Yi jest bystra i zdolna, ukończyła Uniwersytet Columbia i zna więcej języków od was.*

Kiedy była mała, Woody przygotowywał ją na swoją przyszłą żonę. *Nieprawda. (...) Z dokumentów sądowych oraz wspomnień Mii wynika, że do 1990 roku (Soon-Yi miała wtedy osiemnaście albo dwadzieścia lat), Woody „miewał rzadkie chwile kontaktów z niektórymi dziećmi z rodzeństwa Previn, najmniej widywał Soon-Yi"*[136]*, toteż Mia namawiała go, żeby spędzał z nią [z Soon-Yi] więcej czasu. Woody zaczął zabierać ją na mecze koszykówki, a resztę historii dopisały brukowce. Nie można więc powiedzieć, że „upatrzył ją sobie", kiedy była dzieckiem.*

Jedną z osób, które sceptycznie odniosły się do oskarżeń Mii, był Steve Stoliar; Allen przyjaźnił się z nim na odległość przez wiele lat. Jego głos w tej debacie byłby głosem stronniczym, ale przyczyny, dla których Stoliar ujął się za Allenem, sięgały głębiej niż lojalność. Otóż nieżyjąca żona Stoliara, Angelique, sama jako dziecko padła ofiarą brutalnego molestowania seksualnego ze strony ojca i brata. Zdołała stłumić wspomnienia tych zdarzeń, aż wypłynęły one po tym, jak upadła, potłukła się i rozpoczęła terapię w ramach walki z fizycznym bólem. Wówczas wspomnienia powróciły, zalewając ją falą przerażenia i wstydu. Miała

---

[136] Mia Farrow, dz. cyt., s. 343–344.

uzasadniony powód, by odnosić się z podejrzliwością do Allena. „Od tamtej pory [od kiedy powróciły wspomnienia Angelique] staliśmy się wyjątkowo wyczuleni na informacje o przemocy seksualnej w stosunku do dzieci – powiedział mi Stoliar. – Nie potrafiliśmy spokojnie słuchać doniesień medialnych, w których rzekomi eksperci podważali stłumione wspomnienia dzieci. Kiedy wybuchł skandal z Dylan – podejrzanie szybko po aferze z Soon-Yi – początkowo poczułem się jak w potrzasku, pomiędzy lojalnością wobec Woody'ego a, rzecz jasna, nienawiścią do osób molestujących dzieci. Patrzyłem na Woody'ego, człowieka, którego podziwiałem całe życie i który zawsze był mi pomocny. Nie zamierzałem wierzyć mu na słowo tylko dlatego, że nie chciałem przyjąć do wiadomości, że jest winny.

Angelique śledziła przebieg dochodzenia i po pewnym czasie doszła do wniosku, że Woody nie zrobił nic złego. Uznała, że Mia mści się na nim, wpaja Dylan przekonanie, że do czegoś doszło, i każe jej mówić te wszystkie rzeczy. Wiedzieliśmy, że Mia sama naciskała na powołanie zespołu, który przebadałby Dylan, tego zespołu ze szpitala Yale-New Haven. Ona sama chciała, żeby właśnie ci ludzie wydali opinię. Kto jak kto, ale moja żona była uprawniona do myślenia jak najgorzej o kimś, o kim dziecko mówi: on mnie molestował. Ale to ona stwierdziła, że Mia jest kobietą wzgardzoną.

Angelique zmarła w 2008 roku – mówił dalej Stoliar. – Później, kiedy w 2014 roku sprawa z Dylan powróciła, ludzie nie potrafili zrozumieć, dlaczego bronię Woody'ego. Próbowałem tłumaczyć, że prowadzę walkę z molestowaniem seksualnym dzieci; nadal odwoływałem się do przykładu ojca Angelique. Wpływu, jaki ma molestowanie małego dziecka na pozostałą część jego życia, nie sposób oszacować. Nie zapominajmy jednak, że rzucanie fałszywych oskarżeń również ma swoje konsekwencje. Sądzę, że Dylan w końcu uwierzyła w to, co mówiła. Liczyłem, że z czasem dzieci być może pomyślą: cóż, mamina wersja prawdy to nie wszystko. I że może one i Woody podejmą próbę ponownego nawiązania kontaktów. Moses zdaje się, że zrobił ten krok, ale Dylan – nie.

Wiem, że Angelique bardziej niż ktokolwiek byłaby upoważniona powiedzieć do mnie: «Wiem, że podobają ci się jego filmy; ja też je lubię. Wiem, że odpowiada na twoje listy – to świetnie. Ale przykro mi, dzieci nie wymyślają takich historii. Musimy wierzyć dzieciom, w przeciwnym razie będzie je to gryzło przez całe życie». Stąpam po cienkim lodzie, który staje się jeszcze cieńszy, ilekroć waham się pomiędzy życzeniem wszystkiego, co najgorsze, osobom molestującym dzieci, a złorzeczeniem tym, którzy podnoszą fałszywy alarm i niszczą życie niewinnym ludziom. I kiedy słyszę: «Zapewne nigdy się nie dowiemy», mimo że istnieje całe mnóstwo dowodów.

Romans z Soon-Yi to zupełnie co innego, ale ludzie łączą te dwie sprawy. Są przekonani, że Woody wziął ślub z własną córką, a przecież Soon-Yi nigdy nią nie była; on nigdy nie był jej rodzicem. Ludziom się wydaje, że skoro Woody jest zdolny do czegoś takiego, to równie dobrze mógł się dopuścić również molestowania dziecka".

Wciąż zadziwia to, jak Allen mógł dalej pracować w takiej atmosferze – i w dodatku osiągać tak dobre rezultaty. Nakręcił wtedy jeden ze swoich najlepszych filmów, *Strzały na Broadwayu*, a po nim dwa kolejne świetne obrazy: *Jej wysokość Afrodytę* i *Wszyscy mówią: kocham cię*.

„Ludzie przestali przejmować się skandalem. Mamy dość własnych problemów, mówili – wspominał Mark Evanier wydarzenia z lat 1992–1993. – Woody nie zabiegał o przychylność opinii publicznej. Nie chodził po mediach i nie przepraszał. Nie bił się w piersi i nie żałował za grzechy. Robił swoje i z zewnątrz wyglądało to tak, jakby jego życie niewiele się zmieniło.

Ludziom nie podobają się nietykalni – opowiadał dalej Evanier. – Atakowano go, mówiono: «Musisz grać według naszych reguł. Musisz jeździć na nasze festiwale. Musisz przychodzić na nasze imprezy, musisz bywać. Musisz udzielać takich wywiadów, jakie chcemy». A on odpowiadał: «Nie. Będę robił to, co będę chciał». Woody nie lubi grać według czyichś reguł.

Raz się jednak zdarzyło, że poszedł na oscarową galę; zrobił cudowną niespodziankę. Ceremonię prowadziła Whoopi Goldberg. To było pierwsze rozdanie nagród Akademii po jedenastym września 2001 roku. Mniej więcej w jednej trzeciej imprezy Whoopi ogłosiła, że organizatorzy pragną złożyć hołd Nowemu Jorkowi i dodała: «Jest z nami człowiek, którego filmy stanowią uosobienie Nowego Jorku. Zaprosimy go na scenę, żeby opowiedział nam o swoim mieście». Naprawdę nieźle podkręciła publiczność. Kiedy go opisywała, niemal było słychać, jak goście szepczą między sobą: «Chyba nie chodzi o Woody'ego Allena? Przecież on nie bywa na Oscarach». Kiedy w końcu powiedziała: «Woody Allen!», rozległa się burza oklasków, ale widać było wahanie, tak jakby goście nie wiedzieli, co robić: wstajemy, nie wstajemy? Kilka gwiazd pierwszej wielkości wstało, a po nich pozostali.

Woody wszedł na scenę i publiczność dostała szału. Wystąpił, po raz pierwszy od nie pamiętam już jak dawna, z najprawdziwszym stand-upem, mniej więcej sześciominutowym programem. Miłośnicy komedii w całych Stanach pomyśleli: «Nadal ma to coś». To był zupełnie nowy, świeży materiał, który, co oczywiste, Woody napisał specjalnie na galę. Wyszedł przed największą publiczność, jaką można mieć, stanął, ubrany w smoking, przed elitą Hollywoodu, dostał owację na stojąco – i ożywił swoje fajtłapowate wcielenie. «Nie zasłużyłem na to – rzucił. – Stać was na kogoś lepszego od mnie». Opowiedział dowcip. «Kiedy do mnie zadzwonili, zapytałem: Czemu nie załatwicie sobie Martina Scorsese? Próbowaliśmy – odpowiedzieli – ale był już zajęty». Naprawdę na to zasłużyłem? – powtarzał. «Sądziłem, że chcecie mi wręczyć

Nagrodę Humanitarną imienia Jean Hersholt – stwierdził – bo raz dałem żebrakowi pół dolara». Kto inny powiedziałby: «Bo dałem mu dwudziestkę». Doskonale wiedział, że wychodząc na scenę, musi być Woodym Allenem; był winny publiczności żarty w stylu Woody'ego Allena. Był jej winny monolog. Poza tym w ten pokrętny sposób chciał może, nie wiem, przeprosić za swoją nieobecność w przeszłości.

Chodziło przede wszystkim o Nowy Jork. Allen zapowiedział czyjś film, montaż ujęć z Nowego Jorku, a potem zszedł ze sceny. Nagrałem to sobie. Wróciłem z biegania i byłem w drugim pokoju. Usłyszałem głos i pomyślałem: «Brzmi podobnie do Woody'ego Allena, ale przecież nie byłoby go na Oscarach». Wszedłem do pokoju, w którym stał telewizor, i proszę: Allen. Przewinąłem do początku i obejrzałem cały występ. Na scenie sprawiał wrażenie niezwykle skromnego. Nie było w nim pozy, że oto zaszczycam was swoją obecnością. Prędzej: dziękuję, że pozwoliliście mi wyjść i powiedzieć kilka słów o Nowym Jorku. To był bowiem człowiek, który niczego nie potrzebował od Hollywoodu. Ani nagród, ani rozgłosu, ani podlizywania się komukolwiek. Nikt nie był mu do niczego potrzebny".

Terry Gross z państwowej rozgłośni NPR zapytał Allena w maju 2012 roku: „Czy obchodzi pana, co ludzie myślą o pańskim prywatnym życiu? Czy może jest to dla pana nieistotne?". Allen odparł: „Wie pan, jeśli odpowiem, że nie dbam o to, wyjdę na obojętnego, bezdusznego człowieka. Ujmę więc rzecz tak: jak można iść przez życie (...) czerpiąc wskazówki ze świata zewnętrznego?". Miał, być może, na myśli *Zeliga*, kiedy dodawał: „Jakie byłoby to życie (...) gdybyśmy uzależniali swoje decyzje od świata zewnętrznego, zamiast opierać je na tym, co podpowiada nasze wnętrze? Otóż byłoby to bardzo nieprawdziwe życie".

W jaki sposób Allen przetrwał burzę afer? Pracował. Jest niemal pewne, że ocalił go kult pracy. W 1988 roku, zanim wybuchł skandal, Allen powiedział:

Nigdy nie myślałem o sobie w kategoriach „jednoosobowego przedsiębiorstwa", „Woody Allen Spółka z o.o"., czy jak to się teraz mówi. Najbliższy jest mi tradycyjny, purytański kult pracy; zwykła codzienność. Dzień należy do mnie. Wstaję, kiedy chcę. Robię sobie przerwę, kiedy mam ochotę pograć na klarnecie. Siadam do pisania, kiedy pomysły buzują mi w głowie. Ale zanim zacznę, wszystko muszę mieć już poukładane. Muszę widzieć ostatnią scenę, zanim usiądę do pisania pierwszej. Być może nie jest to doskonałe życie – ale lepszego nie znam.

Zatem zaczął tam, gdzie skończył, i pracował dalej.

„Ten niewysoki brooklińczyk dał jedno z najcenniejszych, najbardziej pokrzepiających świadectw wszystkiego tego, co wyróżnia naszą kulturę popularną – mówi Dorothy Rabinowitz. – Takie filmy, jak *Zbrodnie i wykroczenia*, *Hannah i jej siostry* oraz inne, dodają otuchy i przypominają o tym, co najlepsze w naszych czasach".

W 2002 roku Woody Allen napisał w reakcji na powieść Eliego Wiesela, *Noc*: „Wiesel zauważa, że więźniowie obozów nie myśleli o zemście. Dla mnie to dziwne, że ja – który byłem małym chłopcem w czasach drugiej wojny światowej, mieszkałem w Ameryce, nie mając styczności z okropnościami nazizmu, zawsze miałem co jeść i gdzie spać, a moje wspomnienia tamtych lat pełne są radości, przyjemności i dobrej muzyki – że ja nie myślę o niczym innym, tylko o zemście".

„Są to słowa, które równie dobrze sama mogłabym wypowiedzieć – stwierdziła Rabinowitz. – Miałam bezpieczne, szczęśliwe dzieciństwo – urodziłam się w Ameryce, nie byłam świadoma tego, co działo się w Europie; po szkole jadłam ciasteczka i piłam mleko, miałam rodzinę i ciepłe łóżko – i ja też nie myślę o niczym innym, tylko o zemście. Tyle że ja nie widzę w tej postawie niczego dziwnego. Woody powiedział to, czego nikt inny z jego pozycją nie ośmielił się powiedzieć".

11. Woody ponownie wyciąga królika z kapelusza

Zadawano sobie pytanie, czy skandal z 1992 roku wpłynie na popularność filmów Allena. Zdecydowana większość recenzentów nie nawiązywała w swoich tekstach do afery; wyjątkiem okazała się krytyczka „Village Voice", Georgia Brown, która, nie godząc się ze sposobem, w jaki Allen traktuje kobiety, nie zostawiła suchej nitki na jego *Tajemnicy morderstwa na Manhattanie*. Allen miał niewielką publiczność, ale za to dużo szczęścia. *Tajemnica morderstwa na Manhattanie* weszła do kin, akurat kiedy kariera Allena zaliczała dół, została obwołana sukcesem, ale zarobiła zaledwie jedenaście milionów.

„Skandal go nie zniszczył – powiedział Gary Terracino. – Jego popularność wtedy i tak spadała. Dlatego przetrwał. Potem dogadał się z Tri-Starem, co pozwoliło mu się odbić. Woody jest szczęściarzem. Nie ma na koncie megaprzebojów, takich jak *Pulp Fiction* albo *Taksówkarz*. Kręci hity, owszem, ale nie superhity. Jego twórczość jest konsekwentna i inna niż dokonania pozostałych reżyserów. Udaje mu się robić coś, czego inni nie potrafią: kręcić naprawdę mądre, ale nie przegadane filmy. Zawsze wydaje się, że w jego filmach jest więcej dialogów niż w rzeczywistości".

Allen współpracował z United Artists aż do *Wspomnień z gwiezdnego pyłu*. Następnie przeszedł do Oriona, z którym współpracował w latach 1982–1991. Utrzymywał bliskie stosunki z Mikiem Medavoyem, prezesem Tri-Star, który wcześniej zasiadał w fotelu prezesa Oriona, skąd pochodziły fundusze na większość filmów Allena. Orion postanowił jednak zrezygnować z dystrybucji filmów Allena, ponieważ nie przynosiły zysków, poza tym Allen domagał się pełnej kontroli. We wrześniu 1991 roku zgodził się nakręcić jeden nowy film dla Tri-Stara. W lipcu 1993 roku ogłosił, że odchodzi z Tri-Stara i trzy następne filmy nakręci za własne środki. Powstała firma Sweetland Films, założyła ją stara znajoma Allena, Jean Doumanian. Głównym inwestorem w Sweetland był chłopak Doumanian, Jacqui Safra, członek szwajcarsko-libańskiej rodziny bankierów.

Kontrakt z Tri-Starem nie doczekał się odnowienia dlatego, że tak zwane przeboje Allena okazywały się porażkami w kategoriach czysto komercyjnych. Zarówno *Mężowie i żony*, jak i *Tajemnica morderstwa na Manhattanie* przyniosły straty. *Manhattan* z 1979 roku, jego największy kasowy przebój, zarobił ponad czterdzieści milionów dolarów; potem długo, długo nic, aż w końcu *Hannah i jej siostrom* w 1986 roku udało się zarobić bardzo zbliżoną sumę. Niemniej z racji tego, że Allen co roku wypuszczał świeży film, stale trafiał do nowej publiczności i nie musiał polegać na starej, w dodatku jego publiczność była zróżnicowana.

Doumanian wprowadziła nowe rządy w otoczeniu Allena. W ramach ograniczania wydatków mocno obcięła pensje członkom ekipy. W rezultacie w ciągu dwóch lat opuścił Allena niemal cały zżyty zespół, który pracował z nim od bardzo dawna. Jednym z pierwszych, którzy pożegnali się z Woodym, był Robert Greenhut, producent Allena od 1976 roku; wkrótce potem odeszli: koproducentka Helen Robin, współproducent Thomas Reilly, kostiumograf Jeffrey Kurland, operator Carlo Di Palma, fotograf Brian Hamill i montażystka Susan E. Morse. Wszystkich ich zastąpili tańsi specjaliści. Jedynymi osobami, którym nie obniżono uposażenia i które zostały, były Juliet Taylor oraz scenograf Santo Loquasto.

„Ekipa, która pomogła stworzyć takie dzieła, jak *Annie Hall*, *Manhattan* i *Hannah i jej siostry*, rozpadła się wskutek silnego dążenia do ograniczania kosztów i restrukturyzacji zespołu [Allena]" – napisał pierwszego czerwca 1998 roku „The New York Times". Allen powiedział gazecie: „Gdyby to ode mnie zależało i gdybym miał pieniądze, wszyscy, z którymi zaczynałem, pozostaliby ze mną". W artykule czytamy, że „filmy pana Allena kosztują przeciętnie od osiemnastu do dwudziestu milionów dolarów, ale nie przyciągają licznej publiczności". Największa krytyka spadła na Allena za to, że postanowił nie mieszać się do polityki cięć, dał innym wolną rękę i zrzekł się odpowiedzialności za ruchy mające poprawić sytuację. Zależało mu jedynie na pisaniu i nie chciał, żeby cokolwiek mu w tym przeszkadzało.

Rok 1998 można uznać za najniższy punkt kariery Allena. Reżyser z przetrzebioną ekipą powiedział „New York Timesowi", że rozstaje się z agentem Samem Cohnem, ponieważ zamierza „energicznie rozwijać swoją karierę aktorską". Pewien „współpracownik" Allena zdradził gazecie, że Allen „uwielbia grać; chciałby mieć większy wybór ról i więcej możliwości występowania przed kamerą". Istotnym czynnikiem motywującym ten ruch były pieniądze. W tamtym czasie Allen potrzebował gotówki – albo po prostu martwił się, że może mu jej zabraknąć.

Kiedy odchodził od Cohna, agent nie miał już tej siły przebicia co dawniej i zdążył stracić niemal wszystkich znaczących klientów. Meryl Streep i Mike Nichols pożegnali się z nim na początku lat dziewięćdziesiątych. Allen, zaliczający jedną porażkę komercyjną za drugą i uwikłany w spór sądowy o opiekę nad dziećmi, potrzebował odmiany. Zdecydował się na współpracę z agentem Diane Keaton, Johnem Burnhamem z agencji William Morris, która wkrótce przekształciła się w WME – William Morris Endeavor. Kilka lat później, kiedy Burnham przeszedł z WME do ICM, Woody podążył za nim.

W 2001 roku przyziemność codzienności znów chwilowo utrudniła Allenowi pracę. W maju tego roku złożył w Sądzie Najwyższym stanu Nowy Jork na Manhattanie pozew przeciwko swojej najbliższej od trzydziestu lat przyjaciółce Jean Doumanian, oskarżając ją, że oszukała go na dwanaście milionów dolarów zysków z ostatnich ośmiu filmów: *Strzałów na Broadwayu*, *Jej wysokości Afrodyty*, *Wszyscy mówią: kocham cię*, *Przejrzeć Harry'ego*, *Wild Man Blues*, *Celebrity*, *Słodkiego drania* oraz *Drobnych cwaniaczków*. Twierdził, że nigdy nie uzyskał dostępu do ksiąg rachunkowych tych filmów, mimo że wielokrotnie dzwonił do Doumanian w tej sprawie. Według „New York Timesa" impresario Allena, Stephen Tenenbaum, od lat po cichu namawiał go do bliższego przyjrzenia się finansom, ale on nie przejawiał zbytniej chęci. Allen zawsze unikał konfrontacji, dlatego sytuacja musiała być dla niego szczególnie bolesna. Robert Greenhut, który rozstał się z Allenem trzy lata wcześniej – po czystce Doumanian – powiedział „New York Timesowi": „Niesamowite, że Woody'emu tak dużo czasu zajęło sformułowanie pytania: «Gdzie są moje pieniądze?»". „Na podstawie umowy pana Allena z panią Doumanian i panem Safrą – czytamy w artykule – za każdy film pan Allen otrzymywał wynagrodzenie oraz dodatkowo miał udział w zyskach z obrazu po tym, jak zwrócą się jego koszty. Przez większość swojej kariery przed nawiązaniem współpracy z panią Doumanian pan Allen podpisywał umowy podobne do tych, na które mogą sobie pozwolić jedynie nieliczni filmowcy, tacy jak Steven Spielberg: zapewniał sobie procent od każdego zarobionego przez film dolara, a oprócz tego pensję". Allen zgodził się wejść w nowy układ, w którym najpierw dostawał jednorazowe wynagrodzenie i dopiero potem, po spłaceniu inwestorów, mógł liczyć na dodatkowe zyski, ponieważ firma Sweetland samodzielnie finansowała jego filmy. Robert Greenhut powiedział „New York Timesowi", że na miejscu Allena poszedłby do sądu już pięć lat wcześniej: „Ale wszyscy byli tacy mili... Kiedy robisz biznes z przyjaciółmi, czasem odsuwasz standardowe sposoby prowadzenia interesów na bok. Niezręcznie jest poruszać pewne tematy. Problem polega na tym, że w przypadku tych filmów nie sporządzano raportów finansowych".

W zażaleniu Allena można przeczytać, że Doumanian i Sweetland Films „nie wypłacili firmie pana Allena, Moses Productions, jej udziałów w skorygowanym zysku brutto [pieniądzach otrzymywanych po uregulowaniu należności u właścicieli kin] z ostatnich ośmiu wyprodukowanych wspólnie filmów oraz odmówili udostępnienia dokładnych informacji na temat zysków z tych filmów".

Dwudziestego piątego czerwca 2001 roku Doumanian zaprzeczyła oskarżeniom i zarzuciła Allenowi „brak umiaru" oraz „nieodpowiedzialność finansową". Powiedziała „New York Timesowi", że wraz z Jaqui Safrą „podjęli znaczne ryzyko finansowe" dla Allena. Dodała, iż wspierali Allena, „kiedy oskarżano go o to, że zawiódł ludzi, którzy mu ufali" (mowa o batalii sądowej o opiekę nad dziećmi). W odpowiedzi na pozew Doumanian i Safra w tym samym sądzie złożyli pisemne wyjaśnienia. „Pani Doumanian i pan Safra – czytamy w «New York Timesie» – zapewnili, że pełna księgowość filmów, o których mowa – w tym *Jej wysokość Afrodyty*, *Strzałów na Broadwayu* oraz *Wszyscy mówią: kocham cię* – została przedłożona firmie pana Allena, Moses Productions".

Doumanian i Safra stwierdzili również, że firma Sweetland Films, przejmując finansowanie filmów Allena na początku lat dziewięćdziesiątych, zrobiła to „właściwie w ramach przysługi". Dodali, że Allen i jego firma „mieli pełny dostęp do wszelkich informacji finansowych dotyczących filmów".

Dwunastego czerwca 2002 roku Allen i Doumanian doszli do porozumienia i zgodzili się zamknąć sprawę. Według „New York Timesa" żadna ze stron nie zdecydowała się ujawnić warunków ugody. Allen otrzymał pewną sumę pieniędzy, ale nie zdradził, jaką dokładnie. „Jesteśmy bardzo zadowoleni z ugody", powiedział prawnik Allena, Michael Zweig.

Allen nawiązał współpracę z Jeffreyem Katzenbergiem z Dreamworks. Siostra Allena, Letty Aronson, zaczęła pracować z nim jako koproducent wykonawczy przy *Strzałach na Broadwayu*, a począwszy od *Klątwy skorpiona* z 2001 roku, objęła funkcję głównego producenta.

Twórcza fala Allena – jak zwykle pełna prądów wznoszących i opadających – nigdy nie straciła na sile. W latach dziewięćdziesiątych i później Woody ponownie wypuścił nierówną serię filmów: *Przejrzeć Harry'ego* (1997) i *Celebrity* (1998) były całkiem solidne, po nich pojawił się obraz wybitny *Słodki drań* (1999), a niedługo potem nieudane *Drobne cwaniaczki* (2000); ten drugi film kojarzył się ze *Sprawcami nieznanymi* i *A Slight Case of Murder*. To jednak i tak arcydzieło w porównaniu z *Klątwą skorpiona* (2001) i *Końcem z Hollywood* (2002). Później na ekrany kin trafiło przekonujące *Życie i cała reszta* (2003), a po nim przeciętna *Melinda i Melinda* (2004). Allen prędko nakręcił świetne *Wszystko gra* (2005) – które odniosło orzeźwiający sukces finansowy, zarabiając dwadzieścia trzy miliony dwieście tysięcy dolarów – by zaraz potem zrobić, rzecz jasna, klapę *Gorącym tematem* (2006) i odbić się wyśmienitym *Snem Kasandry* (2007) oraz genialną

Vicky Cristiną Barceloną (2008). *Co nas kręci, co nas podnieca* (2009) okazało się zaskakująco słabe, ale po nim obejrzeliśmy upajająco czarujące *Poznasz przystojnego bruneta* (2010), a następnie doskonałe *O północy w Paryżu* (2011), które okazało się hitem kasowym i zarobiło pięćdziesiąt sześć milionów osiemset tysięcy dolarów. Potem znów spadek formy: *Zakochani w Rzymie* (2012), zwyżka: *Blue Jasmine* (2013; ponad sto milionów dolarów zysku z dystrybucji na całym świecie) oraz niemal kompletna klapa: *Magia w blasku księżyca* (2014). Jedną ze swoich najlepszych kreacji aktorskich stworzył Allen w filmie, do którego ani nie napisał scenariusza, ani go nie wyreżyserował – mowa o *Casanovie po przejściach* (2013) Johna Torturro, gdzie wcielił się w nietypowego alfonsa; film zebrał pozytywne recenzje, a talent Allena zyskał dodatkowy wymiar. W niektórych spośród swoich późnych filmów trochę się miotał, wyglądał staro i sprawiał wrażenie skrępowanego; tu jednak zagrał lekko, był rozluźniony, pogodny i zabawny. Starzał się z wdziękiem i humorem.

Blue Jasmine skomplementowano za złożony, pełnowymiarowy portret kobiety – nie pierwszy zresztą raz krytycy zwrócili uwagę na ten aspekt filmów Allena. Chwali się go za to, że potrafi tworzyć wyjątkowe kobiece postacie bez stawiania kobiet na piedestale. „Właśnie to czyni go tak żywym i pełnym wigoru – powiedział Gary Terracino. – Kobiety go fascynują, ale mam wrażenie, że daleko mu do bałwochwalczego uwielbienia. Wszystkie je należałoby potraktować prozakiem i kijem do polo. Rzuca ten tekst w *Tajemnicy morderstwa na Manhattanie*. Mówi to do Diane Keaton".

„Kluczem do atrakcyjności filmów Allena – mówił dalej Terracino – jest to, że podczas gdy w latach osiemdziesiątych ogólnie w kinie kobiety usunęły się na dalszy plan – w latach siedemdziesiątych rozkwitły kariery wielu świetnych aktorek: Streisand, Fondy, Clayburgh, ale albo po prostu się skończyły, albo aktorki same z nich zrezygnowały – to w filmach Woody'ego zawsze były obecne na pierwszym planie. Lata osiemdziesiąte w Hollywood to była męska dekada. Kino niezależne nadal jest zresztą zdominowane przez mężczyzn. Tak więc Woody został kobiecym reżyserem niejako z braku lepszej alternatywy. Jedynie Woody zatrudniał kobiety; poza tym nie miały gdzie pracować. Myślę, że to jeden z powodów, dla których media i branża chciały, żeby odniósł sukces. Mieliśmy jedynie Bette Midler. Woody pisze doskonałe kobiece role. Zresztą nawet kiepska kobieca rola w filmie Woody'ego Allena jest lepsza niż wszystko, co dziś Hollywood ma do zaoferowania. To była jedna z wielu rzeczy, które dodawały Woody'emu sił. No i serce. W jego filmach jest tyle serca".

Nie wszyscy jednak pochwalają tę płodność Woody'ego w tworzeniu złożonych kobiecych postaci i obsadzaniu tych ról. Annette Insdorf, która często wręcz entuzjastycznie wypowiadała się na temat filmów Allena, ma inne zdanie. „Postaci kobiece u Woody'ego nierzadko bywają problematyczne – napisała mi w e-mailu. – Moje ulubione filmy Allena to te, w których oglądamy życzliwie sportretowane bohaterki, mianowicie *Annie Hall*, *Manhattan*, *Inna kobieta*, *Hannah i jej siostry* oraz *Purpurowa róża z Kairu*. Jednakże w wielu innych jego filmach kobiety zostały ukazane w sposób antypatyczny, na przykład bohaterki *Gorącego tematu*, *Wszystko gra* oraz *Zbrodni i wykroczeń* są wścibskie i zgryźliwe; jakże łatwo irytująca kochanka staje się celem morderczych zapędów jej sympatii!

Grana przez Christinę Ricci bohaterka *Życia i całej reszty* jest wręcz odstręczająca, a jej matka – w tej roli Stockard Channing – niewiele lepsza. Postaci kobiece w *Przejrzeć Harry'ego*, w tym pierwsza żona tytułowego bohatera – Demi Moore – oraz gniewna żydowska siostra Harry'ego, są w większości problematyczne. W *Mężach i żonach* bohaterki, w które wcielają się Judy Davis i Mia Farrow, wyprane są z wszelkiego erotyzmu; podczas seksu za dużo myślą albo mówią, niszcząc atmosferę". Z kolei

Cate Blanchett powiedziała Charlesowi McGrathowi z „Wall Street Journal", że Allen pisze świetne, interesujące sceny pod kątem kobiet: „Myślę, że on rozumie, jak wspaniałymi, wyjątkowymi, złożonymi i zmiennymi stworzeniami jesteśmy".

Skoro winą Woody'ego jest powoływanie do życia neurotycznych kobiecych postaci, to cóż powiedzieć o jego własnej, hiperznerwicowanej ekranowej masce, o jego przejawiających mordercze instynkty i zaćmionych alkoholem męskich bohaterach, o wszystkich neurotycznych postaciach, które zrodziły się w jego głowie? Może po prostu według niego tak właśnie w rzeczywistości wygląda ten zwichrowany świat, ten, który po mistrzowsku nakreśla w swoich filmach? Tego rodzaju realizm feministyczny wydaje mi się odgałęzieniem realizmu socjalistycznego, w którym ideałem byli doskonali, wrażliwi robotnicy, silni i wytrzymali, zarazem optymistyczni, zdrowi i pogodni, pozbawieni wad i dający wspaniały przykład całemu sowieckiemu ludowi pracującemu. Tym wszakże, czego nadal nie możemy ignorować, jest ogólna kondycja człowieka, zarówno mężczyzny, jak i kobiety.

David Denby wspomniał o tym uniwersalnym niepokoju w swojej recenzji *Poznasz przystojnego bruneta* na łamach „New Yorkera": „W tym filmie nikt nie jest zadowolony z tego, co ma; każdy stara się zdobyć więcej i, z jednym ironicznym wyjątkiem, na końcu okazuje się, że ma mniej, niż miał na początku. (…) Światem rządzą egocentryzm i podłość, a większości naszych czynów niedaleko do haniebnej komedii". Denby napisał, że „mężczyźni kończą dużo gorzej niż kobiety. (…) Oczywista inteligencja Anthony'ego Hopkinsa czyni ostatni skok Alfiego na seksualne szczęście żałosnym i rozbrajającym – nawet tak bystry facet, myślimy, potrafi stracić głowę dla kobiety trzy razy młodszej od siebie. (…) Allen, moralny racjonalista, nie może się powstrzymać przed podkreśleniem, że nie istnieje związek pomiędzy cnotą a szczęściem, inteligencją a zadowoleniem".

Stuart Klawans, w opublikowanym na łamach „Nation" tekście o *Blue Jasmine* stwierdza, że w tym filmie udało się Allenowi uzyskać niezwykłą głębię portretu kobiety. Pochwalił Allena za „nowy kierunek", to znaczy spojrzenie na „matactwo jako problem systemowy, ujawniony przez kryzys finansowy w 2008 roku i skandal z Berniem Madoffem", i napisał: „Podziwiam, i jestem nią poruszony, decyzję [Allena], żeby przyjrzeć się temu nowemu tematowi nie wprost, lecz poprzez doświadczenia osoby, która dopomogła w popełnieniu przestępstwa: kobiety obdarzonej pełną indywidualnością jako fikcyjna postać oraz będącej przykładną członkinią uprzywilejowanej klasy, z której właśnie ją wykluczono". Klawans napisał o Blanchett, że jest „dziką kochanką o stu emocjonalnych twarzach".

Podjęta w 2005 roku wraz z *Wszystko gra* decyzja o przeniesieniu się z kręceniem filmów do Europy okazała się dla Allena katalizatorem nowej inwencji twórczej. Mówi się, że zmiana miejsca przydała jego wizji świeżości, ale w gruncie rzeczy nigdy nie straciła ona na aktualności. Po prostu, jak zwykle, stawała się na przemian bardziej i mniej wyrazista. Najnowszym triumfem Allena była *Blue Jasmine*. Ponownie był u szczytu formy.

Rok 2012 był dla niego bardzo udany: *Powrót godny księcia* – brzmiał tytuł artykułu Carla Unegbu na stronie ComedyBeat. „Najpierw – napisał Unegbu – na ekrany trafiło przebojowe *O północy w Paryżu*, potem Allena spotkał rzadki zaszczyt, został bowiem uhonorowany dwuczęściowym filmem dokumentalnym *Reżyseria: Woody Allen*, wyreżyserowanym przez Roberta B. Weide'a i wyprodukowanym we współpracy ze znaną serią PBS *American Masters*. Następnie Allen zdobył Złoty Glob za najlepszy scenariusz oryginalny do *O północy w Paryżu*".

Gdyby jednak brać dosłownie wszystko to, co Woody mówi w wywiadach, okazałoby się, że jest on raczej w ponurym nastroju – tak wynika choćby ze szczerej rozmowy, którą w 2012 roku przeprowadził z nim Tim Teeman na potrzeby londyńskiego „Timesa". „Zaprzepaściłem szansę, za którą wiele osób dałoby się pokroić – powiedział. – Cieszyłem się nieskrępowaną swobodą artystyczną, jakiej inni reżyserzy nie mają przez całe życie. Ale możliwości te przekułem w kiepskie wyniki. Na czterdzieści filmów powinienem nakręcić trzydzieści arcydzieł, osiem szlachetnych porażek i dwa żenujące buble. Wyszło inaczej. Wiele moich filmów to całkiem przyjemne obrazy, jeśli mierzyć je niezbyt wyśrubowaną kinową miarą, ale wystarczy spojrzeć najpierw na dzieła reżyserów, którzy kręcili naprawdę piękne rzeczy – Kurosawy, Bergmana, Felliniego, Buñuela, Truffauta – a potem na moje. Zaprzepaściłem szansę i pretensję o to mogę mieć wyłącznie do siebie".

Wymienił sześć własnych filmów, które ceni najwyżej: *Purpurową różę z Kairu*, *Wszystko gra*, *Strzały na Broadwayu*, *Zeliga*, *Mężów i żony* oraz *Vicky Cristinę Barcelonę*. „Kiedy osiągasz pewien wiek, dochodzisz do wniosku, że nie ma w tobie wielkości – powiedział. – Dążyłeś do niej, kiedy byłeś młodszy, ale nie osiągnąłeś jej, czy to ze względu na swoje lenistwo, czy przez brak dyscypliny, czy może po prostu brak talentu. Mijają lata, a ty uzmysławiasz sobie: «Jestem średniakiem». Starałem się najlepiej, jak potrafiłem".

Trudno zrozumieć to przygnębienie. Allen jest w historii kina artystą cieszącym się jednym z najdłużej trwających płodnych, twórczych okresów. Wielu reżyserów (pisarzy też, skoro już o tym mowa) osiąga szczyt swoich możliwości w początkowej fazie kariery, później zaś ich talent słabnie. Wczesnym dziełom Felliniego, takim jak *Wałkonie*, *Biały szejk*, *Światła variété*, *La Strada* albo *Osiem i pół*, nie dorównują jego późniejsze obrazy, na przykład *Satyricon*, *Rzym*, *Amarcord* albo *Ginger i Fred*. Zdarza się, że z czasem artysta staje się jedynie bladym odbiciem samego siebie. Ralph Ellison zdołał napisać tylko jedną ponadczasową rzecz: *Niewidzialnego człowieka*; to samo można powiedzieć o Sherwoodzie Andersonie i jego zbiorze *Miasteczko Winesburg*, o *Nazwij to snem* Henry'ego Rotha i o wielu, wielu innych. Arthur Miller, którego Allen podziwiał w młodości, od wielkości *Wszystkich moi synów*, *Śmierci komiwojażera*, *Wspomnienia dwóch poniedziałków* i *Widoku z mostu* przeszedł do napuszoności *Po upadku*, a jeszcze później do marnych, mentorskich sztuk, w których bezmyślnie kopiował samego siebie, używając do tego gazetowych dialogów i papierowych postaci. Allen, choć zalicza dołki i górki, ma świetne portfolio, pełne zróżnicowanych, wygrywanych na różnych nutach motywów; obfitujące w świeże, pomysłowe, zaskakujące, tętniące życiem filmy, zaludnione przez wyraziste, niezwykłe postaci. To portfolio rezonuje głębokimi emocjami, krystalicznymi przemyśleniami oraz dialogami ujmującymi rzeczy w sposób, na jaki sami nie zdołalibyśmy wpaść – rozbrzmiewa ono echem, które z czasem nie słabnie.

Będziemy pamiętali (nie tylko my, przyszłe pokolenia też) tę ławkę przy Pięćdziesiątej Dziewiątej Ulicy w *Manhattanie*, widok na most i postaci odnajdujących się Isaaca (Allen) i Mary (Keaton); zapamiętamy Lindę Ash (Mira Sorvino) – i jej pornograficzny pseudonim „Judy Dolaski" – mówiącą Kevinowi (Michael Rapaport) podczas pierwszego spotkania: „Na pewno masz wielkiego jak koń"; i Mię (Tina Vitale), która mówi Danny'emu Rose'owi, że jej były mąż „doił dla mafii", na co Danny odpowiada niewinnie: „Hodował krowy?". Wiem, że nigdy nie zapomnę sceny, w której cichy geniusz maszyny do pisania i mafioso Cheech (Chazz Palmintieri) zabija w *Strzałach na Broadwayu* Olive (Jennifer Tilly) w imię idei, ponieważ Olive swoim koszmarnym głosem niszczy „jego sztukę". Albo miny Isaaca, kiedy dociera do niego znaczenie tego, co Tracy powiedziała mu tuż przed wylotem do Londynu: „Musisz choć trochę wierzyć w ludzi". A także, rzecz jasna, Danny'ego biegnącego za Tiną w deszczu i całującego ją przed Carnegie Deli albo Cliffa w *Hannah i jej siostrach*, który, dowiedziawszy się, że jednak nie umiera, skacze ze szczęścia przed Mount Sinai Hospital, po czym popada w depresję, bo uświadamia sobie, że przecież kiedyś i tak umrze.

Na całym świecie miliony ludzi mają takie i podobne wspomnienia z filmów Allena. Nie tak łatwo dawać widzom nieprzemijający powód do śmiechu – śmiechu nieopartego na gładkich bon motach, lecz na przenikliwym zrozumieniu kondycji człowieka.

Nawet jeśli Allen, jak sam utrzymuje, nie nakręcił ani jednego prawdziwego arcydzieła – choć ja twierdzę, że stworzył ich wiele – to i tak jego spójna, niezapomniana filmografia zapewnia mu stałe miejsce pośród największych reżyserów wszech czasów.

Javier Aguirresarobe jest zdolnym operatorem, który współpracował z Allenem przy *Blue Jasmine* i *Vicky Cristinie Barcelonie*. Aguirresarobe wspomagał swoim talentem również Miloša Formana, Pedra Almodóvara oraz Imanola Uribe. „Woody Allen niewiele mówi – usłyszałem od niego. – Zakłada, że współpracujące z nim osoby znają jego sposób działania. Przy okazji *Vicky Cristiny Barcelony* odbyłem z nim jedną krótką rozmowę telefoniczną, zanim przyleciał do Hiszpanii. Powiedział, że zależy mu na «ciepłym» filmie. «Bardzo ciepłym – pamiętam, że powtórzył. – Resztę omówimy na miejscu». Tyle że więcej już nie rozmawialiśmy. Postanowiłem bardzo uważnie obejrzeć wszystkie jego filmy. Dzięki temu odkryłem jego specyficzny styl, poznałem jego język filmowy i mogłem płynniej porozumiewać się z nim na poziomie technicznym. Z pracy z Woodym pozostało mi wiele emocjonalnych wspomnień. Nie zapomnę serdecznego uścisku, w jakim Woody zamknął mnie na premierze filmu w San Sebastián; to było coś niezwykłego i godnego zapamiętania. Podobała mi się praca z panem Allenem przy *Blue Jasmine*. Zawsze stara się podchodzić w najprostszy sposób nawet do najbardziej skomplikowanych scen.

Na planie Woody Allen jest bardzo aktywny – mówił dalej Aguirresarobe. – Lubi wymyślać taką choreografię scen, żeby aktorzy poruszali się zarazem swobodnie i jak najbardziej naturalnie, żeby dialogi dobrze brzmiały, a kamera w atrakcyjny sposób uchwyciła *mise-en-scène*. W *Blue Jasmine* znalazło się mnóstwo przykładów takiego podejścia, na przykład scena, w której dentysta molestuje Jasmine, jedna z najlepszych. W scenariuszu rozgrywa się ona zaledwie na trzech stronach, ale uznaliśmy, że warto przedłużyć tę pogoń dentysty za Jasmine i uwiarygodnić ją.

Allen lubi, kiedy scena rozgrywa się w jednym albo dwóch długich ujęciach. Kamera przesuwa się za aktorami, nie ma cięć". W tej, bardzo zresztą długiej, scenie, o której mowa, aktorzy skaczą po małym pomieszczeniu (dosłownie skakali po sobie). Allen zdecydował się na pojedyncze ujęcie, z pominięciem cięć i montażu, po to, aby stworzyć pełną napięcia i klaustrofobii atmosferę napastowania Jasmine.

Inny reżyser próbowałby osiągnąć ten efekt za pomocą licznych ujęć i zbliżeń, na przykład najpierw na rozszerzone nozdrza, później na wypełnione strachem oczy Jasmine, następnie szerszy plan, na którym widać, jak dentysta goni Jasmine dokoła biurka, potem znów zbliżenie na trzęsące się z nerwów dłonie Jasmine, dalej niepokojący dźwięk dzwoniącego telefonu i najazd na aparat. Allen stworzył napięcie, umieszczając dwoje aktorów w rzeczywiście bardzo małym pomieszczeniu i filmując ich bez przerwy.

„Podczas pracy nad *Vicky Cristiną Barceloną* zorientowałem się, że na planie nie ma żadnych monitorów do podglądu. Woody stał za kamerą ze słuchawkami na uszach i po prostu oglądał scenę, tak jak dawniej się to robiło. Musiałem dostosować się do starego stylu. Na szczęście trafiłem na reżysera, który precyzyjnie przekazywał, czego oczekuje.

Światła i ruchy kamer określają w podręczniku kina według Woody'ego Allena specjalne reguły. Można je wyrazić takimi pojęciami, jak prostota, naturalność i atrakcyjna choreografia. W jego filmach niezwykle rzadko występują ostrości, nietypowe kąty kamery, mocne światła, przesadny kontrast. Woody uwielbia, kiedy kamera od początku do końca sceny przesuwa się nad miejscem akcji. Lubi ciepłe tony. Jego paleta składa się z brązów oraz złotych i kremowych barw. Niebieski pojawia się w jego filmach bardzo rzadko albo może nawet w ogóle go w nich nie ma. Z drugiej strony wydaje mi się, że Woody wciąż ma ambicję, żeby nakręcić kolejny czarno-biały film.

Z początku ten brak monitorów, jakiegokolwiek podglądu, na planie *Vicky Cristiny Barcelony* mocno mnie zaintrygował. Potem zorientowałem się, że Woody nie korzysta z powtórek ujęć. Dla mnie to było trudne, ponieważ nie dysponowałem materiałem, do którego mógłbym się odnieść, wprowadzając korekty w ustawieniach kamery, dlatego zwykle robiłem mnóstwo poprawek dopiero w trakcie filmowania. Musiałem dopasować się do tego starego stylu. Mierzyłem światło najdokładniej, jak potrafiłem, i odpowiednio zmieniałem obiektywy. Niemniej tkwi mi w głowie wspomnienie, że kręciłem ten film trochę «na ślepo»".

Poprosiłem Aguirresarobe'a o ocenę stylu Allena z punktu widzenia operatora oraz porównanie go z innymi reżyserami, zwłaszcza tymi, z którymi Aguirresarobe współpracował: Almodóvarem, Formanem, Jamesem Ivorym, Alejandrem Amenábarem. „Woody Allen śmielej podchodzi do języka kina – odparł. – Podejmuje ryzyko, na które mało kto się decyduje. Opowiada historie, bardzo oszczędnie posługując się przy tym techniką. Nie pamiętam na przykład, żeby kiedykolwiek korzystał z dźwigu bądź innych tego typu wynalazków. Woody Allen jest inny od wszystkich. Dba o dobrą obsadę po to, żeby nie musieć marnować czasu na udzielanie aktorom instrukcji. Daje sporo swobody na planie. Nigdy nie robi dokrętek [dodatkowych ujęć, które mogą, ale nie muszą, przydać się na etapie montażu]. Przy tak daleko posuniętej technicznej prostocie to słowa, dialogi dają filmowi życie. Nie pamiętam, żebym widział coś takiego u innych reżyserów".

"A jakie wrażenie zrobił na tobie jako człowiek?".

"Na planie jest bardzo cichy i niezwykle uprzejmy, ale zarazem trzyma się na dystans, nawet wobec najbliższych współpracowników, którzy od bardzo dawna kręcą z nim filmy. Niezwykle trudno się domyślić, co dzieje się w jego głowie.

Wydaje mi się, że jest w bardzo dobrej, twórczej formie. Dowodem na to *Blue Jasmine*. Uważam się za prawdziwego fana jego twórczości, dlatego jestem dumny i zaszczycony, że mogłem pracować przy dwóch jego filmach".

Niewykluczone, że tym, co rozpaliło tlącą się w Mii złość na Allena, było ogłoszenie w styczniu 2014 roku nominacji dla Cate Blanchett do Złotego Globu i Oscara za rolę w *Blue Jasmine*, jak również zapowiedź, że Allenowi zostanie wręczony Złoty Glob za całokształt twórczości. Gniew Mii narastał w latach 2012 i 2013, naznaczonych rzekomym "powrotem" Allena, choć ten przecież nigdzie nie odszedł, nie musiał więc wracać. Jego filmy – konsekwentnie kręcił jeden rocznie – nadal wzbudzały zainteresowanie i fascynowały, widzowie wciąż je uwielbiali. Aktorzy rywalizowali o role u Allena, zupełnie nie przejmując się niską gażą, którą wynagradzał prestiż związany z pracą u niego. Szczerze podziwiali, niektórzy wręcz uwielbiali, jego twórczość. Allen cieszył się większą popularnością i odnosił większe sukcesy niż kiedykolwiek. Był zbyt zaangażowany w pracę, by pozwolić, aby chwilowe komplikacje wytrąciły go z równowagi.

Pasmo sukcesów Allena zbiegło się z mrocznym okresem w życiu Farrow. Skupiła się ona na działalności dobroczynnej: od 2000 roku służyła jako ambasador dobrej woli UNICEF; koncentrowała się na pomocy dzieciom w strefach konfliktu; trzynaście razy odwiedziła Darfur; potępiała ludobójstwo podczas przemówień w Kongresie, a w 2010 roku pojechała do Hagi zeznawać na procesie zbrodniarza wojennego Charlesa Taylora, byłego prezydenta Liberii.

W 2008 roku „Time" umieścił ją w gronie stu najbardziej wpływowych ludzi na świecie. Odebrała wiele nagród za działalność humanitarną, w tym wręczaną przez organizację Refugees International nagrodę imienia Penny i Davida McCallów oraz Yvette Pierpaoli za „niezwykłą pracę na rzecz uchodźców i wysiedleńców". Ale jej kariera aktorska od wielu lat przeżywała zastój, co Mię ogromnie frustrowało. Do tego przechodziła kolejne osobiste i rodzinne kryzysy. Dwie z jej adoptowanych córek zmarły: w 2000 roku dwudziestojednoletnia Tam – na niewydolność serca, a w 2008 roku trzydziestopięcioletnia Lark – nazwy choroby, która ją zabiła, nie ujawniono. Farrow nadal wspierała swojego bliskiego przyjaciela, skazanego prawomocnym wyrokiem przestępcę seksualnego Romana Polańskiego, który w dalszym ciągu skutecznie unikał ekstradycji do Stanów Zjednoczonych. W 2005 roku poleciała do Londynu, żeby zeznawać w procesie o zniesławienie, który Polański wytoczył „Vanity Fair". Na domiar złego w dwóch nieodległych od siebie w czasie tragicznych zdarzeniach przypomniała o sobie burzliwa przeszłość rodziny Farrow. W czerwcu 2009 roku w Vermont starszy brat Mii, Patrick Farrow, popełnił samobójstwo, strzelając sobie w głowę.

Potem, trzy lata później w Marylandzie, jej drugiego brata, Johna Charlesa Villiersa-Farrowa, oskarżono o to, że przez kilka lat wykorzystywał seksualnie dwóch chłopców (molestowanie zaczęło się, kiedy chłopcy mieli po dziesięć lat). Przed sądem Farrow przyznał się do winy, ale zrobił to tylko po to, żeby dostać łagodniejszy wyrok; poza salą rozpraw utrzymywał, że jest niewinny – i został skazany na dziesięć lat więzienia.

Wykorzystywanie dzieci przez Villiersa-Farrowa zakończyło się w 2007 albo 2008 roku, kiedy chłopcy mieli już po kilkanaście lat. Z dokumentów dołączonych do aktu oskarżenia wynika, że Villiers-Farrow molestował ich razem i osobno, pokazywał im filmy pornograficzne oraz uprawiał z nimi seks oralny.

Tim Pratt, dziennikarz ukazującej się w Maryland „Capital Gazette News", powiedział mi, że przewodnicząca składu sędziowskiego, sędzia Laura Kiessling, „wspomniała, iż Villiers-Farrow sam był molestowany w dzieciństwie. Potem dodała: «Myślę, że ofiara wykorzystywania seksualnego powinna najlepiej wiedzieć, czym jest cierpienie doznawane z rąk osoby molestującej. Nie widzę, żeby pan Villiers-Farrow to rozumiał». Powiedziała też, że jej zdaniem Villiers-Farrow żałuje jedynie tego, iż został przyłapany".

„Akt oskarżenia wniesiono trzydziestego listopada 2012 roku – powiedziała mi Kathleen Rogers, zastępczyni prokuratora stanowego w hrabstwie Anne Arundel w stanie Maryland. – Proces rozpoczął się dwudziestego piątego lipca. Tego samego dnia wybrano ławę przysięgłych i wygłoszono mowy początkowe. Następnego dnia oskarżony postanowił przyznać się do winy w obu sprawach na zasadzie rozwiązania prawnego o nazwie *Alford plea*[137]".

„Co to oznacza?".

„To – odparła pani Rogers – że uważał, iż prokurator ma wystarczająco dużo dowodów, żeby go skazać, ale mimo to nadal twierdził, że jest niewinny. Przyznał się do popełnienia zarzucanego mu czynu tylko dlatego, że był przekonany, iż w trakcie procesu i tak zostanie skazany. W ten sposób zachował niewinność, nazwijmy to, przed samym sobą, ale w świetle prawa zwykłe przyznanie się do winy i przyznanie się na zasadzie *Alford plea* mają identyczny skutek".

„Tima Pratta – powiedziałem do pani Rogers – zaskoczyło coś,

---

[137] Polega ono na tym, że podsądny podtrzymuje twierdzenie o swojej niewinności, ale przyznaje się do popełnienia przestępstwa na tej podstawie, iż zgromadzone przez prokuraturę dowody jednoznacznie wskazują na jego winę.

na co również sędzia zwróciła uwagę: to mianowicie, że Villiers--Farrow w dzieciństwie sam padł ofiarą molestowania seksualnego. Czy to prawda?".

„Tak, wspomniał o tym jego adwokat podczas ustalania wyroku".

„Czy Mia Farrow była obecna na rozprawie?".

„Nie, nie była".

„Czy obecny był ktokolwiek z rodziny Farrow?".

„Nie. Wydaje mi się, że jedyną osobą obecną na sali była żona pana Villiersa-Farrowa".

„Czy oskarżyciel dysponował mocnymi dowodami?".

„Sądzę, że były bardzo mocne – odpowiedziała pani Rogers. – Ze szczegółowych zeznań chłopców jasno wynikało, że to, o czym opowiadali, naprawdę się wydarzyło. Od dwudziestu czterech lat – teraz już od dwudziestu pięciu – prowadzę sprawy przeciwko przestępcom seksualnym i powiem panu, że kiedy jeden z chłopców o tym opowiadał... jak pan zamknął oczy, czuł się pan tak, jakby tam był. Z mojego doświadczenia wynika, że kiedy dzieci zmyślają, zwykle ich historie są pozbawione szczegółów. Tymczasem w tym przypadku mieliśmy wypowiedzi oskarżonego, określenia, którymi się posługiwał, a także opisy czynności oraz mnóstwo innych rzeczy – wszystko to razem pozwalało sądzić, że relacje są prawdziwe. Ponadto dysponowaliśmy dokonanym za zgodą jednej strony nagraniem rozmowy telefonicznej. Jeden z chłopców zadzwonił do Farrowa, który wówczas wprawdzie nie przyznał się wprost, ale powiedział sporo obciążających go rzeczy".

Jako młody człowiek Villiers-Farrow pojechał z Mią do Indii i razem z nią spotkał się z Beatlesami. W 1992 roku, kiedy Mia zarzucała Woody'emu Allenowi molestowanie Dylan, Villiers--Farrow stał u boku siostry; dziennikarzowi magazynu „People" powiedział, że Allen „zostanie oskarżony i zniszczony. Kiedy wszystko wyjdzie na jaw, pójdzie siedzieć".

Mia Farrow zachowała milczenie w sprawie wyroku skazującego dla jej brata.

Zaczęła za to ponownie mówić o Allenie. Zabrała głos w 2012 roku, razem z Satchelem – obecnie Ronanem – Farrowem, i wkrótce stało się jasne, że nadal cierpi na obsesję na punkcie swojego byłego kochanka i reżysera. Jako pierwszy przemówił dwudziestopięcioletni Ronan. Osiemnastego czerwca wysłał Allenowi na Twitterze życzenia z okazji Dnia Ojca o treści: „Wszystkiego najlepszego z okazji Dnia Ojca, czy też – jak mówimy w rodzinie – z okazji Dnia Szwagra". Mia udostępniła jego wypowiedź, dopisując jedynie: „Bum!". Wiadomość trafiła do tabloidów, które rozdmuchały ją, czyniąc Ronana medialnym bohaterem tygodnia. Przystojny i elokwentny Ronan miał zaledwie jedenaście lat, kiedy rozpoczynał naukę w College'u Barda. Ukończył tę uczelnię w wieku piętnastu lat, stając się jej najmłodszym absolwentem. Był beneficjentem stypendium Rhodesa; ukończył prawo na Uniwersytecie Yale; pracował w Departamencie Stanu w 2011 roku, kiedy sekretarzem stanu była Hillary Clinton. A oprócz tego lubił plotkować na Twitterze. Często gęsto pisały o nim gazety; jego sylwetkę zamieścił między innymi „New York Times Magazine"; sieć MSNBC zaproponowała mu prowadzenie własnego programu, który pod nazwą *Ronan Farrow Daily* pojawiał się na antenie do lutego 2015 roku. W 2013 roku w opublikowanym w listopadowym numerze pisma „Vanity Fair" artykule Maureen Orth, zatytułowanym *Mama Mia!*, znalazła się wypowiedź Mii, z której wynika, że Ronan „być może" jest synem Franka Sinatry. Farrow powiedziała Orth, że będąc z Allenem, nadal spotykała się z Sinatrą, dlatego nie ma pewności co do tego, który z nich jest ojcem Ronana. Jej wyznanie trafiło na pierwsze strony gazet. Robert Weide napisał na stronie Daily Beast: „Sama sugestia, że Ronan jest «być może» synem Sinatry, daje do zrozumienia, że Mia figlowała z byłym mężem jeszcze wiele lat po rozwodzie. Wystarczy spojrzeć na datę urodzenia Ronana, żeby stwierdzić, że Farrow i Sinatra «spiknęli się» w marcu 1987 roku, kiedy Mia miała czterdzieści dwa, a Frank «Old Blue Eyes» Sinatra – siedemdziesiąt jeden. Rozwiewa to mit o idyllicznym, pełnym miłości i monogamicznym związku Woody'ego i Mii, który to związek Woody rzekomo zniszczył w 1992 roku – podczas gdy Mia zdradzała go już pięć lat wcześniej".

Weide zauważył też, że ci, którzy nienawidzą Woody'ego „za to, co zrobił Mii (...) powinni mieć na względzie, że jeśli faktycznie biologicznym ojcem Ronana jest Sinatra, wówczas nie byłby to pierwszy raz, kiedy Mia urodziła dziecko żonatego mężczyzny. W 1969 roku, mając dwadzieścia cztery lata, zaszła w ciążę z czterdziestoletnim muzykiem i kompozytorem André Previnem, który wtedy nadal był mężem piosenkarki i autorki tekstów Dory Previn".

Szesnastego stycznia ogłoszono nominację Cate Blanchett do Oscara w kategorii najlepsza aktorka za rolę w *Blue Jasmine*. Również kapituła Złotych Globów nominowała Blanchett do nagrody dla najlepszej aktorki, a dziewiątego stycznia ogłosiła, że przyzna Allenowi nagrodę za całokształt twórczości.

Kiedy trwała ceremonia wręczania Złotych Globów, Mia napisała na Twitterze: „Kobieta wyznała publicznie, że Woody Allen molestował ją, kiedy miała siedem lat. Honorując tego człowieka, Złote Globy okazały pogardę jej i wszystkim ofiarom wykorzystywania seksualnego". Później napisała jeszcze: „Czy on jest pedofilem?" i dołączyła link do artykułu Maureen Orth w „Vanity Fair".

W trakcie przygotowań do gali Złotych Globów doszło do osobliwego zdarzenia. Poproszono Roberta Weide'a o współpracę przy montażu klipu z fragmentami filmów Allena, który chciano pokazać przed wręczeniem nagrody reżyserowi. Weide i montażysta Nicholas Goodman zamierzali umieścić w klipie wyjątek z *Purpurowej róży z Kairu*, w którym pojawia się Mia.

Producenci zastanawiali się, czy Mia zgodzi się na wykorzystanie swojego wizerunku. Okazało się, że błyskawicznie podpisała zgodę na umieszczenie tego fragmentu w klipie przygotowanym na cześć Allena. Niniejszym de facto przystała na wzięcie udziału w ceremonii „okazującej pogardę jej [Dylan] i wszystkim ofiarom wykorzystywania seksualnego". Można w tym miejscu przypomnieć, jak ochoczo chciała zagrać w *Tajemnicy morderstwa na Manhattanie* pomimo koszmaru, który przeżywała w związku z domniemanym molestowaniem seksualnym Dylan przez Woody'ego; albo pamiętne pytanie, które zadała doktor Susan Coates po tym, jak oskarżyła Allena o molestowanie córki: „Uważa pani, że powinnam za niego wyjść?".

Pierwszego lutego w „New York Timesie" pojawiły się dwa szczególnie interesujące teksty: artykuł Nicholasa Kristofa z omówieniem i cytatami z listu otwartego Dylan Farrow oraz sam list.

12. Jaja ze stali

W artykule na stronie z komentarzami w numerze „New York Timesa" z pierwszego lutego Nicholas Kristof napisał, że „jedyną osobą, której głosu [w sprawie oskarżeń pod adresem Allena] nie wysłuchano", była Dylan Farrow. Dylan, stwierdził Kristof, „powiedziała mi, że od ponad dwóch dekad nie może się otrząsnąć z szoku po tym, co się stało; w zeszłym roku poniewczasie zdiagnozowano u niej nerwicę pourazową. Kiedy dowiedziała się, że Allenowi zostanie przyznany Złoty Glob, zwinęła się w kłębek na łóżku i zaczęła histerycznie szlochać". Kristof zacytował fragment listu Dylan:

> Kiedy dorastałam, dręczyło mnie, że on uniknął kary za to, co mi zrobił. Wyrzucałam sobie, że pozwalałam mu przebywać w pobliżu innych dziewcząt. Panicznie bałam się męskiego dotyku. Wystąpiły u mnie zaburzenia odżywiania. Zaczęłam się ciąć.

Hollywood uczynił tę udrękę jeszcze bardziej nieznośną. Wszyscy poza nielicznymi wyjątkami (to moi bohaterowie) przymykali oczy. Większości najłatwiej było zaakceptować niejednoznaczność sytuacji, powiedzieć: „Kto wie, co się naprawdę wydarzyło", i udawać, że wszystko jest w porządku. Aktorzy chwalili go na ceremoniach wręczenia nagród. Stacje telewizyjne zapraszały go do swoich programów. Krytycy pisali o nim w gazetach. Ilekroć widziałam twarz tego, który mnie wykorzystał – na plakatach, na koszulkach, na ekranie telewizora – robiłam wszystko, by stłumić panikę, znaleźć się w miejscu, w którym byłabym sama – i tam rozpaść się na kawałki.

W dalszej części tekstu Kristof, co znaczące, doszedł do wniosków nieopartych na dowodach. Napisał, że „nikt z nas nie może mieć pewności, co naprawdę zaszło", po czym oskarżył kapitułę Złotych Globów o „stawanie po stronie Allena, a przez to zarzucanie Dylan, że kłamie, bądź zbywanie jej jako nieważną". Następnie, stwierdziwszy wcześniej, że nikt nie może mieć pewności, co naprawdę zaszło, napisał: „Czy naprawdę musimy padać na kolana i traktować jak znakomitość osobę rzekomo molestującą dzieci?".

Tego samego dnia na blogu Kristofa na stronie „New York Timesa" pojawił się list otwarty Dylan w pełnej wersji, co nadało sprawie jeszcze większy rozgłos. Dylan zaczęła list słowami: „Jaki jest twój ulubiony film Woody'ego Allena? Zanim odpowiesz, musisz wiedzieć jedno: kiedy miałam siedem lat, Woody Allen wziął mnie za rękę i zaprowadził do ciemnego, przypominającego strych pomieszczenia na piętrze w naszym domu. Powiedział, żebym położyła się na brzuchu i pobawiła kolejką elektryczną mojego brata. Wtedy wykorzystał mnie seksualnie. Robiąc to, szeptał mi do ucha, że jestem grzeczną dziewczynką, że to będzie nasz mały sekret, że pojedziemy do Paryża i że będę gwiazdą jego filmów". Następnie powtórzyła te same zarzuty, które w 1992 roku sformułowała Mia; większość z nich wymienił Kristof w artykule.

W liście Dylan znalazło się kilka ciekawych spostrzeżeń. Na przykład to: „Nie wiedziałam, że ojciec wykorzysta swój związek z moją siostrą dla ukrycia faktu, że mnie molestował". W jaki sposób Allen miałby cokolwiek „ukrywać" związkiem z Soon-Yi? Przeciwnie, jego relacje o charakterze seksualnym z Soon-Yi służą jako argument tym osobom, które uważają Allena za winnego molestowania Dylan.

W końcowej części listu Dylan wreszcie, jak się wydaje, przechodzi do sedna, twierdzi bowiem, że kapituły Złotych Globów i Oscarów mogłyby w pewnym sensie przekazać światu komunikat w jej imieniu, po prostu nie przyznając nagród Allenowi ani Blanchett. „A gdyby to było pani dziecko, Cate Blanchett? Albo pańskie, Lousie C.K.? A może pańskie, Alecu Baldwinie? A gdyby chodziło o panią, Emmo Stone? Albo o panią, Scarlett Johansson? Diane Keaton, znałaś mnie, kiedy byłam mała. Czyżbyś mnie zapomniała?".

Linda Fairstein skomentowała list słowami: „Specjaliści w dziedzinie psychologii uważają, że list można tłumaczyć na dwa sposoby: jest on albo wyrazem prawdziwych odczuć Dylan i rzeczywiście od dwudziestu jeden lat żyje ona z urazem psychicznym, któremu niniejszym daje wyraz, albo – jak nierzadko się zdarza – jeśli była pouczana, co mówić i w co wierzyć, jeśli wmawiano jej, że to się wydarzyło, wówczas przekonanie to mogło się w niej utrwalić. Być może wydaje jej się, że to się stało naprawdę. Prokuratorowi zbadanie przebiegu zdarzeń i podjęcie decyzji zajęło czternaście miesięcy. W tym czasie, jeśli zdarzenie było prawdziwe, zachęcano ją, aby je sobie przypominała; jeżeli nie było prawdziwe – i tak namawiano ją, żeby wydobyła je z pamięci. Widziałam komentatorów telewizyjnych, którzy mówili: «Przeczytałem jej list, a więc to prawda». Otóż nie, nie sposób orzec, czy coś jest prawdą, bez przyjrzenia się faktom z tamtego okresu.

Osobiście skłaniam się ku opinii, że list Dylan nieprzypadkowo ukazał się akurat teraz, krótko przed Oscarami i blisko debiutu nowego programu jej przyrodniego brata [Ronana]. Wydaje się, że to było świadome działanie. Zaskoczyło mnie poza tym, że dziennikarze nie sięgnęli po raport doktora Leventhala [z Yale--New Haven Hospital]. Nie ma tam mowy o molestowaniu, jest za to powiedziane, że cała sprawa mogła być manipulacją ze strony rozgniewanego rodzica. Niewykluczone jednak, że Dylan naprawdę wierzy, iż Woody ją wykorzystał. Nie sądzę, żeby to zrobił, i chyba brak dowodów, że do czegokolwiek doszło.

Teraz nic w związku z tym się nie stanie. Prokurator stanu Connecticut przyjrzał się sprawie na miejscu, w odpowiednim hrabstwie, i doszedł do wniosku, że brakuje dowodów, na których mogłoby się oprzeć oskarżenie. Obowiązuje okres przedawnienia. Jest już po sprawie. Wydaje mi się, że to wszystko element kampanii, która rozpętała się po tym, jak Woody Allen otrzymał Złoty Glob [za *Blue Jasmine*] i nominację do nagrody Akademii".

Piątego lutego Moses Farrow, adoptowany przez Farrow i Allena w grudniu 1991 roku, po raz pierwszy wypowiedział się w obronie ojca. „Oczywiście, że Woody nie molestował mojej siostry – powiedział «People». – [Dylan] kochała [Allena] i zawsze nie mogła się doczekać, kiedy przyjedzie. Nigdy się przed nim nie chowała – do czasu, kiedy naszej matce udało się wytworzyć atmosferę strachu i nienawiści do niego". Moses dodał, że tego dnia, kiedy rzekomo doszło do molestowania, przez cały czas w domu było kilka osób i nikt, „ani ojciec, ani siostra, nie odłączył się od reszty. Nie wiem, czy moja siostra naprawdę wierzy, że była molestowana, czy po prostu stara się zadowolić matkę. Zadowolenie matki było silnym czynnikiem motywującym, ponieważ narażenie się jej mogło się skończyć bardzo, bardzo źle". Moses powiedział Robertowi Weide'owi, że życie w domu Mii było nieustającym „praniem mózgu".

Poprosiłem Mosesa o wywiad. Dwunastego stycznia 2015 roku otrzymałem odpowiedź od jego adwokata Erica J. Brodera: „Rozmawiałem z Mosesem, który poinformował mnie, że w tej chwili nie jest zainteresowany udzielaniem wywiadów. Powiedział jedynie, że jego ojca potraktowano źle i niesprawiedliwie. Dodał, iż wie, że to prawda, ponieważ był tam".

Woody odpowiedział na list Dylan i artykuł Kristofa na łamach „New York Timesa" siódmego lutego 2014 roku. Napisał:

> Dwadzieścia jeden lat temu, kiedy dowiedziałem się, że Mia Farrow zarzuciła mi molestowanie dziecka, oskarżenie to wydało mi się do tego stopnia absurdalne, że nawet specjalnie się nad nim nie zastanawiałem. Byliśmy w trakcie okropnego, pełnego żółci rozstania, do głosu doszły różne antagonizmy między nami, a walka o opiekę nad dziećmi powoli nabierała tempa. Wrogość i wyrachowanie Mii były tak oczywiste, że nawet nie zatrudniłem prawnika do obrony. (...)
>
> Naiwnie sądziłem, że oskarżenia zostaną z miejsca odrzucone, ponieważ, co oczywiste, nie molestowałem Dylan i każdy racjonalnie myślący człowiek rozumiał, że zarzut był jedynie wybiegiem. Wydawało mi się, że zwycięży zdrowy rozsądek. Byłem pięćdziesięcioszescioletnim mężczyzną, którego nigdy przedtem (ani potem) nie oskarżono o molestowanie dziecka. Spotykałem się z Mią od dwunastu lat i przez ten czas ona ani razu nie zwróciła mi uwagi na coś, co mogłoby zostać odebrane jako niestosowne zachowanie. I właśnie wtedy, nagle, kiedy pewnego popołudnia zjawiłem się w jej domu w Connecticut na kilkugodzinne spotkanie z dziećmi i znalazłem się, że tak powiem, na boisku mojego rozwścieczonego przeciwnika, w grupie kilku osób, chodząc z głową w chmurach, bo byłem zakochany w kobiecie, którą w końcu poślubiłem – akurat ten moment wybrałem sobie, żeby stać się osobą molestującą dzieci. Chyba każdy, kto ma w sobie

choć trochę sceptycyzmu, przyzna, że to mało prawdopodobne. (...)

Dobrowolnie poddałem się badaniu wykrywaczem kłamstw i, oczywiście, przeszedłem je pomyślnie, ponieważ nie miałem nic do ukrycia. Poprosiłem Mię, aby również się zbadała, ale odmówiła. W zeszłym tygodniu Stacey Nelkin, kobieta, z którą spotykałem się wiele lat temu, wyznała prasie, że dwadzieścia jeden lat temu, kiedy spieraliśmy się z Mią o opiekę nad dziećmi, Mia chciała, aby Stacey zeznała, iż była niepełnoletnia w czasie, gdy chodziliśmy ze sobą, co było nieprawdą. Stacey odmówiła. Opowiadam o tym, żebyśmy wszyscy mieli świadomość, o jakim człowieku mowa. Wiedząc o tym wszystkim, nietrudno zrozumieć, dlaczego nie zgodziła się na badanie wariografem.

Allen przypominał wyniki obserwacji zespołu Child Sexual Abuse Clinic przy Yale-New Haven Hospital i w całości przytoczył wnioski końcowe z raportu, w którym mowa o jego niewinności. Odniósł się do uprzedzeń sędziego Wilka: „Uważał mnie za starszego mężczyznę wykorzystującego znacznie młodszą kobietę, co ponoć oburzało Mię jako niestosowne – mimo że sama spotykała się z dużo od niej starszym Frankiem Sinatrą, kiedy miała dziewiętnaście lat". Dodał, że od szesnastu lat są z Soon-Yi szczęśliwym małżeństwem, „z dwójką adoptowanych dzieci", i podkreślił, że zarówno on, jak i jego żona zostali dokładnie prześwietleni „przez agencję adopcyjną oraz sąd i wszyscy zaaprobowali naszą kandydaturę na rodziców adopcyjnych".

Napisał, że był zrozpaczony, kiedy opieka nad dziećmi przypadła Mii: „Moses był na mnie wściekły. Ronana nie znałem zbyt dobrze, ponieważ Mia od samego początku nie pozwalała mi się do niego zbliżać. A Dylan – uwielbiałem ją, byłem z nią bardzo blisko, to w jej sprawie Mia zadzwoniła wściekła do mojej siostry i powiedziała: «Zabrał mi moją córkę, teraz ja odbiorę mu jego». Potem nigdy już się z nią nie widziałem i nie było mi dane z nią porozmawiać, choćbym nie wiem jak się starał. Nadal bardzo ją kochałem i miałem wyrzuty sumienia przez to, że zakochując się w Soon-Yi, naraziłem ją na wykorzystanie w charakterze narzędzia zemsty (...)".

Allen zacytował Mosesa: „«Matka wbiła mi do głowy, że mam nienawidzić ojca, bo zniszczył rodzinę i wykorzystał seksualnie moją siostrę. (...) Oczywiście Woody nie molestował mojej siostry (...)".

Allen skomentował również spekulacje na temat tego, czy Ronan jest jego synem, czy Sinatry. „Jest więc moim synem, czy, jak sugeruje Mia, synem Franka Sinatry? Zgoda, jest podobny do Franka, ma jego rysy i niebieskie oczy, ale jeśli rzeczywiście to Sinatra go spłodził, co nam to mówi? Że w trakcie procesu o przyznanie opieki nad dziećmi Mia kłamała pod przysięgą, fałszywie przedstawiając Ronana jako naszego syna. Natomiast jeżeli Ronan jednak nie jest synem Franka, wówczas już samo to, że Mia wskazuje na taką możliwość, zdradza, iż w czasie gdy byliśmy razem, w tajemnicy utrzymywała intymne kontakty z byłym mężem (...)".

Allen stwierdził, że nie wątpi, iż Dylan uwierzyła w to, że ją molestował, i dodał: jeśli siedmioletniemu, „wrażliwemu dziecku silna matka wpaja, że ma ono nienawidzić ojca, ponieważ ten molestował je i zrobił mu krzywdę, to czy nie jest możliwe, że po wielu latach takiej indoktrynacji mój obraz, który namalowała Mia, trwale odcisnął się w umyśle Dylan? (...)".

Allen odniósł się też do miejsca, w którym rzekomo doszło do molestowania: strychu w domu Mii. Przypomniał, że cierpi na „silną klaustrofobię". Zasugerował, iż pomysł ze strychem Mia zaczerpnęła z piosenki *With My Daddy in the Attic* Dory Previn, zamieszczonej na tym samym albumie, co utwór o Mii, z którą André Previn zdradził swoją żonę. Wyraził do tego wątpliwość, czy list rzeczywiście napisała sama Dylan, czy może „pomogła" jej w tym Mia. Trafnie zauważył, że w liście padają nazwiska gwiazd filmowych, co „pachnie bardziej Mią niż Dylan".

Dalej ponownie zacytował Mosesa: „«Ponieważ wiem, że matka często wykorzystywała nas jako pionki, nie potrafię zaufać niczemu, co powiedział albo napisał ktokolwiek z rodziny»". Potem Allen wreszcie podniósł kwestię tego, czy Mia naprawdę wierzy w to, że molestował Dylan. Nie omieszkał wspomnieć o zgodzie Mii na wykorzystanie jej wizerunku w klipie pokazanym w trakcie wręczania mu Złotego Globu. „Zdrowy rozsądek każe zapytać: czy matka, która uważa, że były partner wykorzystał seksualnie jej siedmioletnią córkę, zgodziłaby się wystąpić w klipie mającym uhonorować rzeczonego partnera na gali Złotych Globów?".

W zakończeniu napisał: „Oczywiście, że nie molestowałem Dylan. Kochałem ją i mam nadzieję, iż pewnego dnia zrozumie, że została podstępem pozbawiona kochającego ojca oraz wykorzystana przez matkę, bardziej zainteresowaną własną nienawiścią niż dobrostanem córki (...)".

„Wiedziałem, że Mia uaktywni się mniej więcej teraz – powiedział mi Gary Terracino. – Z jej punktu widzenia ma to sens (...) kiedy kariera Woody'ego znów rozwija się pomyślnie i wciąż pozostaje on w centrum zainteresowania opinii publicznej, a Ronan właśnie debiutuje jako osoba publiczna w programie MSNBC, Mia chce być dobrze zrozumiana, chce ponownie sprawić, żeby Woody skręcał się ze wstydu, chce raz jeszcze spróbować ostatecznie zniszczyć jego reputację – i przy okazji umieścić Ronana na świeczniku.

Tyle że plan Mii spalił na panewce, ponieważ wyszły na jaw jej własne grzeszki i egocentryzm. Mianowicie: «Nie wiem, który z tych bogatych, wpływowych facetów jest ojcem Ronana...»; «Zależy mi wyłącznie na tym, żeby chronić dzieci» – ale zmuszam Ronana i Dylan do powtarzania w kółko tych samych oskarżeń, i to ze szczegółami; «Ludzie stają po stronie Woody'ego, bo jest sławny» – ale nie przeszkadza mi to pochwalić się sławnymi facetami, z którymi się przespałam: Woodym, Frankiem, Philipem Rothem i innymi. W dodatku ta jej radość z odgrzebywania wszystkiego po dwudziestu dwóch latach – nie zostało to dobrze odebrane. Zdjęła aureolę świętej Mii i przesadziła – dodał Terracino. – Ale mamy też Woody'ego w najlepszym i najgorszym wydaniu: przekonująco zaprzecza pomówieniom, jakoby molestował Dylan, i jednocześnie okazuje zaskoczenie tym, że kogokolwiek obchodzi, iż związał się z dwudziestojednoletnią [adoptowaną] córką Mii".

W artykule *Woody Allen i echa przeszłości* w „Wall Street Journal" Dorothy Rabinowitz napisała, że podczas lektury odpowiedzi Allena na list Dylan uderza niesamowite podobieństwo postawy Allena do podejścia innych osób niesłusznie oskarżonych o molestowanie. „Uznał, że zarzuty są na tyle absurdalne – napisała – że nie warto zatrudniać prawnika. Tego rodzaju naiwność charakteryzuje niemal wszystkie znane mi osoby, które zostały fałszywie posądzone w głośnych sprawach o wykorzystywanie seksualne w latach osiemdziesiątych i na początku dziewięćdziesiątych – osoby skazane na długie kary więzienia na podstawie zeznań dzieci, które nakłoniono do wysuwania nieprawdziwych oskarżeń. Wiele spośród ówczesnych pięcio-, sześcio-, siedmiolatków już jako osoby dorosłe nadal gorąco wierzyło w słuszność tych zarzutów".

Osoby oskarżane nie wiedziały tego, napisała, z czego „również Woody Allen nie zdawał sobie sprawy w 1992 roku (...) mianowicie że posądzenie o molestowanie seksualne dziecka ma potężną moc rażenia". Pomimo wyraźnego stwierdzenia niewinności Allena, zawartego w raporcie zespołu Yale-New Haven, „sędzia prowadzący sprawę o przyznanie opieki nad dziećmi, napisał w orzeczeniu, że «prawdopodobnie nigdy nie dowiemy się, co zaszło»". Na tym polega, napisała, „niepodważalna moc oskarżeń o molestowanie seksualne dziecka. Uciekanie się do wygodnego «nigdy się nie dowiemy» stanowi ulubiony wybieg sądów bojących się jednoznacznie orzec o niewinności człowieka posądzonego o molestowanie.

Dla nikogo chyba – napisała Rabinowitz na zakończenie – podtrzymywanie poczucia winy nie jest ważniejsze niż dla osoby, która sama jako dziecko miała swój udział w znanej, zbudowanej na fałszywych oskarżeniach sprawie molestowania seksualnego dziecka. Takie dzieci, nieustannie umacniane w przekonaniu o prawdziwości zarzutów, wierzą, już jako osoby dorosłe, że głęboki uraz psychiczny, z którego powodu teraz cierpią, jest skutkiem prześladowania ich w dzieciństwie.

Ten mechanizm można było zaobserwować u jednej z dziewczynek, których oskarżenia doprowadziły do niesłusznego skazania rodziny Amiraultów [Violet Amirault i jej córki Cheryl – na osiem lat; syna Violet, Geralda – na dziewiętnaście lat]. Kiedy, już jako dorosła kobieta, owa dziewczynka przyszła na przesłuchanie w sprawie zwolnienia warunkowego Geralda Amiraulta, była w fatalnym stanie, gotowała się z wściekłości i ze łzami w oczach opowiadała o koszmarze przeszłości i o własnych niepowodzeniach w życiu, które przypisywała prześladowaniu [przez Geralda]. Trudno się nie zgodzić, że cierpienie tej kobiety wynikało z trwającego niemal całe życie przeświadczenia o byciu ofiarą prześladowania. Łatwo, patrząc na publiczne okazywanie wściekłości przez Dylan, córkę pani Farrow, skojarzyć jej zachowanie z postawą tamtej kobiety i raz jeszcze przekonać się, jaką cenę płaci się za tę wiarę".

Zamieszanie i wściekłość nie zakłóciły artystycznego pochodu Allena, pochodu, którego etapami były kolejne, jeszcze większe niż dotychczas sukcesy. Trzeciego marca 2014 roku Cate Blanchett odebrała nagrodę Akademii dla najlepszej aktorki. Jako siódma dołączyła do grona aktorów i aktorek, którzy zdobyli

Oscara za rolę w filmach Allena (siedemnaścioro otrzymało nominację).

Ze strony Dylan Farrow padły gorzkie słowa, że po tym, jak zdobyła się na odwagę, by opowiedzieć swoją historię, nie spodziewała się „zdrady na taką skalę" i ze strony tak wielu ludzi. Szóstego lutego pojawiła się jej odpowiedź na tekst Allena. O Mosesie napisała tak: „Brat złamał mi serce. (...) Jego zdrada to najpodlejsza nikczemność, jaką potrafię sobie wyobrazić".

Nie miało to znaczenia. W artykule dla „New Republic" Adam Kirsch napisał, że, technicznie rzecz biorąc, list Dylan nie wnosi niczego nowego i „prosi nas o więcej, niż jako publiczność skłonni bylibyśmy dać" – to znaczy chce, abyśmy odpuścili sobie filmy Woody'ego Allena. Kirsch przytoczył długą listę złoczyńców, w tym kilku morderców. Nie był pewien, czy na tej liście faktycznie jest miejsce dla Allena, ale beztrosko wciągnął go na nią, nie zadając sobie trudu zapoznania się z faktami. Pewność miał tylko co do jednego: publiczność nie opuści Allena. „Czas złagodzi reakcje [na oskarżenia Dylan i Mii] – skoro opinia publiczna mogła zapomnieć o całej sprawie w 1992 roku, to zapomni i teraz, w 2014 roku". Konkluzja: „Jeśli za sto lat ludzie będą jeszcze oglądali filmy, na pewno będą oglądali też *Annie Hall* i *Zbrodnie i wykroczenia*".

Allen nadal upierał się, że pracuje dlatego, iż praca nie pozwala mu obsesyjnie myśleć o śmiertelności i ludzkiej kondycji: „W niektórych zakładach dla umysłowo chorych dają pacjentom glinę albo wiklinę i każą wyplatać koszyki – powiedział Charlesowi McGrathowi w wywiadzie dla «Wall Street Journal». – Moją terapią, która się sprawdza, jest kręcenie filmów. Brak zajęcia jest niezdrowy, w moim przypadku bardzo niezdrowy. Gdyby nie praca, siedziałbym i dokonywał makabrycznej introspekcji, przeklinałbym własną śmiertelność i dawał wyraz niepokojom. Kiedy jednak wstaję rano i myślę: czy mogę pozyskać tego aktora?, czy w trzecim akcie wszystko gra? – dla mnie to ma działanie terapeutyczne. Wszystkie te rozwiązywalne problemy, zachwycające łamigłówki jakże różnią się od wielkich zagadek życia, nierozwiązywalnych albo mających bardzo nieprzyjemne rozwiązanie. Tak więc praca daje mi dużo przyjemności. To moja wersja wyplatania koszyków".

Niemniej, nawet pomimo terapeutycznej pracy nad filmami, Allen nadal snuł mroczne refleksje. W sierpniu 2014 roku powiedział Kevinowi Maherowi z londyńskiego „Timesa": „Naprawdę nie przejmuję się tym, co stanie się po mojej śmierci. Mogą wziąć i spalić wszystkie moje filmy, to nieważne. Bóg nie istnieje. Nie istnieje magia. Nie istnieje nic poza tym, co widzisz na własne oczy. Ma to swój początek, ma i koniec. Nic nie dzieje się z jakiejś konkretnej przyczyny".

W jaśniejszych chwilach pogodzenia z samym sobą potrafi powiedzieć tak, jak McGrathowi: „Starzenie się to katastrofa, przed którą nie ma ucieczki. Kiedy dziś myślę o sobie, o swoim ciele, widzę, że mogę być dziadkiem, uroczym portierem albo życzliwym tatkiem na weselu. A ja bym chciał być kochankiem".

Nie widać oznak starzenia w energii, pomysłowości i umiejętnościach, które przynosi na plan. Cate Blanchett powiedziała McGrathowi, że Woody jest „surowy i napięty. Wszyscy chodzą wokół niego na palcach. Chyba wydaje mu się, że im więcej będzie mówił, tym więcej zepsuje. Schodzi aktorom z drogi, oni zaś woleliby usłyszeć od niego więcej wskazówek. Jest niewiarygodnie niespokojny, co tworzy nerwową atmosferę na planie. Chce, żeby wszystko było zrobione już, natychmiast. Chce wykorzystać całą energię dnia, a potem rozluźniony pójść na kolację". Judith Malina, współzałożycielka Living Theatre, zagrała w *Złotych czasach radia*. Opowiedziała mi o tym, jak bardzo Allen ją zdenerwował, krzycząc do niej: „Tylko bez tej teatralności! Bez teatralności!".

Allen wychodzi z dołka, gdy tylko wraca do pracy. Diane Keaton podsumowała to krótko, że ma „jaja ze stali". Nigdy nie cierpiał na brak weny. „Ludzie zawsze mnie pytają (...) czy biorę pod uwagę, że pewnego dnia mogę obudzić się rano i nie być zabawny albo stwierdzić u siebie zanik inwencji twórczej – powiedział Stuartowi Husbandowi z «The Telegraph». – To mi się nie zdarzy. Nie ma takiej możliwości". Jest przekonany, że w porażce nie ma nic złego i że zwykle jest ona chwilowa: „Weź garść przedmiotów i ciskaj nimi o ścianę – w końcu któryś się przylepi, czyż nie?".

Podkreśla swoje „niebywałe szczęście", że może rozśmieszać ludzi: „Przekułem ten niepozorny dar w karierę. Gdyby nie to, robiłbym za kelnera albo próbował wcisnąć ci ubezpieczenie".

W styczniu 2015 roku Allen ogłosił, że otwiera nowy rozdział w swoim życiu zawodowym. Amazon podpisał z nim umowę na scenariusz i reżyserię pierwszego w jego karierze serialu. Firma zamówiła pełny sezon półgodzinnych odcinków, które będą dostępne wyłącznie w ramach usługi Prime Instant Video. Na serialu Allen zarobi co najmniej pięć milionów dolarów.

Harlene Rosen Allen, pierwsza żona Allena, która od wielu lat nie wypowiadała się publicznie, przesłała na moje ręce życzenia dla Woody'ego na jego osiemdziesiąte urodziny:

> *Cudowny Woody, twoja niespożyta energia, inwencja twórcza i charyzma były dla mnie natchnieniem. Uwielbiałam chodzić z tobą do kina. Uwielbiałam grać z tobą, Jackiem Victorem i Elliottem Millsem. Małżeństwo po naszym nastoletnim lecie miłości okazało się trudne. Ty rozpocząłeś karierę. Ja skończyłam studia. Wspieraliśmy się nawzajem, uczyliśmy się życia – i doroślismy. Był smutek i łzy, był śmiech i była miłość. Wszystkiego najlepszego z okazji osiemdziesiątych urodzin.*
>
> *Harlene*

EPILOG
Poruszyć cały świat

W kwietniu 2015 roku napisałem do Woody'ego z prośbą o spotkanie. Odpowiedział, że spotka się ze mną, owszem, ale „nie może to zostać odebrane jako współpraca przy Pańskiej książce, tylko jako uprzejmy odzew na uprzejme zaproszenie". Typowy dla niego wykręt; wcześniej, odpowiadając na moje pytania, za każdym razem wyraźnie podkreślał, że fakt, iż to robi, nie powinien ani mnie, ani czytelnikom sugerować, że współpracował ze mną podczas pisania książki. I rzeczywiście, choć zachowywał się kurtuazyjnie i okazywał dobrą wolę, to jednak ani nie pomagał mi podczas pracy nad książką, ani jej nie autoryzował. Nie współpracował ze mną tak, jak zwykle współpracuje się z biografem: poświęcając swój czas i otwierając notatnik z numerami telefonów.

Odwiedziłem Woody'ego w jego przytulnym i kameralnym gabinecie, pomalowanym w ciemne barwy i wyposażonym w rdzawo-brązowe sofy. Przywitał się ze mną serdecznie. Dostrzegłem w nim niewinność, ciekawość, intensywność, niezwykłą chłonność i głęboką uczuciowość. Miał prawie osiemdziesiąt lat, ale biła od niego młodzieńcza werwa zabieganego artysty, który nie może się doczekać powrotu do swoich zajęć. Poznałem wielu pisarzy – Woody ma najbardziej młodzieńczy charakter z nich wszystkich.

Rozmawialiśmy o Izraelu, o antysemityzmie, o Holokauście: „To się może zdarzyć, zanim się obejrzymy" – powiedział. Rozmawialiśmy o wspomnieniach Victora Klemperera z życia w nazistowskich Niemczech, o znanym Woody'emu osobiście Michelu Thomasie, bojowniku ruchu oporu w czasie drugiej wojny światowej, o *Generale della Rovere* Roselliniego. Bardzo spodobały mu się płyty zespołu New Black Eagle Jazz Band, które mu przysłałem. Wspomniałem, że kilka scen kłótni i dyskusji w *Mężach i żonach* oraz *Vicky Cristinie Barcelonie* wydało mi się improwizowanych, i wymieniłem które. Potwierdził, że rzeczywiście powstały na gorąco i że nawet nie wiedział, o czym Javier Bardem i Penélope Cruz mówili, kiedy sprzeczali się po hiszpańsku. „Zdolni aktorzy wiedzą, co mają robić, kiedy schodzę im z drogi" – powiedział. Ubolewał nad nagłą śmiercią Sydneya Pollacka, który był pełen wigoru i świetnie zagrał w *Mężach i żonach*.

Zauważyłem, że w ostatnich latach Woody osiągnął pewien poziom samoakceptacji czy też szczęścia, stan, który wyraźnie zarysowuje się w jego niedawnych występach na dużym ekranie, zwłaszcza w *Casanovie po przejściach* Johna Turturro. Powiedział, że wciąż jest niezadowolony, że nie udało mu się nakręcić żadnego arcydzieła. Wspomniałem o Johnie Simonie, który bywał bezlitosny dla jego wczesnych filmów. Podzieliłem się z nim komentarzami, które Simon wygłosił w rozmowie ze mną (patrz rozdział pierwszy), o tym, że Woody zawsze zdawał się balansować na krawędzi doskonałości i że należałoby przyjąć, iż skoro nakręcił tak dużo wyśmienitych filmów, to ich całokształt składa się na arcydzieło. Wysłuchał tego z zaskoczeniem i zainteresowaniem. Dodał, że jego zdaniem krytyka filmowa w wykonaniu Simona przetrwa dłużej niż teksty jego kolegów po fachu.

Zapytałem go o powieść, którą napisał. Odparł, że nie wyszła. „Wie pan, w młodości niewiele czytałem".

Spytałem go, co daje mu najwięcej radości w życiu. Rozpromienił się. „Małżeństwo z Soon-Yi. I moje dzieci. Gdyby ktoś mi powiedział, że znajdę sobie o trzydzieści pięć lat młodszą kobietę, w dodatku Koreankę, która w dzieciństwie przeżyła koszmar... Tego rodzaju doświadczenia kształtują człowieka, nadają mu charakter: okropny – albo cudowny.

Wiele się nauczyłem od moich żon – powiedział. – Dzięki mnie Harlene poszła na studia. Studiowała filozofię, znała niemiecki, czytała Jaspersa. Uczyłem się od niej. A Louise była wspaniała".

Rozmawialiśmy jeszcze długo: o fascynujących podwójnych seansach filmowej klasyki w oryginalnym kinie Thalia, o Brooklynie, o maszynach do pisania, o internecie – „Jak można oglądać *Obywatela Kane'a* na takim ekraniku?" – i o sieci Automat. Wspomniałem o purée z ziemniaków i szpinaku z sosem. „A zapiekanka makaronowa?" – rzucił Woody. Rozmawialiśmy o upadku kultury nocnych klubów i o osobliwych występach – jak ten w Blue Angel, podczas którego John Carradine czytał Szekspira. Woody wyraził się z zachwytem o Morcie Sahlu, duecie Nichols i May, Maksie Gordonie.

Wróciłem do tematu arcydzieła i zapytałem go, czy myślał o nakręceniu filmu o Holokauście. Zastanowił się poważnie nad moim pytaniem – i chyba nadal się zastanawia.

Nasza rozmowa objęła moralne realia świata, w którym żyjemy: dyskusję o Holokauście, o sztuce i o arcydziele przeciwstawionym błahostce.

Jeśli przyjrzeć się kultowi pracy Woody'ego, intensywności jego trwającego od dziewiętnastu lat, pełnego miłości małżeństwa, temu, że udało mu się stworzyć prawdziwą rodzinę, dożyć osiemdziesięciu lat – jak dobrze pójdzie, jeszcze sporo mu przybędzie (w końcu jego ojciec dożył setki, a matka dziewięćdziesięciu siedmiu lat) – wychodzi na to, że Woody już się we wszystkim połapał. Owszem, nadal bywa nieodgadniony: od ponad trzydziestu lat gra w zespole, praktycznie nie odzywając się do nikogo i nie nawiązując kontaktu wzrokowego z publicznością; widząc robaka, cisnął w niego rakietą do tenisa i uciekł. Istnieje mnóstwo tego rodzaju historyjek. Wciąż zdarza mu się zgłębiać depresję. Jednocześnie jest dość poukładany. Potrafi załatwić sobie takie umowy, na jakich mu zależy. Udało mu się zawrzeć godne pozazdroszczenia małżeństwo. Ma wszystko, czego chciał, z wyjątkiem arcydzieła, które – żeby nie zapeszać – być może jest już w drodze. Nawet jeśli nie, Woody i tak ma na koncie co najmniej dwadzieścia pięć niesamowitych filmów.

Całe to nasze postrzeganie go jako znerwicowanego fajtłapy było jednym wielkim magicznym figlem, który nam spłatał. Na ekranie biedny jak mysz kościelna, pozbawiony praktycznego zmysłu marzyciel i niezguła, w życiu – artysta, który nigdy się nie zatrzymał, nigdy nie dał się zniszczyć i zawsze dostawał to, czego chciał.

Ten „niski brooklińczyk" narzucił nam swój talent, wizję, miłość do Manhattanu i do kobiet, umiejętność tworzenia postaci, które wydają nam się tak realne, że mamy wrażenie, jakbyśmy znali je całe życie, nieodparty humor, akceptację porażek jako drogi do wspaniałości, odkrywanie ukrytych talentów aktorów, lęki, nerwice, błyskotliwość, magię, filmy, które nadal poruszają nas i inspirują, niezależnie od tego, ile razy je oglądamy, nieskończoną pomysłowość – ten wszechstronny pisarz, ten filmowiec poruszył cały świat.

Filmografia

NAJLEPSZE FILMY WOODY'EGO

Bierz forsę i w nogi 1969
Bananowy czubek 1971
Śpioch 1973
Annie Hall 1977
Manhattan 1979
Zelig 1983
Danny Rose z Broadwayu 1984
Purpurowa róża z Kairu 1985
Hannah i jej siostry 1986
Złote czasy radia 1987
Zagłada Edypa w *Nowojorskich opowieściach* 1989
Zbrodnie i wykroczenia 1989
Alicja 1990
Mężowie i żony 1992
Strzały na Broadwayu 1994
Jej wysokość Afrodyta 1995
Wszyscy mówią: kocham cię 1996
Przejrzeć Harry'ego 1997
Celebrity 1998
Życie i cała reszta 2003
Wszystko gra 2005
Vicky Cristina Barcelona 2008
Poznasz przystojnego bruneta 2010
O północy w Paryżu 2011
Blue Jasmine 2013

Jak się masz, koteczku? (Famous Artists / United Artists, 1965)
Reżyseria: Clive Donner
Scenariusz: Woody Allen
Występują: Woody Allen, Peter O'Toole, Peter Sellers

Co słychać, koteczku? (American International Pictures, 1966)
Reżyseria: Senkichi Taniguchi
Scenariusz i dubbing: Woody Allen, Len Maxwell, Louise Lasser, Mickey Rose

Casino Royale (Famous Artists / Columbia, 1967)
Reżyseria: John Huston, Robert Parrish, Val Guest, Ken Hughes, Joseph McGrath
Scenariusz: Wolf Mankowitz, John Law, Michael Sayers na podstawie powieści Iana Fleminga
Występują: Woody Allen, David Niven, Peter Sellers, Ursula Andress, Orson Welles, Jacqueline Bisset, Jean-Paul Belmondo, William Holden

Don't Drink the Water (Avco Embassy, 1969)
Reżyseria: Howard Morris
Scenariusz: R.S. Allen i Harvey Bullock na podstawie sztuki Woody'ego Allena
Występują: Jackie Gleason, Estelle Parsons, Ted Bessell, Joan Delaney

Bierz forsę i w nogi (Palomar Pictures, 1969)
Reżyseria: Woody Allen
Scenariusz: Woody Allen i Mickey Rose
Występują: Woody Allen, Janet Margolin, Louise Lasser, Jackson Beck, Howard Storm

Bananowy czubek (United Artists, 1971)
Reżyseria: Woody Allen
Scenariusz: Woody Allen i Mickey Rose
Występują: Woody Allen, Louise Lasser, Howard Cosell

Zagraj to jeszcze raz, Sam (Paramount Pictures, 1972)
Reżyseria: Herbert Ross
Scenariusz: Woody Allen na podstawie własnej sztuki
Występują: Woody Allen, Diane Keaton, Tony Roberts, Jerry Lacy

Wszystko, co chcielibyście wiedzieć o seksie, ale baliście się zapytać (United Artists, 1972)
Reżyseria: Woody Allen
Scenariusz: Woody Allen na podstawie książki doktora Davida Reubena
Występują: Woody Allen, Gene Wilder, Lynn Redgrave, Lou Jacobi, Tony Randall, John Carradine, Burt Reynolds, Louise Lasser

Śpioch (United Artists, 1973)
Reżyseria: Woody Allen
Scenariusz: Woody Allen i Marshall Brickman
Występują: Woody Allen, Diane Keaton

Miłość i śmierć (United Artists, 1975)
Scenariusz i reżyseria: Woody Allen
Występują: Woody Allen, Diane Keaton, Jessica Harper, James Tolkan

Figurant (Columbia, 1976)
Reżyseria: Martin Ritt
Scenariusz: Walter Bernstein
Występują: Woody Allen, Zero Mostel, Herschel Bernardi, Michael Murphy, Andrea Marcovicci, Lloyd Gough

Annie Hall (United Artists, 1977)
Reżyseria: Woody Allen
Scenariusz: Woody Allen i Marshall Brickman
Występują: Woody Allen, Diane Keaton, Tony Roberts, Carol Kane, Paul Simon, Janet Margolin, Colleen Dewhurst, Shelley Duval, Christopher Walken, Sigourney Weaver

Wnętrza (United Artists, 1978)
Scenariusz i reżyseria: Woody Allen
Występują: Mary Beth Hurt, Diane Keaton, Geraldine Page, Maureen Stapleton, Sam Waterston, Kristin Griffith, E.G. Marshall

Manhattan (United Artists, 1979)
Reżyseria: Woody Allen
Scenariusz: Woody Allen i Marshall Brickman
Występują: Woody Allen, Diane Keaton, Michael Murphy, Mariel Hemingway, Wallace Shawn, Meryl Streep, Karen Ludwig, Tisa Farrow

Wspomnienia z gwiezdnego pyłu (United Artists, 1980)
Scenariusz i reżyseria: Woody Allen
Występują: Woody Allen, Charlotte Rampling, Jessica Harper, Daniel Stern, Marie-Christine Barrault, Tony Roberts, Louise Lasser, Sharon Stone

Seks nocy letniej (Orion Pictures, 1982)
Scenariusz i reżyseria: Woody Allen
Występują: Woody Allen, Mia Farrow, Mary Steenburgen, José Ferrer, Julie Hagerty, Tony Roberts

Zelig (Orion Pictures, 1983)
Scenariusz i reżyseria: Woody Allen
Występują: Woody Allen, Mia Farrow oraz: doktor Bruno Bettelheim, Saul Bellow, Susan Sontag, Irving Howe, Ada „Bricktop" Smith, profesor John Morton Blum jako oni sami

Danny Rose z Broadwayu (Orion Pictures, 1984)
Scenariusz i reżyseria: Woody Allen
Występują: Woody Allen, Mia Farrow, Nick Apollo Forte oraz: Milton Berle, Howard Cosell, Joe Franklin jako oni sami

Purpurowa róża z Kairu (Orion Pictures, 1985)
Scenariusz i reżyseria: Woody Allen
Występują: Mia Farrow, Jeff Daniels, Danny Aiello, Stephanie Farrow, Van Johnson, Ed Herrmann, Zoe Caldwell, Dianne Wiest

Hannah i jej siostry (Orion Pictures, 1986)
Scenariusz i reżyseria: Woody Allen
Występują: Woody Allen, Mia Farrow, Michael Caine, Maureen O'Sullivan, Lloyd Nolan, Dianne Wiest, Sam Waterston, Barbara Hershey, Max von Sydow, Julie Kavner, Carrie Fisher

Złote czasy radia (Orion Pictures, 1987)
Scenariusz i reżyseria: Woody Allen
Występują: Woody Allen (narrator), Julie Kavner, Mia Farrow, Dianne Wiest, Seth Green, Wallace Shawn, Diane Keaton, Danny Aiello, Jeff Daniels, Kitty Carlisle Hart, Josh Mostel, Judith Malina

Król Lear (Cannon Films, 1987)
Scenariusz i reżyseria: Jean-Luc Godard

Występują: Woody Allen, Burgess Meredith, Peter Sellers, Molly Ringwald, Norman Mailer

Wrzesień (Orion Pictures, 1987)
Scenariusz i reżyseria: Woody Allen
Występują: Mia Farrow, Elaine Stritch, Dianne Wiest, Jack Warden, Denholm Elliott, Sam Waterston

Inna kobieta (Orion Pictures, 1988)
Scenariusz i reżyseria: Woody Allen
Występują: Gena Rowlands, Ian Holm, Mia Farrow, Blythe Danner, Gene Hackman, Martha Plimpton, Sandy Dennis, Betty Buckley, John Houseman

Zagłada Edypa (segment w *Nowojorskich opowieściach*) (Touchstone Pictures, 1989)
Scenariusz i reżyseria: Woody Allen
Występują: Woody Allen, Mia Farrow, Julie Kavner, Mae Questel, George Schindler

Zbrodnie i wykroczenia (Orion Pictures, 1989)
Scenariusz i reżyseria: Woody Allen
Występują: Woody Allen, Martin Landau, Alan Alda, Mia Farrow, Anjelica Huston, Claire Bloom, Jerry Orbach, Sam Waterston, Joanna Gleason

Alicja (Orion Pictures, 1990)
Scenariusz i reżyseria: Woody Allen
Występują: Mia Farrow, William Hurt, Joe Mantegna, Judy Davis, Blythe Danner, Alec Baldwin, Bernadette Peters, Cybill Shepherd, Keye Luke, Blythe Danner, Gwen Verdon, Julie Kavner

Sceny z mallu (Touchstone Pictures, 1991)
Reżyseria: Paul Mazursky
Scenariusz: Paul Mazursky i Roger L. Simon
Występują: Woody Allen, Bette Midler, Bill Irwin

Cienie we mgle (Orion Pictures, 1992)
Scenariusz i reżyseria: Woody Allen
Występują: Woody Allen, Mia Farrow, John Cusack, John Malkovich,

Madonna, Julie Kavner, Donald Pleasence, Kathy Bates, Jodie Foster, Lily Tomlin, Kate Nelligan, Wallace Shawn

Mężowie i żony (Columbia TriStar, 1992)
Scenariusz i reżyseria: Woody Allen
Występują: Woody Allen, Mia Farrow, Juliette Lewis, Sydney Pollack, Judy Davis, Liam Neeson, Lysette Anthony, Benno Schmidt, Blythe Danner, Jeffrey Kurland

Tajemnica morderstwa na Manhattanie (Columbia TriStar, 1993)
Reżyseria: Woody Allen
Scenariusz: Woody Allen i Marshall Brickman
Występują: Woody Allen, Diane Keaton, Alan Alda, Anjelica Huston, Jerry Adler

Strzały na Broadwayu (Sweetland / Miramax, 1994)
Reżyseria: Woody Allen
Scenariusz: Woody Allen i Douglas McGrath
Występują: John Cusack, Dianne Wiest, Jack Warden, Chazz Palmintieri, Jennifer Tilly, Rob Reiner, Tracy Ullman, Mary-Louise Parker, Jim Broadbent

Jej wysokość Afrodyta (Sweetland / Miramax, 1995)
Scenariusz i reżyseria: Woody Allen
Występują: Woody Allen, Mira Sorvino, Helena Bonham Carter, Michael Rapaport, Claire Bloom, Jack Warden, F. Murray Abraham, Olympia Dukakis, Jeffrey Kurland

Słoneczni chłopcy (Hallmark, 1996)
Reżyseria: John Erman
Scenariusz: Neil Simon
Występują: Woody Allen, Peter Falk, Liev Schreiberor

Wszyscy mówią: kocham cię (Sweetland / Miramax, 1996)
Scenariusz i reżyseria: Woody Allen
Występują: Woody Allen, Goldie Hawn, Alan Alda, Julia Roberts, Tim Roth, Drew Barrymore, Natasha Lyonne, Edward Norton

Przejrzeć Harry'ego (Sweetland / Fine Line Features, 1997)
Scenariusz i reżyseria: Woody Allen

Występują: Woody Allen, Judy Davis, Bob Balaban, Julie Kavner, Amy Irving, Stanley Tucci, Kirstie Alley, Billy Crystal, Hazelle Goodman, Demi Moore, Elizabeth Shue, Robin Williams, Mariel Hemingway, Richard Benjamin, Julia Louis-Dreyfus, Eric Bogosian

Wild Man Blues (dokumentalny) (Sweetland / Fine Line Features, 1998)
Reżyseria: Barbara Kopple
Występują: Woody Allen, Soon-Yi Previn, Letty Aronson, Eddy Davis i inni jako oni sami

Mrówka Z (Dreamworks Pictures, 1998)
Reżyseria: Eric Darnell i Tim Johnson
Scenariusz: Todd Alcott, Chris Weitz i Paul Weitz
Głosów użyczają: Woody Allen, Sharon Stone, Dan Aykroyd, Danny Glover, Jane Curtin, Anne Bancroft, Gene Hackman, Jennifer Lopez, Sylvester Stallone, John Mahoney, Christopher Walken

Celebrity (Sweetland / Miramax, 1998)
Scenariusz i reżyseria: Woody Allen
Występują: Kenneth Branagh, Judy Davis, Leonardo DiCaprio, Melanie Griffith, Joe Mantegna, Winona Ryder, Gretchen Mol, Charlize Theron, Bebe Neuwirth

Słodki drań (Sweetland / Sony Pictures Classics, 1999)
Scenariusz i reżyseria: Woody Allen
Występują: Sean Penn, Uma Thurman

Dar z nieba (Comala Films Productions, 2000)
Reżyseria: Alfonso Arau
Scenariusz: Bill Wilson
Występują: Woody Allen, Sharon Stone, Cheech Marin, Fran Drescher, David Schwimmer

Drobne cwaniaczki (Sweetland / Dreamworks, 2000)
Scenariusz i reżyseria: Woody Allen
Występują: Woody Allen, Hugh Grant, Jon Lovitz, Tracey Ullman

Klątwa skorpiona (Dreamworks, 2001)
Scenariusz i reżyseria: Woody Allen

Występują: Woody Allen, Greg Stebner, John Tormey, Elizabeth Berkley, Wallace Shawn, Dan Aykroyd

Koniec z Hollywood (Dreamworks, 2002)
Scenariusz i reżyseria: Woody Allen
Występują: Woody Allen, Téa Leoni, Bob Dorian, George Hamilton, Treat Williams

Życie i cała reszta (Dreamworks, 2003)
Scenariusz i reżyseria: Woody Allen
Występują: Jason Biggs, Christina Ricci, Danny DeVito, Jimmy Fallon, Stockard Channing

Melinda i Melinda (Fox Searchlight, 2004)
Scenariusz i reżyseria: Woody Allen
Występują: Will Ferrell, Radha Mitchell, Vinessa Shaw, Chiwetel Ejiofor, Wallace Shawn, Chloë Sevigny

Wszystko gra (Dreamworks, 2005)
Scenariusz i reżyseria: Woody Allen
Występują: Jonathan Rhys Meyers, Scarlett Johansson, Emily Mortimer, Matthew Goode

Scoop – gorący temat (BBC Films, Ingenious Film Partners, UK Film Council, 2006)
Scenariusz i reżyseria: Woody Allen
Występują: Scarlett Johansson, Hugh Jackman, Woody Allen, Ian McShane

Sen Kasandry (The Weinstein Company, 2007)
Scenariusz i reżyseria: Woody Allen
Występują: Colin Farrell, Ewan McGregor, Tom Wilkinson

Vicky Cristina Barcelona (Mediapro, Metro Goldwyn Mayer, 2008)
Scenariusz i reżyseria: Woody Allen
Występują: Rebecca Hall, Scarlett Johansson, Javier Bardem, Penélope Cruz, Patricia Clarkson

Co nas kręci, co nas podnieca (Sony Pictures Classics, 2009)
Scenariusz i reżyseria: Woody Allen

Występują: Larry David, Ed Begley jun., Evan Rachel Wood, Patricia Clarkson

Poznasz przystojnego bruneta (Sony Pictures Classics, 2010)
Scenariusz i reżyseria: Woody Allen
Występują: Antonio Banderas, Lucy Punch, Josh Brolin, Anthony Hopkins, Gemma Jones, Naomi Watts, Freida Pinto

O północy w Paryżu (Sony Pictures Classics, 2011)
Scenariusz i reżyseria: Woody Allen
Występują: Owen Wilson, Marion Cotillard, Rachel McAdams, Kathy Bates, Adrien Brody

Zakochani w Rzymie (Sony Pictures Classics, 2012)
Scenariusz i reżyseria: Woody Allen
Występują: Woody Allen, Alec Baldwin, Penélope Cruz, Judy Davis, Jesse Eisenberg, Greta Gerwig

Blue Jasmine (Sony Pictures Classics, 2013)
Scenariusz i reżyseria: Woody Allen
Występują: Cate Blanchett, Sally Hawkins, Alec Baldwin, Louis CK, Andrew Dice Clay, Bobby Cannavale, Peter Sarsgaard

Casanova po przejściach (Antidote Films, 2013)
Scenariusz i reżyseria: John Turturro
Występują: John Turturro, Woody Allen, Vanessa Paradis, Liev Schreiber, Sofía Vergara, Sharon Stone

Magia w blasku księżyca (Sony Pictures Classics, 2014)
Scenariusz i reżyseria: Woody Allen
Występują: Colin Firth, Emma Stone, Hamish Linklater, Marcia Gay Harden

Nieracjonalny mężczyzna (Sony Pictures Classics, 2015)
Scenariusz i reżyseria: Woody Allen
Występują: Joaquin Phoenix, Jamie Blackley, Parker Posey, Emma Stone

Bibliografia

Allen Woody, *Death*, Samuel French, New York 1975. (W Polsce tekst sztuki ukazał się w zbiorze *Allen na scenie* wydanym przez Dom Wydawniczy Rebis w 2011 roku).
Allen Woody, *Don't Drink the Water*, Random House, New York 1967.
Allen Woody, *The Floating Light Bulb*, Random House, New York 1982.
Allen Woody, *Four Films of Woody Allen*, Random House, New York 1982.
Allen Woody, *Wyrównać rachunki*, przeł. Piotr W. Cholewa, Zysk i S-ka, Poznań 2000.
Allen Woody, *God*, Samuel French, New York 1975. (W Polsce tekst sztuki ukazał się w zbiorze *Allen na scenie* wydanym przez Dom Wydawniczy Rebis w 2011 roku).
Allen Woody, *Hannah i jej siostry*, przeł. Małgorzata Sabadach, Zysk i S-ka, Poznań 1999.
Allen Woody, *Czysta anarchia*, przeł. Wojsław Brydak, Dom Wydawniczy Rebis, Poznań 2015.
Allen Woody, *Zagraj to jeszcze raz, Sam*, przeł. Grażyna Dyksińska, Jerzy Siemiasz, Phantom Press International, Gdańsk 1993.
Allen Woody, *Skutki uboczne*, przeł. Bogdan Baran, Zysk i S-ka, Poznań 1997.
Allen Woody, *Three Films of Woody Allen*, Vintage, New York 1987.
Allen Woody, *Three One-Act Plays*, Random House, New York 2003.
Allen Woody, *Bez piór*, przeł. Jacek Łaszcz, Zysk i S-ka, Poznań 2004.
Bach Steven, *Final Cut: Art, Money, and Ego in the Making of Heaven's Gate, the Film That Sank United Artists*, William Morrow, New York 1985.
Bailey Peter J., *The Reluctant Art of Woody Allen*, University Press of Kentucky, Lexington 2001.
Baxter John, *Woody Allen: A Biography*, Carroll & Graf, New York 1999.
Becker Ernest, *The Denial of Death*, Free Press, New York 1973.
Berger Phil, *The Last Laugh: The World of Stand-Up Comics*, Ballantine Books, New York 1975.
Bergman Ingmar, *Laterna magica*, przeł. Zygmunt Łanowski, Czytelnik, Warszawa 1991.
Bergmann Martin S., *The Anatomy of Loving: The Story of Man's Quest to Know What Love Is*, Columbia University Press, New York 1987.
Bergmann Martin S., Jucovy Milton E., red., *Generations of the Holocaust*, Columbia University Press, New York 1982.
Björkman Stig, *Woody według Allena*, przeł. Anita Piotrowska, Znak, Kraków 1998.

Blake Richard A., *Woody Allen: Profane and Sacred*, Scarecrow Press, Lanham 1995.
Brode Douglas, *The Films of Woody Allen*, Citadel Press, Secaucus 1992.
Burrows Abe, *Honest, Abe*, Little, Brown, New York 1980.
Burton Dee, *I Dream of Woody*, William Morrow, New York 1984.
Carroll Tim, *Woody i jego kobiety*, przeł. Irena Doleżal-Nowicka, Zysk i S-ka, Poznań 1999.
Dawidowicz Lucy, *The War Against the Jews: 1933–1945*, Holt, Rinehart and Winston, New York 1975.
Desser David, Friedman Lester D., *American Jewish Filmmakers*, University of Illinois Press, Urbana 1993.
Farrow Mia, *Wszystko, co minęło*, przeł. Alina Śmietana, Kraków, Znak 1998.
Fox Julian, *Woody: Movies from Manhattan*, Overlook Press, Woodstock 1996.
Gabler Neal, *An Empire of Their Own: How Jews Invented Hollywood*, Crown, New York 1988.
Gelbart Larry, *Laughing Matters: On Writing MASH, Tootsie, Oh, God!, and a Few Other Funny Things*, Random House, New York 1998.
Girgus Sam B., *The Films of Woody Allen*, Cambridge University Press, Cambridge 2002.
Gordon Max, *Live at the Village Vanguard*, St. Martin's Press, New York 1980.
Groteke Kristine, Rosen Marjorie, *Woody and Mia: The Nanny's Tale*, Hodder and Stoughton, London 1994.
Hirsch Foster, *Love, Sex, Death and the Meaning of Life: The Films of Woody Allen*, McGraw-Hill, New York 1981.
Insdorf Annette, *Indelible Shadows: Film and the Holocaust*, Cambridge University Press, Cambridge 2002.
Isaacson Walter, *American Sketches: Great Leaders, Creative Thinkers, and Heroes of a Hurricane*, Simon & Schuster, New York 2009.
Jacobs Diane, *...But We Need the Eggs: The Magic of Woody Allen*, St. Martin's Press, New York 1982.
Kael Pauline, *5001 Nights at the Movies*, Henry Holt, New York 1982.
Kael Pauline, *For Keeps: 30 Years at the Movies*, Plume Books, New York 1994.
Kapsis Robert E., Coblentz Kathie, red., *Woody Allen Interviews*, University Press of Mississippi, Jackson 2006.
Keaton Diane, *Wciąż od nowa: wspomnienia*, przeł. Beata Hrycak, Wydawnictwo Bukowy Las, Wrocław 2012.
Kellow Brian, *Pauline Kael: A Life in the Dark*, Penguin Books, New York 2011.
Klemperer Victor, *Chcę dawać świadectwo aż do końca: dzienniki*, T. 1–3, przeł. Anna i Antoni Klubowie, Universitas, Kraków 2000.
Lahr John, *Show and Tell*, Overlook Press, Woodstock 2000.
Lax Eric, *On Being Funny: Woody Allen and Comedy*, Charter House, New York 1975.
Lax Eric, *Rozmowy z Woody Allenem. Rozmowy z lat 1971–2007*, przeł. Jarosław Rybski, Axis Mundi, Warszawa 2008.
Lax Eric, *Woody Allen: A Biography*, Knopf, New York 1991.

McCann Graham, *Woody Allen*, przeł. Andrzej Kołodyński, „bis", Warszawa 1993.

McKnight Gerald, *Woody Allen: Joking Aside*, W.H. Allen, London 1983.

Meade Marion, *The Unruly Life of Woody Allen: An Unauthorized Biography*, Cooper Square Press, New York 2000.

Moor Jonathan, *Diane Keaton: The Story of the Real Annie Hall*, Robson, London 1990.

Nathan Debbie, Snedeker Michael, *Satan's Silence: Ritual Abuse and the Making of a Modern American Witch Hunt*, Basic Books, New York 1995.

Navacelle Thierry de, *Woody Allen on Location*, William Morrow, New York 1987.

Nichols Mary P., *Reconstructing Woody: Art, Love, and Life in the Films of Woody Allen*, Rowman and Littlefield, Lanham 1998.

Oates Joyce Carol, red., *Best American Essays 1991*, Ticknor & Fields, New York 1991.

Rabinowitz Dorothy, *No Crueler Tyrannies: Accusation, False Witness, and Other Terrors of Our Times*, Wall Street Journal Books, New York 2003.

Richler Mordecai, *Belling the Cat: Essays, Reports, and Opinions*, Knopf, New York 1998.

Rosenblum Ralph, Karen Robert, *When the Shooting Stops... The Cutting Begins: A Film Editor's Story*, Viking Press, New York 1979.

Sahl Mort, *Heartland*, Harcourt Brace Jovanovich, New York 1976.

Schickel Richard, *Schickel on Film*, William Morrow, New York 1989.

Schickel Richard, *Woody Allen: A Life in Film*, Ivan R. Dee, Chicago 2003.

Simon John, *John Simon on Film: Criticism, 1982–2001*, Applause Books, New York 2005.

Simon John, *Movies into Film: Film Criticism, 1967–1970*, Delta, New York 1971.

Simon John, *Something to Declare: Twelve Years of Films from Abroad*, Clarkson N. Potter, New York 1983.

Spignesi Stephen J., *The Woody Allen Companion*, Andrews and McMeel, Kansas City 1992.

Wernblad Annette, *Brooklyn Is Not Expanding: Woody Allen's Comic Universe*, Fairleigh Dickinson, Rutherford 1992.

Wiesel Elie, *Noc*, przeł. Małgorzata Kozłowska, Wydawnictwo Literackie, Kraków 2007.

Wilde Larry, *The Great Comedians Talk About Comedy*, Citadel Press, Secaucus 1968.

Wisse Ruth, *No Joke: Making Jewish Humor*, Princeton University Press, Princeton 2013.

Yacowar Maurice, *Loser Take All: The Comic Art of Woody Allen*, Frederick Ungar, New York 1979.

Spis ilustracji

Autor i wydawca pragną podziękować autorom za zgodę na wykorzystanie następujących fotografii:

Przerwa w zdjęciach na planie *Annie Hall* (za zgodą Photofest) 11

Woody na swoim ukochanym Manhattanie (za zgodą Photofest) 56

Woody i Diane na ławce w Sutton Place w *Annie Hall*
(za zgodą Photofest) 81

Jack Rollins w filmie *Danny Rose z Broadwayu* (za zgodą Photofest) 131

Woody jako stand-uper (za zgodą Photofest) 169

Woody ze swoją New Orleans Jazz Band (za zgodą Photofest) 215

Woody w latach sześćdziesiątych (za zgodą Photofest) 264

Mia i Woody w scenie z *Zeliga* (za zgodą Photofest) 330

Woody i Dick Cavett na planie *The Dick Cavett Show* w 1971 roku
(za zgodą Daphne Productions, Inc.) 366

Woody i Sven Nykvist omawiają ujęcie na planie *Zbrodni
i wykroczeń* (za zgodą Photofest) 386

Woody i Soon-Yi w 2002 roku (za zgodą Photofest) 409

Woody wydaje instrukcje Cate Blanchett i Alecowi Baldwinowi
w *Blue Jasmine* (za zgodą Photofest) 462

Woody obecnie (za zgodą Photofest) 484

Zakochani Diane i Woody na początku lat siedemdziesiątych
(za zgodą Photofest) 497

Indeks

60 Minutes 417, 420, 430

A
Abbott George 66, 67
Abramowitz Elkan 424, 425, 439, 443, 444, 446
Absolwent 18, 22, 77, 87
Act One (Hart) 316
Adams Cindy 412, 450
Aguirresarobe Javier 474–476
Aiello Danny 123
Alba (Larkin) 382
Alber David 132, 139
Albert Daniel 312
Alda Alan 30, 396, 405, 426
Alejchem Szolem 268
Aleksander Newski (Eisenstein) 278
Allen Peter 185
Allen Harlene Rosen 51, 59, 138–141, 144, 146, 148, 171–174, 176, 199, 200, 294, 349, 374, 377, 496, 499
Allen Steve 175
Allen Woody passim, *patrz też* Twórczość Allena
Alley Kristie 176, 507
Almodóvar Pedro 474, 476
Alter Eleanor 342, 443, 446, 450
Altman Robert 46, 185
American Jewish Filmmaker 84
American Masters, PBS 27, 471
Amerykańska Gildia Reżyserów Filmowych (Directors Guild of America) 69, 304
Amerykańska Gildia Scenarzystów filmowych (Writers Guild of America) 69
Amirault, rodzina 493

Anastasia Albert 47, 114
Anderson Sherwood 473
Anderson Wes 45
An Empire of Their Own (Gabler) 84
Angell Roger 204
Anna Karenina (Tołstoj) 363
Aronson Letty Konigsberg 48, 49, 74, 109, 467
Arthur Beatrice 123
Aurthur Kate 75
A Walker in the City (Kazin) 316

B
Bacall Lauren 18, 193
Bacharach Burt196
Bach Steven 65, 254, 259, 260, 287, 305, 306, 326, 335, 336
Baker Belle 134
Baldwin Alec 486
Bamberger Michael 398
Banducci Enrico 189
Banker Stephen 271
Banks Sadie 134
Bardem Javier 498
Barer Marshall 143, 144
Bart Peter 241
Baxter John 243–245
Beatty Warren 63, 193, 240, 355
Bechet Sidney 24, 34, 106, 140, 246, 324
Beck Jackson 217, 225
Becker Ernest 382
Begelman David 284, 285
Beiderbecke Bix 248
Belafonte Harry 151, 153–155, 158, 159, 168, 188
Belle Jennifer 70, 71, 134, 226, 314
Bellow Saul 354, 355

Benjamin Richard 88
Benjamin Robert 254
Bennett Tony 12, 134, 151, 314
Benny Jack 13, 54, 82, 96, 170, 230
Berger Phil 146
Bergmann Hugo 399
Bergman Ingmar 24, 26, 58, 62, 63, 98, 290, 307, 309–311, 335, 391, 393, 407, 408, 472
Bergmann Maria 401, 402
Bergmann Martin 394, 395, 398–402, 405
Bergmann Michael 402
Berle Milton 54, 82, 90, 92, 115, 230, 315
Berlin Irving 24, 135, 315, 357
Bernstein Walter 283–286
Bernstein William 254
Best Plays (Guernsey) 123
Bettelheim Bruno 354
Bezpłodna kukułka 342
Bishop Joey 86
Biskind Peter 70, 71
Björkman Stig 23, 34, 43–45, 62, 111, 121, 194, 212, 216, 298, 300, 304, 392, 393
Blake Eubie 225
Blake Richard A. 403
Blanchett Cate 73, 470, 471, 477, 482, 486, 493, 495
Boone Pat 147
Bourne Mel 289, 312
Boxer Sarah 24
Branagh Kenneth 96, 334
Brance Ralph 104
Brecht Bertolt 280, 326, 426
Brickman Marshall 37, 68, 143, 269, 271, 302, 304, 312, 313
Brief Encounters (Cavett) 383
Brytyjska Akademia Sztuk Filmowych i Telewizyjnych (British Academy of Film Awards) 304
Brode Douglas 278, 319
Broder Eric J. 488
Brodie Donna 94
Brodsky Jack 264, 265
Brooks Albert 15
Brooks Mel 54, 87, 88, 90, 142, 147, 149, 223
Brown David 242

Brown Fred 425
Brown Georgia 462
Bruce Lenny 34, 46, 90, 115, 149
Buber Martin 399
Buckley William F. Jr. 95, 96, 349
Buñuel Luis 472
Burbank Albert 247
Burnham John 465
Burns Edward 71
Burns George 82, 96, 230
Burrows Abe 135–137, 284
Burton Richard 198, 199, 341
...But We Need the Eggs (Jacobs) 126
Buxton Frank 154, 155, 202, 213, 215, 261, 262
BuzzFeed 75

C
Caesar Sid 90, 137, 138, 142, 146, 147, 276
Caine Michael 68, 97, 336, 364
Canby Vincent 225, 270, 326, 401
Candid Camera 138, 175, 186
„Capital Gazette News" 479
Carroll Tim 100, 172
Carson Johnny 53, 59, 61, 170, 175, 237, 289, 312
Cavett Dick 37, 53, 61, 73, 151, 152, 165, 170, 188, 274–277, 289, 297, 312, 366, 373, 375, 378, 380
Chabrol Claude 46, 66, 77
Channing Stockard 469
Chaplin Charles 14, 27, 54, 55, 97, 109, 226, 254, 278, 299, 300, 317
Cherry Leon 107, 108
Cherry Sarah 107, 108
Chłopiec na posyłki 196
Cimino Michael 336
„Cinema" 258
Clay Andrew Dice 15
Coates Susan 411, 441, 442, 449, 483
Coca Imogene 90, 142
Coen Ethan 45
Coen Joel 45
Cohen Carl 340, 341
Cohen Jonathan D. 167
Cohen Lynn 426, 427
Cohen Sarah Blacher 267
Cohn Harry 82, 85

Cohn Sam 464, 465
Colgate Comedy Hour 132, 139, 141, 149
Collins Al, „Jazzbo" 315
ComedyBeat 471
„Commentary" 39, 359
„Contra Costa Times"188
Corry John185
Cosby Bill 175, 188
Cosell Howard 30, 256
Coughlin Charles 83
Criers & Kibitzers, Kibitzers & Criers (Elkin) 268
Crosby Bing 82, 109
Cruz Penélope 498
Cukor George 337
Cusack John 96, 97
Czerwoni 355

D

Daily Beast 73, 75, 455, 481
„Daily Telegraph" 337
Dale Charlie 134
Dalí Salvador 337
Dandridge Dorothy 134
Darin Bobby 134
David Hal 196
David Larry 15, 80, 96
Davis Eddy 247
Davis Judy 364, 414, 469
Davies Marion 357
Davy Dick 146
DeNaut Steve 160
Denby David 403, 470
Dershowitz Alan 444
Desser David 84
Diane Keaton (Moor) 234
Diller Phyllis 92
Di Palma Carlo 464
„Dissent" 359
Dixon Stephen 268
Dodds Johnny 247
Donner Clive 195
Dostojewski Fiodor 24, 34, 50, 187, 278, 347, 393, 405, 406
Dougherty Marion 40
Doumanian Jean 187, 188, 200, 352, 463, 465–467
Dowcip i jego stosunek do nieświadomości (Freud) 268

Dreamworks 467
Dressler Marie 357
Dunn Barney 126, 390
Durante Jimmy 230
Dürrenmatt Friedrich 280
Dylan Bob (Robert Zimmerman) 160
Dziecko Rosemary 338

E

Eastwood Clint 27, 40
Eisenstein Siergiej 278
Elkin Stanley 268
Ellison Ralph 472
Epstein Jerry 47, 48, 52, 103, 104, 107, 110, 112–114, 116–118, 120, 121, 230, 135, 138, 139, 142, 164, 188, 192, 227–229, 246, 353
Epstein Sandy 113, 188, 229
„Esquire" 244
Evanier Mark 53, 59, 60, 77 82, 89, 91–93, 115, 458
Evans Bob 242

F

Fairbanks Douglas 254
Fairstein Linda 73, 450, 486
Farrow Dylan 70–75, 176, 318, 345, 350, 364, 379, 409–413, 419–424, 429–438, 440, 442–452, 457, 458, 480, 483–494
Farrow John 337
Farrow Mia 36, 60, 69–74, 94–96, 176, 228, 244, 274, 275, 336–353, 360, 362, 364, 365, 378, 379, 383, 389, 396, 409–448, 450–457, 469, 477, 478, 480–483, 486–494
Farrow Michael 337
Farrow Misha Amadeus, „Moses" 70, 73, 350, 379, 413, 418, 424, 432, 433, 440, 445, 448, 458, 487–491, 494
Farrow Patrick 478
Farrow Prudence 341
Farrow O'Sullivan Satchel, „Ronan" 70, 364, 365, 410–413, 424, 432, 434, 435, 438, 440, 441, 444, 445, 449, 450, 481, 482, 487, 489–491
Farrow Tam 411, 416, 478

Feiffer Jules 46, 64, 87
Feinstein Morley T. 267
Feldman Charles K. 193, 195, 211–213
Fellini Federico 24, 33, 63, 98, 334, 335, 472
Fields Totie 92
„Film Comment" 14
Final Cut (Bach) 65, 259
Fitzgerald Ella 314, 370
Fitzgerald F. Scott 34, 83, 326
Fitzgerald Zelda 326
Flatley Guy 309
Fonsagrives Mia 197
Ford John 14, 46, 66, 361
Forman Miloš 474, 476
Forte Nick Apollo 153, 387, 388
Franklin Joe 388, 389
Frazier Cie 251
Freedman Samuel G. 84
Freud Sigmund 14, 268
Friedkin William 223
Friedman Bruce Jay 87, 268
Friedman Lester 84
Fuchs Daniel 268
Funt Allen 186

G

Gabler Neal 84, 85
Gallagher John Andrew 351
Gallo Freddy 40
Garfield John 18, 85, 86, 150, 283, 285
Garland Judy 134
Geist William 327
Gelbart Larry 16, 146, 147, 165, 166
Geller Uri 205
„Genii" 52, 105
Gershwin George 31, 66, 135, 248, 315, 319, 320
Giancana Sam 340
Gillette Anita 203
Gillers Stephen 447
Gilliatt Penelope 270
Giordano Vincent 260
Gittelson Natalie 233, 245, 307, 313, 316, 318, 320, 328
Gleason Jackie 203, 373
Gleick Elizabeth 442
Godard Jean-Luc 22, 23

Goldberg Whoopi 459
Goldblum Jeff 206, 299
Goldman Albert 89
Goldman John J. 443
Goldwyn Samuel 82, 83, 85
Goodman Benny 249
Goodman Nicholas 482
Gordon Max 154, 162–164, 499
Gornick Vivian 166
Gould Elliott 87, 88, 176, 264, 265, 362
Grant Hugh 97
Greenfield Robert B. 19
Greenglass David 30, 150
Greenhut Robert 336, 464–466
Griffith D.W. 254
Griffith Kristin 308
Grodin Charles 87, 88
Grosbard Ulu 123, 351
Gross Terry 460
Groteke Kristine 412, 413, 420, 422, 423, 425, 433, 434, 436
Guernsey Otis 123
Gurney A. R.

H

Hack Moe 142, 146
Hackett Buddy 90, 134, 146
Halkin Hillel 267
Hall Willis 145
Hamill Brian 464
Hamill Denis 438
Hamlisch Marvin 225
Hardin Tim 188, 189
Hardy Oliver 54, 55, 133, 378
Harrison Kathryn 345
Hart Lorenz 304, 313
Hart Moss 316
Hatch Robert 327
Hawkins Sally 73
Hawks Howard 67, 193
Hayden Julie 261
Hayes Peter Lind 137
Heartland (Sahl) 150
Hecht Ben 67
Hemingway Mariel 31, 68, 71, 306, 322, 324
Hepburn Katharine 361
Hershey Barbara 364
Higgins Robert 227

517

Hirsch Foster 234
Hitchcock (Truffaut) 58
Hitchcock Alfred 58, 60
Hitchcock Ethan 252
Hitler Adolf 39, 89, 102, 301, 353, 354, 370
Hoberman J. 17, 18, 27, 31, 44, 88, 325, 326, 404–406
Hoffman Dustin 22, 87, 88, 342
Holofcener Nicole 45
Holokaust 16, 24, 27, 37, 38, 45, 79, 80, 83, 87, 94, 99, 100, 102, 259, 267, 272,, 289, 294, 332, 361, 395, 398, 399, 400, 498, 499
Honest, Abe (Burrows) 136
Hope Bob 13, 21, 54, 82, 93, 109, 138, 140, 194, 210, 278, 290, 367, 368, 370, 372, 373, 382
Hopkins Anthony 470
Horne Lena 314
Horwitch Daniel B. 448
Howe Ilana 359, 360
Howe Irving 354, 357, 359
Hughes Howard 340
Humphrey Bogart 235
Humphrey Hubert 252
Humphrey Percy 251
Husband Stuart 496
Huston Anjelica 394, 426
Huston John 46
Hutton Betty 134
Hyman Dick 248

I
I'll Be in My Trailer (Modderno) 188
I Lost It at the Movies (Kael) 20
Indelible Shadows (Insdorf) 27
Insdorf Annette 12, 27, 37, 78, 469
„Interview" 38, 234
Ionesco Eugène 280
Isaacson Walter 413, 415, 417, 418
I've Got a Secret 59
Izrael 36, 37, 79, 88, 89, 100, 118, 179, 184, 259, 267, 399, 498

J
Jacobi Lou 203, 267
Jacobs Diane 126
Jaffe Sam 86
Joffe Carol 150, 151, 169, 196, 201

Joffe Charles 68, 150–152, 155, 159, 164, 168, 169, 190, 193, 196, 211, 216, 223, 224, 253, 256, 265, 329, 336, 367, 390
Johnson Bird, lady 187
Johnson Bunk 247, 249, 250
Johnson James P. 248
Johnson Lyndon B. 187, 254, 256, 265
Jolson Al 117, 131, 134
Jonas Dave 390
Jones James Earl 238
Jones Kent 14, 25
Jones Tom 196
Jucovy Milton E. 399
Junker Howard 214

K
Kael Pauline 15, 20–22, 62, 83, 270, 294–296, 311, 317, 318, 324, 328, 334, 335, 358, 404
Kafka Franz 46, 50, 55, 206, 207, 282, 326, 399
Kakutani Michiko 25, 210
Kallen Lucille 146
Kaplan James 32
Katzenberg Jeffrey 467
Katz Lehman 259
Kauffmann Stanley 64, 278, 358, 404, 305
Kaufman George S. 366, 377, 382
Kaye Danny 85, 134, 142
Kazin Alfred 316
Keaton Buster 54, 226, 278
Keaton Diane 33, 68, 71, 73, 94, 95, 191, 192, 201, 232–241, 246, 250, 269, 278, 291, 293, 294, 298, 301, 303, 304, 308, 323, 328, 360, 375, 382, 426–428, 430, 431, 465, 468, 473, 486, 495
Kelley Ken 284
Kelley Kitty 337, 340
Kellow Brian 21, 294
Kennedy John F. 255, 256, 291
„Kenyon Review" 239
Kerr Deborah 212
Kerr Walter 128, 129, 203
Kerry John 372
Keys Paul 369
Kid Thomas 247

Kiessling Laura 479
King Alan 92, 115, 315
Kirsch Adam 494
Kissinger Henry 252
Klawans Stuart 471
Kompleks Portnoya (Roth) 18, 88, 185
Konigsberg Isaac 108, 109, 121
Konigsberg Marty (ojciec Allena) 47, 49, 50, 107–109, 151
Konigsberg Nettie (matka Allena) 47–50, 1–7–110, 136
Konigsberg Sarah 108
Kopple Barbara 247
Krim Arthur 150 254–256, 258–260, 287, 301, 306, 307, 335, 336
Kristof Nicholas 73, 379, 483–486, 488
Kroft Steve 430, 431
Kroll Jack 358, 429
Królewna Śnieżka i siedmiu krasnoludków 109
Kurland Jeffrey 464
Kurosawa Akira 98, 472

L

Lahr John 13, 14, 39, 107, 247, 250
Landau Martin 394, 405
Lapidus Allan 100
Larkin Philip 382, 383
Lasser Louise 171–173, 200, 201, 225, 227, 232–234, 241, 255, 265, 266, 293, 310, 375, 428
Lasser S. Jay 171
Laughing Matters (Gelbart) 147
Laurel Stan 54, 55, 133
Laterna magica (Bergman) 407
Lax Eric 26, 43, 62, 111, 133, 137, 165, 195, 197, 233, 317
Leonard Jack E. 116
Letterman David 61, 151
Levene Sam 86
Leventhal John 429, 434, 437, 438, 452, 453, 487
Levi Primo 394, 399
Levine Joseph E. 203
Lewis Ellen 388
Lewis George 106, 139, 141, 246, 247, 249, 251
Lewis Jerry 54, 64, 98, 196, 216, 314, 315, 376

Lewis Julliette 201, 414
Lewis Ted 314
Liebman Max 90, 142, 146
„Life" 197
Linklater Richard 160
Little Stalker (Belle) 70
Loeb Philip 283, 285
„Look" 189
Lopate Phillip 62, 103, 210, 295, 296, 310, 327
Loquasto Santo 358, 392, 464
„Los Angeles Times" 226, 393, 433, 439, 443
Love Trumps Death (Epstein) 192
Lovick John 52
Lowe Jim 315
Lumet Sidney 77, 87, 268, 295
Lynch Gerald E. 447
Lynd Lou 227
Lyons Leonard 131

M

Maco Frank S. 435, 446–450
Maher Kevin 495
Mailer Norman 185
Malina Judith 495
Mandel Johnny 246
Manhattan (piosenka) 313
Marcus Richard 429
Margolin Janet 218, 220
Markfield Wallace 268
Marks Peter 442
Marx Groucho/bracia Marx 18, 64, 96, 98, 109, 116, 121, 133, 162, 167, 194, 196, 219, 224, 274, 275, 278, 291, 367, 370, 378
Marx Patricia 214
Mary Hartman, Mary Hartman 201, 293
Matka Teresa z Kalkuty 341, 411, 412
Maslin Janet 70, 73
Maxwell Len 142, 202
May Elaine 46, 87, 90, 149, 151, 153, 166, 171, 374, 499
Mayer Louis B. 82, 83, 85
Mays Willie 167, 250
Mazursky Paul 87
„McCall's" 410
McCarthy Eugene 222
McDowall Roddy 109

McGrath Charles 470, 494, 495
McGrath Douglas 37, 38, 433
McKnight Gerald 146
McLuhan Marshall 19, 33, 290
McPhee John 185
Meade Marion 75, 76, 260, 449
Medavoy Mike 254, 463
Medford Kay 203
Meisner Sanford 171
Mellish Fielding 23, 255
Menello Ric 66, 67, 361
Mezzrow Mezz 246
Michaels Marilyn 360
Michael's Pub, Nowy Jork 121, 246, 305, 360, 425
Miller Arthur 24, 25, 84, 316, 473
Miller Sing 251
Mills Elliott 48, 51, 99, 100, 104, 106, 112, 114–116, 118, 119, 138, 141, 161, 177, 220, 496
Mitchell Joni 185
Mitchell John 252
Mitchell Sean 334, 393
Modderno Craig 188, 190–192, 220, 222, 231, 274
Moore Demi 469
Moore Garry 138, 148
Moor Jonathan 234
Morderca nie do wynajęcia (Ionesco) 280
Morse Susan E. 303, 353
Morton Jelly Roll 248, 371
Mostel Josh 95
Mostel Zero 87, 88, 283, 285
Mottolese William 448
Muni Paul 85, 87
Murphy Tyrk 247
My Song (Belafonte) 158

N

Nagrody i nominacje Woody'ego Allena 68, 69
NBC 132, 137, 139, 175, 199, 215, 373
Neeson Liam 364, 414
Nelkin Stacey 305, 306, 489
Newman Manny 84
New Orleans Funeral and Ragtime Orchestra 246
New Orleans Jazz and Heritage Festival 246

„New Republic" 72, 272, 278, 389, 405, 494
„Newsweek" 171, 214, 263, 268, 278, 358, 410, 429
„New York Daily News" 74, 165, 438
„New Yorker" 17, 20, 35, 99, 204, 210, 250, 261, 270, 272, 290, 308, 470
„New York" 32
„New York Post" 310, 412, 450
„New York Times" 24, 25, 30, 37, 50, 70, 73, 75, 84, 99, 102, 128, 189, 203, 225, 233, 270, 301, 307, 309, 326, 345, 346, 350, 363, 400, 405, 407, 432, 434, 437, 438, 441, 444–448, 464–467, 483–485
„New York Time Magazine" 313, 481
Nichols Mike 90, 149, 151, 153, 374, 465, 499
Noc (Wiesel) 461
Noc, w którą zamordowano Minsky'ego 223
Nixon Richard 21, 252, 369, 372
No Crueler Tyrannies (Rabinowitz) 449
Nykvist Sven

O

Obywatel Kane (Welles) 354, 499
Odets Clifford 84
O'Hehir Andrew 75
On Being Funny (Lax) 233, 299
O'Neill Eugene 24–26, 34, 321, 326, 354
Ophüls Marcel 24, 101, 289
Opowiadanie dla Esmé (Salinger) 318
Orbach Jerry 397, 405
Orion Pictures 150, 335, 336, 463
Orth Maureen 73, 481, 482
O'Sullivan Maureen 337
O'Toole Peter 194, 195, 212
Ozick Cynthia 398

P

Paar Jack 92, 159, 165, 174, 368–370
Page Geraldine 307, 312
Paige Satchel 364

Palmintieri Chazz 96, 473
Pancernik Potiomkin (Eisenstein) 278
„Paris Review" 26, 83, 132, 210
Parker Dorothy 83, 84
Parker Stanley 340
Parsons Louella 337
Pascal Casey 421
Payne Alexander 150
Penn Arthur 216
Penn Irving 197
„People" 442, 480, 487
Perelman S. J. 204, 210, 250, 304, 374, 377
Peyton Place 338
„Philadelphia Inquirer" 398
Picker David 253
Pickford Mary 254
„Playboy" 59, 74
Pleskow Eric 255–259, 287, 301, 306
Podhoretz Norman 39, 85, 115
Podróże Sullivana (Sturges) 25
Polański Roman 338, 342, 344, 345, 478
Pollack Sydney 39, 40, 414, 498
Porter Cole 24, 34, 135, 248, 315
Power Tyrone 109
Pratt Tim 479
Preminger Otto 259
Prentiss Paula 198
Prescott Kathryn 425
Preservation Hall Jazz Band 248, 251
Previn André 337, 342–344, 418, 439, 451, 455, 456, 482, 490
Previn Daisy 350
Previn Dory 342, 343, 345, 346, 482, 490
Previn Fletcher 350
Previn Lark 350, 478
Previn Matthew 343, 350
Previn Sascha 343, 350
Previn Soon-Yi 70, 71, 74, 107, 175, 176, 228, 229, 233, 343, 344, 350, 353, 383, 410, 412–418, 423–425, 428, 431, 432, 436, 437, 440, 441, 443, 444, 450, 451, 453, 455–458, 486, 489, 490, 499
Producenci 18, 87, 223
Proser Monte 134
Pulver Andrew 391

Q
Quine Richard 85

R
Rabinowitz Dorothy 449, 461, 492, 493
Rainey Sarah 337
Raised Eyebrows (Stoliar) 274
Randall Frankie 439
Rapaport Michael 473
Rapf Maurice 85
Really the Blues (Mezzrow) 246
Reguły gry 328
Reilly Thomas 464
Reiner Carl 16, 54, 90, 142, 149
Reiner Rob 16, 77, 265
Reinhardt Django 248
Renoir Jean 22–24, 98, 299, 328
Reuben David 264, 265
Reżyser: Woody Allen 27
Reżyseria: Woody Allen 43, 230, 455, 471
Ricci Christina 201, 469
del Rio Dolores 357
Ritt Martin 283, 284
Rivers Joan 46, 92
Roach Maria 419
Roberts Tony 35, 149, 203, 235, 289, 363
Robin Helen 464
Robin William 151
Robinson Edward G. 85
Robinson Jim 251
Rodgers Richard 313
Rogers Kathleen 479, 480
„Rolling Stone" 188, 284, 327
Rollins Francesca 157–159
Rollins Hillary 157
Rollins Jack 11, 29, 49, 78, 150–162, 167, 168, 190, 216, 223, 224, 226, 253, 256, 258, 265, 336, 367, 374, 384, 386, 387, 390, 391, 427
Rollins Susan 49, 78, 155, 159, 160
Romantic Comedy 336, 345
Rose Billy 133, 134
Rose Judy 200, 220
Rose Mickey 88, 139, 188, 200, 202, 216, 220, 255
Rosenberg Ethel 30
Rosenberg Julius 30

Rosenblum Ralph 29, 35, 42, 51, 57, 95, 223–225, 297, 301–304
Rosen Arnie 140
Rosen Julius 138, 139
Rosen Milt 139, 141
Ross Herbert 242
Rossellini Roberto 24, 98, 498
Rossen Robert 86
Roth Henry 473
Roth Philip 46, 88, 185, 267, 268, 492
Rozmowy z Woody Allenem (Lax) 26
Runyon Damon 47, 133, 314, 384, 386, 390

S

Safra Jacqui 463, 465–467
Sahl Mort 46, 86, 90, 93, 149, 150, 156, 170, 175, 370, 371, 378, 499
Salinger J. D. 318
„Salon" 75
Sarris Andrew 304, 325
Sassoon Vidal 338
Sayer Cynthia 12, 78, 248, 249
Sayles Emanuel 251
Schickel Richard 12, 57, 62, 76, 78, 82, 179, 287, 329–331, 398, 398
Schultz Nancy 411
Schuster Arnold 113
Schwartz Jonathan 315
Schwartz Maurice 85
Scorsese Martin 60, 77, 185, 459
Scott A.O. 75
Sedric Gene 106
Segal George 87, 88
Sellers Peter 87, 88, 194, 195, 212
Shandler Jeffrey 88
Shandling Garry 15, 16
Shawn Wallace 73
Shaw Sam 193
Sherman Allan 90, 149
Shriner Herb 132
Sid Caesar's Chevy Show 147
Simon Carly 185
Simon Danny 137, 138, 140, 142, 136, 150
Simon John 12, 28, 62, 63, 78, 82, 214, 270, 279, 286, 311, 352, 355, 358, 404, 498, 499
Simon Neil 87, 102, 137, 149, 203, 381

Simon Paul 185, 292
Sinatra Frank 24, 134, 167, 315, 324, 337–341, 439, 440, 481, 482, 489, 490
Singer Isaac Bashevis 268
Skulnik Menasha 165
Slade Bernard 336
Sladkus Harvey I. 432
Smith Gerald L.K. 83
Smith Joe 134
Smith Kate 447, 449
Smith Kevin 77
Smothers Dick 188
Smothers Tommy 188, 215, 216
Smutek i litość 101, 237, 289, 294, 324
Sokół maltański 235
Sontag Susan 354, 357
Sorvino Mira 473
Spanier Muggsy 247
Spignesi Stephen 319
Stanley 146
Stein Sammy 106
Stern (Friedman) 268
Stoliar Angelique 456, 457
Stoliar Steve 274, 277, 456, 457
Stone Sharon 331
Storm Howard 152, 170, 216, 221, 260
Streep Meryl 313, 465
Streisand Barbra 17, 22, 84, 87–89, 171, 265, 369, 468
Sturges Preston 25, 27, 64, 121
Styron William 344
Sullivan Andrew 346
Sullivan Ed 138
Sutton Willie 114
Sweetland Films 463, 466, 467
Szklana menażeria (Williams) 125, 129, 193

Ś

Śmierć komiwojażera (Miller) 24, 84, 473

T

Tam, gdzie rosną poziomki 317, 407
Tamiment (kurort) 12, 142–146, 162
Tanenhaus Sam 75, 245
Taylor Charles 478

Taylor Elizabeth 198, 341
Taylor Juliet 39, 40, 388, 399, 466
Taylor James 185
Teeman Tim 472
Telushkin Joseph 267
Tenenbaum Stephen 465
Terracino Gary 13, 14, 19, 60, 462, 468, 491, 492
That Was the Week That Was 175
The Beatles 341, 480
The Denial of Death (Becker) 382
The Detective 338
The Ed Sullivan Show 174
The Great Comedians Talk About Comedy (Wilde) 230
„The Guardian" 391
„The Nation" 327, 471
„The Point" 172
„The Telegraph" 496
„The Times" 73, 437, 445, 472, 495
The Tonight Show 138, 174, 188, 366
The Unruly Life of Woody Allen (Meade) 75
Thomas Bob 219
Thomas Danny 230
Thomas Kevin 226
Thompson Bobby 104
Thompson Hunter S. 185
Thompson Monica 433
Thompson David 72
Thornton Michael 337
Tiel Vicky 160, 197, 198, 234
„Tikkun" 37
Tilly Jennifer 475
„Time" 170, 185, 214, 329, 397, 415, 478
To an Early Grave (Markfield) 268
Tobias George 86
Tołstoj Lew 34, 237, 276, 278
Tracy Spencer 277
Triola Lennie 12, 439
Tri-Star Pictures 462, 463
Truffaut François 27, 58, 427
Tucker Sophie 315
Turturro John 498
Twórczość Allena
   ALBUMY
   Woody Allen 175
   Woody Allen: The Stand-Up Years 1964–1968 261

ARTYKUŁY I OPOWIADANIA
A jeśli dentyści – to impresjoniści? 209
Badanie zjawisk parapsychicznych 206
Dieta 206
Epizod z Kugelmassem 17, 68, 210, 358
Korespondencja Gossage'a i Vardebediana 204
Ladacznica z Mensy 208
Maszyna parowa sobie z tym nie poradzi 204
Przypowieści chasydzkie, ze wskazówkami interpretacyjnymi znanego uczonego 272
Rzut oka na przestępczość zorganizowaną 205
Trochę głośniej, proszę 204
Wspaniałe czasy: pamiętnik mówiony 209
Zemsta 239
Zwoje 273
KSIĄŻKI
Bez piór 206, 208–210
Skutki uboczne 207
Wyrównać rachunki 207
FILMY
Alicja 61, 122, 248, 330, 341, 411, 414, 426, 501, 505
Annie Hall 22, 23, 33, 35, 37, 58, 61, 65, 68, 95–97, 99–102, 111, 130, 141, 143, 148, 150, 156, 178, 185, 206, 208, 212, 219, 237–240, 253, 255, 287, 288, 291, 294–306, 312, 320, 322, 324, 325, 327, 328, 353, 359, 361, 383, 403, 464, 469, 494, 501, 503
Bananowy czubek 23, 96, 97, 139, 201, 233, 248, 255, 260–262, 270, 287, 501, 502
Bierz forsę i w nogi 18, 20, 23, 59, 60, 87, 95, 96, 139, 150, 182, 216, 217, 220, 222–224, 226, 227, 230, 253, 261, 262, 301, 302, 361, 501, 502
Blue Jasmine 15, 72, 73, 76, 99, 330, 468, 471, 474, 475, 477, 482, 487, 501, 509

523

Casanova po przejściach 468, 498, 509
Casino Royale 58, 87, 120, 194, 211–214, 502
Celebrity 72, 96, 334, 465, 467, 501, 507
Cienie we mgle 61, 129, 280, 307, 331, 426, 505
Co nas kręci, co nas podnieca 96, 468, 508
Co słychać, koteczku? 58, 87, 193–196, 211, 212, 502
Danny Rose z Broadwayu 23, 29, 58, 61, 76, 96, 97, 126, 133, 135, 151–153, 158, 162, 167, 227, 315, 330, 355, 384, 386–391, 406, 426, 428, 440, 501, 504
Dar z nieba 71, 507
Drobne cwaniaczki 71, 97, 465, 467, 507
Figurant 283, 284, 286, 287, 503
Gorący temat 467, 489
Hannah i jej siostry 23, 31, 61, 68, 76, 96, 97, 99, 201, 206, 275, 289, 330, 346, 362–365, 414, 426, 461, 463, 464, 469, 473, 501, 504
Inna kobieta 129, 307, 310, 317, 331, 391, 469, 505
Jak się masz, koteczku? 58, 87, 202, 502
Jej wysokość Afrodyta 330, 458, 465, 466, 501, 506
Klątwa skorpiona 71, 426, 467, 507
Koniec z Hollywood 71, 426, 467, 508
Król Lear 504
Magia w blasku księżyca 72, 73, 75, 123, 509
Manhattan 23, 29, 31, 35, 58, 61, 65, 68, 71, 75, 96, 99, 143, 148, 167, 178, 199, 201, 227, 239, 289, 295, 296, 306, 312, 313, 316–322, 324–329, 331, 353, 463, 465, 469, 473, 501, 503
Melinda i Melinda 467, 508
Mężowie i żony 76, 330, 414, 415, 463, 472, 501, 506
Miłość i śmierć 58, 97, 278–280, 285, 503
Mrówka Z 75, 507
Nieracjonalny mężczyzna 509
O północy w Paryżu 61, 69, 72, 99, 183, 196, 330, 355, 428, 468, 471, 501, 509
Poznasz przystojnego bruneta 61, 330, 468, 470, 501, 509
Purpurowa róża z Kairu 61. 68, 76, 79, 109, 122, 128, 248, 330, 426, 469, 472, 482, 501, 504
Przejrzeć Harry'ego 61, 72, 130, 176, 199, 207, 215, 330, 362, 465, 467, 469, 501, 506
Sceny z mallu 276, 505
Scoop – gorący temat 508
Seks nocy letniej 330, 348, 504
Sen Kasandry 97, 227, 330, 393, 467, 508
Słodki drań 248, 465, 467, 507
Słoneczni chłopcy 506
Strzały na Broadwayu 37, 61, 72, 73, 76, 96, 227, 248, 280, 330, 433, 458, 463–467, 472, 473, 501, 506
Śpioch 21, 60, 96, 143, 145, 251, 269, 270, 278–280, 287, 312, 501, 503
Tajemnica morderstwa na Manhattanie 227, 331, 425–427, 431, 462, 463, 468, 483, 506
The Filmmaker 312
Vicky Cristina Barcelona 69, 280, 330, 467, 472, 474–476, 498, 501, 508
Wild Man Blues 49, 107, 247–249, 465, 507
Wnętrza 58, 62, 63, 111, 129, 300, 301, 306–311, 317, 320, 327, 328, 392, 393, 503
Wrzesień 41, 129, 257, 300, 307, 310, 331, 391–393, 505
Wspomnienia z gwiezdnego pyłu 15, 23, 201, 227, 241, 330, 331, 334, 335, 353, 355, 403, 463, 473, 504
Wszyscy mówią: kocham cię 23, 29, 61, 72, 96, 227, 330, 427, 458, 465–467, 501, 506

Wszystko, co chcielibyście wiedzieć o seksie, ale baliście się zapytać 145, 264, 265, 267, 268, 270, 280, 503
Wszystko gra 280 330, 393, 467, 469, 471, 472, 501, 508
Zagłada Edypa 17, 23, 50, 96, 330, 426, 501, 505
Zagraj to jeszcze raz, Sam 122, 123, 191, 203, 232, 234–236, 240–242, 245, 282, 288, 502
Zakochani w Rzymie 72, 468, 509
Zbrodnie i wykroczenia 12, 22, 23, 29, 30, 35, 36, 44–46, 61, 69, 76, 78, 95–97, 227, 281, 289, 317, 323, 326, 330, 353, 384, 393, 397, 401, 403–407, 426, 461, 469, 494, 501, 505
Zelig 12, 13, 15, 19, 61, 76, 78, 219, 248, 261, 275, 317, 330, 334, 352–360, 380, 460, 472, 501, 504
Złote czasy radia 47, 61, 76, 95, 100–103, 108, 117, 123, 135, 227, 330, 372, 426, 495, 501, 504
Życie i cała reszta 38, 61, 97, 201, 330, 384, 385, 467, 469, 501, 508

SZTUKI

Death Defying Acts 362
Don't Drink the Water 122, 123, 202, 203, 235, 267, 502
Gdy śmierć zastuka 203, 207, 208
Strzały na Broadwayu patrz w: filmy
Śmierć 203, 280–282, 426
The Floating Light Bulb 122–124, 127, 129, 130, 203, 283, 351, 352, 387
Zagraj to jeszcze raz, Sam patrz w: filmy

TELEWIZJA

Hot Dog 215
Men in Crisis 251

U

Unegbu Carl 471
United Artists 65, 66, 150, 253–255, 259, 260, 263, 269, 287, 288, 305, 306, 326, 335, 336, 463
Uribe Imanol 474

V

„Vanity Fair" 70, 73, 478, 481, 482
Van Ronk Dave 160
„Variety" 241, 304, 314, 387, 389
Victor Jack 48, 51, 100, 104, 106, 107, 112, 117, 120, 131, 138–140, 162, 174, 188, 195, 496
„Village Voice" 87, 247, 325, 406, 462
Villiers-Farrow John Charles 73, 478–480
Vitale Tina 389, 406, 473

W

Wizyta starszej pani (Dürrenmatt) 280
„Wall Street Journal" 449, 470, 492, 494
Walpin Gerald 442
Waterhouse Keith 145
Waterston Sam 308, 397
Wciąż od nowa (Keaton) 236, 198
Weedman Sid 12, 78, 144
Weegee (właśc. Arthur Fellig) 48
Weide Robert B. 43, 73, 167, 230, 346, 455, 471, 482, 487
Weill Kurt 280, 426
Welles Orson 27, 60, 212, 213, 354
Wexler Jerry 126–128, 246
Wszystko, co minęło (Farrow) 95, 338, 349, 409
What's My Line? 59, 266
When the Shooting Stops (Rosenblum) 29, 95
Whitehead Clay 252
Wiesel Elie 461
Wieseltier Leon 404
Wiest Dianne 68, 362
Wilde Larry 149, 160
Wilder Billy 27, 259
Wilder Gene 265
Wilk Elliott 432, 440, 444–446, 449, 450, 489
Williams Robin 151
Williams Tennessee 24, 25, 102, 129
Williams William B. 315

Willis Gordon 289, 317, 325, 353
Wilson Earl 131, 132
Wilson Owen 69, 482
Winchell Walter 131, 134, 314
Winters Jonathan 215, 216
With My Daddy in the Attic (piosenka) 345, 346, 490
WNET, Nowy Jork 252
WNEW-AM, Nowy Jork 315, 439
The Woody Allen Companion (Spignesi) 319
Woody Allen Joking Aside (McKnight) 146
Woody i jego kobiety (Carroll) 100
Woody and Mia (Groteke) 412, 422
Wolfe Thomas 65, 185
Writers' Theater 143, 145

Wrota niebios 336
Wyrok (Kafka) 50, 207

Y
„Yedioth Ahronoth" 36
Yogi Makarishi Makesh 341
Your Show of Shows 90, 91, 142, 146

Z
Zardis Chester 251
Zawrót głowy 58
Zbrodnia i kara (Dostojewski) 405
Zimmerman Paul D. 263, 268, 278
Zinsser William K. 170
Zweibel Alan 15, 16
Zweig Michael 467